·兰州创意文化产业园／泰丰文化／晋州市复兴学校 ◇ 荣誉出品

艺 术 金 融 博 士 研 究 生 教 材

中国艺术金融教学案例

西 沐 ◎ 主笔

中国经济出版社
CHINA ECONOMIC PUBLISHING HOUSE
北 京

图书在版编目（CIP）数据

中国艺术金融教学案例／西沐主笔．－－北京：中国经济出版社，2022.7

ISBN 978-7-5136-6966-5

Ⅰ．①中… Ⅱ．①西… Ⅲ．①艺术市场－金融市场－教案（教育）－中国 Ⅳ．① F832.5

中国版本图书馆CIP数据核字（2022）第099616号

选题策划	汪　京
责任编辑	孙东健
责任印制	马小宾
封面设计	宋春妤　华子设计

出版发行	中国经济出版社	
印 刷 者	北京艾普海德印刷有限公司	
经 销 者	各地新华书店	
开　　本	889mm×1194mm　　1/16	
印　　张	26.75	
字　　数	710千字	
版　　次	2022年7月第1版	
印　　次	2022年7月第1次	
定　　价	168.00元	

广告经营许可证　京西工商广字第8179号

中国经济出版社 网址 www.economyph.com 社址 北京市东城区安定门外大街58号 邮编 100011
本版图书如存在印装质量问题，请与本社销售中心联系调换（联系电话：010-57512564）

版权所有　盗版必究（举报电话：010-57512600）
国家版权局反盗版举报中心（举报电话：12390）　　服务热线：010-57512564

编辑委员会

顾 问

姚建铨　李　庚

主任委员

西　沐

副主任委员（排名不分先后）

张学智（中国民营文化产业商会副会长，中国人民大学文化产业研究院特聘专家，甘肃省文化产业规划设计院董事长）

胡　婷（中国艺术经济研究院理事，研究员，泰丰文化董事长）

赵春彩（晋州市复兴学校董事长，中国艺术经济研究院副理事长、研究员）

委　员（排名不分先后）

罗　杨	朱恪孝	王　勇	黄　隽	张志兵	史跃峰	宁　强
刘双舟	王远军	张正霖	刘绍星	宗娅琮	王　爱	邰武旗
师　岩	李亚青	刘晓丹	云大慧	马志诚	王振华	刘姝肖
曲家辉	席挺军	陈　曦	陈仲儒	袁慧敏	高　峰	贾晓贝
雷　茜	林奥杰	宋春好	高志欣	缪召起	刘　飞	华　晨
李　晶	钟　攀					

前　言

案例研究——理论前沿与前沿实践的重要阵地

随着中国艺术品市场的快速发展，其市场规模不断拓展，市场结构不断完善，市场形态不断丰富，这些都推动着艺术品市场沿着艺术品的商品化、资产化、金融化、证券化（大众化）这一主线向前发展。随着中国艺术品市场进入新常态，中国艺术金融的发展出现了一些新的变化与特征。与基于发达国家艺术品市场所形成的全球艺术金融相比，中国艺术金融在不断创新与深化发展的过程中表现出了较大的差异性。在国内艺术品市场快速发展的推动下，中国艺术金融已进入新的发展阶段，逐步成为全球艺术金融及其产业发展的领跑者。特别是进入新常态的中国艺术品市场的发展进一步推动了中国艺术金融创新发展的步伐，近几年，中国艺术金融的创新发展展示出更丰富的内涵。

艺术金融的发展是一个不断由实践向理论深化的过程，这个过程使业界越来越清楚地认识到，艺术金融是一种特种金融服务，更是一个新的产业业态，其核心任务是服务于艺术品及其资源的价值发现。对艺术金融发展过程的认知，可以分为以下六个阶段：一是投资需求（融资）阶段，二是"艺术+金融"阶段，三是金融手段论阶段，四是艺术媒介论阶段，五是艺术资源资产化、金融化阶段，六是艺术金融产业生态化阶段。这六个阶段实现了艺术金融从规模到结构再到生态的快速进化。同时，这种快速的发展亟须研究梳理与探索，更需要在理论与实践两个方面不断深化与实现艺术金融创新发展的战略目标及路径探索。艺术金融及其产业的发展是艺术品市场与艺术品产业不断发展进化的结果，它经历了一个并不长的过程，其发展的逻辑、形态、业态与生态还需要一个比较长的生发与展开的过程。艺术金融是一个实践创新形态非常强的新兴业态，这一点也决定了其理论体系的建构要更多地面向实践探索。在实践探索过程中，应特别关注以下两个方面：一是重视艺术金融创新实践的发展趋势，关注这种趋势可能给学科建设带来的重要契机；二是艺术金融实践案例的建构培育，以及在此基础上的总结与提升。

《中国艺术金融教学案例》是与艺术金融博士生教材《中国艺术金融教程》配套使用的。本书的出版，不仅仅是出于中国艺术金融教学的需要，更是出于艺术金融学科建设过程的需要。本书的研究出版基于在长期的艺术金融研究与艺术金融博士生课程教学过程中不断积累的教学案例，是在艺术金融博士生教材《中国艺术金融教学案例（第三版）》基础上梳理完善的结果。本书选择了艺术金融博士生教学过程中涉及的不同业态的案例共40余个，整合分类为五大部分，并纳入30个具体的案例研究中。

一、中国艺术金融的发展需要对案例进行研究与探索

在中国艺术金融的发展与探索过程中，我们之所以如此重视相应的案例研究，是因为中国艺术金融实践具有独特的特征和发展趋势。而以这些案例为基础的研究一定会为丰富与开拓艺术金融的理论研究与学科建构贡献更多的可能，更重要的是还会因此不断涌现出一大批鲜活而又生动的案例。在这里，我们反复强调艺术金融是一门实践性极强的学科，它不仅需要理论上的支撑与创新发展，更需要从实践前沿中汲取智慧与力量。中国艺术品市场的特殊性决定了为其服务并在其基础上发展起来的中国艺术金融也必然有其自身的特质，与欧美发达国

家有一些差异。我们不仅需要从历史的发展过程中汲取智慧，传承传统，更需要在实践前沿的沃土中生发力量。而现实发展过程中的典型案例——无论是成功的还是失败的——对其进行深入的研究和探讨都是这个过程的"重要阵地"。

对案例进行充分的研究与探索不仅是现代艺术金融产业及其体系发展的重要推动力，也是艺术金融理论体系建构的基础与前提。改革开放以来，随着中国艺术品市场的不断发展，中国艺术金融进入了国际化与本土化并重的历史时期。市场的规模、结构与业态、生态都得到了快速发展，在不同的市场形态中，中国艺术金融的独立形态进一步显现。尤其是进入21世纪以来，新消费环境的出现、不断增长的创新需求、新科技的融合发展及国际化等因素的推进使得中国艺术金融的发展已经屹立于世界艺术金融发展的最前列，展现出了勃然发展的独特创新态势与战略格局，中国艺术金融发展的特质与创新特色更是吸引着来自世界的目光。案例的研究与探索会进一步提炼传承发展与应用中国艺术品市场及艺术金融发展的传统智慧与治理经验，形成中国艺术金融发展的基本特质；在"国际化"与"本土化"的融合碰撞过程中，整合传统智慧、国际经验与创新发展等维度，进一步确立中国现代艺术金融发展的战略定位，搭建中国特色艺术金融理论架构，打造具有中国特色艺术金融理论的话语体系；基于中国特色艺术金融理论与现代市场体系发展经验，建构中国特色现代艺术金融产业体系；基于中国特色艺术金融理论与现代市场治理理论，创新与中国特色现代艺术金融产业体系相适配的现代艺术金融治理体系。

二、案例研究有自己的方法

案例研究有自己特定的方法论。案例研究法是由美国哈佛大学法学院初创的，1908年被哈佛商学院引入商业教育领域。由于当时商业领域严重缺乏可用的案例，哈佛商学院最初仅借鉴了法律教育中的案例研究法，开始在商业法课程中使用案例研究法。由于案例研究能够给研究者提供系统的观点，并通过对研究对象进行尽可能完全直接的考察与思考，从而对案例所在领域形成比较深入和系统的理解，所以，案例研究法在商业教育领域迅速推开。

一般来讲，案例研究法的基本内容包括研究设计、选择案例、收集数据、分析资料及撰写报告等。我们在研究过程中，也尽可能向规范的案例研究报告靠拢，把研究报告分为相对独立的几个部分：案例简介、案例描述、案例研究（包括小结与建议）及延伸阅读等。但在这里需要特别强调的是，由于艺术金融业态仍处于不断的完善与发展过程中，存在一定的初级性与不稳定性，因此，与其相关的一些业态也处于培育与发展的过程中，而且目前相应的案例多是研究性的，远不是完善而成熟的或传统意义上的规范案例。但我们深信，随着艺术金融的发展进步，一定会出现一大批完善而成熟的案例来支撑"艺术金融大厦"。

三、案例研究要强调问题导向

中国艺术金融的发展状况与当下的中医药发展有很多类似之处，需要好好地解决理论与实践、方法体系与解决实际问题能力的关系问题，努力克服"好看不好用"的"两张皮"现象。中医和中药自古不分家，但从目前的发展情况来看，中医药界却长期存在"搞医的不懂药、搞药的不懂医、搞教学科研的不懂临床"等状况。对于中国艺术金融的发展来说，这种状况也比较严重，对艺术金融及其产业的发展影响巨大。我们一再强调并积极推动理论前沿与前沿实践的互动与融合，就是为了更好地解决这个问题。

我们之所以重视案例研究与探索，就是因为艺术金融的萌生与发展的过程是一个发现问题、解决问题的过程。对于艺术金融这种新业态来说，在创新发展中有清醒的问题意识很重要。在艺术金融研究与探索过程中，面对问题是常态，往往是一个问题解决了，新的问题又随之而来。所以，艺术金融的创新发展关键是敢不敢于正视问题，善不善于发现问题。首先，我们要在学科交叉与融合的相互联系中发现问题；其次，我们还要在实践探索中发现问题，艺术金融的创新实践，就是在发现问题和解决问题中不断推进和深化的；最后，我们要在总结经验教训中发现问题，特别是在研究实践案例的过程中，系统分析，总结提升。发现了问题，还需要坚持用科学的方法分析和研究问题。特别是对艺术金融的创新来讲，我们要坚持对具体问题进行系统的具体分析，努力避免用老思路、老办法去简单粗暴地研究问题；坚持用发展的眼光、战略的眼光去研究分析问题。对艺术金融发展过程中的研究探索，要善于透过现象看本质。任何事物都有现象和本质两个方面，许多新的问题，很多时候并不是一眼能看穿识透的，都需要一个过程。这就需要对艺术金融的创新发展有一种坚持见微知著、由表及里、透过现象看本质、撇开枝节抓根本的态度。在艺术金融的创新发展过程中，我们要善于抓住事关全局的重要问题。只有抓住了主要矛盾和矛盾的主要方面，才能找到解决各种复杂问题的重点，才能牵住"牛鼻子"，起到纲举目张的作用。这就需要我们在实践中不仅运用科学的方法，还需要在分析问题的过程中不断总结、认识艺术金融发展的内在规律，并结合对艺术金融发展规律的认知，进一步提升研究分析问题的能力。对艺术金融这一新业态与新学科来讲，重要的是把问题意识转化为问题导向。坚持问题导向，努力推动学科融合发展，正是艺术金融理论与实践探索的基本道路。而用社会历史实验室的理论方法，重视案例研究规划设计与发掘，科学规范地研究分析，正是这条道路的基础与根本。

四、案例的培育创新是一项高层级的创造

采用案例研究方法进行学术研究与实践的创新探索，对于绝大多数艺术金融参与者来说，都是一个高难度的挑战。案例研究探索不是一个项目，它是一个发现、培育、分析、研究与提升的系统过程，是一种再创造，绝不是一个模仿、记录与再现的过程。本书中不少入选的案例，都是经我们推动或者参与其中发展起来的，很多已经成为行业发展的标志性项目或者标志性企业。像陕文投文化金融产业生态链实践、潍坊银行艺术品质押融资探索、南方文交所交易平台"四分离规范交易"的实践探索、泰丰文化基于新科技融合的资本市场探索、兰州创意文化产业园功能平台共享创新案例实践等，都已经引起了业界的广泛关注，并且带动了中国艺术金融研究与实践的发展。以上案例的研究与探索不仅是企业的一个项目，更是企业创新发展过程中的一次战略重塑，因为它不仅要求企业发展与国家战略及政策等相融合，更为重要的是，对企业来讲，需要对企业发展战略及企业制度体系进行创新改造，并进一步落地实施，是一个持续创新、持续推动、持续发展的艰难的培育过程。这个过程既需要很强的前瞻性，又需要改革创新的韧劲与魄力。所以，我们说重视案例研究，其本身就是艺术金融研究与探索取得突破的重要路径。

事实上，艺术金融作为一个新的业态，国内外都没有成熟的经验与做法可供借鉴，大家都是在探索与实践的过程中不断创新的。鉴于中国资本市场发育较晚、要素市场不完善的具体状况，对我国艺术金融的发展来说，除了观念与体制上的制约外，最艰巨的挑战来自艺术资源资产化、金融化的困难。由于文化创新的风控体系建构难度大，产业支撑与服务体系的推动能力弱，增加了艺术金融探索进程的发展难度，尤其是大政策环境与创新环境并不宽松，科技进步特别是互联网金融实践探索带来了一系列挑战等。面对艺术金融发展这一新环境、新需求及新的资产认知壁垒，现有金融体系与服务的创新发展与转型已成为不可逆转的趋势。事实上，金融业正在经历一场由面向"以市场为导向的同质化竞争"到面向"以客户个性化需求为导向的差异化能力建设的竞争"的洗礼，我国艺术金融在这一发展机遇下会进一步发展壮大，为中国艺术品市场与艺术品产业做大做强提供金融支持。从今天艺术金融的实践来看，中国艺术金融的发展，无论是在理论上还是在实践中，都需要有更多成功案例的支撑。

近几年来，对于艺术金融的发展进步，如果仅有理论研究者的呼吁，而没有一些成功实践案例特别是重要领域的成功实践案例的推动，艺术金融在中国就很难立足。可以说，正是一个个成功案例的推出，为艺术金融的发展开辟了一条道路。比如，陕文投、潍坊银行等的实践探索就为国有文投平台与银行业介入艺术金融的发展打开了一片天地，为建立艺术金融发展的中国方案提供了基础与内容。

对于艺术金融发展过程中的案例，既需要认真研究、分析，又需要努力发掘与创新，更需要针对现实实践与问题去创新发展与培育。此外，我们还要特别重视那些利用艺术金融新科技融合的视角来解决问题而生发的新业态过程中涌现出的案例。艺术金融科技（Art FinTech）进步对艺术品市场、艺术金融的影响可以概括为以下几个方面：一是互联网、通信及信息处理与管理等技术融合所带来的影响；二是大数据、云服务及终端进步等技术融合所带来的影响；三是大数据、人工智能等技术融合所带来的影响；四是第三方支付、数字资产及区块链等技术融合所带来的影响；五是人工智能、VR/AR/MR、终端呈现和用户参与场景化等技术融合所带来的影响。这些技术不断地融合发展，推动艺术金融科技不断融入艺术金融产业发展的过程之中。最近几年，新技术的融合会给中国艺术金融带来新的发展可能与格局，特别是基于大数据的综合服务平台技术、科技鉴定、鉴证备案技术与体系、互联网艺术金融、区块链、客户管理（客户画像）、智能投顾、数据服务、人工智能、VR/AR/MR用户体验和场景参与技术等的互相叠加和创新，不仅会催生新的业态，也会进一步推进跨界融合与业务创新、商业模式创新进程的深化。而这一进程的深化，需要我们站在艺术金融及其产业发展的战略高度，去发掘与建构案例研究与探索的重要性。

五、向案例的创立者致敬

行文至此，"理论是灰色的，而实践之树常青"这句话，也许最能点明案例研究与探索的意义。英国当代哲学家迈克尔·欧克肖特将知识区分为两种，即"书本的知识"和"实践的知识"，并明确指出仅凭"书本的知识"必然会误入歧途。为此，我们在研究与开展艺术金融教学的过程中始终坚持一个基本的信念，那就是艺术金融的发展如果没有大量、鲜活的案例来支撑，再绚丽夺目的理论与体系，都可能会在乌烟瘴气的现实中黯然失色。

我们也应该看到，中国艺术金融作为一个全新的业态，其发展也遇到了瓶颈：内在发展规律认知的不深入、不全面，薄弱的产业基础，发育中的业态与体系及不完善的支撑体系等，这些问题已经严重阻滞了中国艺术金融创新发展的水平与能力。所以，从中国艺术金融发展的大环境来讲，案例创新、培育及研究是有风险的，在这一过程中，需要的不仅仅是知识与能力，更需要胆识。同时，我们也必须看到，在研究与实践过程中，由于过分注重手段的创新整合，而忽视艺术金融本身发展的内在规律与规定，致使一些关于艺术金融的创新偏离应有的价值取向，使之进入过度投机与风险积累、失控的方向，因此，造成了很多社会风险性事件，制约了中国艺术金融创新发展的步伐。

为此，在这里，我们特别想做的一件事，就是向艺术金融成功案例的创新探索者、实践者、创立者们致敬！你们是成千上万成功者的代表，更是引领艺术金融这个行业不断前行的风向标。如果有一部艺术金融发展的历史，你们一定是这部历史的创立者！因为我们永远都不会忘记：中国艺术金融的发展进步需要千千万万个鲜活的案例，无论成功还是失败，都是艺术金融创新与发展的水源与沃土！

西沐

2019年12月

目 录

前言 案例研究——理论前沿与前沿实践的重要阵地 V

第一编 重要业务业态案例

第一章 陕文投文化金融产业生态链案例研究 002
- 一、案例简介：陕文投文化金融产业生态链 002
- 二、案例描述：陕文投文化金融产业生态链实践与思考 002
- 三、案例研究：陕文投集团打造文化金融产业生态链，推动文化金融创新发展 008
- 四、延伸阅读：建构文化金融发展的"陕文投模式"——专访陕西文化产业投资控股（集团）有限公司董事长王勇 012

第二章 安盛艺术品保险运营案例研究 018
- 一、案例简介：安盛艺术品保险 018
- 二、案例描述：安盛艺术品保险国际化发展之路 019
- 三、案例研究：安盛艺术品保险的重塑与国际化道路 021
- 四、延伸阅读：中国艺术品保险的发展任重而道远 026

第三章 瑞银财富管理及艺术金融综合服务案例研究 027
- 一、案例简介：瑞银艺术金融综合服务 027
- 二、案例描述：瑞银财富管理及艺术金融综合服务 028
- 三、案例研究：瑞银财富管理及艺术金融综合服务运营的研究与实践体系 029
- 四、延伸阅读：UBS瑞银集团艺术赞助与收藏解析 033

第四章 艺术品投资基金（熊皮基金、英国铁路养老基金及艺术家共同信托）运营案例研究 034
- 一、案例简介：艺术品投资基金 034
- 二、案例描述：艺术品投资基金经典案例研究 034
- 三、案例研究：经典艺术品投资基金及其比较 041
- 四、延伸阅读：我国私募基金管理人组织形式及合规研究 050

第五章 潍坊银行艺术品质押融资案例研究 060
- 一、案例简介：潍坊银行艺术品质押融资 060
- 二、案例描述：潍坊银行艺术金融实践研究 060
- 三、案例研究：中国艺术品质押融资的实践与战略路径 065
- 四、延伸阅读：艺术金融创新逻辑及发展模式 070

第六章 艺术品信托产品运营案例研究 081
- 一、案例简介：艺术品信托产品 081
- 二、案例描述：中信文道·恒庐书画1号投资基金集合资金信托计划 081

三、案例研究：艺术品信托运营研究···084
　　四、延伸阅读：中国艺术品信托市场的序幕正在开启···088

第七章　基于拍卖平台的艺术金融综合服务案例研究···091
　　一、案例简介：基于拍卖平台的艺术金融综合服务···091
　　二、案例描述：经典艺术品拍卖平台的发展历程···092
　　三、案例研究：基于拍卖平台的艺术金融综合服务运营···095
　　四、延伸阅读：保利艺术金融的发展之路···099

第八章　艺术银行运营案例研究···102
　　一、案例简介：艺术银行···102
　　二、案例描述：艺术银行运营案例概述···103
　　三、案例研究：中国台湾艺术银行的运营管理模式···105
　　四、延伸阅读："艺术银行"的公共艺术实践···108

第九章　艺术财富家族办公室运营案例研究···113
　　一、案例简介：艺术财富家族办公室···113
　　二、案例描述：艺术财富管理中的家族办公室···114
　　三、案例研究：艺术财富家族办公室的运营···115
　　四、延伸阅读：中国艺术财富管理的前提条件与可能性方向···120

第十章　艺术品典当运营案例研究···124
　　一、案例简介：艺术品典当···124
　　二、案例描述：艺术品典当业务运营概述···124
　　三、案例研究：艺术品典当的运营研究···126
　　四、延伸阅读：中国艺术品典当怎么走···131

第十一章　艺术品组合产权运营案例研究···135
　　一、案例简介：艺术品组合产权运营···135
　　二、案例描述：陕西文交所艺术品组合产权运营概述···135
　　三、案例研究：陕西文交所艺术品资产投资组合产权运营研究···138
　　四、延伸阅读：建构多层次艺术品公开交易市场是大势所趋···141

第二编　基础业态案例

第十二章　青州书画市场案例研究···148
　　一、案例简介：青州书画市场···148
　　二、案例描述：青州书画市场概述···148
　　三、案例研究：以画廊为基础业态的青州书画市场···152
　　四、延伸阅读：青州书画市场是怎样发展起来的···160

第十三章　艺术微拍平台运营案例研究···165
　　一、案例简介：艺术微拍平台运营···165

二、案例描述：艺术微拍平台"艺术产业+融媒体+互联网"电商模式探索	166
三、案例研究：艺术微拍线上平台构建文化消费新生态	175
四、延伸阅读：艺术微拍平台的运营策略	185

第十四章 中国香港巴塞尔艺博会案例研究 186
一、案例简介：中国香港巴塞尔艺博会 186
二、案例描述：中国香港巴塞尔艺博会概述 186
三、案例研究：中国香港巴塞尔艺博会案例研究 188
四、延伸阅读：新时代艺术博览会发展的八个基本趋势 191

第十五章 艺沃平台运营案例研究 193
一、案例简介：艺沃 193
二、案例描述：艺沃，让艺术走进生活 194
三、案例研究：艺沃的产品运营模式及其研究 200
四、延伸阅读：艺沃——5G时代社群经济与艺术品电商的未来 203

第十六章 互联网背景下文化产业创新模式案例研究 204
一、案例简介：互联网背景下文化产业创新模式 204
二、案例描述：互联网背景下中国文化产业发展的商业创新模式 205
三、案例研究：中国文化产业发展前沿与热点中的创新模式分析 205
四、延伸阅读：中国艺术品产业需重塑发展模式 216

第三编 支撑服务业态案例

第十七章 艺术品保护修复案例研究 222
一、案例简介：艺术品保护修复 222
二、案例描述：艺术品的保护与修复是其价值评估的条件 223
三、案例研究：艺术品购藏与修复 224
四、延伸阅读：艺术品修复与保护是个"大系统" 230

第十八章 艺术金融指数案例研究 235
一、案例简介：艺术金融指数 235
二、案例描述：中国艺术金融指数 235
三、案例研究：中国艺术金融指数的发布案例 237
四、延伸阅读：艺术品市场指数与数据基础分析 237

第十九章 艺术品集保案例研究 246
一、案例简介：艺术品集保 246
二、案例描述：艺术品集保业态现状 246
三、案例研究：艺术品集保产业升级之路 249
四、延伸阅读：艺术品集保的当代实践 253

第二十章 艺术品物流运营案例研究 255

- 一、案例简介：艺术品物流 255
- 二、案例描述：艺术品物流运营的三种模式 255
- 三、案例研究：打造艺术品物流综合服务平台体系 259
- 四、延伸阅读：艺术品物流需打通全链条 263

第二十一章 艺术品鉴证备案溯源案例研究 264
- 一、案例简介：艺术品鉴证备案溯源 264
- 二、案例描述：艺术品鉴证质量溯源概述 265
- 三、案例研究：艺鉴通艺术品鉴证溯源研究 272
- 四、延伸阅读：艺术金融发展中的鉴证备案和区块链技术 275

第二十二章 艺术金融区块链运营监管案例研究 281
- 一、案例简介：艺术金融区块链运营监管 281
- 二、案例描述：区块链技术在艺术金融领域的应用 281
- 三、案例研究：区块链技术在艺术金融领域应用的合规与监管问题 284
- 四、延伸阅读：展望与深化 290

第二十三章 美国艺术品估值体系案例研究 292
- 一、案例简介：美国艺术品估值体系 292
- 二、案例描述：美国艺术品估值体系及其对中国艺术金融发展的启示 293
- 三、案例研究：中美艺术品鉴定估价理论与实践的比较研究 295
- 四、延伸阅读：欧美艺术品市场估值的若干分析 305

第二十四章 中国艺术版权运营案例研究 306
- 一、案例简介：中国艺术版权运营 306
- 二、案例描述：中国艺术版权业务的运营服务 306
- 三、案例研究：中国艺术版权业务的运营服务平台与体系 307
- 四、延伸阅读：艺术金融发展将推动艺术版权保护与创新 310

第四编 创新平台交易案例

第二十五章 艺术品份额化电子交易运营案例研究 314
- 一、案例简介：艺术品份额化电子交易 314
- 二、案例描述：基于文交所平台的艺术品份额化交易 317
- 三、案例研究：艺术品份额化交易模式研究 319
- 四、延伸阅读：对文化艺术品份额化交易的法律规制 322

第二十六章 艺术品实物集成电子化交易运营案例研究 323
- 一、案例简介：艺术品实物集成电子化交易运营 323
- 二、案例描述：艺术品实物集成电子化交易之邮币卡电子交易概述 325
- 三、案例研究：艺术品实物集成电子化交易创新分析 330

四、延伸阅读：非物质文化遗产艺术品实物集成电子化交易是重要突破口 ·················· 336

第五编　创新运营案例

第二十七章　兰州创意文化产业园区案例研究 ·················· 342
一、案例简介：兰州创意文化产业园区 ·················· 342
二、案例描述：从"无机园区"到"有机园区"转型 ·················· 342
三、案例研究：兰州创意文化产业园的创新实践 ·················· 348
四、延伸阅读：在"一带一路"架构下建构文化发展新机制新优势 ·················· 352

第二十八章　泰丰书画产业对接资本市场运营案例研究 ·················· 359
一、案例简介：泰丰书画产业资本市场运营 ·················· 359
二、案例描述：泰丰文化运营概述 ·················· 359
三、案例研究：泰丰文化品牌产业化发展之路 ·················· 367
四、延伸阅读：推动新三板成为文化资本市场购并的新平台 ·················· 372

第二十九章　浩律财富家族财富传承及艺术财富管理案例研究 ·················· 375
一、案例简介：家族财富传承及艺术财富管理 ·················· 375
二、案例描述：浩律家族财富传承及艺术财富管理体系概述 ·················· 376
三、案例研究：浩律家族财富传承及艺术财富管理探索 ·················· 379
四、延伸阅读：艺术品的传承 ·················· 383

第三十章　南方文交所交易平台运营案例研究 ·················· 389
一、案例简介：南方文交所交易平台运营 ·················· 389
二、案例描述：文化商品交易服务——文化商品交易平台背景及业务模式 ·················· 390
三、案例研究：南方文化产权交易所钱币邮票交易中心的发展模式研究 ·················· 395
四、延伸阅读：梦在远方，路在脚下 ·················· 400

结束语　如何看待中国艺术金融实践的趋势和独立性 ·················· 404

参考文献 ·················· 410

后　记 ·················· 411

第一编　重要业务业态案例

艺术金融经历了从概念态、形态到业态、生态的认知与发展过程。从概念的提出，到业态的不断生发，再到案例的不断出现，艺术金融越来越受到理论界与产业界的广泛关注。艺术金融学是一个基于艺术品及其资源特质的艺术金融活动、艺术金融产品与服务以及艺术金融发展及其支撑服务的学科体系。为此，我们反复强调，艺术金融是一种金融服务，与一般金融服务不同的是，它又是一种特种金融服务，这一点在案例研究分析中得到了很好的体现。所以，我们在研究与探讨艺术金融的发展过程中，对艺术金融产品、服务、业务及业态的发展案例的分析是非常珍贵而又核心的部分。这是因为这些案例的出现不仅使艺术金融业务与业态发展不断丰富，更为重要的是，它们的创新发展为探索艺术金融发展的创新机制及风险管控机制与体系提供了模式与参考。

在本编中，无论是陕文投文化金融产业生态链案例、安盛艺术品保险运营案例、瑞银财富管理及艺术金融综合服务案例，还是基于拍卖平台的艺术金融综合服务案例、艺术银行运营案例，几乎都是国内外关于艺术金融业务与业态发展的典型案例，正是它们支撑与丰富了艺术金融的创新与业态，也是艺术金融及其产业发展的重要内容，具有很好的引导作用。

第一章　陕文投文化金融产业生态链案例研究

在我国文化产业发展的过程中，文投平台的出现有力地推动了文化产业的发展进步。但在我国文投平台的发展过程中，有一个非常重要的课题需要解决，即如何创新建构"文化+金融"的机制。陕文投通过建构文化金融产业生态链，对这一课题进行了系统深入的探索，取得了具有标志意义的重要成果，在全国文化产业界产生了积极影响，成为我国文投平台在文化金融探索发展中的一面旗帜，具有重要的引领示范作用。

一、案例简介：陕文投文化金融产业生态链

陕西文化产业投资控股（集团）有限公司（简称"陕文投集团"）是陕西省政府直属的国有大型文化企业。陕文投文化金融产业生态链案例研究以陕文投集团文化金融产业生态链的系统性研究为切入点，深入分析陕文投集团在打造文化金融产业生态链过程中所构建的生态结构、关键要素、表现特点及发展启示等方面内容，尤其是陕文投集团以其前瞻性的战略眼光，在文化金融布局的基础上盘活沉淀的文化艺术资源，并且对其在文化金融行业的内在深化以及企业升级发展中所做出的贡献进行价值研究和探讨。在具体的案例研究分析过程中，应特别注意以下几个重要问题：

（1）历史沿革与现状的考察。

（2）文化金融产业生态链发展的内在逻辑。

（3）文化金融产业生态链发展的平台与体系。

（4）文化金融产业生态链的系统分析。

（5）进一步发展的愿景与问题。

二、案例描述：陕文投文化金融产业生态链实践与思考

（一）陕文投集团简介

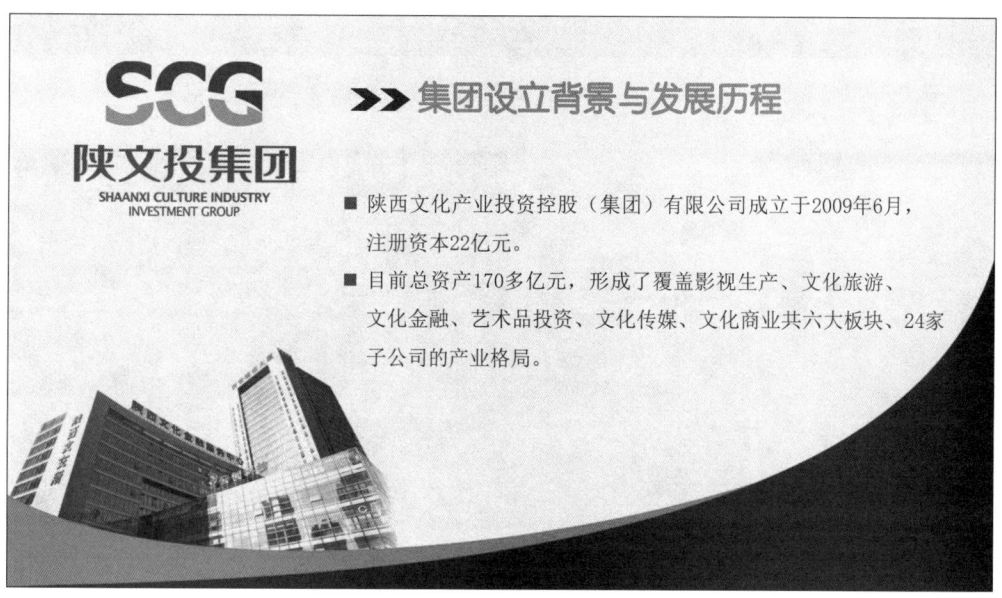

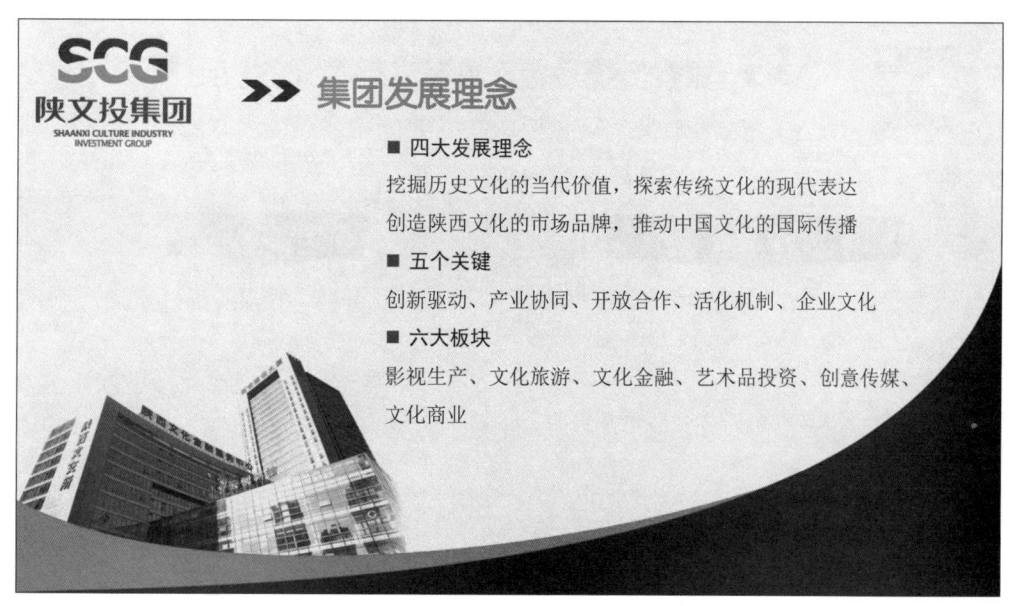

(二)陕文投集团在文化金融领域的探索与实践

探索传统金融工具在文化产业的应用

■ 探索传统金融产品与文化产业结合的新路径

文化信贷
——小贷公司

全国注册资本最多的文化类小贷公司之一
文化授信贷、企业经营贷
文化创意贷、文化抵押贷
累计向外贷款 **49亿**元
服务超过**900家**企业，文化类贷款占比**70%**

文化融资担保
——融资担保公司

对外担保**10亿**元
帮助**120余家**文化企业获得融资

文化产业基金
——投资管理公司

发起设立的陕西文化产业投资基金目前规模达到**16亿**元
成功投资荣信教育、易点天下、每日瑜伽、美豪酒店等多家
高成长性企业
拥有影视基金、创投基金、旅游景区并购基金多样化产品

探索传统金融工具在文化产业的应用

■ 构建文化金融生态链，为陕西全省文化企业提供多样化服务

充分利用自身的平台优势和产业优势
发展面向中小微文化企业的金融服务体系

文化小贷	产业基金
文化融资担保	艺术品交易中心
文交所	影视剧版权交易中心
投资管理	……
资产管理	

文化与金融融合创新

■ 推动文化资产标准化，破解文化金融对接的核心难题

风险识别与风险定价是文化金融融合发展的核心要点，陕文投集团利用大数据、云计算、光谱技术等多种现代科技手段推动文化非标资产标准化，并进一步推动文化资产证券化

1 登记　2 评估　3 确权　4 流转

- 西部国家版权交易中心
- 西安电视剧版权交易中心
- 陕西书画艺术品交易中心

整合 →

- 文化产业无形资产评估体系
- 艺术品鉴定评估体系

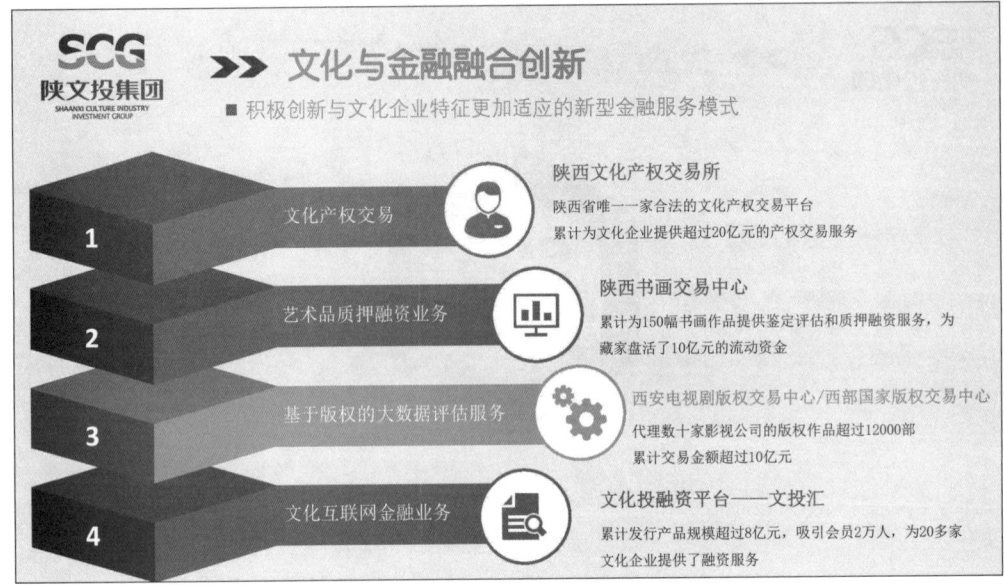

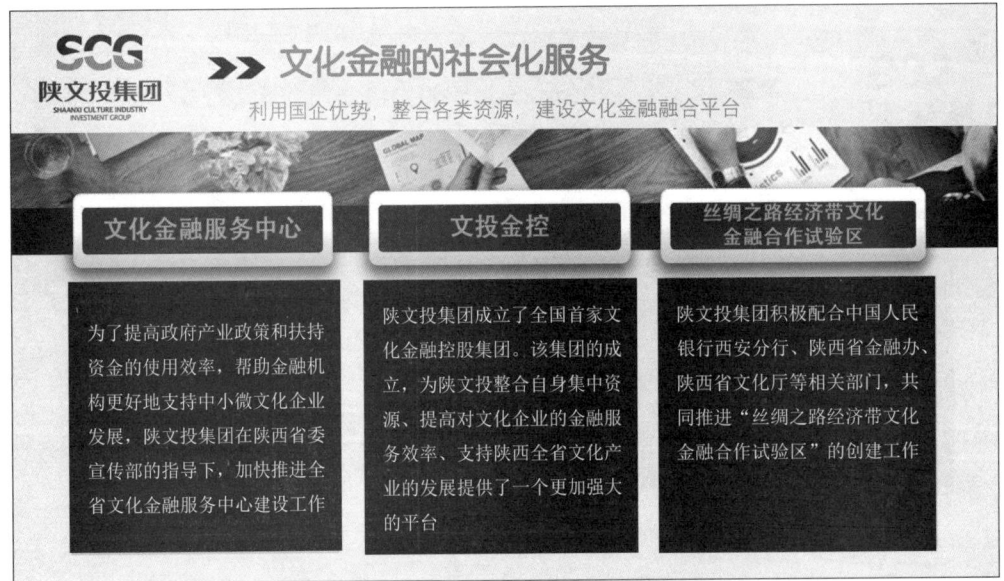

（三）打造艺术金融生态链，推动艺术金融创新发展

第一编 重要业务业态案例
第一章 陕文投文化金融产业生态链案例研究

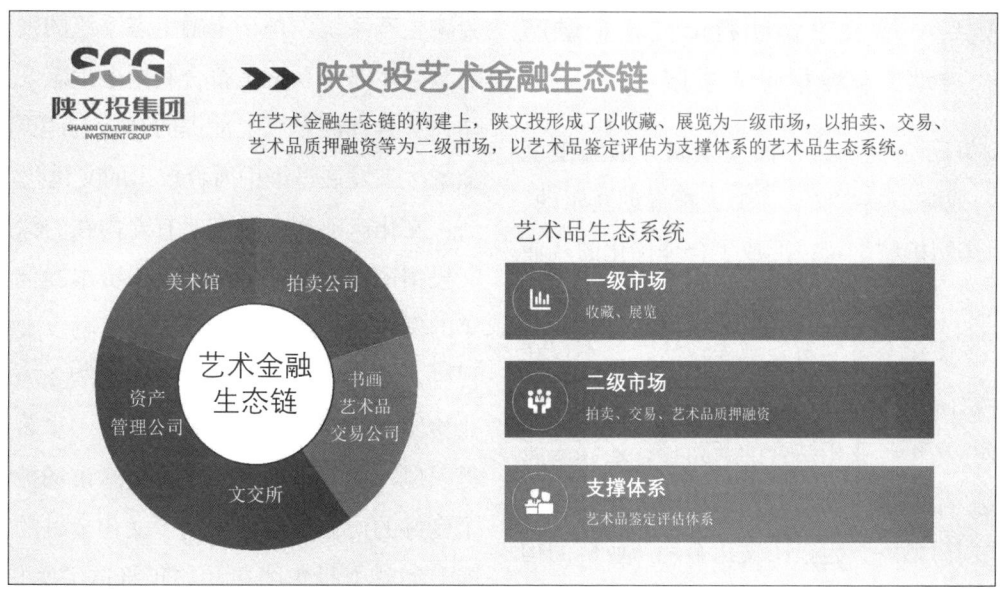

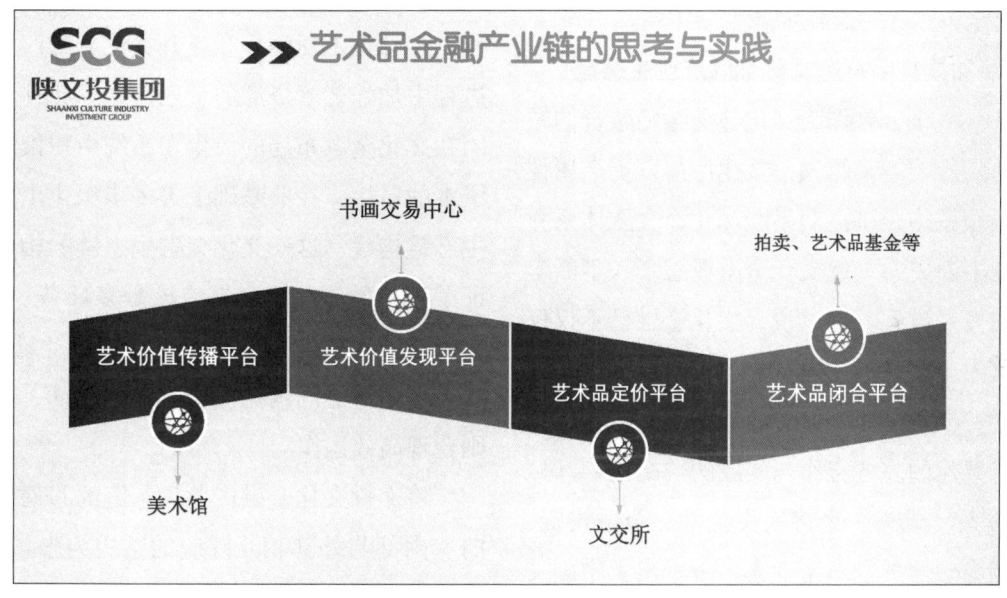

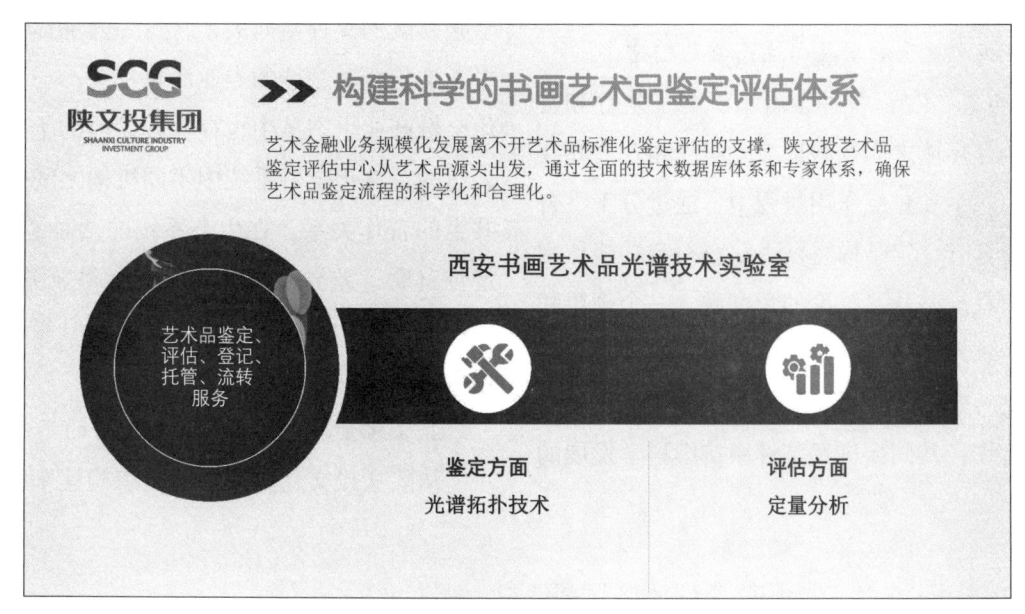

三、案例研究：陕文投集团打造文化金融产业生态链，推动文化金融创新发展①

陕文投集团立足陕西、面向全国，紧紧围绕"文化强省"战略，高举文化旗帜，把握创新驱动、产业协同、体制机制创新，形成了合理优化的产业布局。近年来，陕文投集团抓住文化金融中心建设的机遇期，在文化金融创新领域表现活跃，不仅在推动文化与金融深度融合发展的实践中努力开发传统金融手段与文化产业相结合的新路径，还深入研究文化金融产品与服务创新，开拓集团文化产业与金融融合的创新思路，为集团文化金融产业链的构建奠定了基础，实现了企业转型发展的阶段性突破，建立起全国领先的文化金融生态体系。

（一）陕文投集团打造文化金融产业生态链

近年来，文化金融作为文化与金融相融合的领域在国内外的影响越来越大，文化产品以资产属性参与到金融领域的经济活动不断深化，金融体系介入的积极性不断提升，使文化金融业态步入不断丰富的多元化发展进程。可以说，文化金融已不仅仅是少数财富人士关注的领域，它已经变成了一个社会大众关注、国家政策引导、政府资源支持，以及多行业参与共建的多方合作与实践的"文化+金融"的新发展体系，成为一个将人文艺术、金融投资、商业管理融为一体的创新型业态，表现出了中国文化金融市场创新实践的活力和前景。

1. 陕文投文化金融发展与生态链的构建

"金融生态"是指各种金融组织为了生存和发展，与其生存环境之间及内部金融组织相互之间在长期的密切联系和相互作用过程中，通过分工、合作所形成的具有一定结构特征，执行一定功能作用的动态平衡系统。从系统论的角度看，一个理想和谐的金融生态系统，必然是一个充满生机活力，生态系统内各子系统联系紧密、和谐共存、良性互动、高效运作，共同促进经济健康持续科学发展的金融生态系统。基于金融生态系统的发展规律，文化金融生态（系统）符合其金融生态发展的基本规律，并且在满足以上前提的基础上，更加突出文化金融生态发展过程中所释放出的文化艺术特性。

文化产业和金融产业有着内在的深刻联系。陕文投集团成立于2009年，注册资本22亿元，通过多年的发展已经形成了包括文化金融、文化旅游、影视生产等六大板块，总资产规模达170多亿元的企业集团。近年来，陕文投集团进一步着重打造"筑巢引凤"的资本平台，文化金融市场被激活，形成了良好的协作机制，带动了文化金融的整体快速发展。如陕文投集团在2015年打造了文化融资平台，使其文化金融发展呈现出阶梯式金融平台的升级过程，并且在不断完善和提升文化金融产业链布局的进程中加强艺术资源的金融内化。此外，陕文投集团在文化金融布局的大生态系统中积极实现与社会资本的对接，在此基础上进一步深化出文化金融的生态链构建。这一文化金融生态链的构建过程正验证了一个健康的生态链应该是多环节、多层次的，并且是"有机"的，整个系统内部生态环境较好，各个子系统之间沟通协作、良性互动，并且按照规则合理高效运作。

陕文投文化金融产业生态链的布局以横向与纵向、内部与外部相互呼应的结构为根本生态关联，互相产生有机作用。内部生态系统所表达的是文化金融发展的一种横向关系，这一内部体系的运作集中于文化金融领域的专业深化发展。与此同时，文化金融产业生态链中也存在着纵向的生态结构，所表达的是文化金融系统中不同机构之间的一种互补共生的合作关系。在生态系统的两种趋势推动下，定位鲜明、差异化发展的文化金融业务不断出现，从而使其演化构建出了持续发展、升级的陕文投文化金融产业生态链系统。

2. 文化金融内部场景（系统）的不断升级

从陕文投文化金融内部生态构建来看，文化金

---

① 本部分执笔人：宗娅琮（中央财经大学副教授、博士，中国文化产业智库研究中心副秘书长）。

融的内部场景不断升级。文化金融业务规模化发展离不开艺术品标准化鉴定评估的支撑，陕文投艺术品鉴定评估中心从艺术品源头出发，通过全面的技术数据库体系和专家体系确保艺术品鉴定流程的科学化和合理化。陕文投还联合中科院光机所成立"书画影像鉴定实验室"，借助画面的光谱信息和图形分析科学识别艺术家作品的身份和信息，为艺术品提供唯一的防伪编码，有效促进了艺术品流通和金融化进度。同时，在评估服务方面，则是通过建立完备的艺术品产品要素数据库，利用科学的大数据分析体系，在专家估价、市场询价的基础上对艺术品的价值提供综合的评估报告服务。

陕西文化产权交易所（简称"陕西文交所"）作为陕西省唯一一家指定文化产权交易服务机构，建立了集西安当代美术馆、天一国际拍卖、艺术鉴定评估、文化产权交易、文化资产互联网信贷、艺术品质押融资及文化产品电子盘交易于一体的文化金融平台。2016年7月19日，陕西文交所秉承"聚合文化资本力量，筑造文化金融高地"的企业使命，推出了"艺术品电子化交易平台"，依托其良好的国有资产平台、权威公信的发行机制及安全便捷的线上交易渠道，不断突破金融业务整体"冰点"环境，迅速建立起了一个公开、公平、公正的"艺术+金融"业务创新交易平台。2016年12月16日，陕西文交所文创产品电子盘交易额破亿元，在当时全国文交所电子盘业务行业竞争逐渐进入白热化，众多文交所如火如荼地开展邮币卡交易的同时，陕西文交所坚定"价值投资"理念，坚持协作共享机制，在交易的过程中充分体现艺术品自身价值，并解决了艺术品资产化缺乏现金流支撑的问题。可以说，陕西文交所在此市场环境中迎难而上，首先源于文交所平台主张内容为王，创新机制调控，提升盘面抗跌性；其次在于以稳定带增长，长短均线多头排列，使得上涨空间巨大；最后在于坚持国企使命担当，积极推进内部创新，立足保护投资者的责任感。

当前，陕文投集团处于文化金融产业生态链进化阶段，带有明显的引领性和示范性。陕文投集团借助互联网和移动互联网渠道整合文化金融产业链，进一步实现文化企业投融资信息高效流动，打通融资方与投资方之间的屏障，开创了全国知名文化P2P平台——文创金融。①此外，针对大量艺术品的融资需求，陕文投集团还打造出"委贷通道"，开展艺术品质押融资业务。针对未来文化金融的发展，"艺术+金融"渠道设计的畅通、公开、公平、公正的价值基础带来市场透明度的提高，以及流转有序的交易程序，会更好地推动文化金融发展的深度协作与价值共享，使"艺术+金融"服务的深度与广度迈向探索的新前沿。

3. 文化金融外延系统的有机应用

陕文投集团推动金融与文化产业融合和有效对接，积极实现文化产业领域跨越式发展的机遇期，同时也是陕文投文化金融外部支撑体系与文化金融内部生态体系应用性和有机性协同效应不断得到强化和稳固的机遇期，外部支撑体系的有机建构为文化金融内部生态发展带来了更多的互动与促进。比如，2013年，陕西文化产业融资担保有限公司（简称"陕文投担保公司"）和陕西文化产业小额贷款有限公司（简称"陕文投小贷公司"）相继成立，担保公司和小贷公司充分发挥了集团金融板块的拉动作用，主动突破文化产业发展的资本瓶颈问题，即文化产业轻资产、重创意的特性和银行传统的业务品种及担保模式与其融资需求的匹配度不高，以虚拟资产作为担保抵押存在困难。面对挑战，陕文投担保公司坚持以支持文化产业和实体经济为重点，加大与各家银行的合作力度，力争突破文化产业融资担保的"瓶颈"，建立了全面覆盖文化产业核心层、外围层和相关层的融资担保体系，通过担保增信帮助文化企业从银行获得融资支持。这样的

---

① 随着国家加大对P2P行业的监管力度，包括文创金融平台在内的近5000家P2P平台均先后退出。截至2020年11月，全国范围的P2P平台已经清零。

金融服务布局将进一步促进文化金融业务的发展，外部环境的协调与金融资本的多元支撑将给文化金融的深化带来更多的发展空间。此外，陕西文化产业投资管理公司作为陕西文化产业投资基金的管理机构，拥有丰富的基金管理经验，其发起管理的陕文投艺术品投资基金为陕西首只文化产业投资基金，也是文化金融内部发展与外延系统有机推动的代表。相信陕文投集团会紧紧把握"丝绸之路"经济新起点建设的历史契机，进一步通过文化金融布局盘活陕西以及"丝绸之路"沿线的文化艺术资源，不断促进、开拓艺术资源资产化、金融化的广度与深度。

（二）陕文投文化金融产业生态链特点

1. 布局全面，打造"普惠"文化金融的践行平台

近年来，以陕文投集团为代表的陕西文化金融发展迅速，创新活跃，开展的多层次、多领域、差别化的文化金融合作与实践在全国产生了较大的影响力。文化金融产业链的综合打造不是单单针对某一部分群体所构建的服务目标，而是实现"普惠"文化金融的践行平台。陕文投集团在艺术资源资产化、金融化环节优化、文化金融机构集聚、文化金融人才会集、流通渠道多元开拓等各方面要素环节全面布局，构建起了以系统性为特征的文化金融产业生态链。在这个链条中，多种类并存，既有金融市场及系统，也包括艺术资源转化过程中的各个环节和协作体系。因此，文化金融产业生态链的建立将进一步促进文化金融创新要素在陕西的集聚，打造出文化与金融资本、社会资本相互融合的机制性平台，突出文化金融的大众化参与理念，推动文化金融的全局性发展趋向。

2. 推动社会资本参与文化金融发展的优势力量

陕文投集团作为陕西省政府直属的国有大型文化企业，其发展壮大过程伴随着社会资本的强力参与，如陕文投担保公司积极开展业务合作，使资金来源从单一的银行扩展到了以银行为主体，小额贷款公司、社会资本、公司自有资本为附属的资金供给体系，这不仅丰富了企业资金来源，而且提高了企业融资总量和融资效率。与此同时，陕文投集团利用文化创意的能力孵化文化项目，吸引民间资本共同投资，加大社会资本应用力度。当然，要进一步促进社会资本投资文化金融领域，一是要有更大的专业化体系来消除壁垒，为社会资本进入营造良好的环境，二是鼓励投融资信息服务机构和平台的发展，最终实现按照新的模式和市场的需求促进文化金融发展，促进社会资本更好地进入文化金融领域。

3. 用系统论的方法培育文化金融生态系统

按照生态学的观点，金融生态应该以培育良好的社会信用关系为基石，遵循金融自然发展规律，在自由竞争、和谐发展的市场环境中逐步有了均衡的发展。沿此思路分析，文化金融的深化发展同样应以风险控制为前提，以系统生态方法管理和调节文化金融的发展及运行，以增强文化金融生态主体的自我调节功能为目标，并且积极探索寻求更加具有可持续性的良好机制来保证文化金融各环节的协调运作，评估和认定参与主体的信用基础，积极推动金融信用征信系统作为文化金融业务监管的参照和有益补充。陕文投文化金融产业生态链的构建过程实现了竞争合作并行机制，强力联合，协同推进，突出了陕文投集团快速发展的前瞻性、开拓性和担当意识。尤其是针对金融生态链系统的特质和要求，细化生态链系统，畅通文化金融生态圈内各子系统的联系通道，以竞争合作互补的机制实现文化金融生态链的协调、均衡发展，为业界提供了良好的范本参照。

（三）陕文投文化金融产业生态链启示

1. 打造文化金融生态系统的策略选择——深耕细作是关键

在国家大力发展文化产业的积极倡导下，各个地方皆推动文化金融、艺术金融业务发展，但是能够沉下心来深耕细作的不多，能够在此基础上紧随产业升级变革步伐，做到行业引领的更是凤毛麟角。因此，借鉴陕文投集团推动文化金融发展的

"系统论""生态链"思维，构造稳健的文化金融生态发展系统成为价值探索的重点，即打造文化金融生态体系必须加强文化金融生态主体建设，实现文化金融生态体系和谐均衡，完善文化金融监管和法律保障，确保文化金融生态全面、协调、可持续发展。与此同时，还要在促进金融经济良性互动的理论引导下确立科学的文化金融发展观。科学的金融发展观以金融生态为本，以金融与经济的和谐发展和良性互动为根本目标和落脚点，是全面、协调、可持续的金融发展观。因此，以文化金融全面、协调、可持续的生态发展观来具体思考，一是要树立文化金融生态资源的"稀缺"观念，文化金融资源为"最稀缺、最宝贵"的资源，因此，不仅要保护好文化金融资源，还要将金融资源支持用在文化金融发展最需要的地方。二是要树立文化金融生态均衡发展观念，即不仅要关注文化金融生态内部体系的稳健发展，还要密切关注和支持外部结构的均衡稳健发展，使文化金融生态各子系统在一个协调的平台上和谐共存且长效发展。

2. 深度理解"文化+金融发展"的内在逻辑

说到文化金融，文化艺术品是根本，金融是手段。艺术品的价值挖掘、价值发现，需要深度理解"文化+金融发展"的内在逻辑，在此基础上灵活合规地使用金融工具，优化文化金融产品结构，才能为大众提供更好的文化金融服务。因此，必须充分考虑文化艺术资源在设计和开发过程中所存在的局部与整体之间的特性与差异性，既要深入挖掘文化艺术资源的内涵，强化文化艺术资源的资产化、金融化设计思路，又要从文化艺术资源特性的实际出发，寻找探索最适合文化艺术资源金融化的开发模式。而且，伴随着文化艺术市场消费基础的引导和扩大，我们还需要具备进一步将文化艺术资源向资产化、金融化发展的衍生设计能力，以实现文化艺术资源金融化价值的最大发挥和文化金融生态链中核心环节的有机协调。

3. 文化金融风险管理是最大抓手

要想做好文化金融，最关键的是要做好风险保障机制。作为国家大型文化企业，陕文投集团具有责任担当意识，在文化艺术金融的开拓与发展进程中切实做好了风险管理机制的设计与保障工作，由专家团队紧密执行，相关部门严格监管，保障了文化金融业务的顺利执行，并且在业内取得了令人瞩目的成绩。众所周知，在金融交易过程中，信用是基础。没有信用支持的金融交易难以进行，而信用越发达，金融资产从最初所有者传递到最终使用者那里所必须经过的中间环节就越复杂，这就是"金融深化"的过程。金融深化的链条越长，金融价值就越高，金融产品就越丰富，金融市场就越发达，融通资金的能力也会越强。一个好的金融生态链系统应当是在一套适宜的并能够不断完善的制度规范下有效协调运转的动态系统，这对于文化金融生态链同样具有适用意义。

陕文投文化金融生态链（系统）目前正处于深耕阶段，陕文投集团用若干年的时间探索出了一条"由激活文化艺术资源进而深化为文化金融"的成长路径，即以美术馆为艺术价值传播平台，以鉴定中心为文化金融鉴定评估平台，以文交所为文化金融产品设计及竞价交易平台，以传统拍卖、互联网和移动互联网渠道等多元化策略搭建文化艺术品资产退出平台。并且，陕文投集团积极建立文化金融生态链外部支撑体系的关联和呼应，突破瓶颈，突出金融资本与文化艺术资源的强强合作优势，使之成为既满足对外的资金流通，又满足内部风险的化解和释放的文化金融生态链（系统）。陕文投文化金融产业生态链的系统性布局打通了文化金融的上下游企业机构，并通过这个系统贯通了书画交易的全产业链，同时也完成了文化艺术品资产化、金融化以及大众投资参与的全过程。

陕文投集团文化金融布局和创新走到今天并取得如此成绩，一方面源于政府引导，多方资源支持；另一方面源于企业领导班子的战略眼光和争做示范的信心与责任心。陕文投集团董事长王勇表示："文化企业要有文化担当和文化使命，陕文投集团自成立以来坚持以'让陕西文化走向全国、让中华文明走向世界'的企业使命和文化理想，满怀崇敬和敬畏之心做文化产业，推动企业可持续发展，实现文化的经济价值和社会价值。植根于陕西这片文化沃土，陕文投集团提出以创新的思路和方式运营文化，形成良好的产业布局。"由此，我们看到陕文投集团近年来的企业发展进程走向了更大的发展格局和更高的使命担当。陕文投集团不断打造、完善集团文化金融产业链，肩负起繁荣文化产业的重要使命，积极探索金融与文化发展的有效路径，为实现文化产业跨越式的发展迈出了坚实的脚步，并做出了重要且积极的时代贡献和文化奉献。

四、延伸阅读：建构文化金融发展的"陕文投模式"——专访陕西文化产业投资控股（集团）有限公司董事长王勇①

（一）开拓创新的"陕文投模式"

记者：陕文投集团不断开拓创新，探索出了文化金融发展的"陕文投模式"，"陕文投模式"是一种什么样的发展模式？它的特点和优势体现在哪里？

王勇：陕文投集团在"文化强国"战略和陕西"文化强省"战略背景下应运而生，是陕西重大文化产业项目的实施平台、陕西文化资源的整合平台、陕西文化品牌的创建平台、文化资本的增值平台。陕文投集团一直强调要在文化强国的大格局中找到自己的定位，将挖掘历史文化的当代价值、探索传统文化的现代表达、创造陕西文化的市场品牌、推动中国文化的国际传播作为自己的发展定位，努力将自身打造成一个金融资本与文化产业相融合的平台，以此更好地融入文化强省建设的大格局中，与社会发展大局同频共振，成为践行陕西"文化强省"战略和"一带一路"人文交流的"主力军"和"排头兵"。

陕文投集团的发展壮大，很大程度上得益于资本运作，特别是社会资本的整合以及充分利用各类金融工具。引入社会资本，不仅有利于建立现代企业制度，保证管理上更科学，让企业走得稳，还能使企业在维持较低负债率的情况下实现跨越式发展，放大金融杠杆的作用。实现做大企业规模、做优治理结构、做强经营能力、做活人才机制的多重目的。通过对陕西省文化资源的梳理，目前集团形成了文化金融、文化旅游、影视生产、艺术品投资、文化传媒、文化商业六大产业板块，下属公司24家，总资产150亿元。可以说，我们涵盖了文化产业的绝大部分领域，产业跨度比较大，细分业态也非常丰富，其中一半以上公司中有各类社会资本的参与。

文化金融是陕文投集团的核心产业板块，一方面通过对接各类金融机构，将陕文投集团自身打造成金融资本与文化产业的对接平台；另一方面通过金融创新，在夯实文化金融融合基础的同时，推出一批更加符合中小微文化企业融资要求的金融产品和服务。

陕文投集团着重在一级市场打造"筑巢引凤"的资本平台。2016年7月20日，陕西金色西部广告传媒股份有限公司成功挂牌新三板，成为陕文投集团在资本市场实现的首次重大突破。同时整合内部文化旅游资源，打造面向市场的轻资产运营平台——陕西文化旅游股份有限公司。其他准备上市或新三板挂牌的企业还有陕西文投（影视）艺达投资有限公司、陕西云创网络科技股份有限公司、陕西文化产业小额贷款有限公司、西安电视剧版权交易中心有限公司等企业。

在发展过程中，我们也认识到传统金融在支持文化产业发展中的不足，努力开创金融和文化相结合的新路径。陕文投集团自成立以来，利用自身的产业优势和规模优势，积极布局文化金融板块，构建了以文交所、文化融资担保、文化小额贷款、投资管理、文化产业基金、文化互联网金融、文化融

---

① 本文中的记者为宗娅琮（中央财经大学副教授、博士，中国文化产业智库研究中心副秘书长）。

资租赁、文化资产管理、艺术品和版权资产评估等为主的文化产业金融服务集群，努力打造文化产业投融资双方的对接桥梁。

通过文化金融产业链整合，实现市场资源与信息共享，降低运营成本，增强风险管控能力，实现产业集群效应，实现商业模式创新，构建核心竞争力。目前陕文投集团的文化金融整体结构正在逐步形成。在股权业务方向，形成以"陕西文交所+产业投资基金"为核心的文化资产及项目股权交易和投资平台，在债权方向，形成以"小贷+担保公司"的文化企业债券发行和转让平台。同时，陕文投集团着力构建支撑文化金融的支撑体系，包括影视剧版权评估定价系统、艺术品鉴定评估系统、文化金融综合服务系统、陕西文化资产管理公司的文化资产证券化系统，基于艺术品拍卖、文化产权交易和版权交易的资产处置体系，集团文化金融风险控制系统，以及正在建设中的集团文化金融数据征信系统，形成了全国独一无二的文化金融体系，集团的文化金融创新走在了全国前列。

2016年，仅有两家文化企业列入财政部首次债券投资扶持计划，获得中央文化发展专项资金支持，其中就有陕文投集团。这将给陕文投集团推进完善融资租赁、无形资产质押等创新型业务带来重大利好，直接降低其融资成本，更是对陕文投集团企业规模、产业布局、发展模式、品牌影响、融资方式等综合实力的充分肯定。

从国有文化企业，到合格市场主体；从深耕文化产业，到架接文化金融；从建立优化合理的产业布局，到加强板块衔接，形成完善的产业链条，陕文投集团是在市场规律中，找到了一条支持陕西省文化产业发展的正确道路。

记者：您是基于什么样的动力，推动陕文投文化金融产业生态链战略构建的？

王勇：首先，艺术品资产具有金融属性，货币金融所具备的性质它都具备，比如保值、增值、收藏、交易等，从这个角度去看，艺术品本身就是金融。因此，做文化艺术品金融时，不应用传统的手段，而要寻求新的方式。其次，艺术品拍卖的市场规模较小。艺术市场信息公司Artprice的报告显示，2016年，全球艺术品拍卖总额仅为125亿美元，远远低于其他金融资产，这意味着艺术品市场有广阔的发展空间。

基于此，陕文投集团着力解决困扰文化金融的核心难题，为文化艺术和资本架起一座融合的桥梁，有效调动起文化艺术和金融两种力量，盘活了巨大的存量市场，繁荣了艺术品市场，做大做强了以"长安画派"为代表的特色文化品牌，为培养和挖掘年轻艺术家提供了更多机会，为保护和弘扬陕西文化奠定了基础。

记者：陕文投集团在文化金融生态链构建和发展方面做了哪些突破性工作？其文化金融生态系统发展现状如何？

王勇：难以实现文化资产标准化是文化金融发展缓慢的根本原因，而文化资产标准化的主要难题是文化艺术品的风险识别和定价。目前，国内书画鉴定的主要方法仅靠有经验的收藏家、艺术家凭借眼力和个人经验做判断，缺乏一套严谨周密的科学标准，不仅有经验错误和道德风险隐患，而且严重制约了文化金融业务规模化发展。陕文投集团利用大数据、云计算、光谱技术等多种现代科技手段，推动文化资产的风险标准化，让不懂文化的金融机构也能看清其中的风险，并以资产标准化为起点推动资产资本化、证券化发展。

通过与中国科学院等科研单位的合作，我们将定量分析引入以往更偏重于经验定性分析的版权、书画艺术品鉴定评估系统中，通过整合西部国家版权交易中心、西安电视剧版权交易中心、陕西书画艺术品交易中心三大资源，建立文化产业无形资产和艺术品鉴定评估体系，深入开展包括文化类无形资产和艺术品的评估、登记、托管、流转服务，并为金融机构开展文化资产证券化或版权质押贷款业务提供了价值依据，从而建立书画艺术品鉴定评估的行业标准，并广泛应用于艺术品市场中买卖、拍卖、质押融资、电子盘等各个相关领域。陕文投集团将以此建立"互联网+"和大数据背景下的艺术品鉴定、评估、定价科学体系。

在文化资产标准化的基础上,陕文投集团积极创新与文化企业特征更加适应的新型金融服务模式。以陕西文交所的价值发现功能为核心,陕文投集团构建了集收藏、展览、拍卖、交易、担保、小贷、风投、咨询于一体的全方位文化金融服务体系,打通文化金融价值链的每一个环节,形成闭环系统,有力支撑陕西文化企业健康发展。

记者: 陕文投集团在文化金融平台化、系统化发展进程中是如何做到实现"公开、公正、公平"的公信力价值的?

王勇: 文化企业要想发展,一定要坚守企业的文化理想,遵循市场规律培育文化市场,持续创新激发文化活力,作为国有文化企业更应如此。所以,陕文投集团在文化金融平台构建的过程中,高度重视公开、公正、公平的市场环境构建,把社会效益放在首位,实现社会效益和经济效益的统一。

第一,陕文投集团以国家审批的交易平台为核心,建立具备公信力的文化艺术品资产价值评估体系。陕文投集团目前具有文交所、书画中心、版权中心等经过国家相关部门审批核准的交易平台,可为文化资产的鉴定评估和交易提供公开、公正、公平的平台。

第二,陕文投集团严格遵循国家相关政策和监管细则,平台合理设计交易规则,保障整个交易环节信息公开和交易规则公平,确保每一个参与者的相关利益。集团严格按照国家对交易场所的监管细则,建立了一套完善的交易体系,并使吸纳交易信息公开化,所有文化艺术品资产交易的信息都可以在平台查询,参与者可以在全面风险评估基础上选择合适的产品。此外,充分利用大数据等信息技术,对文化艺术品资产的基础信息采取严格备案,对信息加密存储,保障了所有产品流转程序可追踪性,有效防止了金融化过程中造成的人为操控。

平台经济的发展,市场需求是动力,公信力是基石。企业必须坚持文化价值的本质和方向,既尊重文化规律,又尊重市场规律,最终让"市场来追逐文化",而不用"文化去迎合市场"。

(二)发展升级的文化金融生态

记者: 陕文投集团从探索传统金融服务与文化产业结合新路径,到创新符合文化企业特征的新型金融服务模式,又进一步发展到陕文投集团自身融资模式创新。您认为,陕文投集团在文化金融领域持续突破创新的内在机制是什么?

王勇: 创新是文化产业的本质要求,所以,"职业化创新"不是口号,而是陕文投集团的企业基因。尤其在当前,文化产业正处于一个大变革时代,新媒体、新形态、新平台层出不穷,只有持续创新,陕文投集团才能成为文化产业发展和文化体制改革的"排头兵",才能显现"文化航母"的引领作用。我们强调体制机制创新、人才管理创新、资本运作创新、管理制度创新等全方位创新推进企业发展。陕文投集团坚持完善法人治理结构,建立了股东会、董事会、党委会,形成各司其职、高效协同的管理机制,并在企业内部严格实施"干部能上能下,人员能进能出,待遇能高能低"的人才竞争机制。以资本运作为例,为保护、开发韩城古城历史文化资源,陕文投集团成立了注册资本10亿元的韩城公司,陕文投集团出资3亿元,整合了韩城市政府1亿元和当地6家民营资本6亿元,开创了陕西国有文化企业整合民间资本发展文化产业的先例,成倍放大了国有资本的引领效应。

作为陕西省政府直属的大型文化企业,陕文投集团是陕西实施文化强省的重要市场平台,所以,我们一直坚持做"国际视野,国内一流"的文化企业,开拓创新,发挥文化产业龙头作用,引领陕西省文化产业的繁荣发展。所以,企业的使命决定了我们不单单要从自身考虑问题,更要从全省乃至全国文化产业发展的大局中寻找自己的定位,从产业的问题中找机遇,从业务的创新中求发展。

在这个过程中,如何利用自身平台优势和金融创新去服务全省乃至全国中小微文化企业,也是我们文化金融创新的重要动力。

西安电视剧版权交易中心和西部国家版权交易中心以电视剧、电影、文字、图片、游戏、微电影等版权运营服务为切入点，通过版权评估、版权质押融资为中小微文化企业提供资金支持，截至2016年底，已累计为省内外影视文化企业提供投融资版权运营服务的电视剧有56部，成功举办了西部影视节目交易会，汇聚影视制作播出机构400余家，受托代理的影视、文学类版权作品过万部。陕西文化产业小额贷款有限公司成立3年多来，面向中小微文化企业提供500万元以下的小额补充贷款，平台贷款客户数量达700余家，累计发放贷款额达43亿元，2016年末贷款余额为7.62亿元，文化行业占比70.05%。艺术品质押融资项目通过高标准、优筛选、严要求、快效率、多渠道的业务模式快速发展，至2016年投资总额达4.3亿元；存量规模增至3.4亿元，被业内公认为最具规范化、规模化的文化金融品牌。

记者：陕文投集团将如何进一步打造"筑巢引凤"的资本平台，由此推动文化金融事业快速发展？

王勇：陕西文化产业的发展急需整合人才资源、社会资源、金融资源。激活各类文化资源，需要龙头企业的带动和金融平台的支持。陕文投集团的发展一直坚持"两轮驱动"，一方面发挥国企的政策优势，用足用活政策；另一方面坚持市场导向，按现代企业制度做大做强文化项目，做市场需要的服务和产品。所以，陕文投集团能够与各方主体：政府部门、监管单位、金融机构、文化企业等形成有效的协同效应的局面。

近年来，陕文投集团积极拓展资源开发的深度和广度，运用市场化手段打破条块分割，不断推动全省文化、旅游、影视、艺术、科技、金融等各项资源整合。2010年成立的西安电视剧版权交易中心如今已身兼陕西影视制作联盟秘书处、陕西中华文促会会长单位等，为全省众多文化影视公司提供支持和服务；当代美术馆、曼蒂艺术广场等与陕西各大艺术高校、协会组织建立了良好合作关系，成功举办了多场高规格、有影响力的展览活动；集团投资5000万元成立了陕西文物复仿中心，整合文博和纪念品行业资源；枣园文化广场、榆林文化艺术中心等重大园区有效推动了区域文化资源要素的整合；联合陕西省广播产业集团创办的"秦腔广播·西安乱弹"已经把市场拓展到了西宁等地，实现了跨行业、跨地域的发展；通过建立云创意威客网发展新型文化业态，构建基于互联网技术的文化创意整合平台。

陕文投集团与国内著名大学、科研院所合作，构建文化金融创新研究平台，先后成立了文化产业智库研究中心、影视版权研究基地、艺术品鉴定中心，汇集文化金融界的理论专家和行业高端人才，为集团文化金融发展提供理论指导，合力破解业务开展中的难题与瓶颈。

同时，陕文投集团高举文化资本大旗，整合社会资本广泛参与文化品牌建设，自身发展的同时充分发挥国有资本的龙头带动作用，把社会资本吸引到文化产业领域，促进陕西文化产业快速发展，探索开创了政企合作、股权多元化、混合所有制经济等许多典型。为满足各市场主体的多样化投融资需求，发挥产业集群积极效应，构建包括文化资产鉴定确权评估、文化产权交易、文化资产处置、文化小额贷款、文化融资担保以及文化投资基金等在内的文化金融综合服务体系。

记者：陕文投集团整合旗下融资担保、小额贷款、投资基金、文交所和互联网金融等业务，成立了陕西文化金融投资控股有限公司，致力于为文化企业提供一站式金融服务。陕文投集团构建"文化金控"的动力和基础是什么？

王勇：文化产业投资规模大，回报周期长，所以必须高度重视资本运营。为解决资金问题，陕文投集团成立文化产业投资基金，强化银企合作，同时利用国家金融政策进行资本运作，以保障各类重大文化项目实施。企业在发展过程中，认识到金融支持对文化产业发展的重要性，也深刻体会到传统金融体系对文化产业支持能力的不足。

文化产业首先是创意产业，服务的是消费者观念形态的需求，具有高投入、高风险、高回报的特点，而包括艺术品、版权、IP在内的文化资产不同于土地、厂房等资产，一般金融机构很难对其风险进行识别和定价。由于传统金融机构以抵押为本的融资观念和体制机制，使文化产业的金融服务仍处于初级阶段。文化产业高速发展与传统金融支持之间的错配，让我们认识到，开创金融和文化相结合的新路径，是解决陕西省文化产业发展资本困境的一把钥匙。

完整的金融支撑体系是文化产业发展的必要条件。通过金融生态体系建设，一方面降低文化金融内部交易成本，另一方面加快解决文化金融对接的风险识别和定价问题，在提高金融资本投资文化产业的收益水平的同时降低风险成本，促进金融资本与文化产业实现融合。

我们成立了全国首家文化金融控股集团——陕西文化金融投资控股有限公司，通过整合陕文投集团下属文化金融类企业，打造文化金融服务中心，统一市场入口，规范业务流程，为文化企业提供文化资产鉴定评估、小额贷款、融资担保、风险投资、股权投资、艺术品质押融资等多样化服务，为市场投融资需求提供一站式服务窗口。同时融合"互联网+"理念，在线下"一站式服务窗口"的基础上，加强服务中心的网络平台建设，通过线上信息发布、项目推介、资讯交流等服务，扩大服务中心的辐射范围和影响力，增强平台的资源集聚与整合能力。

记者：在您看来，文化和金融是一种什么样的关系？谈到文化与金融的"融合"问题，您认为怎样的"融合"与"发展"可以使"文化金融"事业更加具有生命力？

王勇：金融是经济的血液，对于产业发展的重要性不言而喻，文化产业当然也不例外。但是，传统金融机构对文化产业的金融服务普遍处于探索阶段。正如前面所说，文化产业首先是创意产业，许多方面的实践都带有创新性和探索性，轻资产、高风险的行业发展模式与金融对接存在困难。只有从深层次解决金融和文化的融合问题，通过体制机制创新、文化服务创新和平台搭建构建融合的基础，吸引金融资本，完成二者的对接。

第一，陕文投集团努力探索传统金融服务与文化产业结合的新路径。陕文投小贷公司注册资本为4亿元，是全国注册资本规模最大的文化类小贷公司之一。它针对不同的经营周期、不同发展阶段的中小微文化企业设计了文化授信贷、企业经营贷、文化信用贷、文化创意贷、文化抵押贷等灵活多样的金融产品。经过几年的发展，陕文投小贷公司已经成为全国小贷协会的副会长单位。融资担保公司建立了全面覆盖文化产业核心层、外围层和相关层的融资担保体系，担保公司累计对外担保10亿元，帮助120余家文化企业获得融资。陕西文化产业投资管理公司发起设立的陕西文化产业投资基金计划目前规模达到10亿元，基金除投向陕西重大文化项目外，还投资于多家中小文化企业及文化精品项目。目前还在组建影视基金5亿元、电影基金5亿元、创投基金1亿元，以及旅游景区并购基金等，陕文投集团管理的基金将会实现文化产业纵向全生命周期、横向全产业业态的覆盖范围。

第二，针对文化企业轻资产、高风险的特点，构建基于确权、鉴定、评估等一系列基础性工作的文化资本标准化工作，这样的工作需要长期的、专业化的团队完成，形成可流转的文化金融资本。同时，对金融体制进行创新，形成针对文化产业特点的包括直接融资、间接融资等在内的全面的金融服务体系。陕西文化产权交易所成立以来，在平台上共实现了12亿元的文化产权交易，同时文交所还在探索文化资产证券化的方式，现已上线的艺术品电子盘交易就是我们针对艺术品收藏市场流动性较差，与全国主要的拍卖机构共同发起的新型艺术品流通模式。陕西文化资产管理公司与书画交易中心共同发起的书画艺术品质押融资业务自推出以来受到全国书画藏家的热捧，累计为150幅书画作品提供鉴定评估和质押融资服务，为藏家盘活了6亿元的流动资金。西安电视剧版权交易中心作为中国唯一的专业影视版权交易单位和西部国家版权交易中心，在推动影视剧版权交易的同时，还以电视剧和电影项目版权和未来收益为标的，为影视公司投资或拍摄提供资金支持。

陕文投集团努力以金融创新促进文化发展，以文化发展带动金融创新，成为架接文化产业与金融资本的桥梁，促进陕西文化产业的发展。

记者：作为陕文投集团的引领者，您如何看待未来陕文投集团在文化金融领域的发展前景和贡献？

王勇：文化产业是21世纪的朝阳产业。党的十八大以来，我国文化产业始终保持两位数增速，"十三五"规划中强调，文化产业要成为国民经济支柱性产业。陕西文化产业在"十三五"期间要达到年均15%的增长率，到"十三五"末期，文化产业占GDP比重要达到6%以上。文化产业的发展离不开金融的支持，陕文投集团将持续发力，打造全国领先的金融体系，用创新的理念和手段推动文化与金融深度融合，探索出一条中国特色文化金融创新发展的新路径。在陕西建成文化产业的资本聚集地，形成多元化、多层次、多渠道的文化投融资体系，促进文化产业与金融产业共同发展，使文化产业成为陕西省重要支柱产业。

2015年8月，陕文投集团与中国人民银行西安分行共同形成的关于创建文化金融试验区的调研报告获得了陕西省主要领导的充分肯定，申请试验区的方案也正式进入轨道。2016年2月，由中国人民银行牵头，文化厅、金融办、陕文投集团共同完成的《陕西创建丝绸之路经济带文化金融试验区总体改革创新方案》正式由陕西省政府报送给国务院，并由国务院转相关部委研究。

围绕金融服务实体经济的本质要求，立足于文化产业自身特征，以推进文化金融改革创新为动力，以创新文化产业"筹—投—贷"融资体系为主线，有效整合区域文化与金融资源，构建与陕西"丝绸之路"经济带新起点和全面创新改革试验区建设相适应的现代文化金融服务体系。在有效防范风险的前提下，探索形成一套金融支持文化保护与传承、文化产业与金融业融合发展的良好经验，将陕西建设成为全国重要的文化金融创新基地，为我国文化金融改革发展探索可复制、可推广的新模式和新路径。

第二章　安盛艺术品保险运营案例研究

> 艺术品保险是艺术金融发展过程中不可回避的一个重要服务内容，它既是产品、业态，又是重要的风控机制。目前，在全世界范围内，艺术品保险鲜有成功案例。而安盛集团的艺术品保险运营可以说独树一帜，它通过技术与资源的整合建构综合服务平台，将产品与服务相配套，为"艺术品与生活方式"提供一站式全方位的服务保障。

一、案例简介：安盛艺术品保险

安盛艺术品保险集团（AXA Art Verscherung，以下简称"安盛艺术品保险"）是全球领先的专门经营艺术品保险的跨国集团。其前身北极星保险公司（Nordstern Insurance Company）于20世纪60年代开始经营艺术品保险业务，是全球最早经营该业务的保险公司，总部位于德国科隆。1998年，法国安盛集团（AXA，以下简称"安盛"）收购北极星保险公司。整合后的新公司命名为AXA Nordstern Art，并于2001年更名为安盛艺术品保险，隶属于安盛集团，专注于为收藏家、博物馆、美术馆、经销商等艺术机构或专业人士以及展览项目提供专业的艺术品保险产品与服务。2000年以后，安盛艺术品保险开启国际化发展之路，深入全球新兴的艺术品市场。随着中国香港艺术品市场的崛起，安盛艺术品保险以中国香港为亚洲的枢纽，先后将业务拓展至新加坡、中国内地、马来西亚、韩国等市场。2015年前后，随着业务升级，艺术品保险的承保标的从艺术品、古董、收藏品扩展至乐器、红酒、珠宝、古董车、建筑、家具等高净值人群的各类贵重物品。公司通过技术与资源的整合，将产品与服务相配套，提供包括安盛全球理赔网络、艺术品防护与修复国际网络、艺术品损失预防建议、运输仓储与储存建议、收藏管理建议、全球风险评估方案GRASP等在内的咨询与服务，为"艺术品与生活方式"提供一站式全方位的保障。

2012年起，安盛艺术品保险通过安盛集团在中国的财产保险公司为中国市场提供艺术品保险产品与服务，直接引入4款国际标准的艺术品保险单：艺术品运输及展览保险单、私人及企业艺术收藏品保险单、商业性艺术品保险单和博物馆艺术品保险单，并且在中国本土培养专业团队，输送核保、理赔等专业技能。面对中国市场保险意识薄弱、保险需求单一、市场风险偏高的特征，安盛艺术品保险率先在国内开展艺术品防护与风险管理的培训、引进全球风险评估方案GRASP，带动市场安全体系的提升，也帮助市场升级展览馆安全管理系统以及艺术品物流、艺术品仓库等配套设施与服务；在业务上，安盛艺术品保险以一系列落地中国的重量级国际展览保险项目为切入点，通过专业的产品与服务，建立起与国内博物馆、美术馆、艺术经销商等相关艺术机构与专业人士的紧密合作关系，构建本土的服务网络，在业界树立起良好的信誉和口碑。

长久以来，安盛艺术品保险作为安盛集团的隶属成员，以专业经营艺术品保险而独树一帜，在全球26个国家和地区设有办事处，市场份额约占1/3。同时，安盛也以其丰富的企业收藏而享誉业内，积极参与艺术发展，支持艺术修复与艺术教育，成为国际大型艺术博览会，如欧洲艺术与古董博览会（TEFAF）及巴塞尔艺术展（Art Basel）的合作伙伴。2020年，经安盛集团架构重组，安盛艺术品保险集团正式并入安盛信利集团（AXA XL），开启新的征程。

在具体的案例研究分析过程中，应特别注意以下几个重要问题：

（1）考察安盛艺术品保险业务发展的历史沿革及背景。

（2）分析艺术品保险运营综合服务平台的体系与结构。

（3）具体运营的产品应与服务相配套。

（4）建构艺术品保险综合服务业务链。

二、案例描述：安盛艺术品保险国际化发展之路

AXA ART 1961—2019

安盛艺术品保险国际化发展之路

安盛艺术品保险——我们是谁，我们做什么

我们是谁 Who We Are

- 我们是谁：专业经营艺术品保险的跨国公司
- 企业愿景：热衷于艺术，致力于保险 → 致力于保障艺术与生活方式
- 企业团队：全球职员共200余人，其中25%的人是具有艺术背景的专业人才
- 社会责任：服务企业收藏者、艺术赞助商，扶持艺术修复事业，关注年轻艺术家
- 企业网址：www.axa-art.com

我们做什么 What We Do

- 产品：多达百余种艺术品保险产品，提供全方位、多样化的保障
- 理赔：高效而便捷的全球艺术品理赔网络
- 咨询服务：艺术品防护与修复国际网络、运输仓储与储藏建议、收藏管理建议、内部专业艺术顾问咨询服务
- 风险管理：艺术品损失预防建议、全球风险评估方案（GRASP）

安盛艺术品保险 —— 全球发展历程

1961 — **2000** — **2015** — **2020**

- 创立艺术品保险
- 主要为德国本地及欧洲其他国家收藏家服务
- 专注于发展关于艺术品、古董与收藏品的艺术品保险产品

- 瞄准全球化,立足欧美市场,逐渐扩展至亚洲、中东等市场
- 在亚洲地区,以中国香港为中心,逐渐拓展至中国大陆、中国台湾、新加坡、马来西亚、韩国等市场

- 艺术品保险产品多样化,保障"艺术品与生活方式",从艺术品扩展至乐器、红酒、珠宝、古董车、家具、建筑等
- 建立起完善的咨询与服务体系

- 安盛艺术品保险集团(AXA ART)并入安盛信利集团(AXA XL)

安盛艺术品保险在中国 —— 品牌形象

- 品牌定位:全球领先专营艺术品保险的保险公司
- 市场经验:50余年,历史最久
- 核心团队:25%的员工具有良好的艺术背景
- 市场份额:超过1/3,份额最高
- 客户群体:博物馆、美术馆、私人与企业收藏者、艺术经销商、相关艺术机构与策展人
- 保险产品:艺术品一切险,国际标准化产品
- 服务咨询:艺术品损失预防建议、艺术品防护和修复国际网络、安盛全球化理赔协助、珍品运输、仓储及储藏建议、内部专业艺术品顾问、全球风险评估方案(GRASP)
- 市场贡献:艺术修复,欧洲艺术和古董博览会(TEFAF),巴塞尔艺术展(Art Basel)

安盛艺术品保险在中国 —— 发展历程

2012 — **2014** — **2019**

- 2012年,丰泰保险(亚洲)有限公司上海分公司
- 2013年,安盛保险有限公司
- 以落地国内的国际展览业务为主

- 2014年,安盛天平财产保险股份有限公司
- 业务范围拓展至全国,以上海、北京为主,逐步拓展至长三角、珠三角、川渝等艺术展览活跃区域
- 以展览保险为主,发展本地艺术机构

- 2018年,安盛集团收购安盛天平剩余股份
- 2019年,品牌更名为安盛保险,成为在华外资全险财产保险公司

2020年1月1日,安盛艺术品保险集团(AXA ART)正式并入安盛信利集团(AXA XL)
www.axaxl.com

安盛艺术品保险在中国 —— 产品供应与市场需求

产品供应
- 艺术品运输及展览保险
- 私人及企业艺术收藏品保险
- 商业性艺术品保险
- 博物馆保险（全年保险单）
  * 艺术品一切险，国际标准化保险单

市场需求
- 艺术品运输及展览保险
- 借展的艺术品与文物
  * 国内市场需求主要集中于展览与运输保险

安盛艺术品保险在中国 —— 策略

发展策略
- 加强市场的风险意识
  * 艺术品防护与风险管理
  * 全球风险评估方案GRASP
- 专注于展览项目
  * 艺术品运输及展览保险
- 团队本土化、专业化
  * 加强核保与理赔技能
  * 团队具备艺术背景
- 完善配套服务系统
  * 开放集团资源与咨询服务
  * 咨询与服务本土化
- 建立商业合作伙伴关系

规避策略
- 高风险项目
- 难以预估的风险

三、案例研究：安盛艺术品保险的重塑与国际化道路

（一）安盛艺术品保险发展史（1961—2019年）

1. 重新定义艺术品保险

艺术收藏是安盛的另一个身份象征。迄今为止，安盛及其附属公司的藏品收藏规模达12180余件。大部分艺术品被收藏于德国科隆总公司的陈列室内，由艺术专家管理，可供访者预约参观。另一部分则被展示在公司的公共空间和会议室里，在欧洲工作的雇员还可以通过公司内网选择自己喜欢的艺术品来装饰办公室。公司对全体员工开放艺术数据库，并通过"每月艺术精选"展示等艺术教育项目为雇员提供在线服务。艺术是安盛艺术品保险的企业文化中不可或缺的一部分，有助于激励员工、增强团队凝聚力。公司热衷于吸纳具备良好艺术背景的专业人士，在全球200多名职员中，1/4员工具备艺术教育背景或艺术市场工作经验，他们能帮助团队更好地增进客户关系，并为客户提供广泛的咨询服务。

安盛艺术品保险始终向公众展示一个充满创造力、履行社会责任的企业形象，扶持艺术修复研究项目、关注青年艺术家的发展、赞助欧洲艺术

和古董展览会（TEFAF）、巴塞尔艺术博览会（Art Basel）等全球重要艺术博览会，并通过全球风险评估方案（GRASP）帮助全世界超过500家博物馆、美术馆、企业收藏机构提供查勘与评估服务。

安盛艺术品保险的logo的上半部分是公司名称AXA ART，表示公司隶属于安盛集团，并且与艺术相关；下半部分由redefining（重新定义）和art insurance（艺术品保险）组成。redefining既是致敬北极星保险公司，也表达出对构建未来的信心；art insurance则直接点明了公司的主营业务（图2-1）。这个logo在2000年后曾伴随安盛艺术品保险历经了十多年的国际征程，见证了公司从本土的藏品保险起家逐步成长为一家专营艺术品保险跨国集团的发展过程。

图2-1 安盛艺术品保险的logo[①]

2. 国际化的发展之路

安盛艺术品保险的发展大致可分为三个阶段。

第一阶段在1961—2000年，在这一阶段公司主要致力于将产品专业化。企业收藏兴于19世纪末20世纪初，盛于20世纪60年代，绝大多数欧美银行和家族企业于20世纪中叶开始参与收藏事业，将艺术品作为其资产组合中不可或缺的一部分，这其中也包括北极星保险公司。在此契机下，北极星保险公司将当时普通的财产险与水险相结合，设计出符合本地收藏者需求的"艺术品保险"，主要承保收藏者放置于家、公司或仓库里的艺术收藏品以及展览保险和运输保险。安盛收购北极星以后，进一步激发市场需求，优化产品、细分险种，逐步将业务推广至欧美市场。在这一阶段，公司选定"艺术品保险"这块细分市场，集中企业所有人力、物力与资源将产品专业化、服务系统化，为"艺术品、古董和收藏品"提供全面保障，满足藏家、博物馆、艺术经销商等特定群体的需求，开拓出一片独特的新市场。

第二阶段是2000—2015年，1998年，安盛收购北极星，在安盛的国际化平台下，艺术品保险步入国际舞台。在这一阶段，公司一方面继续扩大欧美市场份额，另一方面开拓亚洲、中东等艺术市场活跃的国家及地区，将其第一阶段积累的专业技术和丰富经验应用到新兴市场。2003年，安盛艺术品保险通过安盛保险香港有限公司（AXA General Insurance Hong Kong Limited）进军中国香港市场。彼时的中国香港作为国际金融中心和东西方文化融合之地，成为各大跨国公司设立亚太区总部的首选。2000年前后，苏富比（Sotheby's）、佳士得（Christie's）两大国际拍卖公司纷纷将亚洲总部迁至中国香港。2008年，中国香港国际艺术博览会（Art HK）[②]在中国香港首次举办。2013年，第一届香港巴塞尔艺术展（Art Basel Hong Kong）拉开序幕。中国香港以其低税率、高效率、发达的物流与仓储体系和国际贸易自由港的优势迅速成为亚洲地区最重要的国际艺术市场，也在这一时期孕育出优秀的本土藏家、博物馆、美术馆、画廊等艺术机构。安盛艺术品保险适时介入，几乎参与了中国香港艺术品市场快速发展的全进程，并将中国香港作为亚洲市场的枢纽，在随后的十多年里继续向周边地区拓展业务。2012年，安盛艺术品保险通过丰泰保险（亚洲）有限公司上海分公司在上海正式开展第一笔艺术品保险业务，并于2014年通过安盛天平财产保险股份有限公司将业务拓展至全国[③]。

第三阶段是2015年以来，伴随着文化需求的升级，艺术品日益成为高品质生活不可或缺的一部分。

---

① 这个logo使用于2001年至2015年。
② 香港国际艺术博览会（Art HK）于2008年在中国香港举办，随后被巴塞尔艺术展母公司收购，并于2013年正式命名为中国香港巴塞尔艺术展（Art Basel Hong Kong）。
③ 安盛保险在中国的发展历程：2006年，安盛集团收购丰泰保险；2013年，安盛保险有限公司正式成立；2014年，安盛与天平合并成立新公司——安盛天平财产保险股份有限公司；2018年，安盛集团收购安盛天平剩余50%股权；2019年，安盛保险再次恢复外资全资财险公司的身份。

在这一阶段，安盛艺术品保险以客户为导向，将企业愿景调整为"致力于保障艺术与生活方式（To pioneer art & lifestyle protection）"，客户群体从收藏者、博物馆、艺术经销商扩大至全球高净值人群，打破艺术品、古董与收藏品的传统界限，设计出多达百余种艺术品保险产品，将艺术品、古董、乐器、红酒、珠宝、古董车、建筑、家具等代表高品质生活的珍品一并纳入保障范围。

纵观安盛艺术品保险的发展过程，公司在建立之初以收藏家为切入点开辟新兴的细分市场，将所有资源集中投入到"艺术品保险"领域，研究特定客户群体的需求，尽可能地实现产品与服务专业化、多样化、系统化，同时，在这个过程中迅速积累技术优势与运营经验，并随着全球化趋势，做到以客户需求为导向，与时俱进，将艺术品保险推广至更广泛的全球市场。

（二）安盛艺术品保险在中国的发展

1. 合适的进驻时间

2012年，安盛艺术品保险作为第一家外资保险公司透过丰泰保险进驻到中国市场[①]，时机很好。2012年的中国艺术品保险市场正处于相对空白的阶段。2010年底至2011年初，政府为了大力发展文化产业，已开始鼓励国内保险公司发展艺术品保险，但由于缺乏专业的技术、人才、数据和经验，国内保险公司的响应并不积极。与此同时，国内的博物馆、美术馆等艺术机构的展览数量却在与日俱增。2012年6月，中国国家博物馆与大英博物馆、英国国立维多利亚与艾伯特博物馆合作推出"瓷之韵——大英博物馆、英国国立维多利亚与艾伯特博物馆藏瓷器精品展"。同年11月，中华艺术宫举办"米勒、库尔贝和法国自然主义——奥赛博物馆珍藏展"庆祝开馆。2013—2014年，"安迪·沃霍尔：十五分钟的永恒"亚洲巡展分别在上海当代艺术博物馆和中央美术学院美术馆举行。2014年3月，由巴黎马摩丹莫奈美术馆、上海天协文化发展有限公司和K11 Art Foundation联合主办的"印象派大师·莫奈特展"更是将艺术展览的热度推上第一个高峰。安盛艺术品保险正是通过参与上述重量级的国际展览保险项目，迅速在业界树立起良好的信誉和口碑。

2. 本土化经营

安盛艺术品保险进驻中国以后，直接向市场引入了国际标准的艺术品保险单、核保技术、理赔系统以及风险管理制度，并且向中国客户开放集团资源，包括艺术品损失预防建议、艺术品防护与修复国际网络、全球风险评估方案（GRASP）[②]等。

初期的运营结果显示，中国市场与欧美及亚洲其他市场存在着较大的差异，主要体现在表2-1所示的几个方面：

表2-1 中国市场与欧美及亚洲其他市场在艺术品保险方面存在的差异

差异项	欧美、亚洲其他市场	中国
保险意识	欧美：强 亚洲其他市场：中等	弱
险种需求	60%：收藏保险，用于自有艺术品 40%：展览及运输保险、商业性艺术品保险、其他诸多艺术品保险	85%：展览及运输保险，用于借展的艺术品 15%：商业性艺术品保险、收藏保险
消费偏好	主要通过保险经纪/代理；综合考虑保险条款、保费与免赔额、理赔服务	直接采购或保险经纪/代理；重视保费，轻视保险条款和理赔服务
出险类型	60%：运输意外 40%：火灾、水灾、意外碰撞、盗窃	40%：展览期间观众破坏； 40%：运输意外 20%：其他
保费规模	欧美：大 亚洲其他市场：中等	小

第一，中国艺术品保险市场是一个典型的高风险市场。尽管中国市场的主要客户群体与欧美的相仿，由博物馆、美术馆、藏家、艺术经销商以及相关艺术机构组成，但普遍缺乏基本的风险防范与风

[①] 2012年，安盛集团已收购丰泰保险，但尚未完成企业名称的变更。
[②] 迄今为止，全球风险评估方案（GRASP）已为全世界超过500家博物馆、美术馆、企业收藏机构，包括中国境内的今日美术馆、chi K11 art space、清华大学艺术博物馆、嘉德艺术中心、中央美术学院美术馆、上海当代艺术博物馆、西岸美术馆等艺术机构提供查勘与评估服务。

险管理意识。以展览项目为例,艺术机构在实际操作过程中,对于展览场地的硬件设施与人员管理,对于艺术品的包装材料、包装方式、物流公司、运输方式的选择并没有给予应有的重视。

理赔数据显示,艺术品面临的五大风险是火灾、水灾、运输意外、意外碰撞和偷盗。从全球市场的数据来看,运输意外的出险率最高,占比60%或以上。而在中国市场,运输意外和展览期间观众破坏的比例几乎相同,各占40%左右。艺术品在展览期间易遭损坏,其中既有观众的原因,也反映出艺术机构的管理疏忽。

面对中国市场较低的风险意识和较高的出险率,安盛艺术品保险从2013年起在北京、上海、广州、成都等城市召开"艺术品防护与风险管理"研讨会,在各类艺术论坛与活动中呼吁业界关注风险管理问题,并引进"全球风险评估方案(GRASP)"为博物馆与美术馆提供查勘与评估服务,以及提供预防损失建议、运输与仓储建议等咨询服务。这些举措迅速得到业内的响应与认可,也促进了艺术品物流、艺术品仓储等配套设施服务的发展。

第二,如表2-2所示,从艺术品险种分类来看,通过前期的市场调研与分析,安盛艺术品保险向中国市场引入了4款实用性较强的艺术品保险产品——艺术品运输及展览保险、私人及企业艺术收藏品保险、商业性艺术品保险、博物馆艺术品保险。出乎意料的是,中国消费者对于艺术品保险的需求非常单一,主要集中在为借展的艺术品与文物购买展览与运输保险。早期,该险种的占比一度高达90%,后降至80%左右。在欧美及亚洲其他市场里,需求度最高的一直是收藏品保险,占比约60%。但是,国内的藏家和艺术机构几乎很少为自有藏品安排年度保单,仅会在藏品外借时要求借入方安排展览保险。针对这样的情况,公司调整策略,主攻展览项目。一方面,凭借丰富的海外资源与良好的品牌形象,以在国内博物馆、美术馆落地的国际展览项目为切入点,与这些本地博物馆、美术馆建立起良好关系。在此基础上,通过提供专业的保险服务与咨询服务,及业内的口碑相传,逐渐将业务深入到本地更多的艺术机构中去。另一方面,公司加强与业内具有影响力的艺术机构的合作,从而提升公司在当地的品牌知名度。从长远考虑,收藏保险依然是未来的发展方向,公司也继续在本地寻求志同道合的商业合作伙伴,培育潜在的市场,等待时机的到来。

表2-2 艺术品保险险种与用途

险种	用途
艺术品运输及展览保险	博物馆、美术馆、艺术机构的展览项目
私人及企业艺术收藏品保险	私人藏家或机构收藏者的自有藏品
商业性艺术品保险	艺术经销商们用于销售的艺术品
博物馆艺术品保险	博物馆的年度保险项目

由于保费来源单一,主要依托展览与运输保险,一定程度上限制了保费量的快速增长。面对有限的保费规模和较高的市场风险,公司不盲目扩张,而是采取谨慎而稳健的发展策略。保险是一个经营风险的行业,核保的过程就是识别风险、选择风险的过程,核保技术水平的高低直接关系到公司的业务质量、承保利润和发展的可持续性。在本土化的经营过程中,公司首先建立了一支专业的本地核保团队。在组建时,公司优先选择兼具艺术与金融或相关商业背景的复合型人才,要求员工了解艺术与艺术展览的基本运作,快速适应烦琐的核保工作,保持清醒的风险意识,并且能与客户建立良好的业务关系。依托总公司丰富的业务经验,集团定期对员工进行核保技能培训。在实际业务过程中,在面对较为复杂的项目时,本地核保团队能够及时获得总公司的经验分享与技术支持;在面对风险偏高或操作不规范的项目时,核保团队能够向投保人提出改善建议,帮助客户降低风险或一起探讨其他可行方案;在面对风险极高或风险难以预估的项目时,核保团队也能够冷静辨别并做出正确的判断。实际上在经营初期,拒保率曾一度高达66%。通过公司与团队对市场的培养,目前市场风险已有所改善,拒保率也已大幅下降。其次,通过本地团队进一步对本土市场做尽职调查,了解所在市场的主要风

险、重点客户、重要项目来源、配套设施与服务等，在此基础上，有的放矢地发展业务。在区域布局上，先以北京和上海两大艺术展览活跃度高的城市为起点，再逐步向珠三角、长三角、川渝、中原等其他艺术活跃的区域有序拓展。总体而言，公司发展策略是以优质客户、优质项目为重，谨慎经营，稳健发展。

中国市场的另一个特点是缺少专业经营艺术品的保险经纪公司（以下简称"保险经纪"）。专业的保险经纪通常具备良好的艺术品保险业务知识，能够为投保人提供专业的保险建议，负责与保险公司谈判，为其雇主选择条件最优的艺术品保险单。在欧美市场，保险公司超过90%的业务是由保险经纪来输送的。然而，中国消费者对保险经纪的依赖度并不像欧美国家那么高，而且，国内的保险经纪大多也并不了解艺术品保险业务。正是由于艺术品保险经纪的缺位以及投保人对艺术品保险的陌生，消费者或经验不足的经纪公司往往只通过价格来选择产品，而忽视保障范围、条款内容和理赔服务。因此，安盛艺术品保险在进驻中国市场后，主动建立与保险经纪的合作关系，并为其提供艺术品保险培训服务，以开放的心态与商业合作伙伴共同成长。从长远发展来看，专业保险经纪的介入既能帮助消费者充分了解产品，又能帮助保险公司深入市场、扩大业务。在经营初期，大部分业务都是由客户直接与公司达成的。至今，在保险公司与保险经纪的共同努力下，市场对于保险条款、理赔服务的重视程度有所提升，保险经纪的业务贡献度也在逐步增长。

回顾过去，安盛艺术品保险在合适的时间率先进驻中国市场，以落地本土的国际展览保险为切入口，引进国际标准的艺术品保险单，领先的核保、理赔和风险管理技术，通过培养本地专业团队、商业合作伙伴，构建起本土的修复、运输、仓储、咨询网络，迅速打开市场，赢得客户的信赖，并推动中国艺术品保险市场的发展与升级。

2018年，法国安盛集团收购信利集团（XL Group）[①]，设立安盛信利集团（AXA XL）。经架构重组，安盛艺术品保险集团于2020年正式并入安盛信利集团[②]。安盛信利集团将继续提供艺术品保险与服务，并且业务范围将扩大至为大额财产、责任、专业、金融等诸多特殊风险提供保险与咨询服务，开启一段新的征程。

（三）企业收藏文化的延续

"艺术收藏的目的在于提升企业员工和参观者的批评及见解能力，并且鼓励对于创造性表达的容忍度——尽管是对一些原本不熟悉的事物或观点。"安盛集团人力资源总监Andrid Stange博士如是说。

安盛集团庞大的艺术品收藏由美术史专家来进行策展与日常管理，包括德国的Michaela Wallner女士等。这些艺术品被精心布置于全公司各个分支机构的办公空间内。安盛企业文化的另一个特点是公司尽可能为员工营造一个触手可及的当代视觉艺术环境。Andrid Stange博士认为，安盛的艺术品收藏鼓励了多位年轻艺术家，因此收藏也是一家保险公司应尽的企业社会责任的一部分。"在安盛，我们希望艺术能够鼓舞我们的员工、客户及任何一个到访的人，让他们对于当代艺术有更深刻的见解，从而能够更好地表达自己，容纳不同的事物。"

所有的艺术收藏品都按照一定的组合方式陈列在集团的空间里，而且雇员还可以通过公司内部的Artothek艺术图书馆借用作品摆设在自己办公室内；安盛还设有各种艺术教育项目，包括导赏团、艺术数据库、艺术图册、"每月艺术精选"展示、企业内部网络以及员工通讯以覆盖艺术信息。自2010年以来，企业收藏中最重要的一批艺术品都可以通过语音导览项目使员工更容易接触与了解，并与各大艺术博览会及博物馆合作，透过安盛研究基金使公司收藏更完善。

---

① 信利集团创立于1986年，是一家全球性保险和再保险公司，以承保特殊风险（如航空、核能、大额财产及责任、海上运输等）为专长，也经营艺术品保险。

② 2020年1月1日起，安盛艺术品保险集团（AXA ART）正式并入安盛信利集团（AXA XL），AXA ART的logo和官网已替换成AXA XL的logo和官网（www.axaxl.com）。

安盛集团的全球企业收藏涵盖现当代画作、雕塑以及摄影作品。自20世纪80年代以来，在企业社会责任的激励下，安盛集团的藏品已增长至12000多件。收藏品的分布已扩展到法国、德国与墨西哥，并且不断往外延伸。

安盛艺术品保险集团全球首席执行官Kai Kuklinski说道："作为安盛艺术品集团的首席执行官，我强烈地感受到一个真正的全球性艺术收藏正在持续不断地拓展我们的视野，这对于企业员工创造力的激发以及办公室工作环境的改善都发挥着十分重要的作用。一般来说，保险公司并没有生产具有自身气质与价值的实体产品。因此，我们所收藏的艺术品将表现出我们的身份，以及我们如何思考。艺术收藏赋予了我们在艺术品保险领域一个高识别度的品牌形象，并建立起我们和客户的共同领域。艺术收藏提醒着我们做每件事情的背后意义，教育着我们原创想法的珍贵价值，鼓励着我们以新的思维方式去看待问题。对于我们来说，艺术品不只是一件商品，它是生活激情的一部分。在工作中被如此多令人兴奋且具有创造力的艺术作品环绕，会给予我们激励和动力。众所周知，伟大的艺术能够启发超越自我，增强感知，甚至改变你的观念。但一直到最近30年，人们对艺术的认知才冲破传统的束缚而实现新的突破，这是一个意味深长的改变。有鉴于企业收藏日渐成为我们客户群的重要部分，我们很兴奋地发现越来越多的企业为肩负社会责任而将企业收藏从画廊带到工作环境，这已成为国际性趋势。"

作为全球顶尖的专业艺术品保险公司，安盛艺术品保险常年赞助诸如巴塞尔艺术博览会等全球重要艺博会，并且是马斯特里赫特欧洲艺术博览会（TEFAF）的主要赞助商。安盛艺术品保险的客户遍布全球各地，包括私人藏家、博物馆、美术馆、画商及画廊。如今，艺术品早已成为公司的身份象征，并且有助于提升员工的企业忠诚度。因此，艺术已成为企业文化中不可或缺的一部分。此外，公司也透过艺术向社会公众展示出一个充满创造力、履行社会责任的企业形象。安盛集团的企业收藏及对艺术的热爱已融为企业文化的一部分，尤其是成为定义企业品牌、激励员工的企业基因的一部分。

四、延伸阅读：中国艺术品保险的发展任重而道远

参阅AMRC艺术市场研究中心撰写的《中国艺术品保险的发展任重而道远》，发表于雅昌艺术网。

第三章 瑞银财富管理及艺术金融综合服务案例研究

> 在全球财富管理这一重要战略转型的过程中,银行集团如何积极推进艺术财富管理及艺术金融的综合服务?这不仅仅是一个战略问题,也是一个重要的专业问题。在世界范围内,相关的探索不少,但通过建构综合性平台来推进该项业务的并不多见,而瑞银集团在这方面的实践探索具有领航作用。瑞银集团艺术银行曾被《欧洲货币》杂志评为"世界最佳艺术银行",由于其在这一业务方面所呈现出的专业性,被业界人士认为其专业性"不输给美术馆"。

一、案例简介:瑞银艺术金融综合服务

对艺术金融的发展进行综合性的金融服务,是银行业参与艺术金融实践的重要趋势。比如,在私立美术馆中,金融机构是艺术行业最有影响力的创办人和赞助人,因其自身雄厚的资本实力和企业影响力,公众对金融背景构建的艺术系统也寄予厚望,这就是其中一例。

综观全球主要金融机构,在艺术与金融的结合上,瑞士联合银行集团(简称"瑞银集团",英文名为Union Bank of Switzerland,缩写为UBS)是最具代表性的国际金融机构,无论在企业收藏、艺术赞助还是艺术品服务方面,都具有独特的行业经营优势。

瑞银集团是国际艺术品收藏赞助的重要机构之一,曾多次参与世界大型展览活动,在全球拥有3.5万件以上的藏品。其全球网点支行以及办事处均设有艺术展厅,以推广财富管理(Wealth Management)理念,即以客户为中心,设计出一套全面的财务规划,通过向客户提供现金、信用、保险、投资组合等一系列的金融服务,将客户的资产、负债、流动性进行统一管理,以满足客户不同阶段的财务需求,帮助客户达到降低风险,实现财富保值、增值和传承等目的。美国次贷危机后,瑞银集团于2009年关闭了位于美国纽约1285大道的非营利艺术机构瑞银艺术画廊(UBS Art Gallery),后于2013年与古根海姆博物馆合作开展"古根海姆瑞银MAP全球艺术行动"。

瑞银集团艺术银行曾被《欧洲货币》评为"世界最佳艺术银行",它拥有5项核心业务:艺术研究、艺术交易、艺术品管理、结构解决、艺术讲坛。此外,瑞银集团也以赞助艺术活动闻名,如赞助巴塞尔艺术展、瑞士洛迦诺电影节等,其中的核心赞助项目是巴塞尔艺术展,从1994年开始持续至今,即使在金融危机期间也不曾间断。

瑞银集团艺术银行业务有一支具有30多年从业经验的顾客服务团队,专门针对实力雄厚的收藏家提供收藏建议与买卖评估。而瑞银集团本身对艺术品的采购则作为机构的内部收藏,在提高银行公众形象、吸引高端客户的同时,也在长线投资中实现套现功能。因此,这个收藏计划往往在某类艺术品或某位艺术家市场刚刚启动还没看到高点之前逢低建仓,在艺术品价格上涨后及时关闭。

此外,瑞银集团几乎不发行艺术品投资产品,如果高端客户涉及艺术品遗产分割、艺术品保险、艺术品基金规划等项目,需要艺术品估值、修复、资产配置、遗产划分、捐赠等指导时,瑞银集团可以为其提供资产管理性质的配套服务,目的并非买卖赚钱,而是提高顶级客户对机构的满意度和黏性。

作为巴塞尔艺博会最重要的赞助金主之一,瑞

银集团的名字一直和巴塞尔艺博会紧密联系在一起，并且同样备受艺术圈人士的好奇与关注。

瑞银集团和艺术的关系使其已经超越了一般艺术赞助人，从某种角度看，它在艺术方面的参与和行动更像一家专业的艺术机构。2013年，瑞银集团赞助的巴塞尔艺博会首次进驻中国香港。此后每年的巴塞尔艺博会期间，瑞银集团都会同场展出自己多年来的艺术珍藏。展览期间，瑞银集团还策划了一系列的讲座活动作为其"开放教室"（UBS Open Classroom）Art Transforms的内容，邀请多位知名艺术家、画廊主、博物馆负责人和业界资深人士对过去一年影响全球艺术面貌的艺术进行深入探讨；他们还和《金融时报》合办了一场关于艺术收藏的私人论坛；和巴塞尔艺术展合作出版了《巴塞尔艺术展与瑞银环球艺术市场报告》，内容主要是从经济学的角度来分析艺术市场的宏观动向。同时，在香港会展中心一层的公众大堂，瑞银还开办了瑞银艺乐区（UBS Junior Art Hub），携带小朋友前来观看的家庭可以让孩子在这个空间里参与3D布织、纸艺、旋转绘画等创意活动，启发他们对视觉艺术的认识。

在具体的案例研究分析过程中，应特别注意以下几个重要问题：

（1）瑞银艺术金融综合服务发展的历史及业务背景考察。

（2）瑞银艺术金融综合服务发展的内在机制与体制保障分析。

（3）瑞银艺术金融综合服务平台的体系与结构分析。

（4）瑞银艺术金融综合服务具体运营的产品与服务相配套。

（5）瑞银艺术金融综合服务的前景与可能遇到的问题。

二、案例描述：瑞银财富管理及艺术金融综合服务[①]

全球赞助艺术的银行很多，但是无论是从艺术的推动方式以及艺术与金融的结合上，从企业收藏的脉络梳理、赞助的项目上，还是为客户提供的艺术品服务上，瑞银集团的策略都极具参考价值。

瑞银财富（RSW）管理有限公司作为一家提供财富管理咨询、资产规划、理财规划以及投资银行等业务的综合性金融服务机构，遵循以财富管理、投资发展、股权基金、融资租赁、文化传媒以及实业等综合发展的集团模式。

2018年6月举行的巴塞尔艺术展将来自全球的藏家、艺术家、画廊等艺术界人士聚集到了瑞士。就在这一业内盛事开幕前夕，作为巴塞尔艺术展25年的赞助商，瑞银集团公布了一项"超高净值人群艺术收藏圈"（Art Collector Circle）计划，邀请身家超过5000万美元，同时热爱艺术收藏的富豪加入这一群体。

瑞银集团设立该计划顺应了近年来艺术世界的趋势——越来越多的顶级富豪收藏艺术品，形成庞大的个人收藏，甚至成立私人美术馆。随着这一群体的逐渐壮大，瑞银集团希望同等级的大藏家有交流的平台，同时激发艺术世界的更多可能性。

根据瑞银集团官方发布的信息，"超高净值人群艺术收藏圈"的创立源自客户对高层文化社区的需求。这一组织目前仍然在亚洲等地扩充会员，最终会员人数将不超过400人。该计划的发展策略与瑞银集团在2014年建立的"全球慈善家社区"类似。

另据瑞银集团与普华永道联合发布的《亿万富翁报告》，超高净值人群正在成为艺术领域变革的推动者，近年来私人美术馆的快速发展就是其特征之一。目前，参与瑞银集团"超高净值人群艺术收

---

① 本部分执笔人：高峰（浙江传媒学院文化创意与管理学院讲师、博士）。

藏圈"计划的会员中有41%在经营私人美术馆，其中大部分位于亚洲和拉美地区。在瑞银集团的一项客户调查中，86%的超高净值藏家表示他们从未出售过自己的艺术收藏，更多客户希望能够将自己喜欢的艺术收藏传递到下一代。瑞银集团的客户更加关注的是艺术的"软实力"，而非金融利益。瑞银集团从不认为艺术品是一种金融资产。由于艺术品流动性不足，并且藏家们收获了情感上的红利，因此不适合进行准确的投资计算。

三、案例研究：瑞银财富管理及艺术金融综合服务运营的研究与实践体系①

（一）瑞银的艺术银行

瑞银集团的业务主要包括财富管理、投资银行及证券和资产管理三大块，财富管理业务主要是为高端客户提供量身订造的全面服务，业务涵盖资产管理到遗产规划、企业融资顾问和艺术品投资服务等。长久以来，瑞银集团对当代艺术的热爱和支持已是众所周知，该集团是世界上主要的国际性艺术品收藏赞助机构之一。瑞银集团对于艺术的推动力是全球银行业内首屈一指的，其庞大的艺术品收藏体系反映了作为当今世界最大规模金融机构之一的瑞银集团不但关心业务的发展，而且关注民生，回馈社会。

海外商业性艺术银行主要由商业银行中的艺术业务构成。历史最久和规模最大的几家银行，如瑞士联合银行集团、德意志银行、巴黎银行、荷兰银行、摩根大通银行等，都有相当完整的艺术银行部和一整套艺术银行服务系统，从鉴定、收藏到保管、信托等，银行在提供这类服务中可以收取不菲费用。

艺术银行业务是瑞银集团为热爱艺术的资产管理高端客户提供的高级服务，在客户的要求下，会为其辨别并研究买卖艺术作品的良好时机，同时提出目标导向性的投资策略。瑞银集团的艺术品投资服务主要包括：艺术品市场研究分析，提供量身定制的投资策略，并提供艺术品买卖、保管和估价等方面广泛的最新信息；收藏与出售策略建议；艺术品投资组合管理；艺术收藏品财产规划；博览会主办或赞助；定期筹办各类展览，还为艺术品博览会赞助，安排其客户参加各类活动享受艺术盛宴。

（二）瑞银的艺术收藏活动

此外，瑞银集团也曾多次参与世界大型展览活动的举办，或作为活动的组织者、赞助者，或支持具体的艺术计划的实施。更重要的是，瑞银集团有着大量精彩的当代艺术作品的珍藏，并不吝与人共享。

时至今日，瑞银集团已经有40余年的艺术品收藏历史，在全球拥有超过3.5万件藏品，这个庞大的收藏体系不仅对艺术的学术发展有了清晰梳理，同时对于艺术的传播也有着积极影响。瑞银会关注正在扩展的地区，或者是某些还没有足够艺术品的地区，其中包括东南亚、中国内地和中国香港，还有那些有可能被忽视的区域，比如拉丁美洲。瑞银集团会在那些发展最快的地区寻找最生动的作品，也会挖掘当代对整个世界艺术圈产生影响的人。

瑞银集团藏品的展出是其推动力的一个重要表现。早在2008年，瑞银集团就开始了艺术藏品展的一系列计划，将其收藏的、原本用于办公室装饰的艺术珍品带到了中国，在上海美术馆举办名为"为了明天的记忆"的当代艺术展，展出了世界各地最具有才华的艺术家创作的108件"震撼人心"的作品，包括油画、版画、素描、雕塑、照片和影像资料等。

同年在中国美术馆的展览，则是瑞银集团知名艺术家作品的真正集体亮相。这些艺术家有：贾斯培尔·琼斯、罗伊·里奇特斯坦、罗伯特·劳申伯格、安迪·沃霍尔、埃斯沃兹·凯利、威亚·塞尔敏、山德罗·基亚、弗朗切斯科·克莱门特、乔治·巴塞利茨、安德烈亚斯·古尔斯基、托马斯·鲁夫、

---

① 本部分执笔人：高峰（浙江传媒学院文化创意与管理学院讲师、博士）。

达明安·赫斯特、翠西·艾敏、加里·休姆等。在一长串的展览名单中，很多知名的中国艺术家也榜上有名，包括徐震、邱黯雄、曹斐、陈界仁等，这些作品反映了艺术家亲身经历的影响整个世界的一些政治话题、快速工业化带来的问题、移民生活、过去的痛苦回忆、对美好未来的展望等。

在收藏上，瑞银集团则会和其区域性业务发展相挂钩。目前，瑞银集团拥有的大批珍贵油画、摄影、绘画、印刷、录像艺术和雕塑藏品，全部出自20世纪60年代以来的杰出艺术家手笔，而在对应的藏品区域和业务发展的相关性上（瑞银集团的业务进入某个地区后，其负责收藏的部门就开始关注这个地区的艺术品），如果这个地区的艺术品很有潜力，就会对其加大投入力度。瑞银收藏体系中有一条已经使用超过10年的重要守则，那就是"只买初级市场的作品，而不在拍卖中买作品"。瑞银集团通过画廊或直接从艺术家工作室购买作品，保证艺术家是最大的受益者，也通过这种方式来支持艺术家。

早在20世纪70年代，瑞银集团艺术藏品部门就初具雏形。过去30多年里，随着现今的瑞银集团逐渐成形，艺术藏品部门也被纳入新的瑞银集团，并在并购中获得更多藏品。比如，2000年，瑞银集团与美国投行PaineWebber（普惠）合并，后者收藏的20世纪末艺术家的作品随即被瑞银集团接纳。

瑞银集团过去的收藏采取自筹模式，需要通过出售已有艺术品来资助新的收藏计划。近年来，瑞银集团逐步改变了收藏策略，很少出售作品，大部分作品被挂在瑞银集团总部。同时，通过向其他艺术机构借展的方式，试图促进藏品在全球主要美术馆内展出，以实现公共价值最大化。

瑞银集团艺术藏品部门负责为瑞银集团在世界各地的办公室装点当代艺术气息。而在客户服务方面，瑞银集团也提供艺术品顾问服务，如艺术品尽职审查、买卖交易、艺术品管理及艺术家/艺术品研究。

艾琳·佐尔塔（Irene Zortea）是整个瑞银集团艺术藏品部门的主管，再往下一层就是分管亚太区、欧洲、中东及非洲的史蒂芬·麦卡布雷（Stephen McCoubrey），以及分管瑞士和美国的另外两位共同策展人克劳迪娅·斯坦费尔斯（Claudia Steinfels）和杰奎琳·刘易斯（Jacqueline Lewis）。除了艺术家出身的麦卡布雷，另两位共同策展人则是艺术品拍卖行的行家。

瑞银集团每年会买入80~100件艺术品，其决定买入的每一件作品，都需要得到4个人的全票支持。4位高层每两周要开一次电话会议，惯例性地更新日常信息，讨论艺术品的收藏、保养、运输等内容。除了决定买画，"四巨头"大部分的时间都在各地出差，会见不同的艺术家、作品及负责展览项目。此外，艺术藏品部门的主要负责人每年还需要举行两次"圆桌会议"。

为了获得足够资金买入新的作品或对已有作品进行维护，瑞银集团艺术藏品部门也需要出售部分现有作品。作为一个自给自足的部门，所有出售作品所得都留在艺术藏品的资金池内，用于维护、运输支出或买入新作品。

早期，瑞银集团会从拍卖会上购买一些作品，因此，其藏品中会有一些比较有名的画作。但过去10年，瑞银集团转变为直接从艺术家手中购买作品，主要收藏一些新兴艺术家的作品。调整收藏策略后，瑞银集团的藏品主要涵盖了20世纪60年代之后的重要艺术家的作品，除了油画、绘画，还包括摄影、雕塑及录像艺术。现在，瑞银集团的艺术藏品部门就像是一个挖掘全球艺术新人的"星探"。

瑞银集团购买作品有三个条件。第一是不会在二手市场买，也就是不通过拍卖渠道，而是直接从艺术家手中买；第二是不买旧画，只买新画；第三是每幅价格要在3万瑞士法郎以下。

尽管买画的初衷并非投资赚钱，但对瑞银集团来说，艺术收藏的一个"副作用"是为员工提供了额外福利。有些作品会出售给公共博物馆，有些则会在内部出售给员工。对于员工来说，从公司购买艺术品可以省掉价格不菲的中介费。

在资金问题上,瑞银集团已经形成"自造血能力",会出售一些不在当下收藏体系中的艺术品,然后用出售艺术品的收益再投资。除了单打独斗,瑞银集团还乐于选择合作伙伴一起进行业务拓展。在艺术品方面,瑞银集团乐于用两种方式相结合,一种是展出瑞银的藏品,另一种是支持美术馆做项目。同时,与奖项等其他艺术活动的结合,也是瑞银集团作为艺术赞助人最重要的推动力,其曾赞助过中国最早的当代艺术奖——中国当代艺术奖(CCAA)。

(三)瑞银的艺术合作

"古根海姆瑞银MAP全球艺术行动"是一项合作多年的项目,该行动基于并反映了所罗门·R.古根海姆基金会(Solomon R. Guggenheim Foundation)[①]著名的国际主义历史,并使该美术馆珍藏这些富有活力的地区的艺术品数量显著增长,还能在全球范围内开展当代艺术、实践和教育活动。旨在反映南亚、东南亚、拉美、中东及北非地区的当代艺术实践,涵盖策展驻留、国际巡回展览、以观众为本的教育节目和购置所罗门·R.古根海姆美术馆永久藏品的工作。

这项行动于2012年4月推出,在古根海姆瑞银MAP购买基金(Guggenheim UBS MAP Purchase Fund)的赞助下,先后将各种媒体上的90多部重要艺术作品收藏至该美术馆,与亚洲协会香港中心(Asia Society Hong Kong Centre)和新加坡南大当代艺术中心(NTU Centre for Contemporary Art Singapore)等合作伙伴创造了全新的教育模式,并且通过互动内容整合者MAP Navigator、Currents教育存档和在线论坛等数字活动影响了数十万名参观者。

(四)瑞银的财富管理服务

瑞银集团作为一家环球及地区综合银行,将核心的财富管理业务、投资银行和资产管理相结合,专注于为全球40多个国家的客户提供全面金融服务,以及适合其个人需求的金融顾问、产品和工具。经过近150年的发展,瑞银集团私人银行已逐步形成世界领先的运作模式,创造了比标准的零售和消费金融产品更有吸引力的收益,为瑞银集团带来了丰厚利润。

瑞银集团的财富管理及投资理财服务主要有以下四步:①了解。瑞银集团的客户顾问会将客户的需求和关注重点转化为实际财务目标,提供符合监管要求及市场状况的综合投资建议。②提案。客户顾问将与客户合作制订通向目标的财务战略。③协议及实施。提案征得客户同意之后,将着手实施解决方案。④回顾。根据客户要求,客户顾问将持续关注并监控客户的投资组合,在市场或客户的个人情况发生变化时,为其调整个人财富战略。此外,有很多将慈善视为信仰的成功人士对慈善方面的服务有着刚性需求,因此,瑞银集团还拥有40多人的慈善事业团队,为高净值人士提供慈善事业、战略性慈善捐赠和社会影响力投资的咨询服务。

1. 财富管理模式

瑞银集团私人银行是全球资产规模最大的私人银行,其业务的核心是资产管理服务。资产管理业务的起点是确定顾客的投资管理需求,进而做出正确的投资决策。瑞银集团的客户既可投资于瑞银管理的投资基金、ETF和其他投资工具,也可以进行委托资产管理。委托资产管理分为全权委托(Discretionary Mandate)和咨询委托(Advisory Mandate),前者是指客户授权专业组合投资经理团队来配置其资产,投资经理的自主性更强;后者是指客户听取咨询顾问的建议进行投资,客户的参与度更高。另外,在资产管理中还包括融资租赁、私人权益投资、风险投资、奢侈品投资等。同时,瑞士私人银行也从事一些其他类型服务,包括信贷服务、信托服务、税务咨询和计划、遗产咨询和计

[①] 所罗门·R.古根海姆基金会成立于1937年,致力于通过展览、教育项目、研究计划和出版物培养人们对艺术(主要是近现代艺术)的理解与欣赏。自威尼斯的佩吉·古根海姆现代艺术博物馆(Peggy Guggenheim Collection)于20世纪70年代加入纽约所罗门·R.古根海姆后,古根海姆博物馆网络快速发展,现包括西班牙毕尔巴鄂古根海姆博物馆(Guggenheim Museum Bilbao)以及阿布扎比古根海姆博物馆(Guggenheim Abu Dhabi Museum)。

划、房地产咨询、退休计划和人寿保险等，这些业务极大地丰富了瑞银集团的财富管理工具，提高了财富管理的针对性。

瑞银集团为了向私人银行客户提供种类更多的产品与服务，采取了"开放产品模式"，其产品既可以来自于集团内部各部门，又可以来自第三方供应商。瑞银财富管理产品体系涵盖了投资、资产组合管理、财务规划、全球资产托管、不动产咨询管理、关键俱乐部、艺术品投资等服务，通过个性化的方案设计帮助客户实现财富积累、保护和转移全过程。

与通过建立各自为政的业务单元来发展财富管理的方式不同，瑞银集团的财富管理模式采用"整个企业（One Firm）"模式，即将整个集团整合为财富管理、投资银行、资产管理三大业务线，并集中统一后台支持，整合的业务模式要比各自为政的业务单元更能创造价值。通过One Firm模式，客户无论在伦敦，还是纽约，无论背后是哪个部门支撑其需要的服务，客户都能及时、高效、快捷地获得"整齐划一"的服务。

2. 财富管理团队

瑞银集团私人银行通过专家顾问间的相互协作，为客户量身定制投资方案，进而实现风险与收益平衡的个性化投资分配。瑞银集团私人银行客户服务团队可分为客户经理团队、财富经理团队、专家团队三个层面。团队成员来自不同的学业和职业背景，往往具备工商管理硕士（MBA）、法律博士（JD）等学位，注册财务分析师（CFA）、注册公共会计师（CPA）、律师等专业资格，及资产管理、证券投资、法律、税务、客户关系管理、慈善事业等方面的从业经历，甚至对艺术品和奢侈品有足够的知识和良好的品位。

3. 客户关系

优质的客户关系是私人银行业务的关键价值驱动因素。优质的客户关系管理使瑞银集团成功地保留了客户，瑞士境内的财富管理客户中，90%的主要客户关系保留在瑞银集团超过10年。更具价值的是，现有客户的推荐已成为瑞银获得财富获得新客户的主要渠道，其比例达到新增客户的37%。

在丰富的财富管理产品体系基础上，瑞银集团建立了更加模块化的投资平台，根据不同客户的财富水平进行管理，以人性化的尺度细分客户、细分产品供给。

（五）瑞银私人银行财富管理的成功经验

1. 高度稳定

第二次世界大战以后，瑞士就一直是全世界公认的永久中立国，政治高度稳定是其金融业能够蓬勃发展的主因，正因为该国政治、经济、社会、民主法治和金融货币政策的稳定，让全世界的私人银行客户可以放心地把财富交给瑞士金融业管理。

2. 金融人才汇聚

私人银行业务发展至今，最顶尖的私人银行家与金融精英几乎都汇集于瑞银集团私人银行，使得瑞银集团金融人才竞争力长期保持世界第一的水平。

3. 金融商品创新能力强

为了满足不同国家和地区高端客户多元化的理财需求，瑞银集团金融工程人才不断提供创新的金融产品以满足客户需要。其中最负盛名的就是结构式衍生商品市场，市值约5000亿美元。结构式商品不仅可以和利率指数结合，还可以和股票、股票指数结合，其多元化的计价模式至少已超过百种。快速先进的金融商品创新能力，让瑞银集团的金融机构一直位居产品供货商的最上游。

4. 严谨的金融法规与监管机制

瑞士、中国香港与新加坡并列全世界金融监管最严谨成熟的三个地区，这让私人银行与各国政府愿意长期与瑞士金融业合作。此外，瑞银集团金融机构还会主动针对洗钱疑虑，协助各国政府核查与打击犯罪，这更让瑞银集团私人银行业务获得客户的信赖。

5. 对个人隐私权的严格保护

瑞士早在1934年就制定了西方第一部银行保密法,可以说这是瑞士银行业的基础,为银行旗下客户保密是瑞银集团全球知名的保证,也是不少政商巨要信赖瑞银集团的主要原因。

6. 遍及全世界的通路渠道与服务据点

瑞士金融业虽然以瑞士为经营中心,但是在其他成熟国家与新兴国家都持续增设服务据点,为当地客户提供更便捷的全球化金融服务。另外,瑞士金融业在网络服务功能上投入大量资金,其功能强大的网上银行系统与国际通用储蓄卡可在全球超过72万个自动提款机上提取现金。

四、延伸阅读:UBS瑞银集团艺术赞助与收藏解析

参阅《典藏·今艺术》记者专访瑞银环球收藏全球总监玛丽·罗泽尔女士及瑞银集团首席营销官约翰·耶维的文章《UBS瑞银集团艺术赞助与收藏解析》,发表于《典藏·今艺术》2017年第7期。

第四章 艺术品投资基金(熊皮基金、英国铁路养老基金及艺术家共同信托)运营案例研究

> 艺术品投资基金是最为基础的艺术金融服务产品及产业业态。在世界范围内,熊皮基金、英国铁路养老基金是比较早而又具有经典意义的著名艺术品投资基金,对它们的剖析与还原可以让我们对艺术品投资基金有更多关于背景、机制、运营管理等方面的理解。同时,艺术家共同信托也是一种新的艺术品投资基金机制,对其产品与服务结构的系统分析,有助于我们进一步理解艺术品投资基金创新发展的内在逻辑与结构。把三者放在一个案例中进行平行研究,有助于在对比研究分析中,加深对艺术品投资基金机制与服务异同性的理解。

一、案例简介:艺术品投资基金

艺术品投资基金是指根据风险共担和收益共享的基本原则,将投资者分散的资金集中起来,形成独立财产,由基金托管人托管,由基金管理人运作,对艺术领域标的进行组合投资并独立核算,以获得投资收益的集合投资形式。尽管随着时间的推移、科学技术和金融市场的发展,艺术品投资基金在全世界范围可能呈现出多种多样的组织形式和投资标的、品类,越来越多地依赖高科技及现代化载体,但是回顾艺术基金发展历史,成熟的或者成功的艺术金融产品仍然有着共同的特性,如专业的艺术金融人才、复合型的管理团队、明确的投资标的及策略、透明化具有执行性的操作流程,对信息披露、监管制度、风险控制机制的诉求,等等。其中,熊皮基金之所以被称为现代意义上第一只私募艺术品基金,主要是因为其在募集对象、募集形式、管理模式、收益分配方式上与现代的私募投资基金机制一致;英国铁路养老基金则是第一只真正意义上的运作成熟,以追求财富的保值增值为目的,以精确的投资模型、明确的投资策略和艺术品市场研究理论为支撑的艺术品投资基金;艺术家共同信托是全球首个专门为艺术家创办的长期信托投资计划,既作为艺术品资本化的一种形式,具有金融产品的创新意义,同时又参照社会保险的模式,旨在解决作为自由职业者的艺术家的退休养老问题,是一种具有社会保障性的探索。对于上述历史上有代表性的艺术品投资基金案例的运作机制、运作特点进行研究,既有助于对西方艺术与金融结合进行追根溯源的理解,又能以运营探讨为切入点,结合中国金融法律及艺术金融市场现状进行价值研究和探讨,并进一步探索我国艺术资本发展的方向。

在具体的案例研究分析过程中,应特别注意以下几个重要问题:

(1)艺术品投资基金发展的业务背景。
(2)艺术品投资基金的产品结构分析。
(3)艺术品投资基金的具体运营与服务相配套。
(4)艺术品投资基金发展的态势分析。

二、案例描述:艺术品投资基金经典案例研究[①]

---

① 本部分执笔人:刘姝肖(泰和泰律师事务所律师)。

第四章 艺术品投资基金（熊皮基金、英国铁路养老基金及艺术家共同信托）运营案例研究

（一）艺术品投资基金定义及艺术基金分类

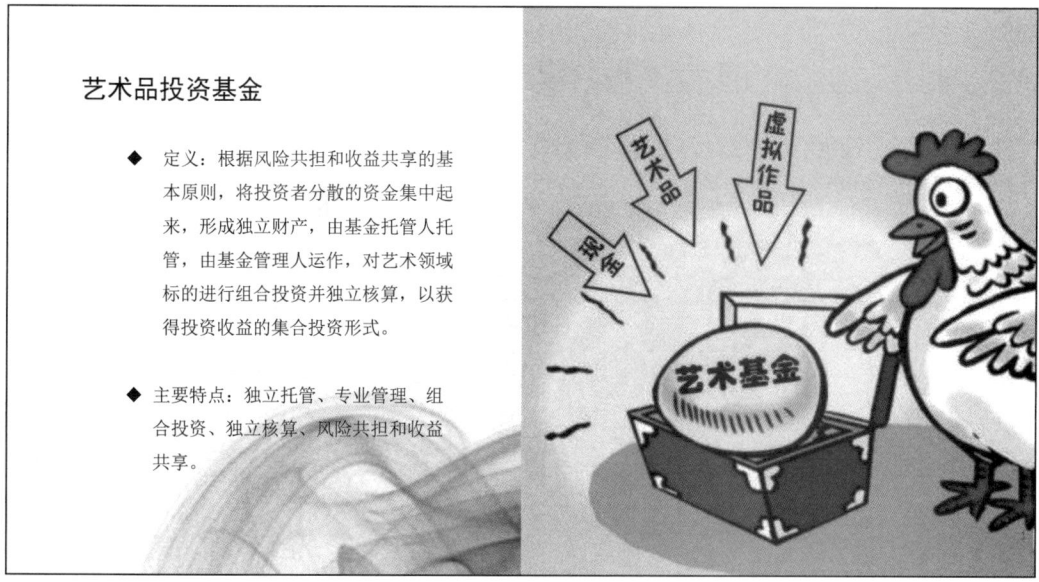

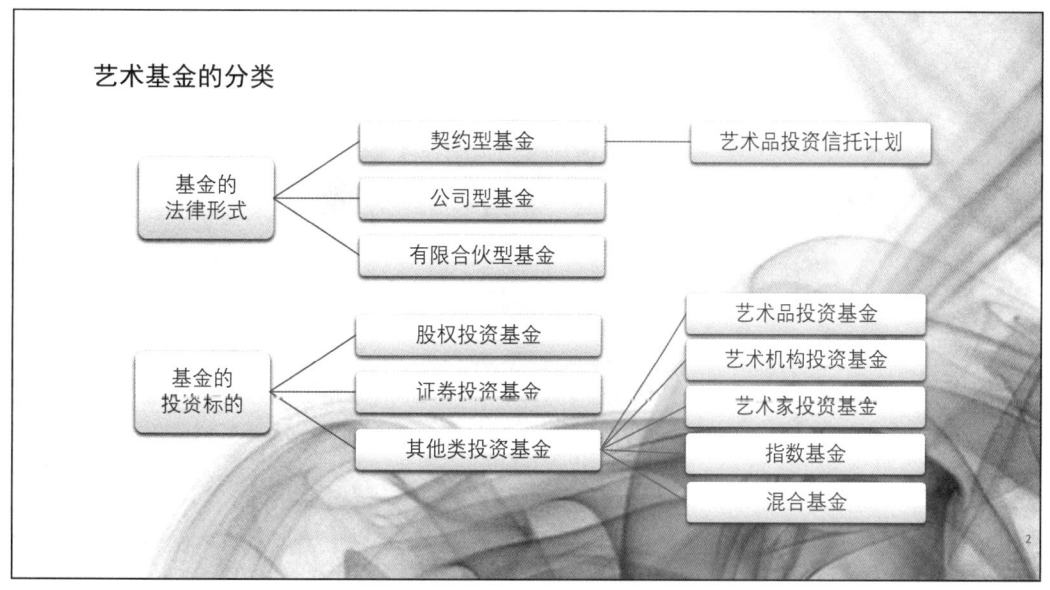

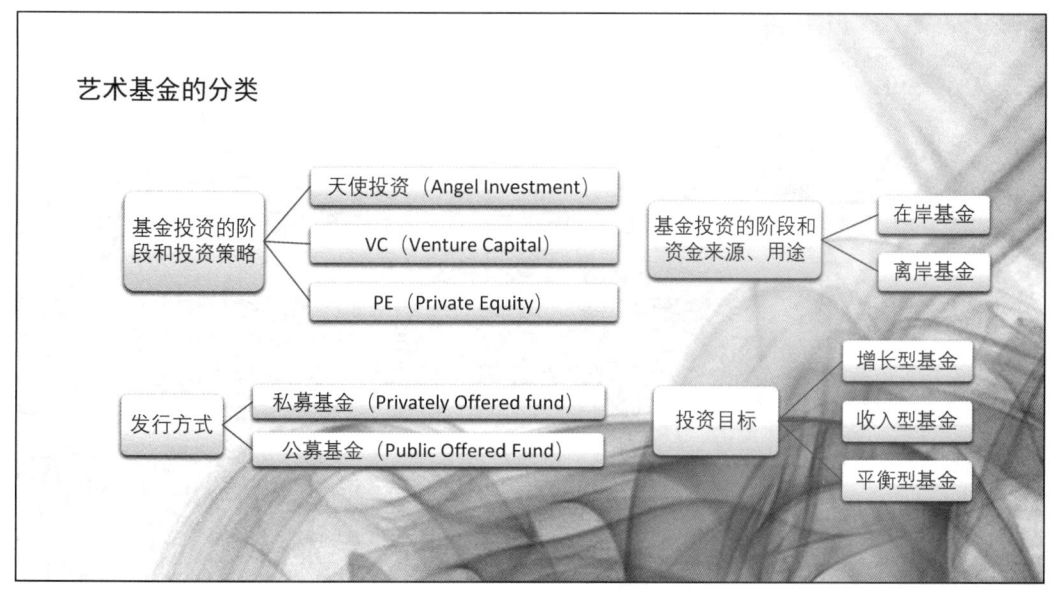

（二）艺术品投资基金的起源及典型案例

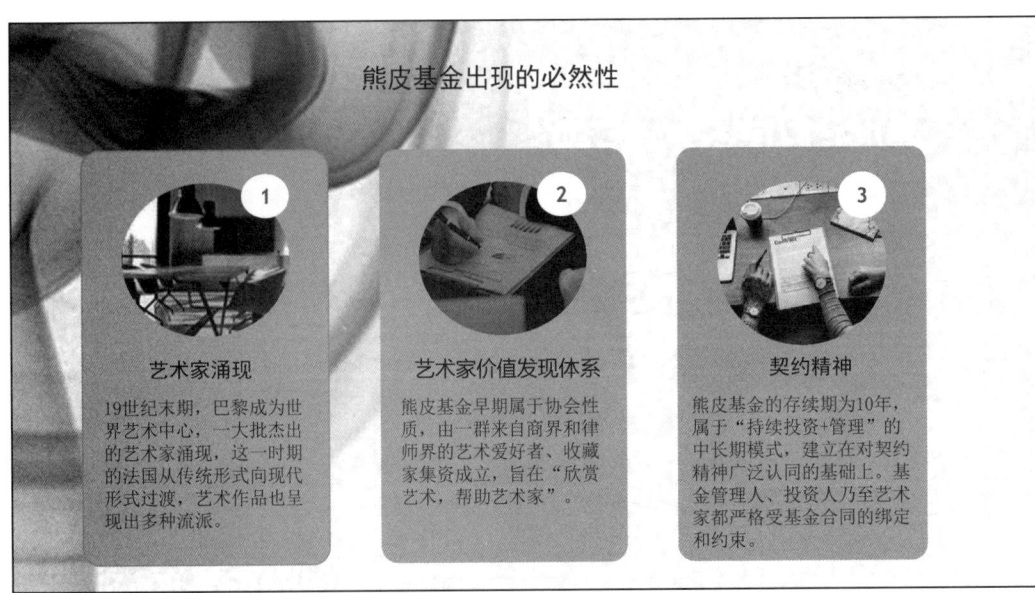

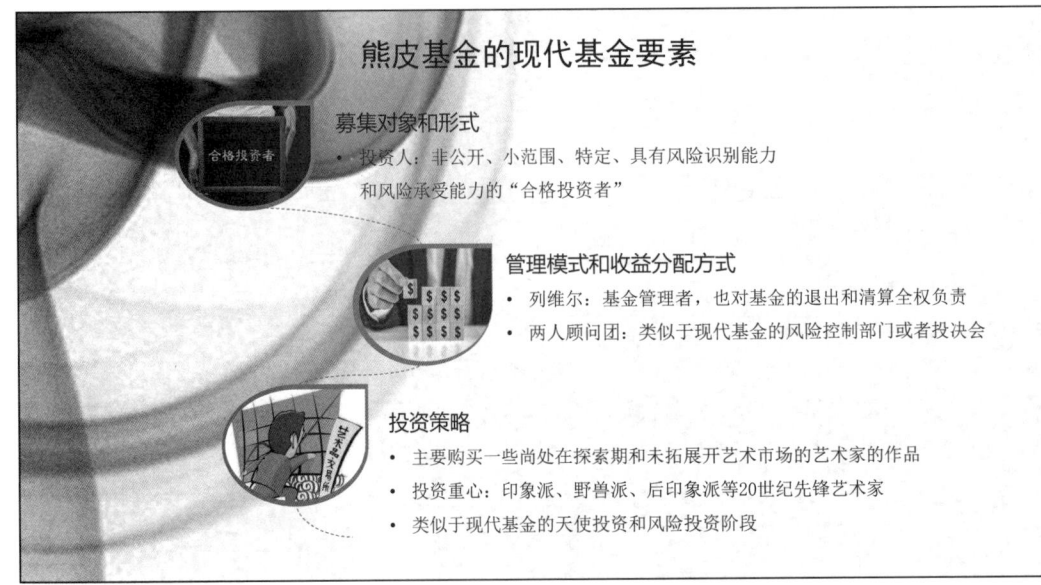

第一编 重要业务业态案例
第四章 艺术品投资基金（熊皮基金、英国铁路养老基金及艺术家共同信托）运营案例研究

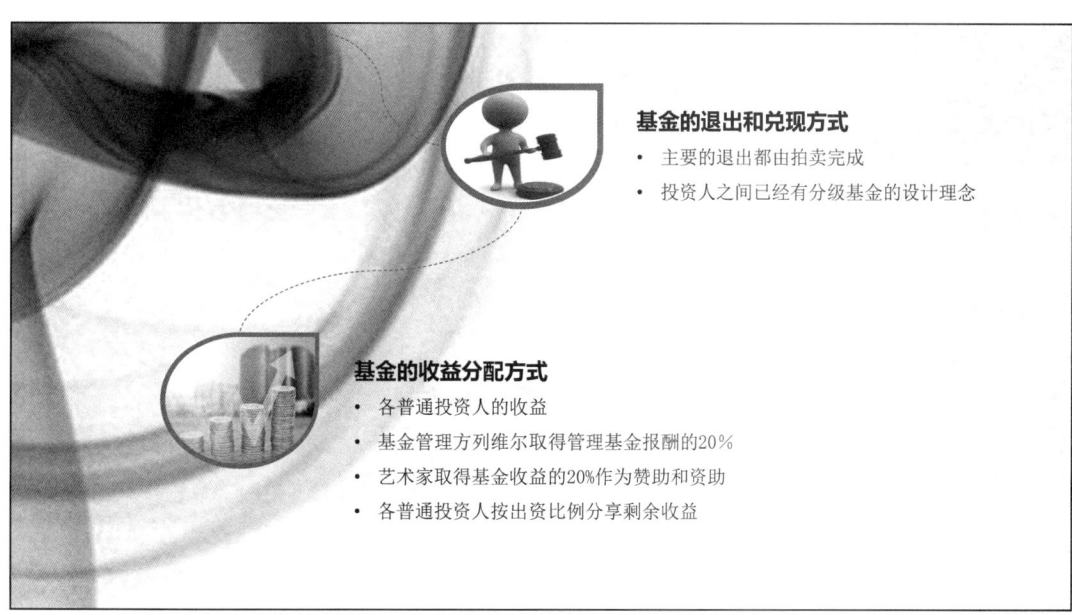

基金的退出和兑现方式
- 主要的退出都由拍卖完成
- 投资人之间已经有分级基金的设计理念

基金的收益分配方式
- 各普通投资人的收益
- 基金管理方列维尔取得管理基金报酬的20%
- 艺术家取得基金收益的20%作为赞助和资助
- 各普通投资人按出资比例分享剩余收益

艺术品基金神话——英国铁路养老基金

1974年，艺术品基金的神话——英国铁路养老基金（British Rail Pension Fund）诞生了。这是第一只真正意义上运作成熟，以追求财富的保值增值为目的，以精确的投资模型、明确的投资策略和艺术品市场研究理论为支撑的艺术品投资基金。

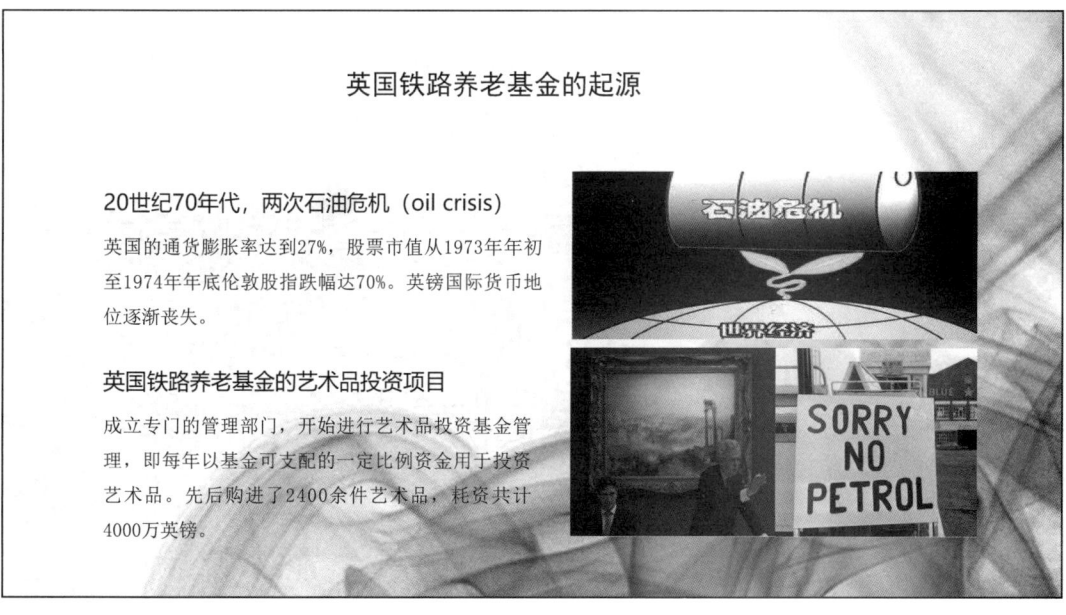

英国铁路养老基金的起源

20世纪70年代，两次石油危机（oil crisis）

英国的通货膨胀率达到27%，股票市值从1973年年初至1974年年底伦敦股指跌幅达70%。英镑国际货币地位逐渐丧失。

英国铁路养老基金的艺术品投资项目

成立专门的管理部门，开始进行艺术品投资基金管理，即每年以基金可支配的一定比例资金用于投资艺术品。先后购进了2400余件艺术品，耗资共计4000万英镑。

英国铁路养老基金成功的关键人物/独特因素

以养老基金作为资金来源的长期分散投资
- 长期存续,封闭滚动性,整个投资期长达25年
- 投资策略一般较为保守,投资受到严格监管
- 总量较大,多样化分散投资,投资上限为基金会每年可支配总额的3%

统计学家主导的艺术品投资
- 基金会财务主管:克里斯多弗·列文
- 保险统计学专家:莫里斯·斯通弗罗斯特

专业艺术机构深度参与的艺术品投资
- 苏富比拍卖公司:专家服务
- 价格上充分的公开性
- 天然的流通性
- 大幅度降低投资风险
- 降低艺术品的管理成本,保值增值

英国铁路养老基金的艺术投资特点

艺术品的多元化投资组合策略
- 拍卖藏品种类丰富
- 投资品类选择以及恰当的投资金额比例分配

艺术品长期持有和短期套利相结合策略
- 基金管理方对于整个艺术品市场的熟练把握和分析
- 艺术品投资的基本规律:依靠时间换取获利空间

投资与风险控制分离的监管策略
- 最大限度地建立一种依赖制度而非依赖人的规范投资运作流程
- 保障基金投资人利益及满足信息披露要求

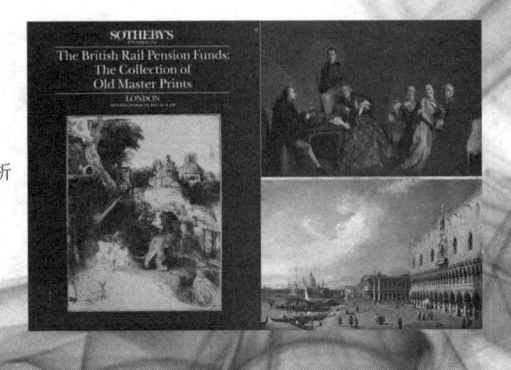

艺术家共同信托/艺术家养老信托

2004年,从事艺术金融创新服务产业的"共同艺术公司"(Mutual Art)在纽约创设了艺术家共同信托/艺术家养老信托(Artist Pension Trust)。以色列企业家 Moti Shniberg 和 Dan Galai 为创始人。

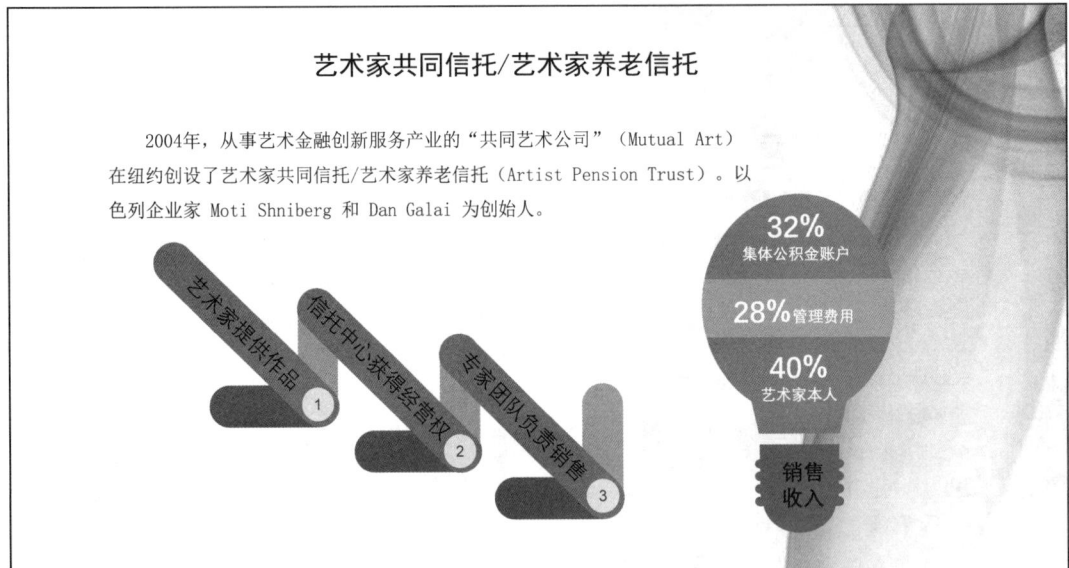

（三）我国艺术品基金演进史

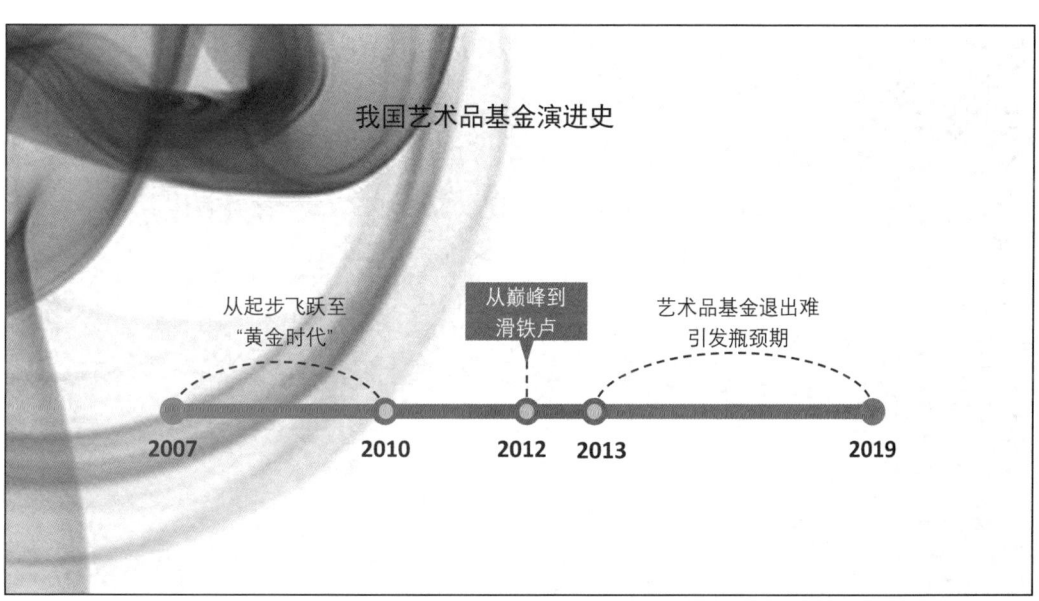

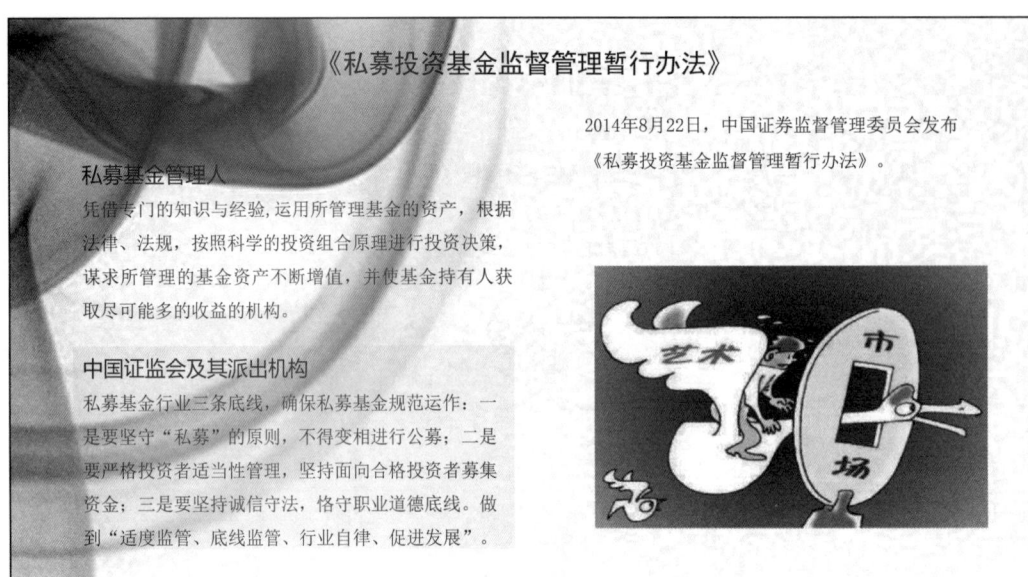

(四) 私募基金监管

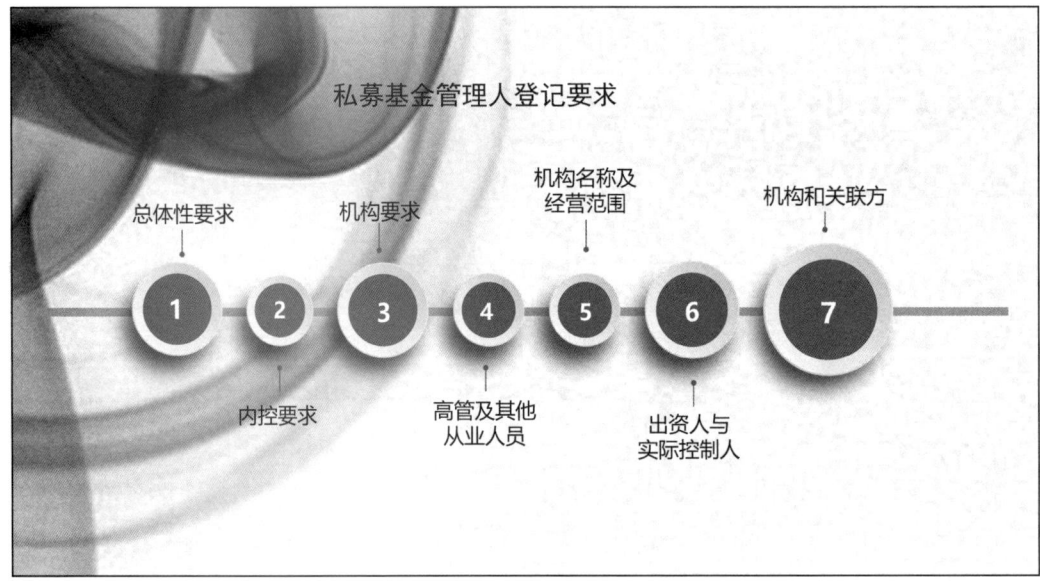

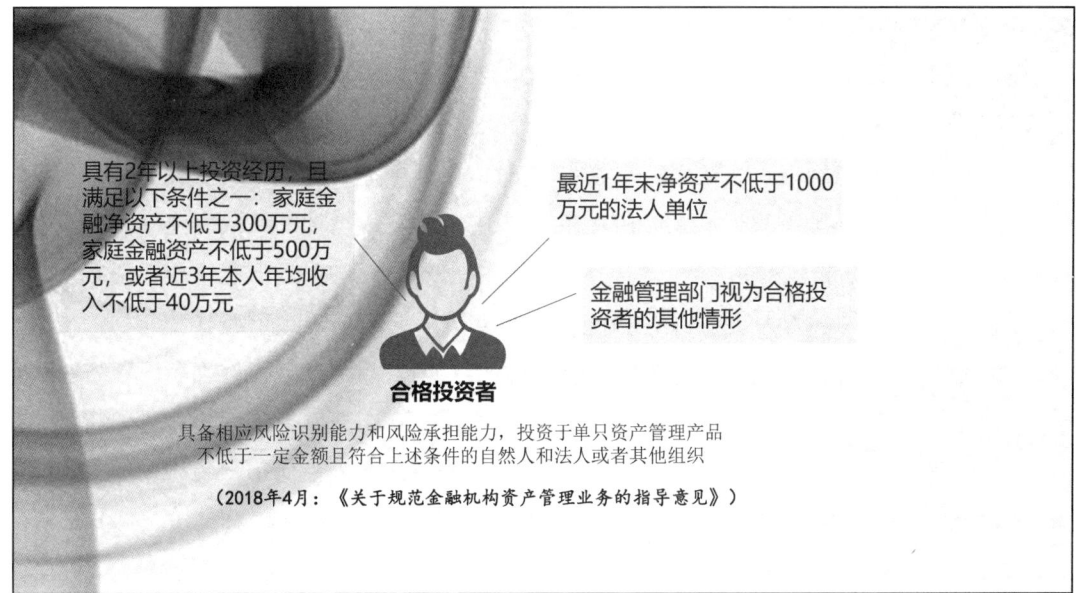

（2018年4月：《关于规范金融机构资产管理业务的指导意见》）

三、案例研究：经典艺术品投资基金及其比较[①]

作为全球第二大经济体，中国的艺术交易市场经过不断的培育和发展，成长到近4000亿元的市场规模，在全球艺术市场中占据不可或缺的地位。根据巴塞尔艺术展与瑞银集团于2019年3月发布的第三版《全球艺术市场报告》，2018年中国地区艺术品销售总额在全球艺术品交易市场中排名第三位；而此前的2017年，中国艺术市场更是被列为全球第二大市场。中国的艺术品和艺术家在全球市场上也扮演着越来越重要的角色，在全球经济一体化的浪潮下，中国的艺术品交易市场在规模、结构和业态不断发展迎来巨大机会的同时，也面临着一些新问题和新挑战，比如，艺术机构市场化运营，艺术资本化，艺术品的评价估值定价体系，艺术投资机会的选择甄别，艺术投资退出机制、投资周期和兑付等问题。回顾艺术品投资基金的发展，对历史上有代表性的案例进行现代化基金运作的理论研究，有助于对西方艺术与资本结合追根溯源，进一步认识艺术资本化的机制和特征，同时，结合中国金融法律及艺术金融市场现状，研究和探讨我国艺术资本结合之路。

（一）熊皮基金

以自然人形成机构，由管理人进行统一管理的方式直接进行艺术品组合投资，在西方已有超过一个世纪的历史。普遍公认的第一只成功并且有巨大影响的私募艺术品基金，应该是1904年2月法国金融家的现代艺术投资俱乐部"熊皮基金"（La Peau de l'Ours）。

1. 熊皮基金出现的必然性

熊皮基金的创始人为巴黎商人安德烈·列维尔（André Level），列维尔从封丹（Fontaine）的反投机寓言里借来了"熊皮"这个名字："永远别在杀掉一头熊前卖掉熊皮。"列维尔的投资者在10年中花了27000法郎买入145件作品，在10年后的德鲁奥拍卖会上卖出了至少4倍的价格。其中最亮眼的是毕加索1905年的《杂耍者》（Les Bateleurs，也被称作《静物与牛头骨》），如今为华盛顿国家美术馆藏品，在买入价格为1000法郎的情况下，卖出了11500法郎。对比消费指数来说，那个时代的1法郎相当于今天的4欧元。而第一只艺术品投资基金的出现和成功并非偶然，与其相依附的时代和社会因素主要有以下几个方面：

（1）艺术家涌现：时值19世纪末期，巴黎成为世界艺术中心，得益于交通的便利和1855年、1867

[①] 本部分执笔人：刘姝肖（泰和泰律师事务所律师）。

年、1900年三次世界博览会的举办，涌现出一大批杰出的艺术家。这一时期的法国从传统形式向现代形式过渡，艺术作品也呈现出多种流派，如新古典主义、野兽主义、浪漫主义、现实主义、印象主义、象征主义等，熊皮基金投资的艺术家包括众多现代艺术史上星光熠熠的人物，譬如亨利·马蒂斯、文森特·凡·高、巴勃罗·毕加索、安德列·德兰等。

（2）艺术家价值发现体系：沙龙、咖啡馆、画廊——19世纪的巴黎吸引了艺术家、评论家和文学家的停留，丰富的咖啡厅和沙龙文化催化了较为成熟的艺术评价和艺术家价值发现体系，"沙龙"一词是意大利语，原意为大客厅，流入法国后被赋予了新的含义，就是贵族在客厅接待名流雅士或各界精英的聚会。而在18世纪的法国，王权在不断瓦解中，小资产阶级作为新兴的社会力量崛起，传统的沙龙文化向哲学咖啡馆过渡，精英商人、艺术家、文学家、音乐家、哲学家、评论家、政治家等常常会在跨界的交流中碰撞出异样的火花，为新的商业模式和手段提供了条件。商业画廊在20世纪中期迅速发展：1907年，巴黎职业画商有12人；1911年，职业画商增至130人；1930年，职业画商超过200人。商业画廊成为新兴的艺术家展示作品的场所，对投资机会异常敏感的职业画商积极寻找、资助天才艺术家，将他们的作品推荐到巴黎的画廊，同时联合艺术出版界和艺术评论界对艺术家进行职业化推广，一方面促进了艺术的普及和交流，另一方面建立了较为成熟的艺术评价和艺术品交易市场。中产阶级群体开始展现出对艺术品的强烈兴趣和需求。因此，熊皮基金早期作为一种协会性质的组织，由一群来自商界和律师界的艺术爱好者、收藏家集资成立，旨在"欣赏艺术，帮助艺术家"。

（3）契约精神：熊皮基金的存续期为10年，这是一种中长期的"持续投资+管理"模式，建立在对契约精神广泛认同的基础上。在西方的早期社会体系中"契约"一词的基本意思是"交易"，其主要特征是"自由"，包括选择缔约方的自由、决定缔约内容的自由和选择缔约方式的自由。契约精神实际上可以看作是诚信的进化，契约精神的普及程度也就意味着商业文明的程度：在遵守承诺的同时，也尊重社会规则；在保护自我合法利益的同时，也尊重他人的利益。因此，在中长期的市场行为中，对契约精神的认同和遵守有利于创新商业模式的出现。熊皮俱乐部的主要投资拍卖会是在设立10年以后举行的，也就是1914年2月。在这10年中，主要的艺术品收藏就保存在各个投资人的家中，用于装潢家庭，严格地要求投资人对于基金的投资金额、投资期、投资回报、投资策略、投资决策和艺术品保管模式认可并受其约束。

2. 熊皮基金的现代基金要素

之所以说熊皮基金是真正现代意义上第一只私募艺术品基金，主要是因为其在募集对象、募集形式、管理模式、收益分配方式上与现代的私募投资基金一致。

第一，从募集对象和形式上，私募的意义为非公开、向特定对象的募集。从披露的熊皮基金投资人情况来说，其组成稳定并且非常紧密，很多是在一起打牌的银行家和商人、律师，即非公开、小范围、特定、具有风险识别能力和风险承受能力的所谓"合格投资者"。名单包括列维尔的3个兄弟和1个侄儿。他们的共同特点是，既是艺术爱好者，有艺术品收藏的个人兴趣，同时又是中产阶级，有资产保值增值的需求。

第二，从管理模式和收益分配方式上，列维尔本人即为基金管理方，全权负责投资基金的投资事项，包括艺术品的挑选、购买渠道和换手时间，根据基金合约的约定，除非列维尔有严重渎职和重大过失，他有权持续管理基金的投资，类似现代基金的普通合伙人角色，有权全权代理基金处理对外事务，除非有重大错误或过失，否则不得更换普通合伙人；而熊皮基金的"两人顾问团"类似于现代基金的风险控制部门或者投决会，有权提出否决权；在兑付方式和退出方式上，列维尔本人作为基金管理者，也对基金的退出和清算全权负责，投资人对于基金管理方的投资策略、投资决策和艺术品保管模式认可并受其约束。

从投资策略来说，1903年开始，由巴黎主要画商主办的"秋季沙龙"很大程度上启发了列维尔："毫无疑问，那些吸引我的油画，恰恰反映了我们这个时代及未来。"因此，熊皮基金的藏品主要购买一些尚处在探索期和未拓展开艺术市场的艺术家，类似于现代基金的天使投资和风险投资阶段。熊皮基金退出时的1914年，实现了较高的投资回报——如在巴黎的德鲁奥拍卖会上，毕加索的《杂耍者》实现了10倍的退出回报。

从基金的退出和兑现方式来看，熊皮基金的主要退出方式都是拍卖，至于对于买家的选择是由拍卖决定，还是基金合同中有相应的提前退出安排，由于没有查询到当时明确的合同退出约定，只能根据关于1914年拍卖的相关报道进行推测。由于投资基金是一种创新的金融形式，《费加罗报》《吉尔布拉斯》和《纽约太阳报》都报道了这场拍卖，部分买家目录也得以披露。"这份目录还很让人惊讶地显示，一些买家是熊皮最初的投资者。列维尔、雷纳尔、艾里森的名字多次出现。其中一个（叫）艾里森（的）花了2400法郎买下了马蒂斯的《鸡蛋静物》，而列维尔兄弟中的一个以5500法郎的价格买下了毕加索1905年（所作的）《三个荷兰女人》的大型水彩画。他们的名字出现的频率之高，足以让人怀疑其中有阴谋。"[①]在艺术界，投资人自身参与自己投资的艺术品的竞拍和购买，或许会引起争议，有炒作或者哄抬市价的可能。但从现代分级基金[②]的理论来看，我们可以大胆推测，或许在熊皮基金设立时，在投资人之间，已经有分级基金的设计理念。比如，列维尔本人及兄弟、侄儿为劣后投资人，而其他的投资人为优先投资人。在投资期满后，市场化退出存在障碍时，由劣后投资人为投资标的的退出进行兜底，以保证优先投资人的权益，即当基金投资的艺术品在拍卖会没有达到预设的价格时，由劣后投资方买入，使基金的最低综合回报得到保证。分级基金的结构设计方式能在同一个基金产品中解决不同投资者的风险偏好差异，分别满足不同的风险和投资需求，更有利于吸引和招募投资者。当然，对于退出的保底安排只是一种推测，但是，熊皮基金的组建方在艺术品出售的专场拍卖会的宣传造势、职业运作，包括充分利用艺术家、艺术评论家、媒体的促进和推动作用，都印证了熊皮基金是一场艺术与资本的完美运作这一不争的事实。

根据《"熊皮"俱乐部艺术品投资基金资产增值机理研究》披露的熊皮基金投资收益明细（表4-1），扣掉所有的运营成本后，熊皮基金的收益分配顺序为：①各普通投资人收益（包括收回实缴出资和根据出资比例按年取得门槛收益3.5%）；②基金管理方列维尔取得管理基金报酬20%；③艺术家取得基金收益的20%作为赞助和资助（毕加索曾详细记录了1914年4月4日从熊皮基金收到过3978.85法郎，大约是拍卖会上毕加索个人作品售出后利润的20%）；④各普通投资人按出资比例分享剩余收益。

表4-1　熊皮基金投资收益明细[③]

总投资	27500法郎
总收入	116545法郎
总运营成本	25838法郎
利润	63207法郎
普通投资人收入	6035.15法郎
普通投资人投资年回报率	24.141%
列维尔投资收益	18676.15法郎
列维尔投资年回报率	74.705%
艺术家所受资助	12641法郎

应该说，熊皮基金的分配方式不仅符合现代基金收益分配的顺序和逻辑，体现了现代基金管理的职业化取向，又具有符合艺术品市场的创新，即对

---

① 参见《史上最伟大艺术基金的秘密》一文，https://news.artron.net/20140914/n653193_3.html。
② 分级基金(Structured Fund)又叫"结构型基金"，是指在一个投资组合下，通过对基金收益或净资产的分解，形成两级（或多级）风险收益表现有一定差异化基金份额的基金品种。
③ 时间不明。

所投资艺术品的作者直接进行收益分配。有专业人士认为，艺术家分配20%的收益体现的是法国今天的延续版权概念的起始。但从现代的基金逻辑上来说，对于艺术家的分配，包括基金对于艺术评论家、舆论、媒体的投入都可以理解为一种基金管理方对于投资标的的投后管理和持续地提升投资标的价值。

随着第二次世界大战的来临，整个世界笼罩在弥漫的硝烟中。作为艺术与资本结合的代表，熊皮基金虽然仅在20世纪昙花一现，其创新模式并没有得到体系性的延续，但熊皮基金仍然体现了金融对艺术品及艺术市场的促进作用。熊皮基金令人瞩目的成功大大提升了相关艺术家的声誉和市场认可度，后印象主义、立体主义在资本运作的力量下得到的发展以及其在拍卖、金融市场的良好接受度直到今天都影响深远。

（二）英国铁路养老基金（British Rail Pension Fund）

总体来说，熊皮基金更像是以列维尔为代表的投资人群体在满足其对于艺术的狂热爱好的同时，成就了艺术品基金这一创新。如果说熊皮基金的成功得益于艺术家和艺术市场的成长，而基金的组建具有超越投资回报的多种诉求的话，英国铁路养老基金则是第一只真正意义上运作成熟，以追求财富的保值增值为目的，以精确的投资模型、明确的投资策略和艺术品市场研究理论为支撑的艺术品投资基金。

1. 英国铁路养老基金的起源

20世纪70年代，受两次石油危机的影响，西方主要资本主义国家分别遭受了为期约3年的经济危机和约1.5年的经济衰退，而英国更是面临举步维艰的经济状况：通货膨胀率达27%，股票市值也没能逃脱厄运，从1973年年初至1974年年底伦敦股指跌幅达70%。随着经济衰退的加剧，英镑的国际货币地位逐渐丧失，财富流失成为各个经济体首要面对的严重问题。在这种情况下，英国铁路养老基金作为英国铁路员工退休金的基金管理机构，开始了它举世瞩目的艺术品投资计划：成立专门的管理部门，开始进行艺术品投资基金管理，即每年以基金可支配的一定比例资金用于投资艺术品。

1974年，英国铁路养老基金的艺术品投资项目启动，先后购进了2400余件艺术品，耗资共计4000万英镑，包括欧洲古代的印刷品、印象主义绘画、欧洲经典大师绘画、中国瓷器以及大洋洲和拉丁美洲艺术品等。英国铁路养老基金在投资伊始确定的艺术品投资周期是25年。与熊皮基金一样，英国铁路养老基金也有其成功的关键人物或独特因素。

（1）以养老基金作为资金来源的长期分散投资。

"二战"后，英国政府基于《贝弗里奇报告》[①]建立了以高福利为主要特征的养老金制度。私募股权基金对募集对象或投资者的范围和资格有一定要求，关键是要求其具有较强的风险识别能力和风险承受力，即所谓的"合格投资者"。近年来，欧美私募股权基金的资金来源呈现日益多元化的趋势，以机构投资者为主，其资金来源主要有养老金、捐赠基金、保险公司、商业银行、高资本净值的个人或家族公司等个人所占比例一般不超过10%。公司养老基金和公共养老基金是私募股权资本最大的投资者，占了资本来源的40%至50%。首先，作为社会保障体系的一部分，养老长期信托计划与一般的信托计划、基金相比，具有长期存续的特点，每年有一定比例的增量资金流入，是具有良性循环蓄水池的长期资金，而艺术品投资对资金要求很高，需要长期稳定的闭环资金，不能以短期行为干扰资金供应，符合养老基金的特征。因此，英国铁路养老基金的艺术品投资是封闭滚动性的，整个投资期长达25年。其次，养老基金资产不能产生明显的波动性，因此，养老基金的投资策略一般较为保守，对于投资风险的偏好度较低，不会进行激进的投资，且有较高的信息披露要求和较高的舆论关注度。基于此，英国铁路养老基金的投资受到严格监管，基

---

① 1941年，经济学家贝弗里奇爵士就英国战后重建社会保障计划提交了题为《社会保险和相关服务》的报告，这就是著名的《贝弗里奇报告》。贝弗里奇的社会保障模型在世界范围内得到好评，被许多发达国家所采纳，尤其在第二次世界大战后对发达国家盛行的"福利国家"制度产生了重大影响。

金管理方提出的每一项购买计划，都必须附上艺术品的清晰照片和详尽的分析报告，并提交英国铁路养老基金会下属的艺术品委员会进行严格审查。最后，养老基金总量较大，为了保持总体收益的平衡，通常需要进行分散的多样化投资，因此，为创新的投资领域提供了可能。但同时，总量较大的资金进行艺术品投资需要设定投资上限，避免短时期内投入过量的资金，造成艺术品的价格上涨，进而影响艺术品市场的正常秩序。在统计学家的计算模型下，英国铁路养老基金将艺术品投资的上限设定为基金会每年可支配总额的3%。

（2）统计学家主导的艺术品投资。

根据时任英国铁路养老基金会书记的苏珊·巴汀的说法，将退休金投入艺术市场的构想来自基金会财务主管克里斯多弗·列文的独创。列文作为统计学家，同时也是手稿和书籍的收藏爱好者，他敏锐地意识到在一片低迷的投资环境中，艺术品投资是最有可能获得丰厚投资回报的领域。为了验证这个猜测，他利用杰拉德·瑞特林格《品味经济学》（*The Economics of Taste*）一书中的数据，得出一个不完全的统计数据：仅仅在1974年，英国艺术市场的总成交额就高达10亿英镑，而且，"只有织锦、古代兵器和甲胄的价格上涨速度追不上通货膨胀"。毫无疑问，作为公有基金，稳健的投资策略必不可少，但为了对冲当时基金在不动产、证券市场投资的风险，保证基金的投资回报，开拓新的投资领域也确有必要。在这一研究基础上，列文建议英国铁路养老基金从每年可支配的总流动资金中拨出3%（400万至800万英镑），以品类组合的方式进行艺术品投资，投资周期设定为25年左右。将投资周期设定为25年是因为当时列文认为，25年是艺术品可以成功获得最大收益的必要年份。同时，如前所述，基于养老基金的社会保险性质，另一位保险统计学家莫里斯·斯通弗罗斯特也作为关键人物参与了英国铁路养老基金的艺术投资。斯通弗罗斯特负责对整个艺术投资计划的运营进行监督。应该说，英国铁路养老基金的艺术品投资是以统计学家为主导的、以统计学的研究理论为指导的、将投资行为与风险控制相分离的基金结构。

（3）专业艺术机构深度参与的艺术品投资。

时至今日，影响艺术品投资的机构化操作的重要问题是艺术品投资的闭环式操作：买什么？从哪里买？存多久？到哪里卖？统计学家可以解决投资的领域甚至细分品类，但涉及具体艺术标的的挑选、鉴定、保管、市场推广直至最终出售，一定需要专业且相对独立的第三方艺术品专业机构深度全程参与。苏富比拍卖公司是英国铁路养老基金深度合作的专业机构，时任苏富比拍卖公司董事长的威尔森委派曾经参与苏富比年鉴《艺术品大拍卖》（*Art at Auction*）编辑工作的艾德尔斯负责运营和保管英国铁路养老基金会的艺术品。

与专业艺术机构的合作同时也解决了购入和退出的机制问题。1987—1997年，苏富比拍卖公司在伦敦、中国香港和纽约三地，共计为英国铁路养老基金举行了22场专场拍卖。

英国铁路养老基金选择拍卖公司这一艺术品的二级市场，其实有着深刻的含义。第一，在拍卖场上进行艺术品交易有着价格上充分的公开性，便于实现公共艺术基金的监管。第二，从拍卖场上购回的艺术品有着二级市场上天然的流通性，便于再次销售，一定程度上降低了投资的风险。第三，艺术品投资的一个关键问题是如何判断作品的真伪，而在拍卖市场上流通的艺术品，即使不能完全保证藏品的真实性，也可以大幅度降低投资风险。第四，由于这种合作关系，苏富比拍卖公司为英国铁路养老基金提供艺术品投资、鉴定以及保管等方面的专家服务。第五，苏富比拍卖公司与博物馆的良好关系，有利于降低艺术品的管理成本，展览和艺术评论等的推动作用，有利于艺术品的保值增值。

同时，英国铁路养老基金作为苏富比拍卖公司的长期客户，一定程度上也成就了苏富比拍卖公司。一方面，英国铁路养老基金25年来向苏富比拍卖公司贡献了不菲的交易佣金和保管费用；另一方面，英国铁路养老基金的藏品也保证了苏富比拍卖会拥有绝对丰富的艺术品来源。

2. 英国铁路养老基金的艺术投资特点

（1）艺术品的多元化投资组合策略。

熊皮基金投资的类别主要是绘画，并且品类相对单一，主要为印象派、野兽派艺术家作品。相对熊皮基金的艺术品投资策略，英国铁路养老基金由于有精确的统计模型以及苏富比拍卖公司专业艺术团队的主导，选择了多元化投资组合的投资策略，艺术品数量和品种极为繁复。苏富比拍卖公司在1989年5月的中国香港和同年12月的伦敦举行了2场英国铁路养老基金的藏品专场拍卖，纵观拍卖整场图录，藏品种类涵盖青铜器、金银器、雕塑、瓷器、玉器等近乎全门类，非常丰富。从艺术品投资基金来说，英国铁路养老基金这一经验对于公有背景基金，特别是体量较大的基金具有一定启示作用：由于养老基金的风险厌恶系数较高，和熊皮基金完全不同的是，英国铁路养老基金无法追求个人审美趣味的满足，在艺术品流通性的高度要求下，基金只能倾向于投资已具有二级市场流通性的传统艺术品。而为了防止投入的机构性资金大量流入影响有限的传统艺术品市场的正常秩序，带来艺术品价格失衡，基金对于投入艺术市场的资金总量进行了限定，同时也通过投资模型慎重选择和科学设计分散投资的艺术品种类，以避免由于基金内部投资带来的市场失衡。正确的投资品类选择以及恰当的投资金额比例分配能够最大限度地降低投资风险，提高投资收益，即现代投资基金的"分散建仓、分期入市"原则。从1974年底至1980年初，英国铁路养老基金先后购进了2232件艺术品。这些艺术品的种类繁多，包括大师绘画（Old Master Paintings）、大师素描（Old Master Drawings）、印象主义艺术（Impressionist Art）、中国艺术品（Chinese Works of Art）、书籍与手稿（Books and Manuscripts）、古董（Antiquities）、中世纪与文艺复兴艺术（Medieval and Renaissance Work of Art）、大师版画作品（Old Master Prints）、日本艺术（Japanese Works of Art）、19世纪装饰艺术（Nineteenth Century Decorative Art）、家具（Furniture）、银器（Silver）等，总投资额在4000万英镑左右。事实上，英国铁路养老基金在选择这些不同品类的艺术品进行投资时，各自投入的金额数量也是不同的。据统计，4000万英镑中的18.8%投资在了大师绘画上，这也是所占比例最大的一个投资单项品类。大师素描、印象主义艺术、中国艺术品、书籍与手稿四类投资品分别占到了总金额的10%左右。从古董、中世纪与文艺复兴艺术、大师版画作品到日本艺术、19世纪装饰艺术、家具、银器，各品类所占投资金额比例依次递减。之所以选择这些艺术品进行投资，并分别投入不同的金额，英国铁路养老基金其实有着充分的考虑。例如，大师绘画、版画、素描作品有着广泛的收藏基础、稳定的市场和广泛的流通性，一定程度上决定了这些艺术品的投资回报能够得到保证。

（2）艺术品长期持有和短期套利相结合策略。

英国铁路养老基金在投资伊始确定的艺术品投资周期是25年。然而，到了14年后的1988年，英国艺术品市场呈现出前所未有的繁荣景象，英国铁路养老基金选择抓住机会，陆续出售艺术品。《纽约时报》1989年4月报道："英国铁路养老基金通过销售艺术品，获得6560万英镑的收入。"1989年，英国铁路养老基金的专场拍卖平均年收益率达到20.1%。1992年以前英国铁路养老基金已经销售了其全部藏品的75%；另外25%的藏品，价值占到全部投资金额的一半，被选择在1994—1997年拍卖。英国铁路养老基金的这一投资逻辑符合现代投资基金的风险对冲理论，也就是基金的管理者根据市场及基金所投资产品的特征，将具有长期持有价值的产品进行长期持有（通常是流通性及成长性较高的产品）。另外，投资团队会选择将一些估价已经较高或盈利倒退的产品抛出。从英国铁路养老基金的艺术品投资来说，在1989年的艺术品市场繁荣期，甚至是交易价格的顶峰选择出手一部分藏品，如在中国香港举办了一场中国瓷器专场拍卖会。该场拍卖会共上拍了100多件艺术品，总估价为5500万港元，总成交额则接近1亿港元。其中，一件明代洪武年间的釉里红大碗，估价为600万至800万港元，成交价高达2035万港元；另一件南宋官窑青瓷更是拍到了2200万港元，创下了当时中国瓷器拍卖价格的最高成交纪录。这一时期出手的藏品价格可以很好地对冲一些艺术品的投资较低收益甚至亏损。当然，使用长期、短期相结合的投资策略，很大程度上依赖于基金管理方对于整个艺术品市场的熟练把握和分析，英国铁路养老基金独到的团队结构（统计学家+专业艺术团队）也极大地成就了基金的业绩表现。当然，与艺术品投资直接相关的另一启示为艺术品是一个长期投资的过程，艺术品投资是依靠时间换取获利空间，这是艺术品投资的基本规律。现行的私募基金存续期一般为5到7年的封闭性运行，而艺术品投资基金需要特定的周期设定和资金流动性安排。

（3）投资与风险控制分离的监管策略。

从现代艺术基金运行的情况来说，投资基金，特别是艺术基金存在的风险很多，比如艺术品的选择和管控不够标准化、基金管理人员能力参差不齐、基金管理者的道德风险等。公有基金有严格的信息披露要求，因此，信息不透明也是最大的风险，涉及投资运作及管理的过程（例如投资方案、资金流转及项目跟踪管理等信息披露问题）。现代基金提倡和鼓励的投资岗位和风控岗位相分离的模式恰恰是英国铁路养老基金所采用的模式。尽管"操作与监管相分离，并各自有独立的基本要求，在一定程度上耗费了时间，有时甚至会忽略了还价"，但为了最大限度地建立一种依赖制度而非依赖人的规范投资运作流程，有效防范和化解风险，决策、执行与监督相分离的风险控制系统必不可少。在投资艺术品这种特殊的非标产品时，这也是最大限度保障基金投资人利益及满足信息披露要求的方法。

上述特点表明，英国铁路养老基金与熊皮基金有本质上的不同，英国铁路养老基金建立了一套有可能被复制的艺术品投资基金管理的逻辑和制度，使艺术品的不确定性变为严谨可控的投资行为，艺术基金不再只是艺术爱好者昙花一现的商业游戏，而是可以由投资模型指导的风险调节收益模式。尽管随着时间的推移和金融市场的发展，艺术金融产品可能呈现出多种多样的形态，越来越多地依赖高科技及现代化载体，但是成熟的艺术金融产品仍然有着共同的特性，如透明化的操作流程，对信息披露、监管制度、风险控制机制的诉求等。英国铁路养老基金对这些在艺术金融产品的运作过程中无法回避的问题提供了可供借鉴的宝贵经验。

（三）艺术家共同信托（Artist Pension Trust）

当时间进入21世纪，当代艺术市场的新纪元也催生出了全新的艺术品投资基金种类。世界范围内艺术品投资基金的热潮始于2003年左右，相较于英国铁路养老基金在20世纪70年代"朴素"的投资模式和探索，新兴的艺术品投资基金在经营策略和投资理念等方面，显露出了充分的当代性。其中具有代表性的是艺术家共同信托。

1. 艺术家共同信托的起源和运作

艺术家共同信托，也译为"艺术家养老信托"，在2004年由从事艺术金融创新服务产业的"共同艺术公司"（Mutual Art）在纽约创设。以色列企业家Moti Shniberg和Dan Galai为创始人。他们将艺术家共同信托设计为一种艺术投资工具，同时也为他们的艺术家朋友提供长期的财务规划。艺术家共同信托目前已在洛杉矶、伦敦、柏林、墨西哥城、圣保罗、孟买、曼谷、伊斯坦布尔等主要艺术城市建立多个信托中心。中国北京中心成立于2006年，负责在大中华区拓展，为包括中国台湾、中国香港在内的全球华人艺术家共同信托进行管理和运作。由知名艺术家、艺术评论和策划行业的专家组成顾问委员会负责挑选艺术家加入该计划，艺术和金融专业人士具体运作销售他们的作品。每个信托中心都会通过自己的艺术家顾问委员会精心挑选本地区的250名艺术家，成立本地区的艺术家共同信托。艺术家共同信托的投资者是艺术家，但艺术家共同信托需要艺术家提供的并非资金，而是作品。在加入艺术家共同信托的20年中，艺术家每年都要向艺家共同信托提供1件自己的作品，艺术家共同信托并不支付现金购买这些作品，艺术家仍然拥有这些作品的所有权，只是把这些作品的经营权委托给了艺术家共同信托。艺术家共同信托的专家团队具体负责这些作品的销售。每售出一件作品，抽取28%作为信托基金的投资和管理费用的回报，32%归作者个人，另外40%分配给集体公积金账户，信托计划中的每位艺术家都将从集体账户获得一份均等的投资收益，使每个人都从集体成功中获利。同时，每个艺术家不同的市场价值还会直接表现在个人账户收益的差异上，因为艺术家作品售价的32%将直接分配给他的个人账户。作品的销售将由国际专家队伍负责，如果作品在市场价值上出现了明显的增值，专家团队会决定合适的出售时机和价格。一般在10年后才开始出售作品，以保证随着艺术市场的成长，得到最大化的投资收益。

2. 艺术家共同信托的特点

（1）艺术品投资和社会保险的复合性。

艺术家共同信托是全球首个专门为艺术家创办的长期信托投资计划，作为当代艺术投资基金和艺术家养老金计划的独特组合，旨在满足新兴艺术家的长期财务规划需求。艺术品共同信托既作为艺术品资本化的一种形式，具有金融产品的创新意义；同时又参照社会保险的模式，旨在解决作为自由职业者的艺术家的退休养老问题，是一种社会保障性的探索。以投资标的而言，艺术家共同信托相对于一般的艺术金融产品，投资标的具有复合性，既直接针对艺术品投资，同时也对具有成熟市场的艺术家和处于成长期的青年艺术家进行投资。一方面，艺术家共同信托的商业模式类似于新兴艺术家的风险投资孵化器。信托计划募集部分资金，向选定的艺术家投资"种子资金"，期望从其中一定比例的艺术家的成长中取得财务回报，同时还为其参与的艺术家提供以"艺术作品代币"的养老保险计划。另一方面，艺术家共同信托投资者既可以在艺术基金中取得投资份额以求回报，也可以为那些参与共同信托的艺术家提供包括年化收入及附加的名誉在内的财务保障。由于大多数艺术家都没有固定的雇主提供养老保险，艺术家共同信托为新兴的艺术家提供了一个独特的机会，用他们的作品换取每年养老金的财政保障。如果艺术家在共同信托取得收益时过世，该份额的受益者就是艺术家指定的人，例如指定的继承人、艺术机构或基金会。此信托就相当于是艺术家的"养老保险"，为艺术家提供了一份可供继承和有条件转让的财产份额。

（2）投资风险的分散性。

艺术家共同信托创始人Galai说："我们的理念是让后起之秀的艺术家们能够建立财务安全感并且分散风险。"艺术家共同信托希望建立跨时间、跨地域的风险分散机制。

从各地区结构上来说，每个地区的信托机构都类似于一个独立的合伙企业，由250名新兴艺术家和共同信托地区管理公司组成，每个地区的信托管理公司是艺术家共同信托投资的全资子公司。每个地区信托的艺术家经由该地区艺术评论家、学者、艺术经纪人、策展人及其他艺术专业人士组成的艺术协会评选委员会选拔。选定的艺术家合作伙伴在20年内最多向地区信托提供20项艺术作品，以换取合伙权益。地区信托有出售艺术品的独家选择权，包括通过艺术家的画廊、拍卖或经销商。各地区信托独立运营，实现各地区投资运营风险的隔离和艺术家、艺术作品地区间的分散投资。

从投资期来看，某位参与地区信托的艺术家以其贡献的作品换取在地区信托中的合伙权益，合伙份额对应他/她在共同信托总收益中所占的份额。通常来说，艺术家作品的价值随着年龄的增长不断提升，艺术家的份额持有期和共同信托总收益的扩大成正比。共同信托鼓励艺术家长期参与，因为在艺术家参与共同信托的早期，每幅艺术作品对应较低的合伙份额，艺术家可能会贡献更多的作品；在艺术家创作生涯后期，可能会贡献更少的作品，但每件作品对应更高的合伙份额价值。在参与共同信托期间，合伙份额的换取和增加，可以鼓励艺术家在整个20年的基金存续期内保持艺术创作。对于艺术家来说，共同信托也有相应的退出机制，艺术家退出后，既有的合伙份额依然可以根据其参与时间和贡献作品继续取得投资回报。当然，专家委员会也会对一些被认定为作品质量急剧下降的艺术家进行替换和除名。这种机制保持了共同信托内部艺术家结构的长期良性整合。

对于艺术家本人来说，参与艺术家共同信托与将作品在画廊出售以及进行艺术品拍卖并不冲突，除了贡献给共同信托的作品外，艺术家的其他作品仍保留常规的市场状态。艺术家一方面可以获得当期收入，另一方面，这种机制也使成长期的艺术家通过分享合伙份额中价值已经提升的其他艺术家的收益的方式提前分享自身未来成熟期作品的收益，得以专注于艺术创作。对作品价值处于成熟期的艺术家来说，艺术家共同信托组成的天然分散的艺术作品投资组合，也可使其分散自身单一作品的市场风险，应对市场的"不确定性"因素，从而获得相对稳定的收入保证。艺术家共同信托使基金不再仅仅是艺术品资产的管理，而是艺术家生态的管理。

（3）投资运作的复杂性和系统性。

基于投资标的和投资区域的复杂性，艺术家共同信托也对基金管理人的投资运作、标的管理、市值维护提出了更高的要求。

第一，作为创新的国际性运作的艺术和金融投资项目，艺术家共同信托受它所运作的国家和地区的法律监管，它的所有政策、实施规划以及运营方式都必须专业、规范，或根据所在国家的政策进行调整，以保证艺术家、评选委员会、管理层、投资方等各方的利益。合法合规、良好的信誉和专业的规范是它在全球范围成功拓展的保证。以属地性特征较为明确的税法为例，由于在艺术家共同信托的投资过程中，艺术品所有权不转移，在各国税法中，涉及投资收益的确认时间、艺术品交易的税收基数、艺术品跨境流动的税务筹划等问题，都对各地区信托的属地运作提出了挑战。因此，各地区信托必须依托于专业的专家委员会，而专家委员会的组成也应当是跨专业的，如金融、法律、艺术、策展等专业人士，共同保障这一创新的金融艺术计划的成功。

第二，作为具有养老保险属性的长期投资项目，一方面，基金管理人按美术馆收藏艺术品的标准对艺术品进行妥善保管并提供保险，还要通过策划展览和出版项目来宣传和推广这些作品和艺术家，并且有可能将其租借给美术馆或者画廊展出，同时选择在合适的时机卖出，尽可能避免不利市场因素的影响，从而保证最大限度地获取货币价值回报。另一方面，艺术家共同信托还承担了对于艺术家的学术价值和市场价值进行梳理、管理和推动的长期经纪角色，与艺术家个人独立、较为短线和松散的拍卖、展览、经纪等传统商业运作方式形成良性互补，体现了对于传统艺术市场运作的支持和创新。在这个意义上，相对于英国铁路养老基金对于艺术家和艺术品类较为保守谨慎的选择，艺术家共同信托在鼓励新兴艺术家、艺术家的作品创新以及新的艺术形式的挖掘方面，有着重大的创造性积极影响，这也是公有基金和私有基金在风险控制和投资回报二者之间取得平衡的必然选择。但艺术家共同信托获得投资回报后置，也意味着基金运营力需要解决获得回报前的运营成本。可以看到，一方面，艺术家共同信托建立了一个世界最大的当代艺术作品收藏库，这些作品来自世界主要艺术中心的不同信托基金。除了信托计划自身的艺术家以外，艺术家共同信托策展服务也致力于为博物馆和独立策展人提供出租服务和研究平台。艺术家共同信托信息服务可利用其艺术信息网络分布，为收藏家和金融咨询者提供咨询服务和信息报告。另一方面，艺术家共同信托在各地区信托中都吸纳了一部分已经有极高影响力和市场价值的艺术家，以提高信托的吸引力和声誉。通过对已有艺术品进行运营、提供策展服务以及信息服务的收入，是否能够有效覆盖共同信托自身的运营成本，并承担巨大的前期学术管理和推广费用，还有待时间的验证。

第三，艺术家共同信托在各地区信托中选取最有代表性的专家委员会进行学术认定和艺术推广，入选的艺术家享有同一投资主体的合伙份额，共享收益，共担风险。对于新兴艺术家来说，前期的年化收益更像是一种补贴和福利，而对于参与计划的顶级艺术家来说，投入的机会成本和收益回报是否平衡则取决于选择艺术家的构成和投资退出的时机。从现有资料看，虽然有资深的金融专家和艺术专家共同管理，由于新兴艺术家和新兴艺术市场的不确定性，仍然对基金风险控制体系和投资退出方式提出了较高的要求，有待市场的验证。

四、延伸阅读：我国私募基金管理人组织形式及合规研究[①]

根据《私募投资基金管理人登记和基金备案办法（试行）》，"私募基金"是指以非公开方式向合格投资者募集资金设立的投资基金。私募基金财产的投资包括买卖股票、股权、债券、期货、期权、基金份额及投资合同约定的其他投资标的。私募基金管理人是负责管理投资者的资产并以投资活动为目的的公司或合伙企业。《中华人民共和国证券投资基金法》（以下简称《证券投资基金法》）规定，私募管理人由依法设立的公司或者合伙企业担任，自然人不能登记为私募管理人。可见，私募管理人分为公司或合伙企业两种类型，而将私募管理人穿透至出资人后，则可能存在自然人或法人两种情况。实践中，私募管理人主要为有限责任公司和有限合伙企业两种形式。

（一）私募基金管理人组织形式

总体来说，有限责任公司兼具资合性和人合性的特点，有限合伙企业则主要表现为人合性。有限责任公司受到《中华人民共和国公司法》（以下简称《公司法》）和公司章程的制约，有限合伙企业则依据《中华人民共和国合伙企业法》（以下简称《合伙企业法》）和合伙人协议设立。二者的具体区别如下：

第一，从设立条件来看，二者对出资人的要求不同。首先，对出资人数的要求。根据《公司法》第24条的规定，有限责任公司的股东人数应在50人以下。《合伙企业法》第61条将有限合伙企业的合伙人限制在2至50人，其中至少应当有1个普通合伙人和1个有限合伙人。有限责任公司和有限合伙企业的出资人人数上限均为50人，但下限不同，有限责任公司可以只有1名股东；但有限合伙企业最少应有2名合伙人，且必须包括有限合伙人和普通合伙人。其次，对出资形式存在不同限制，普通合伙人可以劳务出资，但有限合伙人和公司股东不能以劳务出资。最后，出资人性质也存在不同限制。国有独资公司、国有企业、上市公司以及公益性的事业单位、社会团体不得成为普通合伙人，但一般不限制其成为有限合伙人或有限责任公司的股东。

第二，从治理结构来看，有限责任公司的治理结构一般包括股东会（或股东）、董事会（或执行董事）、监事会（或监事）和高级管理人员，由于《公司法》对有限责任公司做了较为清楚的规定，同时赋予了股东一定的决定权，有限责任公司的治理结构相对于有限合伙企业而言更为清晰和完整，容易形成一个层级清楚、协调统一、监督制约的整体。而有限合伙企业的治理结构完全通过合伙人的约定（即合伙协议）进行明确，有时可能由于合伙人的考虑不周而存在疏漏，但也使得合伙企业设立组织框架时可以在更大的范围内享有更高的自主性。

治理结构的不同延伸出二者权利分配的差异。股东会是公司的权力机构，由全体股东组成，负责决定公司发展的宏观方向和重要决策。诸如决定公司的经营方针和投资计划，选举和更换由非职工代表担任的董事和监事，审议批准公司的利润分配方案和弥补亏损方案，决定公司增加或者减少注册资本以及合并、分立、解散、清算或者变更公司形式等，股东对公司的经营处于强控制之下。而有限合

---

① 本部分执笔人：刘姝肖（泰和泰律师事务所律师）。

伙企业只能由普通合伙人执行合伙事务，有限合伙人不能执行合伙事务，其权利包括参与决定普通合伙人入伙和退伙、对企业的经营管理提出建议、参与选择承办有限合伙企业审计业务的会计师事务所、获取经审计的有限合伙企业财务会计报告、涉及自身利益的情况时查阅有限合伙企业财务会计账簿等财务资料。由于普通合伙人掌握着企业的第一手资料和经营情况，而有限合伙人不能直接参与合伙企业的经营和管理，对企业的控制力较弱，导致有限合伙企业中容易出现信息不对称的情况，如普通合伙人滥用职权或管理不善等，将造成有限合伙人的利益损失。针对私募基金管理人来说，有限责任公司形式，其实际控制人判断主要从股权数量、在公司任职情况进行综合判断，而有限合伙人形式中，实际控制人可直接从普通合伙人开始进行核查，相对简单。

第三，从税务成本来看，有限责任公司应当缴纳的税费包括增值税、城建税及附加、企业所得税、印花税，有限合伙企业需要缴纳的税费则包括增值税、城建税及附加、代缴个人所得税、印花税。可见，二者在纳税环节的差别仅在于所得税不同，其他税费无明显差别。所得税中包括分红收益/股息红利、管理费收益和股权/合伙份额转让收益，根据不同的规定存在不同税率，需特别注意。另外，有限责任公司在税务成本上最大的问题在于存在"双重征税"的情况，有限责任公司除了缴纳税率为25%的所得税外，股东个人从公司分得的股息和红利还需另行缴纳个人所得税。有限合伙企业则避免了"双重征税"问题，《财政部 国家税务总局关于合伙企业合伙人所得税问题的通知》（财税〔2008〕159号）规定"合伙企业以每一个合伙人为纳税义务人""合伙企业生产经营所得和其他所得采取先分后税的原则"。即有限合伙企业本身不需要缴纳所得税，而是在取得收益分配时，先根据约定比例或实缴出资比例分配到每个合伙人后，再由合伙人自行缴纳所得税，其中自然人合伙人缴纳个人所得税，法人或其他组织合伙人缴纳企业所得税。

第四，从利润分配来看，有限责任公司和有限合伙企业均可约定分配比例。但在责任承担方面，有限责任公司的股东以其认缴的出资额为限对公司承担责任，有限合伙人也以其出资额为限对合伙企业债务承担责任，普通合伙人对合伙企业债务承担无限连带责任。普通合伙人承担着比有限合伙人和公司股东更大的风险，其以自己的全部财产对企业债务承担连带责任，并不局限于认缴的出资额。

综上所述，有限责任公司和有限合伙企业从设立开始就存在不同，设立之后设计的治理结构和权利分配，以及企业运营过程中的税务成本和责任承担等均存在较大差异，在选择有限责任公司还是有限合伙企业作为私募基金管理人时，应当综合考虑这些因素，并结合最新法规和地方政策，选择最适合自己的方式。

（二）私募基金管理人的出资人

2018年12月4日，中国证券投资基金业协会（以下简称"基金业协会"）发布了《私募基金管理人登记须知》，对机构申请私募管理人登记的活动提供了指引，也明确了私募管理人之出资人的相关要求。

《私募基金管理人登记须知》对出资人的出资能力做出了严格规定。首先，出资人必须以货币财产出资；其次，出资人应保证其出资的资金来源真实合法且不受制于任何第三方，即该实缴出资属于出资人可以自由支配的合法财产；最后，出资人应当具备与其认缴资本金额相匹配的出资能力，即出资人的合计出资能力应与私募管理人的认缴资金相匹配。可以说，上述文件对出资人的实缴出资情况和认缴出资金额均进行了规定，以确保出资人确实具备相应的出资实力。因此，出资人需要提供充足的证明材料证明其出资能力，一般来说，法人可以通过最近一年的审计报告和最新的财务报表进行说明；自然人则可以提供本人或其配偶等家庭成员的相关财产证明，包括银行存款、不动产、车辆、理财产品、持有股权等。一般来说，自然人的出资能力弱于法人，但对于法人的不同类型仍应予以相应重视。例如，虽然因国有企业具有雄厚的资金实力而受到青睐，但仍需注意其出资来源是政府借债还是独立出资，这将直接影响其出资能力的认定。资金作为出资人的核心要求，在选择出资人时应当综合其资产情况重点考察出资能力是否具备。

选择出资人时，还应重点注意其持股情况。按照规定，出资人不得存在股权代持情形，这是为了防范可能发生的损害投资者利益的关联交易行为，避免信息披露义务形同虚设。股权代持多发生在自然人之间，一般是要求其签署不存在股权代持的保证书；而对于法人，则应当注意其持有股权的最终穿透人。

对于出资人，除了出资能力外还应当关注其职业背景和信用记录等，具备私募股权相关从业经验或学习经历的出资人是最优选择，这表明其具有私募股权相关的专业知识，在投资产品时能基于自己的知识储备进行决议，有利于私募管理人的发展。而信用记录则表明该出资人的诚信问题，寻找诚信度高的出资人，管理人的发展才更加长远，也能提高投资者信心，夯实资本市场诚信建设。

最后，当出资人是法人时，尤其应注意该法人自身不得从事与私募基金属性相冲突的业务，例如，主营或兼营民间借贷、民间融资、融资租赁、配资业务、小额理财、小额借贷、众筹、保理、担保、房地产开发、交易平台等业务。

自然人与法人的核心区别在于前者是较为自由的自然个体，而后者则为受法律制约较多的法定机构。私募管理人之出资人为自然人或法人其实并无本质差别，关键在于是否能满足法律法规及协会规定的种种条件，是否有利于私募基金管理人的发展。

（三）私募基金管理人内控合规

私募基金管理人的内部控制，是指私募基金管理人为防范和化解风险，保证各项业务的合法合规运作，实现经营目标，在充分考虑内外部环境的基础上，对经营过程中的风险进行识别、评价和管理的制度安排、组织体系和控制措施。私募基金管理人内部控制应当贯穿于私募投资基金的资金募集、投资研究、管理运作、投资运营、信息披露及合规退出等各个环节。

近年来，一方面，我国私募股权投资基金的管理机构快速增加，管理机构募集和发行基金的规模不断攀升；另一方面，我国对私募股权的监管政策、监管机构、监管模式、监管法律依据尚不完整和健全。在监管机构方面，《证券投资基金法》经过两次修订，引入基金行业协会的概念并赋予其相关监管和对行业进行自律管理的职权，2012年6月，中国证券投资基金业协会正式成立。在监管制度方面，2014年8月施行的《私募投资基金监督管理暂行办法》是私募基金监管领域的主要法规之一，也确立了符合私募基金行业运作特点的适度监管制度。《私募投资基金监督管理暂行办法》中对于私募基金管理人内部控制方面，对保障私募基金财产安全的制度措施、纠纷解决机制、防范利益冲突机制、投资者保护、信息披露、信息报送、资料保存做出了规定。2016年2月1日，中国基金业协会《私募投资基金管理人内部控制指引》发布，基金业协会作为自律性组织，进一步以行业自律规则的形式对私募基金管理人加强内部控制，合法合规运营，对建立专业化、规范化并切实可执行、可落地的14项基金管理内控制度提出了更为具体和系统的要求。

1. 内部控制负责人

《私募投资基金管理人内部控制指引》规定，私募基金管理人应具备至少2名高级管理人员，高级管理人员中应当设置合规风控负责人。同时，还规定了合规风控高管对内部控制的有效运行负有责任。实务中，在私募基金管理人向基金业协会提交登记法律意见书过程中，基金业协会对于合规风控负责人的设置也在不断增加新的反馈及要求，可见对合规风控高管在私募管理机构中的地位及重大责任的认定是一项极受重视的规定。

（1）高管身份及从业资格。

根据《关于进一步规范私募基金管理人登记若

干事项的公告》，从事私募证券投资基金业务的各类私募基金管理人，其高管人员[包括法定代表人/执行事务合伙人（委派代表）、总经理、副总经理、合规风控负责人等]均应当取得基金从业资格。从事非私募证券投资基金业务的各类私募基金管理人，至少有2名高管人员应当取得基金从业资格，其法定代表人/执行事务合伙人（委派代表）、合规风控负责人应当取得基金从业资格。

（2）对外任职情况梳理。

各类私募基金管理人的合规风控负责人不得从事投资业务，合规风控负责人必须全职。2018年12月更新的《私募基金管理人登记须知》中提到，私募基金管理人的高管人员应当与任职机构签署劳动合同。在私募基金管理人登记、提交高管人员重大事项变更申请时，应上传所涉高管的劳动合同及社保证明。因此，目前中国基金业协会关于全职员工的认定标准为与私募管理机构签订劳动合同，并在该机构缴纳社保。同时，从新增反馈情况来看，基金业协会也会对合规风控负责人在工商系统登记为法人、高级管理人员甚至财务人员的情况进行主动检索，要求机构确认该高管是否兼职，是否需要整改或更换合规风控负责人。

（3）风控胜任能力。

合规风控负责人作为私募基金管理人内部控制的核心岗位设置，除了应当具备基金行业的从业资格之外，还应当具备与岗位相匹配的专业能力以及诚信与自律的道德要求。因此，近期基金业协会要求申请机构及律师对合规风控负责人的学历背景、工作经历说明，并结合其在学习经历及每一段工作经历中与合规风控相关的具体工作经验及技能进行充分论述，以论证该高管具有《私募投资基金管理人内部控制指引》所要求的"独立地履行对内部控制监督、检查、评论、报告和建议的职能"。

2. 组织结构职责明确、相互制约

在《私募投资基金管理人内部控制指引》中，明确提出私募基金管理人在组织结构设置中应当职责明确、相互制约，建立必要的防火墙制度和业务隔离制度。在实务中，基金业协会也会关注管理人颁布的各项制度的落地性和可操作性，即各项制度的流程设置与管理人的机构设置是否对应；各项制度的执行是否与管理人的人员数量、能力相匹配。设置中应包括民主、透明的决策程序和管理议事规则，高效、严谨的业务执行系统，以及健全、有效的内部监督和反馈系统。

《私募投资基金管理人内部控制指引》明确了私募基金管理人建立内部控制制度的几大主要原则：

（1）全面性原则。

私募基金管理人保证内控制度覆盖各项业务、各个部门和各级人员。打开中国基金业协会网站私募基金管理人登记系统，需要上传的制度有：运营风险控制制度、信息披露制度、机构内部交易记录制度、防范内幕交易及利益冲突的投资交易制度、合格投资者风险揭示制度、合格投资者内部审核流程及相关制度、私募基金宣传推介及募集相关规范制度、其他制度。这些制度涵盖了私募基金管理人在自身运营及基金设立、推介、募集、管理过程中所需的基本内容，为各部门提供管理依据。

（2）相互制约原则。

私募基金管理人组织结构应当权责分明、相互制约。比如，在运营风险控制制度中，需体现职责明确、相互制约的组织架构，包括相应部门和人员配置、明确授权分工。

（3）执行有效原则。

私募基金管理人应通过科学的内控手段和方法，建立合理的内控程序，维护内控制度的有效执行。

（4）独立性原则。

《私募投资基金管理人内部控制指引》指出，私募基金管理人应当建立完善的财产分离制度，私募基金财产与私募基金管理人固有财产之间、不同私募基金财产之间、私募基金财产和其他财产之间要实行独立运作，分别核算。私募基金管理人应建立必要的防火墙和业务隔离制度，使之与关联公司之间在业务、人员、机构、办公场所、资金等各方面严格分离，保持各部门、各人员的相对独立性，严格防范因风险传递及利益冲突给公司带来的风险。

（5）成本效益原则。

私募基金管理人应在建立完善的内控制度的同时控制合理的成本，与私募基金管理人的管理规模和员工人数等方面相匹配，契合自身实际情况。

（6）适时性原则。

私募基金管理人应当定期评价内部控制的有效性，并随着有关法律法规的调整和经营战略、方针、理念等外部环境的变化同步适时修改或完善。

总之，基金管理公司的制度需要体现两个方面：一是管理层方面权力分配合理，建立监督机制；二是下属各部门的职责体现，承担各自部门的责任，并在相互之间形成有效的权力监督机制。

3. 合规募集

私募基金管理人的募集方式分为两种：一种是私募基金管理人自行募集；另一种是基金管理人委托基金销售机构募集，两种募集方式对管理人内部控制具有不同的规范要求。

（1）向合格投资者自行募集。

配合《私募投资基金监督管理暂行办法》中设置的合格投资者制度，《私募投资基金管理人内部控制指引》再次强调，私募基金管理人应当建立合格投资者适当性制度，这是私募基金内部控制的核心内容之一，是防止非法集资、降低投资纠纷、提升私募基金运作能力的关键环节之一。适当性制度适用于接触投资者、基金推介、销售的全过程。

（2）规范委托募集。

《私募投资基金管理人内部控制指引》明确规定了委托募集方式下对募集机构的资质要求，指出私募基金管理人委托募集的，应当委托获得中国证监会基金销售业务资格且成为中国基金业协会会员的机构募集私募基金，并制定募集机构遴选制度，切实保障募集结算资金安全；确保私募基金向合格投资者募集以及不变相进行公开募集。

4. 防止利益输送

从私募业受到监管层关注以来，对于利益输送的防范就应变为私募内部控制的重点。对于近年来行业内存在的各类利益输送问题，《私募投资基金管理人内部控制指引》新增了专业化运营原则，明确"私募基金管理人应当遵循专业化运营，主营业务清晰，不得兼营与私募基金管理无关或存在利益冲突的其他业务"；同时，进一步明确私募基金管理人应建立健全相关机制，防范管理的各私募基金之间的利益输送和利益冲突，公平对待管理的各私募基金，保护投资者利益。

5. 投资业务合规

《私募投资基金管理人内部控制指引》对私募基金投资环节的内部控制主要体现在对投资业务的合规性管理上，私募基金管理人应当建立健全投资业务控制，保证投资决策严格按照法律法规规定，符合基金合同所规定的投资目标、投资范围、投资策略、投资组合和投资限制等要求。

6. 基金运行托管

托管制度是防范私募基金风险的核心制度之一。"e租宝"500亿元非法集资之所以能够出现，与没有设立托管制度存在一定的关系。对此，《私募投资基金管理人内部控制指引》指出，除基金合同另有约定外，私募基金应当由基金托管人托管，私募基金管理人应建立健全私募基金托管人遴选制度，切实保障资金安全。基金合同约定私募基金不进行托管的，私募基金管理人应建立保障私募基金财产安全的制度措施和纠纷解决机制。

7. 管理人业务外包

《私募投资基金管理人内部控制指引》明确规定了私募基金管理人开展业务外包应制定相应的风险管理框架及制度，以管控外包业务中可能存在的各类风险。《私募投资基金管理人内部控制指引》还指出私募基金管理人根据审慎经营原则制定其业务外包实施规划，确定与其经营水平相适宜的外包活动范围。私募基金管理人应建立健全外包业务控制，并至少每年开展一次全面的外包业务风险评估。在开展业务外包的各个阶段，关注外包机构是否存在与外包服务相冲突的业务，以及外包机构是否采取有效的隔离措施。

8. 投资信息保存

《私募投资基金管理人内部控制指引》规定了信息保存制度，指出私募基金管理人应当保存私募基金内部控制活动等方面的信息及相关资料，确保信息的完整、连续、准确和可追溯，保存期限自私募基金清算终止之日起不得少于10年。

9. 统一监管

《私募投资基金管理人内部控制指引》确立了内控制度的统一监管模式，以便于中国基金业协会对私募基金公司内部控制制度的管理，指出私募基金管理人应当按照本指引要求制定相关内部控制制度，并在中国基金业协会私募基金登记备案系统填报及上传相关内部控制制度。

10. 接受协会检查

中国基金业协会负责对私募基金公司的内部控制活动的各个环节进行业务检查。中国基金业协会按照相关自律规则，对私募基金管理人的人员、内部控制、业务活动及信息披露等合规情况进行业务检查，业务检查可通过现场或非现场方式进行，私募基金管理人及相关人员应予以配合。

11. 违规处罚

基金业协会承担行业自律管理、合规性自律检查及惩处违反自律规则行为等方面的责任。私募基金管理人未按本指引建立健全内部控制，或内部控制存在重大缺陷，导致违反相关法律法规及自律规则的，基金业协会可以视情节轻重对私募基金管理人及主要负责人采取书面警示、行业内通报批评、公开谴责等措施。

可见，与《私募投资基金管理人内部控制指引》出台之前不同，当时虽然《私募投资基金监督管理暂行办法》也存在着一些关于私募基金内部控制的规定，但是由于缺乏具体明确的惩罚规定，私募基金的内控制度在实践操作中难以真正予以落实。随着《私募投资基金管理人内部控制指引》的内容逐渐被广大私募基金管理人所了解和认知，尤其是伴随着协会对私募基金内部控制监管措施的

逐步实施，我国私募基金的内部制度会逐步建立并完善。

（四）私募基金管理人登记及信息披露

登记是私募基金管理人开展投募业务的前提条件。

2016年2月5日，基金业协会出台《私募基金管理人登记法律意见书指引》，明确申请机构向基金业协会申请私募基金管理人登记，应当聘请中国律师事务所依照《私募基金管理人登记法律意见书指引》出具法律意见书，明确法律意见书形式要件，并强调经办执业律师及律师事务所应在充分尽职调查的基础上，就14项内容逐项发表法律意见，并就对私募基金管理人登记申请是否符合基金业协会的相关要求发表整体结论性意见。2018年12月，基金业协会出台的《私募基金管理人登记须知》，强化私募基金管理人登记要求，进一步明确股东真实性、稳定性要求；厘清私募基金管理人登记边界，强化集团类机构主体资格责任；落实内控指引，加强高管及从业人员合规性、专业性要求；引入中止办理流程、新增不予登记情形。

私募基金管理人的信息披露义务源自证券投资基金信息披露制度，其法律渊源可以追溯至《证券投资基金法》。《证券投资基金法》第七章对于公募基金的信息披露做了专门规定，而对于非公募基金仅其在第九十四条和第九十五条做了一般性规定。根据披露对象的不同，可分为信息报送和狭义的信息披露。信息报送是指依据法律法规、行业规范的规定向监管机构（主要是基金业协会）提供基金信息；信息披露是指按照基金合同的约定向投资者提供基金信息。

2014年8月，中国证监会公布的《私募投资基金监督管理暂行办法》第二十四、第二十五条分别对信息披露和信息报送进行了规定，明确信息披露具体规则由基金业协会另行制定，并确定私募基金管理人应当依据基金业协会的规定进行信息报送。

2014年1月，基金业协会公布的《私募投资基金管理人登记和基金备案办法（试行）》第五章规

定了私募基金管理人的信息报送义务，并对报送信息内容、程序进行了细化。2016年2月，基金业协会公布《私募投资基金信息披露管理办法》，对私募基金信息披露义务人、信息披露原则、信息披露内容、基金募集和运作期间的信息披露、信息披露事务管理等进行了规定，使私募基金管理人信息披露制度进一步完善。

（一）信息报送

信息报送可分为定期报送和重大事项报送。

1. 定期报送

定期报送可分为月度报送、季度报送和年度报送。

（1）月度报送。私募基金管理人应当在每月结束之日起5个工作日内，更新所管理的私募证券投资基金相关信息，包括基金规模、单位净值、投资者数量等。

（2）季度报送。私募基金管理人应当在每季度结束之日起10个工作日内，更新所管理的私募股权投资基金等非证券类私募基金的相关信息，包括认缴规模、实缴规模、投资者数量、主要投资方向等。

（3）年度报送。私募基金管理人应当于每年度结束之日起20个工作日内，更新私募基金管理人、股东或合伙人、高级管理人员及其他从业人员、所管理的私募基金等基本信息。私募基金管理人应当于每年度4月底之前，通过私募基金登记备案系统填报经会计师事务所审计的年度财务报告。受托管理享受国家财税政策扶持的创业投资基金的基金管理人，还应当报送所受托管理创业投资基金投资中小微企业情况及社会经济贡献情况等报告。

2. 重大事项报送

重大事项可分为私募基金管理人重大变更和基金重大变更。

私募基金管理人发生以下重大事项的，应当在10个工作日内向基金业协会报告：① 私募基金管理人的名称、高级管理人员发生变更；② 私募基金管理人的控股股东、实际控制人或者执行事务合伙人发生变更；③ 私募基金管理人分立或者合并；④ 私募基金管理人或高级管理人员存在重大违法违规行为；⑤ 依法解散、被依法撤销或者被依法宣告破产；⑥ 可能损害投资者利益的其他重大事项。

私募基金运行期间，发生以下重大事项的，私募基金管理人应当在5个工作日内向基金业协会报告：① 基金合同发生重大变化；② 投资者数量超过法律法规规定；③ 基金发生清盘或清算；④ 私募基金管理人、基金托管人发生变更；⑤ 对基金持续运行、投资者利益、资产净值产生重大影响的其他事件。

（二）信息披露

1. 信息披露义务人

信息披露义务人，指私募基金管理人、私募基金托管人，以及法律、行政法规、中国证券监督管理委员会和中国证券投资基金业协会规定的具有信息披露义务的法人和其他组织。同一私募基金存在多个信息披露义务人时，应在相关协议中约定信息披露相关事项和责任义务。信息披露义务人委托第三方机构代为披露信息的，不得免除信息披露义务人法定应承担的信息披露义务。

私募基金管理人作为信息披露义务人，应当建立健全信息披露管理制度，指定专人负责管理信息披露事务，并按要求在私募基金登记备案系统中上传信息披露相关制度文件。信息披露事务管理制度应当至少包括以下事项：① 信息披露义务人向投资者进行信息披露的内容、披露频度、披露方式、披露责任以及信息披露渠道等事项；② 信息披露相关文件、资料的档案管理；③ 信息披露管理部门、流程、渠道、应急预案及责任；④ 未按规定披露信息的责任追究机制，对违反规定人员的处理措施。

私募基金管理人还应当妥善保管私募基金信息披露的相关文件资料，保存期限自基金清算终止之日起不得少于10年。

2. 信息披露范围

私募基金管理人应当向投资者披露的信息包括：① 基金合同；② 招募说明书等宣传推介文件；

③基金销售协议中的主要权利义务条款；④基金的投资情况；⑤基金的资产负债情况；⑥基金的投资收益分配情况；⑦基金承担的费用和业绩报酬安排；⑧可能存在的利益冲突，涉及私募基金管理业务、基金财产、基金托管业务的重大诉讼、仲裁；⑨中国证监会以及中国基金业协会规定的影响投资者合法权益的其他重大信息。

私募基金进行托管的，私募基金托管人应当按照相关法律法规、中国证监会以及中国基金业协会的规定和基金合同的约定，对私募基金管理人编制的基金资产净值、基金份额净值、基金份额申购赎回价格、基金定期报告和定期更新的招募说明书等向投资者披露的基金相关信息进行复核确认。

3. 信息披露规范

私募基金管理人应当按照规定通过中国基金业协会指定的私募基金信息披露备份平台报送信息，向境内投资者募集的基金信息披露文件应当采用中文文本，应当尽量采用简明、易懂的语言进行表述。同时采用外文文本的，信息披露义务人应当保证两种文本内容一致。两种文本发生歧义时，以中文文本为准。

私募基金管理人披露基金信息，不得存在以下行为：①公开披露或者变相公开披露；②虚假记载、误导性陈述或者重大遗漏；③对投资业绩进行预测；④违规承诺收益或者承担损失；⑤诋毁其他基金管理人、基金托管人或者基金销售机构；⑥登载任何自然人、法人或者其他组织的祝贺性、恭维性或推荐性的文字；⑦采用不具有可比性、公平性、准确性、权威性的数据来源和方法进行业绩比较，任意使用"业绩最佳""规模最大"等相关措辞；⑧法律、行政法规、中国证监会和中国基金业协会禁止的其他行为。

根据基金所处阶段的不同，可以分为基金募集期间的信息披露和基金运作期间的信息披露。

（1）私募基金募集期间的信息披露。私募基金募集期间，应当在宣传推介材料（如招募说明书）中向投资者披露如下信息：①基金的基本信息：基金名称、基金架构（是否为母子基金、是否有平行基金）、基金类型、基金注册地（如有）、基金募集规模、最低认缴出资额、基金运作方式（封闭式、开放式或者其他方式）、基金的存续期限、基金联系人和联系信息、基金托管人（如有）；②基金管理人基本信息：基金管理人名称、注册地/主要经营地址、成立时间、组织形式、基金管理人在中国基金业协会的登记备案情况；③基金的投资信息：基金的投资目标、投资策略、投资方向、业绩比较基准（如有）、风险收益特征等；④基金的募集期限：应载明基金首轮交割日以及最后交割日事项（如有）；⑤基金估值政策、程序和定价模式；⑥基金合同的主要条款：出资方式、收益分配和亏损分担方式、管理费标准及计提方式、基金费用承担方式、基金业务报告和财务报告提交制度等；⑦基金的申购与赎回安排；⑧基金管理人最近三年的诚信情况说明；⑨其他事项。私募基金的宣传推介材料（如招募说明书）内容应当如实披露基金产品的基本信息，与基金合同保持一致。如有不一致，应当向投资者特别说明。

（2）私募基金运作期间的信息披露。私募基金运作期间，信息披露义务人应当按照基金合同确定的信息披露的内容、披露频度、披露方式、披露责任以及信息披露渠道等进行披露。其类型具体可分为定期披露和重大事项披露。

定期披露包括月度披露、季度披露和年度披露。一般情况下，信息披露义务人应当在每季度结束之日起10个工作日以内向投资者披露基金净值、主要财务指标以及投资组合情况等信息。单只私募证券投资基金管理规模金额达到5000万元以上的，应当持续在每月结束后5个工作日以内向投资者披露基金净值信息。

此外，信息披露义务人应当在每年结束之日起4个月以内向投资者披露以下信息：①报告期末基金净值和基金份额总额；②基金的财务情况；③基金投资运作情况和运用杠杆情况；④投资者账户信息，包括实缴出资额、未缴出资额以及报告期末所持有基金份额总额等；⑤投资收益分配和损失承担情况；⑥基金管理人取得的管理费和业绩报酬，包括计提基准、计提方式和支付方式；⑦基金合同约定的其他信息。

重大事项披露是指在发生下列重大事项时，信息披露义务人应当按照基金合同的约定及时向投资者披露：①基金名称、注册地址、组织形式发生变更的；②投资范围和投资策略发生重大变化的；③变更基金管理人或托管人的；④管理人的法定代表人、执行事务合伙人（委派代表）、实际控制人发生变更的；⑤触及基金止损线或预警线的；⑥管理费率、托管费率发生变化的；⑦基金收益分配事项发生变更的；⑧基金触发巨额赎回的；⑨基金存续期变更或展期的；⑩基金发生清盘或清算的；⑪发生重大关联交易事项的；⑫基金管理人、实际控制人、高管人员涉嫌重大违法违规行为或正在接受监管部门或自律管理部门调查的；⑬涉及私募基金管理业务、基金财产、基金托管业务的重大诉讼、仲裁；⑭基金合同约定的影响投资者利益的其他重大事项。

（三）自律管理及法律责任

1. 自律管理

《证券投资基金法》赋予基金业协会制定和实施行业自律规则，监督、检查会员及其从业人员的执业行为，对违反自律规则和协会章程的，按照规定给予纪律处分的权利。会员及其从业人员违反法律、行政法规、本办法规定和基金业协会自律规则的，基金业协会可以视情节轻重，采取自律管理措施，并通过网站公开相关违法违规信息。会员及其从业人员涉嫌违法违规的，基金业协会应当及时报告中国证监会。

第一，信息报送中的自律管理。私募基金管理人在私募基金管理人登记、基金备案及其他信息报送中提供虚假材料和信息，或者隐瞒重要事实的，基金业协会视情节轻重可以对私募基金管理人采取警告、行业内通报批评、公开谴责、暂停受理基金备案、取消会员资格等措施，对高级管理人员及其他从业人员采取警告、行业内通报批评、公开谴责、取消从业资格等措施，并记入诚信档案。情节严重的，移交中国证监会处理。

私募基金管理人未按规定及时填报业务数据或者进行信息更新的，基金业协会责令改正；一年累计两次以上未按时填报业务数据、进行信息更新的，基金业协会可以对主要责任人员采取警告措施，情节严重的向中国证监会报告。

第二，信息披露中的自律管理。私募基金管理人违反未在基金合同约定信息披露事项的，基金备案过程中由基金业协会责令改正。

私募基金管理人违反未向基金业协会制定平台报送信息、未按照信息披露范围进行披露的、未按照规定时间进行披露的，投资者可以向中国基金业协会投诉或举报，基金业协会可以要求其限期改正。逾期未改正的，基金业协会可以视情节轻重对信息披露义务人及主要负责人采取谈话提醒、书面警示、要求参加强制培训、行业内谴责、加入黑名单等纪律处分。

私募基金管理人未按要求建立健全信息披露管理制度和保管信息披露相关文件的，基金业协会可以要求其限期改正。逾期未改正的，基金业协会可以视情节轻重对信息披露义务人及主要负责人采取谈话提醒、书面警示、要求参加强制培训、行业内谴责、加入黑名单等纪律处分。

私募基金管理人在信息披露中未按照上述要求完整披露的，基金业协会可视情节轻重对基金管理人采取公开谴责、暂停办理相关业务、撤销管理人登记或取消会员资格等纪律处分；对直接负责的主管人员和其他直接责任人员，基金业协会可采取要求参加强制培训、行业内谴责、加入黑名单、公开谴责、认为不适当人选、暂停或取消基金从业资格等纪律处分，并记入诚信档案。情节严重的，移交中国证监会处理。

私募基金管理人在一年之内两次被采取谈话提醒、书面警示、要求限期改正等纪律处分的，基金业协会可对其采取加入黑名单、公开谴责等纪律处分;在两年之内两次被采取加入黑名单、公开谴责等纪律处分的,由基金业协会移交中国证监会处理。

2. 法律责任

《证券投资基金法》第一百三十一条规定,基金信息披露义务人不依法披露基金信息或者披露的信息有虚假记载、误导性陈述或者重大遗漏的,责令改正,没收违法所得,并处10万元以上100万元以下罚款;对直接负责的主管人员和其他直接责任人员给予警告,暂停或者撤销基金从业资格,并处3万元以上30万元以下罚款。

《私募投资基金监督管理暂行办法》第三十八条规定,私募基金管理人未按第二十四、第二十五条规定进行信息报送和信息披露的,责令改正,给予警告并处3万元以下罚款;对直接负责的主管人员和其他直接责任人员,给予警告并处3万元以下罚款。

（四）报送及披露途径

根据《私募投资基金信息披露管理办法》第五条规定,私募基金管理人应当按照规定通过中国证券投资基金业协会（以下简称"协会"）指定的私募基金信息披露备份平台报送信息。2016年10月,私募基金信息披露备份系统（https://pfid.amac.org.cn,以下简称"信披备份系统"）正式上线运行实现了私募证券投资基金（含顾问管理型）、私募股权（含创业）投资基金相关信息披露报告的备份功能,系统运行良好,相关私募基金管理人积极履行私募基金信息披露义务,并在信披备份系统备份私募基金信息披露报告。

2018年9月30日,中国证券投资基金业协会发布《关于加强私募基金信息披露自律管理相关事项的通知》,明确私募基金管理人未按时在信披备份系统备份私募证券投资基金2018年第三季度及以后各期季报和年报、私募股权（含创业）投资基金2018年及以后各期半年报和年报等信息披露报告累计达两次的,协会将其列入异常机构名单,并通过私募基金管理人公示平台（http://gs.amac.org.cn）对外公示。一旦私募基金管理人作为异常机构公示,即使整改完毕,至少6个月后才能恢复正常机构公示状态。自2018年11月1日起,已登记私募基金管理人未按要求履行上述私募基金信息披露备份义务的,在私募基金管理人完成相应整改要求前,协会将暂停受理该机构的私募基金产品备案申请。

总体来看,私募基金管理人信息披露制度分为信息报送和狭义信息披露两大制度体系。借助基金业协会的自律管理,两大体系不断拓展,规则逐渐细化,私募基金管理人的信息披露义务和披露规范更加明确。

第五章　潍坊银行艺术品质押融资案例研究

> 在金融体系中，银行业如何参与艺术品市场，一直是艺术金融发展的一个重要问题。在具体的实践探索过程中，很多银行的有关业务创新，只是进行了一些艺术金融外围产品与服务的探索，并没有将信贷这一核心业务与艺术品市场建立紧密联系，也就是说，没有将信贷资产直接配置到艺术品市场中。潍坊银行艺术品质押融资的实践探索正是通过预收购制度这一机制创新，常态化、规模化、社会化、系统化地在银行业参与艺术品市场这一核心领域取得突破，成为我国银行业发展艺术金融过程中最为成功的一个案例，也由此成为中国银行业艺术金融创新发展的一面旗帜。

一、案例简介：潍坊银行艺术品质押融资

总部位于山东省潍坊市的潍坊银行作为一家正规金融机构，从2007年2月提出"文化兴行"管理理念，到2009年9月成功推出第一单艺术品质押贷款，再到2014年5月成立潍坊银行艺术金融研究中心，经过数年的努力探索与务实进取，潍坊银行建立起一套以艺术品质押融资业务为核心、依托潍坊本地市场资源和潍坊银行自身业务资源优势、不断谋求常态化发展的运营模式。在这一过程中，潍坊银行在艺术金融产业的探索之路上逐渐摸索出一条迎合时代创新要求、契合地方发展特色、整合自身发展优势的艺术金融发展思路，打造了一条相对完善的艺术金融综合服务产业链，在国内乃至世界范围内找到了具有自身特色化、差异化的发展道路。

潍坊银行所打造的艺术金融综合服务产业链包括互相联系、紧密咬合的几个环节（业态），分别为艺术品融资、艺术品仓储、艺术策展与中介、艺术品投资咨询、艺术金融数据库等。从潍坊银行构建的产业链本身来看，这些业态可以被分为三个等级：第一级业态是带动整个产业链发展的核心内容，可视作主旨型业态，主要指其中的"艺术品融资"环节；第二级业态可视作产业链中的支撑型业态，主要起支撑艺术品融资活动顺利开展的作用，重点包括艺术品仓储和艺术金融数据库等环节；第三级业态可视作产业链中的衍生型业态，即由第一、第二级业态所衍生出的业态，主要包括艺术策展与中介、艺术品投资咨询等环节。这些业态组合成一个闭环，共同对潍坊银行的艺术金融实践发力。

整体看来，潍坊银行的艺术金融探索实践，作为中国艺术金融产业发展进程中的一个颇具典型性的案例，无论对整个中国的艺术金融产业发展而言，还是对相关学科的理论建设而言，都有着十分重要的研究价值与启发。在具体的案例研究分析过程中，应特别注意以下几个重要问题：

（1）潍坊银行推出艺术品质押融资业务的背景。

（2）艺术品质押融资创新的预收购人制度分析。

（3）潍坊银行建构艺术金融综合服务产业链。

二、案例描述：潍坊银行艺术金融实践研究[①]

近年来，在国家对金融支持文化产业发展的持续鼓励与大力支持的时代背景下，艺术产业作为文

---

① 本部分执笔人：王远军（潍坊银行行长助理、艺术金融业务分管领导）。

化产业最重要的组成部分，有关金融对支持其发展的研究与探索得到社会各界的广泛关注，潍坊银行的艺术金融创新实践就是在这一背景下展开的。从2009年9月成功推出第一单艺术品质押贷款，到2013年成立文化金融事业部实施艺术金融业务专营，经过多年发展，目前已在全国艺术金融领域树立了标杆，建立了品牌。潍坊银行的艺术金融实践对推动金融与艺术品市场的深度融合、中国的艺术金融产业发展以及相关学科的理论建设，都具有十分重要的研究价值。

（一）潍坊银行艺术金融实践背景

1. 宏观政策层面

顺应了国家及地方政府文化产业大发展大繁荣的时代要求。党的十八大将文化产业大发展大繁荣作为一项重要的国家战略；山东省委省政府、潍坊市委市政府高度重视文化产业发展，出台了一系列促进文化产业发展的政策措施，这为潍坊银行通过金融创新、谋求金融与文化产业深度融合提供了发展机遇。

2. 市场层面

呼应了艺术品市场对金融服务的需求。潍坊市作为全国文化体制改革试点市，共有画廊和美术馆2000余家，艺术品市场交投十分活跃，基于艺术品生产、投资、交易的金融服务需求特别是融资需求特别旺盛。但由于艺术品市场仍处于初级阶段，金融机构对艺术品市场需求的创新严重不足，该行业客户主要通过民间融资的形式进行资金周转，金融服务需求得不到满足。

3. 自身发展层面

艺术金融是潍坊银行打造差异化经营特色的重要领域。随着利率市场化的推进和互联网金融的发展，银行业同质化竞争持续加剧，中小银行面临严峻的市场发展形势。多年来，潍坊银行一直关注当地文化产业的发展，高度重视文化艺术金融服务，对艺术市场的金融服务需求较为敏感，认为推出艺术金融服务不仅是呼应市场需求，也是打造差异化经营特色的重要领域。

（二）潍坊银行艺术金融实践历程

潍坊银行的艺术金融发展，从重点推出艺术品质押融资业务到形成集艺术品融资、艺术品仓储、艺术家推荐与策展、艺术金融研究等于一体的相对完整的艺术金融服务链条，经历了长期的阶段性探索与发展，包括准备阶段、探索阶段、壮大阶段等。

1. 准备阶段

潍坊地区基于艺术品投资交易的金融服务需求特别是融资需求十分旺盛，本地的不少艺术品经营机构和投资者向潍坊银行提出了融资需求。潍坊银行在2007年推进战略转型时，开始关注金融对文化企业和项目的支持。

2008年4月，在"潍坊市文化艺术品展示交易会"期间举办了"金融资本与艺术品投资"高峰论坛，艺术品融资是一项重要议题，以"金融资本与艺术品投资如何更好结合，进而拓展和完善整个文化产业链"为论坛主题。文化部（现文化和旅游部）文化市场司、文化艺术发展中心、文化市场发展中心艺术品评估委员会等部门领导、专家参会。时任潍坊银行行长史跃峰在发言中着重提出，银行信贷进入艺术品市场需要进行艺术品鉴定机制、评估机制、托管机制、变现机制的构建与突破。

论坛结束后，在潍坊市委、潍坊市博物馆、文化部（现文化和旅游部）文化市场发展中心艺术品评估委员会山东省工作站以及潍坊市中仁艺术品公司等的支持与配合下，潍坊银行组建艺术品质押融资研发团队，在无任何资料和可借鉴经验的情况下，依据中国银监会（现银保监会）的金融创新指导意见，在防范信贷风险和促进业务发展的前提下，大胆进行产品创新以及质押艺术品鉴定、评估、托管和变现机制创新，仔细推敲每个环节，征求各方意见，完成一系列制度、办法和协议。

2. 探索阶段

2009年9月，潍坊银行正式推出艺术品质押融资业务，分别发放企业法人贷款和自然人贷款各一笔，共计262万元。艺术品质押融资业务的推出，对推进艺术品市场与金融资本的融合、促进艺术品金融化做出了前所未有的创新与尝试，对潍坊市乃至全国的艺术品和金融市场起到了良好的示范和引导作用。

2009—2011年，潍坊银行相继为4家企业、3位自然人发放8笔艺术品质押贷款。受预收购人、鉴定评估机构单一等的影响，艺术品质押融资业务难以常态化、规模化发展。

2013年2月，潍坊银行成立专门负责艺术品质押融资业务的文化金融事业部。事业部成立以后，在广泛市场调研的基础上，开阔思路，完善制度，拓宽预收购人范围，为书画艺术品质押融资业务的实质性开展奠定了坚实的基础。

2013年4月，文化金融事业部在对潍坊市文化产业市场调研的基础上，筛选出部分代表性企业进行批量授信，由潍坊市委宣传部牵头召开了潍坊文化企业授信签约仪式。仪式上，文化金融事业部共与11家文化企业签订合作协议，累计授信总额2.2亿元，其中，画廊企业5家，授信总额3700万元。授信仪式被多家新闻媒体报道，引起社会各界特别是艺术品市场的广泛关注。

3. 壮大阶段

在艺术品质押融资业务常态化发展的基础上，潍坊银行艺术金融开始向艺术品融资产品创新、艺术品仓储、艺术家推荐与策展、艺术金融研究等方面进行延伸，不断拉长与完善艺术金融服务链条，实现各类业务标准化、规模化发展，进入壮大阶段。

（1）艺术品融资产品创新。

艺术品质押融资业务是潍坊银行艺术金融的第一款产品，业务开展之初，质押标的主要为书画艺术品，服务对象主要为艺术品市场的经营主体，如画廊、美术馆等。随着业务的开展，为了满足不同市场主体的融资需求，潍坊银行根据不同市场主体的特点，进行了多款艺术品融资产品的创新：2014年上半年，以服务对象划分，将艺术品质押融资业务区分为A、B两款产品，其中，A款产品主要服务于画廊、美术馆、艺术品藏家等艺术品专营机构，

B款产品主要服务于企（事）业法人、其他经济组织或经营性自然人；推出针对拍卖行、基于提高拍卖履约率的竞拍贷产品，基于提高居民艺术品消费能力的艺术品消费按揭产品，针对高端人士艺术品消费的艺术品消费信用贷款产品；2015年11月，推出珠宝玉器质押融资业务；2016年6月，推出古代瓷器质押融资业务。这些艺术品融资产品服务对象广泛，涵盖艺术品专营机构、企（事）业法人、其他经济组织、经营性自然人、艺术品拍买主体、艺术品消费群体等，能够满足不同主体的融资需求。从服务范围看，随着业务的开展，营销区域不断扩大，从潍坊走向全国，目前已覆盖山东、北京、上海、天津、杭州、广州等全国19个省市。从业务量看，截至目前，潍坊银行已服务艺术金融客户400余家，累计投放贷款100余亿元。

（2）艺术品仓储。

在艺术品质押融资业务开展初期，质押艺术品保管主要委托潍坊市博物馆这一第三方机构完成。但因在业务办理过程中受限于其管理要求，影响业务效率，为了更加高效、便捷地服务客户，2014年1月，潍坊银行按照博物馆的保管标准及银行金库的安保级别投资兴建的艺术品仓储库投入使用，有效解决了艺术品托管问题。仓储库启用初期，服务重点为质押艺术品，为满足社会投资收藏爱好者的艺术品仓储服务需求，2015年4月，潍坊银行推出社会艺术品仓储服务。

（3）艺术家推荐与策展。

为了推动金融与艺术品市场的深度融合，为高端客户提供增值服务，潍坊银行适时推出了艺术家推荐与策展服务。自2014年4月金鼎艺术馆2号馆开馆以来，先后为国内外知名艺术家举办了国画、书法、油画等17场不同题材、不同主题的高端艺术展览，展览期间同步举办了高层次的艺术讲座或艺术学术研讨会，得到世界的广泛关注。

（4）艺术金融研究。

在发展艺术金融业务的过程中，潍坊银行非常注重前沿理论研究和相应理论建构，于2014年5月

成立艺术金融研究中心，同时启动中国艺术金融数据库建设及应用研究项目。此后，不断推出前沿研究成果，包括公开出刊发行《中国艺术金融》杂志、发布中国艺术金融指数及报告、出版《中国艺术金融理论与实践创新研究——潍坊银行案例研究》专著、完成多项艺术金融研究课题等。

（三）潍坊银行艺术金融主要举措

1. 创新风险控制机制，构建闭合风控体系

（1）创新"预收购人机制"。

艺术品质押融资业务在艺术品融资产品中居于核心地位，其他业务均可视为在其基础上的延伸与拓展。在研发该业务时，潍坊银行认为在影响该业务顺利开展的风控链条中，变现环节最为关键。为此，潍坊银行借鉴期权理论，创造性地引入"预收购人机制"，有效解决了质押艺术品的违约变现问题。所谓"预收购人机制"，是指银行在放款前要找到一个对拟质押艺术品鉴定评估结果和质押价值认可的专业机构或艺术品投资业内人士作为该质押艺术品的预收购人，由预收购人与借款人签订"质押艺术品远期交易合约"，一旦借款人到期部分或全部违约，预收购人可以按照借款金额收购质押艺术品，代为偿还银行借款。由于银行放款时一般都要对艺术品进行打折，一旦借款人违约，预收购人就有可能以较低价格获得质押艺术品。

（2）完善"预收购人机制"。

在艺术品质押融资业务开展之初，鉴定评估机构、预收购人相对单一，制约业务发展。经过广泛调研，潍坊银行认识到在国内艺术品市场有公信力、权威性鉴定评估机构相对缺乏的现实情况下，金融服务艺术品市场的难题还要到市场里去解决。因此，经过不断探索与实践，潍坊银行突破制约瓶颈，从市场中选择艺术品经营模式好、资产规模大、从业经历时间长、信誉良好的机构作为预收购人，承担鉴定、评估及担保三大职能。其中，担保职能指预收购人需为业务提供连带责任保证，从法律层面约束其以严谨、认真的态度进行鉴定和评估。同时，对预收购人实行准入制管理。

2. 成立专营事业部，致力于服务艺术金融领域

2009年，潍坊银行涉足艺术金融业务，至2012年，都仅是在指定支行非常态化开展，没有形成业务规模。为更好地为文化产业客户提供高效、便捷的金融服务，潍坊银行于2013年成立文化金融事业部，致力于探索、研究、服务文化金融领域，并在2014年将业务营销范围锁定在艺术金融领域，推动了艺术金融专业化运行。

3. 坚持制度先行，规范业务发展

由于艺术品市场是一个专业性极强的市场，文化金融事业部成立之初，并没有盲目地开展业务，而是进行了广泛的市场调研，深入了解书画行业的特点、市场容量、产品需求等。在此基础上，对艺术品质押融资业务的工作机制、内部流程、准入标准和风险管控等方面进行持续完善，最终设计、制定了艺术品质押相关的预收购、保管、鉴定评估等多款合同、协议，完成了审批流程、账务处理流程的再造，形成了法律认可、可执行的合同文本，为业务的创新发展提供了有力保障。

（四）潍坊银行艺术金融创新的社会经济效益

经过多年实践，潍坊银行探索出一条可持续发展的艺术金融之路，有效服务了艺术市场实体客户，创造了良好的社会经济效益和品牌影响力，得到艺术市场各界的高度关注与认可。

1. 社会效益

（1）推动艺术市场规范经营与发展。

一直以来，由于艺术品行业的特点，大多数画廊、美术馆处于"三无"状态，无营业执照、无财务报表、无交易记录，没有记录、保存银行授信要求的最基础资料。艺术品行业客户在资料方面的不规范与银行严谨、规范要求之间的差距，一度让艺术金融营销工作面临严峻考验。在艺术金融业务开展过程中，潍坊银行逐步引导客户办理营业执照，保存交易记录，建立经营账目，规范经营管理，间接促进了艺术品市场的发展。

（2）丰富和拓宽银行抵质押融资渠道。

艺术金融质押融资业务实现了艺术品与银行融

资的有效结合,填补了艺术品无法在银行质押融资的空白。传统银行融资大多以房地产和有价证券等作为质押物,不接受书画艺术品这些"另类"动产,潍坊银行使书画等艺术品作为质押物成为现实,有效解决了企业融资难问题。

(3)助力艺术金融理论创新与发展。

潍坊银行的艺术金融实践不仅为全国金融机构发展艺术金融提供了范本,更为国内学术研究机构提供了艺术金融实践研究的案例。在潍坊银行发展艺术金融之前,国内对艺术品质押融资业务的研究仅停留在理论层面,而理论研究是否可落地执行,艺术品质押融资业务是否能常态化发展,则需要银行等金融机构在实践中进行检验。当前,潍坊银行的艺术金融实践作为国内重要艺术金融课程的研究案例,有效推动了艺术金融的理论创新与发展。

2. 经济效益

在利率市场化推进速度加快,银行业同质化竞争加剧的环境下,潍坊银行推出差异化、特色化的艺术金融服务,使其在客户和业务选择中拥有更多话语权,信贷收益水平也高于传统行业,成为全行新的利润增长点。

(五)潍坊银行艺术金融创新的思考与启示

潍坊银行艺术金融发展至今,得到艺术市场和社会各界的高度认可,也得到政府部门的高度关注和充分肯定,荣获国家级、省级多项荣誉,品牌影响力持续扩大。回顾潍坊银行的艺术金融创新,有以下两方面的思考与启示:

1. 艺术金融值得金融机构常态化、规模化发展

近年来,国家在多个层面和多个文件中对金融支持文化产业发展提出了明确要求,发展文化金融成为国家推进文化产业发展的一项核心政策。艺术产业作为文化产业的重要组成部分,已具备一定规模,增长潜力巨大,成为新时期的新兴和朝阳产业。另外,艺术品市场虽是"小众市场",但从体量来看,却是一个庞大且持续增长的市场,存在大量隐性、潜在的金融需求,金融供给严重不足,存在很大的开拓和探索空间。因此,艺术金融值得金融机构常态化、规模化发展。

2. 发展多元化、全链条的艺术金融服务将是未来发展趋势

从潍坊银行多年的艺术金融实践经验看,当前商业银行对艺术品市场推出的艺术品融资、仓储、租赁、鉴定、评估、展览、财富管理等一系列艺术品市场发育、发展所需的艺术金融服务供给严重不足,但这些却是艺术领域机构、艺术品收藏者的潜在和刚性需求。因此,商业银行的下一步艺术金融发展,可在坚持市场导向、客户需求的基础上,逐渐拓宽、延伸艺术金融综合服务链条,推出多元化服务类别,形成集多样化、全方位综合金融服务于一体的艺术金融服务体系。

(六)商业银行发展艺术金融面临的困难及相关政策建议

商业银行艺术金融服务符合国家政策导向和市场需求,对艺术品市场的健康发展能够起到积极的推动作用。但因其属于银行创新业务,在发展过程中面临的困难较多。

1. 给予商业银行艺术金融更多认可

国家文化产业"十三五"规划提出,到2020年,文化产业成为国民经济的支柱产业,这意味着文化产业将占GDP更大的比重。综观全球,西方国家文化产业占GDP比重平均在10%左右,在美国达25%,且美国文化产业在世界文化产业市场中所占份额高达43%。而我国文化产业占GDP比重不足4%,占世界文化产业市场份额不足3%。如此大的差距,意味着我国需要向文化市场配置更多的资源。金融作为资源配置最有效的手段,艺术品市场作为文化产业最重要的部分,鼓励商业银行发展艺术金融,向艺术品市场配置更多资源,无疑会更好地推动艺术品市场的发展。然而,由于当前大多数人对艺术品市场中的经营主体及收藏主体不甚了解,不清楚这些主体目前已是艺术品市场的中坚力量,且大都是实体企业,如画廊、美术馆、拍卖公司等,因此极易产生银行金融支持艺术品市场就是金融"脱实向虚"的认识误区,给商业银行发展艺

术金融造成一定的"心理压力",制约其向艺术品市场主体提供更多服务。

2. 给予商业银行艺术金融发展和创新空间

当前,中国的艺术品市场仍处于初级阶段,市场主体发展参差不齐,各项管理措施尚不健全,政府等公信力比较强的机构参与和指导有所缺失。再加上艺术品的非标特性,决定了艺术品市场的发展有其独特的规律。从潍坊银行艺术金融实践看,艺术金融业务不属于银行的标准化业务,许多制度、管理规则是潍坊银行首创,缺乏制度和监管政策支撑。虽然合理,但如按传统银行业务标准审视,这些制度可能面临合规性挑战。因此,呼吁政府管理和监管部门能够给予商业银行艺术金融更大的发展和创新空间,如给予艺术品融资调查管理、资料审查等方面一定的宽容度,为艺术金融创新增添活力和动力,使艺术金融创新在发展中不断完善。

3. 给予商业银行艺术金融更多支持

当前,虽然国家在多个文件中对金融支持文化产业发展提出了明确要求,如《文化产业振兴规划》《关于金融支持文化产业振兴和发展繁荣的指导意见》《关于深入推进文化金融合作的意见》《文化部"十三五"时期文化产业发展规划》等,但从执行情况看,相关配套落地措施缺乏,如《关于深入推进文化金融合作的意见》和《文化部"十三五"时期文化产业发展规划》均提出"鼓励银行业金融机构打造适合文化企业特点的金融服务特色产品"要求,但从实践看,由于监管要求和限制,商业银行艺术金融创新难度较大。此外,政府部门对金融支持艺术品市场发展的重视程度相对不足,财政、税务等部门相应的扶持和鼓励政策缺乏,这大大影响了商业银行为此努力的积极性。

(七)结束语

通过研究不难看出,潍坊银行的艺术金融实践是价值度极高的有益探索,具有十分重要的现实意义,潍坊银行以实际行动诠释了金融企业的责任和担当。面对艺术金融,我们希望通过它的创新创造出更多的效益,还希望它能够为国家的艺术产业乃至文化产业发展繁荣贡献更多的力量。毕竟艺术是宽容、美好的,而金融是强大、有力的,两者结合,可以迸发出强大的能量。

但同时,我们也应清醒地认识到,艺术金融还需要更多的人以一种求真务实的态度去培育、守护、发掘。显然,潍坊银行正是这样一位守护者,并希望找到更多的同行者,携手共进,共创艺术金融的美好明天。

三、案例研究:中国艺术品质押融资的实践与战略路径

研究中国艺术品质押融资问题,是中国艺术金融产业参与艺术品市场产业及世界竞争的需要,是中国艺术产业与艺术金融发展过程中的需要,是中国艺术品市场平台化交易发展的需要,是中国艺术品资产化、金融化发展的需要,更是构建中国艺术品市场国际话语权的需要。我们重视理论与实践相结合,通过对潍坊银行的艺术金融实践、中国艺术品质押融资的难题、新时期中国艺术品质押融资的基本模式、中国艺术品质押融资进一步发展的战略突破与路径、中国艺术品质押融资进一步发展战略实施的措施等方面进行深入、透彻的研究,最终提出构建并完善我国艺术品质押融资政策体系的建议。

(一)潍坊银行艺术品质押融资业务

潍坊银行的艺术品质押融资业务是指以潍坊银行认可的艺术品为质押标的、向符合潍坊银行授信条件的借款人提供的授信或发放的贷款。

潍坊银行的艺术品质押融资业务自2009年推出至今不断完善,业务规模和范围不断扩大。最初的潍坊银行艺术品质押融资业务主要通过"四项机制"和"一个联盟"的运作模式实现。所谓"四项机制"是指潍坊银行通过创新所构建的信贷资金进入艺术品投资与交易领域所必需的鉴定机制、评估机制、托管机制和变现机制。这"四项机制"的构建并非由潍坊银行自身完成的,而是他们突破传统信贷工作机制和风控思维,通过组

建"战略联盟"实现的。该"战略联盟"的参与方包括潍坊银行、文化部（现文化和旅游部）市场发展中心艺术品评估鉴定委员会、潍坊中仁集团和潍坊博物馆，各方在互惠互利的基础上，依据自身专长履行各自义务并承担相应责任，共同搭建金融支持艺术品投资与交易的合作平台。

1. "联盟+四项机制"模式

"联盟+四项机制"运作模式是潍坊银行通过与鉴定评估机构、保管机构、担保人建立战略联盟，形成的四项保障安全运行机制。在"特定合作者阶段"，文化部（现文化和旅游部）艺评委利用其公信力和丰富的鉴定、评估专家资源，承担质押艺术品的鉴定评估工作；潍坊市博物馆利用其艺术品保管的专业人才和专业库房，解决质押艺术品的托管问题。至"多元合作者阶段"，潍坊银行的联盟者不仅限于上述三者。利用"四项机制"，潍坊银行解决了艺术品质押融资流程中艺术品的真实性、估值的准确性、保管的安全性、变现的快捷性以及回款的可靠性。

2. 战略联盟模式

联盟建立模式是潍坊银行为使艺术品质押融资业务顺利实施，与权威鉴定评估机构、专业保管机构、实力雄厚的担保人建立起战略联盟。在平等协商、互惠互利基础上，共同搭建金融支持艺术品投资与交易的合作平台，组建潍坊艺术品质押融资服务平台，建立信贷资金投入机制。

3. "三线"评估模式

"三线"评估模式是潍坊银行对质押艺术品价值评估时，采取市场鉴定、网络鉴定和专业机构鉴定相结合的方式，确定艺术品价值。

4. 质物托管集保模式

质物托管集保模式是潍坊银行、借款人、预收购人共同委托，将质押艺术品交由具备艺术品保管资质的专业保管机构保管，由其保证艺术品完好，并承担保管不慎的赔偿责任。

5. 风险控制模式

风险控制模式主要指由预收购人担保以及对额度、质押率、期限的限定。

6. 贷款回收模式

借款人周转资金为第一还款来源，潍坊银行会加强贷后日常管理，确保借款人依据借款合同及时履约，偿还贷款。当借款人不能按期偿还贷款时，依据借款人与事先约定的购买人签订的质押艺术品远期交易合约，由预定购买人履行还款责任。当借款人和预购买人都不能及时履约时，依据银行与担保人签订的保证合同，由担保人偿还贷款。如果担保人仍不能履约，银行会根据市场运营流程启动市场机制，将质押艺术品委托给拍卖行或者其他艺术品经营机构变现。

（二）潍坊银行艺术品质押融资业务的主要创新点

（1）丰富和拓宽了抵质押融资渠道。潍坊银行使书画艺术品作为抵押物成为现实。

（2）正规银行第一次真正将信贷资金配置给艺术品市场，这对艺术品生产者和经营者的发展都是重要的支持。同时，银行规范严谨的业务运作过程，在客观上推动着艺术品市场走向规范成熟。在潍坊银行艺术品质押融资业务推广的过程中，一些长期无证照经营的画廊和美术机构基于融资需求办理了营业执照；一些资金出进都采用流水账的艺术品经营者和机构开始建立账目。

（3）"预收购人机制"是潍坊银行在艺术品金融风险控制机制上极为重要的创新，它巧妙地规避了银行在艺术品识别及艺术品市场运营专业水平方面的欠缺，通过"让行家与行家过招"的理念，使银行服务得以进入艺术品市场，回归银行"金融媒介"的本质。

（4）通过整合资源，创造联动效应，解决市场难题。在潍坊银行推出艺术品质押融资业务的过程中，除得到了当地党政机关的支持外，还通过积极努力与外部战略合作者建立了业务联盟，发挥各自不同的业务专长和优势形成组合联动效应，破解了艺术品质押融资的难题。

（5）创新信贷资源配置理念，构建符合业务特征的内部工作流程。

（三）当下艺术品质押需要尽早探索的战略难题

（1）艺术品质押业务及其产品平台化取向的积极探索与实践，重点是解决好"两个结合"的问题，即与银行业务体系相结合及与产业市场的支持支撑体系相结合。

（2）艺术品风险的结构化问题的实践探索，重点是解决风险的分解，以及风险分解之后的管理问题。风险管理的核心问题不是别的，重点是将各环节中存在的风险输出趋势有效地转换为风险的管控，从而实现有效的风险管理。

（3）在艺术品质押业务的社会化探索过程中，核心就是艺术品质押机制的社会化及社会机制能有效地为艺术品质押融资模式进行有效的服务。这一过程的重点就是艺术品质押融资机制的要素融入已有的社会机制中；除此之外，则是要建构新的社会机制，为艺术品质押业务服务。

（四）中国艺术品质押融资进一步发展的战略突破口与路径选择

1. 构建合理的中国艺术品质押融资风险控制管理体系

融资是资金拥有者之间实现资金"以余补缺"的经济行为，这是资金双方互动的过程，包括了资金融入与资金融出两个方面。艺术品质押融资就是以艺术品作为质押融资标的，实现资金由持有方转移至需求方，实现质押融资的经济行为。其步骤是：第一，进行艺术品的价值审定；第二，进行质押艺术品的鉴定与评估；第三，进行艺术品质押登记与公示；第四，进行艺术品的质押保管；第五，进行艺术品质押的止损控制，包括两大方面：一是艺术品质押融资的优先受偿，二是艺术品质押融资的优先受偿风险控制，艺术品质押融资的优先受偿权不仅需要实现，而且还要在行使该权利的过程中注意所获得权利的保障问题。

2. 构建中国艺术品质押融资发展的预收购机制

与所有的质押融资产品一样，在艺术品质押融资过程中也会不可避免地出现借贷风险，即违约风险，又称为信用风险，主要是指出质人未能履行契约中的义务，而造成债权人损失的风险。国外相关机构的调查显示，信用风险在金融机构、商业银行中所占比例最高。比如，麦肯锡的数据研究显示，信用风险在银行整体风险中的比例高达60%，成为最受关注的传统金融风险类型之一。如何转移、分散、规避或减少金融机构经营中的信用风险问题，一直是金融业研究的重要课题内容。

针对艺术品质押融资，对金融机构来讲最为担心的是其信用风险，即在交易过程中未能如实履行契约义务而造成的风险。为了实现规避风险和提高质押变现效率，建立能够保障质押融资顺利完成的完善机制，限制风险投入成为艺术品质押融资业务发展的必然要求。因此，在实施艺术品质押融资的过程中，如何规避业务风险，减少或不产生银行资金损失，以何种方式迅速变现成为艺术品质押融资的最终诉求。针对以上风险及问题，设计具有担保性或第三方保障平台的预收购机制，成为转移和降低艺术品质押融资风险可控的重要机制。

威廉姆森的契约理论研究的出发点是契约的多样性。他在研究中提出："交易中的不确定性决定了交易属性的差异性，交易属性的差异性是多样性契约存在的基础。由于不确定性、有限理性、机会主义和资产专有性等因素的存在，一项交易可能会出现差异性，要完成这项交易就应对交易属性进行充分的认识。"艺术品质押融资作为金融业务多样性的表现行为之一，与艺术品的文化特殊性所带来的不同于一般质押标的的独特性，这种独特性带有交易中的不确定性，必然产生交易属性的差异性。面对差异性的处理，必然需要依据其差异性设置出更为符合差异标准与规则的契约关系。在"威廉姆森契约多样性关系治理选择理论"中，他针对契约多样性设计出相应的治理选择理论，其中对契约关系有效治理结构的四种选择当中，"契约的三方治理"理论又称为"调解治理结构理论"，为艺术品质押融资的差异性提出建设性理论思路，主要适用于可信性交易和竞争性交易。"鉴于双方专用资产交易的成本太高，显然需要有一种中介性的制度形式，才能建立相应的治理结构"，这样的结构性治理模式能够有效地解决交易双方所出现的问题及风险。因此，预收购机制正是对应此种困难所建立的第三方机构。这样的三方治理理论应用于艺术品质押融资业务中，形成了艺术品质押融资交易机制的主要思路，即一旦出质人没有及时在合同规定期限内偿清借贷款项，质权人可以将艺术品通过第三方机构，如专业化艺术品拍卖公司或购藏机构（人）交易变现，收回贷款。这一机制的采用将十分有效地缓解质权人对出质人不能按时履约抵押资产变现的风险。

中国银保监会曾针对金融机构制定《商业银行信用风险缓释监管资本计量指引》，对信用风险缓释作出指导意见，即"通过运用合格的抵质押品等方式转移或降低信用风险，在风险缓释环节主要考虑如何采取抵押、担保或信用衍生工具等方法来转移或降低信用风险，从而在保证经营安全的情况下，抵补违约的损失，降低监管资本"的要求。这样的要求针对艺术品质押融资来讲同样适用。中国艺术品质押融资的预收购机制，其理念就是在进行质押融资的过程中，为了规避金融机构的出资风险，要求借款人在申请质押艺术品业务的同时，需要与具有购买意向或实力的第三方机构签订艺术品远期交易合约，一旦借贷人无法及时偿清借款，则由这个指定的第三方机构接手质押艺术品的变现责任，并且所订合约在未偿还之日起自动生效。这样的机制能够有效保障质押艺术品最终的去向及资金的即时变现，成为抵消艺术品质押风险的有效路径。

3. 实现中国艺术品质押融资发展完善的路径

（1）艺术品质押融资常态化工作机制的实现。

中国艺术品质押融资的路径实现在鉴定机制、评估机制的基础上逐渐完善保管机制和变现机制，在金融机构的监管组织下，以上机制的相互连接与实现逐渐形成常态化的工作机制：出质人（借款人）提出艺术品质押融资申请；金融机构受理申请业务，进行借贷前的调查与审查工作；委托第三方鉴定评估机构对其质押艺术品进行专业真伪鉴定及价值评估；预收购机构（人）为出质人（借款人）提供质押融资担保（须事先存入金融机构指定数额的担保金），并根据质押额进行动态调整；金融机构与出质人（借款人）、预收购机构（人）签订质押融资借款合同、质押合同、担保合同、质押艺术品远期交易合约、书面告知声明；金融机构与质押艺术品保管第三方机构及预收购机构（人）三方共同签订艺术品质押融资质物保管协议；金融机构向出质人（借款人）发放贷款。

（2）保障质押融资业务的纯粹性（自足性）有利于艺术品质押融资业务的发展。

因为艺术品的特殊属性，若按照金融机构的质押融资产品模式进行质押业务，往往不适合其质押标的物的特性要求。因此，实现中国艺术品质押融资发展完善的路径，其首要条件是保障艺术品质押融资业务的纯粹性，即在尊重艺术品文化价值属性的基础上设计质押融资模式。首先，只有保障艺术品质押融资业务的纯粹性，才能保障艺术品参与质押融资的特性，在此基础上发展、延伸出将艺术品作为参与质押融资标的物的产品化趋势，有助于进一步保证艺术品质押融资的纯粹性。其次，艺术品质押融资的成熟会进一步发展出艺术品作为金融产品的金融化趋势，有利于建立起艺术品质押融资业务的独立发展空间，刺激业务进一步走向规模化、体系化，从而丰富金融产业质押融资业务的业态发展，开拓金融业务模式与金融机构的受益空间。最后，保持质押业务纯粹性有利于资金融通与艺术品市场流通，同时也有利于保障交易安全以及债权的有效性。

4. 跟进艺术品质押融资业务服务体系

（1）发展有利于创新的艺术品质押融资业务平台。

艺术品质押融资必将对推动价值形态产品有序流转、优化配置、激发各环节经济主体的创造活力和经营活力产生不可估量的促进作用。艺术品质押业务呈现的发展态势必然要求不断创新业务平台，建立有助于艺术品产品化、金融化的业务体系，建立起增速质押融资频率，成交速度快、资金划转迅速等有助于质押融资渠道的平台。

第一，艺术品由于不同于一般意义的金融产品，因此对于艺术品质押融资来讲，整合其质押融资平台、跟进质押融资业务平台的服务水平成为必要途径。比如，在完成艺术品鉴定评估的基础上进一步建立鉴定评估数据库资源平台；跟踪艺术品质押融资频率，对于质押频率高且升值快的艺术品，可建立有序调整质押率及利率的信息发布平台，增强艺术品质押融资业务发展的灵活性。

第二，创新艺术品质押融资变现、处置平台，合理开拓艺术品质押融资变现途径，与艺术品交易市场密切结合，采用技术方式建立予以调节或转移质押品变现途径的交叉应用平台，增加艺术品质押融资处置信息渠道。比如，在平台建立方面，可以进行艺术品质押融资系列指数的发布，也可以进行艺术品交易市场的微观结构性理论及交易制度设计研究，以研究成果来避免艺术品市场中的不规则交易。

第三，通过以质押融资为纽带，以集保支撑服务体系为基础，发展基于平台化的金融产品服务，提高艺术品质押融资平台的服务水平，培养专业型业务人才，做到质押融资服务负责制，合理处置质押融资过程中的一系列问题。

第四，推进整合业务平台，形成艺术品质押融资服务合力，推动艺术品质押融资走向艺术品金融化道路。

（2）设计合理的艺术品质押融资支持系统。

艺术品质押融资即将进入"封闭市场"公开化的趋势，必然会出现艺术品质押融资业务的竞争，如何设计出合理的艺术品质押融资支持系统，增强质押融资专业化、系统化、结构化水平，成为完善艺术品质押融资业务的又一重点。

第一，逐步建立完善专业的艺术品质押融资交易系统，以应对艺术品质押融资系统结构化的市场需求。该系统由信息发布、鉴定评估、质押平台、预收购平台、风险管控、业态服务六大主要板块构

成，以上板块共同整合为艺术品质押融资交易系统。此系统的建立，可以优化质押融资结构及实际业务的成交水平，利于降低融资成本、缩短质押融资周期，实现交易的便捷化。

第二，从目前艺术品质押融资业务的总体发展思路来看，需要建构完善科学的金融科技联动机制，增强质押融资支持系统的设置和运行，构建稳定的电子信息发布系统，建立艺术品与金融机构的连接与对话，增强各系统板块间的彼此协调能力，从而建构艺术品质押融资的系统合力。更可以充分利用高科技手段，解决艺术品质押融资网上交易和远程支付，搭建一个公正、科学、现代化的金融业务平台。

第三，推动艺术品质押融资监管体系发展，既要保障指导监督金融机构建构完善的艺术品质押融资业务管理制度，又能进一步推动质押融资艺术品走向产品化、金融化的进程。

5. 进一步探索多元化、多层次并以风险结构化为中心的风险控制体系

艺术品质押融资的风险实际上就是对质押标的物的风险，对艺术品的鉴定估值、艺术品的变现渠道、结果，以及艺术品在艺术市场的价值升幅都在一定程度上成为艺术品质押融资的风险可能。一旦以上环节出现纰漏，将会造成金融机构的信贷损失。因此，金融机构对控制艺术品质押融资风险的需求，成为加强保障的重要工作。

如何做好艺术品质押融资监管及风险补偿，降低艺术品质押融资风险，需要进一步探索多元化、多层次并以风险结构化为中心的风险控制体系。降低风险的结构化措施主要有：

（1）实行风险控制结构化。

面对艺术品质押融资，要控制其风险程度，建立风险管理体系，做到控制风险、降低风险的要求：①针对艺术品质押领域的融资要求，通过采用合适有效的担保抵押等避险工具，降低风险。②艺术品作为质押标的，在价值确定、权利归属、处置流通等方面皆存在不同程度的风险。为了规避风

险，金融机构需要强化风险管理体系，将风险形成结构化防御体系，按其不同环节设置不同风控目标。一方面，强化出质方考察，多层级审批申请贷款机构及个人质押资质；另一方面，以鉴定评估为首，严格控制鉴定评估资质，逐渐形成体系化、责任化鉴定评估机制，进一步延伸出风险追责制，确保控制质押物入口的风险率。③ 作为质物保管机构，要完善质保程序，监督质保质量，引入质保保险业务，使之既有利于艺术品的保存保管，又通过保险介入，进一步鉴定质押标的的真实性与价值。④ 第三方预收购政策的担保机构的专业性，决定了艺术质押融资的最终结果。⑤ 以上结构性风险控制，通过层级把控，共同搭建业务操作与风险控制平台，形成独具特色的风险防控体系。

（2）健全风险控制体系。

金融机构要想建立科学完善、风险性小的艺术品质押融资制度，必须要加强相关的管理措施，选择良好的出质人，及时核查第三方预收购机构（人）的资金赔付能力，健全完善预收购人承担制度，为金融机构和出质人健康有序地执行各方权利和义务提供保障。相关金融机构也需要彼此间的沟通和联系，各尽其责，积极有效地配合促进艺术品质押融资业务的发展，加大对艺术品质押融资出质人的支持力度，将现代金融业的经营理念与金融工具、技术引入艺术品质押融资领域，建立完善质押融资运行流程和价值链。

（3）增强质押融资监管力度。

目前，社会信用体系还未完善，艺术品质押因非标准化质押品的有限性，在实现质押融资过程中容易被视为风险较大的金融行为，获得担保的途径有限，因此难以获得金融机构的质押贷款；此外，金融机构迫于风险压力，难以轻易贷出，使得双方出现由于风险问题所带来的"两难"。艺术品质押融资的监管需求正是在这样的背景下提出了"以监管促保障"，能够较好地解决出质人与质权人之间的矛盾。首先，质押监管能够促进金融机构安全放贷，金融机构通过与艺术品质押融资监管方合作，可提高质押融资的信用度。其次，通过对质押标的物的监管，有助于对质押标的物即艺术品的保存与保管，有力保证质押融资的质押标的物的质量。最后，通过对债务人的监管，有助于保证质押融资的金额回收，即使出现问题，监管部门同样可以根据艺术品质押融资的预收购机制向预收购人问责，最终获得由预收购人提供的质押融资保证金。

四、延伸阅读：艺术金融创新逻辑及发展模式

（一）艺术金融的创新逻辑①

艺术是个古老的话题，其漫长的发展史几乎伴随着整个人类文明史。金融也是一个古老的话题，商品社会的历史，就是一部金融的历史。但是，艺术与金融融合发展而产生的艺术金融却是一个全新的话题。近年来，随着国家对文化产业发展的重视，推动艺术品市场繁荣发展和经济社会转型成为人们的共识，关于艺术金融的话题开始热了起来。但理论界、艺术金融实践参与者目前对艺术金融这一新生事物还认识不清，争议颇多。开展艺术金融理论研究，厘清艺术金融概念及相关创新认识问题对于指导艺术金融实践具有重要意义。本文试图通过分析、解剖潍坊银行近年来的艺术金融实践案例，整理、归纳和提炼在推进艺术金融创新中所应具有的认识和遵循的思维逻辑。

1. 艺术金融的概念和内涵

尽管理论界近年来关于艺术金融的讨论和探索已颇多，各种艺术金融论坛、讲座、培训此起彼伏，但至今仍未给出一个被理论界普遍认可的艺术金融概念。艺术金融到底是什么？它有哪些特性和内涵？艺术金融本质的认知程度，对于指导艺术金融创新实践至关重要。

（1）艺术金融的基本概念。

笔者认为，所谓艺术金融是指各类围绕艺术

---

① 本部分执笔人：史跃峰（潍坊银行原董事长、党委书记，山东城商行联盟原董事长）。

品市场主体所进行的资金融通和与之相联系的信用活动的总称。狭义的艺术金融就是指围绕艺术品市场主体所进行的投融资活动；广义的艺术金融则包含一切围绕艺术品市场主体所进行的资金融通和信用活动。包括艺术品投资、艺术品融资、艺术品保险、艺术品托管、艺术品租赁、艺术品信托等艺术品信用活动以及与之相伴的各类金融行为。

（2）艺术金融的基本内涵。

艺术金融至少应具有如下几方面的内涵：

第一，艺术金融是金融与艺术品市场融合而产生的金融行为和金融活动。艺术金融属于金融范畴，是一种特定行业、特定市场和特定领域的金融行为。

第二，艺术金融属于产业金融范畴。金融的本质是配置市场资源。因此，艺术金融的本质是围绕艺术品生产、传播和经营及其他市场行为进行资源优化配置的活动。与科技金融、农村金融、小微金融、互联网金融一样，金融与什么产业和行业融合，就会产生什么样的产业金融，当金融进入艺术品市场，进入艺术行业，就产生了艺术金融，形成了艺术与金融融合发展的新业态。

第三，艺术金融是一种金融创新行为。基于安全性、资产流动性前提下追逐利润而产生的资本流动就是金融。金融永不停息地在不同产业、行业、产品、企业和地区间流动，寻找适合与之融合的主体，当它碰上艺术并与之结合，就产生了一种美妙的东西——艺术金融。艺术金融是一种金融创新行为，是因为迄今为止这种融合还很浅，还不成熟，不深入，不丰富。金融资本与艺术融合需要艺术品市场进行创新，更需要金融进行体制、制度、理念以及技术层面的产品、服务模式创新，这样金融才能进入艺术里面，艺术才能拥抱金融。所以，艺术金融是一种不同资源、不同业态基于融合发展的创新行为和创新活动。

第四，艺术金融是一种新的业态。当金融与艺术品市场融合发展，就会产生艺术金融，这种融合发展不是艺术与金融的简单相加，而是会发生裂变效应，会催生新的业态和产业。按照中国艺术产业研究院西沐教授的观点，金融与艺术品市场的融合发展会经过艺术品资产化—金融化—资本化—证券化这样的轨迹，融合程度由浅入深，业态、层次日趋多样而丰富。所以，艺术金融也是一种区别于传统艺术产业和传统金融产业的新产业、新业态。比如，基于浅层次金融工具介入的民间工艺品市场现在很多；基于艺术品质押融资、艺术品基金、艺术品信托、艺术品仓储与租赁参与的市场已经不再是简单的艺术品市场，而是一个艺术金融市场；像邮币卡的电子交易已经具备艺术资本市场的形态。

第五，艺术金融是艺术品市场发展的高级形态。金融与市场相伴而生，只不过针对不同层次的市场，金融的作用和表现形式不同。在艺术品市场发育的早期，艺术品市场金融化程度较浅，金融对艺术品市场发育发展的杠杆作用不强，民间金融和非主流金融是支持艺术品市场的主要金融力量。这时的市场谈不上艺术金融。随着市场规模的增长和艺术发展对金融需求的增加，金融资源进入艺术品市场会越来越多，金融对艺术品市场的支撑作用明显，艺术品投资、融资、信托、基金、保险、租赁等多样化的货币金融工具，甚至证券化以后的资本性金融工具进入了艺术品市场，实现金融与艺术品市场深度融合，艺术品市场开始走向艺术金融的高级阶段。

（3）艺术金融的基本特征。

与普通的、常规的金融业态不同，艺术金融具有如下基本特征：

第一，非标准化特征。传统金融一般针对的是可以标准化、成批量生产和销售的商品和服务，这些商品和服务往往是严格按国家和某一行业、产业的标准和规范生产和销售的。但艺术金融所针对的艺术品及其生产过程、经营情况却有很大的差异性。世界上没有两件相同的艺术品，一个艺术品经营机构经营的艺术品也找不到两件是完全相同的。一个艺术家在不同时间、不同地点、不同情境下创作的艺术品，市场价值有很大的不同。不同的艺术消费者和投资者、收藏者面对同一件艺术品的态度、行为有很大差别，价值判断会有很大不同。这种差异性决定了与艺术品市场融合而产生的艺术金融，无论是投资还是融资以及其他更加多样的艺术金融行为，很难像传统的金融产品和服务那样按统一标准、流程和规则大规模、统一性开展。

第二，高风险性特征。金融行为本身都具有风险性特征。但相对而言，艺术金融的风险性特征更加明显。这种高风险性特征主要是由艺术金融标的物的特殊性以及艺术金融的非标准化特征、艺术品市场的复杂性所决定的。首先，艺术品作为艺术金融标的，是一种极其特殊的商品，艺术品本身具有较之不动产和其他动产更大的管理难度，主要体现在艺术品的真假识别难度大、估值难度大、保存难度大、出现违约变现难度大。一个完整闭合的艺术金融风险控制方案必须同时解决鉴定、估值、保管、变现等一系列难题。其次，艺术金融的非标准化特征使艺术金融风险管控较难。艺术金融是非标准化的，这种非标性使艺术金融的风险点呈现多样化、不规则分布和多变特征，风险度量及监测存在困难，因此，设计风险管理标准以及闭合的风险控制流程和控制措施较难，风险管理难以稳定运行。最后，艺术品市场的复杂性决定了艺术金融的高风险性。艺术品市场是一个极度复杂、非理性、不规则的市场。艺术品市场生产、经营透明度较低，交易存在着严重信息不对称；我国艺术品市场监管缺失，围绕艺术品生产、交易、授权、经营等各种市场行为的监管规则很不健全，市场主体权益保护较难；我国艺术品市场还存在诚信度不高，制假售假较为普遍的情况；艺术品不是一种刚需商品，与传统产业和民生关联度较弱，市场主体行为受各种复杂因素影响，市场波动较大，发展不平稳。这些市场特征使艺术金融相比成熟的产业金融风险大得多。

2. 推动金融与艺术品市场深度融合发展势在必行

全面提升中华民族软实力，加快文化产业繁荣发展，必须将发展艺术品市场放在重要位置。艺术品市场的健康发展和提升层次，必须重视金融的作用。推动金融与艺术品市场的深度融合发展，加快我国艺术金融创新，无论对促进我国艺术品市场健康快速发展还是金融本身都具有重要意义。

（1）为艺术品市场注入金融杠杆。

金融是市场经济条件下配置资源的主要力量，产业吸附金融资源的能力是度量产业发育发展程度的重要标志。当前，我国艺术品市场刚刚起步，吸附的金融资源较少，体制内的主导金融力量基本没有进入这一市场，金融与艺术品市场融合程度很浅，对艺术品市场发展的杠杆支撑作用不明显，这既是我国艺术品市场发育程度低的重要表现，也是重要原因。一个缺失金融杠杆支撑的产业很难做大做强，研究艺术品市场的发育发展，必须研究如何更大力度地在艺术品市场引入金融杠杆。推动金融与艺术品市场的深度融合发展，可通过加快艺术金融创新，让更多的金融资源进入艺术品市场，进而推动艺术品市场的健康快速发展。

（2）优化金融资源配置，提高金融运行效率。

当前，我国金融同质化竞争严重，资源配置效率低下，供需不对应。一些弱势产业和成长性领域得到的金融支持较少，而传统制造业和服务业金融资源富集、过剩，形成金融资源的严重错配和同质化竞争。通过艺术金融创新，吸引更多金融资源配置到艺术品市场，既可支持这一弱势产业加速发展，又能促成金融资源的优化配置，提高金融运行效率。

（3）金融与艺术品市场融合发展的过程，也是我国艺术品市场走向成熟、规范发展的过程。

当前，我国艺术品市场才刚起步，发育很不成熟，存在着透明度差、赝品泛滥、交易规则缺失、权益保护差、市场波动较大等诸多问题和矛盾。艺术品市场的这种状况限制了金融的进入，绝大多数的金融机构对我国艺术品市场的这种不成熟所蕴含的风险望而却步。艺术品市场也因此在金融杠杆支撑缺失的情况下，一直在低层次徘徊。这是一种矛盾的、焦灼的状态。金融与艺术品市场不应在相互怀疑和抱怨中空等待，而应该彼此接近、主动融合，通过鼓励金融机构围绕艺术品市场创新服务、加强艺术品市场管理、制定良好的艺术金融创新激励政策，主动引导金融与艺术品市场的融合发展。金融与艺术品市场融合的过程除了给予艺术品市场发展的杠杆支撑力，使其更快发展，更为重要的意义是可促进艺术品市场提高层次，走向规范、透明、诚信经营。当金融亲近艺术品市场时，艺术品市场主体为了与金融结合、获取金融资源，必然要接受金融的规范，这是一个十分有益的互动成长过程。潍坊银行在向画廊提供授信服务时，首先要求画廊持有工商营业执照，提供能够表明其经营状况的真实现金流水，这些画廊必须在业界拥有良好口碑。一大批期望与银行开展合作的画廊办理了营业执照，开始建立并规范财务会计，更加珍视自己的信誉。获得授信的画廊创造的标杆效应，使得其他画廊也着力进行经营发展的进步和规范，进而让整个地区的画廊经营规范化水平和透明度开始有了明显提升。

3. 艺术金融创新应遵循的基本理念

艺术金融的非标准性、艺术品市场的复杂性，决定了艺术金融创新具有相当多的困难，但艺术品市场与金融的融合发展又显得如此必要和迫切。潍坊银行自2009年开始探索开拓艺术金融领域，在实践过程中积累了一定的经验和认识。透过潍坊银行艺术金融实践案例，可以提炼、归纳一些推动金融与艺术品市场深度融合发展所应遵循的、带有普遍性意义的理念。

（1）用市场的力量解决市场的难题。

2008年，潍坊银行成立课题组，专门研究"银行信贷进入艺术品投资与交易领域的可行性"。当时的潍坊艺术品市场开始活跃，艺术品市场存在大量现实和潜在的金融服务需求，但银行并未进入这一市场，市场上基本没有与艺术品市场主体需求对应的投融资金融工具。通过调查研究，潍坊银行得出的结论是：只要破解鉴定、评估、托管、变现四大难题，形成闭合的风险控制机制，银行信贷资金完全可以配置给艺术品市场主体。对于艺术品的鉴定和估值，当时市场上普遍性的做法是找大家认为较权威的鉴定评估机构和专家给出鉴定评估结论。但由于鉴定机构和评估专家并不对鉴定评估结果承担法律责任，所以，鉴定评估结果很难被采信，更不能作为银行信贷审批的依据。市场上普遍存在的一些假鉴定、虚高评估严重打击了围绕艺术品投融资交易的金融创新热情。潍坊银行认为，由于艺术金融所涉及的艺术品种类繁多、年代跨度大、涉及艺术家众多，试图构建一个能够被普遍采信的权威艺术品鉴定评估机构是不现实的。由此，围绕艺术品市场的金融资源配置和金融创新就无法进行。经过艰苦摸索，我们欣喜地发现，解决这一难题的逻辑思维原点还在市场本身，所谓"解铃还需系铃人"，"要用市场的力量解决市场的难题"。潍坊银行找到了"预收购人"这个颇具价值的市场主体，并挖掘出这一主体在艺术金融创新中独特的地位和价值，综合运用期权理论、契约治理原理，发明了"预收购机制"，构建了信贷资源配置的风险缓释机制，破解了鉴定、评估和违约变现质押艺术品等一系列难题。研究市场不难发现，最具权威的鉴定家就在市场之中，就是那些藏家，就是那些天天在艺术品市场摸爬滚打、为此交过"学费"的机构和投资者。他们熟悉艺术品，熟悉每一件艺术品里面的"道道"，熟悉艺术品市场的规律和规矩。无论基于市场利益还是个人情趣，他们会千方百计求证艺术品的真伪优劣、准确判断艺术品价值后才出手购藏。他们拥有一般人没有的眼力和独特的渠道资源，能够对艺术品价值做出准确判断。由于预收购人这种独特的角色要求其对艺术品做出的鉴定和评估是一种需要承担法律责任的主体行为，所以，他们会格外慎重，审慎地出具鉴定结论，也不会虚高估价。同时，预收购人也是艺术金融质押标的艺术品融资行为的专业担保人，他们需要拥有银行和市场认可的法律主体资格、资信和资金实力。这样的主体也只能在市场中找得到。"预收购人机制"的创新充分说明，艺术金融是一种市场作为，不能靠政府及市场之外的其他力量，只有用市场的力量，才能解决艺术金融创新的难题。

(2) 回归金融本质，做自己擅长的事。

金融进入艺术品市场需要一定的胆略和勇气，因为这种创新需要面对的是一个非常复杂、风险丛生的市场。但如果金融定好自己的地位，在充分了解市场后专注于做自己擅长的事，创新将变得不是那么困难。艺术金融对于金融机构来讲是一种专业性极强的跨界工作。银行信贷配置到艺术品市场中，首先面临着艺术品真伪和价值判断的难点。按照惯性和传统的金融思维，一般是要建立一支自己能够掌控的鉴定评估专业团队，对艺术抵押品做出准确的判断并以此来审批授信。潍坊银行没有遵循这样的思维逻辑，而是回归到金融的本质去看问题。金融机构是经营管理风险的企业，熟悉风险控制原理，擅长的是识别风险点、构建风险控制机制。鉴定、估值、托管、变现是艺术金融面临的几个最主要的风险点，但这不属于银行的专业范围，潍坊银行没有花精力去干这些自己并不擅长的事，而是建立起一套监督控制机制，把这些高度专业的事情交给市场。"让行家与行家交手，我们只做桥梁"，这是潍坊银行的创新理念。通过预收购人解决鉴定、评估和违约变现问题，通过和博物馆合作解决艺术品托管问题。除此之外的融资方案制定、风险点识别、关联交易风险控制、客户筛选等一系列工作则属于银行的专业范围，是自身能够掌控并干好的工作。当找到预收购人、博物馆这些专业主体，构建了完整闭合的风控流程之后，潍坊银行已经将艺术品质押融资这样一个极度特殊的业务转化为与普通授信风险管理无实质性差别的常规业务。潍坊银行的两句广告词非常形象地表达了潍坊银行的这种创新理念："艺术带给世界色彩和光亮，我们是桥，让艺术走得更高更远""我们不生产艺术品，我们创造艺术价值升华的支点"。

(3) 创新金融机构内部体制机制，适应艺术金融创新个性化需求。

金融与艺术品市场融合发展程度浅、金融对艺术品市场发育发展的推动力不强，这是大家的共识。其中有我国艺术品市场本身发育不足的原因，但笔者以为更重要的是金融机构自身的原因。艺术金融创新本质上是金融创新问题。金融机构由于惧怕艺术品市场风险，不明白艺术品市场规律，没有进行艺术金融创新的动力和热情，因此，没有构建起一套与艺术品市场金融服务相适应的内部管理体制和运行机制。潍坊银行为了推进艺术金融创新，除了在战略层面高度重视，资源配置着力倾斜，还在组织和技术层面进行了创新，构建了"4+1"艺术金融创新机制。"4"是指该行在业务创新层面打破传统思维，依靠市场力量，构建了金融资源进入艺术品市场所必需的鉴定机制、评估机制、托管机制和变现机制。在业务创新背后，得以推动几项机制落地的更为重要的原因，是潍坊银行组建起一支专业化的队伍，采取了区别于常规业务的工作流程。为推动艺术金融业务发展，该行建立了文化金融事业部。在事业部建立初期，还从事旅游、广告、教育等更宽泛的文化金融业务。后来，他们将艺术金融之外的业务彻底剥离，成为专注于艺术品市场金融服务的专业化团队，真正做到"专业的人干专业的事"。这种专业化经营、精准定位，使他们得以专注于艺术品市场的业务开发，由不专业变得专业，对艺术品市场的感觉和领悟越来越深。他们不断丰富艺术金融品种，由最初的艺术品融资发展到艺术品仓储、艺术策展和艺术家推荐、艺术品投资咨询等多样化的服务。此外，还专门成立了艺术金融研究中心，开展中国艺术金融数据库系统建设和应用研究工作，由融资走向融资与融智相结合。

与此同时，潍坊银行突破传统信贷业务审批决策流程和模式，建立了完全区别于传统授信业务的"专家联审制"短式审批流程。这是符合艺术品市场客户和业务特征的既简洁又有效的一种审批决策机制，可以根据客户和市场变化及时调整工作标准，快速沟通协调，具有较强的市场应变能力。这种特殊审批决策流程与专业化的团队，共同构成其

"4+1"机制中的"1",这就是一套独特的内部管理机制。

（4）认识和尊重艺术品市场规律,才能找到艺术金融创新的起点。

艺术金融发展中存在的问题、金融与艺术品市场融合发展面临的困难,如果归罪于艺术品市场本身,那将永远找不到艺术金融创新的出路。艺术金融滞后发展的根本原因不在于艺术品市场,而在于金融。几年前,当人们抱怨中小企业融资难的时候,社会上普遍性的认识是中小企业财务不透明、不健全,信息不对称,规模小,管理不规范,所以银行无法给他们提供信贷支持。由于有这种认识,围绕中小企业的金融创新很难迈出实质性步伐,整个社会金融资源盲目"追大""逐富",导致严重的资源错配。事实上,这种不透明、不对称、不健全、不规范正是中小企业的基本特征,离开这些特征,中小企业就已不再是中小企业,肯定已是大型企业了。中小企业的融资难,源于人们特别是掌握金融资源的金融机构对中小企业根本特征认识不到位,颠倒了金融与市场"谁适应谁"的关系,艺术金融创新同出一辙。推动艺术金融创新,谋求金融与艺术品市场的深度融合,金融界必须认识艺术品市场的发展规律和本质特征,根据艺术品市场的运作规律改革现有金融制度、产品、流程,这样才能找到创新的起点。当前中国艺术金融"一半是火焰,一半是海水",艺术品市场主体、艺术金融理论界强烈呼吁金融的进入和融合,而金融机构由于不了解艺术品市场、惧怕风险,显得被动和冷漠。潍坊银行之所以能够迈出艺术金融创新的步伐,是因为该行对艺术品市场的规律进行了研究,有了更早、更深刻和更全面的了解和把握。中国艺术品市场还是一个"成长中的孩子",它具有孩子的一切特质。比如,孩子情绪容易波动,艺术品市场也容易起伏变化;孩子容易说谎,艺术品市场也存在造假售假行为;孩子不守规矩,艺术品市场也是一个缺乏监管和制度建设滞后的市场。但孩子充满活力和希望,中国艺术品市场同样充满活力和机会,终将成熟和长大。认识到艺术品市场的这些特征之后,理应支持这个市场,就像对待孩子,需要充满爱心,支持和帮助他长大。把握了艺术品市场的特征和规律,知道了风险点,就可以构建准确的风险缓释和控制机制,把资源配置过去,分享这个市场成长所带来的收益。

（5）艺术金融创新必须与艺术品市场发展相适应。

金融是一种工具,是一种杠杆,但我们同时必须认识到这种工具的双面性——就像认识一把双刃剑一样。过度、过快地金融化将导致与之结合的市场、行业和产业产生泡沫,受到重创,就像很重的杠杆可以把一个物体快速抛向高空再迅速将其摔碎一样。2008年的金融危机就是房地产业过度使用金融杠杆导致的恶果。金融与艺术品市场的融合发展只有相互适应、恰到好处,才能起到正向作用。

当前,我国艺术品市场发育、发展程度较低,金融杠杆作用缺乏,应大力推动金融与艺术品市场深度融合,走得更近,结合得更紧,提高金融与艺术融合的深度和广度。但必须防止在推动艺术品市场发育、发展中不切实际地使用金融工具,超越艺术品市场的发展阶段,过度推进艺术品市场金融化。几年前,天津文交所的份额化交易就是一种超越艺术品市场发育阶段,提前和过度金融化、资本化的产物。艺术品市场发展应该经过艺术产品资产化—金融化—资本化—证券化这样的历程,这是一个循序渐进的漫长过程,不能操之过急。潍坊银行的艺术金融服务自2009年开始,也是在一步一步的小心摸索中逐步夯实基础,紧紧跟进艺术品市场发展,不断检视自己的风险控制机制,才取得了今天的成果。

（二）中国艺术品质押融资的现状与模式

在中国艺术品市场迅速发展的过程中,艺术品产业作为一个新兴的产业业态已逐渐发育成形,并不断浮出水面。在这种态势之下,艺术金融作为一种新兴业态也在破土成长,并越来越引起人们的重视与关注。经过不断地研究与探讨,人们认识到金融在现代形态经济发展过程中的地位与作用，并越来越体悟到，艺术金融已经成为中国艺术品市场发展的一个重要的推动力。随着对艺术金融认识的不断深化，如何发展艺术金融，以及有关发展艺术金融的战略取向及路径的研究，就越来越成为人们关注的一个焦点。

1. 中国艺术品质押融资的市场现状

艺术品质押融资，是资金需求方以艺术品作为质押物，向金融机构提供质押担保，以获得融通资金的一种方式。它是一种新兴金融活动，这种金融活动的出现是随着近年来我国文化产业的快速发展而产生的。国内艺术品投资市场也随之吸引了大量资金从房地产和资产市场上流入进来，但随之而生的是很多个人或企业在发展过程中遇到资金困难时，其希望以其曾经高价收藏的艺术品作为质押，进行融资以获取周转资金渡过难关。然而，一方面是市场对艺术品质押融资的强烈需求，另一方面却是金融机构对艺术品融资的谨慎介入。虽然目前正规金融机构开展的艺术品质押融资业务仍处试水阶段，但艺术品质押融资已经开始进入了金融投资领域，并且随着艺术产业的不断发展，金融必将会与艺术产业相融合，艺术品的质押融资也必将会随之进入广阔的发展空间。

（1）国内艺术品质押融资现状。

在潍坊银行艺术品质押融资业务之前，国内的艺术品质押融资主要有典当、信托，由于起步时间晚，其市场体系和制度构建尚不完善。艺术品典当虽具有便捷优势，适合紧急、短期融资需求，但因为典当机构能力的局限，往往无法满足客户的融资规模需求，并且息费较高，多在观望、探索，开展该项业务的典当行也不多。艺术品信托的融资规模较大，2009年6月，国投信托与保利文化、中国建行北京分行成功发行国内首款艺术品投资集合资金信托计划——"国投信托·盛世宝藏1号·保利艺术品投资集合资金信托计划"，其后，越来越多的信托公司开始涉足艺术品投资领域，尤以京沪两地为甚，但由于国内没有统一、透明的艺术品价格机制，在该项业务繁荣的背后暗藏风险。

相对而言，银行业的艺术品质押融资业务较为稳健。在潍坊银行于2009年先行先试之后，2010年5月，深圳市同源南岭文化创意园以艺术品作质押，获得建行深圳市分行贷款，同年7月，民生银行在福建试水寿山石质押融资。不过，相对于易于盈利的传统业务，由于艺术品自身具有真伪不确定、价格波动大、存储困难等缺点，银行普遍对该项业务缺乏信心。特别在2011年9月经媒体披露，北京燕山华尔森集团原总裁谢根荣请原故宫博物院副院长等人为假造的"金缕玉衣"估价24亿元，使其于2002年向建设银行北京开发区支行骗贷数亿元。由此，艺术品质押融资的鉴定与估价问题愈加凸显。

（2）国内艺术品质押融资需求。

促成潍坊银行艺术品质押融资业务的直接原因，是艺术品市场存在大量现实和潜在金融服务需求，特别是融资需求。

近年国内艺术品市场需求激增、交易活跃，占文化产业的比重上升，大量资金从楼市、股市流入其中。相比其他产业，文化产业获得金融支持通常不易。目前国内艺术品市场存在的主要问题之一是买入的艺术品往往很难盘活。当个人或企业艺术品收藏者遇到资金困难需要变现时，委托拍卖的周期一般较长，且有流拍风险。如果所藏艺术品能够质押，由于不必改变其所有权，藏家既可以得到资金周转又不必割爱，用艺术品质押成为融资者的强烈需求。与典当行相比，银行开展艺术品质押融资业务优势更大，因为其资金实力更强、公信力更高、客户基础更雄厚、营销渠道更广、规模更大、运作更规范、风控机制更严谨。如果银行艺术品银行贷款全面发展，对艺术品的认定或将起到行业标杆作用，也会成为艺术品购买和投资的重要参考。

然而，作为资金供应主体的银行，并没有大规模给艺术品市场提供信用。由于国内艺术品市场仍处于初级阶段，艺术品交易的规范化和透明化程度较低，交易主体资质欠缺，政府缺乏统一有力的管理与规划，艺术品市场鱼龙混杂。更为重要的是，我国金融机构基于艺术品市场需求的创新严重不足，对艺术品金融服务需求的响应较差。这使得艺术品市场在迅速发展的同时，资金需求得不到有效满足，正规金融机构的资金支持非常短缺。加之艺术品市场比其他行业专业性更强，艺术品的价值很难用固定标准量化，而银行重视的恰恰是质押品的标准化，所以，银行只是偶尔通过理财产品等方式为艺术品所有人提供极少的融资服务。特别在艺术品收藏性市场向投资性市场转变后，金融杠杆使用不充分的问题更加突出。

由于缺乏正规金融机构介入，艺术品市场的大量融资需求只能以地下和民间方式解决，使艺术品市场的发育和发展大大受限。潍坊银行高度重视文化金融服务，认识到推出文化金融特别是艺术品金融不仅是打造差异化经营特色的重要领域，也是打造文化金融品牌的重要举措。

2. 中国艺术品质押融资的现有表现形式

我们传统理解的艺术品质押融资主要是银行开展的质押贷款业务。2010年3月，中宣部等九部门联合出台银发〔2010〕94号文件，提出"各金融部门要把积极推动文化产业发展作为一项重要战略任务，作为拓展业务范围、培育新的盈利增长点的重要努力方向，大力创新和开发适合文化企业特点的信贷产品，努力改善和提升金融服务水平。"很多金融机构根据94号文的要求进行了大量的金融创新，在艺术品质押融资业务中也出现了很多有意义的实践。我们具体从风险管理框架与标的物种类来分析研究。

（1）风险管理框架衍生的种类。

我国艺术品质押融资业务的种类不规范，有关实验与探索的形式多种多样，如果我们以风险承担主体来划分的话，目前市场上艺术品质押融资的主要表现形式有：

第一，银行主导的质押贷款。根据我国《贷款通则》的规定，贷款系指经国务院银行业监督管理机构批准的金融机构，以社会公众为服务对象，以还本付息为条件，出借的货币资金。目前，贷款仍然是金融市场上最主要的融资方式，而在众多金融机构中，银行又是最主要的资金借出方。

银行开展艺术品质押融资业务与其开展的其他传统放贷业务流程基本相同：由借款人向银行提出融资需求，银行在考察借款人的财务状况、资金用途、担保措施后，以自有资金向借款人发放贷款，借款人在借款期间按约定向银行支付贷款利息，贷款到期时，借款人向银行归还贷款本金及剩余利息。在银行开展的艺术品质押融资业务以及实际开展的质押贷款业务中，借款人通常以中小企业尤其是艺术品经营机构为主，贷款资金常用于补充借款人日常经营的流动资金，贷款期限较短，贷款利率略高于基准利率，质押物价值以第三方专业评估机构鉴定为依据，并在此基础上进行打折，质押折扣率通常在50%以下。此外，银行通常还要求借款人提供其他的信用增级方式，如相关企业、个人提供连带责任担保或土地抵押担保等。在此业务中，如借款人到期无法还款付息，则银行将以上诉至法院，要求处置质押物变现还款为主要应对风险的手段。

由于艺术品具有非标准化的特性，而银行系统中对艺术品行业较为了解的专业人员又相对匮乏，这导致开展艺术品质押融资业务很难流程化和规模化，因此，很少有银行真正以艺术品质押融资业务为长期的主营业务。根据公开信息，国内最早开展艺术品质押融资业务的是潍坊银行，该行于2009年9月，以李苦禅、于希宁等国画大师艺术品为质押标的，成功发放了262万元人民币贷款。此后，中国银行、中国工商银行等也均开展过类似以艺术品为质押标的的贷款业务。虽然上述银行开展艺术品质押业务的规模相对较小，可复制性不强，但仍然为银行业开展艺术品质押融资业务提供了很好的参考价值。随着银行对艺术品行业的逐步了解，在不断地探索中完善艺术品质押融资的风险控制体系，相信银行在未来必然会成为艺术品质押融资业务中的主力军。

第二，信托公司主导的结构化融资。根据《中华人民共和国信托法》（以下简称《信托法》）的规定，信托是指"委托人基于对受托人的信任，将其财产权委托给受托人，由受托人按委托人的意愿以自己的名义，为受益人的利益或者特定目的，进行管理或者处分的行为"。信托公司正是根据上述信托要素，以受托人身份开展信托业务，接受委托人的委托管理信托财产，为受益人的利益实现信托财产的价值增长。信托公司自2001年《信托法》颁布后，经历了10多年的迅猛发展，到2012年底全行业管理资产规模已超过6万亿元，成为仅次于银行业的金融机构。

自94号文颁布后，信托公司在艺术品行业进行了大量的投融资业务创新。与银行运用自有资金开展艺术品质押融资业务所不同的是，信托公司的主要资金来自信托计划投资者的委托资金，虽然都是为借款人提供融资服务，但资金性质的差异决定了信托公司开展的艺术品质押融资业务必然和银行不同。信托公司开展艺术品质押融资业务的主要方式是向投资者发行信托产品来募集资金，并根据投资者风险偏好不同对信托利益进行结构化分层设计，按信托产品约定交易结构、资金运用方式、质押担保方式、风险处置方式等。在信托成立后，信托公司按信托合同的约定为融资方提供资金支持，履行风险防范措施，信托到期时收回信托资金及投资回报，并向投资者支付本金和收益。

自2009年起，信托公司开展了大量的具有艺术品质押融资性质的信托业务，据统计，2012年共有12家信托公司参与发行了34款艺术品信托产品，发行规模为33.46亿元，其中大部分艺术品信托产品都具有质押融资性质。信托产品在艺术品质押融资方面之所以可以大规模地发行，除去政策和市场的支持外，更主要的是来自信托产品在交易模式和风险控制等方面的创新。但由于信托产品的个性化和定制性比较强，没有统一的规范，流程化操作较难，因此每个产品的开发周期较长，而且产品的发行数量与艺术品市场的波动密切相关。从长远看，信托产品的优势在于其对艺术品的投资在艺术品质押融资领域将是银行业的重要补充，同时也是重要参与者之一。

第三，专业艺术品经营机构主导的质押融资。除了银行和信托公司这样的专门从事融资业务的金融机构外，目前我国还有一些专业从事艺术品经营的机构在开展艺术品的质押融资业务，这些机构具有如下特点：一是有专业的鉴定、评估团队和丰富的艺术品投资经验，对艺术品的真伪判断、市场价值等特点判断十分准确。二是资金实力较强，除了购买艺术品外，仍有较大数额的资金沉淀，且希望资金有较高的投资回报率。三是对于艺术品的处置手段和销售渠道较多。

这些机构对外开展艺术品质押融资业务的方式有很多，既可以用自有资金向融资方发放委托贷款，也可以利用其信用为融资方担保，以换取其他金融为融资方提供融资支持。他们与其他金融机构相比，有天然的优势：一方面，由于他们拥有多年从事艺术品投资的经验和专业人才，因而既可以找到希望融资的艺术品持有人，又对艺术品的价值有比较准确的把握；另一方面，由于销售和处置艺术品的手段多，所以，这些机构甚至并不担心融资方违约而不归还贷款，因为如果融资方不还钱，他们就可以通过以很低的价格收购并以较高价格卖出艺术品而获得更高的投资回报。

第四，其他质押融资方式。具有艺术品质押融资性质的交易方式还有艺术品典当、私募基金投资、艺术品产权份额化交易等其他表现形式。

根据《典当管理办法》的规定，典当业务是"指当户将其动产、财产权利作为当物质押或者抵押给典当行，交付一定比例费用，取得当金，并在约定期限内支付当金利息、偿还当金、赎回当物的行为"。艺术品典当就是要以艺术品作质押物质押给典当行，向典当行借贷融资的一种方式。这是一种以物换钱的融资方式，只要当户在约定时间内还本付息，就可赎回典当的艺术品，这也是一种典型的艺术品质押融资业务。中国是世界上最早出现典当活动并形成典当业的国家之一，其萌芽于东西两汉，于明清时期兴盛，最终于中华人民共和国成立后被取缔，在改革开放后又开始恢复经营。1996年4月，中国人民银行颁布了《典当行管理暂行办法》，明确典当行为非银行金融机构，可以开展典当业务。因此，我国依法开展的艺术品典当业务的时间并不长，而典当行业不管是单体规模还是全行业整体规模都还比较小，仅适合为个人或中小企业服务，且每笔质押融资额度也相对较小，目前只是艺术品质押融资业务的一种补充形式。

私募基金在国内主要以有限合伙企业的组织形式，通过众多投资者出资，按合伙协议成立有限合伙企业，同时聘请专业管理者对资金进行管理运用。很多专业的艺术品投资机构在投资者对其信任的基础上，设立私募基金，放大资金杠杆，以其专业知识进行艺术品的投融资业务，为投资者获取收益。艺术品私募基金在国内较多，但普遍规模都较小，而且以投资艺术品为主，参与质押融资的较少。

艺术品份额化交易就是将艺术品像股份制企业发行股票融资一样，由专业机构对艺术品进行估值后，进行等份额拆分并通过文化产权交易所向投资者发行，而后投资者认购的艺术品份额可以在文化产权交易所公开上市交易。举例来说，若一件艺术品估价价值1000万元，将其分为1000份，每份价格为1万元，投资者要以10份或者10份的整数倍进行购买并持有艺术品的份额，然后再通过二级市场对艺术品份额进行交易。艺术品份额化交易随着2010年国内文化产权交易所的大批创办而兴起，如当时最出名的天津文化艺术品交易所推出的多只"艺术品股票"就曾火爆一时。但这种融资模式也是问题频现，最终限令出台，艺术品份额化交易被判定为非法经营而遭到严格清理整顿，逐渐淡出市场。

（2）标的物框架衍生的艺术品质押种类。

目前，国内外艺术金融的业务与产品形式是多样化的。从资金融通的角度分析，颇具中国特色的艺术品质押是历史最有悠久的艺术金融的重要形式之一。虽然我国艺术品质押融资业务尚在发展中，不够规范，形式多种多样，但从质押业务的标的物来分析有关分类，可以说是不应被忽略的。如果以标的物框架来划分我国艺术品质押融资业务种类的话，可以看到，目前市场上艺术品质押融资的主要表现形式有：

第一，以艺术品所有权为中心的质押融资模式。这种形式可以说是最常见的艺术品质押融资模式，是一种基于艺术品所有权而产生的艺术品质押融资活动。艺术品所有权的质押融资模式本质上属于动产质押的范畴。

第二，以艺术品版权为中心的质押融资模式。以艺术品版权为中心的质押是权利质押的一种，权利质押是指以债务人或第三人享有的实体财产权以外的可让与的财产权利作为质押标的，在债务人届期未履行债务时，债权人可依法就该项权利中的财产利益进行拍卖、变卖或通过其他方式加以处置，并以处置所得优先受偿，以担保债权的实现。按照质押权人进行分类，版权质押的方式一般有三种：第一种是直接将版权质押给银行获得融资，第二种是将版权质押给担保公司获得融资，第三种是在向银行借贷的过程中，由担保公司提供担保，同时，融资方将自己的版权质押给担保公司作为反担保。

第三，以艺术银行为中心的质押融资综合模式。以艺术银行为中心的质押融资综合模式是一种综合的金融服务模式，是在一定的平台与体系支撑下的所有权、使用权、版权等捆绑式的集合模式，是几种艺术品质押模式的综合。艺术银行根据自己的机制，围绕着艺术品质押业务的基本模式，可以不断开发出其他伴随衍生业务，并使相关业务整合得多样化，从而让艺术银行的服务与功能更加多元化。艺术银行的业务包括作为艺术机构的艺术银行业务与从事艺术银行业务的商业银行两个种类，这些都是以艺术银行为中心的质押融资综合模式实验探索的基础。

第四，以艺术品抵押资产的证券化模式。艺术品抵押资产的证券化是一个可以探索与研究的方向。质押资产证券化的本质首先就是融资，即在艺术抵押资产委托人不转移艺术品所有权的前提下，能够通过对艺术品设置抵押权来实现融资的需求。艺术品质押资产证券化既具有融资功能，又具有投资的基本功能。以艺术品抵押资产的证券化模式，指的就是抵押物所有人在抵押物上设立相应抵押权，将抵押资产的抵押权通过一定的机制与机构转化成证券化资产。艺术品抵押资产的证券化之后，关键是要由专门机构负责发行，并要在公开市场上流通转让，从而实现其抵押的资产的投资功能。当然，以艺术品抵押资产的证券化模式仅仅是一个理论模型，还需要探索与实践。

当然，以上的分类只是一个概括性的归纳。也有人将中国艺术品质押业务现状归纳为三种常见的经营模式：一是最常见的艺术品质押典当普通模式，二是艺术品拍卖—质押典当捆绑模式，三是艺术品质押典当"一条龙"模式，在此不再展开论述。

除了以上分类外，我们还要特别重视科技进步对中国艺术品质押业务的影响。特别是要重视新需求、新科技的出现而带来新业态生长极的出现。对艺术金融产业来讲，新需求与新科技的出现在很多时候是同步的，新需求催生新科技，新科技促进新需求的出现，特别是在当下，艺术金融服务的平台化趋向与互联网技术发展的融合所带来的机会值得重视：一是它可能成为艺术金融业态的新增长极；二是其本身就有可能是艺术金融的一部分；三是它是艺术金融创新的重要路径（当下不断兴起的"平台化+互联网技术"式的互联网金融模式就是一个鲜活的案例）。所以，正视对"平台化+互联网技术式"的互联网金融模式的研究，是中国艺术品质押业务在新时期业务发展过程中的重要课题，它可能为中国艺术品质押业务的发展带来新的可能与空间。

第六章　艺术品信托产品运营案例研究

> 在艺术金融业态与产品服务中，艺术品信托是非常重要的组成部分之一。特别是由于具有良好的法律法规基础架构与服务机制及产品结构，在我国艺术金融发展的初期阶段，艺术品信托发展较快，成为当时艺术金融发展的重要板块。但在随后的退出环节遇到了普遍性问题后，艺术品信托的发展就遇到了障碍。本案例的研究分析就是给我们提供当时从艺术品信托产品设计、成立、运营到退出与服务这样一个立体的运营场景，从而更好地对艺术品信托的机制与结构、运营等方面进行系统的分析研究。

一、案例简介：艺术品信托产品

在艺术金融发展的过程中，艺术品信托是重要的服务产品。信托业也是金融体系证、银、信、保、基等重要的业态形式，而艺术品信托则是信托业面向艺术金融发展的重要服务产品。

"中信文道·恒庐书画1号投资基金集合资金信托计划"是由中信信托有限责任公司于2012年5月22日成立并生效的信托计划。该信托计划募集资金主要投资于信托合同中约定的"中国书画艺术品交易"；闲置资金可用于银行存款、货币市场投资、银行理财产品投资等。受托人聘请杭州恒庐文化有限公司（简称"恒庐"）为投资顾问。本案例通过对艺术品信托案例运营全过程各环节的考察，进一步理解艺术品信托的内在机制与产品的结构。在具体的案例研究分析过程中，应特别注意以下几个重要问题：

（1）艺术品信托案例发展的业务背景。
（2）艺术品信托的基本机制。
（3）艺术品信托发展的产品结构分析。
（4）艺术品信托案例的具体运营与服务相配套。
（5）艺术品信托发展的前景与可能的问题分析。

二、案例描述：中信文道·恒庐书画1号投资基金集合资金信托计划[①]

（一）项目单位简介

恒庐成立于2002年10月，背依吴山，面临西子湖，北邻中国美术学院，南接柳浪闻莺，分设恒庐美术馆、恒庐画廊、恒庐文化有限公司。成立之初，恒庐即盛邀浙江省文化界著名学者卢坤峰、童中焘、吴战垒、吴山明、金鉴才任学术顾问，并常年于此高会，品啜佳茗，评点时弊，以学术座谈的形式谈文说艺，切磋研究中国文化的发展，讨论书画界的热点话题，既得切磋之乐，又增文化气氛，还吸引了众多名家前来，"恒庐五老"谈艺之雅事在南北艺术圈广为传播。在杭州，恒庐成为气氛最活跃、展示空间最优越的艺术空间之一，恒庐美术馆每年举办展览30余场，展览侧重学术性，在业内一直有广泛的关注度和影响力。

为了推广和普及中国传统文化，2003年2月，在"恒庐五老"谈艺的基础上，恒庐向公众推出了恒庐讲堂。讲堂上，名家与大众直接面对面地讨论中国文化的美学品格、中国画的文化品格和全球化形势下的中国画的地位。讲堂还逐步延伸至诗词、

[①] 本部分选自：西沐.中国艺术品资产化研究(上、中、下卷)[M].北京：中国书店出版社，2016.

音乐、金石、陶瓷、丝绸等。主讲人除了"恒庐五老"外，还特邀了上百位全国知名学者前来授课。对公众免费开放的恒庐讲堂也成为杭州颇具美誉度的一个品牌。

在加强学术积累的同时，恒庐画廊借鉴我国历代书画经营的传统方式，学习国外艺术品行业的发展经验，认真研究近年来国内艺术品行业的发展趋势，坚持有主题、有目标地定向收藏。在遵循"只求精，不求泛"的原则下，恒庐坚持以中国水墨为主打，以近现代结合当代水墨为主线。中国书画作品集结了几千年中国传统文化发展的精髓，但是其时间跨度长，涉及画家众多，鉴定技术要求高、难度大。在分析了近年来书画市场走势和公司投资实力后，恒庐认为近现代书画作品将在近年的书画市场得到极大发展，而当代水墨之佼佼者，可以在取得当下收益的同时，兼顾将来的收益。

2012年，在艺术品金融化的市场形势下，恒庐通过与银行、信托合作发行基金，运作高端艺术品，在传统经营模式上开辟出新思路。

（二）项目实施背景

1. 通货膨胀严重，股市低迷，房地产受调控，艺术品成为新的有效投资渠道

2011年6月以来，居民消费价格指数（CPI）一直在6%以上，而银行一年期定期存款利率为3.5%，月均不到0.3%，投资者的资金面临着严重的缩水风险，投资理财需求非常大。而投资者之前主要的两大投资渠道均面临巨大困境：股市方面，从2011年年初至2014年，上证指数从3300点跌到了2400点左右，跌幅近40%；房市方面，从2010年以来，国家一直在调控房地产，甚至很多房地产信托也遭到了严令禁止。大量的炒房、炒股资金只得寻求新的生财之道，艺术品成为继房市、股市之后的又一个投机与投资的平台。据统计，2010年第三季度至2012年第四季度艺术品信托平均收益率在总体产品中居于第一、第二的位置（表6-1），这一现象说明艺术品市场的发展潜力在不断地被挖掘。

2. 艺术品投资市场持续发展

随着我国改革开放的不断深入，中国艺术品市场获得全面复苏，走向繁荣兴盛。根据中国拍卖行业协会发布的报告，中国嘉德、北京保利、北京翰海、北京匡时、西泠印社、中贸圣佳、上海朵云轩、北京诚轩、北京荣宝、北京华辰等10家位居国内前列的文物艺术品拍卖公司，2011年拍卖总成交额为372.08亿元，成交率75.15%，与2010年的257.37亿元相比，增长44.57%，市场整体趋向平稳。据《中国艺术品市场白皮书》统计：① 2011年，中国艺术品市场总成交额超过4000亿元，中国未来艺术品市场的潜在规模不小于6万亿元。虽然近几年中国艺术品市场进入了回调期，但市场还是保持了应有的发展规模。② 2015年，中国艺术品拍卖市场总成交额超过500亿元，中国艺术品市场总

表6-1　2010年第三季度至2012年第四季度集合信托产品平均收益率情况　　　　（%）

	艺术品信托	房地产	金融	工商企业	基础产业	其他	总体产品
2010年第三季度	9.00	8.69	6.85	7.65	7.53	8.67	8.02
2010年第四季度	9.50	9.37	7.11	7.53	7.50	7.72	8.27
2011年第一季度	9.38	9.47	7.37	8.39	8.41	8.90	8.73
2011年第二季度	9.61	10.04	8.34	8.49	8.51	8.59	9.05
2011年第三季度	9.67	10.09	7.73	8.93	8.70	8.78	9.10
2011年第四季度	10.35	10.50	7.95	9.82	9.18	9.29	9.26
2012年第一季度	10.05	10.48	8.42	9.33	9.34	8.62	9.36
2012年第二季度	9.94	10.33	8.17	9.18	9.37	7.15	9.15
2012年第三季度	9.33	10.03	8.29	8.96	9.18	8.98	9.11
2012年第四季度	9.70	9.71	8.44	9.08	9.20	9.18	9.20

成交额超过3600亿元，保持了市场的基本稳定。究其原因，在投资市场的快速发展过程中，虽然艺术品市场的整体规模有所下降，但艺术品拍卖市场不断填补市场空间，并没有导致市场的垮塌，使市场在规模萎缩中保持了相对的稳定。

艺术品市场成交额总体上涨与个人机构投资性资金的介入有着非常大的关系，随着艺术品市场的高涨和投资的回报，不少对艺术品市场仍处于观望态势的资金也将逐渐进入市场。这一系列的因素将继续支撑中国艺术品市场的资金量和繁荣景象。

（三）项目的基本结构与流程

1. 项目基本结构

（1）项目发行方：中信信托有限责任公司。

（2）信托计划名称：中信文道·恒庐书画1号投资基金集合资金信托计划。

（3）信托计划当事人。

受托人：中信信托有限责任公司。

优先级委托人/受益人：普通投资者。

次级委托人/受益人：投资顾问及其指定的合格投资者。

投资顾问：杭州恒庐文化有限公司。

信托资金保管人：中国民生银行股份有限公司杭州分行。

中国书画艺术品保管人：北京皇城艺术品交易中心。

交易资金收付平台：深圳市文化产权交易所。

中国书画交易经纪商：恒庐画廊。

（4）募集资金规模："中信文道·恒庐书画1号投资基金集合资金信托计划"预计募集资金5000万元。

（5）信托期限：3年。

（6）资金运用方向：用于投资中国书画艺术品（以下简称"中国书画"或"艺术品"），通过买卖获取中国书画的增值收益。

（7）信托受益权分层：信托计划由两类信托资金构成，即优先级信托资金和次级信托资金，优先级信托资金和次级信托资金的比例不超过3∶1。

（8）信托收益分配方式及赎回方式。

受托人于信托计划成立后的第二年末按照优先级受益人认购信托资金的比例向优先级受益人进行一次信托收益预分配，分配的收益率为优先级受益人信托资金的10%；对次级受益人不进行信托收益预分配。信托计划结束时，向优先/次级信托受益权分配全部信托利益。

信托计划运作满1年后，投资顾问根据基金运营情况，可提前清算优先/次级信托受益权。

当信托计划期满时，若信托财产中仍有部分艺术品未能及时变现，则投资顾问回购信托到期未变现艺术品。若投资顾问不履行回购信托到期未变现艺术品的付款义务，则受托人对未变现艺术品及房屋抵押物处置至艺术品和抵押物全部变为现金。在信托计划所持有的全部艺术品处置完毕并变现后，本信托计划终止。信托计划终止时，受托人再按前述信托计划终止时的计算方式向优先级受益人、次级受益人分配信托利益。

2. 项目投资流程

（1）信托资金只投资于中国古代、近现代大师及当代名家所作书画、油画作品，获取艺术品的增值收益。

（2）信托资金投资的作品原创作家须在《中信文道·恒庐书画1号投资基金集合资金信托计划投资作者名册》名单之内。

（3）信托计划购买所有艺术家的作品时，须由中国动漫集团有限公司（原文化部文化市场发展中心）艺术品评估委员会出具艺术品鉴定报告。

（4）单一作品购买价不超过信托计划资金规模的商定比例。

（5）单一艺术家同时持仓规模不超过信托计划资金规模的商定比例，且件数不多于50件。

（6）本信托计划同时持仓作品件数不多于100件。

（7）本信托计划成立满27个月后，不允许再购买任何艺术品。

（8）信托计划卖出其持有的艺术品，必须通过协议转让或拍卖的方式进行。

（9）若信托计划到期日信托财产中仍有未变现艺术品，则投资顾问按商定价格回购信托到期未变现艺术品。

三、案例研究：艺术品信托运营研究[①]

（一）基本运作模式与规范

1. 基本产品模式

（1）融资类艺术品信托产品。

融资类艺术品信托是指为艺术品藏家或机构提供融资服务的信托。这类信托一般在发行时即约定了明确的预期收益率，信托公司通过结构化设计、艺术品质押担保以及第三方机构担保来防范风险。

由于目前国内艺术品鉴定和估值存在困难，藏家或机构无法将其所藏艺术品当作"质押物"用以向银行贷款。因此，当藏家或机构拥有相当规模的艺术品却又没有合适的"抵押贷款"渠道时，一般情况下会选择使用"融资类艺术品信托"用以融资。这也就是说，信托公司及其他销售平台通过向委托人发售相关产品获得资金，藏家将艺术品质押于信托公司获得贷款。一旦此融资类艺术品信托到期，如藏家按时还款，信托公司将按承诺归还本金和收益，向藏家归还相应的艺术品；如藏家不能按时还款，信托公司将会按约定将抵押物进行拍卖以获得资金，用以偿还投资人的本金和收益。

在这类信托产品中，融资方付出固定的融资成本，因此，投资者获得的收益相对固定，而信托资金通常是以贷款或"买入+回购"的方式进行运用的，同时附加超值的质押物作抵押或引入担保公司为投资者的收益做保障。

（2）结构化投资艺术品信托产品。

结构化投资艺术品信托是指信托公司根据投资者不同的风险偏好，对信托受益权进行分层配置，按照分层配置中的优先与劣后进行收益分配，使具有不同风险承担能力和意愿的投资者，通过投资不同层级的受益权，来获取不同的收益并承担相应风险的集合资金信托业务。享有优先受益权的信托产品投资者被称为优先受益人，享有劣后受益权的信托产品投资者被称为劣后受益人。在结构化投资艺术品信托产品中，通常由专业的投资顾问作为劣后投资者承担投资失败的风险，信托基金在投资顾问的投资建议下进行艺术品投资，依靠艺术品自身升值为投资者带来收益。

在这类信托产品中，优先投资者获得的收益为"基础+浮动"，劣后投资者以其劣后资金保证优先投资者的基础收益。如果信托基金最终获得的收益水平超过了基础收益，则超过基础收益的部分收益再在优先投资者和劣后投资者之间分配。这类产品在市场上数量较多，也比较受投资者认可。

（3）管理型艺术品信托投资产品。

管理型艺术品信托则是通过签约艺术家，然后进行推广炒作，提升艺术品的升值空间，最终获利退出的一种信托模式。管理型信托主要是依靠投资顾问的管理能力去提升财产的价值。

在这类信托产品中，投资者无固定收益，承担全部的投资风险，因此，投资顾问的管理能力和信誉至关重要，目前此类产品较少。

另外，在此基础上，还有的信托产品是以"管理型+结构化投资"的方式设计的。

2. 运作规范

根据所发行的艺术品信托产品来看，艺术品信托基金的运作主要包括对信托资金的管理、对艺术品的管理、对投资顾问的管理以及对投资人的管理等。

（1）对信托资金的管理。

根据信托产品特点，信托资金的运作安全性是第一位的，在进行艺术品投资时，只有做到见货付款、见款出货，才能在真正意义上保证信托资金的安全使用。因此，信托资金的运用必须有一套严格的运作流程，需要信托公司、托管银行、艺术品保

[①] 本部分选自：西沐.中国艺术品资产化研究（上、中、下卷）[M].北京：中国书店出版社，2016.

管机构以及艺术品的交易对手通过规范的衔接来完成艺术品交易的资金流转。

（2）对艺术品的管理。

艺术品投资属于实物投资，其交易过程包括实物的流转过程，这个过程的实现需要真伪价值评估、鉴证交易、完成交割、登记保管等多个环节。这些环节的实现又需要评估机构、登记机构、保管机构等众多参与机构组合，完成艺术品的交易和管理。从现在参与机构看，已经有一些文化产权交易所可以集上述多种角色于一身，这样可以尽量减少流转环节，有利于艺术品的交易流程管理。

（3）对投资顾问的管理。

投资顾问是艺术品信托产品投资的核心决策团队，投资顾问的投资能力、管理水平和职业道德直接影响着信托产品的成败。因此，对投资顾问的管理也是艺术品信托的核心之一。从信托公司已经发行的艺术品信托产品看，投资顾问的角色应定位为提供投资建议，发挥自身优势，撮合艺术品成功交易。为了规避关联交易和防止道德风险，投资顾问在理论上不可直接接触信托资金和信托资金所投资的艺术品。

（4）对投资人的管理。

艺术品的高端属性决定了艺术品投资的门槛比较高，因而，对艺术品信托投资人的要求也比较高。目前，来购买艺术品信托的投资人大多数可提供较大的投资资产量，虽然他们认购一只信托计划的资金不多，但多数是抱着尝试的念头来参与艺术品投资的，他们可以承担艺术品投资的风险。而且，参与艺术品投资的客户通常也对艺术品本身有所了解或者是有兴趣了解，他们希望通过参与艺术品信托产品的投资来逐步了解中国艺术品投资市场。针对艺术品投资的特性和投资人的情况，信托公司应该做好对投资人的管理，比如，让客户填评估表，根据客户评估情况决定是否可以参与投资。此外，信托公司应制作专门的投资者风险手册和风险说明书，充分揭示艺术品投资的风险，做好投资者风险教育工作。

（二）项目运行的基本规范

1. 信托计划管理

（1）独立管理。

对本信托计划下的信托财产与其固有财产分别管理、分别记账，并将不同委托人的信托财产分别管理、分别记账。

（2）集中管理。

对本信托计划下的信托财产和相关信托事务进行集中管理，集中管理的内容包括但不限于信托受益权的登记托管、信托利益的分配和支付、资金划拨、信息披露等。

（3）制度管理。

受托人建立信托业务内部控制制度，包括授权批准制度、内部审批制度、风险控制制度和内部审计制度等，确保信托财产的安全有效运行。受托人建立信托计划投资管理制度、外部审计制度，确保投资决策稳妥进行并保证信托财产公正、公允地进行核算。

（4）专人管理。

受托人指定专人担任信托经理，负责整个信托计划的日常运作。

2. 信息披露

（1）定期信息披露。

在每个自然季度后10个工作日内，向受益人提交信托事务管理的季度报告。在信托计划终止后的10个工作日，向受益人提交清算报告。

（2）临时信息披露。

信托计划存续期内，如果发生对受益人权益产生重大影响的临时事项，受托人应在知道该临时事项发生之日起3个工作日内向受益人临时披露。

（三）项目效果与评价

作为"现代四大家"之一，潘天寿无论是在美术史上的地位，还是艺术成就都非常突出，称得上20世纪中国画坛最具声望的大师之一，其画作在当代艺术品市场上也呈现出强劲的势头。如图6-1所示，2012年恒庐基金发行时，潘天寿国画个人指数处于低谷期，但在恒庐基金发行期间，潘天寿国画个人指数整体呈上升趋势,成交额更是突破最高纪录。

通过近几年的拍卖数据来看,潘天寿的字画均价都在每平方英尺[①]100多万元,并且一直稳中有升。随着好的作品流传越来越少,拥有其大作的收藏者也不会轻易出手。因此,在今后的拍卖会上,潘天寿的书画作品价格定会上攀,具有更高的升值空间。

如图6-2所示,陆俨少的作品相较2012年也处于上升阶段,市场盘面保持相对较大的局面,买家的市场信心度出现回升,作品市场价值逐步提高。

对投资者来说,选对了书画家,就相当于选对了好"种子","丰收"只是早晚的事。回顾2014年

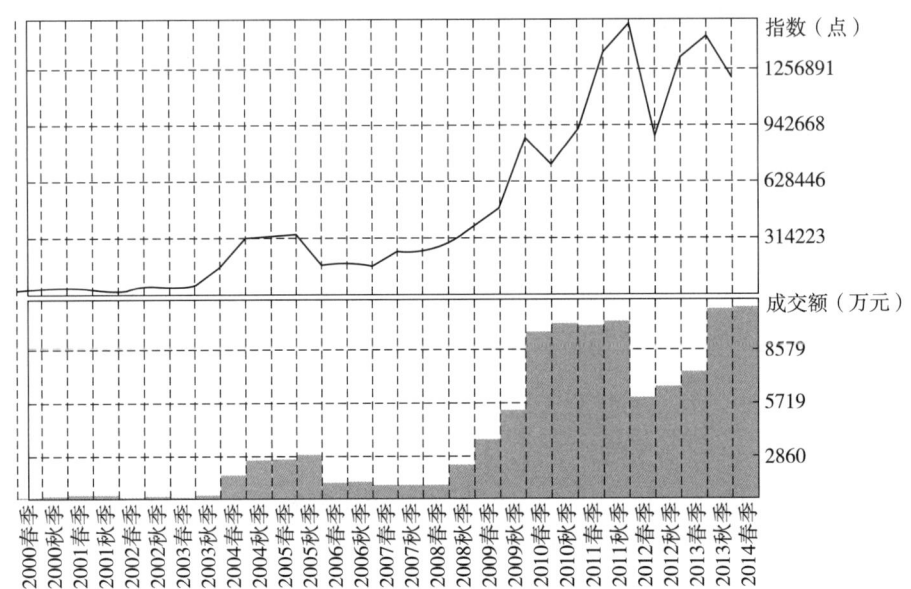

2014年春季:1253524点　最高:1571114点　最低:12680点　比上季:↓241575点　比上季:↓16%
2014年春季:11438万元　最高:111438万元　最低:18万元　比上季:↑126万元　比上季:↑1%

图6-1　潘天寿国画个人指数

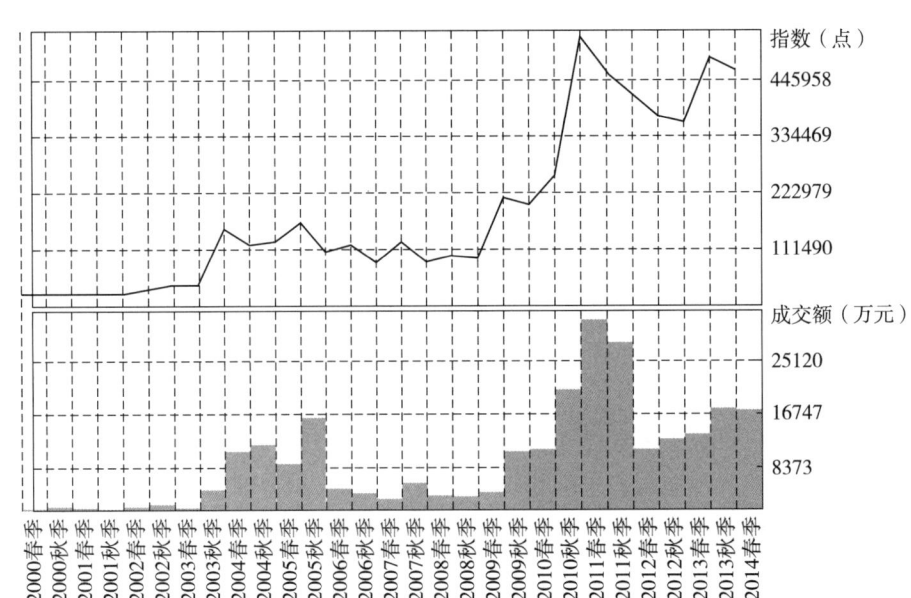

2014年春季:488158点　最高:557448点　最低:23446点　比上季:↓28906点　比上季:↓6%
2014年春季:17673万元　最高:33493万元　最低:266万元　比上季:↑167万元　比上季:↑1%

图6-2　陆俨少国画个人指数

---

① 1平方英尺≈929平方厘米。

的秋拍，疯狂的拥趸现象不见了，但我们却收获了理性的市场，其意义无疑比"亿元时代"更大。目前恒庐对所持艺术家的作品非常有信心，未来前景也十分乐观。

（四）需要注意的问题

1. 政策制度环境还有待改善

首先，艺术品基金是无法靠自身的力量实现实质性飞跃的，必须依靠国家文化战略的支持和政策法规方面的完善。比如在2012年，艺术品查税事件让中国艺术品市场陷入困境，这反映出国家制定的艺术品税收政策严重落后于国际艺术品市场的正常水平，不合理的税收政策只会让中国艺术品市场面临瘫痪。其次，艺术品交易过程中存在所有权不清晰的情况，尤其是在艺术品多人共有或艺术品质押的情况下，没有明确的权利登记确认机构，而委托公证或质押公证是没有办法解决这个问题的。最后，缺乏对艺术品真实身份、艺术品交易人等信息的登记发布平台，也缺乏对艺术品市场统一管理的监管机制。

2. 退出机制不完善

艺术品投资最大的风险就是能否顺利变现，建立多元的退出机制和体系是把控此类风险的基础。而其中，鉴定、时间、渠道、市场大环境等因素都需要纳入考量系统范围。

（1）退出时间。

观察艺术品投资市场可以发现，在价格上升周期时，资本疯狂进入，继而呈现最高拍品交易价屡被刷新的繁荣景象。但是，价格直线下降，艺术品在短时间内迅速冷却，也是常有的事。信托产品目前普遍被设计成1至2年，完全来不及在所投艺术品价格暴跌之前脱手退出。艺术品一般需要通过相对较长时间的收藏才会溢价升值，然而国内所崇尚的短线操作却又可能无法分享到长期持有的高额收益。

（2）退出渠道。

目前，艺术品资产交易的二级市场（如拍卖会），作为艺术品信托的主要退出渠道尚不成熟。据了解，信托公司、投顾公司和拍卖公司通常关系密切，共享客户资源。这样看来，拍卖公司就在艺术品信托退出过程中扮演着非常重要的角色。因此，金融资本在何时以何种方式进入，又如何规避风险，就显得十分重要。大多数艺术品信托采取半公开运作方式，对于不通过拍卖退出的信托计划，其操作手法和过程就更加难以捉摸，对投资人而言，道德风险就会上升。除了二级市场，一些信托计划也会通过一级艺术品市场退出，如收藏家、画廊。这样的交易模式往往保密性要求较高：一方面，艺术品信托产品的结构设计复制性较高，信托公司通常不公开产品构成情况；另一方面，一旦藏家获悉艺术品出售是源于信托计划退出，艺术品的价值就会被压低。对于只能从信托公司的年终审计报告中获得些许产品信息的投资者来说，这无疑加大了其正确认识艺术品信托产品构成进而评估其风险的难度。

（3）艺术品鉴定评估缺乏权威。

出于历史文化等多方面原因，虽然很多机构提供艺术品的鉴定服务和估值服务，但其权威性常受到质疑，使得中国艺术品在国际市场销售不畅，价格不高，也影响了艺术品基金的发展。像"金缕玉衣""汉代玉凳"等骗局也反映出了鉴定行业鱼目混珠，鉴定资格零门槛，鉴定专家职业道德缺失，缺乏规范的文物鉴定资格认证制度等问题。

（五）以后的基本规划

2012年前后，受艺术品市场持续火爆的影响，艺术品信托在国内应运而生，各家信托公司争相仿效。然而，如今受艺术品市场急剧降温的影响，艺术品信托成为不少信托公司避之唯恐不及的"雷池"，如2011—2012年发行了16款艺术品信托产品的中融信托公司，2014年以来就再没有发行艺术品信托产品。来自用益信托的统计数据显示，截至2014年，国内仅成立了7款艺术品信托产品，其累计规模还不足10亿元。不仅不少信托公司逐渐淡出了艺术品信托市场，而且部分艺术品信托产品因为面临着流动性风险，频频陷入兑付危机。事实上，艺术品基金不是不好，也不是不适合在中国发展，而是目前的这种方式走不远。现在暴露出这些问题是好的现象，选择现在重新开始，时机正好，也正是艺术品基金建立品牌的时候。就此，恒庐美术馆也制订了以下基本规划：

1. 建立更专业的人才团队

艺术市场良性发展的基础是投机行为不能占过大比重，艺术基金应该具有自己的学术力量，或是与有实力的学术机构合作，对市场有一个全面、准确的了解，共同挖掘艺术家和艺术品的潜在价值，而不是单纯以资本市场的操作方式操控价格，牟取利益。还有一点很重要，就是必须要有高水平的市场推广团队，对艺术家包装、推广。瓶颈对于艺术行业的任何机构都是相同的，就是如何找到有发展潜力的艺术家并支持其发挥最大潜能，而专业人才的积累也是刻不容缓的。例如，2014年秋拍很多大买家都没有进场，很多好的作品成交价都不高，能进场购买就是选到了最好的时机。这也是考验基金管理人眼光的时候，谁能在市场中找到被低估的艺术品，找准时机下手，谁就是最大赢家。

2. 拉长艺术品基金周期

就目前艺术品基金的发展而言，中国艺术品基金需要拉长战线，比如5年、7年甚至10年——而英国的铁道基金投资周期为25年。海外艺术品基金封闭期一般是8至10年，但目前中国艺术品基金通常只有3至5年的封闭期，"春买秋卖"成了最常见的操作方式，短线操作也加大了投资风险。

四、延伸阅读：中国艺术品信托市场的序幕正在开启[①]

在现代经济发展的过程中，一个没有资本介入的市场，是没有前途的；如果不建立、不发展中国艺术品资本市场，中国艺术品市场的光明前景就很难看到。而拉开发展中国艺术品信托市场的序幕是中国艺术品资本市场极为重要的一步，应予以特别关注。

（一）中国艺术品市场与艺术品信托市场

在中国资本市场中，信托已成为一种制度性的安排，其基本的理念与成熟的做法不仅对中国艺术品信托市场有培育作用，而且是中国艺术品资本市场发展的重要组成部分。只有艺术品资产化、资本化、金融化，才能使更多的资金流向艺术品市场，使艺术品市场做大、做强。

所谓艺术品信托，就是把艺术品资产转化为金融资产的一种机制与过程。一般来说，艺术品信托有两层含义：一是艺术品作为一种资产成为金融机构资产管理业务中的一种重要资产配置，这样一来，金融机构就可以通过基金份额向投资者发行，募集资金并将资金配置到艺术品市场，具体表现为银行理财产品或信托计划，然后通过专业运作使没有艺术品投资专业经验和精力的投资者可以从艺术品市场的发展中受益。二是艺术品作为一种金融资产成为金融机构信用评级及资产定价的标的，具体来说，就是艺术品拥有者可以通过金融机构的资信评级获得资金。

（二）中国艺术品信托市场的发展态势

国投信托有限公司携手保利文化艺术有限公司、中国建设银行北京分行于2009年6月18日共同推出"国投信托·盛世宝藏1号保利艺术品投资集合资金信托计划"，用于购买数位著名画家知名画作的收益权，这是中国艺术品信托市场发展过程中的重要事件。实际上，西方国家艺术品信托于20世纪50年代就已出现，它是由艺术基金与艺术银行为了更好地为藏家提供顾问服务与融资而陆续推出的。中国的艺术品信托市场的发展还处在初始阶段，虽有金融机构看好这一商机，但是还没有更多艺术品信托产品推出。

当今，中国艺术品信托在许多大城市已经拥有了其发展与生长的土壤及相应的群众与物质基础。回顾历史，以信托市场的发展经验来看，中国艺术

---

① 本部分执笔人：西沐。首次发表于2010年6月24日的《美术报》。

品信托的发展一般要经历以下三个基本阶段：一是起步阶段，这个阶段的特征是以散户市场为主，即艺术品信托市场的交易方式，主要表现为由个人或机构在没有专业机构与顾问指导下的一种直接购买。二是发展阶段，这个阶段的特征是以机构购买为主，个人通过机构来进行购买。具体的形式如购买由金融机构发行的不同艺术品理财产品等。在这种情况下，艺术品的所有者是虚拟的，投资者只能通过艺术品变现后实现分红获得。三是成熟阶段，这个阶段的特征是通过由艺术品的衍生产品进行交易。具体来说，如推出艺术品交易指数，就可以挂牌上市进行交易，而不需艺术品的变现过程。

从目前来看，中国艺术品信托市场处于第一个发展阶段，刚刚起步；而在西方发达国家，艺术品信托市场大都处于第二个发展阶段。在世界范围金融危机的冲击下，资产的迅猛缩水使更多的人开始关注中国艺术品的增值与保值作用。在资本的逐渐聚集中，中国艺术品市场资产化、资本化的势头已经呈现，并成为一个新的发展方向，进而不断进入国家层面的议事日程。

（三）中国艺术品信托市场的发展格局

1. 艺术品信托

信托是一种金融行为，它具有财产管理与融通资金以及融资与融物相结合的特点，是一种金融信托。它不属于贸易机构接受客户的委托从事商品代理买卖的贸易信托。艺术品信托也有一个发展过程，随着市场的逐渐成熟，最终能够实现中国艺术品市场和金融资本的成功联姻。随着艺术品鉴定、估值以及保险等配套服务的逐步改善，藏家、画廊与拍卖行之间的进一步整合，艺术品信托的未来发展前景值得期待。

2. 投资机构化、机制化

艺术品投资的财富效应吸引了越来越多的海外金融机构、国内画廊、银行、中介等投资机构力量介入，大大有利于改善中国艺术品市场的投资主体结构，加速了机构化进程，使机构博弈成为市场投资的主流，也有助于中国艺术品市场脱离散户时代，走向规范，真正成为与股市、楼市鼎足而立的投资第三极。

3. 基金投资先行

艺术品基金投资要比个人收藏家更容易拿到相较于市场低一些价格的同等艺术品，成为艺术品金融化过程的重要一步。自2005年5月起，艺术品投资基金悄然试水。在中国国际画廊博览会上，来自西安的"蓝马克"艺术基金以50万美元收购了刘小东的《十八罗汉》组画，此后，各种各样的艺术基金不断浮出水面。

4. 作品经营权专营与交易

艺术家作品在一段时间（也可是一生）内的经营权通过规划打包的方式，由相应的经营机构来负责运营，将零散的、不易控制的相对漫长的过程，通过规划来整体协议性经营，这能够缩短艺术家、作品与资本的结合距离，有利于推动艺术品金融化发展的进程。在中国艺术品市场运作中，作品、展览、媒介以及市场的互动性加强，推广成为中国艺术品市场金融化运作的主线。

（四）中国艺术品信托市场发展中的问题

从国际上看，艺术品投资已是西方大型金融机构财富管理部门和私人银行部门为其高端客户提供的一项重要的理财服务，也是面向机构投资者较为成熟的另类投资品种。由于中国艺术品信托市场处于起步阶段，面临的问题主要有：

（1）中国艺术品信托市场发育的环境问题。中国艺术品资本市场发展的特殊性，源于其正式制度的缺失和非正式制度的混乱。

（2）中国艺术品资本市场发育的体系问题。艺术品资产化进程受阻是当前中国艺术品信托市场规模化发展的重要障碍，资产评估不进入国家法定序列，艺术品与资本的结合就难以实现，类似抵押、贷款等就无法进行；由于缺乏权威机构对艺术品鉴别，使金融机构在投资或在艺术品抵押时面临困局；艺术品评估体系的欠缺增加了金融机构对艺术品资产定价的难度；没有对艺术品身份、艺术品交易人等信息进行统一登记的信息平台，缺乏对艺品市场统一管理的监管机构；同时，艺术品信托过程中的税收制度安排不明等，都在一定程度上制约着中国艺术品信托市场的发展。

（3）中国艺术品资本市场发育的主体问题。要规范与发展中国艺术品信托市场体系建设，在环境的优化、标准的建立、评估体系的完善、交易渠道与平台的建设及信息共享等方面取得进步，为艺术品信托市场打下基础。

（4）中国艺术品信托市场发育的运作问题。

（5）中国艺术品资本市场发育的支撑问题。

（五）中国艺术品信托市场的发展趋势与展望

围绕中国艺术品市场发展的四大瓶颈而展开的攻坚会进一步推动中国艺术品信托的发展。首先，以资产评估及资产化为核心的中国艺术品资本市场的发育与发展已不断有所突破；其次，以征信体系为核心的中国艺术品市场诚信体系的建设已引起了广泛的重视与关注；再次，以市场主体的发育与发展为核心的市场体系的建设与发展已逐步地纳入到各级政府的议事视野，其中推动文化产业的发展是一个重要的突破口；最后，以审美文化重建为核心的中国艺术品市场环境建设也日益引起了学界、政府及藏界的热议与关注，如何构建既充分体现本民族审美取向，又与面向世界的审美文化体系同步的市场环境，已成为中国艺术品市场发展的热点问题之一。

第七章　基于拍卖平台的艺术金融综合服务案例研究

> 在艺术品市场发展的过程中，对其交易的有效服务一直是艺术品市场关注的重要课题。特别是对越来越平台化的公开交易市场——拍卖业来讲，其实践探索就更为受到关注。对艺术品拍卖市场业态来说，把拍卖当作一个平台化的业态，并在其平台上为重点客户提供艺术金融综合服务是一个非常重要的业务创新突破口。无论是苏富比、佳士得，还是嘉德、保利，大的艺术品拍卖业巨头无不在深入探讨基于拍卖平台的艺术金融综合服务方面的业务与创新。

一、案例简介：基于拍卖平台的艺术金融综合服务

1992年10月，在北京市文物局的支持和指导下，北京拍卖市场举办了第一场国际文物艺术品拍卖会——"1992北京国际拍卖会"。本次拍卖会将上至商周青铜器，下至明清官窑瓷器，以及近现代书画推上了拍卖场，促成了《中华人民共和国文物保护法》的修改，正式开启了我国文物艺术品拍卖的发展历史。这是中国大陆地区真正意义上艺术品拍卖活动的开始。经过几十年的发展，我国文物艺术品拍卖行业快速成熟，既有国际知名的文物艺术品拍卖企业佳士得、苏富比入驻中国，也有本土的文物艺术品拍卖企业，如中国嘉德、保利、朵云轩、北京荣宝等，文物艺术品拍卖行业的发展正在快速促进我国艺术品市场的发展。

本案例重点研究了苏富比、佳士得等国外历史悠久企业的发展，以及国内新兴的中国嘉德、北京保利等拍卖企业的情况。

苏富比拍卖行始创于1744年，是全球历史最悠久、规模最大的艺术品拍卖行之一，业务包括艺术品拍卖、私人艺术品买卖及艺术品贷款。苏富比业务遍及全球40个国家，包括北京、莫斯科及多哈等市场，主要拍卖中心设在美国纽约约克大道、英国伦敦新邦德街、巴黎圣多诺黑区街及中国香港，并定期在另外6个拍卖中心举行拍卖。目前，苏富比在全球拥有超过100家办事处。

18世纪下半叶，英国由于工业革命的巨大成功，经济蓬勃发展。新兴富裕阶层去欧洲本土旅行、搜集古蓝艺术品成为时尚。于是，富商巨贾、古龙桐客、收藏家纷至沓来，使伦敦成为最热闹的艺术品买卖市场。1766年，苏格兰人詹姆士·佳士得（James Christle）看准这种形势，开设了自己的拍卖行，也就是今天世界著名的佳士得（又译"克里斯蒂"）拍卖公司。

中国嘉德国际拍卖有限公司成立于1993年5月，是以经营中国文物艺术品为主的综合性拍卖公司，每年定期举办春季、秋季大型拍卖会，以及"嘉德四季"拍卖会。公司总部设于北京，另在中国上海、广州、南京、杭州、香港、台湾等地设有办事处，另外设立了日本、美国、加拿大办事处。2011年5月，中国嘉德国际拍卖有限公司成立全资子公司中国嘉德（香港）国际拍卖有限公司，并于2012年10月在中国香港举行首拍。

本案例通过对基于拍卖平台的艺术金融综合服务环节的考察，可以进一步理解基于拍卖平台的综合金融服务的结构、体系与产品。在具体的案例研究分析过程中，应特别注意以下几个重要问题：

（1）基于拍卖平台的艺术金融综合服务运营发展的业务背景与发展的态势。

（2）基于拍卖平台的艺术金融综合服务运营的基本机制。

（3）基于拍卖平台的艺术金融综合服务运营的平台机制、服务体系与产品结构分析。

（4）基于拍卖平台的艺术金融综合服务创新发展的取向分析。

（5）基于拍卖平台的艺术金融综合服务运营案例的具体运营与服务相配套问题研究。

二、案例描述：经典艺术品拍卖平台的发展历程①

（一）苏富比

1. 苏富比的管理者与发展历程

山姆·贝克（Samuel Baker）于1744年（即乾隆九年）在英国伦敦创办苏富比，并举行首场拍卖会。自此，苏富比逐渐扩展，从拍卖书籍发展到拍卖各种类的艺术品。

皮特·威尔森（Peter Wilson）于1936年加入苏富比，在他任期内最著名且影响深远的拍卖会是1958年的高尔施米特（Goldschmidt）拍卖会。当时正值印象派与现代绘画热潮急速蹿升，吸引了1400位嘉宾到场，在21分钟内，卖出全部7幅作品，总成交金额高达78100英镑，是当时总成交金额最高的艺术品拍卖会。保罗·美隆（Paul Mellon）以22000英镑夺得塞尚（Cézanne）的《穿红色背心的男孩》（Garçon au Gilet Rouge），成交价是当时纪录的5倍以上。这场拍卖会可能是20世纪最轰动的艺术品拍卖会，更成为当年社会界的焦点新闻。

苏富比于1955年设立纽约办事处，更于1964年收购美国最大的艺术拍卖商——帕克·博涅特（Parket Bernet），从此，在蓬勃发展的北美印象派及现代名画市场中扮演着举足轻重的角色。作为美国最大的拍卖商，同时也是苏富比的一分子，博涅特先生积极向海外拓展，寻求更多机会。苏富比的海外办事处如雨后春笋般接连开设：20世纪70年代，其海外办事处已遍布欧洲、美国、大洋洲等地；1974年在中国香港设立苏富比办事处，成为首家于亚洲设立据点的国际拍卖公司，同年举行首场拍卖会。

20世纪80年代初，市场与企业不景气，美国企业家艾福瑞·陶伯曼（A. Alfred Taubman）与一群投资者于1983年收购苏富比。苏富比于1988年再度在纽约公开上市。

20世纪90年代初，凭借250年的历史及经验，苏富比妥善掌握艺术品市场的起落。在接下来的10年，其骄人的成绩有目共睹，伦敦、纽约两大据点亦有大规模的扩展。

2000年春，纽约苏富比位于约克大道（York Avenue）的总部增添了6个楼层，整合办公室及仓库，而各个专家部门均拥有独立的展览空间。其中，最为人津津乐道的是位于10楼的艺廊，它被誉为"纽约最精彩的展览场地"之一，足以媲美纽约市的任何博物馆。此外，伦敦苏富比亦于2001年在奥林匹亚另辟拍卖据点，处理应接不暇的业务。

2. 苏富比的亚洲路

1974年，苏富比开创先河，于中国香港设立办事处，向亚洲市场进发。在朱汤生（Julian Thompson）的带领下，于香港文华东方酒店举办了苏富比在亚洲的第一场拍卖会。朱汤生同时亦见证了多场至今仍脍炙人口的著名藏家珍藏专拍会，其中包括收藏家赵从衍、仇炎之、保罗·博纳（Paul Bernat）与英国铁路退休基金会等的收藏拍卖品。

1994年及2007年，苏富比分别在上海及北京设立代表处，并于1994年起在中国内地举行拍卖预展。苏富比还于中国台北、新加坡、曼谷、雅加达、东京、墨尔本等亚太城市设有代表处。

2012年，苏富比（北京）拍卖有限公司正式成立，这是苏富比拍卖行与北京歌华文化发展集团旗下的一家中国国有企业——北京歌华美术公司合资经营的拍卖有限公司。透过此合资公司，苏富比成

---

① 本部分执笔人：袁慧敏（山东财经大学艺术学院讲师、博士）。

为第一家可以在中国境内运营的国际艺术拍卖行，包括在歌华营运的北京天竺综合保税区内以保税形式经营。2012年9月27日，苏富比（北京）拍卖有限公司在北京中华世纪坛世界艺术馆世纪大厅，举行落户北京后的首场拍卖会，落下历史性的第一槌。①

香港苏富比能为全球客户提供完善的服务，除了替所有收藏类别提供估价以及保险估价服务，亦可就苏富比的运送、购买与拍卖事项提供咨询。

（二）佳士得

1. 佳士得始创

佳士得拍卖行成立于1766年，是由苏格兰人詹姆士·佳士得（James Christle）创立的。成立伊始，佳士得即于当年底举办了首场拍卖会，一位贵族的89件遗物共拍得176镑16先令6便士。之后，经过詹姆士的努力，英国及欧洲诸国的社会名流纷纷踏进拍卖厅内，买卖他们的古画、家具、银器和珠宝。俄罗斯叶卡捷琳娜二世女皇曾经的行宫，当今著名的艾尔米塔什博物馆内的主要藏画就是通过詹姆士购置的。第二次世界大战以后，佳士得开始积极拓展海外市场，相继在罗马、日内瓦、东京、巴黎和阿姆斯特丹设立办事处。1977年佳士得移师美国，在纽约设立伦敦以外的第二大拍卖办事处，目前公司一大半的业务都在美国。随着亚洲经济的飞速增长，佳士得又不失时机地拓展东南亚业务。1989年，成立中国香港太古佳士得公司，这是佳士得公司在1984年设立香港办事处的基础上又往前迈出的一大步，成为中国艺术品拍卖的主要场所。2019年春，香港拍卖成交额较上一年激增60%。而后，又相继在台北、新加坡和上海设立办事处。最近一次在新加坡举行的中国艺术品、邮票、瓷器、南洋艺术品的拍卖会上，共成交520万美元。

时至今日，佳士得公司已在世界30多个国家和地区拥有88个分支机构，公司几乎每天都有拍卖，每周都有令人振奋的消息。公司每年出版7期国际性杂志预报拍卖行情。②

2. 佳士得的中国路

早在1994年和1996年，佳士得拍卖行就分别在上海和北京设立了代表处。1992年8月，改革开放以后的中国内地首家专业艺术品拍卖公司——上海朵云轩拍卖有限公司成立，1992年10月11—14日，"1992北京国际拍卖会"于北京举办，可以说是新中国历史上艺术品拍卖会的"第一槌"。也就是说，中国艺术品拍卖市场刚刚起步之际，世界拍卖业两巨头苏富比和佳士得就不约而同地在中国建立了"观察哨"。通过品牌授权的方式，允许全内资民营企业——北京永乐有限公司使用"佳士得"注册商标在中国内地开展业务。结合当时的历史背景，凸显出了世界拍卖业两巨头的前瞻性眼光和战略性思维。

（三）中国嘉德国际拍卖有限公司的发展与管理

中国嘉德国际拍卖有限公司业务范围涵盖：中国书画、20世纪及当代艺术、瓷器、玉器、鼻烟壶、佛教艺术、紫砂、织绣、家具工艺品、国石篆刻、古琴、古籍善本、金石碑帖、名人信札、手稿、邮品、钱币、金银器、名人手迹签名、珠宝钟表尚品、葡萄酒、茅台酒等。2017年11月，中国嘉德国际拍卖有限公司正式入驻全新公司总部——位于北京王府井大街1号的嘉德艺术中心（Guardian Art Center），这标志着全球首家以拍卖为核心的"一站式"艺术品交易中心正式投入使用，拍卖、会展、教育、酒店、办公、艺术品仓储等一系列功能得以在此集中体现。

迄今为止，中国嘉德国际拍卖有限公司共举办了155场拍卖会，1856个专场，拍卖总成交额逾760亿元，累计41万余件文物艺术品在这里传承流转，多项文物艺术珍品的拍卖创造出新的成交纪录。经过中国嘉德国际拍卖有限公司的多年努力，诸多国宝级珍品如"翁氏藏书""唐摹怀素食鱼帖""宋高宗手书养生论"等重要拍品，或从海外回归大陆，或从民间流向重要收藏机构。历年由博物馆、美术

---

① 苏富比拍卖公司官方网站：https://auction.artron.net/pmzq/sfb/gongSiJianJie.php。
② 石建邦. 佳士得的传奇故事[J]. 国际市场,1995(9).

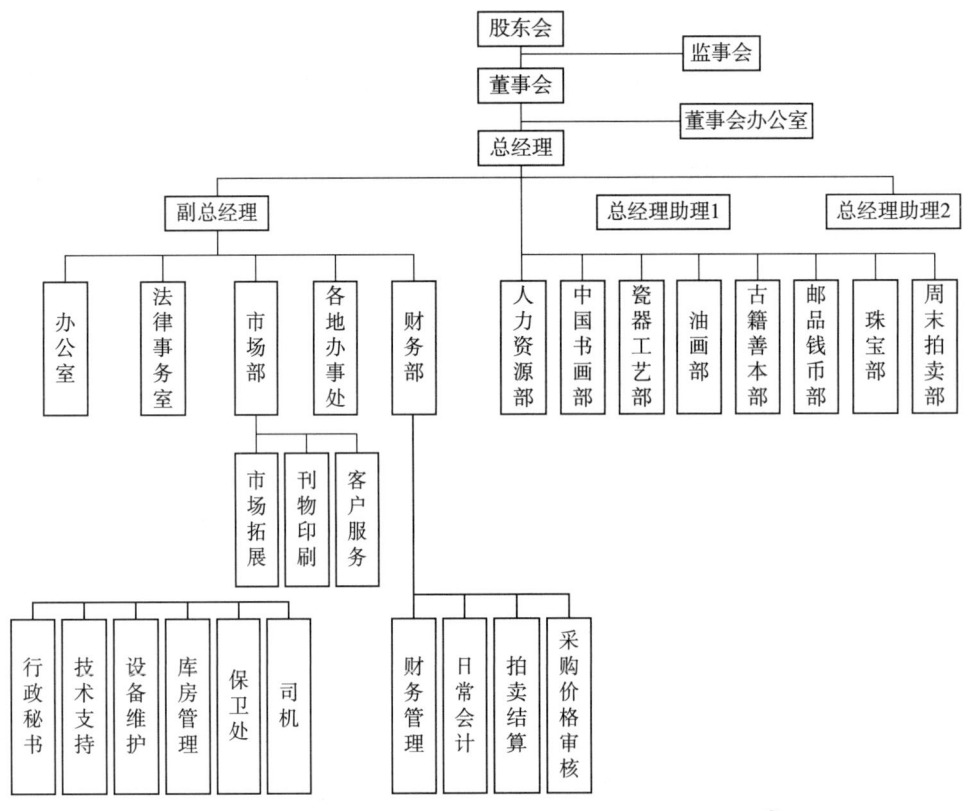

图7-1　2004年的中国嘉德国际拍卖有限公司组织结构①

馆购藏的嘉德拍品，有宋高宗《真草二体书嵇康养生论》（上海博物馆购藏）；朱熹、张栻《春雨帖佳雪帖新祺帖》（故宫博物院购藏）；隋人书《出师颂卷》（故宫博物院购藏）。②

对于企业来讲，要想生存发展，就必须要有一套完整的规章制度。如图7-1所示，从2004年开始，中国嘉德国际拍卖有限公司不断探索适合企业发展的组织结构调整方案；直到2018年，逐步制定出一系列规章制度和具体岗位职责，其组织结构图7-2。嘉德公司将"法律事务室"调整为"法律事务部"，"垂法而治"（《商君书·壹言》），借助法律的力量不断强化人员的法律意识、强化财务的法律监管、强化拍品的法律保护、强化信息的法律保障、强化产权的法律运用、强化危机的法律支持等，以法治企，以法强企。然后，通过资源重组和优化结构使企业全面发展，科学经营，最大限度地提升企业的附加价值。另外，中国嘉德国际拍卖有

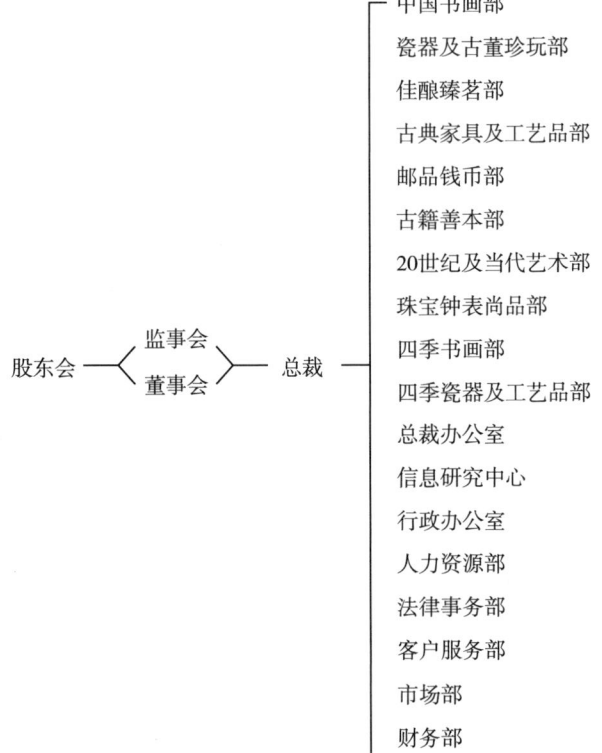

图7-2　2018年的中国嘉德国际拍卖有限公司组织结构

---

① 图片来源：新华信管理咨询 SINOTRUST。
② 中国嘉德官网：http://www.cguardian.com/gyjd/gsjs/index.shtml。

限公司新成立的信息研究中心通过建设外部专家支持系统，协助行政办公室与国内外博物馆、考古研究所、相关专业的高等院校等机构合作，进行专题探讨与学术交流活动，譬如，近些年开设的"嘉德讲堂"遍邀文博机构的学者专家，充分借助外部势能，重温论道精粹，迅速吸引了诸多观众参与。①

三、案例研究：基于拍卖平台的艺术金融综合服务运营②

国内外拍卖企业的快速发展，吸引大家关注拍卖的业务以及在此基础上开展的相关业务。

（一）竞拍流程与会计服务

国内外拍卖企业最基础的业务就是拍卖业务，会计服务与竞拍流程都是国际通用的标准，我们采用了苏富比官方网站的流程作为示例。

苏富比每年举办超过350场拍卖会，拍卖地点包括有纽约、伦敦、中国香港、巴黎、米兰、日内瓦等地。苏富比的拍卖会一般开放予公众免费参加。竞拍流程与会计服务如下：

1. 拍卖前的准备工作

（1）展览：所有拍品会于正式开拍前，在拍卖会场公开展览3~7天，部分精选拍品更会在之前巡回各地展示。

（2）拍卖图录：约在拍卖前一个月完成印制，内容包括拍品的描述、来源、展览历史、相关文献数据以及参考估价。

（3）网络版拍卖图录：约在拍卖会前一个月上载至苏富比官方网站。可以于拍卖时间表栏上选择相关拍卖会，并点击"浏览图录"，以细读图录内容。另外，也可以亲临或以书面、电话形式参与竞拍，竞拍表格可以在苏富比官方网站下载或于拍卖图录后页找到。

（4）买方佣金：苏富比收取的佣金费用称为"买方佣金"，该笔费用与成交价（也称为"落槌价"）合计作为买方应付总金额的一部分。

（5）付款方法：苏富比接受支票、电汇、信用卡和现金（但信用卡及现金付款有部分限制）付款。注意：部分拍卖会场可能不接受信用卡付款，部分信用卡并不通用于所有拍卖会。此外还可能存在额外的税金。

2. 了解详尽竞拍流程

如果已经从拍卖图录或在苏富比官方网站上找到了心仪的艺术精品；又或是已在预展期间审查了有关的艺术精品、咨询了专家的意见，在苏富比购买艺术精品是一件容易的事情，步骤简单如下：登记竞拍—竞投拍卖—付款—提取或运送您的精品。

（1）亲临竞拍。

拍卖前：假如是亲临竞拍，需要在拍卖开始前预先登记，并且领取一个拍卖号码牌。需要携带有效的身份证明，例如驾驶执照或护照。如果是第一次参与竞拍，则需要提供联络地址、电话和签名来启动账户。另外，也可能需要出示银行账号证明。如果是第三方的竞拍代表，必须出示有关的授权委托书。

拍卖期间：进行竞拍的时候，只需简单举起号码牌直至得到拍卖官确认竞投。拍卖官会示意告知竞拍是否有效，拍卖官不会认定一个随意的姿势为竞投。竞拍的增额是由拍卖官决定的，而有关的增额在一般情况下不会超过之前投标额的10%。拍卖官会逐次增加竞投金额，直到只剩下一位投标者，价高者得。每件拍品均是有底价拍卖的，卖家事先会与苏富比议定一个完全保密的最低成交价，如果竞拍结果未能达到该价目，相关拍品将不会被拍出。

（2）缺席竞拍（又名"书面／委托／指示竞拍"）。

如果未能亲临现场参加拍卖会，拍卖公司可以通过书面委托执行竞拍。这项服务是免费和保密的。

拍卖前：在缺席竞拍表格上填写心仪的艺术

---

① 边恒然，沈锦发.嘉德四季：中国现代企业经营与管理的美学向度[J].中国市场，2019（7）.
② 本部分执笔人：袁慧敏（山东财经大学艺术学院讲师、博士）。

精品，并列明愿意付出的最高竞投价。有关的缺席竞拍表格均刊登于每期拍卖图录后页，亦可于苏富比官方网站下载有关表格。假如尚未拥有竞拍账户，拍卖公司将根据填写的缺席竞拍表格联络买家，并确认身份。填妥了缺席竞拍表格后，请以传真（建议优先使用）或邮寄形式呈交表格到苏富比竞投拍卖部门，或亲自联系客户服务部门工作人员。

拍卖期间：当执行委托授权的缺席竞拍时，将会用最低增额，相等于或超出卖方的预期拍卖底价竞投精品。如在拍卖会中出现相同的竞投，将视最先收到的缺席竞投表格具有优先权。买家也可以在缺席竞拍表格上选择多于一项的竞拍艺术精品，竞投与否将取决于之前一次的竞拍是否成功。苏富比不能"认购"或无最高竞投价的竞投。书面和电话形式的竞拍是不额外收取费用的附加服务，但买方必须承担风险。苏富比将不承担未能执行竞拍指示的责任。成功的缺席竞投者在拍卖会结束后将收到发票。

电话竞拍：也可以用缺席竞拍的表格登记电话竞投参加绝大部分的拍卖会。根据提交的缺席竞拍表格，苏富比的代表将会于拍卖现场，在准买家指定的物品前联系，并将准买家的出价意愿告知拍卖官。但是，竞拍的热线电话有限，准买家必须于拍卖开始前24小时通知安排；假如准买家不熟悉拍卖会所在地的母语，可以事先提出，以便进行特别安排。在准买家承担风险的前提下，苏富比将全权处理电话竞拍。基于保障双方理由，所有电话竞拍的对话内容将会被录音，而准买家参与电话竞投则已被视为接纳该录音的安排。

（3）网上竞拍。

香港苏富比于2010年秋拍隆重推出BIDnow网上竞投服务，客户可于任何时间、任何角落在苏富比网站www.sothebys.com即时观看各场拍卖实况并参与竞投。

（4）买家佣金和税金。

在竞拍成功后，买家需支付苏富比佣金和税金，因此，买家实际支付的金额必然高于成交价。在出价竞投前，可先征询有关拍卖部门或客户服务经理，了解更多资讯。

在英国，苏富比还需要征收转售专利权税金，用以支付在世的艺术家每次出售艺术精品的税金。任何投得艺术精品的买家，也要支付有关的转售专利权税金，相当于适用专营权税金。

（5）付款。

可以以现金（除了某些限制和法律规定）、支票、汇票、电子转账等形式进行付款。拍卖公司也接受信用卡付款（除某些限制以外）。

可以在拍卖会结束后，于买家专柜或付款处付款，有关发票将于拍卖会后邮寄。如果是以支票付款，有关的精品将在支票兑现后才会付运。付款人必须是发票抬头人，一般情况下，苏富比拒绝接受发票抬头人以外的其他方的付款。

（6）取货与付运事宜。

在付款后，可以在拍卖会场即时取走所投得的艺术精品，或可安排付运事宜。关于艺术品的流转、集保，苏富比拍卖公司规定所有买家须在拍卖会结束后10个工作日内取走或付运艺术精品。假如超出预定限期，拍品将被强制收取手续费和存储费。艺术品运送部门职员将会协助办理有关付运及保险事宜。①

（二）网络拍卖

2000年，苏富比成为首家在互联网举办拍卖会的国际级拍卖商。在www.sothebys.com网站举办的一些拍卖，获得了意想不到的成功。例如，美国《独立宣言》的印刷首版就以800万美元高价成交。另外，还有极具历史价值的波士顿花园石板（Boston Garden floor），以及佛雷德利克·利顿公爵（Lord Frederick Leighton）的杰作等。此外，苏富比通过eBay网站的实时拍卖服务，把传统的现场拍卖

---

① 苏富比拍卖公司官方网站：https://auction.artron.net/pmzq/sfb/gongSiJianJie.php。

搬到网络进行公开竞投。

2006年7月，佳士得推出崭新的网上竞投服务Christie's LIVE（克里斯蒂现场或佳士得现场），竞投者可在拍卖会进行中利用私人计算机参加实时竞投，同时更可利用网站内的多媒体平台收看拍卖会的现场实况，犹如置身拍卖会一样。到2008年年底，佳士得全球共11个地点的468场拍卖会都应用了Christie's LIVE，全年接纳的竞投数目为39677个。截至2010年11月，佳士得全年网上成交的拍品总金额超过8890万美元，网上竞投人数已占总竞投者的1/4。

2000年5月5日，中国嘉德宣布与日本软件银行、香港电讯盈科合作开拓嘉德网上拍卖业务，充分运用世界一流的互联网建设及电子商务运营技术和经验，组建嘉德在线综合性拍卖网站。同年6月18日，嘉德在线正式开通，随即推出30个网上拍卖会，包括当代艺术陶瓷、后新生代油画、中国青年名家书法、老版画家经典作品、中青年雕塑精品、古代中国画、近现代中国画、玉件等种类繁多的精美之作。2000年7月，"嘉德在线"收购大型拍卖网站"网猎"，重新整合艺术、时尚、生活等各方面可拍卖资源，每天24小时提供拍品竞购服务。2002年，"北京嘉德在线电子商务有限公司"更名为"北京嘉德在线拍卖有限公司"，并调整和充实了业务范围，实现了"线上"与"线下"拍卖的有机结合。①

（三）投融资及综合金融服务

"艺术品质押贷款"是指借款人以艺术品为质押物，按照一定利率从商业银行或其他机构获得货币资金的信用活动形式。在国外，经营艺术品质押贷款业务的机构主要是拍卖公司和商业银行。开展艺术品质押贷款业务的最"近水楼台"机构当然莫过于从事艺术品拍卖业务的拍卖公司。例如，1987年，文森特·威廉·凡·高（Vincent Willem van Gogh）的作品《鸢尾花》在纽约苏富比拍卖行以5390万美元成交，创下当时绘画作品的最高拍卖纪录。苏富比拍卖行借给了拍品的买家澳大利亚银行家艾伦·邦德（Alan Bond）约2700万美元——相当于作品拍卖价的一半。直到艾伦·邦德还清了所有贷款，苏富比拍卖行才将画作交给他。

事实上，世界两大拍卖行——苏富比和佳士得都在为客户提供艺术品质押贷款服务。通过艺术品质押贷款，收藏家可以在保留艺术品的前提下实现资金融通。具体而言，拍卖行的艺术品质押贷款主要是为拍卖委托方提前垫款。例如，对于一些重要拍品，佳士得拍卖行通常会预付拍品估价下限的30%至50%给委托方，而苏富比拍卖行则会预付估价下限的50%至60%给委托方。苏富比拍卖行提供的贷款利率通常比银行优惠贷款利率高2%至3%。提供的质押贷款额度从50万美元至1亿美元不等，贷款期限从6个月至20年不等。贷款业务涉及的范围广泛，包括绘画、素描、雕塑、家具等许多品种。苏富比拍卖行的财务报告显示，苏富比拍卖行的艺术品质押贷款规模在2010年突破了1亿美元，2012年达到1.987亿美元，2013年达到2.689亿美元。对苏富比拍卖行而言，艺术品质押贷款的作用不仅在于带来了直接收入——苏富比拍卖行艺术金融业务的利润已经从2009年的907万美元攀升到了2013年的2127万美元——而且几乎完全不受经济周期的影响。不仅如此，委托人预付款模式还为苏富比拍卖行吸引了大量的潜在客户，并因此还增加了公司核心业务——拍卖佣金的收入。因此，无论是在成熟市场上，还是在新兴市场上，满足艺术品拍卖所产生的资金需求已经成为艺术品金融服务的基本功能之一。

中国嘉德国际拍卖有限公司副总经理王辉也就艺术金融对拍卖提供的服务表示认同。中国嘉德在做艺术品拍卖的同时，也尝试做了金融方面的服务。拍卖发展这么多年来，公司逐渐意识到金融支持对拍卖的重要性。越来越多的藏家、企业家要做

---

① 中国嘉德官网：http://www.cguardian.com/zxzx/jdgg/jdlc/jdsn/index.shtml。

家族财富的规划，可能都涉及艺术品的传承、退出，等等。其实，在家族的传承、财产的转化中，拍卖公司发挥了积极和重要的作用，而拍卖公司的良性发展也有赖于金融支持，因此，金融支持对拍卖公司来说极为重要。特别是这些年来，中国嘉德国际拍卖有限公司在征集过程中，委托人很多时候需要预付费，拍卖的时候需要用到担保，后期的付款也需要抵押等，这都需要资金的支持，需要艺术金融直接参与到拍卖中。

（四）流转、集保服务

佳士得艺术品储藏服务公司（CFASS）是世界领先的艺术品、古董及收藏品的定制储藏解决方案供应商。CFASS作为佳士得集团的一家全资子公司，为全世界形形色色的收藏家、展览馆、博物馆及拍卖行客户提供服务。CFASS为世界各地的艺术品及古董提供最全面而灵活的储藏解决方案，遵守最为严格的保安和环境标准。从单件油画到大量的家具收藏，博物馆、收藏家、艺术品商人及国家政府都对CFASS给予信任。

佳士得艺术品储藏服务公司于1985年在伦敦成立，至今投入服务已逾30载，一直以来得到国际保险机构的推荐，为世界领先的艺术品、古董及收藏品的定制储藏解决方案供应商。佳士得艺术品储藏服务公司亦是英国第一家提供艺术品储藏服务的公司，经英国税务海关总署授豁免权，即艺术品被引进英国后如果收藏在佳士得艺术品储藏服务公司，进口税及增值税则可获得豁免。佳士得艺术品储藏服务公司占地面积约1万平方米，设有275个隐私而保密的独立储藏空间，除酒外，所有艺术品或收藏品均能存放于此。此外，整座建筑的设计通过了ISO9001国际品质体系审核认证，由佳士得艺术品储藏服务公司总经理阿德里安·丹顿（Adrian Denton）先生所掌理。

目前佳士得艺术品储藏服务公司在纽约和新加坡设有业务场所，这使其成为在美国、欧洲及新加坡都设有业务场所的唯一艺术品储藏公司。凭借这种全球范围的服务，佳士得艺术品储藏服务公司可以轻松自如地为世界各地的收藏家和机构提供其审慎判断和专业知识。两所全新设立的服务中心与在伦敦的佳士得艺术品储藏服务公司均提供先进的系统及控制设备，全面确保艺术品及收藏品的安全和良好储藏，包括通风设施、湿度和温度控制、灭火系统、电子监控系统、生物识别技术，还有无线条码扫描系统以跟踪所有储藏品的位置。佳士得艺术品储藏服务公司全部设施均特别定做，不论是最小型的绘画或相片，抑或古董车或大型雕塑，均能获得妥善的保管。佳士得新加坡艺术品储藏服务公司另设有控制温度和湿度的专门酒窖，以及可安全存放珠宝首饰的保险库。

三处佳士得艺术品储藏服务公司均备有个人特定的高度安全储藏选择，从独立私人储藏室到可通过网上查阅图片及储藏物品细节的监管仓储，以及监管私人储藏室——这些都是由佳士得艺术品储藏服务公司监管并代表客户个人管理私人储藏室内藏品的多项服务。与一般储藏设施按照客户储藏及移取财物的固定收费方式不同，佳士得艺术品储藏服务以服务类别及储藏面积为标准，采用"单一"价格收费。佳士得艺术品储藏服务也为所有客户提供一系列免费服务，比如，将客户的物品接收及运送至储存室，客户物品在服务中心展览厅进行预展的准备及装置服务，以及与客户指定的货船安排寄送客户物品。此外，所有佳士得艺术品储藏服务客户无论身在何处，均可在网上管理个人账户并调度货运的进出。佳士得艺术品储藏服务还为客户提供储藏物品损失及损毁的赔偿。

（五）咨询投顾及其他服务

关于咨询投顾服务，香港苏富比艺术空间比较丰富多彩。香港苏富比艺术空间坐落于香港金钟太古广场一期5楼，占地逾1500平方米，于2012年5月19日在香港隆重开幕，让苏富比在每年之春、秋常规拍卖以外，能与客户有更多互动，全年定期呈献多元化活动，包括拍卖、展览、主题活动等，为客户带来崭新的艺术文化体验。"苏富比钻石"（Sotheby's Diamonds）香港沙龙也坐落于此，常年展示一系列顶级美钻及钻饰，让客户能在拍卖以外随时以零售方式搜罗美钻。此外，特设全亚洲首间"苏富比洋酒"零售店，顾客可随时随地选购优质洋酒。苏富比艺术空间也进一步巩固苏富比国际拍卖行的地位，并提升客户服务及经验，向苏富比的其他主要拍卖中心——伦敦及纽约看齐。

当企业有了一定的影响力与知名度，就有实力进行社会交易人才的培养。下面结合苏富比的案例来看一下苏富比艺术学院的发展模式。

苏富比艺术学院于1969年在伦敦成立，起初是为苏富比内部培养自己所需的特殊复合型人才。随着苏富比不断完善和扩张，现已发展成全球高端的艺术行业培训品牌，成为艺术品拍卖及交易领域的老牌高端国际专业机构之一。两年间，苏富比艺术学院把积累了40年的独特教育模式带到纽约和新加坡，覆盖欧洲、北美和亚太地区。自1969年起，苏富比艺术学院即着手储备下一代全球艺术专业人才。随着苏富比艺术学院在伦敦、纽约和洛杉矶等地扎根，提供的研究生课程整合艺术史研究与市场专业。通过多样化的研究路径，学生获得在今日全球艺术市场及文化机构立足所需的知识和技能。

苏富比艺术学院隶属于剑桥信息中心（Cambridge Information Group），是曼彻斯特大学的附属机构，位于伦敦布鲁姆茨柏里区（Bloomsbury）的中枢位置，大英博物馆、国家艺廊、苏富比拍卖行及伦敦大学皆位于步行范围内。纽约苏富比艺术学院坐落在美国纽约曼哈顿的心脏地带，本学院学生可轻易吸收利用纽约丰富的文化和历史资源，以及许多世界首屈一指的画廊和博物馆。苏富比网络艺术学院通过特别设计的简洁网络学习平台，量身打造密集课程。授课教师皆为该领域专家，加强关键概念的深刻理解。为满足成长中市场的需要，苏富比艺术学院在其现有教育项目的基础上不断更新。通过不定期提供的高层管理教育和短期课程，如"高层管理教育：艺术界的商业管理"课程，学院邀请来自不同背景的学生深入钻研艺术商业，课程由业内专家和专业人士讲授，内容涵盖从拍卖和艺术管理技能到当代东亚艺术主要趋势等艺术市场的方方面面。

四、延伸阅读：保利艺术金融的发展之路[①]

曲家辉： 保利拍卖作为中国艺术品拍卖的重要领军者，多年来，几乎每一季拍卖总能保持傲人"战绩"。面对当前的经济形势和艺术市场现状，您认为保利在经营方面所付诸的哪些策略，成为其保持良好发展势头的关键？其中是否涉及金融思维或相关要素？

赵旭： 一直以来，保利拍卖系作为一家下设6家子公司的大型拍卖企业，拥有优势化的资源和人脉，并不会过分担心经济对于艺术品市场的影响。艺术品市场的规模虽然不小，但和地产、金融产业比较起来，在体量上尚存在一定的差距。此前，保利拍卖成交额超过100亿元的记录有两次，一次是2011年达到的120亿元总成交额，一次就是2017年实现的100亿元的总成交额，其中有9件作品超过亿元成交。而我们都知道，2017年的经济形势并不佳，保利能取得这样的成绩说明拍卖成交额虽然会受到整体经济环境的影响，但最核心的是与拍卖公司的水平、团队素质和客户资源等综合因素相关联。目前艺术品市场整体来说虽然有一些回落，但如果有好的、稀有的、不可复制的顶级拍品资源，依然能够创造高价。一场拍卖会的成功，关键在于拍品的质量和价值。

言及金融思维或要素，保利一直非常重视。可以说，艺术金融业务一直伴随我们的成长，甚至可以说是帮助公司业绩提升的翅膀。特别是在现代经济体系下，任何产业想要谋求做大、做强，都不可避免地要与金融要素相关联，艺术产业同样如此。我们一直在积极地采取多元化的尝试，去探索适宜的"艺术金融"发展策略。在这一过程中，也取得了一定的成效。未来，我们还会更进一步在艺术金

---

① 本部分为曲家辉（鲁东大学文学院讲师、博士）对北京保利国际拍卖有限公司原执行董事赵旭的专访。

融领域做出深入的挖掘。

曲家辉：2016年，保利艺术金融公司正式成立，其目的是配合和支持保利拍卖系所有活动的开展。您认为拍卖公司开展艺术金融业务，有哪些优势？

赵旭：知名拍卖行接触到顶级艺术品和顶级藏家的机会比较多，这就为艺术金融业务的开展提供了便利，其服务优势也显而易见。欧美地区的许多知名拍卖行也都有开展艺术金融业务的先例，国内艺术品拍卖企业起步较晚，但规模和发展势头不容小觑。

艺术品拍卖公司开展艺术金融业务的优势主要体现在以下四点：一是拍卖公司拥有专业的艺术品鉴定评估能力，对艺术品的价值能够做出较为准确的判断；二是对艺术品的来源渠道有充分的了解，对客户的还款能力也能做出较为准确的判断；三是对艺术品市场行情有较为充分的把握，能够对艺术品的变现能力有准确的判断；四是拍卖行具备完善的销售流通渠道，能够为市场快速消化艺术品提供便利。

从服务方式上来说，拍卖公司一方面可以为藏家参与拍卖提供贷款服务，解决买家竞拍时，资金周转的问题；另一方面又可以为委托方提供保证金服务——针对市场上难得一见的顶级拍品，可先行为艺术品的持有者支付保证金，承诺委托方的拍卖收益。

曲家辉：作为保利拍卖的掌舵人，您能否谈一下，进行艺术金融业务拓展的初衷是什么？从既有成效来看，保利拍卖在艺术金融方面创造了哪些成功案例？

赵旭：我们的初衷是充分借助艺术金融的"能量"，首先实现自身更好的发展，进而能够为全球客户提供更好的服务。保利拍卖拥有中国艺术品最专业的销售、推广团队，从成立之初，便与全球重要藏家建立了良好的信任基础，中国顶级的藏家几乎都与我们有过各种方式的合作。

得益于保利艺术金融公司的支持，保利拍卖在开展业务时，从征集到拍卖的各个环节能够顺利开展。正是有保利艺术金融的支持，我们的全球征集活动才能将更多的顶级拍品送上拍场，也正是有艺术金融服务的支持，每场拍卖都为广大藏家准备了充裕的资金，免去了藏家在竞拍时的后顾之忧。

保利拍卖在艺术金融方面的成功案例，最早也最为人们称道的便是2008年保利跟尤伦斯夫妇的合作。尤伦斯夫妇先后和香港苏富比、香港佳士得及中国嘉德等多家公司谈判，要求拍卖行提供高达亿元的巨额保证金，在众多公司选择保守态度后，尤伦斯夫妇找到了北京保利。只谈了1分钟，保利就答应了尤伦斯夫妇提出的全部条件，并一次性支付了其1亿元的拍品保证金。2009年春季"尤伦斯夫妇藏中国重要书画"专场，取得了2.89亿元的成交总额。其中20件预付款作品之一的吴彬《十八应真图卷》创造了当时中国书画新的全球拍卖纪录。凭借艺术金融服务的优势，保利拍卖一举奠定了在艺术品拍卖市场的优势地位，而这一笔保证金的发放只是保利拍卖艺术金融的日常业务之一。

我们也曾创造了在10天内为国内重要藏家准备10亿元预付款的成功案例，这也是目前保利拍卖的最大单笔保证金业务。

曲家辉：保利拍卖的艺术金融服务主要涉及哪些板块？目前，艺术金融业务所提供的各类资金支持已经达到了怎样的规模？

赵旭：保利拍卖艺术金融服务涉及中国书画、古董、现当代艺术、珠宝等众多品类，可以说服务于保利拍卖的各个板块。藏家如果在参与拍卖时有任何的资金需求都可以进行商洽，保利将满足客户在艺术金融方面的各种业务需求。

目前，保利艺术金融业务已为艺术金融市场提供各类资金超过50亿元人民币。我们所指的艺术金融服务，不只是拍品的委托预付款方面，还有艺术品的融资、投资理财方面的服务。我们不仅做预付拍卖，还接受艺术品的抵押，并且对在我们这里竞拍到的作品提供融资服务。艺术金融公司提供专业便捷服务，结合拍卖的专家力量，为藏家选择送拍保利提供了信心，同时也解决了藏家一时的资金流转问题。

曲家辉：保利艺术金融业务的发展经历了怎样的过程？从多年的经营收获角度分析，您认为艺术金融业务的开展，对促进艺术品拍卖产业发展的意义主要体现在哪些方面？

赵旭：保利艺术金融业务的拓展，是伴随着艺术市场的需求，而逐渐成形的。

中国艺术品市场的崛起，需从2009年伊始比利时藏家尤伦斯投入市场的一批重要的中国古代绘画开始说起。这批作品的释出，在当时很大程度上拉动了中国传统艺术，准确地说也拉动了吴冠中、赵无极等当代艺术家艺术品的价格上涨，并最终带动中国当代艺术走出了3年上涨的行情。中国艺术品市场的启动无形中带动了世界艺术品市场的繁荣，中国艺术品市场的中心也在2009年之后逐渐转到了北京。2008年正值全球金融遇冷，艺术品市场的滞后性和艺术品的保值功能反而让大量资金进入艺术品拍卖领域。正是在全球经济增长放缓之际，保利果断成立了保利香港公司，并逐步发展至如今的6家子公司——北京、香港、山东、厦门、澳门以及保利华谊上海公司。伴随着业务不断扩大，限于信贷体制，作为非标准化商品的艺术品交易想要获取及时的资金支持比较困难。在这种需求引导下，保利艺术金融公司于2016年正式成立。该公司成为支持保利拍卖系发展的重要力量，也标志着保利拍卖系的艺术金融业务正在向着专业化、精细化方向发展。保利艺术金融公司对接保利拍卖的专业力量，资金办理手续便捷、迅速且高效，对保利拍卖各家公司征集提供金融支持，对解决委托方面临的现金流问题，也对整个中国艺术品市场发展起到了积极的推动作用。

基于上述事实，我认为艺术金融产业的持续创新及深化发展，能够为艺术品拍卖业注入特别的活力，重点体现在几个方面：首先，艺术金融的多样化形式，能够从不同角度发力，有效解决经济下行中的资金紧张情况，在较大程度上保证充足的市场需求，同时能够有效让这些需求得到满足；其次，艺术金融的创新能够极大地丰富市场业态，为市场在未来的发展，提供充足的想象空间；最后，艺术金融有助于将包括艺术市场在内的不同领域的资金进行交融、互通，对保证市场活力具有显而易见的价值。

曲家辉：保利香港2018年秋拍圆满收槌，16个专场总成交额近9亿港元，成绩不俗。您对接下来的内地秋拍，有着怎样的期待？同时，您对中国艺术金融产业的未来发展有着怎样的期许与展望？

赵旭：从2017年秋拍起，保利拍卖便开始在拍品数量上做"减法"。到了2018年春拍，保利古董珍玩板块保留了14个专场，相较于过去已经在压缩数量，但减幅不明显，在20%左右。而中国书画板块的减量力度较大，有50%的减幅，总成交额却有了20%的上升。总体来看，虽然拍品数量减下来了，但成交结果依旧不俗，这是一个令人欣慰的结果。而这一成绩的取得，主要归功于重要拍品的成交。接下来，我们还会秉承这个运营方式，力求拍品质量。2017年北京保利的春拍已经产生了3件亿元拍品，也有许多新的买家进入市场。此次的秋拍，我们也准备了大量精品，仰赖团队自身对于艺术品交易的热情，加之团队成员间的积极配合，相信会给我们带来更多惊喜。

在10年的艺术金融摸索之路上，我们发现，艺术与金融要实现真正的融合发展，其中有不少难题需要解决。例如，艺术金融领域缺乏健全的法律与政策的支撑、监管机制评估体系不完善、艺术金融人才稀缺、配套服务落地难、受传统观念制约、作为理财产品的艺术品投资项目在快速变现与艺术品市场发展规律间存在矛盾等等。

同时，需要重视的一点是：中国艺术金融在未来的发展，除了离不开国家相关部门的规范管理和政策支持外，还需要高水平、负责任的鉴定机构和专业的艺术品投资队伍的加入，在这一方面，我们保利一定会身先士卒，积极参与到中国艺术金融发展的引领队列中去，为艺术品市场的发展、为艺术金融产业的进步而努力。

第八章 艺术银行运营案例研究

> 艺术银行是一个新兴的艺术金融形态，但是人们对其接触少，认知有限，有不少含混的认识。事实上，关于艺术银行，有两个方面的含义需要澄清：一是指艺术银行（art bank），二是指艺术银行业务（art banking）。本部分的案例研究是指艺术银行（art bank）——关于艺术银行业务（art banking），本书已在潍坊银行等案例中进行了研究分析。艺术银行虽然是以公益性为主的服务形态，但它对艺术金融业务的支撑与服务却是非常重要的。在艺术银行的实践方面，中国台湾艺术银行的运行是比较成功的。

一、案例简介：艺术银行

艺术银行的运营发展在艺术金融的发展进程中，可谓引人注目。澳大利亚艺术银行（以下简称"澳洲艺术银行"）于1980年成立，隶属该国环境水利、文化资产暨艺术部，经费及运作均需向该部及国会负责，人员聘用属于公务体系运作。成立后的前12年，预算由澳大利亚联邦政府支付，自第12年起开始自负盈亏，以租金收入支持营运。发展至今，该行已拥有超过万件、3500位以上艺术家的作品，其中不乏已成名艺术家早年的作品。截至目前，该行每年租金收入高达350万澳元至400万澳元。在承租人中，政府部门仅占30%，60%为企业，10%为私人客户。

澳洲艺术银行在成立之初，作品承租人全部为联邦政府，依靠政府资金资助，没有制订自负盈亏的期限，艺术界对艺术银行也有一些质疑。但发展至今，它已成为澳大利亚第二大的艺术品收藏单位，仅次于澳大利亚国家艺廊。

澳洲艺术银行主要购买当代澳大利亚本地艺术家的作品，目的在于支持澳大利亚本土的新锐艺术家。澳洲艺术银行每年购买400~600件艺术品，购入作品价格都在1万澳元以下，以一年为一期，一年租金为作品购入价格的5%至12%，单件作品最低租金为110澳元，年租金最低为550澳元。租金可以退税，鼓励公众到艺术银行租借艺术品。

此外，国际上较知名的艺术银行还有成立于1972年的加拿大艺术银行，目前该艺术银行已有超过3000位加拿大艺术家的作品及超过1.7万件的艺术品提供租赁，是加拿大目前较大的当代艺术收藏的公共机构。每件作品一年的租金在120~3600美元，两年为一租期，但需再支付保险、运费等费用。与澳大利亚相同，租金同样可以退税。

在亚洲，韩国的艺术银行是亚洲唯一由国家单位设立的艺术银行机构。韩国政府于2005年成立艺术银行，第一年即投入25亿韩元，第二年开始增至30亿韩元。作品租金从购入价格的0.5%至1.5%不等，其租借费率第一年是0.5%，第二年起提高为1%。中国台湾艺术银行挂牌运作后，成为亚洲地区继韩国艺术银行后成立的第二家艺术银行，引起国际艺术界关注，其扶持本土当代艺术的作用广受好评。本案例通过对艺术银行发展的考察与分析，对艺术银行的宗旨、服务机制、服务体系与服务产品等有了进一步的理解。在具体的案例研究分析过程中，应特别注意以下几个重要问题：

（1）艺术银行运营发展的历史沿革与业务发展的背景。

（2）艺术银行综合服务运营的基本机制。

（3）艺术银行服务运营的平台机制、服务体系与产品结构分析。

（4）艺术银行运营发展的前景与突破口分析。

二、案例描述：艺术银行运营案例概述

（一）艺术银行兴起的历史背景与过程

艺术银行的概念最早源于加拿大。早在1972年，为支持年轻艺术家，增加大众接触、了解和欣赏艺术品的机会，加拿大国家艺术委员会（The Canada Council for the Arts）成立了加拿大艺术银行（The Canada Council Art Bank），当属艺术银行的先驱。在政府提供一定的资金支持或政策的保障下，购买优秀艺术家的作品，再将作品销售或租赁给政府机关、公共空间、企业或私人用于陈列、装饰、收藏等，从而获得运转资金来支持艺术发展。之后，澳大利亚、挪威、日本、韩国、印度等国家也都陆续开办艺术银行业务，如澳洲艺术银行就是澳大利亚联邦政府支持文化事业的成功范例。艺术银行在澳大利亚视觉艺术领域已经建立了举足轻重的地位。

艺术银行业务起初是派出艺术专家陪着收藏客户参观画廊、艺术博览会和拍卖会，提供买卖咨询，其服务对象是对艺术充满热忱的收藏家，而不是用收益百分比去号召追求最大利润的投资人。在艺术银行逐渐被人们认识并且发现其推动艺术领域发展成为事实之后，艺术银行的功能和作用也逐渐出现了新的特点，银行与艺术品市场的关系逐渐密切。瑞士银行的瑞银艺术银行曾被《欧洲货币》（*Euromoney*）评为"世界最佳艺术银行"，拥有30年历史的收藏部门和顾客服务部门使他们的业务做到专业、严谨、系统，以专业艺术银行的身份获取了客户的青睐，在业内影响尤重。收藏部分包括钱币、古董和传统到当代艺术，目前还有网络上的展览和时常更换的收藏展。其艺术投资服务包括信息研究、鉴价、保全及运输建议、代买代卖、收藏策略、遗产规划、维修监督等方方面面，已有相当的历史。同时，瑞银艺术银行自身也从事收藏、交易、买进卖出，以此影响艺术品的价值和客户的买卖行为。而且，瑞银艺术银行还有一些信托产品，给银行带来了良好的声誉。此外，它还是以赞助艺术活动闻名的银行，近年来，瑞银艺术银行的核心赞助项目之一就是巴塞尔艺博会。

德意志银行早在20世纪70年代就已经开始收藏年轻艺术家的作品，是1949年后世界上绘画和摄影作品的重要收藏机构之一。目前，德意志银行已收藏有56000余件艺术品，是世界上较大的企业艺术收藏之一。当企业收藏得到扩大时，德意志银行就以巡展和在德意志古根海姆博物馆公开展览的方式对公众开放。同时，德意志银行经常会将其收藏的一些作品赠送给相关机构，如法兰克福市立美术馆等。而且，德意志银行在1993年即设立了"德意志银行奖"（Deutsche Bank Awards），为刚结束学业的艺术家、手工艺者、设计师和表演者提供实践和资金支持，以更加长远的眼光对国家的艺术发展进行推动。

摩根大通（J.P.Morgan Chase）是最早进行当代艺术收藏的银行，始于1959年，现在收藏品有3万件。摩根大通的创始人约翰·皮尔庞特·摩根本身就是收藏家，他的母亲还是纽约当代美术馆（MOMA）的创建人。由于拥有世界著名艺术家的重量级收藏品，摩根大通具有一定的影响市场的分量。此外，摩根大通对知名或尚未出名的艺术家创作的支持以及以世界范围内的慈善和赞助项目为平台，推动艺术事业的发展而获得了良好声誉和形象。与瑞士银行的"艺术银行"和德意志银行的"艺术咨询服务"相比不同的是，摩根大通的艺术咨询服务是糅合在个人资产管理中的，并没有单独的业务划分。

花旗银行以策展的方式在各地向有潜力的顾客介绍艺术家，以展览、评论影响顾客，同时以鉴价和预测成长空间召集买家。在开辟的个人理财服务领域，花旗银行艺术投资不建议客户为了投资购买艺术品，而是为对艺术有兴趣的客户服务，因为对于艺术品的认识和交易都需要许多研究工作，所

以，这本来就是对艺术有热情的人才适合的投资形式。另外，无论是收藏家生前或针对其家属，银行的艺术顾问在遗产问题上也有非常重要的任务，以避免收藏家过世后，因为收藏品的高价值而有巨额遗产税的责任。

新加坡大华银行于1982年开始主办年度全国绘画比赛并收藏获奖作品，其目的是促进公众对本地艺术的更大兴趣，鼓励本地艺术家继续全心创作，让最优秀的原创作品得到肯定与鼓励。每年，大华银行集团艺术委员会均委托知名艺术家、艺术鉴赏家和艺术馆馆长组成评委团，对比赛作品进行评选，甚至请海外著名人士参与，以确保评选过程客观和公正。目前，这项以银行赞助的形式鼓励艺术家成长的赛事已经成为新加坡艺术领域的一项重要活动。

综上可以看出，艺术银行从兴起之初到推出各具特色的艺术银行服务内容，是一个对艺术发展推动的历史，也是艺术逐渐与金融资本联姻的历史。艺术银行在尊重艺术品的文化特性和艺术发展规律的基础上为艺术品收藏家和投资人提出适当的建议与管理措施，丰富和赞助艺术的发展模式，逐渐建立起艺术与金融结合的资本经营体系，这对于目前我们国内艺术银行的发展提供了重要的参考与借鉴。

（二）艺术银行的基本概念

艺术银行（art bank）指的是"以艺术品为存取租赁物的委托机构（在国际上通常是指非政府文化艺术机构）购买艺术家作品，再将作品转租或销售给政府机关、公共空间、企业、私人用于陈列、装饰、收藏等"；艺术银行业务（art banking）则是指"在私人银行业务中占据越来越重要地位的艺术银行加上'ing'，就是指艺术投资的银行服务，为投资人、收藏家服务，扶持年轻艺术家"。这样的解释事实上更加符合对艺术银行性质与功能的定位和理解。

以上两种不同描述，分别代表着艺术银行概念发展的不同阶段和深入程度，作为从事艺术银行经营的主体，一个是非政府文化艺术机构，另一个则是专门的金融机构。前者为大多数艺术从业者和爱好者所接受，后者则是架构在纯粹金融概念上的具体银行业务。至于谁是艺术银行真正的核心，或许是我们对待艺术银行发展的一个重要思考。

（三）中国台湾艺术银行运营案例描述

中国台湾艺术银行从2013年的建置阶段，经过2014年的试营运阶段，在各方的支持与努力下，2014年第四季度业绩已显著增长，市场潜力超过预期。

公益性质的艺术银行如何维持运营成本是个世界性难题，然而艺术银行在推动艺术创作方面的优势也非常明显——投入少、运转快、可持续，因此，中国台湾艺术银行实行的是只租不售的运作模式。利用公开征件的方式，网罗、征集并购入台湾艺术家的精彩作品，并以完善的租赁流通机制，让公营与民营机构都可以经由艺术银行承租画作展出，使得艺术作品可以在各种公开场合露面，通过收取租金，回归支付"艺术银行"运作成本。艺术银行的艺术品租赁费率定在购入价格的0.4%，承租费用包含租金、保险费、运输布卸展费，租期为3个月至1年。

通过"流通"的方式，中国台湾本土艺术创作者的作品进入社会、公共领域和市场，既可鼓励艺术家创作，也可令更多本土艺术家被收藏家、策展人和艺术欣赏者发现，使艺术市场更为活跃，使民众不再只是在美术馆看到艺术创作。与一些美术馆购藏艺术品重于"馆内"典藏性质不同，艺术银行重在艺术品的"馆外"流通，要把艺术品置放于公共空间，让更多的人来认识、欣赏。而公营部门、民间企业以及很多星级酒店等也有这方面的需求，不需花大钱买艺术品便可装饰或美化空间。另外，这些作品可通过在办公场合、机场、饭店大厅等公共空间的展示，打开艺术大门，召唤民众"没有门槛"的接触、呼吸，提高民众美学修养[①]。

---

① 王东撰.台湾艺术银行：靠什么养活"凡·高"们[J].齐鲁周刊，2014（7）.

三、案例研究：中国台湾艺术银行的运营管理模式[①][②]

（一）中国台湾文化产业所面临的问题

从我们的调查分析来看，中国台湾的大众文化艺术需求仍在不断地增长，而艺术的传播与推广、艺术交流与普及仍显不足，这就为艺术银行的发展提供了更多的发展空间。具体来看，中国台湾文化产业所需要解决和面对的问题包括：

（1）人文与艺术素养待持续提升。其中包括接近艺术之途径仍需显著增加；艺文消费支出比例仍较少，需要创造触媒。

（2）中国台湾艺术作品流通性仍不足。主要表现为艺术创作人才缺乏发表途径；实体作品交流、展示机会仍受限于现有体系。

（3）视觉艺术产业规模有限。主要问题集中在公民的艺术消费观尚待建立；中国台湾艺术家作品之国际接轨程度有限。

（4）视觉艺术产业体制不健全。一方面，各单位无法发挥产业链综合效能；另一方面，产业相关专业人才培育待促进。

我们希望通过中国台湾艺术银行的建立，能够为大众提供一个全方位、立体式的文化艺术沟通交流平台，同时也希望对中国台湾本土的艺术创作提供更多的交流展示机会，未来能够为台湾的文化产业发展贡献更多力量。

（二）中国台湾艺术银行的发展策略

中国台湾艺术银行创建宗旨在于鼓励本土艺术创作，连接艺术家与市场，使具有潜力的艺术家在被更多人认识的同时，也能提高公众的艺术素养，让公共空间变成美学空间。通过分阶段去完成艺术银行的基本建设工作，将如何有效地扎根本土作为工作的重点。在执行策略和内部组织结构的设置上更是将这种本土意识贯穿始终。

1. 执行策略

（1）提高中国台湾艺术作品的流通性。

中国台湾艺术银行扶持台湾潜力艺术家，通过公开征集并以初复审方式进行，而后进行鉴价、议价程序，完成作品的购入工作。实行租赁流通的营运模式，艺术银行通过评估承租人的需求与空间环境，提供专业策展规划，并代为处理作品保险、包装运输及布展。

（2）成为美学启蒙策源地。

中国台湾艺术银行为民众提供在日常生活中与艺术进行第一次接触的机会。以主题策展提供优质的艺术欣赏质量，如在台北国际航空站、客家文化发展中心苗栗园区完成了多次艺术主题展览，均取得了良好的社会反响。

（3）整合社会资源。

结合民间资源，将引进民间企业资金、建立策略联盟、办理与社区结合的相关活动、与小区改造组织合作等，作为艺术银行营销推广策略的重点。

（4）精进服务质量，提高满意度。

中国台湾艺术银行设有中英文双语网站，便利操作的系统，让用户轻松了解艺术作品，并能够清楚知道艺术银行的各项动态。

在内部管理建设方面，将库房信息管理系统、办公室自动化系统应用到工作的方方面面，并配备专业人才以项目管理制度来推动工作的开展。

2. 组织结构与分工

中国台湾艺术银行的人力资源规划依据功能需求，选用具有艺术策展及咨询、展示与空间设计、作品管理与修复、营销推广、信息管理等专长的人员。组织架构在参考先进机构经验后，设立管理组与营运组。管理组主要负责办理艺术银行作品的征集、管理、保存、维护、修复，作品仓储空间与设备的管理维护，艺术银行信息系统的管理维护及其他有关作品与信息等的管理。营运组主要负责办理

---

① 张正霖. 体系与实践：台湾艺术银行之运营管理模式[J]. 中国艺术金融，2016（1）.
② 张正霖. 实践与反思：台湾艺术银行的营运管理模式拓展[J]. 中国艺术金融，2016（2）.

艺术银行租赁业务、艺术咨询、展览规划与执行、展示设计、推广营销、公共关系、承租人服务及其他营运相关事项。

中国台湾艺术银行非常重视营销部门的运行，因为它关系整个艺术银行的生存与发展，中国台湾艺术银行在成立之初，即制订了可行的整体营销计划。以文宣推广、媒体宣传、网络社群经营、活动推广、主题特展、服务营销为主要手段，举办了多次贵宾之夜、客群拓展行动说明会、主题派对，并参加艺术与文创展会，这些使中国台湾艺术银行获得广度、密集、精准的营销业绩，品牌形象逐渐在中国台湾地区打响，也使社会大众认识了艺术银行，对长期性、持续性的业务开展产生了重要意义。

（三）中国台湾艺术银行的成果

2013年以来，中国台湾艺术银行的经营成果显著，与旅店业、服务业、建筑业、文化业、金融业、交通业等开展服务与合作，其中包括台北国际机场候机楼、中国台湾科技大学人文艺术中心、台新艺术基金会、永丰银行、星享道酒店等重要的机构与企业。

中国台湾艺术银行以公益性为主，人员聘用也属于公务体系运作。艺术银行更多地承担的是一种桥梁性的角色，因此不能用传统艺术市场中的画廊、拍卖行、美术馆的功能性去定位艺术银行的价值。未来，中国台湾艺术银行将会在提升当地艺术能见度、建立国际文化形象方面发挥更多的力量；将以"全艺术银行服务"的概念为政府与民间机构、企业提供专业咨询与策展；将增加艺术作品流通渠道，扩大艺术市场版图，进而盘活中国台湾地区及亚洲市场；将为世界范围内的同仁提供学习、探索及发展艺术管理体系的成功案例。

（四）中国台湾艺术银行的营运管理模式拓展

1. 跨国脉络与本地需求

中国台湾艺术银行的运作，除了作为主体的营运管理外，主要侧重在"入"与"出"两翼上（图8-1）。通过购入优质艺术品，帮助更多具有发展潜力的艺术家进入艺术世界或艺术市场，此为"存入"的主要范畴。在"支出"的范畴上，则包括灵活的作品租赁、展示合作、整合营销、教育推广、异业结合、文创产业化等策略，让获得艺术银行收藏的艺术家及其作品，能在最短时间内大量流通于中国台湾岛内不同的空间之中。借由创建品牌提升其价值的策略，不仅能让艺术社群受惠，同时也将对民众的美学教育产生积极助益，从而创造艺术家及社会大众双赢的局面。

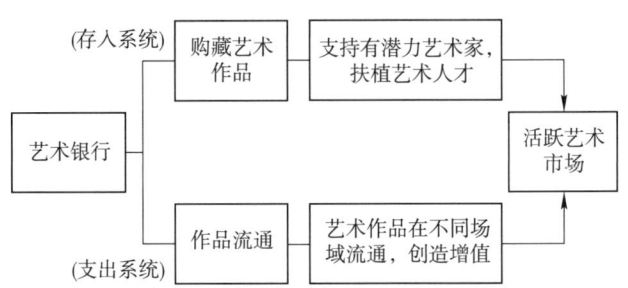

图8-1 艺术银行的存入和支出系统简图

对于此种可能缔造双赢的艺术银行计划，中国台湾在引入艺术银行策略时，便曾深入探讨和观摩过先行国家的案例，学习其诸多长处，并与本地的环境特质相互结合。2013年和2014年，中国台湾艺术银行的建立更是连续获选为"中国台湾之十大艺术新闻"。可以说，中国台湾艺术银行的成功及其能逐步扎根本土的原因，某种程度上在于它能够有效结合国际趋势和岛内的实际脉动，并不断针对自身的实践经验进行总结。

值得一提的是，除了接受本地需求的关注和鼓励外，中国台湾艺术银行对于建立国际网络亦不遗余力，如此才可不断获得新的知识。2016年3月底举办的"艺术银行趋势国际论坛"邀请了在此领域具有影响力的国际人士与会，便可作为跨国社群经营成果的一个例证。

2. 组织形态与专业拓展

从中国台湾以及其他成功的艺术银行案例中可以看到，一个新的艺术行动者已经出现。它有具体的专业工作领域，高度的效率追求和专业判断是必然的。由公务部门创建的艺术银行，就其本质来说,仍必须不断反馈于市场和艺术世界的变化,以获得生存和发展契机。而由其组织属性决定,它将成为官方艺术机构(美术馆、国家画廊等)、官方艺术空间(如公立美术馆)与商业部门(画廊、拍卖机构等)之外的第三种作品流通场域(Field),三者间呈现为合作且竞争的关联(图8-2)。

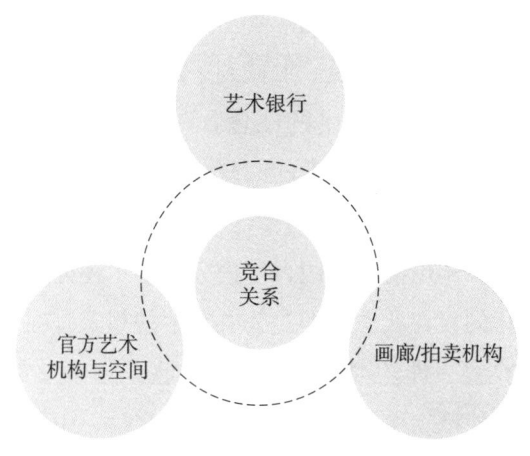

图8-2 艺术银行能在艺术生态中扮演积极角色

此种创新性的竞合关系,从实践结果看,将能十分有效地促进艺术资源的整体分配。与此同时,亦将有利于艺术生态更加均衡地发展,并且尊重多元竞争、不干涉市场的"臂距",为艺术社群注入更多的资源和动能,让艺术品市场更具有良性发展的条件。

为了达到预设目标,在组织形态上,中国台湾艺术银行与其他艺术银行相近,均采用扁平化部门安排,让决策和执行更具有效力和弹性。或许我们可以这么想象:以公共利益为目标的艺术银行,其行为模式却是更接近于企业的。也因此,艺术银行才能够在公务部门及市场部门之间扮演中介型角色。此种中介特质对管理者和工作人员均提出了不同的专业要求:一方面,他们必须谨守公共政策上的中立位置,这是无从取代的专业伦理;但另一方面,他们又必须拥有丰富的艺术生态知识和创造价值的商业经营能力,加上积极主动开创"商机"的态度(以作品流通率为主要绩效指标)。有趣的是,艺术银行的运作和成长在某种程度上也给传统的艺术管理带来了变革,从知识涵养方面到专业实作方面都与美术馆、艺廊等机构有显著的差异。

3. 公共效益与商业利益

以中国台湾艺术银行为例,在组织编制上,于主持人(执行长)之下设置了营运组及管理组两个分工明确的单位,便能执行对内、对外的专业任务。由管理及维护众多的作品,到进行策展、美育、行销、公关、国际交流、咨询体系、空间设计、视觉设计、异业结合、民间合作等工作,均能在有限的人力规模下,发挥最大的效能。这样的管理模式很大程度上仰赖的是高素质的人员及其对工作及人力最有效的配置判断。因此,在打造合理、灵活、创新性的营运制度的同时,人才仍是一切事业成功的关键。

如前所述,公共效益与商业模式的有机结合是艺术银行天然的使命。因此,公私部门尤其是民间人士对于艺术银行所提供服务的接受程度势必成为判断工作良莠与否的关键。无论是在加拿大艺术银行还是在澳洲艺术银行的发展上,我们均能看见相近的历程,中国台湾的经验亦不例外。回溯中国台湾艺术银行的建立历程,2013年为"基础建置"阶段,积极进行包含空间修缮作品库建立、人员编组、作业办法研拟、各类硬软件架构、资讯管理系统建置等工作,同时建立各种标准作业程序,并从政府机关示范性推广租赁业务逐步过渡到提供一体化、易接近的专业管理及服务。此阶段可视为中国台湾艺术银行的发轫时期。2014年为"整备营运"阶段,4月总部正式启动营运,即着力提升民间企业业务,民间客户的租赁和合作比例在该年底即已超越政府部门,与此同时,征件、流通、行销等各类业务皆有大幅增长,使艺术银行成为中国台湾最大的当代艺术典藏平台。2015年迈入"稳定营运"期,除不断加深专业基础外,中国台湾艺术银行亦在品牌建立及整合营销上加大力度,积极推出了一系列品牌建立行动,包括举办说明会、贵宾之夜、微型工作坊、艺术讲座、节庆活动、参与文创及艺术博览会以及线上宣传等活动,积极开拓客群,并服务艺术社群。在此阶段,展示空间与客户产业属性亦日趋多元,由此可证,艺术银行已大步走入了公共空间和艺术社群，对于培育中国台湾艺术生态的目标，助益愈益显著。

同样值得注意的是，在建立公益性的艺术银行的同时，亦存在金融业务型艺术银行的服务和产品（art banking），如对艺术品鉴价、艺术品质押、艺术品鉴赏和投资、艺术品仓储和流通，以及艺术品股权交易等相关领域的探讨，正方兴未艾。实际上，非金融性或称较具公益性的艺术银行在进行作品鉴价、购藏、作品管理与流通、艺术品保险、艺术品增值推广、目标客户开拓以及对于艺术趋势的专业判断等方面的丰富运作经验及不断积累的专业技艺，恰可作为商业色彩浓厚的艺术银行业务的重要基础。在这方面，非金融性与金融性的艺术银行之间，核心知识和专业技术实际上并不存在泾渭分明的区别。在知识传播共享层面，两者无疑有着相同且可相互流通的基础，差异之处在于营运目标的设定。

4. 生态建立与艺术银行

中国台湾艺术银行是华人社会第一家艺术银行，属于前述的非金融性质。它所面对的不仅是新形态营运管理模式的创新挑战，更需面向整体艺术生态。通过一个机构所能缔造的典范效应，让艺术世界有更多的创新动能出现，同时最大范围地提供专业服务，是中国台湾艺术银行责无旁贷的任务。在资源终究有限的前提下，必须思考如何更有效率地运用资源，并对经营、管理和执行问题进行更多的实践及反思。幸运的是，中国台湾艺术银行已逐步站稳了脚跟，并朝着一个良性发展的路途走去。虽然一座艺术银行无从建立一个生态，却可以以积极的行动者、创新者的姿态，在高效率、专业知识和职业伦理的有力支持下，参与艺术生态的变动过程。

四、延伸阅读："艺术银行"的公共艺术实践[①]

记者：您对公共艺术的关注点在哪些方面？

张正霖：早年，我受到的是传统艺术的教育，讲究艺术的形式、风格、内涵、场域等等，从所谓好的美学品质这个角度受到训练。我接触公共艺术是从20世纪90年代末开始的。当时，中国台湾的社会环境发生了变化，认为艺术品、艺术创作应该走出美术馆，走出我们习惯的那些常态的展示点，所以我就开始关心公共艺术了。中国台湾是一个公共艺术发展的后进地区。大概到了20世纪80年代，才开始引入了公共艺术的概念。一开始是源自民间的呼声，然后则是政府的回应、支持，并设定各种法规。

2000年以前，中国台湾的公共艺术还处于一种常态化的设置状态，即对公共艺术的想象是在某个地方放置一件艺术作品，让这个地方的环境变好、美化，使都市生活更丰富。2000年之后，中国台湾的公共艺术开始有了"社区参与"的概念，越来越不重视静态的作品设置，而是走向一种日常生活的对话。我个人认为，大概在2010年之后，中国台湾的公共性参与发生了质与量的变化。从上一阶段的"社群主义""社区参与"的概念，慢慢导向了文创化和商业化的概念。就是通过类商业或商业化的模式，来抵销公共艺术的成本，并使得收益再次回到艺术家，回到社区生活环境的改善、社区民众的文化美学需求的回馈上。大概是分这三个阶段，而我最有兴趣的是现在这个商业模式的阶段，这与我的工作也是有关系的。

记者：中国台湾的公共艺术是从20世纪90年代开始兴起的，而您似乎经历了中国台湾公共艺术兴起至今的整个演变过程，同时您的工作又具有官方的背景。您认为是什么力量推动着公共艺术的改变？

张正霖：我认为这个问题可以分为两个方面：一方面，民间对文化美学的需求、对文化消费的需求越来越强，这在不同的地区都会有类似的现象。另一方面，确实有一部分中国台湾官员希望

[①] 本部分选自记者张羽洁对中国台湾艺术银行原执行长张正霖的访谈，发表于《公共艺术》2016年第6期。

通过行政来改善公共环境的品质。所以，两者一拍即合。特别是在20世纪90年代中期，可谓风起云涌，任何艺术活动、艺术品中都要带有一些公共性，例如，对历史记忆的探掘，对老百姓生活方式的回应等。但是，我觉得20世纪90年代的摸索看似波澜壮阔，却有很多粗糙的、未被清晰考虑的东西。比如，究竟民众扮演何种角色？艺术家和民众的角色永远是冲突的。一个创作者只在乎作品创作而不在乎成本，不仅如此，在某种程度上他们也不在乎民众是否喜欢，只要自己认为作品完整即可，民众的需求和反馈常常会被艺术家忽视，艺术家创作的作品公众常常不喜欢。然而，艺术精英这一社群又有所坚持，这时候就需要艺术管理和艺术机构来进行协调。

记者：您之前提到的2010年以来，中国台湾公共艺术开始进入了一种文创化、商业化模式，这种模式是在政府推动下形成的吗？

张正霖：其实，在商业模式这个阶段，官方的角色是越来越淡出的。官方并没有刻意要引入商业模式，而是按照既有的法规要求——我们称之为"百分之一法案"——即将公共工程款项中的1%拿出来作为公共艺术的预算。因此，在这个条件下，官方只是在继续完成它的本分，盖一栋楼、造一座桥，那么其中的1%就用来做公共艺术。我所说的商业模式，更多的是企业发起的。例如，中国台湾地区很多大的企业，它们拥有自己的土地，拥有一个街区，有自己的百货公司、文创品牌，希望吸引更多的民众。因此，它们所倡导的公共艺术不可能是说教的，要有乐趣，要有观光的性质，要给民众提供更优质的文化产品，当然也一定会有自己的收费标准等。而且我个人对这种模式越来越推崇，我觉得这种模式并没有原罪。在公共艺术发展的前两个阶段，人们一直认为引入商业模式似乎是一件很羞耻的事，但我不这么认为。假如我们能够在有一定商业收益的情况下，扣除掉营运的成本以及合理的利润要求之后，能够回馈艺术家、回应地方民众的艺术需求，这不是一件美事吗？文创消费就不单单是一种所谓花钱的事了。当我们说起艺术和美学，有时候会让人感觉过于沉重，感觉似乎又要来上课了，又要来讨论盘古开天地、宇宙洪荒的美学追求的问题了。现在的人教育程度普遍都很高，手边也有一定的积蓄，他们在周末的一个晚上来看一件作品，真的是为了来上一堂所谓的美学课吗？我想不是的，最初的动机就是为了文化消费。借用这样一个契机，将某个地方经营成具有文化美学感的场所，就能吸引并诱导他们进入下一个阶段，这常常比宗教式的说教效果更好。公众来到这里享受乐趣，看到了好的艺术作品，形成了新的艺术品位。如果这种品位是层次更高的，具有抽象价值的，与大的文化背景有关的品位和情感的话，我认为就是很有益的，而且不用花纳税人太多的钱，这种商业模式是使用者付费的。假设现在这样的文化消费能够越来越多，理论上来说，供应者应该可以供应出更优质的东西给民众，持续性也会非常强，可以做到每个季节都有不同的变化。

记者：您是中国台湾第一家艺术银行的执行长，能否谈谈艺术银行是什么？和公共艺术有什么关系？它又是如何运营的？

张正霖：全世界第一家艺术银行来自加拿大，澳大利亚是向加拿大学习的，而中国台湾是向澳大利亚和加拿大取经的。其间，韩国也成立了一家艺术银行。中国台湾则称之为基金会，它的核心工作有两部分：一是购藏艺术家的作品，即主动向市场、艺术家、创作者收藏他们的作品。艺术家和创作者会得到经济上的回馈，这也会起到鼓励他们继续创作的作用。某种程度上，他们不仅有市场，还能得到政府的关注，当然我们也是市场的参与者。二是通过所有的可能，例如租赁、合作、行销推广，让这些作品在不同的公共空间里展出。会让我的团队充满成就感。我们从2014年4月中旬正式揭牌营运，在大约两年的时间里，完成了将近140个公共空间的展览。在推广流通上，我们每年会做70至80场不同规模的推广活动，有很严肃的艺术讲座，也有和知名设计师、广告人、建筑师等合作举办的展览,一起做一些有趣的文创衍生品等,作品可以大量流通。我们目前每年会购入400件至500件作品,目前手头上有1000件至2000件典藏作品。我们的常态是每天有50%至60%的作品是在外面流通的,这个流通率是非常高的。

记者:请问在运营过程中,私人艺术家的创作到了公共空间之后,有没有出现公众由于对作品不理解、作品与公共空间无关而造成争议的问题?

张正霖:那是一定有的。因为每一个人的艺术素养不同,即便是在一个大公司的企业大老板,你有几百亿元的财产,但并不代表你懂艺术史。所以对于作品相关配套的解说,从语音到平面,到整个策划的流程、展览的开幕到事后的培训,都是必需的,并且有一整套工具箱式的配套方案。我们不仅展示了作品,同时还会完成投资者教育的工作。

记者:在您的谈话中,我感觉到艺术银行所做的这一类公共艺术,其公共性更多的是一种自上而下的公共性。特别是在商业空间中,很多情况下作品是由企业主而不是员工决定的,更不是这一区域的社群。当然,这种自上而下的做法也有可能产生公共性,人们久而久之可能会习惯、接受甚至喜欢。但这种公共性与我们今天所说的以社群为基础的自下而上的公共性是有所不同的。甚至在某种程度上说,这与我们今天所说的以社群为基础的公共艺术是相违背的。我想就这一点听听您的看法。

张正霖:我想说,"自上而下"和"自下而上"可以被认为是两种公共性的模式,即精英模式和草根模式。这两者之间必然会有冲突,但这种冲突不是绝对的,而是辩证的。我们的艺术银行所采用的模式正如你说的是一种自上而下的精英模式,但这里面也有策略上的考量。

记者:艺术银行给人感觉是一个非常创新的模式,需要在实践过程中不断地发现问题并解决问题。你们在探索过程中遇到过怎样的困难和问题?能否与读者分享?

张正霖:我认为,一个刚成立的模式要在现有的环境中生存,最重要的是效率。可是,作为一个官方机构和一个基层机构,最缺乏的就是效率。你必须很快地回应市场需求,回应接受者和客户端的反馈,可是你又需要全局式的考量,这就会形成一种很奇怪的落差感。如何在一个公益性的目标下维持效率,确实是一种管理和行政的艺术。我觉得这并不是美学素养高低的问题,而是如何不断提升艺术管理技术的问题。困难就在于此。如果有一个好的管理技术,或把管理本身也上升为艺术,那么这个问题在某种程度上是可以解决的,这就需要更多的创新。机构究竟应该大还是小?决策的流程或行政的流程应该是多还是少?我们必须把有限的资源放在哪几个地方?资源比例的配置如何?这些都不一定是纯学理的问题。

记者:具体到您在管理艺术银行的过程中,有没有一些案例能够展现您刚才提到的困难?

张正霖:例如,我们要说服一些民间的企业,他们有自己原本的目标,而我们有我们的目标。所以,在这个过程中,会有一段很长的达成共识的时间。但如果这个过程过长或沟通成本过高,就会影响到我们对效率的追求。我们现在进行的一些艺术计划,如艺术家驻地计划,只要能够达成一些美学上的要求,我想基本上就算完成了。如果不能做到有效成长的话,那么坦诚地说就等于是零。我常常和我的员工、下属和同仁们说,我们今天的管理做得再好,各种购入、本行的业务做得再好,都是不及格的。我们只有59分,一点也不值得骄傲,只有我们的绩效和接触的人群不断成长,才代表我们跨过了60分的门槛。那么剩下的60至70分怎么走呢?有的组织很小,才8至10人;有的组织很大,有上千人。我们应当尽最大的努力让人们都能知道艺术的重要性,获得美学品位的提升,并且对于"人应当如何在现代社会中生活才是有价值的"有所认识,才算成功。为此,我们利用了一些新媒体、数字化的手段,如开发各种App,通过一些游戏的设计更好地进行推广。而如果使用传统的课堂讲座的模式,你可能讲一年才能影响2至3人。所以,要利用各种新的传播手段，这就是创新。这直接冲击到了艺术的公共性，或者是艺术管理的公共化营运模式。我必须说目前的艺术管理概念处在手工业的阶段，还没有进入机械化，更不要说信息化。其实，这也是我们要创造的价值。

记者：您所主持的中国台湾艺术银行每年举办如此众多的活动，你们的机构有多少员工？

张正霖：不到20人。我们所有的工作流程都很标准化。我们的要求是这一工作体系必须通过实践的考验，达到最省时间的目的，但也要有最好的效果，并且不能违背政府的各种法规。这套工作流程是经过我们捶打的。有一种理论框架是很灿烂，但是不实用，因为没有人有足够的资源去实施这样的方案。所以，我们必须在既有的资源下找到最好的方案，这就是管理的艺术。其实，知识可以分两种，第一种是高屋建瓴式的、宏伟的知识，例如理论物理学，没有人期待理论物理学明天会更加实用。第二种是实用性的，如临床医学的知识。临床实践类的知识也是人类的知识模式之一。所以，我常常说艺术是临床医学模式的，不是理论物理模式的。在艺术管理的行业里，我们也不需要理论物理模式的人，我们需要的是优秀的临床医师，他们必须要在既有的条件下，利用既有的药材把病人治好，至少不能使其恶化。

记者：能否与我们分享一个您最喜欢的艺术银行所做的公共艺术案例？

张正霖：我们最近和一家很有名的文创企业范特喜（Fantasy）进行了一系列的合作，这是我近来最喜欢的企划之一。当然，我也都很珍惜其他计划，每个案子不论大小我都非常珍惜。范特喜经营了一个文创街区，里面有各种日常生活的品牌。范特喜的核心工作是辅助那些生活美学的品牌，从事衣、食、住、行、娱的市场化。你可以去承租店面，它会帮你组织经营各种活动。我们就在他们这一架构下，将当代艺术作品的元素纳入其中。我们主动与我们所扶持的艺术家和他们所扶持的设计师或文创创业者对话，运用艺术家创作的图像进行文创设计，例如服装设计、品牌设计甚至是餐饮业。事实上，即便是饮食，也可以变得很有艺术感，透过他们的力量吸引那些原本是去消费的人群，结果我们很成功。我们打破各种刻板的想象，例如，在很漂亮的天台上办开幕式，在介绍艺术作品的时候，邀请了中国台湾很红的流行歌手。我们探求各种模式，如赞助、企业支持或异业结合，让各种文化活动能够结合在一起。这一活动还带来了广泛的延伸，延伸到附近的近十个街区、百货公司、市民广场等，每天来参观的人络绎不绝。通过这些活动，人们会对艺术产生兴趣，对艺术家产生好奇。最早的时候，我们与中国台湾的四个机场（包括桃园机场、台北机场、高雄机场和台中机场）也合作过，这是我们最早的案子。在机场出入境的廊道上，我们把那里的空间改造成展示空间，从平面的到立体的都有。旅客在通过这个廊道的时候无心也好，有意也罢，都变成了我们的观众。

记者：艺术银行目前还有哪些不足需要改进？未来的发展方向是什么？

张正霖：能改进的地方太多了。比如，我们将来可以以更有效率的、类商业化或类民间企业的模式来营运，以达成公共性目标。我再重复一下：最核心的公共性目标就是扶持艺术创作者，如果没有他们，我们就没有来源端；其次是更大范围地进行美学推广和流通，这两个是基本的任务。只要通过合理的方法来完成的，都应该算具有公共性。如果达不成这两个目标，即便我们的手段极度之合理，都是没有意义的。目前，我们所管理的这些事情里面有一些是有商业价值的，例如艺术仓储。我们在中国台湾是唯一能做到大量流通的艺术机构。美术馆可能有上万件作品，但每年出库的作品可能只有几十件，这对它来说就已经是最大的流通量了。而仓储的观点是通过有效的管理方法，让艺术的进出常态化，并做到低风险，这样就会有商业价值。这也可以作为我们未来的拓展方向之一。

记者：我似乎有些理解为什么你们要称之为"艺术银行"了。银行是货币的流通和仓储，而你们则是艺术的流通和仓储,可以这样理解吗?

张正霖:你的理解完全正确。加拿大最早为什么用"bank"这个词?虽然我没有看到相关的文献,但我想"bank"这个词有很强烈的"流通"的含义,它流通的是货币,我们流通的是作品。从现代经济体的角度来说,它就是一个类商业体。至于挖掘它背后隐含的更深刻的理论价值,我们还有艺术理论家,还有在学院里进行艺术研究的艺术史家,他们会完成这部分的工作。

第九章 艺术财富家族办公室运营案例研究

> 财富管理是金融体系在新时期创新发展的重要战略取向。艺术金融在发展的过程中，从艺术品信托到艺术品家族信托，再到艺术财富家族办公室，从逻辑角度讲是有一定的递进关系的。艺术财富家族办公室的兴起，是家族财富管理办公室充分利用艺术品这一优质资产作为金融工具进行家族财富管理的重要体现。艺术财富家族办公室作为家族财富的重要财富管理业态，其发展越来越具有独立性、专业性与平台化的趋势，是艺术金融发展过程中重要的高级业态。

一、案例简介：艺术财富家族办公室

在艺术金融的发展过程中，艺术品及其资源作为优质资产是重要的艺术财富，也是资产配置的重要组成部分。随着艺术品市场的不断发展，艺术财富成为很多财富家族的选择，一些新的艺术资产管理模式也相应出现并日益普及。

美国艺术品家族信托是随着财富家族数量的不断成长而得到发展的。家族信托是一种制度安排，更是一种机制。以美国的艺术品遗产信托来讲，其主要有三个目的：规避遗嘱法庭认证的漫长过程与巨额费用、合规避税及有序传承。艺术品家族信托管理的主要功能有：律师服务、税务会计服务、财务规划服务、艺术品顾问服务等。同时，艺术品家族信托需要落实的是信托责任（fiduciary duties），强调把对委托人的忠诚放在商业考量的首位[①]。因此，艺术品家族信托是艺术财富家族办公室运营发展的一个重要机制基础。

艺术财富家族办公室就是在各方面条件成熟的推动下，由西方国家最先发起，现已逐渐传入中国，已成为财富家族投资艺术品资产及进行规划与实施具体操作的艺术品资产管理新模式。

家族办公室被誉为"财富管理皇冠上的明珠"，是为超级富有家庭提供整个家族全方位、综合性、个性化的财富管理服务，涵盖投融资安排、法律咨询、税务筹划、子女教育、慈善公益、艺术品购藏、财富传承等多方面。通过对所有权、控制权、经营权、收益权的有效安排，进行风险隔离，使其资产长期保值增值，实现代际传承，翻越增值保值、代际传承和基业长青这三座大山。由于艺术品资产与其他资产的收益率关联不大，所以，艺术品特别适合做家庭资产组合配置的选项。而且，文物艺术品不仅可以赏心悦目，其也具有历史、文化和学术的传世价值，同时凝聚着家族文化理念的价值取向，所以，文物艺术品收藏成为传承家庭文脉的上佳选择。最早成立家族财富办公室的洛克菲勒家族用收藏的艺术品建立起了纽约现代艺术博物馆（The Museum of Modern Art, MOMA），是当今世界上最重要的现当代美术博物馆之一，与英国伦敦泰特美术馆、法国蓬皮杜国家文化和艺术中心等齐名。洛克菲勒家族也因收藏庞大的艺术财富而令世人瞩目。欧美国家很多财富家族涉足艺术品资产管理领域，比较典型的有洛克菲勒家族、古根海姆家族、雷曼兄弟家族、美第奇家族及摩根家族等。虽然不同的家族艺术财富管理办公室有不同的财富视角与管理偏好，但有数据表明，全球家族艺术财富

[①] 龚继遂.家族信托视角下的艺术品资产管理[M]//黄隽，高常梓.中国艺术品金融市场年度研究报告（2018）.北京：中国金融出版社，2018.

管理办公室的投资比例在不断地持续增加。

近年来，伴随着艺术精品的价格上涨，越来越多的高净值人群将艺术精品作为文脉传承、资产配置和财富管理的载体。艺术财富也成为家族办公室为富豪传承财富的重要方式之一。艺术财富家族办公室定位于为热爱艺术品的家族提供有效的管理。在中国，凭着多年的艰苦奋斗和卓越的眼光胆识，第一代企业家们已积累了大量的财富，对于艺术财富家族办公室的需求开始在中国悄然兴起，不少财富家族购藏文物艺术品时非常重视艺术品的传世意义。家族性艺术财富的传递有效地把艺术品资产管理与家族文化传统有机结合，形成了艺术财富的良性传承模式，从而使艺术品资产成了家族中最长久的优质财富。

家族办公室已经越来越成为财富时代家族资产财富传承与管理的一种重要的组织与管理形式，越来越引起人们的重视。在具体的案例研究分析过程中，应特别注意以下几个重要问题：

（1）艺术财富管理办公室的发展历程与现状。

（2）艺术财富管理办公室的服务平台与体系。

（3）艺术财富管理办公室的业务与服务体系。

（4）艺术财富管理办公室的发展趋势。

二、案例描述：艺术财富管理中的家族办公室[①]

（一）家族财富办公室概述

从家族办公室的发源与历史沿革的分析来看，美国是家族办公室的发源地。托马斯·梅隆（Thomas Mellon）拥有梅隆银行的巨额财富，他在1868年创立了世界上第一个家族办公室；约翰·D.洛克菲勒（John D. Rockefeller）紧随其后，在19世纪80年代末建立了自己的家族办公室。

洛克菲勒家族办公室在洛克菲勒家族的财富传承中起到了决定性的作用，它为人所知的名字叫"Rockefeller Family & Associates"，又被称为"5600房间"。这个机构可以被看作是整个家族运行的中枢，一百多年以来，它为洛克菲勒家族提供了包括投资、法律、会计、家族事务以及慈善等几乎所有的服务。该机构的前身由老洛克菲勒在1882年组成，当时老洛克菲勒需要一些专业人士来帮助他打理庞大的资产以及一些慈善活动。但由于他在很长一段时间内都拒绝将其投资团队专业化，所以，家族办公室一直非正式地运行着。直到1908年，他最得力的助手盖茨终于竭尽所能说服了老洛克菲勒组成了一个四人委员会来管理其资产。这个委员会包括盖茨以及小洛克菲勒，由盖茨全权负责。盖茨之后，麦肯齐·金、雷蒙德·福斯迪克、艾维·李、查尔斯·海特（负责房地产）以及卡特勒等各界人士才先后加入了洛克菲勒家族办公室的核心顾问团队。当时的美国金融界由两家公司主导，摩根银行和库恩·洛布银行（20世纪70年代与雷曼兄弟合并），这两家银行在各个方面有着激烈的竞争。盖茨事实上还是偏向了库恩·洛布银行，因为它提供的服务更为有利。洛克菲勒家族办公室从库恩·洛布银行买入了大量优质的铁路股票，参与银行向日本和中国政府提供贷款，一起联合垄断了芝加哥的肉类加工业。洛克菲勒家族办公室和库恩·洛布银行进行了广泛而深入的合作，而这也为日后的家族办公室带来了两位有名的金融顾问兼管理人：刘易斯·斯特劳斯和理查德森·迪尔沃斯。这两人都曾经是库恩·洛布银行的合伙人，其中，斯特劳斯除了是一名投资银行家外，还是一名物理学家，后来成为美国原子能委员会的主席。迪尔沃斯因代表家族办公室出席关于提名纳尔逊·洛克菲勒（Nelson Rockefeller）为副总统的听证会而为人所知。他在1958—1981年的领导，使得洛克菲勒家族办公室逐步从松散的组织转变成现代化管理的机构。1977年刚从副总统位置上退下来的家庭成员纳尔逊对洛克菲勒家族办公室做了调研，并建议成立一家家族拥有的公司来重组洛克菲勒家族办公室，该公司将向外部客户提供服务并收取费用。纳尔逊提出该建议

---

① 本部分参见：西沐.中国艺术财富管理概论[M].北京：中国书店出版社，2017.

的原因是要削减支出——在小洛克菲勒时期，洛克菲勒家族办公室每年的运行费用就达到数百万美元，而后随着家族规模的日益庞大，费用也不断上升，纳尔逊认为这会对家族的延续性造成影响。家族成员们采纳了纳尔逊的部分建议，但他提出的管理层方案没有被采纳——其中包括让他成为洛克菲勒家族办公室董事长的提议。1980年，洛克菲勒家族办公室成为在美国证券交易委员会注册的投资顾问公司，这家由洛克菲勒家族控股的机构叫洛克菲勒金融服务有限公司（Rockefeller Financial Services Inc.），原先只为家族成员服务的洛克菲勒家族办公室开始为外部客户提供资产管理服务。现任公司CEO鲁本·杰弗里三世（Reuben Jeffery Ⅲ）曾是小布什政府中负责经济、商务和农业的副国务卿，首席投资官大卫·哈里斯曾经是基金经理，之后长期为公司服务。洛克菲勒金融服务有限公司直接管理的资产为77亿美元，持有股票的总市值为29亿美元。从持股情况来看，石油虽然仍是重仓股，但较其1974年所占的41%已经大幅下降，这也印证了公司持续分散化投资的策略。为什么洛克菲勒家族的既定策略是持续分散化投资？因为对现在的家族来说，更重要的是在不影响家族延续以及团结的情况下，能够持续稳定地为家族成员提供部分生活以及事业上的资金支持，而分散化的投资正好能够带来比较稳定的现金流以及较低的投资风险。

随着艺术品市场的发展，艺术品被看作是社会地位与财富的一种象征，很多家族将艺术品这个优质的资产纳入到家族的资产配置中来，从而提升家族的资产质量与水平，家族参与艺术财富的管理，有助于其家族文化的建构与提升，也是家族社会责任的一个重要表现。家族办公室会认真考虑每一位客户的经历、观念、视野和未来，提供包括艺术品购藏的结构安排、流传考证、法律归属、定价估值、买卖程序、跨国流通、税收谋划、保险保管、专业运输以及潜在陷阱提示等全方位的服务。家族办公室人员会侧重提供专业化的法律和财务服务，同时为客户提供最好的外部专家服务，包括艺术品鉴定师、策展人和博物馆文物保护专家咨询等方面的外包服务。随着家族财富办公室的发展，作为一个独立的关于家族财富管理的机构不断发展，越来越独立，服务的家族越来越多元化。其核心的作用是密切关注家族的资产与资产负债表，通过成立独立的管理机构，聘用职业投资经理，自行管理家族相关的资产组合，从而在没有利益冲突的安全环境下实现家族财富管理的目标，完成家族治理与财富的传递，实现家族文化传统及文脉的传承。

（二）艺术财富家族办公室的业务类型

（1）艺术品基金的投资与管理。

（2）艺术财富家族管理中的家族慈善。

（3）艺术品家族信托。

（4）艺术财富家族管理中的艺术品资产配置。

（5）艺术品遗产规划。包括出售全部藏品规划、通过有限责任公司进行继承、捐赠艺术品资产及创建私人博物馆等。

（6）艺术家遗产的信托管理。

（7）艺术品融资信托管理。

事实上，随着财富家族艺术品资产的持有普遍化发展的态势，关于艺术财富家族管理的需求也在不断提升，这就要求艺术财富家族管理办公室的业务不仅要综合化发展，还要进一步发展第三方独立化，即不断向专业化、规范化、常态化的战略方向发展。

三、案例研究：艺术财富家族办公室的运营[①]

（一）家族办公室及其发展功用

1. 家族办公室的概念

所谓家族办公室（Family Office，FO），是从财富所有者角度出发，为其提供各种专业管理咨询和操作服务，由专业人士组成家族办公室，专门研究管理和保护其家族财富和广泛的商业利益，家族

---

① 本部分参见：西沐.中国艺术财富管理概论[M].北京：中国书店出版社，2017.

办公室不仅包含了为家族财富传承设计的家族信托构架，还包括了有关家族财富的保护、传承和发展。家族办公室是信托公司的一种服务模式，是整合各方资源的平台，是为高端客户提供增值服务的理念。

2. 家族办公室的功用

（1）为客户实现财富的保护。

一般而言，家族办公室初期与客户接触的第一层面就是法律问题。大多数对家族办公室有兴趣的客户都是抱着"心有千千结"而来，无论是担心资产安全、子女求学、政治风险、法律风险、商业风险，还是事业危机、居住国税率、财产剥离乃至于不足为外人道的家事问题，这些问题都结合了法务、税务、金融、移民等多重组合因素，并非单一通过律师事务所、会计师事务所或者移民公司所能解决的，因此，所有的问题都希望通过家族办公室初步得到答案。家族办公室的主要作用是密切关注客户的资产负债表，通过独立机构委托各专业顾问管理家族资产组合，这和委托私人银行等金融机构管理是两个完全不同的概念。家族办公室与私人银行最大的不同是其核心可粗分为法律、税务及财富管理三大基础，而三者之间又以法律为主轴，其服务的原始出发点是"资产保护"，而不是收益率或者销售佣金。

（2）为客户实现财富的增值。

完整的家族办公室的功能类似财富人士的核心幕僚群，完全站在客户的立场上有效管理其多种需求。在投资方面，家族办公室扮演金融市场买方的角色，将资金配置于股票、债券、PE、VC、对冲基金、大宗商品、房地产、艺术品等多个资产类别中，类似于机构投资者。家族办公室的律师及财税、投资顾问透过信托、保单等不同金融及法律工具，进行财富的逐渐集中化管理，将分布于多家银行、证券公司、保险公司、信托公司的金融资产汇集到一张跨境财务报表中，通过不同专业领域的深入，进行财务的风险管理、税务筹划、信贷管理、外汇处理、资产投资等优化配置。

（3）要考虑客户财富的转型，使得客户家业永续传递。

家族办公室不同于私人银行，不是简单的产品线扩充，而是在家族财富传承中融入家族家训的传承，使得家族企业的传承不仅是金钱财富的交棒，更是思想的延续。家族办公室可承担部分旅行与婚丧嫁娶等组织筹办责任，还包括档案管理、礼宾服务、管家服务、子女教育、安保服务等家族日常事务。

（4）家族文化传统与文脉的传承。

（二）家族办公室的发展态势

1. 美国及欧洲的发展态势

美国证券交易委员会（The U.S. Securities and Exchange Commission）估计，在美国，活跃着2500至3000个单一家族办公室，管理着约1.2万亿美元的资产；在欧洲，则有约1500个单一家族办公室。2012年，全球规模最大的联合家族办公室为总部设立在瑞士的汇丰银行私人财富解决方案（HSBC Private Wealth Solutions），管理着297个家族约1236亿美元的资产（平均每个家族4.2亿美元）；管理客户平均资产规模最大的联合家族办公室是总部设立在日内瓦的1875 Finance，管理着3个家族约54亿美元的资产（平均每个家族17亿美元）；总部位于西雅图的McCutchen Group则管理着4个家族约52亿美元的资产，以平均每个家族13亿美元位列第二。

2. 亚太地区发展态势

坎普登财富研究（Campden Wealth Research）与瑞银集团于2015年10月13日发布了针对亚太区家族办公室的研究报告。此次研究访问了全球37个国家的224个家族办公室的负责人及行政人员。整体来说，参与研究的家族办公室代表了超过2000亿美元的私人财富。在亚太区，共有35个家族办公室参与研究，平均管理资产规模高达4.31亿美元。

亚太区家族办公室2014年的投资表现居全球第二，按美元计算，回报率为6.3%，较2013年的7.6%有所下跌。瑞银财富管理超高净值客户大中华区市场经理刘昌欣表示，随着亚洲亿万富豪家族的规模及复杂程度增加,传承规划于创造持续家族遗产方面日益重要。在亚太区,很多企业家族在提升区内在环球财富比率上扮演关键角色。虽然区内的家族办公室模式仍处于初期阶段,但瑞银集团仍然留意到客户对于家族事业持续性、家族决策、家族架构、慈善事业及设立家族办公室架构等题目的兴趣越来越高。

3. 欧洲与亚洲家族办公室发展态势比较

"亚洲的家族办公室大部分都在初级阶段,决定权大多仍掌握在第一代手中,而在欧洲,决定权则已经交给后代。"瑞银财富管理亚太区超高净值客户服务部主管卢彩云表示,在亚洲,很多企业家都有自己的实业,实业和家族关系密不可分,而在欧洲,大趋势则是将二者分开。在亚太地区,家族企业与家族办公室的联系非常紧密,超过80%的家族办公室可能都与家族企业有联系。这与欧洲和北美的情况相反,在欧洲和北美,家族与赚钱的原始企业之间的联系少得多。与拥有悠久财富累积历史的美国和欧洲家族办公室不同,亚太地区60%的家族办公室是在过去20年内成立的。"这不是说亚洲仍在原始状态,事实上,新加坡和中国香港有些家族的发展已经类似欧洲。"卢彩云透露,在新加坡和中国香港,瑞银集团接触到的一些有规模的家族办公室也已经有20至30人,有专门的投资、法务、财务小组。随着强大的财富创造,中国内地发展的速度也很快,尽管大多数家族办公室还在起步阶段,如何积累财富仍然是考虑的主要内容,但最近,瑞银集团接触到的一个中国内地的家族办公室也已经有10至20人的规模。"欧洲的家族办公室更成熟,在资产配置和运营上(与亚洲家族办公室)不同,他们的规模比较大,分工很清楚,他们选择私人银行就是选择一个合适的资产管理人,业绩不好就会被炒鱿鱼。"卢彩云解释,亚洲的家族办公室规模则比较小,成员亲力亲为的情况更多,与银行的关系也就更紧密,除非银行的表现非常差才会被解雇。另外,出于保密性的考虑,亚洲的家族办公室不希望有很多人知道他们的情况,更换频率越低,了解其家族情况的人也就越少。

在亚太区,托管人也同样适用"鸡蛋不放在同一个篮子里"的投资原则。在这一地区,60%的家族办公室使用6家以上的外部资产管理公司。50%的家族办公室使用4名以上的托管人,通常依赖于其外部银行或管理人指定的托管人。仅有19%的家族办公室使用1名托管人。67%的家族办公室认为使用1名以上的托管人可以帮助分散风险以及保密。

家族办公室在中国属于新生事物,尚处于萌芽阶段。2015年2月11日,国际技术与本土实践结合的"诺亚财富家族办公室"在青岛注册起航,这是全国首批正式注册的"家族办公室"之一,填补了我国该类机构的空白。

(三)家族办公室发展的运营与基本机制

1. 家族办公室的分类

家族办公室可以分为两大类:单一家族办公室(Single FO,SFO)和联合家族办公室(Multi FO,MFO)。单一家族办公室,顾名思义,就是为一个家族提供服务的家族办公室。美国证券交易委员会(SEC)将单一家族办公室定义为:"由富有家族设立的法人实体,用以进行财富管理、财富规划以及为本家族成员提供其他服务。"联合家族办公室则是为多个家族服务的家族办公室,主要有三类来源:第一类是由单一家族办公室接纳其他家族客户转变而来;第二类是私人银行为了更好地服务大客户而设立的;第三类是由专业人士创办的。

MFO并不意味着规模一定会比SFO要大,事实上,许多SFO都是行业中的巨型公司。例如,戴尔电脑创始人迈克尔·戴尔的单一家族办公室MSD Capital,管理资产的规模大约为120亿美元,雇用大约80名全职员工,比很多MFO的规模还要大,最近正在进行的戴尔电脑上市公司私有化交易,就是由MSD Capital领衔的。

2. 家族办公室的运营机制

家族的财富规模、资产类别、优先排序、文化风格和治理复杂性的差异使得每一个家族办公室都是独一无二的。尽管家族办公室的职能和活动千差万别，但还是可以根据其资产规模和外（内）包程度，将其分为三种类型：精简型、混合型和全能型。

（1）精简型：精简型家族办公室主要承担家族记账、税务以及行政管理等事务，直接雇员很少，甚至仅由企业内深受家族信任的高管及员工兼职承担（例如，财务工作由公司CFO及财务部承担，行政管理工作由董事长办公室主任统筹等），实质的投资及咨询职能主要通过外包的形式，由外部私人银行、基金公司（VC/PE/对冲基金）、家族咨询公司等承担。某些中国企业内部设立了投资发展部/战略投资部往往是做主营业务之外的投资，其在事实上承担了精简型家族办公室的职能，我们可以将其看作家族办公室的早期形态。

（2）混合型：混合型家族办公室自行承担设立家族战略性职能，而将非战略性职能外包，外包职能与家族偏好及特征密切相关。混合型家族办公室聘用全职员工，承担核心的法律、税务、整体资产配置以及某些特定的资产类别投资（例如，如果家族实体公司为房地产，家族办公室房地产相关投资将会自己完成）。在某些关键性职能的人员配置上，可能会使用具有相关专业经验且忠诚的家族成员。混合型家族办公室管理的资产规模为1亿至5亿美元。某些中国家族在实体公司以外设立的控股公司、投资公司、投资基金或者其他法人主体，我们可以将其看作混合型家族办公室发展的早期形态。

（3）全能型：全能型家族办公室覆盖围绕家族需求展开的大部分职能，以确保家族实现最大限度的控制、安全和隐私。全部职能都由全职雇员承担，包括投资、风险管理、法律、税务、家族治理、家族教育、传承规划、慈善管理、艺术品收藏、安保管理、娱乐旅行、全球物业管理、管家服务等。出于家族目标、成本预算及人才聘用的考虑，在确保投资顶层设计的前提下，可能将部分资产类别的投资外包给其他专业机构，如风险投资、PE投资、对冲基金、另类资产等。全能型家族办公室管理的资产规模超过10亿美元时，家族可投资金融资产的主要部分将通过家族办公室进行管理。

富有家族自己不单独设立SFO，选择加入MFO，可以享受到两大好处：一是降低参与门槛。家族办公室是一个昂贵的工具，成立一个收益能够覆盖成本的家族办公室，其管理的资产规模不应低于5亿美元（约30亿元人民币）。这种量级的流动性资产，对于大部分资产沉淀于企业中的第一代创业家而言，仍然是一种较高的门槛。即使有足量的资本，某些家族可能还是希望能够从小做起。抛开资产规模不谈，创办SFO本身就是一项巨大而复杂的工程，需要耗费家族大量的时间和精力，而选择加入已有的MFO往往是家族尝试家族办公室的起点。二是规模经济。家族选择加入已有的MFO，无疑可以通过共享服务平台、投资团队等降低运营成本；拥有多个家族客户的MFO有利于吸引更好的投资经理、家族顾问、法律专家等专业人士加盟；由于不同家族拥有在多个行业深耕的经验及更为广阔的商业网络，MFO有可能获得更多的投资机会；同时，各种内隐知识也更容易通过MFO平台在不同家族之间进行分享。

当然，在获得诸多便利的同时，选择加入MFO也意味着家族将丧失部分隐私，亦不能享受完全定制化和绝对控制权。

（四）家族办公室是艺术财富管理发展的重要阶段

全球艺术品市场的繁荣、艺术品市场的专业化和不规范，使家族办公室的艺术品服务需求旺盛。家族办公室是受托人购藏艺术品的"守门人"，处于客户和不规范的艺术品市场之间，帮助客户降低风险。家族办公室在管理过程中会针对客户的经历、观念、视野和未来需求进一步考察艺术品资产，因为艺术品收藏是一种情怀，艺术品是一种生活方式和心灵感应的资产。家族办公室会有意识地为客户策划艺术品价值提升策略。艺术精品经常会遇到借展的要求，家族办公室要帮助客户通过著名博物馆和创意新颖的展览来提高持有艺术品的价值和知名度。此外，家族办公室会为客户的艺术品资产配置提出建议。伴随着客户环境和理念的变化，家族办公室必须重新审视受益人、受托人等的需求，适时调整规划。细致周到的计划可以避免和缓解家族内部或家族权威人之间的冲突和纠纷。下一代参与家族财富管理非常重要，家族办公室会瞄准家族收藏哲学和生活理念的代际传承，将慈善捐赠、社会公益事业与家族企业的长远发展联系在一起，帮助家族面向未来，关注家族决策以及接班人的安排。

罗斯洛克集团中国区代表也表示，中国艺术品市场存在标准和公信力这两个问题。走国际化道路可以说是一件好事，国内的一些机构和平台可以借助全球化的道路，和西方一些家族企业、家族平台在观念上进行交流，在艺术品的收藏当中进行合作，这是艺术品资产管理水平提升的重要路径。

（五）艺术财富管理中的家族办公室运营原则

因为艺术品作为特殊的标的物与金融产品的融合还处在起步阶段，我国刚刚开始试水艺术品质押融资、信托、保险，也暴露出艺术品作为特殊标的物参与金融运作的优势与不足之处，因而在家族办公室的运营过程中，需要慎重考虑，遵循以下原则：

1. 艺术品资产的购入机制需要灵活多样

将艺术品作为投资财富进行家族办公室理财，与其他理财方式相比，需要发挥艺术品购买方式灵活多样的特点。

（1）传统艺术品的购入渠道和途径多样，可以通过一级市场和二级市场购买获得：在一级市场中，可以从画家、私人藏家手中购买作品；在二级市场中，可以通过参与拍卖、艺术品博览会购买艺术品。随着"互联网+"时代的来临，也可以通过网络电商来购买艺术品。

（2）随着经济的发展，艺术金融产品也可以作为艺术品的购买渠道，比如投资艺术品基金、股票、信托等，也是艺术品投资的一种方式。

2. 艺术品资产的法律归属必须明确

艺术品要作为家族资产进行传承就必须要明确法律归属。《中华人民共和国信托法》第十条规定："设立信托，对于信托财产，有关法律、行政法规规定应当办理登记手续的，应当依法办理信托登记。未依照前款规定办理信托登记的，应当补办登记手续；不补办的，该信托不产生效力。"因而购买的艺术品以何种方式进行传承是家族办公室运营必须要解决的问题，也是原则性问题。

3. 艺术品资产的估值、定价系统完善

要将艺术品与金融产品很好地结合在一起，就需要有权威的估值与定价，而且要分析价格随着整体经济形势的变化情况，以便随时做出决策。随着艺术品资产管理的发展，我国已经开始出现国家认定的，不以营利为目的的权威定价机构，这会大大促进艺术品资产管理水平，包括艺术品投资进入家族办公室的运营。

4. 艺术品资产的鉴定途径权威

进行艺术品投资的首要前提是艺术品必须是真迹，这是无论进行普通艺术品交易还是高端理财的首要前提，因而就需要权威的专家、精密的仪器为艺术品的真实性保驾护航。

5. 持有期间艺术品资产的保值、增值途径多样

家族办公室运营的核心就是财富保值，艺术品以其所具有的历史性、审美性、传承性成为保值的首选，但保值的前提是要选择具有价值的艺术品，如古代珍品或者现当代有价值的艺术品。要实现艺术品投资在持有期间的增值，需要结合总体经济形势及艺术品市场自身的发展，制定相应的增值策略（比如，持有期间的展览、复制品销售、衍生品制作等）。

6. 保证艺术品投资管理安全

要保证持有期间艺术品的运输安全，就需要上特殊艺术品保险，为艺术品投保是保证艺术品安全性的权威渠道。艺术品的保管安全需要有专业人士对不同艺术品保管所需要的湿度、温度、保管方式进行指导，为高价位艺术品的保管投保。另外，随着电子计算机技术应用于金融资产的交易和交割过程，艺术资产及艺术金融产品管理的科技化也势在必行。

7. 艺术品资产的税收方式清楚

作为家族办公室里面的具有家族传承性的特殊

投资产品，必须明确要进行传承所关联的税收政策，以期达到财富少耗费、多保值增值的目的。

8. 完善的退出机制

（1）艺术品资产的国际流通性要强。

艺术品的投资理财是一项全球高净值家族阶层都会选择的理财方式，因而要选择国际流通性强的艺术品，对于出土的具有文物价值而不能参与拍卖的艺术品以及具有国家出入境保护的艺术品需要慎重考虑。

（2）择机退出。

经济形势与艺术市场状况瞬息万变，艺术品投资理财方式也多种多样，因而艺术品投资的退出机制尤为重要，需要择机选择合适的退出机制，确定选择长期持有、即时变现还是质押融资进行新艺术品的投资。

艺术财富管理中的家族办公室运营原则和方式还处在策划、形成阶段，它会随着家族办公室中艺术财富管理的实践而更加完善。

（六）艺术财富管理过程中家族办公室发展的战略路径

1. 把艺术财富管理纳入家族办公室资产管理的重要环节

家族办公室的职能广泛。要将艺术品收藏纳入家族办公室资产管理的重要环节，艺术品的收藏能够为家族财富的长期保有提供保障，艺术品的投资也不失为收益较为稳定的投资，还可以提高家族成员的审美品位。

2. 优化资源配置，不断完善多层次艺术资产管理市场体系，能够为家族办公室中的艺术品资产管理提供保障

鼓励和支持艺术品市场相关产业以及艺术品资产管理的发展，可有力地促进艺术品资产化发展向规模化、规范化、品牌化方向发展，构建艺术品债券、基金、信托等艺术品资产管理市场的发展，可以促进家族办公室中艺术品资产管理的完善化。

3. 建立家族办公室中艺术品资产的产品创新机制，不断完善艺术品资产的金融产品结构

丰富艺术品资产的产品创新，构筑艺术品资产的投融资平台，解决好艺术金融资产化与产权交易的问题，逐步建立和完善多层次、多形式的文化艺术产权交易市场，形成相应的交易环境和市场体系，强化诚信体系建设，营造良好的艺术品以及相关产品的投资收藏环境。

4. 强化艺术品市场的相关支撑体系研究，为艺术品资产管理过程中家族办公室的发展保驾护航

我国的艺术品市场相关定价体系、估价体系、鉴定体系、税收体系、法律体系还处在调整阶段，这就为艺术品资产的投资收藏增添了障碍，要促进艺术品资产管理的家族办公室发展，就需要各方面支撑体系的统一发展，为艺术品资产管理的发展保驾护航。

5. 促进艺术品资产管理过程中家族办公室的国际化步伐，不断推进我国艺术品资产管理过程中家族办公室的运营机制完善

随着金融创新和金融交易的快速发展，各国（地区）金融相关度进一步提高，使竞争加剧、汇率波动、国际短期资本流动加快，因而经济的发展必须与国际接轨。加之欧洲及美国的家族办公室发展历史相对较长、运营机制相对完善，所以，我国家族办公室在未来的发展，要充分借鉴国外成熟的家族办公室运营原则及方法，促进我国家族办公室的发展。家族办公室中的艺术品资产管理也要与国际接轨，这样才能促进我国艺术品资产管理过程中的家族办公室做大做强。

四、延伸阅读：中国艺术财富管理的前提条件与可能性方向[①]

任何一个业态的形成及发展都必须有与其相适应的条件与环境。特别是在研究与探索一个新业态创新发展的过程中，对现实条件的研究分析尤为重要。对于作为新业态的艺术财富管理来说，更是如

---

① 本部分节选自《金融时报》记者安仁对中国艺术产业研究院副院长西沐的专访，发表于《金融时报》2017年8月18日第011版。

此。艺术财富管理在我国尚处于起步阶段，因此，进一步探讨其发展的一些基本的机制、可能有的发展方向以及在此基础之上的发展模式，意义深远。中国艺术产业研究院副院长西沐对此有着独到的见解。日前，记者专访了西沐。

记者： 中国艺术财富管理的发展，是否需要特殊的客观条件？

西沐： 对中国艺术财富管理业来讲，现实条件可概括为：要素性的基本条件，如业态的主体、产业的体系、产业的结构与体系、支撑服务体系等；结构性的主要条件，如行业的管理、业态的核心竞争力、产业组织的效率等；行为性的条件，如行业的监管、行业的评价、预警等；环境性的条件，如法律法规、政策，大的经济、文化、政治环境的影响等。总的来说，研究与分析中国艺术财富管理发展的现实条件，对进一步认知中国艺术财富管理发展内在规律与趋势，研究制定战略与规划，提出发展策略与对策，具有非常重要的意义。

记者： 对于艺术品行业来讲，需要哪些客观条件来保障艺术品财富管理行业健康发展？

西沐： 第一，要有功能相对完善的艺术品综合服务平台。在中国艺术品及其资源资产化、金融化发展过程中，必须基于艺术品综合服务平台的支撑与服务。所谓基于平台化的财富创新管理，是指以资产配置为核心的资产优化配置、基于平台化的艺术资产管理产品的创新、基于平台化的支撑体系建构的创新等三个方面。建构功能相对完善的艺术品综合服务平台是中国艺术财富管理发展不可或缺的现实条件。

第二，要建构相对完善的艺术品鉴定服务体系。艺术品鉴定服务体系缺失是中国艺术品及其资源资产化发展过程中的核心障碍之一。当下，艺术品鉴证溯源是一项关系到中国艺术品市场治理的问题，事关中国艺术品市场治理的切入点与抓手。一方面，要建立中国艺术品鉴定体系；另一方面，要建立中国艺术品鉴定服务体系。这样，中国艺术品及其资源资产化、金融化才可能有基础，中国艺术财富管理的发展才可能进一步深化。为此，想要搞好战略规划，做好艺术品鉴证备案溯源系统体系与艺术品鉴定服务体系的对接落实与深化推进，首先要发挥艺术品鉴证溯源系统不断融合与夯实艺术品质量技术基础，其次要发挥艺术品鉴证溯源系统与体系对进一步落实艺术品计量、标准、认证认可、检验检测四大技术基础的应用，最后要探讨艺术品鉴证溯源系统与体系，提升艺术财富管理服务的精准水平与能力。

第三，要建构相对完善的艺术品评估机制与服务体系。面对艺术品及其资源特性，在估值与定价过程中如何创新？这些创新又需要什么前提？当下需要把握好四个前提：首先，是建立价值分析的理论架构。包括价值结构分析、价值形态分析，并明确价值分析的体系与工具。其次，是要有系统完整的市场数据。其中最关键的是历史交易数据和远期交易数据。对数据的分析包括两个方面：历史交易数据的支撑、远期交易数据的支撑。再次是必须建立数据挖掘管理平台。对其进一步挖掘与管理，需要相应综合服务平台。主要解决两个问题：以平台机制解决数据的透明度，以大数据、云服务及数据库等技术解决管理。最后，是必须建构科学、实用的工具。最重要的工具就是模型与算法，特别是大数据与人工智能的有效介入，会进一步推动艺术品及其资源估值定价创新的深化发展与新领域的开辟。

第四，要不断发展并形成相对丰富的产品体系及相应的产业体系。这是一个新兴业态创新发展的基础。对中国艺术财富管理来说，这是应对多元化、多样态、个性化艺术财富需求的基本条件。相应的产业体系是支撑艺术财富产品与服务创新发展的载体。没有相对丰富的产品体系及相应的产业体系，一个业态就不可能存在，更谈不上创新发展。

第五，要不断培育相匹配的人才队伍，既要有高端的规划设计人才、顾问咨询人才，也要有相应的管理运营人才、职业化服务人才。目前，中国艺术财富管理发展过程中的最大问题是人才问题，只有具备了与中国艺术财富管理业态相匹配的人才队伍结构，中国艺术财富管理才可能真正进入健康发展阶段。首先，需要强化对艺术金融内在发展规律的研究与传播人才培养，让更多高净值客户参与进来。其次，需要重视艺术品资产管理行业及艺术金融行业经验的积累与教育。再次，需要培养基于艺术金融发展需要的知识结构优化及智能结构融合的、合理的新型艺术金融跨界人才。最后，需要在国际化与本土化的融合中建构具有中国特色的艺术品资产化教育体系，引领世界艺术品资产化发展的潮流。

第六，要有相应的理论与实践前沿的研究阵地与人才，有相应配套的行业管理组织及监管体系。理论研究、前沿实践总结提升、法律法规与政策、完善监管机制与体系是非常重要的环节，任何一个环节缺失，都会对中国艺术财富管理发展造成损失。

记者：中国艺术财富管理发展创新需要具备哪几方面的基础？

西沐：事实上，探讨新的方向与模式，有几个基本的基础条件必须予以重视：一是艺术品综合服务平台的进化发展；二是互联网及其机制的发展；三是金融工具与金融产品的发展；四是新科技融合发展对艺术财富需求的变化等。这些具体的发展条件，既是艺术财富管理业态发展方向与模式的基础，又是其发展的基本动力。

艺术品综合服务平台包括：一是综合化艺术品仓储（集保中心）服务（包括修复、物流等服务），可与博物馆（美术馆）、艺术银行等业务整合；二是综合性的艺术品资产化服务，整合遗嘱、确权、鉴定、估值、集保、流转等支撑体系，提供艺术品的资产化服务；三是艺术品资产金融化服务，证券、银行、信托、保险、基金等金融体系，提供艺术品资产的金融化服务；四是艺术品资产的财富传承与管理，如家族办公室等；五是艺术品资产流转服务，整合股权、基金、交易、综合金融服务等手段；六是艺术品资产配置服务；七是艺术品资产收入性服务（授权、衍生等）；八是数据服务与资产规划与顾问服务；九是艺术财富传承管理人才培训与教育服务。艺术品综合服务平台可以整合艺术金融、艺术商学院等机构资源。

记者：中国的艺术财富管理创新表现在哪些方面？

西沐：在研究探索基础上，我们可以把艺术财富管理创新的基本方向概括如下：

第一，中国艺术品资产化及艺术财富管理的"平台+产业生态"模式。这一方向的基本机制是基于艺术品的综合服务平台，将艺术金融产业的不同业态，按艺术财富管理的要求，融合形成艺术财富管理业的服务生态链，来满足日益多元化、多样化与个性化的艺术财富管理需求。可用公式表示为：艺术财富管理的生态模式=艺术品综合服务平台+艺术金融产业业态+艺术财富管理服务的价值链。

第二，中国艺术品资产化及艺术财富管理的"平台+新架构+家族财富管理办公室"模式。基于保险架构的艺术资产财富传承管理，核心是要建立基于保险架构的艺术资产财富传承管理中心（综合管理服务平台）的基本架构。艺术品资产化时代的到来，是随着主动资产管理时代的到来而来的，它是跨界融合发展的趋势与结果，在这个趋势下，新的条件与机制的改变，要求金融产品的创新提升将成为常态。2008年全球金融危机以后，艺术品资产的优质特性被不断认知。各路投资机构和资金日渐感受到"资产荒"的寒意以及争夺优质资产的压力，这是艺术品资产受关注的大的行业背景。同时，金融体系在新一轮资产管理业务服务的战略架构过程中，正在进行新一轮的战略性竞争。投资者偏好不断分化，资产管理市场多元化、复杂化的发展趋势渐渐形成，随之会进行一场新的资产管理市场的创新与布局。在这一布局过程中，艺术品资产财富管理的进展成为新亮点，围绕其进行战略布局，正在形成金融体系中新的战略前沿与布局：基于保险架构下整合其他金融服务的综合服务平台；艺术品资产作为重要的投资与财富管理配置的选项；建构基于保险架构的中国艺术品财富传承管理中心；建构中国艺术品财富传承管理中心。

第三，中国艺术品资产化及艺术财富管理的"平台+金融体系"产品模式。这一方向的基本机制是基于艺术品的综合性服务平台，将艺术金融产业的不同业态整合到平台上，并依托平台的支撑服务功能，根据不同的需求创新出不同形式的产品，以满足不同形式、多元化、个性化的需求。对于这种艺术财富管理的模式内在机制逻辑，可用公式表示为：艺术财富管理产品集群综合服务模式＝艺术品综合服务平台＋（证券、银行、保险、信托、基金等）产品群。

第四，中国艺术品资产化及艺术财富管理的新机构管理模式。新机构管理主要是指不同于传统金融体系，为客户提供财富管理与规划的综合性的中介服务机构。这一方向的基本机制是依托艺术品综合服务平台，面向客户的实际需求，为客户提供艺术财富管理设计、规划、顾问服务，并在此基础上推出相应的管理产品的服务模式。对于这种服务模式，可用公式表示其内在机制逻辑：艺术品财富管理新机构服务模式＝艺术品综合性服务平台＋中介服务工具（设计、规划、顾问）＋针对性（个性化）的服务产品。艺术品财富管理的新机构发展模式主要有两个大取向：一是在目前发展较大的新机构中分设相应发展方向；二是专业化的发展方向，指已有的新的机构转型以及专门成立相应的专业化的新机构。新机构在中国艺术财富管理发展中是活跃而富有生命力的方向与模式。

第五，中国艺术品资产化及艺术财富管理的"平台+资产管理"模式。"平台+资产管理"方向是艺术品财富管理过程中最为基础、最为基本的方向。其机制是基于艺术品综合服务平台，在对艺术品及其资源资产化的基础上，采用创新的金融综合机制来满足艺术财富管理过程中的艺术资产管理的需求。其内在逻辑机制可以用公式表示为：艺术财富管理的资产管理模式＝艺术品综合服务平台＋资产化机制与体系＋综合性的金融机制（手段）。目前，这一模式由于艺术品综合服务平台的发育滞后而不够健全。这一模式的发展主要取决于以下三个方面进展：艺术品综合服务机构发育水平；艺术品及其资源资产化机制与体系建构状况；面向需求的综合性金融机制（手段）的形成能力。

第六，中国艺术品资产化及艺术财富管理"平台+电商"模式。这一方向的基本机制是利用艺术品综合服务平台的功能，通过对客户的信用管理，为海量的互联网用户的艺术财富管理需求提供多层次的、丰富的、个性化的服务产品或消费产品。对于其内在逻辑机制，我们可用以下公式表示：艺术财富管理的电商服务模式＝艺术品综合服务模式＋客户信用管理＋服务产品（包括消费体验产品）。基于平台化进展的艺术电商资产管理创新，指的是基于平台化的进展，市场机制与互联网机制作为重要的资源配置机制的进一步融合发展，推动了互联网艺术金融的进展。与"平台化+互联网+财富管理"巨大需求市场相适配的互联网艺术金融服务已经在前面谈到，除了信用、风险、客户、数据管理以外，更需要对资产化过程进行系统的管理评价与支撑，这是艺术财富管理发展过程中最为独特的行业经验与积累，也是艺术品综合服务平台建设的关键点。

第十章　艺术品典当运营案例研究

> 艺术品典当是较早存在的艺术金融业务服务形式，它既是一种产品服务形式，也是一个重要的业态。与在银行业务平台上进行的艺术品质押融资不同的是，艺术品典当的运营有其独特的特质，即除了在典当行中开展艺术品典当业务以外，也形成了自己独特的业务规程与文化。对艺术品典当运营的案例研究，可以进一步从不同的角度探讨分析艺术金融创新发展的视角及可能性，是不可或缺的艺术金融及其产业发展的服务案例。

一、案例简介：艺术品典当

艺术品典当是中国艺术品市场在漫长的发展过程中产生的一项重要的业务，也是艺术金融发展过程中的重要产品服务形式。

在中国艺术品市场存在的一些问题中，艺术品的鉴定估值问题尤为重要，然而，艺术品本身真假难辨，对鉴定水平要求很高，因此国内银行或典当行很少进行艺术品质押融资服务。目前，全国共有将近4000家典当行，开展艺术品典当融资业务的典当行不到总数的千分之五。大多数典当行都是以汽车、房产、财产权利等为主营业务，开展黄/铂金、珠宝玉石、名表等民品业务的典当行也不多。

在全国众多典当行中，华夏典当行是较早全面开展艺术品融资的典当行之一。艺术品典当融资业务范围涵盖字画（古代字画、近代字画、当代字画、油画等）、瓷器（古代陶瓷器等）、古玩杂项（玉器、铜器、金银器、竹器、木器、牙器、角器、漆器、景泰蓝、服装等），本章结合艺术品典当发展历史，以及以华夏典当行为代表的艺术品典当的具体运营模式，对艺术品典当运营和特色进行分析探讨。在具体的案例研究分析过程中，应特别注意以下几个重要问题：

(1) 艺术品典当的历史与现状。
(2) 艺术品典当运营与体系。
(3) 艺术品典当运营中的咨询顾问服务。
(4) 艺术品典当特色服务及其他服务。

二、案例描述：艺术品典当业务运营概述[①]

与其他典当业务相比较，艺术品典当业务有其独特的特质。所以，开展艺术品典当业务的典当行也会形成自己独特的业务规程。下面以华夏典当行为例进行分析说明。

华夏典当行是在1992年全国范围内恢复典当行业后，于次年在北京成立的第三家典当行，是北京最早一批开设典当业务的企业，也是北京最早通过股份制改造并且具有良好股东背景的大型综合性典当贷款融资企业。

华夏典当行最初是一家国有企业，由北京市贸易信托公司全资拥有，注册资金最初为50万元。2000年，华夏典当行进行了股份制改造，引进包括中国国际期货经纪有限公司、北京北美物产集团、北京市国资局等10余家有实力的大股东，公司也一举增资到3100万元，成为当时全国规模最大的典当行。2002年，公司得到银行的信贷支持，成为全国最早获得银行资金支持的典当行。2008年年初，华

[①] 本部分执笔人：李晶。根据公开资料整理。

夏典当行增资到1.2亿元,并确定建立跨区域连锁化管理的10年发展战略规划。到了2009年2月,华夏典当行注册资金已增资到1.5亿元,堪称是目前全国规模最大的典当行之一。

目前,华夏典当行完成了从"单一典当"到"多元业务"的转变,首创了"典当+绝当品销售"的全新商业模式,所有出售商品秉承"真品好价格"的理念,成功塑造了"品真阁"子品牌,形成了具有"华夏模式"的传统典当融资、商业物品流通、线上典当三大业务平台。

具体业务可细分为:以房产、机动车、财产权利典当为核心业务,服务中小微企业融资的"金融业务平台";以民品典当、绝当品销售为核心业务,搭建物品的变现与再次销售平台,创立服务绿色循环经济的"物品流通平台";以"华夏e当"电商网站为支撑,发挥华夏典当行线上线下协同的"电子商务平台"优势。

从业务品种上看,产品创新是华夏典当行快速成长的原动力。从1993年成立至2004年,华夏典当行一直以做传统民品业务为主,主要经营金银珠宝、日常用品、家用电器等的典当。1997年推出一项创新业务——国内首家汽车质押贷款业务;1998年又率先冲破禁区,正式推出股票质押贷款业务,成为国内典当行中第一家在资本市场领域"吃螃蟹"的企业。

创新的产品虽然蕴含一定的市场认可风险,但最终都给华夏典当行带来了不错的市场收益,多元化的业务创新经营也让华夏典当行走在了行业的前列。华夏典当行在当前的"互联网金融风口"之下,果断地开始了"触网"的尝试。在华夏典当行的三大业务平台中,典当借助"互联网+"高速发展,早已在公司的布局之中,以"华夏e当"电商网站为支撑,发挥华夏典当行线上线下的协同优势,在国内典当行业打造出首家电子商务平台。主打的"华夏e当"计划实现绝当品线上销售、在线典当、专家在线咨询服务三项主要业务。目前主要业务是在线零售,保证所有出售的商品全部保真,且价格实惠,大部分珠宝首饰类饰品都配有经权威机构认证的质量检验证书。得到客户的认可后,华夏典当行进一步开发出在线咨询以及在线典当这类业务功能,直接实现在网上成交。

目前,"华夏e当"主要通过第三方快递的形式配送。如果是北京同城的客户,且商品价值比较高的,也可以派专车去取。华夏典当行把线上销售和实体店结合在一起,类似于O2O的模式:一些货品信息和店面共享,客户在网上看了之后,可以通过网络把具体货物所在的实体店位置告知客户,也会和客户预约时间去店面看。这种成交既可以在网上进行,也可以在实体店进行。

华夏典当行在官网的分支机构栏目里还嵌入了百度地图,这样客户就可以清楚地了解到自己所在行政区的每一个门店的位置,服务也更贴近人性化,并积极推进"行商+连锁"的双驱动模式。旗帜性的典当行必须有跨区域分公司,有连锁门店。过去,典当行业是"门对里开",是别人走进来,是那种单店经营"死等"客户的经营方式。华夏典当行率先提出从"传统坐商"到"主动行商"、由单店经营向多店经营的转变,坚持要"门往外开",主动出击。要将典当业做大做强,引进商业连锁经营模式不失为一条有效捷径。经过20多年的经营探索,华夏典当行成为北京最早开展连锁经营模式的企业,门店扩张速度以及区域布局范围呈迅猛增长之势。

华夏典当行有一套自有的风险控制体系,尤其在贷前、贷中、贷后都有不同的方式、评估手段和评估标准。放款前期对客户资质进行审核,了解其借款用途、用款周期和还款来源,放款中期对担保物进行评估,评估值会参照市场价格以及华夏典当行对担保物的评估,从而确定典当评估参考价。放款后要看三大方面:一是客户用款时间是否按约定时间执行,二是定期查看客户续费情况、逾期情况,三是对长时逾期客户协商处理或拍卖。

此外,华夏典当行培养、积累的一大批专业、资深的典当师也是控制风险的一道保护屏障。目前,鉴定、评估团队具体细分为民品典当专家、房产典当专家、机动车典当专家、财产权利典当专家、金融产品典当专家五大领域。

近年来,股市楼市出现泡沫,而艺术品市场活跃,精品升值空间大,越来越多的成功人士进入艺术品收藏行列。由于艺术品占用资金较大,一旦企业或个人出现资金短缺问题,艺术品所有者就会想到用诸如艺术品这样的有价资产变现。从市场的角度来说,无论艺术品投资是否为盛世,都有很大的需求。在艺术品市场繁荣的情况下,藏家与投资人希望有更多的流动资金进行投资。即使艺术品市场进入不景气时期,很多人也会将手中藏品当出去变作"活钱"。华夏典当行金融产品研发团队经过认真调研和多方调查后发现,艺术品典当融资在国内市场拥有很大的发展空间,于是大力研发艺术品典当融资业务。华夏典当行联合来自博物馆、权威鉴定机构等一大批国内的艺术品鉴定人士,既能鉴定艺术品真假,又能准确评估市场价格,为华夏典当行开展艺术品典当融资业务提供强有力的专业保障。

三、案例研究:艺术品典当的运营研究[①]

(一)艺术品典当的历史与现状

1. 国内艺术品典当

在数千年中华文明史上,典当业的历史已有1600多年。典当作为一种社会现象和经济活动形式,是社会发展到一定时期的历史产物,有其产生的必要和流变、沉浮的理由。

到了20世纪50年代后期,在汹涌澎湃的社会主义改造大潮中,通过公私合营的形式,我国千百年来历尽沧桑、盛衰不定的当铺,终于被人民革命政权画上了句号,从而成为历史的陈迹。典当之所以被取缔,有学者解释称:"(中华人民共和国成立后)由于人们没有看到典当业存在的必要性,加之受'左'的思想的影响和长期对典当业利息剥削残酷性的不恰当的宣传,人们在心理上对典当业是憎恨的,认为它是部分居民贫穷的罪魁祸首,所以随着城市的解放,典当业都被取缔了。"姑且不论取缔典当的是与非,就其被取缔本身而言,则是其特定的历史背景决定的。取缔典当的直接理由在于它是一种高利贷行业。高利贷剥削与新民主主义革命时期的主张完全相悖,属于被革命的范畴,因而理所当然地遭到取缔的命运,而且这种革命态势早在20世纪30年代便已有了先声。当时,在中国共产党领导的革命根据地,也已对高利贷剥削的典当业采取了限制、打击的革命行动。例如,1930年3月,闽西第一次工农代表大会通过的《借贷条例》规定:"典当债券取消,当物无价收回。"1931年11月,第一次全国工农兵代表大会通过的《关于经济政策的决议案》规定:"取消过去一切口头的书面的奴役及高利贷的契约,取消农民与城市贫民对高利贷的各种债务;……应以革命的法律,严防并制止一切恢复奴役与高利贷关系的企图,城市与乡村贫民被典当的一切物品,完全无代价地归还原主,当铺应交给苏维埃。"由此可见,是革命政权在近代典当业走向衰落过程中最后取缔了它。

几十年后的经济体制改革为中国典当业的复出提供了新的历史机遇。1987年12月30日,四川成都华茂典当行成立;次年2月,浙江温州金城典当行成立。华茂、金城两家典当行的率先成立标志着中国典当这一传统金融行业在大陆的复出,重新进入中国金融经济的舞台。据统计,截至1995年年末,短短数年间,全国共有经政府不同行政机构批准注册的各类典当行3013家,注册资本金总额约9亿元。发展之迅速,复出态势之踊跃,分布地域之广泛,经营活动之活跃,呈现出一种迅猛的"复兴"趋势。根据中国人民银行1996年4月制定颁发的《典当行管理暂行办法》,经过一年多全国范围的清理整顿和规范,经重新核准的典当行仍达1350余家,注册资本金总额80

---

① 本部分执笔人:李晶。根据公开资料整理。

多亿元，直接从业人员1万多人。

20世纪80年代末至今，典当业发展态势迅猛，虽然经历了一段短暂的无序失控的起步阶段，但经过国家授权中国人民银行作为典当业主管部门以来，尤其是颁行《典当行管理暂行办法》，并进行全国范围的清理整顿之后，复出的典当业开始在规范、有序的轨道上健康发展。可以预见，随着金融经济体制改革的不断深化和社会主义市场经济体制的日趋发育成熟与完善，中国的典当业市场必将进一步扩大和活跃，典当业还将向前发展。这一发展态势是国家经济发展方针和市场经济规律所决定的。一些经济比较发达国家或地区典当业盛衰的经验，也已为此提供了借鉴、佐证。

在人们的印象里，艺术品的价值往往是无法估计的，一件艺术品就能使人一夜暴富的例子也常常使人向往不已。其实，在以往的传统当铺里，古玩字画的典当一直充当着主要业务的角色，但在现代国内典当行中，受到企业规模、艺术品市场成熟度、专业人才缺乏等诸多因素的制约，艺术品典当基本处于断档的状况。

一般而言，在需要典当行提供资金支持的人群中，能提供房产、车辆甚至股票作为贷款抵押物的占比很高，这个人群往往成为典当行的主要客户群；另外，有许多人可以提供各类奢侈品、工艺品进行质押，比如，手表、相机、玉器、珠宝首饰等，这些也一直是典当行的传统业务，并不属于艺术品典当的范畴。所谓艺术品典当，多指以中国书法绘画、油画、瓷器古玩之类的物品当作典当物进行交易。在目前中国典当行的客户群体中，具有艺术品收藏的人士占比相对并不高。

20多年来，北京文物艺术品拍卖市场发展得十分迅猛和强大，吸引了几乎所有艺术品爱好者的目光，投资、收藏人士已经习惯与拍卖行进行交往。由于拍卖行的定价比起典当行的定价要高一些，更能够吸引藏家到拍卖行进行变现，而不是去典当行质押借款。因此，去典当行通过质押艺术品需求贷款的人要么不熟悉拍卖行，要么其藏品不被拍卖行所接受，要么就是遇上了急事，送拍卖行上拍已经来不及了。早年间，将藏品送到典当行的人士并不是很多，其藏品的质量也比较差，真品率很低。北京金保典当行大约在2008年开始尝试艺术品典当业务。金保典当行艺术品典当采取的运营方式为：聘请鉴定能力较强的古玩专家兼职工作，聘用合同中要求该专家自担风险，当收当的文物艺术品出现绝当情况时，专家必须能够以当价购走质押品，由此增加专家的工作责任心，分担典当行的经营风险。此时，鉴定专家也有了一定的积极性，因为他可以通过典当行的窗口低价买到一些绝当的艺术品。这一模式带来的问题在于，质押估价往往过低，交易不易达成。

此外，艺术品典当还面对着业务量少、真品率很低的问题。由于文物艺术品的种类繁多，因此要求鉴定评估专家的涉猎面要很广，什么都要懂一些。有时，甚至要多位专家一起鉴定，或遇到特殊藏品专门请教其他专家复审，才能将典当风险降到最低。但聘请专业人士成本很高，这与艺术品典当的收入常常难以匹配。同时，由于文物艺术品鉴定评估的专业性很强，典当行的经营管理者与专家之间如何取得信任也是一个实际问题。

2. 国外艺术品典当

作为一种新兴的艺术品变现方式，尽管目前艺术品典当在国内的势头未能完全显露，但反观国外，艺术品市场变现的渠道则更为多样化。除去拍卖，人们还有很多选择。从国外的艺术品市场来看，拍卖、抵押、典当等融资方式即使不能说分庭抗礼，也是多足鼎立的态势。典当作为艺术品市场交易当中的一分子，也是非常常见的融资方式，一般可占到整个艺术品市场交易份额的10%左右。而在国外，目前较为热门的艺术品抵押公司分别为"艺术品资本""艺术品融资伙伴""艺术品借贷"等。即使在经济危机期间，艺术品抵押公司的经营情况也能节节高升。

（1）美国艺术品典当业：美国典当业的重新崛起是在20世纪80年代末期，在此期间，美国典当业成为全球规模最大的典当业，无论是典当行数量、市场容量、发展战略，还是管理方式、营销手段、经营效益，都令世界各国的典当业望尘莫及。现今，美国拥有1.5万家典当行，遍布全美各地。从地域分布上看，尽管不够平衡，但总体上比较合理。

美国是全球企业连锁制的发源地。近年来，艺术品典当连锁经营方式也开始广泛渗透和应用到典当业。最著名的美国国际典当有限公司在英国、瑞典也有分支机构，该公司在美国共有连锁典当行465家，每州平均可达9.3家，其中佛罗里达州有49家连锁典当行。这就使得艺术品典当能够有一个完整、透明、统一的评估鉴定标准，不管是在哪家连锁店中典当物品，其息费、鉴定评估、保管、保险等都非常规范。近些年，美国的艺术品典当业飞速发展。2009年，艺术品融资资本（我国称为"典当"，美国称为"艺术品资本"）共计放出1.2亿美元的贷款，比2008年的8000万美元提高了50%。纽约另一家典当机构"艺术品融资伙伴"负责人则称，"在2009年过去的6个月中，我们用于放贷的资金就提高了40%。艺术品贷款利息高，借款人必须支付高达12%至19%的息费。另外，艺术品贷款的违约率约为15%。一旦借款人拖欠贷款，贷方不仅将没收已典当的艺术品，还可能没收借款人的其他财产"。

（2）新加坡艺术品典当业：典当业在新加坡约有200年的历史。1898年，新加坡通过了第一部典当法律——《典当商法》，并于1899年1月1日起正式实施。其中，政府对艺术品典当明确规定了开业许可，典当、赎当和绝当物的处理程序，并把典当列入治安管理处罚等法规中。在新加坡，艺术品若出现绝当，政府则指定4家拍卖行负责专营全国的绝当物拍卖，其中每家轮值1年。原先法律规定每月的前7天进行拍卖，自1994年起改为每月的第二个周末进行拍卖。拍卖前，所有典当行都要上拍绝当艺术品的登记、编号、造册，并至少在拍卖日前3天送达拍卖行。拍卖行则需在拍卖前发布拍卖公告，公告要求在同一种报纸两个不同的日期各发布一次，且第二次的公告必须至少在拍卖日3天前刊登，运作组织得颇为规范和严密。更有趣的是，新加坡法律规定，典当行自身在拍卖会上也可以举牌竞价，表现为既是绝当拍品的委托人，又是绝当拍品的竞买人、买受人，而这一点与《中华人民共和国拍卖法》中关于"委托人不得参与竞买，也不得委托他人代为竞买"的规定完全不同。

（3）英国艺术品典当业：如今的艺术品典当在英国被称为"艺术品过渡性融资"，而且一直在与拍卖行合作。英国典当业面对的客户不是分为"穷人"和"富人"两种人，而是分为"等钱用的"和"不等钱用的"两种人，其中后面这种人有可能看好典当，愿意尝试这种融资方式。因此，英国典当业的服务对象很多是具有专业知识的、富裕的中产阶级，他们前往典当行是为了方便快捷地获取一笔短期流动资金。在这里，没有人考虑面子问题，而主要在于通过减少麻烦、提高效率以达到融资的目的。时任苏富比金融服务部总裁的米切尔·泽克尔曼（Mitchell Zuckerman）介绍说，苏富比执行的这项业务是针对被当作抵押品使用而不必卖掉的艺术品进行融资借款业务。她指出，这种借款的方式简便快捷，但有两个硬性要求：一是确定特定作品（或列为抵押品的收藏）的拍卖价值；二是确认该客户的合法所有权。而银行贷款会要求客户提供整体经济情况的评估报告，耗力费时。另外，苏富比也会评估以多少金额用旧收藏品换取新收藏品。

（4）俄罗斯艺术品典当业：20世纪90年代初苏联解体后，该国典当行最大的变化就是国有典当行都改为民办典当行，许多公营典当行被私营典当行所取代。俄罗斯对艺术品典当业的经营方式主要以发展财务数学模型计算为评估手段开展工作。这种模型主要依据当前艺术品市场状况来显示典当艺术品的价值，如艺术品作者、作品内容等方面的一些市场参数。如果遇到一些数据无法查询或辨识，典当行甚至会以国内经济发展指数、物价的波动（以黄金类为参照物的计算方法）以及艺术品当期长短等因素来进行评估。与此同时，许多典当行还设计了新的电脑软件，控制每家典当行每天的艺术品典当交易在400至1000笔范围内。

（二）艺术品典当运营与体系

近些年，艺术品收藏已经成了一项重要的个人投资。市场中对于艺术品融资的需求也越来越强烈，典当行开始了对此项业务的尝试。据文化部（现文化和旅游部）艺术市场发展中心2014年的统计数字，在当时全国近7000家典当行中，从事艺术品典当业务的只占千分之五，而真正开展相关业务并具有一定规模的典当行只有20家。华夏、瑞信、中财等提供艺术品典当业务的知名公司屈指可数。2009年9月，华夏典当行正式推出了艺术品典当融资业务，业务范围涵盖陶瓷器、字画和古玩杂项三大类，两个月间就为数十位客户办理了艺术品典当业务，放款金额从几千元到几十万元不等；2010年3月，荣宝斋注资数亿元在北京开设艺术品类典当行，引发各方关注。

1.艺术品典当运营

华夏典当行开办的艺术品典当主要有以下五步流程：一是鉴定，不仅包括对当物本身的真伪进行鉴别，还包括对其市场作出判断；二是评估，在经过鉴定之后，要根据当物情况对市场行情进行有效评估；三是价格协商，华夏典当行会根据鉴定后的估价和客户的心理价位进行价格协商，力求达到双方都可以接受的价格；四是封样，将艺术品签封后存入库房；五是支付当金。

以书画艺术品典当为例：客户携带书画前往办理典当手续时，典当师会当场对书画进行鉴定并估价；而当客户接受了典当价格后，典当师又会将书画封存，并向客户当场支付典当款。整个典当手续在10分钟内完成，典当行也会请客户当场监督，并由客户在封口处签字确认。整个过程都在录像设施的监控下进行，最大限度地免除了客户的后顾之忧。

2.艺术品典当体系①②

（1）常规模式。

2001年，北京华夏典当行就在国内率先推出了艺术品质押典当业务，但出于市场和专业人才等诸方面的原因，该业务在运营2年多后被迫暂停。艺术品融资之所以长时间空白，主要受到艺术品真伪鉴定和价值评估等方面的制约。2009年，北京华夏典当行"重拾旧梦"，与一批博物馆和鉴定机构合作，再次开展艺术品质押典当业务，所涉及的艺术品包括陶瓷、字画、油画和古玩杂项（傅洋，2009）。北京华夏典当行艺术品质押典当的额度主要根据评估价值而定，一般不超过评估价的90%。在典当息费方面，艺术品质押典当与民品业务的典当息费保持一致，为每月4.7%，并采用"息费五天一计"的模式。值得一提的是，与许多典当行收取200至500元/件鉴定费的做法不同，北京华夏典当行为客户提供的是免费鉴定服务（丁晓琴，2009）。但总体来看，北京华夏典当行的艺术品质押典当同传统的艺术品质押典当以及常规质押典当的区别都不大。

（2）"拍典通"模式。

2009年5月，北京歌德拍卖有限公司与北京通银典当行共同宣布，只要是在北京歌德拍卖有限公司2009年春拍图录中出现的拍品，无论成交与否，经北京通银典当行再评估，皆可由北京通银典当行提供拍品质押典当服务。此举为北京歌德拍卖有限公司提供了一项重要的增值服务，同时也标志着艺术品拍卖行与典当行首次实现"跨界"合作。这种合作模式虽然"看上去很美"，但"再评估"这一关键词似乎决定了该模式的实际操作恐怕没有这么简单。

时隔一年之后，北京歌德拍卖有限公司的合作伙伴就由北京通银典当行变为了北京华夏典当行。2010年6月，北京歌德拍卖有限公司与北京华夏典当行正式推出名为"艺术品拍典通"的艺术品典当新模式。这种艺术品典当模式允许客户同典当行和拍卖行分别签订典当与拍卖协议。艺术品在拍卖预展期间可以随时典当融资，也可以在典当期间随时交给拍卖行用于预展。在拍卖成交后，客户可以用

---

① 马健.我国艺术品质押典当模式研究[J].西南金融，2015（5）.
② 天荣.艺术品典当的国际化视野[J].艺术市场，2010（1）.

拍卖款偿还典当行的借款，倘若流拍，客户也可以选择赎当或直接绝当给典当行。这一业务模式改变了此前拍卖与典当不能同时进行的局面。此外，值得一提的是，"艺术品拍典通"的借款额度最高可达评估价的90%（何怡，2010）。显而易见，这一新模式的最大优势在于藏家可以盘活艺术品，同时参加拍卖和典当，从而避免了艺术品由于质押在典当行而错过拍卖行"春秋大拍"的机会。但"艺术品拍典通"对拍卖行和典当行要求很高，尤其是对业务流程和风险控制的要求更高。

在2012年春季艺术品拍卖会上，广东衡益拍卖有限公司推出了广东省首个书画质押典当服务。如果说北京歌德拍卖有限公司与北京华夏典当行推出的"艺术品拍典通"由于两家公司的股权结构和信任关系还不够"通"的话，那么广东衡益拍卖有限公司和广州新衡盛典当有限公司的"艺术品拍典通"则可以被视为升级版的"拍典通"。广东衡益拍卖有限公司的《拍卖图录》中写道："本图录中凡有钻石标记之拍卖品，在买受人完成拍卖品交易程序后的两年内可由广州新衡盛典当有限公司提供质押融资服务。"在该场拍卖会上，近现代书画板块中约有八成拍品均符合质押典当条件，而古代书画则全部不接受质押典当。关于该项业务的操作细节，广东衡益拍卖有限公司董事长、广州新衡盛典当有限公司总经理马聪介绍说："拍卖行会先鉴定书画的来源，典当行再评估书画的价值。为了防止有人恶意炒高书画价格后套现，我们规定质押的金额按照市场价的50%来定，而不是按照拍卖价来计算。"值得一提的是，广东衡益拍卖有限公司和广州新衡盛典当有限公司在股权结构上的"兄弟公司"关系或许是二者能够密切捆绑的最重要原因。

（3）"典拍通"模式。

虽然"拍典通"与"典拍通"在名称上只有字眼儿的顺序之别，但与同以拍卖行为主导的"拍典通"模式不同，"典拍通"模式的特色在于涵盖了典当、拍卖、交流、融资的"一条龙"创新式服务，重点在于典当融资。2012年4月，云南雄升典当有

限公司、云南典藏拍卖集团有限公司、云南省文物总店有限公司、云南云桥建设股份有限公司、云南省文物博物馆协会、昆明广播电视台等多家机构联合组建了集典当、拍卖、交流、融资"一条龙"创新式服务的云南文物艺术品"典拍通"。书画、瓷器、珠宝、玉器、家具、雕件、佛像、杂项等艺术品都可以通过质押典当来融资。艺术品"典拍通"的整个业务流程涉及鉴定、评估、典当和拍卖等诸多环节，每个环节都会有相应的专业机构提供专业服务。

为了保障规范和诚信运营，由云南文物艺术品"典拍通"承接的艺术品质押典当业务会指定并委托云南省文物博物馆协会鉴定评估中心进行鉴定和评估。需要指出的是，其给出的评估价会略低于当时的市场平均价。但是，由于艺术品"典拍通"模式能够在更大范围内整合相关资源，因此，它有可能能够更好地控制艺术品质押典当的风险。

（三）艺术品典当特色

1. 短期融资更具优势

在国际上，艺术品融资已经非常发达，而中国内地由于艺术品市场发展时间短，金融支持与艺术品投资尚未良好地结合，存在着艺术品投资需求强却没有合适融资渠道的现象，而在一个成熟的艺术品市场中，金融的支撑必不可少。在艺术品市场繁荣的情况下，藏家与投资人希望有更多的流动资金进行投资；而当艺术品市场进入不景气时期，很多收藏者也能选择将手中藏品典当出去变作"活钱"。对比艺术品典当与拍卖，可以清楚地发现，在短期的融资方面，典当更能够节省在费用上的支出。凡是在拍卖行成功拍出的拍品，投资者都需要交付一定比例的手续费，拍卖成功通常是10%，而流拍也要支付3%的手续费。除此之外，还需支付17%的增值税。以拍卖所得20万元为例，需要支付的费用为20万×10%+20万×17%=5.4万（元），而艺术品典当的融资息费为4.7%/月，借款20万元的融资成本为20万×4.7%/月=9400（元），拍卖所需费用接近典当融资

6个月的成本。因此，对于半年以下的短期融资来说，艺术品典当在成本及时间上更具优势。

2. 流通与融资更顺畅

典当协会调查显示，艺术品典当更多是"富人"之举，客户年龄在20至50岁，有一定经济实力。进行典当的客户一般分为两种：一种是为了短期融资，把当到的钱用于能"生钱"的经济活动；另一种是为了筹取资金，在下一轮拍卖中，抢得头筹。拍卖和典当并不矛盾，反而相辅相成。

国内艺术品典当有其"季节性"。收藏家们为了在春拍、秋拍之际抢购心仪的艺术品，可以直接通过典当手头的艺术品融资，因此，在2月份、3月份和9月份、10月份，艺术品典当业务量随拍卖季水涨船高。在苏富比等国外著名拍卖行中，也有同样的情况出现。在新兴市场与成熟市场，满足艺术品拍卖带来的资金需求，是艺术品典当融资的基本目的之一。

在拍卖季，收藏家既有典当的需求，也有竞拍的需求。华夏典当行与歌德拍卖联手推出的"艺术品拍典通"模式就满足了这一需求：收藏家可以将升值的物品送去拍卖场预展，以便成功拍出后获得增值收益。在此期间，同样需要融资，参与竞拍即可抢到心仪的艺术品。按一般的程序，如果把艺术品送去典当，就拿不走了，直到赎回才能进入下一波流通。而"拍典通"业务允许收藏家把物品典当之后不用赎回，直接参加预展拍卖会。也就是说，收藏家送去拍卖行参与预展的物品，一样可以得到典当行的借钱许可。如此一来，流通与融资环节更加顺畅。联手拍卖让融资更便捷，将是艺术品典当行业的大势所趋。

3. 连锁化经营更规范

连锁化是艺术品典当行做强做大的最佳方式。美国的连锁典当公司经营红火，市场规模巨大，就在于连锁的力量。举个最突出的例子，美国国际典当有限公司建于1984年，1990年成为纽约证券交易所的上市公司。它是美国最大的典当连锁公司、美国最大的跨国典当公司和典当上市公司，其连锁典当行不但分布在美国国内，在英国、瑞典也有分支机构。通过连锁经营，各连锁店在典当、寄售、拍卖等领域实现资源的优化配置和经营网络资源共享，实现错位经营和差别化管理，并在评估、销售、管理等多方面实行统一的管理标准和操作流程。对于艺术品典当来说，连锁经营的现代化管理手段使典当物更清晰、透明，避免了暗箱操作，使典当行实现规模经营。

四、延伸阅读：中国艺术品典当怎么走[①]

艺术品典当问题是中国艺术品市场金融化的一个不可忽视的环节，在中国艺术品资本市场发展过程中占有重要的位置，特别是在资本市场的发育初期起着重要的启蒙作用。所以，对艺术品的典当问题展开讨论具有一定的可操作性与现实意义。

（一）艺术品典当是如何运作的

西沐：艺术品的典当虽然形式多样，但总的运作流程是基本一致的。概括地说，艺术品典当的运作流程可分为五步：一是鉴定。鉴定的难度不仅在于真伪的判别，还要对其艺术价值、文物价值做出判断。二是评估。不仅要做到对艺术品本身的优劣高下心中有数，还要熟知市场行情，尤其是当市场波动很大时，必须对行情的变化了然于胸。三是价格协商。典当行的估价和委托人的心理价位如果有很大的落差，就会有一个讨价还价的过程。四是封样。将艺术品用骑缝签字封存于金库，实地录像。五是支付当金。

（二）艺术品典当的价格界定以及鉴定方面存在什么样的问题

西沐：艺术品的典当可以以拍卖价格为基础，但如果一件艺术品典当前的估值和实际拍卖价格相去甚远，那么典当公司就很难兑现。由于目前国内的拍卖市场比较混乱，实际的拍卖价格水分很大，这让典当公司不得不谨慎行事。即使典当公司与送

---

① 本部分选自《艺术市场》杂志记者杨列于2009年12月对西沐的专访。

典人在价格上达成一致，也很难控制道德风险的发生。特别是目前艺术品市场造假的情况比较严重，有些赝品甚至可以瞒过专业人士的眼睛。比如，有人拿价值几百元的赝品到典当公司典当，说是价值很高，但典当成功后又不赎回，典当公司的损失就会很大。

（三）艺术品典当的未来发展会怎么样，面临着什么样的问题

西沐：艺术品作为投资工具有明显的不足：一是流通性差。艺术品的流通性远远不如证券，而股票除节假日外，其他时间都能交易，进出十分便利，但艺术品主要通过拍卖会、画廊、艺博会或私下交易。藏家如果在缺钱时想兑现自己收藏的艺术品，常常是高价进、低价出。二是真伪难辨。随着市场的不断发展，造假手段从以前拙劣的低仿变为如今欺骗性极强的高仿，令投资者大伤脑筋。三是潮流易变。供求关系及人们审美观念的不断改变致使艺术品价格难以预测，寻找稳赚不赔或"四两拨千斤"的艺术品难上加难。四是品相难以保持，发黄、折皱、破碎都会降低艺术品的价值。此外，艺术品没有防御风险的工具，且优秀大师凤毛麟角。因此，艺术品投资巨大收益的背后存在相当大的风险。

为此，应将现代金融业的经营理念与技术引入艺术品投资，摒弃不规范的做法，重建艺术品投资的运作流程和价值链，为艺术品金融化打下良好基础。具体来说，有以下办法：一是在市场体系建设上，要建立艺术品的保真体系，确保进入交易流程的艺术品的真实性；出台有关艺术品投资的法律法规，从制度层面完善政策体系的配套；建立与艺术品市场体系、国家经济发展战略及文化产业政策相结合，不断翻新的艺术品投资和理财的方式，为艺术品投资提供更正规的艺术金融服务体系；建立畅通的艺术品流通体系，促使艺术品资本化过程中出现的担保、抵押和变现得以实现；加大艺术品市场整治力度，建立风险监管体系。二是在优化环境上，虽然艺术品投资的回报率在过去10年超过了股市，但是，严格来说，针对艺术品投资的工具还很少，加之交易不透明、拍卖不保真、缺乏权威的指数体系，艺术品市场并不具备进行投资的支撑条件。所以，优化投资环境对于艺术品金融化十分重要，这主要有赖于政府因势利导，规范市场行为，鼓励大众参与，优化环境，强化投资氛围。三是在建立标准上，要完成艺术品市场标准，特别是准入的标准设计，既可从数量、质量和品种上对进入交易市场的艺术品进行有效控制，又可对艺术品的产权真实性、流传的有序性进行控制。四是在评估体系的完善方面，要使各种艺术品都有一定的价格判定标准，让艺术品的价值量化、资产化。评估的权威性与真实性是银行、保险及投资者介入的前提，也能改变目前艺术品评估无法可依的混乱局面。五是在交易渠道及平台建立方面，可以进行系列指数的发布，也可以进行艺术品交易市场的微观结构理论及交易制度设计研究，以研究成果来避免艺术品市场中的黑幕交易，更可以充分利用高科技手段，解决艺术品网上交易和远程支付，搭建一个公正、科学、现代化的交易平台。更应强调的是，要建立相应的退出机制及便于资本进出的渠道，使艺术品市场发展成为一个活跃的投资产业。六是在信息共享方面，要加强相关机制建设，可以将市场中重大信息尤其是相关指数的发布迅速、准确地提供给买卖双方，实现买卖双方信息的公开、透明与对称。

外资银行涉足中国书画古董等艺术品典当市场短期内不大可能，一是政策的制约，二是中国艺术品市场的配套机制缺失，最主要的是藏品的真伪没有权威机构鉴定和把握。把中国书画抵押到银行贷款更不大可能，目前用书画艺术品抵押筹资只能在典当领域中才能实现。

（四）艺术品典当与艺术品拍卖相比有什么优势

西沐：与艺术品拍卖相比，艺术品典当业务是相当吸引人的：一方面是可观的费率——按行业规定，艺术品典当的费率按月结算，仅需支付4.2%的费用和2%的银行利息；另一方面，其最大的特点是手续简便，当期灵活。

（五）在国家政策方面，应该对艺术品典当有什么样的约束

西沐： 当前，中国艺术品资本市场的发展涉及的主要不是股票市场，而是刚刚建立的一点点资产与信托市场。而艺术品典当这一块虽然无大的政策限制，但发展很慢，现在还很弱，需要政策扶持和配套。如果说有约束的话，就是越来越难以设立及按准金融机构监管。但就眼前来看，艺术品典当是一个突破口，可以初步将艺术品资本化，让更多的资金流向艺术品市场，使艺术品市场做大做强。近年来，各大艺术品聚散地都几乎成了国内外保险界、证券界和银行界等金融领域人士以及民营资本的聚会地，艺术品典当也一步步上演与资本共舞的局面。

（六）典当行与拍卖行之间的合作未来会怎么样

西沐： 典当与拍卖有着天然的联系。典当品很多时候需要借助拍卖进行变现，而拍卖也可以借助典当这一平台为客户提供更增值的服务。基于这个理由，全球艺术品拍卖的两大巨头之一苏富比为其客户提供了一种过渡融资服务——以客户的艺术品作抵押，给予其投标拍卖会上推出的新拍品的权利，甚至还有一种以物易物的服务——用抵押的那件艺术品换取新拍到的艺术品。不过，苏富比这类业务的活跃期也和拍卖季节有关。由此可见，无论是在新兴市场上还是在成熟市场上，满足艺术品拍卖带来的资金需求是艺术品融资业务的基本功能之一。

（七）国外的艺术品典当行业的发展是什么样的？对国内的典当行发展有什么启示

西沐： 比照境外成熟市场的经验，利用艺术品进行融资还是比较基本和原始的功能。在西方，艺术品增值税高达28%，采用艺术品担保融资的方式能产生一个衍生功能——避税。由此可见，艺术品典当在我国只是艺术品市场当前发展阶段的一种融资服务，随着艺术品市场的日趋成熟，其会升级为新的业务。外国银行令人眼花缭乱的理财产品和极为丰富的理财经验近乎贪婪地蚕食着国人的富余资金，国内银行的介入也势必挤占画廊与拍卖的生存空间。事实上，艺术品市场金融化没有很好的体系保证，诸如拍卖不保真、交易不透明、信息不对称等风险很难排除。因此，风险监管体系不可或缺。可以与有经验的艺术品典当行合作，组建投资顾问团队、开辟出口渠道、引入典当咨询机构以及实行组合投资等来摊薄风险，并加大艺术品市场整治力度，在控制风险的同时实现投资资金运转效率与收益的最大化。

（八）经济危机是否加快了艺术品典当的发展

西沐： 从理财的角度看，艺术品典当业务的生命力与近年来艺术品市场的繁荣有关，因为这带来了人们对艺术品投资价值的再认识：一方面，近年来艺术品身价扶摇直上凸显其投资价值；另一方面，因为艺术品在变现时存在许多不确定因素而显得流动性较差。在经济形势不确定的情况下，投资者往往会寻找新的投资组合，以最大限度地规避投资风险。由于政治和经济因素对艺术品投资市场的影响低于其他的投资活动（如股票投资等），因此，艺术品投资的市场需求应运而生。

艺术品典当在日益壮大的典当业里是一块小业务，尤其是近年来充斥于艺术品市场的赝品使这项业务风险骤增，不少典当行都取消了这项业务。不过，这却是有胆有识的"行家"的机会，2007年上海开张的一家典当行，其艺术品典当业务当年秋拍期间迅速扩张，书画典当占到总业务量的20%，虽然2008年市场大幅萎缩，但仍占到15%。很显然，伴随着每年春秋两次的艺术品拍卖旺季，艺术品典当业务也呈现出季节性的繁荣。

（九）艺术品典当是否会发展成为洗钱的工具

西沐： 艺术品典当会不会成为洗钱的工具，不是艺术品本身可以解决的问题。就像不能因为有了原子弹就不发展核技术，不能因噎废食，关键的问题是如何发展。要解决中国艺术品典当中存在的问题，需要权威的国家职能机构实现对艺术品市场的监管，重点解决艺术品鉴定问题、艺术品评估问题

及艺术品监督监管问题，当然这需要一个过程。另外，艺术品资产化的过程也要不断加速，资产评估的问题不解决、不尽快进入国家法定序列，艺术品与资本的结合就无法落实。艺术品民事担保制度的设计已提上议事日程，艺术品民事担保制度规定在艺术品拍卖中，消费者有权了解艺术品的证明和来源，卖家必须将拍品的传承脉络清晰地告知消费者，这有利于建立诚信体系制度，制约拍假、卖假的画廊和拍卖公司。另外，国家要强化体制创新的力度，推动对评估师、鉴定师的资格认定制定相应的标准，以规范市场。

（十）艺术品典当与艺术品金融化的关联

西沐：进入新的时期以来，中国艺术品市场的发展可以说历经了从无到有、从单纯的艺术品形态到艺术的商品形态的过程，这惊人的一跃彻底地打开了艺术品市场化的大门。在这一过程中，我们欣喜地看到中国艺术品市场正在努力地找寻新的突破口：艺术品资产化之路。无疑，艺术品典当开了一个先河，具有重要的标识作用。然而，这一步的跨越似乎并不顺利与自然，似乎太多的障碍密布在行进的道路之上，特别是来自认识观念、体制及政策方面的不协调已深刻地影响着艺术品市场的纵深发展。可以这样说：中国艺术品市场已经进入了体制改良与市场体系建设的攻坚阶段。艺术品是资产，我想大家对此都已接受，问题的关键是如何"化"的问题。这涉及中国艺术品资本市场发育最急需、最关键的一步，因为没有中国艺术品的资本市场就没有中国艺术品市场的金融化。未来的中国艺术金融市场结构应该是一个以资本市场为平台的体系，所有的金融中介都在这个平台上运作。如果没有资本市场这个大平台，很难说艺术金融体系是一个现代的金融体系，也很难说艺术金融的发展能够达到应有的目标。

第十一章　艺术品组合产权运营案例研究

> 艺术品组合产权产品是基于综合性服务平台的一种艺术金融的创新交易产品，其产生的基本背景是在艺术品份额化电子交易被叫停后，文交所平台推出的一款基于产权交易架构的交易产品，可以说是在特殊情况下产生的创新产品。分析与研究艺术品组合产权产品的机制与结构，可以深入地理解如何在合规合法的前提下进行平台化交易产品的设计与运营。

一、案例简介：艺术品组合产权运营

艺术品组合产权产品是在艺术品份额化电子交易产品被叫停后，文化产权交易所（以下简称"文交所"）平台在产权交易框架下推出的一款创新交易产品，是进一步推进中国艺术品市场公开化交易的一项探索性创新。

陕西文化产权交易所响应《关于金融支持文化产业振兴和发展繁荣的指导意见》《关于深入推进文化金融合作的意见》等文件的号召，根据我国艺术品市场发展的现实情况，精选名家名品，通过创新，将艺术品资产与金融资本相结合，以优质的、有未来增值空间的艺术品资产作为标的，设计出艺术品投资组合产权产品，拓展了文化企业，特别是小微文化企业的融资渠道，全方位地促进文化产业的发展，同时也向市场推出更多的投资产品，让普通社会大众分享我国艺术品市场发展带来的收益，惠及投资人，丰富了普通投资者的资金配置渠道。在具体的案例研究分析过程中，应特别注意以下几个重要问题：

（1）艺术品组合产权产品出现的大背景与创新的条件。

（2）艺术品组合产权产品创新的基本机制。

（3）艺术品组合产权创新产品的结构分析。

（4）艺术品组合产权运营案例研究的具体运营与服务相配套。

（5）艺术品组合产权产品运营的问题分析。

二、案例描述：陕西文交所艺术品组合产权运营概述[①]

（一）实施单位简介

陕西文化产权交易所是经陕西省政府批准，由陕西文化产业投资控股（集团）有限公司独资设立的全资子公司，于2011年6月16日成立，注册资本为5000万元。2013年1月通过国家五部委认证，是陕西省属唯一一家指定文化产权交易机构，也是陕西省唯一一家文化企业综合服务平台。

陕西文化产权交易所秉承"聚合文化资本力量，打造文化金融平台"的宗旨，是一个集文化产权交易服务、文化企业并购重组、文化产业投融资、文化企业上市孵化、文化资产备案及评估等功能于一体的综合性产权交易服务平台。

公司自成立以来，规范运作、勇于创新，奠定了艺术品资产证券化的投融资平台基础，盘活了一大批沉淀已久的艺术品资产，促进了文化企业与金融资本的高效结合，支持众多中小文化企业发展壮大。

---
① 本部分选自：西沐.中国艺术品资产化研究(上、中、下卷)[M].北京：中国书店出版社，2016.

（二）项目实施背景

进入21世纪以来，文化产业在我国社会经济领域中的地位不断提升。在国家"十二五"发展规划中，文化产业被中央政府视为今后一段时期我国具有"国民经济支柱性产业"地位的战略性新兴产业，并且期望通过发展文化产业来带动我国经济发展方式的转型和产业结构的调整，从而发挥繁荣文化、推动中国文化"走出去"的综合效用。

自2004年以来，我国文化产业增加值年均增速在15%以上。2004年，我国文化产业法人单位增加值是3100亿元，占GDP的比重是1.94%；2012年文化产业增加值是1.8万亿元，占GDP比重为3.48%；2013年文化产业增加值是2.1万亿元，占GDP比重为3.77%。

2014年的《政府工作报告》明确提出，文化产业发展速度要达到15%以上，这表明了政府对文化产业在整个国家建设当中的地位和作用的肯定以及对发展文化产业的决心。

从与国际比较来看，目前我国文化产业发展的空间还相当巨大，且需要借助国家政策的力量，通过制定有效的文化产业政策，推动文化产业跨越式发展，从而实现推动文化产业成为国民经济支柱性产业的宏伟目标。

近年来，国家相继出台了一系列与文化产业相配套的扶持政策、法规和文件，这些政策的实施对文化产业的发展起到了积极推动作用。

2012年2月23日，文化部（现文化和旅游部）印发了《"十二五"时期文化产业倍增计划》的通知，主要目标为：① "十二五"期间，文化部门管理的文化产业增加值年均增长速度高于20%，2015年比2010年至少翻一番，实现倍增；② 文化原创能力进一步提高，文化产品和服务更加丰富，文化产业成为满足人民多样化精神文化需求、提高人民生活幸福指数的重要途径；③ 文化产业就业容量大、形式灵活的优点得到充分发挥，成为吸纳就业效果显著的产业之一；④ 文化消费保持快速增长态势，占城乡居民消费的比重不断提高，成为国家扩大内需的重要组成部分。

2014年3月17日，财政部、文化部（现文化和旅游部）、中国人民银行为贯彻落实党的十八届三中全会"鼓励金融资本、社会资本、文化资源相结合"的要求，巩固扩大《关于金融支持文化产业振兴和发展繁荣的指导意见》（银发〔2010〕94号）的实施成果，深入推进文化与金融合作，推动文化产业成为国民经济支柱性产业，提出相关意见：① 加快推动适合文化企业特点的信贷产品和服务方式创新；② 加快推进文化企业直接融资；③ 加大金融支持文化消费的力度。

除此以外，2014年以来，《关于推进文化创意和设计服务与相关产业融合发展的若干意见》《关于深入推进文化金融合作的意见》《关于支持小微文化企业发展的意见》以及《关于推动特色文化产业发展的指导意见》等扶持指导政策密集出台，将促进我国文化产业持续发展。我国文化产业正迎来一个快速发展的机遇期，新一轮文化投资的高潮即将到来。

由此也可以看出，政府对于大力发展文化产业的雄心。在相关政策及指导意见不断出台的背景下，文化产业与金融的衔接，成为未来促进我国经济发展的一大动力，同时，也是顺应国内经济结构调整的战略选择。至此，文化与金融相融合的发展方略已经成为大势所趋。

（三）艺术品金融化的必要性

艺术品行业作为我国文化领域的重要支脉，近年越来越显示出自身的活力。其本身的稀缺性、观赏性决定了艺术品不仅具备收藏价值，而且亦具备投资价值。与股票市场的波动性相比，艺术品更能显示其收藏价值以及保值增值的优势。齐白石、张大千、李可染、黄胄、李苦禅等书画大师的精品力作，随着时间的推移和其珍品价值的沉淀，近年来在拍卖市场上动辄以过亿元的高价成交。除去一些人为因素，市场对名家精品的力捧已经很好地说明了以书画为代表的艺术品本身具有极为可观的投资价值以及良好的金融属性。

在西方财富整合中，艺术品作为一种资产配置已深入人心。也就是说，艺术品刚刚在我国"懵懵懂懂"地走入大众视线之时，西方已将其作为资产配置的一个重要选项。

随着我国经济的发展和民众收入水平的提升，越来越多的个人以及家庭、机构需要合理地"打理"自己的财富，而这种"打理"不仅仅指存在银行被动地收取利息，承担通货膨胀而带来的财富贬值，更大的意义在于合理地进行资产配置，使资产能够保值增值。将艺术品列为资产配置的一个选项，既是对文化类产品的支持，又是投资人可以获得可观收益的理性选择。

艺术品作为文化产业的一个重要支脉，将会随着我国经济增长以及人均GDP的增长而进入繁盛期，而艺术品本身所具有的储藏、保值增值、流通等特性，使其天然地具有金融属性，可以很好地同金融行业相融。艺术品与金融相融合发展，不仅可以盘活艺术品存量，使其在流通中增值，使大众分享到艺术品行业发展所带来的收益，同时也可以使储有艺术品资产的企业实现艺术品融资，拓宽文化企业的融资渠道。

艺术品金融化的过程可将艺术品作为金融资产纳入个人和机构的理财范围，使艺术品转化为"金融产品"，即将艺术品资本化，让资本市场和金融界介入艺术品市场，通过资本的力量把艺术品变成投资品，让艺术品投资形成一个完整的产业。自改革开放以来，中国艺术品行业经历了40多年的高速发展，已经跃居全球最活跃的艺术品市场，市场份额越来越大，艺术品与资本对接已是必然趋势，必须吸纳更多资金进入以促进流通，才能真正有效地做到传承。

流通性是艺术品产业化、金融化的核心环节。流通的关键是艺术品产权的通兑，就是将专业的产权转变为通用的资本，通用资本可以方便地进入艺术品市场，并随时退出。文交所可以为专业艺术产权和通用资本搭建通兑通道。

陕西文化产权交易所通过创新设计出的以艺术品为标的的组合产品，正是顺应了文化产业发展趋势以及市场的现实需求，也为文化产业探索出了有价值的发展路径。

（四）项目运营的合规性

2011年以来，因天津文化艺术品交易所推出艺术品份额化交易，艺术品市场上也出现了诸多乱象，促使国务院出台了《关于清理整顿各类交易场所切实防范金融风险的决定》（国发〔2011〕38号），用以防范金融风险，规范市场秩序，维护社会稳定。该决定明确提出："除依法设立的证券交易所或国务院批准的从事金融产品交易的交易场所外，任何交易场所均不得将任何权益拆分为均等份额公开发行，不得采取集中竞价、做市商等集中交易方式进行交易；不得将权益按照标准化交易单位持续挂牌交易，任何投资者买入后卖出或卖出后买入同一交易品种的时间间隔不得少于5个交易日；除法律、行政法规另有规定外，权益持有人累计不得超过200人。"

2011年，中宣部、商务部、文化部（现文化和旅游部）、国家广电总局以及新闻出版总署（现新闻出版署）五部委出台《关于贯彻落实国务院关于加强文化产权交易和艺术品交易管理的意见》（中宣发〔2011〕49号），明确提出："根据文化体制改革和文化产业发展实际，原则上只允许在省一级设立文化产权交易所。"

2013年1月9日，证监会发布公告，经"清理整顿各类交易场所部际联席会议"相关成员单位研究，陕西等八省市清理整顿工作通过联席会议验收，联席会议下发相关文件，同意陕西文化产权交易所在联席会议备案。至此，陕西文化产权交易所获得认可，成为陕西省唯一一家文化产权交易机构。

陕西文化产权交易所组合产权业务在适度的创新基础上，完全按照行业规范，在充分发挥自身作用的前提下，促进了文化艺术品行业的繁荣。

（五）项目框架简介

陕西文化产权交易所以自身在艺术品行业丰富的运营经验，依托陕西文化产业投资控股（集团）有限公司在文化产业领域的全产业链优势，将艺术品资产与金融资本相结合，通过合理的产品设计、风险控制，不仅盘活艺术品资产，使艺术品通过金融的力量加速流转，从而实现增值，惠及投资人，也使文化企业拓宽了融资渠道，是助力文化企业发展的有益创新。

该业务运营涉及以下各方：

（1）融资企业：提供融资所需艺术品资产；

（2）管理公司：评估并进行产品机构设计，运作艺术品使其保值增值；

（3）保管机构：艺术品保管；

（4）发售平台：产品发售平台，提供资金见证交割等服务；

（5）投资人：参与艺术品组合产权投资的特定会员。

陕西文化产权交易所成立发行的艺术品投资组合产权产品，以优质的、有未来增值空间的艺术品资产作为标的，实行"一对多"的投资模式。投资人可以较低价格共有作品权益，并享有产品退市后一定的溢价收益。投资管理公司负责产品的具体运营，以保证投资人利益为原则，在产品管理期限内，选择合适的时机，通过展销、拍卖等方式对产品标的（部分）进行处置，处置所得款对投资人按比例进行分配。陕西文化产权交易所作为产品的发售平台，对投资人的权益进行托管（包括投资权益的转让服务），并委托第三方机构进行书画作品的保管，不参与产品后期运作。

三、案例研究：陕西文交所艺术品资产投资组合产权运营研究①

（一）项目规范及流程

具体业务流程包括：

（1）接受融资方申请，受理对方提交的相应资料。

（2）进行合适标的物的选取，包括真伪的鉴定以及评估。

(3) 管理公司的选择。针对不同的艺术品资产，选择业内专业的投资管理公司。陕西文化产权交易所作为投资组合产权产品的发售平台，需要联系产品的管理机构进行产品的后期管理与处置。对管理机构的经营状况以及业内知名度等，进行严格考察，选择投资能力强、业内知名度高的投资管理公司进行产品的后期运作，保障投资人的资金安全。

(4) 可行性论证。由各业务部门以及相关艺术界专家根据立项产品的标的市场估值、拟发行规模以及预期年化收益率等进行严格的论证。论证通过的产品，即可进入专家鉴别环节。

(5) 鉴定评估。由鉴定专家对产品标的的真伪进行鉴别，严格控制该环节的风险，防范产品的退市风险。

(6) 合同拟定。明确合同中相关各方的各项权利和义务。

(7) 作品的保管。融资方需将作品于产品发售前转移至合同中约定的保管机构。

(8) 产品发售。

(9) 产品兑付。在艺术品投资组合产权管理存续期限内，产品年化收益率达到预期年化收益率时，可由投资管理公司全权代表与具有相应资质的资产处置机构对作品以合适的价格、合适的方式进行处置。处置产品之所得需扣除相关费用后按照共有人所持本艺术品权益的比例进行分配。超出预期年化收益的部分，按照合同的具体约定，进行相应的分配。具体包含以下方式：①藏家收藏。产品管理到期，若有藏家愿意购买产品，产品可提前退出并为投资人进行兑付。藏家收藏作品价格，需要能够涵盖投资人本金及收益。②作品拍卖。产品经过拍卖会拍卖，拍卖后所得资金根据产品发行价格和投资者认购比例进行兑付。③企业回购。若外部机构利用文交所平台发售产品，到期内按照约定进行回购，文交所则利用回购资金给投资者兑付。

---

① 本部分选自：西沐.中国艺术品资产化研究(上、中、下卷)[M].北京：中国书店出版社，2016.

（10）风险控制。投资组合产权产品在保证风险可控前提下开展，风险管理应综合采取风险分散、风险预防、风险转移等基本方法，在产品运营期间明确规定风险责任，确保各方严格按照合同执行，保证有效控制风险。在投资组合产权产品发布前需要对合作方风险进行充分调查，分析合作方艺术品投资管理能力，并对所标的艺术品进行风险分析，确保标的艺术品具有稳定的增长预期和长期投资价值。投资组合产权标的艺术品必须按照严格的鉴定评估程序进行，聘请权威鉴定机构进行评估，同时应聘请权威机构或专家确定产品合理估值区间，确保所标的艺术品的真实性和估值合理性。投资组合产权产品具体设计必须经过专门风险管理评估，确定产品设计方案风险可控；同时在产品合同中明确各方的权利和义务，确保各方应该承担的相应风险。在投资组合产权产品存续期内，需对宏观经济、艺术品市场以及标的艺术家艺术品进行风险跟踪，若出现重大潜在风险，应及时提醒管理方和投资者积极采取风险防范措施。

（11）风险提示。产品有风险、投资须谨慎。如影响风险承受能力的因素发生变化，须及时完成风险承受能力评估。投资组合产权产品存在各种风险，不被视为一般储蓄存款的替代品，投资人可能会承担下列风险，因此应认真阅读产品说明书及相关文本，充分认识投资风险，谨慎投资。

① 市场风险。市场风险是指投资组合产权产品的价格因受经济、政治、投资心理等各种因素影响，导致产品未来收益水平发生变化，产生潜在风险。市场风险主要包括：第一，政策风险。产品是根据当前的政策、法律法规设计的，如国家政策和相关法律法规发生变化，可能影响投资组合产权产品的认购、投资运作、清算等业务的正常进行，进而导致市场价格波动，影响产品收益。第二，经济周期风险。随着经济运行的周期性变化，投资组合产权产品所涉行业亦面临波动，进而影响产品收益。第三，利率风险。利率风险是指由于利率变动而导致的资产价格和资产利息的损益，使投资组合产权产品收益水平发生变化，从而产生风险。第四，购买力风险。投资组合产权产品的利润将主要通过现金形式来分配，而现金可能因为通货膨胀的影响而导致购买力下降，从而使产品的实际收益下降。

② 管理风险。在投资组合产权产品管理运作过程中，管理人的知识、经验和管理技术、管理手段，对信息的占有和分析能力，以及对宏观经济形势、行业发展趋势和市场走势的判断能力等，都会较大程度地影响产品的收益水平。

③ 信用风险。管理人未能很好地履行应尽的义务，致使投资组合产权产品在运行过程中出现影响未来收益的风险问题。

④ 网络风险。网络服务器可能会出现故障及其他不可预测的因素，电子合同的上传和下载可能会出现错误或延迟。委托人的网络终端设备及软件系统可能会受到非法攻击或病毒感染，导致数据无法传输或传输失败。

⑤ 其他风险。一是技术风险。在投资组合产权产品的日常交易中，可能因为技术系统的故障或者差错而影响交易的正常进行，或者导致委托人的利益受到影响。这种技术风险可能来自管理人、交易所等。二是操作风险。管理人、交易所等在业务操作过程中，因操作失误或违反操作规程而引起的风险。三是产品管理或运作过程中，违反国家法律、法规的规定，或者违反合同有关规定的风险。四是当出现不能预见、不能避免、不能克服的客观情况，包括但不限于洪水、地震及其他自然灾害、战争、骚乱、火灾、突发性公共卫生事件、政府征用、没收、法律法规变化或其他突发事件、注册登记机构非正常的暂停或终止业务、交易所非正常暂停或停止交易等不可抗力因素的出现，将会严重影响市场的运行，可能导致资产的损失，从而带来风险。

（二）项目效果及评价

艺术品资产投资组合产权业务是对艺术品沉淀资产的盘活，也是对投资者投资艺术品市场的培养，更是一项促进艺术品行业发展的业务创新。

2014年，陕西文化产权交易所在文化金融创新业务领域有了大的提升。从产品的发售规模、发售数量以及认购时间等相应的指标来看，均体现出了良好的发展态势。具体表现在以下几个方面：

1. 产品模式

从以艺术品为标的的质押融资业务，拓展到盘活文化资产的融资业务，不仅拓展了文化企业的融资渠道，进一步促进了文化产业的发展，同时也向市场推出更多的投资产品，丰富了投资人的资金配置渠道。

2. 产品规模

通过三年来的良好运作和诚信经营，投资人对陕西文化产权交易所投资产品的认可有了很大提升，2012年、2013年、2014年产品规模逐年翻番。

3. 产品数量

由于投资人的认可度增高，产品的发售数量较之以前两个年度有了大幅提高。

4. 认购时间

除了产品的规模和数量之外，产品认购时间大幅缩短。2012年、2013年产品认购期通常按天来计算。从2014年开始，艺术品投资组合产权产品的认购期已经开始以分钟来计算，有的产品甚至不足1分钟便售罄。

通过三年多的探索和发展，艺术品投资组合产权产品创新业务得到了越来越多投资人的肯定和支持，为投资人带来了高于银行理财收益的投资产品，丰富了投资人的资金配置渠道，文化金融的创新方向也在业界达成越来越多的共识。

（三）需要注意的问题

1. 鉴定及估值瓶颈亟待破题

艺术品投资之所以长期以来被视为高端投资，受众范围较小，主要缘于集中在诸如富有阶层和对艺术品具有一定鉴赏水平的专业人士群体里，过高的投资门槛使艺术品投资与大众之间树立起一道屏障。并且，由于受众群体较小以及大众对艺术品具有一种神秘感和陌生感，造成了艺术品市场发展缓慢，即丰富的艺术品资产没有得到有效的盘活，自身的增值潜质也未能得到有效的挖掘和发挥。

由于艺术品鉴定的问题以及估值的主观性，造成了行业的部分泡沫现象。这样的现实要求更多的专业机构介入其中，促进该行业的健康发展。

艺术品鉴定与评估缺少权威公正的机构，也是金融资本进入文化领域的主要障碍。当代中国艺术品市场繁荣的表面下亦显混乱，既有人欣逢"文化盛世"，也有人认为"乱象丛生"，令人亦喜亦忧。2011年，多家新闻媒体曝光了徐悲鸿之子参与"指鹿为马"，将中央美术学院油画系第一届研修班学生作品"指"为"先父徐悲鸿真迹"，并以7280万元高价拍出一案。媒体还揭露出了谢根荣出高额鉴定评估费用请了5位权威鉴定家将其伪造的"金缕玉衣"鉴定为真品，估价24亿元，并以此欺诈银行的内幕。这两件令人震惊的案例引发了人们对当事人的强烈批评，同时社会上对规范艺术品市场的呼声日渐高涨。整个艺术品市场的社会公信力有待提升，因为其不仅是行业发展的基础，也是核心。

2. 标准化受阻带来行业更多反思

前文提到，2011年，国务院出台了《关于清理整顿各类交易场所切实防范金融风险的决定》（国发〔2011〕38号，下称"38号文"）。该决定对于全国各地的文交所而言，不仅是对其经营范围的限定，更是对未来发展方向的界定。

由份额化交易而引发的市场乱象表明，艺术品市场因其自身的特质以及当前的发展阶段，并不适合进行份额化交易。其非标准性致使艺术品以类似上市公司股权分割一样，在公开市场上进行份额化交易并不具有可操作性。

3. 艺术品创新金融产品的退出环节有待突破

正是在这种背景下，以艺术品为标的物的各类创新性理财产品走向台前。此种产品以艺术品基金、艺术品信托等形式出现，不仅为艺术品金融化开辟了现实的新路径，也为更多人了解艺术品、参与其中而创造机会、提供条件。并且能够与一些传统的理财产品分庭抗礼，因其至目前为止，一般都有着更为可观的收益。但是这类产品的成功运营需要完整的金融体系作为支撑。

当然，完整的金融体系的介入，对于艺术品行业发展的完备性有着相当高的要求，这是当前我国艺术品行业发展现实所不具备的。从其缺乏权威的鉴定以及评估机构便可见一斑。也正是由于在这几个方面存有不足，艺术品在下游的买卖环节，成为此类创新产品运营成功与否的关键。以艺术品信托为例，以艺术品为标的物向投资人发售的信托产品，只有在标的物能够顺利处置的情况下才能够为投资人带来预期收益，否则，该种创新产品的风险只能是不断地累积，这对该行业的持续发展产生了负面效应。

艺术品行业一直以来都面向小众群体，需要一定的时间和宣传力度使大众走进该领域。只有更多的机构、投资人、收藏家等积极介入，这个行业的发展才能更加健康、活跃。退出问题也将不再如同当前这般，成为横亘在艺术品市场发展中的障碍。

（四）前景展望

1. 艺术品领域延伸到文化领域

艺术品投资组合产权业务通过将艺术品与金融相融，以促进艺术品的流通和增值。这种创新业务的示范效应可以拓展至不同的文化资产领域，通过将文化资产与金融相融，激活文化资产的存量。艺术品的资产证券化不断地延伸至文化资产领域，是文化产业领域发展的一个趋势。

2. 文化金融产业链的搭建

文化产业的发展需要不断地市场化，不断地面向大众消费者。以艺术品为例，需要从资源挖掘、鉴定、评估、设计、资金、保险、收藏、拍卖、消费等不同环节进行完善和布局。文化金融产业链的搭建是促进文化产业面向大众的一个平台，是未来文化产业发展的根基。

四、延伸阅读：建构多层次艺术品公开交易市场是大势所趋[①]

2016年，在西安"中国艺术品市场电子化交易创新论坛"上，中国经济网文化产业频道特约专家、中国艺术产业研究院副院长西沐做了题为《大力推动建构多层次艺术品公开交易市场》的主题发言。西沐认为，当前中国艺术品交易市场上始终存在着一些痼疾，急需建构多元化、多层次、多样态的艺术品公开交易市场。

以下是发言实录，略有删改。

我一直关注陕西文交所的发展，对其发展过程可以用"亲历"二字，陕文投与陕西文交所是一个有追求、有担当的团队，他们创新的精神与能力给我留下了极其深刻的印象。事实上，陕西文交所是艺术品实物集成电子化交易最早的探索研究者。从2011年国务院出台38号文之后，他们率先启动并规范运作了组合产权产品、艺术品信托、艺术品质押、艺术品P2P等，今天又上线了电子交易平台，可以说这是业务需求引导的结果。历经多年才上线显示了他们审慎的风格与业务态度，同时，这也向我们展示了艺术品创新业务法规的艰难性，创新效率问题及寻求差异化竞争策略的努力。我相信，在"互联网+"、资本市场与消费需求这"三驾马车"的推动下，电子交易平台一定会为中国艺术品公开交易市场的建构做出积极的贡献。

下面，从三个方面谈一下大会给我安排的内容——大力推动建构多层次艺术品公开交易市场。

（一）要在市场中寻找市场问题的解决方案

市场中的问题要在市场中寻找解决方案，在现代经济发展过程中，针对发展起来的中国艺术品市场的问题，我们解决的着眼点一定是要依赖市场精神，不可能靠一部法规、一个红头文件解决艺术品市场中的问题，但面对越来越复杂的市场态势，我们如何知道问题是什么、在哪里。

[①] 2016年8月1日发表于中国经济网。

改革开放以来，中国艺术品市场可以说是经历了几十年的快速发展期，整个市场的交易规模预计已经接近4000亿元的水平，特别是拍卖市场的规模已经达到600亿至700亿元，市场的国际化水平在不断提升，艺术品资本市场也在快速发展，这些都是有目共睹的成就，但这些成绩的取得，并没有撼动中国艺术品市场的一些痼疾，特别是没有从根本上解决问题或者是找到相应的解决路径，如最为核心的诚信建设问题中最突出的就是"三假"问题。

当然，对于造成这一现状的原因，我们可以罗列出很多，相关的研究论述也不少，但最为重要的还是由市场交易基础的状况决定的。改革开放以来，虽然市场的规模不断扩大，市场的结构也在不断地丰富与深化，但市场交易不透明、市场体系扭曲、交易范围窄小、交易过程中的信息不对称，以及评估鉴定权威体系的缺失、风险管控难度加大等问题并未得到有效的解决，甚至在一些方面还出现了愈演愈烈的态势。这些问题长期得不到有效的解决，很大程度上是由于我们的市场基础，特别是交易市场的结构长期处于相对稳定的一个状态，未能取得大的突破性的进展所造成的。并且，公开交易市场存在发育不良、发育不足、发育不快等问题。总而言之，公开交易市场发育滞后是重点。在中国艺术品交易市场中，除了一些创新的业态，目前能够称得上公开市场的估计只有拍卖业这个业态了。面对大规模的私下交易、画廊业的衰微、博览会的低迷，拍卖业所承担的市场功能、承担的市场冲击和面对的公开性的问题让拍卖业的压力前所未有。所以，我们反复呼吁，中国艺术品交易市场急需创新突破，特别是急需建构多元化、多层次、多样态的艺术品公开交易市场，以应对快速增长的消费市场的冲击、"互联网+"的冲击，以及市场结构转型的冲击。所以，我们特别强调，要把发展多层次公开交易市场放到将其作为进一步提升中国艺术品市场总体水平的重要市场化机制的前提与基础的高度上来认识、重视。

（二）发展艺术品公开交易市场是大势所趋

在新的形势下，发展艺术品公开交易市场要顺势而为。当下流行的一句话：要与趋势为伍。当下艺术品公开交易市场建设面对的趋势是什么呢？我们重点从以下几个方面来进行分析：

（1）中国艺术品市场分化加剧，市场二元化结构正在快速形成的过程中。随着消费结构的快速转型，中国艺术品消费市场正在迅速崛起。同时，随着艺术品市场结构的转型，投资资产市场也在迅速成长。由于消费市场与资产投资市场的不同价值取向，使得当下的中国艺术品市场正在形成二元化结构。

在以下三大动力的推动下，这种二元化结构正在走向深化，一是我国人均GDP正在突破8000美元大关，人们的消费结构进入快速转型期，文化艺术消费首当其冲；二是由于货币超发，资产荒蔓延，经济将长期处于"L"形的低增长的发展运行状态中，艺术品作为优质资产的效应被不断"挤出"，艺术品资产越来越成为资产财富管理的重要工具；三是全球性的艺术品"激发效应"再次进入窗口期。大家可能还对2008年金融危机时艺术品市场的表现记忆犹新：那时候，大家普遍有一个感觉，那就是世界艺术品市场会崩塌，特别是中国艺术品市场基础这么脆弱，在这么大的金融灾难面前肯定会崩盘。但让大家始料不及的是，随着金融危机的深化，世界艺术品市场并没有崩塌，中国艺术品市场也没有因此崩盘，而是激发出了艺术品这种优质资产的效应，很多经典艺术家的经典之作都卖出了高价，艺术品资产的优质性在这场金融危机过程中得到了充分的验证。这种效应进一步推动了世界与中国艺术品市场的稳定发展。

当下，我们又一次面对新的危机所带来的"激发"效应：一是我们仍然面对世界金融危机的困境，英国脱欧后，除了德银倒闭会重燃导火索之外，全球金融已经处于十分危险的境遇；二是世界范围内的经济发展动力不足，发展乏力。可以说，以上这些因素是导致"二元结构"深化发展的内在根本动力。

（2）"互联网+"特别是艺术电商正在改造与重建艺术品交易市场格局。首先是互联网机制正在快速地整合中国艺术品市场交易体系的优势资源，形成新的交易形态，从根本上冲击已有的艺术品交易市场体系，其次是传统的交易形态正在借助互联网机制，创新交易模式，改造传统的交易体系，特别是艺术电商的发展，正在从一种冲击与改造的力量，变为一种对交易体制与制度的重塑。

（3）艺术金融特别是资本市场的介入，正在整合与推动艺术品交易市场发展的态势。从我主笔的《中国艺术品市场白皮书（2015）》来看，艺术金融的快速发展得益于科技形态的发展，特别是平台化交易对艺术金融的规模贡献，基本达到80%以上，而传统的金融形态鲜有突破。而基于对资本市场的介入状况来看，无论是保利还是匡时，我们看到的是资本更加青睐对公开市场的介入与投资。目前看来，主要有两个大的方面：一是拍卖业，二是艺术电商业态。所以，要进一步扩大资本的介入水平与规模，大力发展不同形态的艺术品公开交易市场是基础与前提。反过来讲，公开市场缺失也是资本介入的重要瓶颈。

（4）艺术品公开交易市场的监管与适应成为一种新的课题，由于公开交易市场涉及更为广泛的投资者与消费者，监管就成为公开交易市场健康发展的一个基本前提。所以，艺术品实物集成电子化交易（就是我们常说的电子盘交易），除政策风险以外，其监管的重点有五个：一是交易平台合规合法；二是实物交易，并且实物标的物可以标准化；三是顶层设计合理，使风控闭环（如"四分离"原则等）；四是经营体系科学高效，技术保障有力；五是会员风险管理、教育常态化。

（5）国际化进程是必须面对的陌生问题。公开交易市场的建构是中国艺术品市场国际化的一个部分，但中国艺术品交易公开市场的建构不仅仅是国际市场的"本土化"问题，更是中国艺术品市场形态的创新。所以，我们一方面坚持从艺术品市场国际化的过程中学习较多的理念、知识、技术与方法，另一方面又要坚持基于本土市场的创新。其中，艺术品实物集成电子化交易就是对于艺术品实践与理论的一次再创新。所以，我们既要学习，又不能迷信。也就是说，在艺术品公开交易市场的建构过程中，国际艺术品市场的今天并不是我们的明天，并且我们的今天会成为国际艺术品市场的组成部分。

从以上五个方面的分析可以看出，建构艺术品公开交易市场本身，也是中国艺术品市场转型发展的重要内容，或者说，建构艺术品公开交易市场是当下中国艺术品市场转型发展的必经之路。

（三）建构多层次艺术品公开交易市场的路径分析

关于多层次艺术品公开交易市场建构的基本路径，我们可以概括为四点：一是综合服务平台建设是基础；二是发展平台化交易是核心；三是"平台+互联网"机制是大的方向；四是"平台+资管"是蓝海。

1. 综合服务平台建设是艺术品公开交易市场有效建构的基础与前提

（1）由于艺术品的资源特性及其特有的价值发现特性，公开交易市场的建构本身必须要依托综合性服务平台。因为艺术品在整个公开交易过程中需要综合性的服务手段，不仅包括综合性的金融服务，甚至连基础支撑业态（如物流）都与传统意义上商品交易的物流业态相去甚远，所以我们要把综合服务平台的建设作为基础与前提。

（2）目前处在运营过程中的公开交易市场，无论是传统型的还是创新型的，运营高效的一般都是因为综合服务平台全面工作到位。表现在：① 传统的公开交易市场为拍卖业，综合服务平台提高了其运营与服务能力，增加了客户的黏着力，提升了品牌效应。无论是国际的还是国内的，做得比较好的公开交易的平台应该是综合性的，因为综合性金融服务手段比较成体系化，对客户服务比较全面，能快速响应客户的个性化需求。② 创新业态的公开交易市场为艺术电商。2000多家经营者大多基于互联网技术的应用平台，没能有效地建立起综合服务平台。也就是说，如果只发掘了互联网技术优势，没有很好地沉淀行业经验与能力，那么这种基于互联网架构的平台综合服务能力，对风险的识别、对客户的服务就很有限，这也是为什么目前的艺术品电商在影响力方面远不如传统电商平台（如淘宝、京东）的重要原因之一。

2. 发展平台化交易是艺术品公开交易市场建构的核心

艺术品市场的平台化交易大概经历了三个形态：第一个形态是强调基于"三公"原则的公信力；第二个形态是强调基于整合优势资源的增信功能；第三个形态是强调基于综合服务的风险管理与增值功能。也就是从一开始强调降低交易门槛提供捷径、整合交易资源到规范交易、提升交易效率再到风险管控、保护客户利益等的转变，是把平台的主要功能由鉴证交易进一步拓展为依托大数据挖掘的风控与综合管理。

3. "平台+互联网"机制的建构是艺术品公开交易市场的大方向

"平台+互联网"机制的建构是艺术品公开交易市场的大方向，"平台+互联网"机制的建构，不是一个具体业态+互联网，或者是互联网化，而是把平台机制与互联网机制进行深度融合，形成一个新的机制，这是建构公开交易市场的一个大方向。

目前我们看到的这种发展方向有两个：① 一开始建构的交易平台就是着眼于"平台+互联网"的机制，比如说我们发展的艺术电商，它完全是基于"平台+互联网"机制的交易体系建构，商品的交易、结算、管理、客户信用、营销等等，都是基于这种新机制的一个体系。② 传统业态+互联网，这是另外一个方向，现在看到画廊业、拍卖等传统交易形态正在与互联网融合，在融合过程中逐步建构综合服务的交易平台，在融合过程中，没有跨过这一步，就可能面临消失的危险，而有一些传统业态在发展过程中跨过了"平台+互联网"机制转型的这个坎，建构起新的"平台+互联网"的机制和综合性服务平台，就实现了成功转型。总而言之，"平台+互联网"机制建构是目前我们建构艺术品公开交易市场的主要方向。

4. "平台+资管"模式是艺术品公开交易市场待开发的一片蓝海

根据国际市场的经验测算，中国艺术品市场潜在规模已达几万亿元人民币的规模，而目前释放出来的交易规模在三四千亿元，为什么有这么大的差距呢？就是因为我们对艺术品资产和财富的管理，也就是资产配置和财富配置这个领域没有很好的认知，导致该领域没有得到很好的挖掘和开发。

所以，我们在"平台+资管"模式有三点需要重视。

（1）要重视艺术品及其资源资产，我们都知道现在匡时之所以能够与资本市场进行股权融合，就是因为资本市场认可它的价值，认可它的企业资产的水平和能力，匡时资产化的评估评价得到了资本市场的认同与青睐，这就是艺术品及其资源进行资产化的一个过程，如果没有进行艺术品资源的资产化，资本市场、金融市场的对接不可能实现，因为对接资本市场的一定是资产，并且资产一定是金融化的，这样才能够在资本平台上实现流转，资产管理中的风险才能够得到化解，才能够实现闭环的风控体系。所以，艺术品及其资源的资产化是极其重要的。

（2）资产流转与管理是一个非常重要的大问题，仅仅将艺术品资源资产化不够，必须要整合金融体系，让资本市场介入，并整合市场的综合金融服务体系，对支撑体系（如确权、鉴定、评估、鉴证、备案、集保、物流等）进行有效的整合，形成资产金融化的能力，将艺术品及其资源资产变成金融资产，才可以实现在资本市场平台上的有效流转，才能够真正地解决建构中国艺术品市场的退出机制的难题。现在，中国艺术品市场在发展过程中之所以出现瓶颈，主要就是因为公开市场太少，退出机制和退出路径非常有限，退出的规模非常不稳定。所以，我们在艺术品资产的流转、管理和资产金融化方面要积极地突破，要为建立中国艺术品市场退出机制做出努力。

（3）资产财富配置管理是非常重要的手段和模式，这在艺术财富管理中非常重要。资产管理的手段目前在全世界范围内非常多，比如家族办公室、家族财富的传承管理等，这些都是非常重要的管理模式。大家都知道，中国经济经过改革开放后四十多年的发展，已经进入了"富二代""企二代"财富传承的一个关键节点，财富如何传承，财富如何实现安全传承，比如，有一些民营企业，由于涉及政治与刑事方面的问题，几个亿甚至上百亿元规模的财产可能一夜之间就消失为零。那么，在家庭财富管理过程中，我们就要利用保险法、信托法，实现企业资产与家族资产、企业财富与家庭财富的有效隔离，实现资产与财富的传承与运营，之后再进一步实现保值、增值，所以，资产管理市场空间非常大，前景非常广阔。

中国经济经过这么多年的发展，人们的财富能力和财富水平到了一定阶段，人们对艺术资产的配置、艺术财富的管理需求越来越多，因此，资产管理领域依托"平台+资管"模式是非常重要的。

第二编 基础业态案例

艺术金融的发展需要有基础市场与产业的支撑，如果不关注、不研究、不探讨艺术金融发展的市场与产业基础，那么对艺术金融的研究与理解就仅仅浮在表层，很难进一步理解与揭示其底层的结构。对艺术金融的发展来讲，艺术品市场与艺术品产业就是其最基本的市场与产业基础。研究探讨艺术品市场与艺术品产业不同业态的发展案例，对深入认知艺术金融及其创新发展内在规律具有重要意义。

本编所选的青州书画市场案例、艺术微拍平台运营案例、中国香港巴塞尔艺博会案例、艺沃平台运营案例以及互联网下文化产业创新模式案例等，都是当下因不同的市场与产业业态的发展而涌现出来的重要案例。特别是随着"直播+平台+线上+社区"等模式的不断延伸，会引来新一轮基于平台的网上体验式交易消费创新的大发展，艺术金融的介入无疑就成了其重要的发展动力。正是这些案例的不断涌现与发展，才使得艺术金融及其产业的基础不断拓展、需求不断增加，从而使其业态不断生发与延伸，增强了艺术金融发展进步的持续动力。

第十二章　青州书画市场案例研究

> 艺术品市场是艺术金融发展的市场基础，书画市场又是我国艺术品市场的基础。与其他艺术品市场不同的是，青州书画市场是建立在一级市场业态——画廊基础上的一个县级市市场，而这个市场在很多方面已经显示出了中国书画市场风向标的特质。"买全国、卖全国"的市场流通格局，已初步建成了中国书画市场的大盘面。

一、案例简介：青州书画市场

青州书画市场在全国书画市场的运营发展过程中具有重要的作用与地位。山东青州以画廊业为核心所取得的地域艺术品市场发展成效，以及当地在发展中逐步形成的模式化的艺术产业形态，显示出一种标本意义的可贵价值。青州，作为山东省潍坊市辖属的县域，在改革开放以来的40余年时间里，逐步发展成为聚合近千家书画经营机构的区域市场，不仅县域市场活跃，更紧密联结起全国市场，成为中国重要的艺术品集散地，以至业内有"中国书画看山东，山东书画看青州"以及青州是"当代书画市场风向标"之说。"青州模式"是对青州地域艺术品市场及艺术产业发展特征的概括及提炼，是一种地域性文化（艺术）资源在遇到市场化的发展趋势及需求后，经过长期的进化发展，所逐步形成与呈现出的独特地（县）域艺术产业发展形态。其中的模式化重点体现在两方面：一是以画廊业为基础形成的多产业要素协同发展模式；二是政府部门与民间群体互动、协作的主导模式。在具体的案例研究分析过程中，应特别注意以下几个重要问题：

（1）以画廊业为基础形成的书画艺术品市场的考察。

（2）青州书画市场的主要特点。

（3）青州书画市场的运营与体系。

（4）青州书画市场发展的政策支持。

（5）青州书画市场发展的问题、态势与前景。

二、案例描述：青州书画市场概述[①]

青州当前的书画市场呈现出以画廊业为核心、多产业要素互动发展的产业系统。可以说，画廊业的发展是青州地域艺术产业发展的关键，也是重点内容。

来自官方发布的数据显示，青州现有画廊800余家。首先，这个数量是可信的，并非官方盲目地夸大或虚报，但同时也需要指出的是，此数据背后的画廊，并非单纯指人们一般印象中的专门化、具有一定展厅规模和收藏及经营体量的专业画廊，而是指青州地域范围内主营或兼营书画艺术品的、不同规模的、具有画廊属性的商铺。列入统计数据内的这些画廊既包括经过登记备案的专门性画廊，也包括主营其他业务（如古玩、装裱等），兼营书画艺术品而具有画廊属性的商店等，甚至包括形态极其简单的店面：有很多在小区里，利用家里的车库，挂个牌子，挂上"画子"[②]卖，这也算是个画廊。基于此，不难看出，这800多家画廊无论从规模、配套设施，还是经营品类、经营模式等来看都存在不同之处。

青州画廊是在中国传统书画艺术品交易场所的

[①] 本部分执笔人：曲家辉（鲁东大学文学院讲师，博士）。
[②] "画子"是青州人对书画艺术品的独特称谓。

基础上发展起来的中介机构。如果以西方意义上的画廊运营机制，或者以签约、培育艺术家的数量以及是否，具有完整、科学的人才雇佣团队等来评价青州画廊，则二者是存在一定差距的。与之相较，青州画廊业的发展更多地表现出一种本土化的朴素性。尽管青州以传统经营为主的模式仍旧与西方的画廊经营方式存在着明显的差距，但青州画廊正在以自己的方式不断地向西方画廊学习和靠拢。主要表现在画廊的硬件配置、画廊的功能设置（展览、美术馆）、画廊个体的品牌性（打造百年老店）等。

目前，在青州注册备案的画廊里，属于画廊协会会员单位的有400余家。这些画廊主要集中在几个大的聚集区内，一般拥有自己的门面，以或租或买的方式使用。画廊往往是集经营与展示功能于一体的综合性场所，有些规模大的画廊则具有单独的美术馆，用以展示自己的藏品。但整体来看，这种美术馆是为画廊这一主旨功能服务的。这些画廊是青州画廊业的主体，使得青州画廊业整体呈现出聚集的状态。但也有部分具有画廊功能的店面零散分布于城市的各个角落，有些甚至在自己的家里就开一个门店，对外经营。

（一）青州书画市场的经营场所

当前，全国各地画廊业的面貌大致相同：在一个专门的画廊聚集区或艺术区内，一间间面积大致相同的画廊相邻排布。从基本配置角度来审视，青州画廊与其他地域相一致。画廊内的所有墙面均可用来展示作品。同时，画廊主会利用墙面将整个画廊分割成几个不同的空间。官方公布的数据显示，当前青州共建有九大书画市场，有画廊达800余家。九大书画市场指的是青州书画艺术城（已转作他用）、宋城、泰丰书画古玩城、大明衡王城、北门里明清古街、君怡都书画古玩市场、中国（青州）书画城、宝鼎大厦书画城、农民画市场。其中，作为画廊聚集区或者以书画艺术品经营为主要业务的艺术区主要是青州书画艺术城、君怡都书画古玩市场、宋城、宝鼎大厦书画城、中国（青州）书画城。

随着时间的推移，在市场不断深化发展、经营群体规模持续扩大、地方政策支持力度进一步加大等因素的作用下，青州画廊业经营空间经历了一个不断变化的过程，即由个体经营到集群经营再到拓展经营场域的演变状态（图12-1）。从功能角度来看，青州画廊的功能随着时代的发展而不断进步、增加。最初的基础功能就是接待客户和藏品展示。随着市场的发展以及画廊区和店面等经营场地的增加，一方面，画廊场地成了展示画廊运营实力的硬件配置；另一方面，利用自身的场地，青州画廊也具备了举办各种类型展览的功能：可以为自己举办展览，也可以租赁给他人举办展览，以赚取收益。

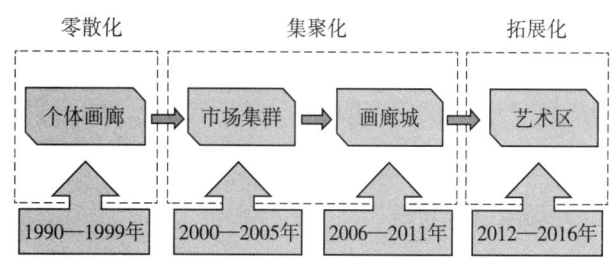

图12-1 青州画廊形态发展示意图

（二）青州书画市场参与主体

青州画廊业中的参与人群体量庞大而构成繁杂，市场中充斥着各种身份、怀揣各种目的和追求的参与者，这也能够在很大程度上反映出全国市场的特征。按照艺术品的流转路径来分析，青州乃至全国画廊业的参与者可以分为三种身份：生产者、销售者、消费者。其中，艺术品的生产者主要为艺术家群体，销售者主要是画廊人群体，消费者则是以不同目的和追求购买艺术品的群体。一般而言，消费者购买艺术品的主要目的包括三个：第一，用于收藏；第二，用于加价售出，从中赚取收益；第三，作为礼品馈赠他人，即所谓的"礼品市场"（图12-2）。

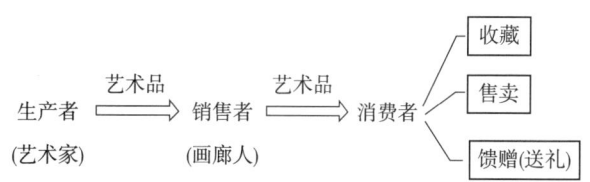

图12-2 "青州画廊业"艺术品流转示意图

通过图12-2，可以掌握青州画廊业参与者之间的关系。从构成人的两两关系来理解，可以得出以下结论：① 艺术家与画廊人之间基本保持着密切而相对单纯的关系，即艺术家需要通过画廊人进行作品的销售。在青州画廊业语境下，一般很少存在艺术家同时兼任经营者的情况，即便有，也非主流形态。从全国市场来看，虽然有消费者直接从艺术家手中购买艺术品的情况，但实属少数。这是因为受到艺术品本身附加价值不明确的影响，直接从艺术家手中买画的价格往往会高于从画廊人手中买画。② 从艺术家与消费者的关系来审视，艺术家一般不与消费者直接联系，除非作为中间人的画廊人同时也扮演着消费者的角色，或者是在"非画廊业"语境下来看待，这种关系才会成立。③ 画廊人与消费者两个角色之间的关系显得相对复杂。原因在于：当消费者找到画廊人购买作品时，消费者就是画廊人的客户。而当画廊人本身也产生购买需求时，则会实现角色的转换，即由销售者衍生出了消费者的意味。这主要表现为：一方面，很多画廊人采用"以藏养藏"的模式经营，在收藏目的的驱动下会进行相应的艺术消费；另一方面，很多画廊人会针对自身客户的需求，以加价购买的方式，从同行那里买入后再转手卖掉。

青州本地的书画经营者身份各异、学历不同、经营方式和理念也不尽相同。唯一表现出共性的地方在于青州大部分的画廊业经营者都呈现出"权衡性经营"的特点，即不将书画艺术品的经营作为唯一的经营内容，市场好的时候就会加大对书画经营的重视，市场不好也会有其他渠道维持生计。"权衡性经营"这种现象的存在并不难理解，因为艺术品作为非生活必需品，会面临跌宕起伏的市场行情。如果一味只是专门从事书画艺术品经营，必然会增加其中的风险。从另一个角度来看，"权衡性经营"这种方式中存在一定的探索性和尝试性，是符合当代中国艺术品市场发展实际的方法，也是促进青州书画市场逐步做强的有利因素。具体分析，这种特点又存在以下情况：① 青州很多画廊人将书画经营视作副业。这是一种普遍存在的现象，特别是最早一批从事画廊业经营的人，基本上都有能够提供稳定收入的本职工作，以在企业就职者居多。他们是在本职工作之外从事书画经营，或者在退休后专事画廊业。如青州宝瀛斋画廊经营者唐树良，此前就是在本职工作之外从事书画经营，现在则是以退休的状态全职经营画廊。再如，青州旷远斋画廊经营者左景岳此前为青州市棉麻公司总经理。很多画廊人都属于这种情况。另有很多私企经营者看到艺术品市场的发展潜力后，拿出一些资产来从事书画艺术品经营的情况，在青州也是十分多见的。② 多种经营是青州画廊人的常见选择。这样的状态又有很多不同的面貌。

（三）青州书画市场中的艺术品

青州画廊业市场中经营的艺术品主要表现出以下三个重要特征：① 经营品类以中国传统艺术门类为主，包括中国画、书法等艺术品，中国画涉及各类题材。从时代性来看，以现当代作品[①]为主。仅有少数画廊经营油画或艺术衍生品。② 经营艺术品的层次十分鲜明。这种层次的区分，不仅体现在艺术品的水准方面，在市场价格、艺术家的影响力等方面均有明显的区别。③ 经营者对艺术品的市场定位十分清晰。在青州画廊业领域内，画廊人对自己经营的艺术品，哪些属于高端收藏品、哪些属于中端投资品、哪些属于低端消费品（商品画）有着清晰的认识。以此为基础，可以大致将青州画廊业经营的作品分为三类：当代名家作品，如中国美术家协会（简称"美协"）主席或理事的创作或一般作品；非名家但学术性较高的作品，如专业院校教师的艺术创作；艺术性水准一般的作品及商品画。其中，名家作品或者收藏价值较高的作品多以平方尺论价进行销售，如每平方尺1000元，在此基础上客户可以

---

① 这是艺术品市场中的一个时间概念，主要指在世艺术家的作品，与之相应的概念还有：古代作品、近现代作品。

议价。而一般的作品或者商品画多以单幅作品论价。

（四）青州书画市场中的经营理念

画廊人的经营理念常常与经营者的出身、入行时间、思维方式、经营形式，以及所处的市场状态和时代背景等紧密相连，是反映画廊业地域特征的重要内容。总结来看，青州画廊业运营中所体现出的经营理念主要有以下三类：

（1）不以营利为唯一追求的经营理念。与这类理念直接联系的是"以藏养藏"式的经营形式，以及青州画廊业的那批"奠基人"，即自20世纪80年代就开始收藏书画艺术品的一批经营人。事实上，在整个山东潍坊，不止于青州，乃至山东淄博的经营者在经营画廊之初，都不是把它当生意来做，主要还是为了收藏。这种收藏的追求包含两层旨趣：一是因为喜爱而收藏；二是为等待增值而收藏，这种追求背后是一种"文化投资"行为。二者紧密联系，是一体两面的关系。这种经营理念体现出了青州画廊人的"基础理念"，甚至在不长的发展周期内表现出了一种可被传承性。这种经营理念有利有弊：其好处在于能够充分表现出对艺术品及其背后的文化性的尊重与敬畏，能够保持书画艺术品市场经营的原生动力和活力，在很大程度上与艺术品的本性相契合；其弊端则在于会大量占用经营者的资金，进而需要"以藏养藏"。在当下的中国艺术品市场中，受到多重因素的影响（如市场竞争加剧、高营利的诱惑、经济下行等），青州画廊业的上述"基础理念"正在受到动摇与转变，与这种经营理念直接相对的是以"现买现卖"的方式开展运营，这种经营理念的好处在于"不压钱"，即画廊人根据自身资金实力随机购买艺术品，并尽快出手，从中赚取收益。这种经营形式能够很好地缓解资金压力，但已经属于将书画经营当作生意来做了。随着市场的发展，两种理念相结合的倾向愈发明显，而对不同经营理念侧重的背后是画廊人对艺术品"身份"的不同认知与评价。

（2）将艺术品作为一般的商品进行交易的方式。其背后的经营理念与现代商业模式相一致，是以纯粹追求成功运营和盈利最大化为目的。这种经营理念，承接自上文提及的"将书画经营当作生意来做"的理念。在当下的市场阶段来看，这是对上述理念的进一步深化，也日渐成为青州画廊业市场的主流形态。在电子商务的经营途径与理念出现之前，这种经营方式和理念与前一种"不以营利为目的"的理念混杂在一起，大部分经营者都呈现出两种理念兼备的经营状态。电商平台出现后，这种观念呈现出一定的独立状态。

（3）以"投机"为主要目的的经营理念。这主要涉及市场形势好的条件下，怀揣大量资金投身画廊业的经营者。在青州，持有这种经营理念的经营群体具体有多大规模，尚难估量。尽管这类经营理念的存在具有一定的典型性，但对应的青州画廊人数量不会太大，主要原因在于纯以"投机"为目的的经营者很难长久维持下去。因为画廊业经营绝非外表看上去的那样简单，其中门道众多、门槛又高，不仅需要占用大量资金，还隐匿风险。没有一个长效、稳定的发展理念与运营机制，其结果不是被市场作为"泡沫"挤掉，就是会随着经营时间和经验的积累而被具有生命力的理念所同化、转变。

（五）青州书画市场中的艺术家

当前，青州画廊业涉及的艺术家群体十分庞大，包括青州本地、山东省内乃至全国各地的艺术家，粗略估算，可达数百乃至千人规模。各种头衔、不同名气的艺术家均能在青州找到合作的经营者。艺术家绘制的"专供"市场的众多作品就是通过一个个画廊人被销售到了全国各地。值得关注的是，尽管数量众多，但真正占据青州地方市场主体份额的艺术家很少，仅有十几人，均为当代艺术品市场的"一线"名家，包括陈平、范扬、冯远、贾又福、刘大为、史国良、田黎明、王镛、袁武、朱新建（根据姓氏首字母排序）等艺术家。

青州画廊人在选择合作艺术家方面表现出一定的偶然性，特别是在市场发展初期，青州画廊人受到自身市场经验欠缺、审美水平有限，以及艺术家接触市场的意识相对淡泊等多重因素的合力作用，往往会根据自己身边的既有艺术家资源选择购买他们的作品，表现出很大的随意性和偶然性。随着市场的发展以及画廊人经验的提升和资源的日益丰富，这种"随意性"逐渐转变为"理性"。青州人判断艺术家、收藏艺术品主要根据以下几点：① 通过官方信息（如"1997中国画坛百杰画家"名单[①]）或者通过艺术家的身份来选择（如看其是否官办协会会员、高校教授等）；② 通过画廊主自己的眼光来判断和选择；③ 通过其他艺术家的推介；④ 圈子里面互相交流，形成共识。

画廊人如何与艺术家相识并建立联系，是探讨二者相交往的重要内容。对画廊人与艺术家建立联系方式的梳理能够在一定程度上反映出地域的特色，这也成为研究青州画廊业发展业态的重要方面。概括来看，主要有四种方式：① 借企业邀请艺术家群体举办笔会活动之机，结识艺术家。改革开放初期，在艺术品市场尚未真正形成前，企业以不同的目的邀请艺术家来地方"搞笔会"，是普通人与艺术家接触的重要渠道。② 经人引荐，结识艺术家。③ 主动联系，邀请艺术家到青州"走穴"。青州人邀请画家到当地"走穴"或"笔会"是促成画廊人与艺术家相结识的最重要的方式，这种方式与第一种方式性质相同，也是艺术品市场形成后的主要方式。④ 艺术家自我推介。这种方式，多体现于年轻艺术家身上。在艺术家还处于成长期，在业界的名气和地位均未确立之际，为了能够获得市场的认可和支持，会主动来到青州，带着自己的作品进行自我推销。以上四种结识艺术家的方式背后也反映出他们获取艺术品的渠道。尽管并非全部内容，但却是主要的几种渠道。除此之外，也包括部分获得艺术品的非正式渠道及方式，如很多人手里有画，但不做经营，就会找到青州的经营者代为销售。这种现象虽然在青州也普遍存在，但并非售卖艺术品的主要来源。

三、案例研究：以画廊为基础业态的青州书画市场[②]

（一）青州艺术产业中的系统化格局

在青州艺术产业的格局中有众多要素，但其中的核心是"书画产业"，再聚焦来看，就是"画廊业"。以此为基础，带动起青州地域特色化的艺术产业发展生态。这种"以画廊业为核心产业地位"的判断主要源于三方面的内容：① 青州的地域艺术产业是从画廊业发轫的，青州地域艺术品市场的建立与发展源于当地民众由收藏逐渐转向经营，进而形成了集聚化的画廊业形态；② 在当前的地域艺术产业发展体系下，画廊业占据了巨大的市场份额，并表现出明显的市场活力；③ 画廊业在构成地域艺术产业系统中发挥了主导性作用，青州画廊业在全国市场中所打造出的品牌效力，为地方政府有规划地建构地域艺术产业提供了基础条件。基于这种认识，按照"能否直接创造产业收益"的原则对"青州模式"系统中的各组成要素进行取舍，形成了"青州模式"系统解构示意图。如图12-3所示，在"青州模式"系统中，彼此关联的要素包括：画廊业、艺术地产、艺术旅游、艺术会展、艺术交流平

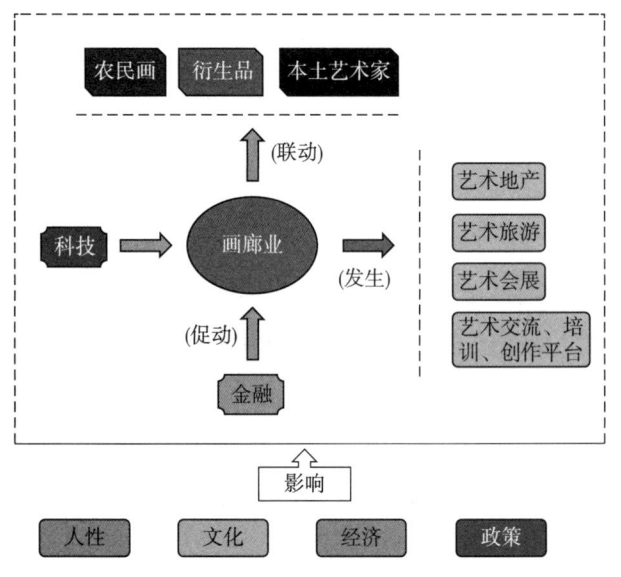

图12-3 "青州模式"系统解构示意图

[①] 这一名单是1997年由中国文联、中国美协共同筛选出的100家名单。现在网络上能查到的名单不尽相同。

[②] 本部分执笔人：曲家辉（鲁东大学文学院讲师，博士）。

台、农民画产业、衍生品产业、艺术科技、艺术金融等。此系统以"画廊业"为核心，各要素受到画廊业不同的作用而处于不同的存在状态。

总体来看，"青州模式"系统要素主要包括四类：核心要素、生发要素、联动要素、促动要素。其中，（当前的）"核心要素"专指画廊业；"生发要素"是指此前未出现，由于画廊业的带动而逐渐形成并发展起来的产业形态，主要包括艺术旅游、艺术会展、艺术交流平台等（此处的"生发"强调衍生之意）；"联动要素"是指此前就已经存在，因为画廊业的繁荣而得以进一步发展的产业形态，主要包括农民画、衍生品、本土艺术家等（此处的"联动"有互相影响、联合带动之意）；"促动要素"指对青州画廊业发展具有促进作用的要素，主要包括艺术科技、艺术金融等（此处的"促动"主要指促进发展之意）。

具体分析，"青州模式"的基础是以书画收藏与交易为主营业务的画廊业，而画廊业的发展根源则来自青州当地深厚的传统文化根基及民间的收藏习惯，正是因为这种物质形态与非物质形态文化因素的影响与熏陶，青州培养并涌现出了一批从业者，他们跟随社会的发展，在经济水平、政策引导等因素的影响和带动下，由发展艺术产业的无意识状态逐渐向有意识形态进化，在市场的引导和各方力量需求的共同作用下，形成了一种具有自身特性、相对稳定的艺术产业发展模式。在这种产业模式系统中，由于画廊业的发展，而逐渐催生出包括艺术地产、艺术旅游，以及主要用于艺术交流、培训、创作的平台等产业内容，也促进、带动了农民画产业、艺术衍生品产业以及本土艺术家创作及市场的发展。特别是基于艺术品市场的深化发展以及青州画廊业的发展，吸引了艺术金融、艺术科技等要素的加入，成为促进青州画廊业发展的重要内容。当然，需要注意的是，"青州模式"尚处于初始阶段，还有着很多亟待成熟、发展的空间。未来，"青州模式"可能会越来越成熟、越来越强大，但并不排除因这样或那样的原因而走向消亡的可能。

（二）青州艺术产业独特的发展历程

青州地域艺术产业的发展历程表现出自身的独特性。图12-4以细化的形式呈现了青州地域艺术产业的进化发展逻辑：在产业化的发展过程中，青州的地域艺术产业是以地域艺术品市场的发展为基础的，而地域艺术品市场则是以画廊业的出现为核心的，以画廊为主导形式的市场交易行为则是以地域民众自发的收藏活动为起点的。

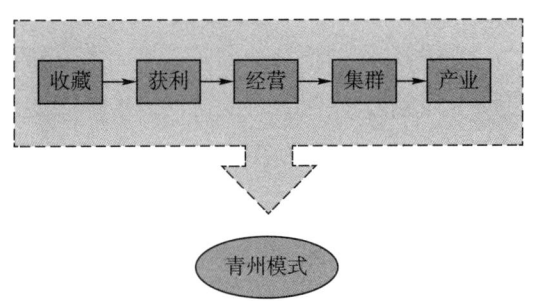

图12-4　青州地域艺术品市场及产业发展过程示意图

具体来看，青州地域艺术品市场的发展起源于地域性的收藏活动（以现当代书画艺术品为主）。在1990年前，青州民众的收藏活动实现了由数量稀少的零散化向数量不断增加的群体化发展。在此过程中，参与者的收藏需求自然地催生了书画艺术品的交易行为，而"通过艺术品收藏及获利"这一发现促使更多的群体加入进来，逐渐形成了专业化的经营群体。同时，这些参与群体也实现了以收藏为重心向以经营为重心的转变。在全国市场繁荣发展的带动下，青州的经营群体逐步拓展为地域形态的画廊业集群，并在全国市场中获得了重要的影响力。自2009年以来，随着国家对文化产业发展的重视，青州地方政府加大了对地域艺术品市场的关注力度，并于2010年前后鼓励地方性银行为画廊经营者提供金融服务，用以支持其发展。在其后的数年时间里，采取了一系列在已有的艺术品市场基础上大力发展艺术产业的举措，如主导举办持续性品牌艺术展会"翰墨青州"、打造专业化的艺术培训及写生基地、培育"农民画"产业等。

从中可见，青州地域艺术产业实现了三个方面的演变：第一，实现了发展格局从地域艺术品市场向地域艺术产业的演变；第二，实现了主导群体由当地民众向政府管理部门的演变；第三，实现了运营状态由随机化向专业化的演变。这体现了青州地域艺术品市场及艺术产业发展独特性之处。

（三）青州艺术品市场的特殊存在状态

青州地域艺术品市场是中国当代艺术品市场中的一种独特化的存在。这一判断从表面来看，体现为一种现象性的内容：青州以一个县级市的行政级别聚拢起数百家规模不一的画廊集群，在此基础上发展成为中国艺术品市场的重要艺术品集散地，使得艺术家、经纪人、消费者的不同需求都能在这里得到满足，并且创造出了可圈可点的市场经营额，形成了"尚未雕琢"的朴素性产业品牌。

青州的艺术品市场，以改革开放前非市场化的民间收藏为起点，发展至20世纪90年代，出现了零星的交易行为和零散的画廊机构；进入21世纪，开始出现集群化的画廊区，再到当下的数百家画廊业集群、亿元级的市场规模，在这一过程中表现出了自身的独特价值，也成为市场不可忽视的组成部分。

除去上述的"现象性"表现外，这种独特化状态更深层地在青州艺术品市场与中国艺术品市场的内在关系层面得以体现。

（1）青州艺术品市场表现出遵循市场起伏的发展规律，同时又具有地域市场的独立性特征。青州艺术品市场的"独立性"是指其整体表现出与全国市场发展相同步，特别明显地体现于市场行情之上。但青州艺术品市场又不完全依附于全国市场，因此绝不能将全国市场的状态与青州市场等同看待。在中国艺术品市场尚未真正起步之时，青州已经形成了朴素化的艺术品市场生态，这种以当地民众的收藏传统为根基的独立市场形态在很大程度上能够脱离整体市场形态而存在。这是因为中国艺术品市场的发展给青州地域艺术品市场带来的最大影响着重体现于几个方面：①促进地方书画经营业务的明确化，同时促进了画廊集群的出现；②使经营范围实现了由地域范围向全国范围的延伸；③使得地域市场交易总额获得大幅提升的机会。由此来看，中国当代艺术品市场对青州地域艺术品市场的影响并非根源性、决定性的。据此可以推断，如果没有中国艺术品市场的出现与影响，青州的地域收藏传统与本土收藏群体所引起的交易活动也会促进当地市场的完善，只是其市场规模和市场范围无法与当下同日而语。

关于这一内容，从2014年年底在媒体间广为流传的"青州书画市场崩盘论"事件发展始末中也可以得到具体体现。在全国市场出现大幅下滑的态势下，大量媒体及市场参与者"看衰"青州的艺术品市场，认为其会因为"礼品市场"的没落而走向"崩盘"的结局，但在此事件发生后的数年时间内，尽管青州书画市场随着市场行情有所"遇冷"，但在经营方面却依然有序，根源就在于青州地域艺术品市场的独立性、独特性。

（2）青州地域艺术品市场与中国艺术品市场的关系还突出表现为一种"反一般市场规律下的稳定性"。中国当代艺术品市场的发展态势为"一二级市场倒挂"，但青州的画廊业发展表现出了"自成一格"的稳定性，不仅在市场的低潮期屹立不倒，而且还表现出了长远发展的势头。

我们可以将中国艺术品市场中普遍存在的以青州为代表的传统型画廊与西方意义上的画廊进行比较：尽管二者面对的客户群体都以"收藏"为核心目的而购买艺术品，同时也都对艺术品艺术价值表现出不同程度的喜爱与追求，但在具体的消费理念上，前者更看重艺术品本身的价值性（包括传世价值、市场增值等），而后者则更强调通过发现艺术家的潜在价值以及收藏不同的艺术品来实现个人价值。所以，以小见大地来分析，中国艺术品市场生态在整体上是与以西方国家为代表的海外市场存在明显差异的一种生态。独特的中国市场式价值追求所催生出的市场力量（如看重古代书画、古玩等的藏家大量存在）是导致"一二级市场倒挂"状况的主要原因。而反观青州，在大的市场格局及特征下，却以"一级市场"为发展主体，取得了很好的业绩。可以说，似青州这般与全国市场保持密切关联的地域艺术品市场是十分典型的，青州的艺术品市场能够在很大程度上反映出一种差异化和独特性。因此，这种打着鲜明"中国烙印"背后的青州特色，是中国特殊艺术品市场生态的鲜活范例。

（四）"青州模式"的内涵特征

对于"青州模式"的具体内涵，可以从以下几方面予以把握（图12-5）：

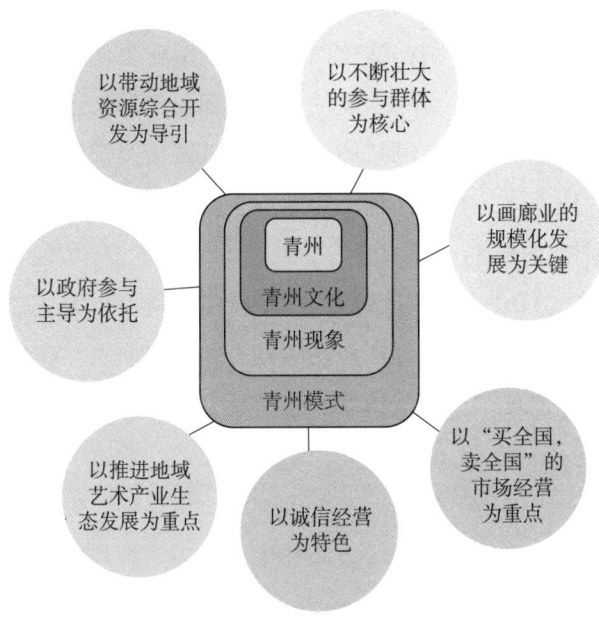

图12-5 "青州模式"的产业形态示意图

1. 以画廊业的规模化发展为关键

从现象层面来看，画廊业是青州地域艺术产业形态的核心要素。从内在的效力来分析，青州画廊业的规模化发展之所以能够成为地域艺术产业发展的关键，是因为其在实际上创作出了"集群化"的发展效力。我国具有典型产业集聚形态的范例，如深圳地区的众多加工工厂、苏州工业园区、北京中关村等。在研究体系下的产业集群可以分为两类："创新型集群"和"低成本型集群"。其中，创新型集群所对应的特征是高质量、创新性、功能灵活，而低成本型集群所对应的特征则是廉价原料、大量劳动力所带来的灵活性等。

青州以画廊业为主导的地域艺术产业尽管在规模上无法与大型产业集群相提并论，但从属性而言是相一致的，特别是符合上述低成本型集群形态，应当视作一个"典型化的艺术产业集群"。在这种产业集群的形成中，画廊业发挥了关键性作用：一方面，青州的画廊业本身形成了一种集聚；另一方面，以画廊业为核心吸引，青州又集聚起包括艺术地产、艺术金融、艺术科技、艺术培训等多样化产业形态。这种以画廊业为核心的产业集群化发展在相同产业领域内表现出了难能可贵的优势。

2. 以不断壮大的参与群体为核心

与青州艺术品市场及产业格局的不断拓展、扩充相匹配的是，参与群体的日渐增加形成了青州地域市场发展的有生力量。当前，这些参与群体的构成包括以青州本土群众为核心集聚起的运营主体、来自全国范围内的艺术家及客户群体、地方政府管理部门的参与者、"青州模式"的地域品牌吸引的来自其他地域的聚合性群体等。在此之中，尤为重要的是青州本土成长起来的经营者，他们往往兼具收藏家、经纪人、画廊人等多重身份，在市场起步之初，正是他们敏锐地捕捉到市场的动向，成立了最初的经营机构；在市场发展的过程中，又是以他们为基础，聚合起大量不断加入的"新鲜血液"，使得青州的经营团队日益扩大；在市场经历行情低潮时，也是他们"抱团取暖"，始终坚守。青州的地域艺术品市场经营群体集中表现出三个方面的特性：第一，青州从业者能够形成圈子，且团结；第二，青州人在经营中表现出"不独大"的特质；第三，青州人愿意彼此共享资源。这才有了青州艺术品市场今天的成绩。

青州的艺术品市场参与群体随着地域艺术品市场的发展而呈现出扩散式增长的状态，可以用"靶型"格局来概括。如图12-6所示，在青州以"经营"为重心的市场生态下，其中的核心群体来自青州民间自发成长起来的收藏群体，在市场经济到来后、艺术品市场萌芽之际，这些群体是青州艺术品市场的"始作俑者"，随着市场的发展（更确切地说是在利益驱动下），"原始藏家"周围的群体（包括他们身边的亲戚、朋友等）成为最早一批新加入的经营者。其后，更是有一大批以"投资"为主要目的的经营者加入进来，以青州地方企业家为代表。需要说明的是，图12-6仅为一个示意图，旨在直观呈现青州艺术品市场群体的发展趋势，其中的参与者身份可能要比列举的几类更为复杂，但这里所表现出的三个内容是相对"稳定"的：①青州艺术品市场群体以"经营者"为核心；②青州艺术品市场的基础层经营者为青州本地的原始藏家群体；③青州艺术品市场的参与群体随着市场的深化发展，呈现出单向度的扩大化状态。

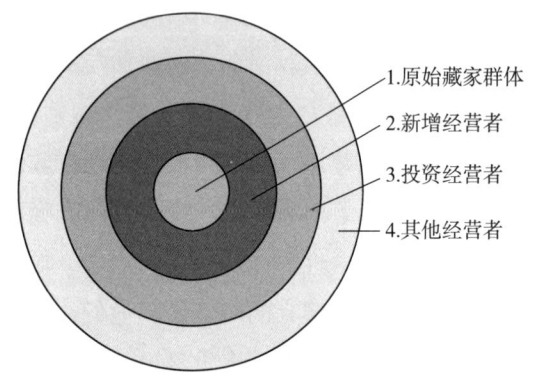

图12-6 青州地域艺术品市场参与群体特征示意图

3. 以"买全国、卖全国"的市场经营为重点

在当前的中国艺术品市场中，很少有青州之外的其他地域画廊群体能够实现"买全国、卖全国"的市场经营效果，这是青州市场经营群体的一个典型性优势。青州地域艺术品市场作为全国市场的一部分，从发展态势来看，二者一直保持着密切的资源互通关系。青州已经吸引了安徽、江苏、浙江、河南、河北、北京、唐山、辽宁、吉林以及周边的淄博、泰安、临沂、莱芜、东营、青岛、烟台等地的大量画廊经营者来到青州，了解市场，洽谈业务，更有甚者专程前来学习"经营之道"。

青州画廊业的发展是从全国范围内发现艺术家、购买艺术品进行收藏或经营，再将手中的藏画或转手、或倒卖给全国范围内的客户开始的，最终实现了"买全国，卖全国"的经营状态。相较之下，山东乃至全国其他地域的画廊业更多地表现为以当地市场为主开展类似的交易活动，如山东济南、浙江杭州、天津等地区的同类画廊以经营本地艺术家作品为主，其营销范围也主要局限在当地。

不止于在画廊业之间的互通，青州的画廊也与全国重要的拍卖行保持着一定的业务往来。这得益于青州市场起源于典型的收藏市场，画廊经营者兼具收藏者的身份，这个群体手中收藏有大量的当代名家精品，在现当代书画拍卖市场崛起后，这些藏品成为各大拍卖行竞相招揽的重要资源。

4. 以诚信经营为特色

青州画廊业的发展不仅使得地方的画廊由个别化向普遍化、由松散化向集群化、由业余化向专业化方向发展，更为重要的是，画廊业在发展过程中发挥了资源聚合的效能，形成了以诚信经营为特色的朴素化品牌。这种品牌效力主要可以从以下两方面得以体现：

（1）"青州无假画"，这是青州人最引以为豪之处，也是青州书画产业能够做大的重要原因。在鱼龙混杂且作为高消费品的艺术品交易中，作品的真伪是最为核心的问题。一真一伪之间，背后所涉及的不仅仅是产业局部（个人）的一点小利，更能牵扯出全局的发展生命力。在青州，买到假画仿佛是件天大的事情。很多经营者都承诺"假一罚十"。只要消费者对从自己店中购买的作品存疑，可以帮助其进行鉴定。因为青州市场以经营当代艺术品为主，经营者可以帮其找到艺术家本人鉴定。只要涉假，甘愿受罚。这里面似乎能够看到一丝旧时传统行业间所普遍遵守但在市场经济环境下久违了的"规矩"的意味。

（2）青州画廊人之间若需要彼此"拿货"（资源共享），不需要打收据或凭证，全凭一句话。青州画廊经营者之间，谁拿谁的画，都不用互打收条，直接拿走。如果卖不了或者有其他问题，可以再拿回来，这在其他地域是难以实现的。而促成这种"诚信经营"局面有三方面原因：①青州的基础经营者多具有收藏者的身份，在收藏中也会遇到"打眼"的情况，他们从内心深处厌恶、反对伪作。②青州地域艺术品市场的范围主要集中在市区，且越来越呈现集聚化的发展格局，参与者也多为当地居民，彼此之间相熟、交好的生活状态，具有一种天然的追溯源头效果，让彼此间无法售假。③画廊协会的作用。青州书画经营者从一开始就懂得自发结成以"画廊协会"为代表的团体，互相关注、互相监督、互惠互利。青州画廊协会设有艺委会。发现谁挂售假画，会立刻让他撤售，甚至会组织会员画廊一致予以抵制。现在，管理者又号召加入"艺术品鉴证备案系统"，就是为了更好地实现诚信经营，真正落实文化部（现文化和旅游部）发布的《艺术品经营管理办法》。

5. 以政府参与主导为依托

青州的地域艺术产业生态的发展经历了由单纯的艺术品市场形态向综合化的艺术产业形态进化的过程。在系统化的地域艺术产业形成前，参与主导的主体是纯粹的民间群体。这是因为青州的地域艺术品市场发端于当地民间收藏群体的积极参与。由于传统的书画交易场所的运营并非固定的纳税单位，加之其他一系列因素的作用，故而青州的地域艺术品市场长期以来一直处于民间群体的自发主导之下。随着国家层面对文化产业的重视，特别是在青州画廊业的群聚过程中，当地逐渐形成了以"青州现象"为市场广泛认知的地域艺术产业发展品牌，促使政府力量开始广泛关注并积极参与到地域艺术产业的发展中，逐渐形成了以政府为主导、民间力量参与配合的合力效果。

近年来，随着国家层面对文化产业发展的重视，政府在参与青州地域艺术产业发展中的比重逐渐加大。另外，在上级主管部门的带动之下，青州市政府也从地域实际出发，制定了包括发展规划、发展举措、支持策略等在内的一系列部署，充分保障了"青州模式"的全面、深入发展。通过出台书画产业发展优惠政策、成立书画行业党工委、编制发布书画指数、建立银企合作关系等一系列举措，发展壮大书画产业。

在民间力量主导下的市场只能保持着单一业态，而正是因为政府逐步参与主导，才使得这种状态由单一化的地域艺术品市场向着多样化的地域艺术产业形态进阶。离开了政府的主导，当前大规模、综合功能的艺术区、艺术会展协同发展的局面就无法实现。所以，政府的参与主导，对青州地域艺术产业发展历程而言，具有深刻的转折意义。

6. 以推进地域艺术产业生态发展为重点

青州以政府为主导的资源聚合与发力，均以推进地域艺术产业生态的完整化、全面化发展为重点和目标。正是基于这种考虑，青州积极地向构建完善的产业链和系统迈进。

在青州所形成的地域艺术产业系统中，各组成环节表现出鲜明的独立性。在这个产业链中，每一环都可以作为独立的一环存在，彼此可以借力发展，但并不存在绝对性的依存关系。从彼此联系来看：①"青州模式"中的各要素具有联动发展的特征。正是因为这种发展特性，使得青州的艺术产业并非由点到点的"一以贯之"状态，而是呈现出一种"联动"的发展态势，表现出一个点带动或撬动一条线、一个面。如青州画廊业在整个模式中异常强大，以画廊业这个点，带动了整个艺术产业链的兴起。②在整个产业系统中，表现出一种不平衡的发展状态。画廊业明显占据了很大的比重，是"青州模式"形成与发展的原动力，也较其他组成部分成熟得多。其他组成部分（包括艺术地产等）都是借助画廊业所自带的"艺术光环"去发展，目前还远没有释放出想象中的能量，需要市场的培育与发展的过程。这就是"青州模式"下一步需要重点打造的内容。

事实上，这种现象是由多方面的原因造成的。首先，"青州模式"的发展还处在正常的发展期，必然会有所侧重。其次，艺术品市场是一个小众市场，有文化崛起作为背景，尽管大家都看好它的潜力，但无论是市场需求还是民众观念，对它的认知都需要一个过程。所以，在整个产业系统中，它很难做到像房地产产业链那样，环环相扣，互为依存。最后，这样一种状态符合艺术产业发展的一般规律。

7. 以带动地域资源综合开发为导引

青州作为一个文化历史名城，也有作为第三产业的旅游业，但由其产生的市场份额与影响力，远远无法与青州的地域资源价值相匹配。在国家大力发展文化产业的时代背景下，这种状况出现了一定的转机。站在政府主导的层面来审视，借助地域艺术产业的拓展与建构无疑是一个联动地域资源，以寻求发展的有利契机，重点包括文化遗迹、古街区等文化旅游资源。所以，在政府主导下的青州地域艺术产业发展，是以带动地域资源综合开发为导引来制定发展战略及规划的。

（五）"青州模式"的启示

在当代中国艺术品市场中，似青州这般具有特色的地域艺术产业发展形态的案例并不多见，这使得以"青州模式"为概括的青州地域艺术产业具有重要的参考价值，通过对"青州模式"的研究，可以从中发现其对地域艺术产业乃至整个中国文化产业具有重要启示。

1. 地域特色资源是地域艺术产业发展的基础

"青州模式"的成功背后所赖以发展的资源特性以及其内部所体现出的发展机制，对中国文创产业的发展具有重要的启发价值。首先，可以从青州与其他县域的比较中得以体现。对比来看，同样是在潍坊市辖域范围内，青州之外的其他县域（包括寿光、诸城、高密等）的文化产业相较于青州就略逊一筹，其主要原因就在于地域性的"特色资源"不尽相同。举例来看，寿光是全国闻名的蔬菜产业基地，诸城主要以稀有的"恐龙化石资源"而闻名，高密以泥塑、木板年画等民俗艺术资源取胜，而"青州模式"的发展则主要得益于当地独特的"隐性资源"。这种"隐性资源"更多地外化为青州地区独特的文化传统和习惯以及民众对文化价值的认同与看重。这种传统资源的效力在市场化发展及国家大力发展文化产业的背景中得到了激活，这种带有地域特色的特殊化资源是支撑一种"模式"形成与发展的重要因素。也正是因为类似个性化产业资源的存在，才形成了艺术产业格局下不同地域间的不同状态，如山东青州以书画产业而知名、甘肃庆阳则以香包产业为特色，即使是都以书画产业为核心的山东青州、甘肃通渭、广东大芬村等地域，其发展状态也绝不雷同。

这种差异性足以启示：应该充分遵循地域特性，培育适合当地发展的特色产业及发展形式。这就需要深入民间，认真挖掘隐藏在民间的"特色资源"和民众的喜好倾向。这是同种类型的城市在发展文化产业时可以借鉴的方面。所以，地域艺术产业的发展应从地域资源特性角度出发，因势利导，方能有所建树。

2. 地域艺术产业的发展应形成核心主导群体

"青州模式"的一个重要内涵特征在于其以不断扩大的参与群体为核心，甚至在产业发展之初，青州的地域民众构成了区域艺术品市场发展的主导者。而带有这种本土性、朴素性的群体则是构成青州书画市场的有生力量，很多当地具有一定经济实力的人群是不以营利为目的而进入市场的，他们是青州市场的底层基础，也是能够保证青州不会在市场大潮中消亡的核心。

从青州画廊业的发展来看，青州画廊业之所以能做大、做强，主要原因在于青州画廊业的核心经营者并没有将其作为牟利的手段，而纯粹是抱着一种发自内心的喜爱、一种不计回报的追求、一种难以言表的看重去购买、收藏作品。在这个过程中，很多无心、无形却饱含价值的内容得到了实现。比如，由于地方文化的传统中所裹挟着一种对文化、对艺术天生的敏感和自觉，让青州人于无形中得到了发展艺术产业最重要的"美的熏陶、美的教育"，这是艺术品市场产生的原动力；再如，正是收藏群体的影响及彼此的交流、互通，让青州人无形中实现了对市场资源的整合，这是让地域艺术品市场得以维持的基础。

青州书画市场30多年来的发展，造就了一批人、一批核心人物和一批核心画廊，这个队伍是比较稳定的。在分析青州书画市场的时候，很多人往往忽视了这个队伍的存在。实际上，这个队伍在这30多年的发展过程中经历了几次大起大落，经历了大风大浪的考验。他们对风险的应对能力，对风险的识别与认识，比一般意义上的所谓"专家"要更清楚、更刻骨铭心，因为他们是拿自己的财富去做，是在实践中通过"摸爬滚打"得出来的"真知"。所以，青州市场的经营主体是靠这一批骨干型人才来推动的。

3. 模式的简单复制不利于地域艺术产业的特色化培育

一方面，地域艺术产业的发展难以实现简单复制。这是因为地域艺术产业的发展存在明显的"路径依赖"。① "路径依赖"是指人们一旦选择了某个体制，由于规模经济、学习效应、协调效应以及适应性预期等因素的存在，会促进该体制沿着既定的方向不断得以自我强化。以"青州模式"为例来看，其本身在发展中表现出的"路径依赖"不仅源自本地域内产业资源的独特性，更为重要的是这种稀缺的资源在长期发展中借助积聚化的效果，已经形成了自身"壁垒"。而这种特性和"壁垒"的存在，无形中增加了进行"模式"复制的难度。另一方面，完全等比复制的发展模式未必完全适用于本地区的产业发展需求与实际。

据此可以判断，地域艺术产业的发展模式很难真正实现等比复制，而这恰是一项能够对地域文化产业发展起到重要启发价值的内容。正确的做法应该是将可资借鉴的发展模式与本地的特色资源相结合，探索适合本地发展的独特模式。

4. 地域艺术产业的发展模式需要持续创新

以"青州模式"为例来看，尽管其已经形成了成熟的区域产业发展模式，而这种"模式化"的发展也为其带来了显著的市场收效，但随着市场的发展，其依然显露出自身的瓶颈与限制，亟待通过不断对"模式"进行创新来予以解决。而这种创新并非随意为之或是盲目操作，需要建立在对市场发展大势及整体状况的把握基础之上，甚至需要面临"试错"的风险。

5. 中国艺术品市场学科体系的架构有待于进一步完善

从"青州模式"的研究出发来看，青州区域艺术产业不乏关注者，但少有研究者。首先，青州的书画市场不乏关注者。比如，大量的媒体对其进行过不同程度的报道，但媒体稿件的特性决定了这类研究很难深入，多如蜻蜓点水，仅能述其表象——由"青州书画产业崩盘论"中涉及的文章足见一斑。其次，学术领域的理论研究者对于如青州书画产业这样的艺术品市场案例缺乏重视，造成了中国艺术品市场底层理论体系挖掘及细化程度不深。最后，中国艺术品市场相关理论研究更多地呈现出实践先行的状态，掌握大量市场实践经验的经营者往往又不具备系统架构、综合处理及理论阐释的能力。这种两难的处境造成了相关研究领域的空白性缺失。

事实上，这深刻反映出的不仅是某个地域性案例研究的缺失，而且是整个中国艺术品市场理论研究的缺失。甚至可以说在这一研究领域，相关的很多研究是缺位的。现有的研究成果显然不足以撑起艺术品市场学科深入发展的理论基础。近年来，随着中国艺术品市场的不断繁荣，相关的研究领域逐渐为各专门机构所重视，一时间相关课题纷纷立项、成果多样，但几年下来见效甚微，总给人以未能真正深入到核心研究领域的状态。其具体表现在于：综观众多研究成果，其中既没有深入浅出的教材性研究成果，也缺乏立足某点展开深入研究的成果，使得研究总呈现出一种不上不下、雾里看花的状态。艺术品市场研究是一个极重市场实践的研究领域，很多有价值的研究成果需要从亲身实操经验中提炼。可以说，理想的研究状态是自己成为市场亲历者，亲自感受一番，方能做到笔下无空言。即使不能这样，至少也要积极地实地走访、调研，通过大量亲自采集到的一手（或二手）材料，方能取得有效的研究成果。

6. 艺术产业发展战略的制定应以产业特性为出发点

"青州模式"作为一个市场形态，从根本上而

---

① 第一个使"路径依赖"理论声名远播的是道格拉斯·诺思。由于用"路径依赖"理论成功地阐释了经济制度的演进，道格拉斯·诺思于1993年获得诺贝尔经济学奖。"路径依赖"理论被总结出来之后，人们把它广泛应用在选择和习惯的各个方面。

言,却是与文化紧密联结的。"青州模式"的属性从表面来看是市场的、光鲜的,其内在却是文化的、朴素的。首先,青州作为当代的一个县级市,之所以能够形成做大、做强的地域艺术产业,是无形中与中国传统的文化形态相契合的结果,是在一种无意识的状态中成长起来的。现在来看,中国基于农业文明和独特哲学思想成长起来的传统文化形态,如武术、中医、古村落等,都是在某一小圈子内以一种不事张扬的状态传承与发展的,直接指向的就是一种朴素性特征,其成长与发展状态无不与青州模式现有的书画艺术品的收藏文化相统一。所以,如果从深层次来审视,可以发现,尽管青州在历史上没有形成与北京(琉璃厂)、南京(朝天宫)等城市相媲美的知名艺术区,也没有形成具有广泛影响的收藏群体,但在改革开放以来的几十年时间里,借助当地深厚的文化底蕴,一个独特的(艺术产业)文化生态系统业已形成。如果能够保持住这种现有的发展活力,青州就有望从当代开始形成收藏文化,进而发展成为"后来史"上的艺术名城。其次,特定时代下民众的人文需求是"青州模式"萌发的突破口。"历史渊源""文化根脉""艺术传统"等与文化相关的要素,无论是在地域艺术产业发展中,还是对整个中国"文化产业"发展而言,都十分重要。但离开了"特定时代的人文需求"这个维度,则其状态是静态的、僵死的,不恰当地过度依赖必会招致"食古不化"之诟病;而与之相较,这种以人的需求为依托的文化要素则表现出一种动态的、生发式的面貌。两者相结合,才会真正促成一种繁荣态势。至于"青州模式"乃至整个"文化产业"所表现出的促进经济增长的状态,不过是这种"时代发展下,民众的人文需要"的外化,甚至可以说是"畸变"。

所以,文化因素是促进青州艺术产业发展的基础,也是其能够做大的原动力。正是因为青州的经营者在历史文化的风气下以人文情怀为先,才获得了谋求发展的"资粮",也是这种特征让青州在面对"崩盘论"的谣言之际能够处变不惊。

四、延伸阅读:青州书画市场是怎样发展起来的①

研究青州的地域书画市场,左景岳是绝对绕不开的一个重要人物。这不仅仅是因为他是青州画廊协会的会长,更重要的是他集青州艺术品市场发展的参与者、见证者、推动者等多重身份于一身。本部分内容即选自记者对左景岳先生的专访。

记者:业内人士都知道您是青州画廊业发展中的核心人物。一个很重要的原因在于,您在青州画廊业发展中做了很多团结市场力量的好事,比如组织建立青州书画城、号召组建画廊协会等。相信很多人都会好奇,您做这些的想法与经历是什么?

左景岳:从哪说起呢?首先,我喜欢这些东西。在青州,我们是第一批开始玩书画的人,从1984年开始。我一个济南的朋友与我是30多年的好朋友了,他在部队干休所成立了一个书画社,那个时候是以省内为主,找一些画家买画。那时候的画还很便宜。买了之后进行装裱,那时候地方上甚至还没有"装裱"的概念。

改革开放后,他来青州,我们就认识了。因为我本身就喜欢这些东西,那时候我在供销社兼着"毛泽东思想宣传站"的工作,主要卖新华书店的书籍、宣传画等等。我一直就喜欢文学、艺术之类的东西,但当时没有条件满足这种爱好。

到了1984年,条件好一些了,那时候我能拿30多块钱的工资,就零零星星地买一些东西,也尝试着买画。到了1985年,我进了企业。因为有一些应酬需要,就经常能买一些画。那时候都是买非常便宜的东西,几百块钱的作品就已经很不得了了。那时候(1984—1985年),买一张于希宁三开的作品,也就200块钱,但已经是工资的5至6倍了。我记得那时候,我想买一张程十发的四尺整纸,画得特

---

① 本部分执笔人:曲家辉(鲁东大学文学院讲师,博士)。

别好，要1000块钱，但就是拿不出来，买不起。所以，有朋友问我是从什么时候开始收藏字画的，我就说从1984年10月开始的。

青州最早开始玩收藏的人，在性格上都有一些共同点，就是非常豁达，从来不会计较。那时候，我开始帮助身边有收藏需要的朋友与画家之间联络很多事情。有画家来到青州，我就会找一些朋友过来买一些作品。买得多了，就会互相交流、切磋。那时候没有功利之心，这种功利心的出现应该是从20世纪90年代末拍卖会出现后才慢慢形成的。我是2002年第一次参加拍卖后，才开始出现了这种营利性的想法，但那时候所谓的"营利"也是只想着以画养画，卖一点钱，然后再买好的。

我们是从自己的小圈子开始的。2002年，我和朋友一起开发了一个小区——香阁丽榭……从那时候起形成了一定的集聚型经营规模，在书画交流、经营圈子里已经有几十号人马了。

另外，凡是玩书画的人都兼顾着玩点盆景。青州人玩的东西很多，还经常举办交流性的展览。最早在王润生那里办过，还在云门山下的一个花卉园搞过盆景展览，也挂一些字画进行展览。2003年以来，每年春节都会举办。2005年到钰铧展览，从2006年10月开始，就到青州书画城办展览了。以前都是我负责张罗，借他们的地方用。从2006年以后，我们自己有艺术城了，连着搞了十几年，从来没间断过。自新年的正月初六或初八一直展到正月十五，主要展出花卉、盆景、奇石等。

我1975年到县市机关工作，后来做供销社主任，1986年又到棉麻公司工作。在棉麻公司的时候，我每年搞一届菊花展，最多的时候，展出的菊花品种达到200个。

记者：我个人认为，青州人喜欢书画和喜欢盆景、花卉是相通的，都属于一种审美层面的精神消费。

左景岳：是的，它们是相关联的。奇石、盆景、红丝石、书画等，青州因为玩这些而组成的协会很多，可以说什么门类的协会都有。比如，花毽协会就是青州独有的，在全国是绝无仅有的。踢花毽的传统就是从衡王府传下来的。衡王为了迎合皇帝，专门组织人来训练，这是进贡皇帝的东西。所以说，青州的历史文化源远流长。

记者：青州的文化底蕴非常好。

左景岳：青州玩的东西非常多。我们当时在企业做这些事情的切入点就是塑造及扩大企业文化的影响。那时候，我请过很多的名家到企业来搞笔会。山东省的名家，除了于希宁没来，都曾经来过，比如孙墨龙、王启华、殷培华等。

我们的历程就是这样走过来的。通过搞活动去结识更多的人，对自己的业务也有帮助。我们做这些都是无私的，而这并不是所有人都能做的。一是因为当时咱有一定的条件；二是因为咱热心肠；三是为了青州书画文化的发展。玩书画并不是希望有多大的回报，就是一帮志同道合的人聚在一起，彼此交流。

记者：所以，青州画廊业的核心人物组成了这么一个团体，"崩盘论"的无稽就体现在这个地方——因为只要你们这些人不散，就绝对不会崩盘。

左景岳：是的。出现问题的主要是哪些呢？就是最近这些年市场好了，那些带着投机心理盲目进入经营市场的人，他们没有像我们这样的基础。所以，有些不良媒体做出一些不实的报道，你也不能说人家不对，但他们是带有一定偏见的，而我们会用事实和时间证明青州的画廊业不会倒。

再者，青州的艺术金融贷款有3家银行在做。画廊协会最早参与这项业务。当时，3家银行提供了将近2亿元的贷款——除了潍坊银行外，还有青州农村商业银行和中国银行。在借贷中，"出事"的画廊就2家，而且我们也进行了化解。所以说，以青州画廊协会的贷款优良程度与其他众多协会相比，出现问题的情况很少，金融风险要小得多。

书画艺术产业的行当是最讲诚信的，从历史上一直到现在都还是这样。朋友之间，谁拿谁的画，都不用互打收条，直接拿走。如果卖不了或者有其他问题，再拿回来——这在其他领域肯定是不敢的。在这个行业里，诚信永远是排在第一位的，如果你的声誉丧失了，以后就没人再愿意跟你玩了。有很多人，抱着一种投机、不诚实的心理进入这个行业，可能也发了点小财，但只要时间一长，很快就会被排挤出去了，没有人愿意再跟他一起交易了。这样的人青州也有，但很少，最多不超过10个。

记者：做这一行要遵守规则，换句话说也要具备一定的素质。

左景岳：对啊。首先，要有文化修养；其次，要有一定的经济基础；最后，要有一个诚信的人品，没有好的人品、不诚信，没有人会愿意跟你去交往的。干这一行，是一个爱好、收藏、投资相互叠加的状态——作为单纯的收藏不行，作为单纯的投资也不行，而作为单纯的爱好，如果没有后续资金作为支撑，不养画、不交流，也不行。所以，它是互相关联的。

记者：您有没有考虑过，等你们这一代经营者退下来了之后，会存在下一代的传承问题？无论是对传统文化发自内心的热爱，还是诚信经营的素质，下一代都可能做不好？

左景岳：现在来看，这个问题不大。"画二代"现在已经有几十个了，这些新鲜血液一旦进入，会带来几方面的变化：第一，传承者就有了。第二，他们有知识，而且对新鲜信息、新技术的接受及反应特别灵敏，能够在交易方面，打破原有的方式。第三，他们接受新鲜事物的速度快，反应也快。无论是店面的装修、经营模式还是策略等都发生了一些大的变化。所以，传承不是问题。随着时间的推移、经济的发展，这种状况会越来越好。

我们现在画廊协会登记注册的会员单位有400多家，随着"画二代"的加入，我们期望出现更多的个性化画廊，随着时间的推移，能够形成真正的百年老店。这样，声誉自然就有了。所以，我们号召大家不要只看一时的得失，号召画廊经营者多看书、学习，让经营者都成为鉴定专家——比如，成为研究某一画科的专家（如山水），成为研究某一名家的专家——从这个角度提升自己。当下，青州画廊业已经不再是追求量的变化了，而是追求质的发展。

记者：您说的400多家画廊是指在画廊协会注册的吗？

左景岳：是的，画廊协会会员单位，注册备案的有近500家，青州文化局提供的数字是青州画廊机构达到近千家，这个数据是准确的。

记者：那对外宣称的另外一个数据交易额达120亿元的准确性怎么样？

左景岳：这个数据我就无法评论其真实与否了，包括其他媒体问我这个事，我也都会推荐他去找文化局咨询，我们属于民间组织，无法核实这个数据的出处和准确性。

另外也有人经常问起书画产业的税收问题。第一，书画交易很难有明确的交易记录，就很难进行收税。第二，文化是种软实力，不能用纯粹的税收来衡量他的价值。

记者：您当时在组建青州书画城的时候，提出了用字画换房子，也就是出一半钱、一半画。当时是怎么一个情况？

左景岳：2005年，市场达到一个高潮。从2003年下半年到2005年底，我开始搞书画城的装修，等到搞完，就到了2006年9月了。这时候，市场冷了。为了先把书画城的人气聚集起来，我把朋友全都叫了过来。他们说，市场不好，手里都没钱怎么办？我说，不要紧，我知道谁手里有画，折合（成）房价（收购）。按照这种方式，我们开始折价用画抵房。折价后，画家们）最多的交了50%的钱，有的只拿了40%的钱。

那时候，我也确实牺牲了很多自己的利益。像书画城这样的房子，公摊率都很高，达到了34%多，我给降到了29%。不过，大家也都明白我的付出，也都知道感恩。到现在，这次由书画城到书画小镇的置换至少让大家在房子上都升值了1至2倍，获得了收益。

另外，在书画城的时候，到农村商业银行去贷款,都是我给他们做担保。到2009年、2010年的时候,大家都赚钱了。那时候,我们统计了一下,画廊的最高经营额度达到了1.5亿至2亿元,经营额在3000万至5000万元的画廊很多。

记者: 我之前看过您给袁武出的一本画册,他在前言上写了与您之间的交谊,写得很生动,也很真实。您是怎么看待画廊经营者和画家之间的关系的?

左景岳: 你必须要以真情打动人家。刘大为第一次来青州的时候,作品市价是1250元/斗方①。第二次是我请他来的,是1997年清明节以后。我问他,作品价格怎么定?他说让我看着定。当时,我听业内人士说,刘老师下一步有可能担任美协主席职务。他来了以后,我就集合了二十几个朋友过来买他的作品。当时就是本着让画家和收藏家都满意的原则定了一个价格。

袁武当时是和李翔一起来的。我们三个人的关系很好。1995—1996年的时候,他们来青州,冬天我们在老火车站附近住,没有暖气,我们三个人喝两瓶二锅头。1996—1997年,我就帮袁武把画卖到了800元/斗方。

记者: 艺术金融业务,在青州主要有3家银行在做,您对他们的认知是怎样的?

左景岳: 现在中国银行基本不做了,他们做的规模比较小。农商行采用三户联保的形式,都是画廊之间联保,手续比较简洁,利率也相对低一些,额度最高好像是三四百万元。处理方式也比较灵活,比如可以贷新还旧,帮助画廊渡过困难时期。潍坊银行的业务创新性比较强,也是面向全国的市场业务。

记者: 您觉得以后的发展中,艺术金融的探索方向有哪些?

左景岳: 潍坊银行的预收购人机制是业内"第一个吃螃蟹的",但是必须要有权威鉴定机构参与。再者,"预收购人机制"如果不根据具体情况作出处理,时间长了可能会变质。我有两个朋友现在就不再用了,条件太苛刻。

我给市里提过三个建议,如果领导班子不换的话,这些建议可能就会落实了。第一个建议是由政府和企业联合建立一个过桥资金;第二个建议是建立担保机制;第三个建议是提供一点贴息贷款。今年希望能够落实。

记者: 都知道青州画廊业有自己的特点,站在您的角度来看,这些特点主要体现在哪些方面?

左景岳: 第一,我们的画廊全都秉持诚信经营的理念,不卖赝品。谁卖赝品,就会立刻得到大家的谴责。对这一点,我们从制度上也进行了管理:画廊协会有艺委会,发现谁挂售假画,会立刻让他撤售。现在,我们又号召加入画籍系统,就是为了更好地实现诚信经营,落实文化部(现文化和旅游部)发布的《艺术品经营管理办法》。只有这样,才能让画家满意、藏家满意,才能走得远。

第二,我们非常团结。这是很重要的,画廊之间不互相排挤、竞争。来了客人、买家,如果自己手里没有对方需要的作品,会推荐到别家去买。这在其他地方是很难做到的。我曾经到外地经营画廊的同行那里参加活动,想顺便邀请另一个朋友过来。对方就专门告诉我,他们那里与青州的规矩不一样,他们请客,不希望别人参加。从这一点就能看出,他们跟青州的经营理念大不一样。青州是一种在"玩""交谊"的基础上成长起来的市场,而其他地方大多是以商业经营为目的的市场。

第三,画廊协会这样的机构能够在市场发展中起到实实在在的作用。比如,为画廊经营者从政府层面争取优惠政策、帮助他们嫁接一些资源(比如引入画籍系统)等。当然,青州画廊业还有一些其他的特点,但这三点是最主要的。

记者: 随着画廊业的成熟,现在青州已经形成了一种地域性的艺术产业格局,包括画廊业、艺术地产、艺术旅游、艺术衍生品等,您是怎么看待画

---

① 斗方,中国书画装裱样式之一,指一或二尺见方的书画或诗幅页。尺幅较小,一般指25~50厘米见方的书画作品。

廊业与地域艺术产业之间的关系的？

左景岳：我认为这种状态是非常好的。我们经常一起探讨未来的发展问题，提出融合发展的思路。举例来说，我们画廊业进驻中晨艺术小镇以后，希望能先把人气提升上来，让他们提供一些优惠措施，比如建议他们对有些房子给予适当优惠，还要提供公共交通便利等。

另外，对成功举办一定规模的展览、成功邀请优秀专家来讲座、成功组织拍卖活动，都要给予奖励，我们还计划邀请知名艺术家来青州开设艺术馆等。做这些事的目的，就是要让各个组成部分互动起来，融合发展。

第十三章　艺术微拍平台运营案例研究

> 艺术微拍平台是近几年兴起的艺术电商，微拍堂是其中一个重要代表案例。以微拍堂为代表的消费类直播平台为新的消费人群与需求创造了新的消费场景，把消费需求与新科技融合相对接，创造或满足了新的场景式消费需求。

一、案例简介：艺术微拍平台运营[①]

基于平台的"直播+社交+线上线下体验"的艺术电商创新，随着媒体的融合发展，业态越来越多、越来越丰富。其中，微拍堂（全称"杭州微拍堂文化创意有限公司"）的发展就是一个案例。微拍堂成立于2014年，是一家致力于以互联网思维注入文化产业发展，升级文玩艺术品消费体验，推动艺术品走向大众生活的线上竞拍平台。作为国内文玩艺术品线上交易行业的领军者，微拍堂精准把握文化产业在新时期发展的脉搏，秉承"让人类享受中国文化的魅力"的企业使命与"简单极致，为善去恶"的企业文化，以互联网赋能文玩艺术品交易，不断升级线上艺术品交易形态，首创了集"直播+社交+拍卖+鉴宝"于一体的线上竞拍平台，给用户带来全新的艺术品线上消费体验，以更为普世的直播方式实现了艺术品从线下走向线上、从小众走向大众的目标；以社交功能的打造，在互动分享中增强平台用户黏性；以线上竞拍模式的引入，为文玩艺术品的交易倍添乐趣；以免费鉴宝功能的推出突破艺术品交易的鉴定难题，免除用户后顾之忧。2019年，微拍堂正式上线直播功能，同时开放直播间竞拍功能，革新竞拍新玩法。微拍堂直播频道定位于"消费类直播"，用户可"边看边拍"，类目覆盖玉翠珠宝、紫砂陶瓷、书画篆刻、茶酒滋补、奢侈品等七大品类。

直播是微拍堂2019年利用互联网赋能传统文化的又一重要举措。未来，微拍堂将始终坚持稳健、持续的发展观，不断为广大用户提供更加优质、个性化的服务。基于庞大的用户基础和品牌影响力，微拍堂全力以赴实现全品类扩张，用互联网思维为文化产业注入更多新鲜血液。通过直播功能，构建起"直播+社交+电商"的全新消费场景，不仅能够让买卖双方实时互动交流，同时还能根据观看者的要求更全面地展示拍品细节。相较其他电商直播平台，微拍堂直播频道下单精准率奇高，销售额直线飙升[②]。

目前，微拍堂线上竞拍平台依托创新的交易模式、丰富的商品品类、强大的引流能力、健全的平台支撑、完善的监管体系，构筑起了全新的微拍堂线上消费生态圈。自成立以来，微拍堂赢得了广大用户的信赖，也获得了社会、媒体、行业协会、地方政府以及顶尖资本的高度认可。2016年，微拍堂获得腾讯A轮融资，加入腾讯众创空间"双百计划"，共享腾讯百亿流量支持，并上榜亿欧"2016中国最具成长力企业"、2018胡润百富"中国最具投资价值浙江50强"、2019杭州"独角兽"企业、2019西湖区高成长性企业创新大会"新经济之王"、36氪"WISE2019新商业引领者100"榜单、"2019中国创新互联网企业TOP100"榜单，等等。截至2019

[①] 本部分根据微拍堂官网资料及网上公开资料整理。
[②]《微拍堂直播亮相央视：互联网赋能传统文化》，搜狐网，https://www.sohu.com/a/295691383_507104。

年年底,微拍堂累计用户已达4000万,入驻商家30万,单月订单数500万笔,实现了年度交易额突破430亿元的骄人成绩。下面,我们就以微拍堂为案例研究这一新的业态。在具体的案例研究过程中,应特别注意以下几个重要问题:

(1)基于互联网赋能传统文化的消费交易模式创新分析。

(2)艺术微拍平台的运营特点与体系。

(3)艺术微拍平台交易结构与盈利模式。

(4)艺术微拍平台引流与持续发展。

二、案例描述:艺术微拍平台"艺术产业+融媒体+互联网"电商模式探索①

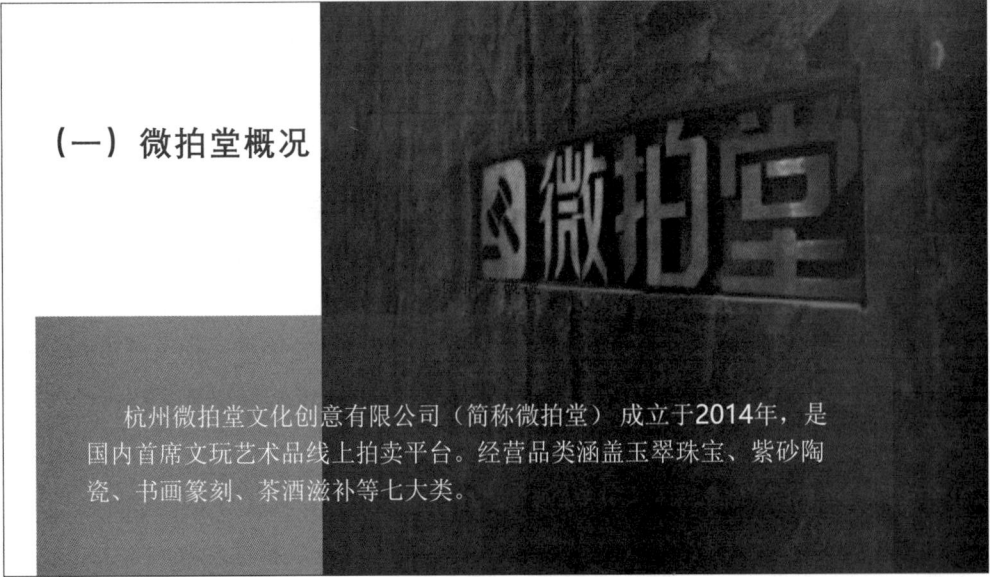

---

① 本部分执笔人:雷茜(西安美术学院史论系博士生)。根据微拍堂官网、微拍堂App及天眼查等公开材料研究整理,PPT配图为网上公开图片及微拍堂App界面截图,查询截止日期为2020年2月29日。

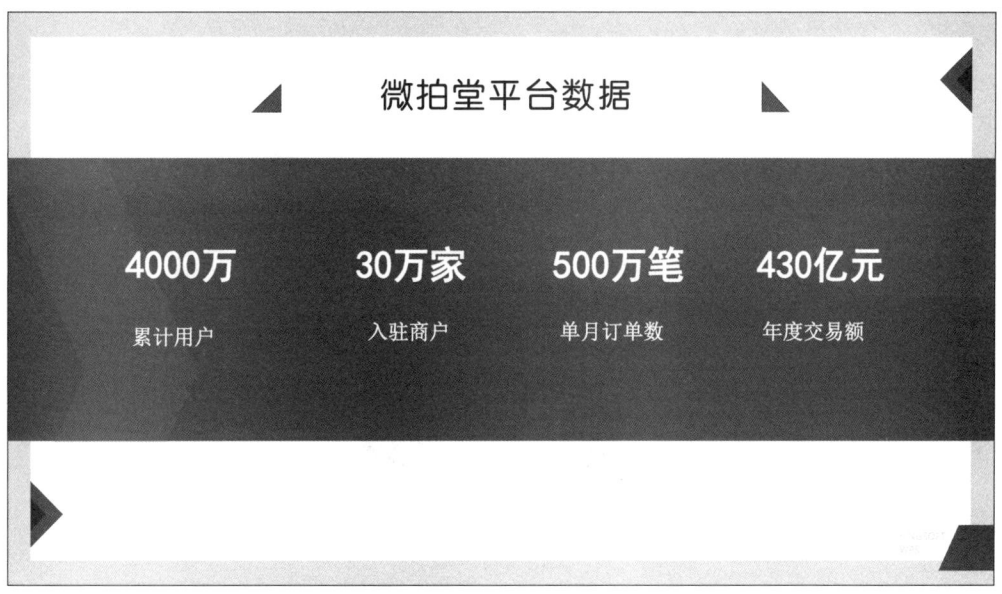

微拍堂平台数据

4000万	30万家	500万笔	430亿元
累计用户	入驻商户	单月订单数	年度交易额

1. 发展理念

- 企业使命
  让人类享受中国文化的魅力

- 企业文化
  简单极致，为善去恶

- 企业定位
  鉴定·捡漏·拍卖
  打造消费级市场

- 经营理念
  平台为善·资本为善·企业为善

2. 发展历程

2015
4月，"微拍堂"正式上线。

2016
3月，举办"我有匠心"系列大赛；
9月，加入腾讯众创空间"双百"计划，共享百亿流量；
12月，荣获2016年度中国"最具成长力企业奖"。

2017
11月，"11.9微拍盛典"实现GMV（商品交易总额）7600万元。

2018
3月，全国首个"微拍堂村"落户浙江省青田县山口村；
4月，上榜"2018胡润百富中国最具投资价值浙江50强"；
5月，"5.20微拍节"实现GMV1.66亿元；
11月，"11.9微拍盛典"实现GMV2.54亿元；
12月，举办首届中国（杭州）文化消费节

2019
1月，入选浙江省成长型文化企业榜；
2月，直播功能正式全景开放上线；
3月，上榜"2019杭州独角兽企业"；
5月，"5.20微拍节"实现GMV 2.77亿元；
6月，获评2019西湖区高成长性企业创新大会"新经济之王"；
7月，荣登36氪"WISE 2019 新商业引领者100"榜单；
11月，"11.9微拍盛典"实现GMV 2.88亿元。

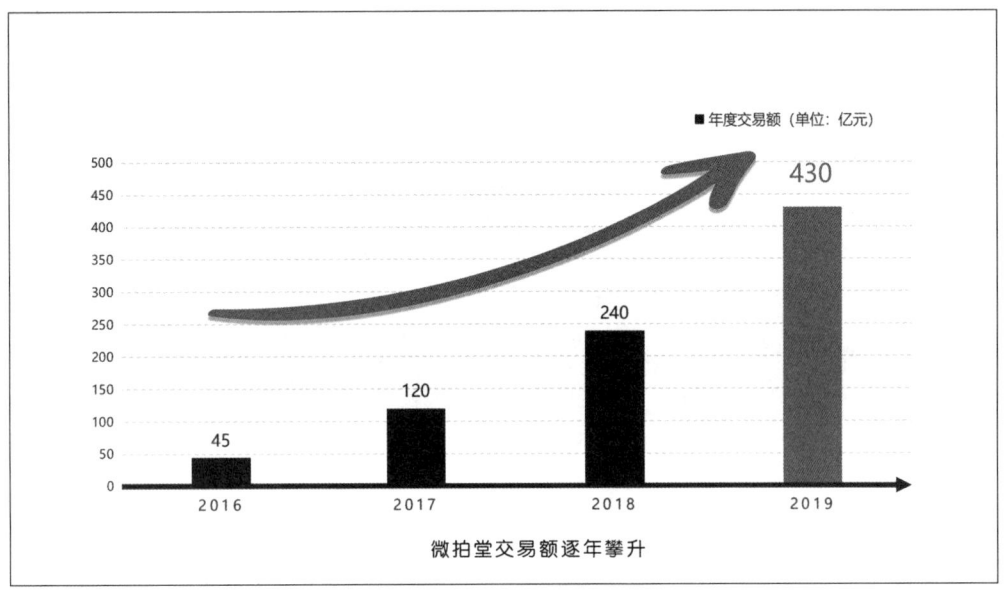

微拍堂交易额逐年攀升

微拍堂融资历程

（二）微拍堂在线上拍卖领域的创新

1. 平台运营

建构全新消费场景

2015年4月，微拍堂线上交易平台正式上线。该平台是微拍堂以互联网赋能文化产业发展的重要举措。平台以专业的运营、创新的模式、综合的服务为消费者和商家构筑了线上交易的畅通渠道，以全新的消费场景打造颠覆了传统文玩艺术品消费方式，推动了文化产业与互联网的深度融合发展，为中华文化的传承、传播与发展贡献了力量。

(1) 微拍堂线上拍卖平台的运营模式

微拍堂线上拍卖平台从用户需求出发，不断升级消费体验，陆续引入了多种创新元素与玩法，为用户建构起"直播+社交+拍卖+鉴宝"的创新型电商模式，同时为用户的艺术品线上消费营造了全新的场景：用户在充满趣味的线上竞拍中尽享艺术与文化之美，在直播中实现与商家的零距离沟通，在鉴宝中得到专家及行业大咖的鉴定服务，在社交中分享文玩知识与交易心得，在平台综合的服务中实现"足不出户"斩获心仪商品、增长文玩知识、获得艺术陶养的多重享受。

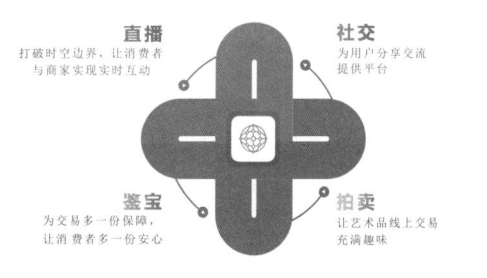

(2) 微拍堂线上拍卖平台的核心——"连接"

- 连接消费者与商家
- 连接平台与产业
- 连接平台与技术
- ……

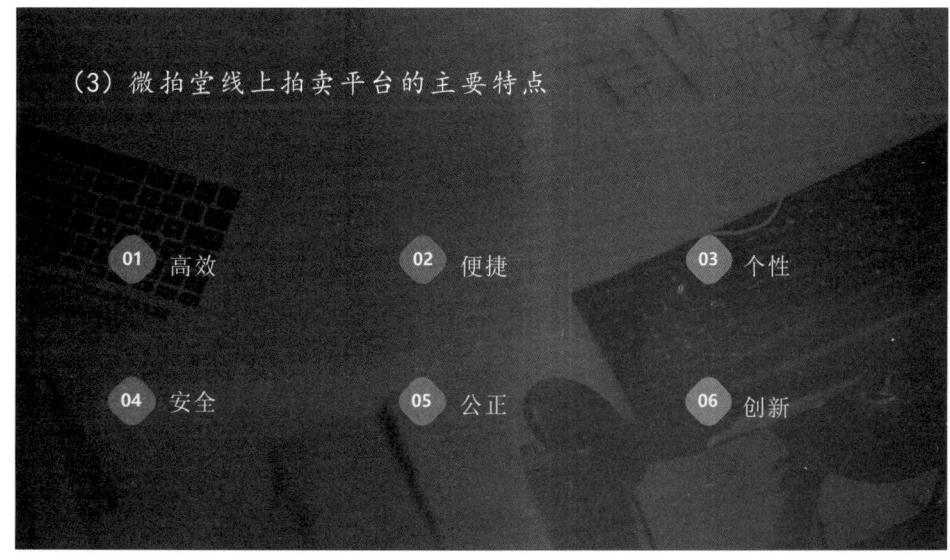

(3) 微拍堂线上拍卖平台的主要特点

01 高效　　02 便捷　　03 个性

04 安全　　05 公正　　06 创新

（4）微拍堂线上拍卖平台的优势

微拍堂线上拍卖平台有效解决了传统艺术品线上交易存在的以下问题：

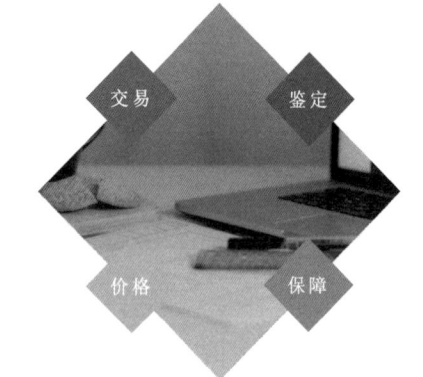

◆ **交易问题**
微拍堂线上拍卖平台为用户交易提供了高效、便捷的线上交易渠道。

◆ **鉴定问题**
微拍堂线上拍卖平台推出免费鉴宝服务，联手多家权威机构，为消费者免除后顾之忧。

◆ **价格问题**
微拍堂线上拍卖平台以自由竞拍的方式突破传统艺术品交易定价难的问题。

◆ **保障问题**
微拍堂线上交易平台针对用户交易全程制订完善的保障措施，为平台交易保驾护航。

（5）微拍堂线上拍卖平台的经营品类

目前，微拍堂线上拍卖平台经营有七大品类，上百种细目的文玩艺术品，满足藏家多元化、个性化的消费需求。

- 玉翠珠宝
- 工艺作品
- 书画篆刻
- 紫砂陶瓷
- 文玩杂项
- 茶酒滋补
- 花鸟文娱

（6）微拍堂线上拍卖平台的频道设置

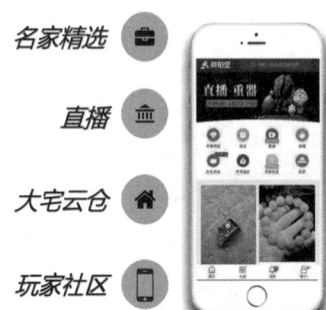

- 名家精选
- 直播
- 大宅云仓
- 玩家社区
- 优店
- 捡漏
- 天天抽奖
- 合买

(7) 微拍堂线上竞拍交易的主要流程

| 商品发布 | 参与竞拍 | 支付货款 | 卖家发货 | 买家确认 | 卖家收款 |

平台商家上架产品 | 消费者浏览并对感兴趣的商品进行竞拍 | 出价最高者胜出并支付货款（货款由平台进行担保） | 卖家在规定时间内发货 | 买家收货并在平台确认 | 平台将货款打给卖家

2. 保障服务

（1）全流程保障用户交易安全

平台健全的保障体系建构是其高效、稳定、健康运营的重要保证，也是企业经营理念得以真正落地的基石。一直以来，微拍堂线上拍卖平台不仅关注用户消费需求，也高度重视用户交易安全，从平台运营的各个环节入手，不断完善平台保障体系，为用户提供全流程、多维度的保障服务。

（2）微拍堂线上拍卖平台保障体系

- 商家入驻审核
- 平台规则制定
- 用户交易保障
- 商品鉴定服务
- 平台运营监管

商家入驻审核

目前，微拍堂入驻商家30万户，其入驻需要进行严格的资格审核，包括实名认证与缴纳商家店铺保证金等，确保其具备基础的服务能力。经营翡翠、松石等贵重品类的商家的店铺保证金较一般商铺高；经营茶酒类商品的商家需上传经营许可证或网络销售资质。

平台规则制定

为维护良好的平台运营，微拍堂制定了完善的运营规则与制度，如《微拍堂规则》《微拍堂交易服务用户协议》《微拍堂会员服务用户协议》《微拍堂竞拍服务保证金规范》《微拍堂竞拍服务管理规范》《微拍堂消费者权益保护机制》《禁止和限制销售的拍品》等。

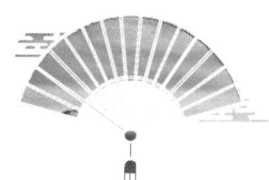

"消费者千万保障计划"

2018年，微拍堂首次推出"消费者千万保障计划"，通过建立1000万元消费者保障基金，以"七天无理由退货""30秒客服极速响应"等售后承诺为用户消费保驾护航。

自2019年11月1日起，"消费者千万保障计划"正式升级，赔付范围进一步扩大、赔付金额上限提高，用户体验也被正式纳入赔付范围。

"打假行动"不遗余力

微拍堂严厉打击平台上出现的违规活动，对出售赝品假货、违禁产品，恶意竞争、哄抬价格等扰乱平台秩序的行为零容忍，对触犯法律的行为坚决追究相应的法律责任。微拍堂通过平台的日常巡查与用户的反馈，每月公布"平台打假公示"，不遗余力地维护平台良好运营生态。

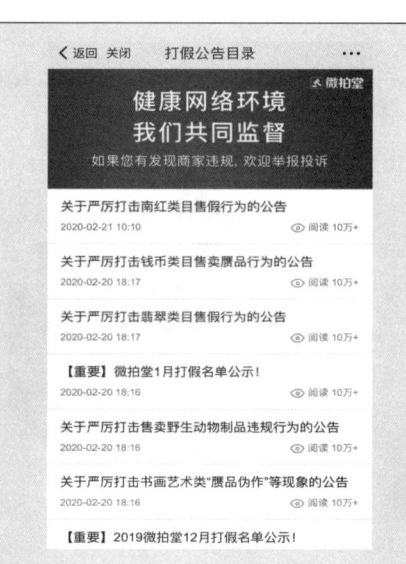

3. 鉴定服务

打造互联网鉴定新生态

鉴定是微拍堂企业全产业链布局的重要环节。为保障消费者合法权益，提升用户消费满意度，微拍堂一直致力于提供完善的用户鉴定服务。目前，微拍堂已与20余家专业鉴定机构合作，推出了玩家社区"微拍鉴宝"服务，开通了"鉴真阁""有证链"等鉴定功能，形成了"线上+线下"相结合的微拍堂鉴定生态，让用户交易更加安心。

微拍堂合作鉴宝机构

鉴定资质&合作机构

（1）微拍堂"鉴真阁"服务

2016年11月底，微拍堂与权威机构联手打造的"鉴真阁"服务上线开通。

"鉴真阁"以互联网将用户与专业机构相连接，通过统一的鉴定标准对拍品进行全生命周期的鉴定检测与认证评级，致力于为广大藏家搭建良好的消费与收藏环境。

目前，"鉴真阁"已对和田玉、翡翠、琥珀蜜蜡等众多品类的商品开展鉴定服务，已累计鉴定商品超过392693件。

（2）微拍堂"玩家社区"鉴宝功能

玩家社区是微拍堂为用户打造的专享互动交流平台，以"分享你的文玩生活"为定位。

2019年10月，微拍堂引入"直播鉴宝"功能，打通线上、线下鉴宝链路，在探索鉴定服务多元化发展道路上又向前迈进了一步，创新了我国文玩艺术品鉴定生态。在玩家社区，用户可以从鉴宝直播中观看实时鉴定，也可以查看以往鉴宝视频。

目前，"微拍鉴宝"服务已为4万件文玩艺术品进行了鉴定。

（3）微拍堂"有证链"服务

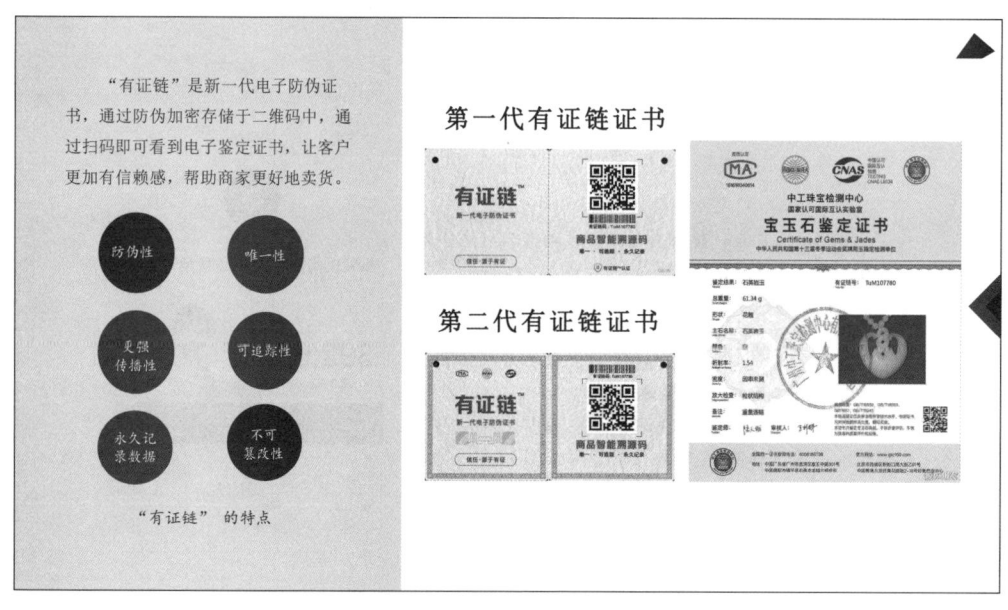

注：以上内容还参考了《微拍堂升级"消费者千万保障计划"用户体验纳入保障范围》，中华网，http://www.thehainan.cn/v-1-640413.aspx；《微拍堂"有证链"打造中国珠宝交易新生态》，北国网，http://m.haiwainet.cn/middle/3543159/2018/1107/content_31431670_1.html等内容。

三、案例研究：艺术微拍线上平台构建文化消费新生态[①]

杭州微拍堂文化创意有限公司（简称"微拍堂"）成立于2014年，是在互联网电商发展大潮中应运而生的国内领先的艺术品社交类C2C拍卖平台。在短短几年的发展中，微拍堂秉承"让人类享受中国文化的魅力"的使命，致力于以互联网赋能文化产业转型升级，创新性地打造了我国首个移动端文玩艺术品线上交易平台——微拍堂线上拍卖平台。该平台于2015年4月正式上线运营，凭借互联网电商发展的行业风口，以"鉴宝·捡漏·拍卖"为定位，紧紧围绕用户体验升级而不断创新交易模式，探寻文化产业发展新路径，在推动文化与互联网深度融合的实践中取得了巨大的突破，构建起了"直播+社交+拍卖+鉴宝"的全新艺术品消费体验场景。

（一）基于互联网赋能传统文化的消费交易模式

近年来，随着互联网科技的飞速发展，"互联网+"模式给众多行业的发展带来了前所未有的变革，互联网消费时代的来临以及淘宝、京东等电商巨头的崛起，已彻底颠覆了大众的生活与消费方式。在我国消费市场格局改变与大众消费升级不断加快的背景下，人们对于艺术品消费的需求不断增长，并越来越呈现出多元化的发展趋势。艺术品线上交易也已成为众多电商激烈争夺的重要市场板块。然而，艺术品因其特有的非标属性以及圈层化、小众化等特点，在线上交易中面临诸多限制，难以迈入大众消费市场。微拍堂正是在这样的背景下破风前行的市场开拓者，其在"文化产业+互联网"领域探索构建的"微拍堂线上拍卖平台"以互联网为依托，以移动终端App为载体，以文玩艺术品消费为内容，构建起了集创新、便捷、高效、公正、经济于一体的微拍堂"直播+社交+拍卖+鉴宝"的电商模式（图13-1），通过强大的平台运营整合海量商家资源，精准定位消费群体，拓宽艺术品交易边界，同时联合权威鉴定机构打造"线上+线下"的鉴定新生态，并配合"千万消费者保障基金"等措施，切实担负起新时期文化艺术类电商在促进艺术品消费，满足大众精神文化需求，引领消费市场升级迭代，推动文化产业发展、中华文化传承与传播的时代使命。

图13-1 微拍堂"直播+社交+拍卖+鉴宝"电商模式

1. 微拍堂线上拍卖平台的核心理念

微拍堂线上拍卖平台的核心理念是"简单极致，为善去恶"，以高效、便捷、安全、公正的平台运营服务"连接"消费者与商家，通过平台的资源整合、团队管理、技术支持、商品打造与多维度的推广宣传等优势，促成消费者与商家交易的达成。一方面为消费者提供亲近传统文化、感受艺术魅力，获得价优质高的艺术品的消费渠道；另一方面帮助商家打开市场，提供全方位的线上商品展示空间，扩大商家及商品的曝光度与影响力，实现店铺销售业绩的迅速增长。事实上，在连接消费者与商家，逐步构建平台运营生态的过程中，微拍堂也自然地完成了平台与其他产业、平台与高新技术等的连接，在服务用户这一宗旨的指引下实现着企业的成长与蜕变，并不断将其商业触角伸向了更多的

[①] 本部分执笔人：雷茜（西安美术学院史论系博士生）。根据微拍堂官网、微拍堂App等公开材料研究整理，查询截止日期为2020年2月29日。

领域。

2. 微拍堂线上拍卖平台的创新之处

如今，艺术品交易的线上发展已经成为一种必然趋势，但一直以来困扰与阻碍电商在这一领域深入发展的因素除了许多在线下交易中就很难突破的问题（如艺术品的鉴定、评估、风险等），还有电商平台的自身定位、线上艺术品交易的信任度以及商品的仓储、物流、交易安全与用户权益保障等问题。微拍堂线上拍卖平台是在实践中打造的一种较为成熟的线上交易模式，即以竞拍方式解决定价难的问题，以社交方式为消费者的互动交流提供便利，以直播方式让艺术品更为直观全面地进行展示，以专家鉴宝方式免除消费者的后顾之忧，从而营造出全新的艺术品消费场景，让用户在赋了趣味性、知识性的艺术品消费过程中获得物质与精神的双重满足，同时得到艺术的陶冶。

（1）2019年，微拍堂"直播竞拍"功能上线开通，这是微拍堂以互联网赋能传统文化交易的重要举措。"直播竞拍"的创新"玩法"基于流媒体技术发展下的直播功能与平台原有的竞拍交易方式相结合，进一步提升了平台的引流能力，并且在优化消费者购物体验方面具有明显优势，在"直播竞拍"中实现了消费者与商家的实时互动，构建起"直播+竞拍+社交"的购物场景，可以迅速拉动平台的各项数据提升，尤其对于平台下单精准率与销售额的增长具有突出影响。

（2）微拍堂首创的"直播竞拍+免费鉴宝"的交易模式进一步为平台运营赋能，是其领先于其他线上交易平台的创新之处。微拍堂深知，艺术品线上交易市场的拓展绕不开"鉴定"这一重要环节。因此，微拍堂一直以来都将"鉴定服务"的完善作为企业发展的重要战略，积极开展与国家、地方权威鉴定机构的合作，为连通消费者与专业机构，打通线上与线下鉴定链路而不断探索。2016年11月底，微拍堂"鉴真阁"服务上线，以平台为依托为用户提供权威机构的拍品鉴定检测与认证评级等服务。2019年10月，微拍堂"直播鉴宝"功能开通，再一次升级微拍堂鉴定服务，以线上直播鉴宝对线下机构鉴宝进行补充，形成了微拍堂"线下+线上"的鉴定新生态，有效解决了传统文玩艺术品交易门槛高、成交率低等问题，使消费者在面对琳琅满目的艺术品选购时，获得专业、权威的鉴定指导，为藏家搭建良好的收藏环境。此外，微拍堂响应国家认监委"十三五"规划，着力打造"有证链"项目以科技力量进一步巩固平台信任机制，借助区块链技术实现艺术品的追根溯源，助力检测机构的证书电子化改革。事实上，微拍堂鉴定生态的建构不仅是为平台消费者带来高度的交易保障与优质的消费体验，同时也是平台在培育与扶持潜力商家基础上赋能商家经营的亮点服务，是微拍堂致力于"构建良性生态，实现扶优去劣"的具体举措。

（二）平台的运营特点与体系

1. 微拍堂线上拍卖平台的运营特点

微拍堂线上拍卖平台定位于"鉴宝·捡漏·拍卖"，致力于打造消费级市场，弘扬传统文化，传播文化自信。其平台运营主要有以下几个方面的特点：

（1）洞察用户需求、精准定位消费者。

生活水平的提高和消费升级的加快推动着文化艺术品市场呈现出前所未有的繁荣，而面对广阔的市场蓝海，不加区分地把商品一股脑地推到消费者面前的做法，已经不可能使企业在激烈的电商竞争中获得胜出。如何赢得消费者的青睐，抢占市场份额，培育企业超级用户，是每一个电商企业都需要不断思索的关键问题。微拍堂线上拍卖平台以运营稳定的平台为依托，基于消费者洞察与相关技术的运用，根据不同消费者的需求展开了商品细分，在平台界面设置了名家精选、优店、直播、捡漏、大宅云仓、天天抽奖、玩家社区、合买等八大频道（图13-2），经营涵盖玉翠珠宝、工艺作品、文玩杂项、紫砂陶瓷、书画篆刻、茶酒滋补、花鸟文娱等七大品类、上百种细目的商品，从多种维度出发，满足消费者多层次、个性化的消费需求，力争让每一位消费者都能找到自己的"心头好"与"小确幸"。

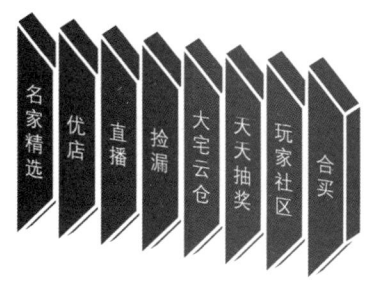

图13-2 微拍堂线上拍卖平台八大频道

第一，名家精选。"名家精选"频道以"收藏·传家"为定位，所有艺术品皆为名家匠心之作（主要展示由玉雕大师、非遗传承人、紫砂工艺美术师、专业画家、专业书法家等创作的作品），是具有艺术、文化等多重价值属性，能够满足收藏、爱好者的珍藏、赏玩、投资等需求的高品质文玩艺术品展示与交易的平台板块。对"名家精选"频道的艺术品，微拍堂平台提供"免费鉴定、如假必赔"服务，为消费者选购更增一份保障。

第二，优店。"优店"频道汇集了由平台把关、层层筛选的众多优质店铺，每家店铺都标注有"优选好店"的平台认证，具有拍品保真与保障售后的服务。

第三，直播。"直播"频道是微拍堂线上拍卖平台的特色频道，在该频道除了基本的八大品类商品直播展示与交易之外，还设有"大师来啦"板块，奉上玉雕大师、紫砂大师、国家高级工艺美术师等顶尖行家的直播与精选特辑，为消费者选购进行指导把关，并传播专业的鉴宝知识。该频道多个直播间同时开通，每个直播间的播主会对商品进行全方位的展示，在播主直播拍卖的"话术"带动下，数千位围观者、众多竞买者与播主进行实时互动，随着竞拍价格的不断攀高，直播间气氛也被推向高潮，最终在直播结束时商品往往以较高的价格拍出，实现各方共赢，即卖家收获较高的交易收益，买家收获心仪的拍品与竞拍成功的喜悦，每一位围观者收获直播过程中所体验到的竞拍乐趣与鉴宝知识。

第四，捡漏。"捡漏"频道主打"0元起+6元"的竞拍模式，在每场捡漏活动的规定时间内，频道上线的商品皆以0元起拍，且加价幅度仅为6元，这为想要参与线上竞拍而又没有经验或资金有限的用户提供了试手的机会，也为那些想要低价捡漏者提供了实现愿望的可能。

第五，大宅云仓。"大宅云仓"频道以"收藏时间的价值"为定位，以"帮您挑、帮您存、帮您卖、帮您送"为宗旨，采用竞价模式将业内专业人士认可的口碑藏品以成本价进行供货，这些藏品经专家把关、行家鉴定，在品质与升值潜力方面具有较高保障。同时，大宅云仓频道推出"智慧仓储、5年免费存放、遇险有赔付"与"云仓发货"服务，免除了藏家储藏、运输等方面的成本，为用户提供了极大的便利。

第六，天天抽奖。"天天抽奖"频道是微拍堂线上拍卖平台推出的福利活动专区，该频道每天上线一些商品用于用户免费抽奖（商品由商家提供）。一方面以"拼手气"的形式奖励平台用户，另一方面实现商家推广与宣传（在抽奖过程中，用户除了以微豆兑换抽奖码的方式外，还需要"好友助力"来进行抽奖，即通过商品链接分享的方式获得抽奖码，在为用户送去福利的同时也达到一定的宣传作用）。

第七，玩家社区。"玩家社区"频道是微拍堂线上拍卖平台为用户交流与免费鉴定搭建的服务专区，云集了陶瓷、钱币、玉翠等领域具备权威鉴定资质的行业大师，为用户提供1对1直播连线的免费鉴宝服务。参与形式有两种，一是消费者在平台发布宝贝进行"求鉴定"申请；二是在玩家社区的鉴宝直播中上传宝贝照片，并向专家详细描述宝贝来历、尺寸等信息，与专家实时互动。在玩家社区频道，消费者也可以与社区玩家深入探讨交流，通过分享收藏心得等方式增长专业知识，提升鉴宝眼力。

第八，合买。"合买"频道也是微拍堂线上拍卖平台推出的特色服务。以"行家带小白买，更便宜；小白跟行家买，更放心"为定位，主要经营玉翠珠宝类商品，交易规则在于多人合买物料进而切割分配进行交易，对期望以较低价格获取较高回报的用户极具吸引力。首先，该频道商家由平台审核筛选，品质有保障；其次，合买频道提供行业大师直播指导，为消费者交易把关；最后，对合买全程进行直播（从开料到加工成型），最大限度地让消费者得到放心服务。合买频道的交易流程主要是：消费者进行合买下单→抽签（随机获得对应签号商品）→商家分料→确认订单→沟通精加工→等待发货。此外，在频道主页面有平台为消费者提供的商品预展信息，方便消费者对感兴趣的商品进行关注，并可设定开播提醒让消费者及时获取活动信息进行参与。

（2）平台系统成熟、交易操作便捷。

微拍堂的发展最初是从微信平台的运营起步的，在巨大的粉丝经济催生下，微拍堂享受到了早期的电商红利，并在企业的壮大中开始思考构建完整的线上交易平台系统，力图以平台化的运营为广大用户提供更加普惠式的艺术消费体验，让文化艺术之美为更多人所共享。

目前，微拍堂依托专业的团队建设与平台维护，已构建起微拍堂微信公众号、微拍堂微信小程序、微拍堂App同步运营的成熟线上交易系统。其中，除了微拍堂App需要用户下载使用外，微拍堂公众号与小程序都是在微信平台即可操作体验的。用户注册成功后，会收到来自微拍堂公众号推送的拍卖预展、平台福利与平台公告等信息推送，这是微拍堂在公众号服务用户与提高用户平台黏度的基本功能，用户在浏览公众号推送的同时可通过点击界面下方"进入拍场""免费鉴定"按键迅速参与微拍堂拍卖、鉴宝，通过"客服服务"按键迅速解决交易困惑。通过团队持续的系统开发与平台优化，目前微拍堂线上拍卖平台的整体操作界面十分简洁，让用户的消费真正打破时空界限，实现用户随时随地、简单快捷的艺术品交易与订单管理。

2. 微拍堂线上拍卖平台的体系

微拍堂线上拍卖平台主要包括用户体系、商品体系、交易体系、监管体系、推广体系、支撑服务体系等六大体系。

（1）用户体系。

用户是平台发展的源头活水。在互联网快速发展的今天，市场中的各类电商层出不穷，但真正能做好用户维护与运营并能够持续焕发活力的并不多。微拍堂线上拍卖平台从创立伊始就将用户放在首位，致力于为用户提供极致的消费体验。因此，作为连接与服务消费者和商家的交易平台，微拍堂不仅注重消费者的用户系统完善，也注重优化商家用户的平台体验，因此，在用户体系建设方面，微拍堂面向消费者与商家两大用户群体分别提供了个性化的平台服务（平台界面设置了"买家中心"与"卖家中心"两个用户交易系统入口）。

第一，面向消费者的用户系统——买家中心。买家中心是平台专为消费者打造的个人交易管理系统，在平台界面下方"我的"一栏，设置了一系列用于提升用户消费体验的链接入口，内容主要包括：一是基本信息类，即用户信息（等级、成长值、参拍、围观、关注、足迹）、订单信息（待付款、待发货、待收货、待评价、售后）；二是功能类，即玩家社区、微豆、优惠券、新品开拍、余额、客服、鉴真阁、打假公告等；三是推广信息类，即平台界面下方基于用户喜好设置了相关商品的展示推送。

这些链接的设置除了满足消费者基本信息查询外，主要功能在于为消费者提供更好的交易体验，其中微拍堂创设的"玩家社区"与"鉴真阁"是微拍堂线上拍卖平台的特色专区，"玩家社区"让消费者能够在社交场景下自由进行交流互动，并提供专业人士的鉴宝指导；"鉴真阁"为消费者提供权威机构的鉴宝服务，打破艺术品消费鱼龙混杂、真假难辨的市场迷雾，让艺术品消费在平台的护航下更加有保障。

第二，面向商家的用户系统——卖家中心。卖家中心是平台为商家提供的交易管理系统，在平台界面下方"我的"一栏中主要围绕商家销售需要进行服务，显示内容为用户信息（积分、粉丝、店铺名片、朋友圈分享素材）、平台公告、店铺订单（待付款、待发货、待收货、售后、店铺报表）、总资产、微拍堂大学、拍品管理、推广中心、群发消息、产品库、扩展服务等。

其中，"微拍堂大学"是微拍堂平台为商家提供免费培训，帮助商家快速成长的服务功能。"微拍堂大学"推出了一系列面向商家的培训课程，针对具有不同需求的商家开展入门课程、高级课程、精英课程等不同层次的运营指导，同时还设置了"在线课堂""运营干货""商家笔记""产地培训"等线上线下的培训分享内容及常见问题的在线解答，让商家在入驻以后能够通过学习交流快速进入运营状态，早日实现店铺盈利。"产品库"功能是微拍堂平台助力商家运营的重要服务。通过"产品库"，一方面能够让有能力供货的商家在平台上迅速找到合适的分销渠道；另一方面也为缺少货源的商家提供合适的进货渠道。可以说，该功能是微拍堂线上拍卖平台在服务消费者与商家交易基础上，进一步撮合商家与商家之间合作而推出的特色服务。"推广中心"是微拍堂平台为商家提供的广告运营服务，能够帮助商家快速增加曝光度，从而获得更多流量与利润。此外，"扩展服务"提供店铺报表、对账单、快捷发货、子账号、微拍预展、举报处理、鉴定及证书、客服设置、评价管理等功能，并推出申请直播、优惠券、福袋、一口价、抽奖、1元拍、素材设计及物料等营销工具，为商家提供全面、高效的平台支撑服务。

（2）商品体系。

第一，微拍堂线上拍卖平台的产品类目。微拍堂线上拍卖平台以文玩艺术品为经营内容，其商品主要包括玉翠珠宝、工艺作品、文玩杂项、紫砂陶瓷、书画篆刻、茶酒滋补、花鸟文娱等七大品类，在各类目下又进一步进行了细分，具体如下：① 玉翠珠宝类，包括和田玉、翡翠、松石、琥珀/蜜蜡、南红、翡翠原石、天珠、彩宝、奢侈品、珍珠、金银饰品等；② 工艺作品类，包括木质珠串、菩提珠串、木雕/树根、崖柏、木质把件、小叶紫檀、黄花梨、沉香、家具、服饰/皮具、宗教文化、石雕、工艺刀剑、铜/铁/锡器、金/银器、竹雕/扇子、漆器/雕漆等；③ 文玩杂项类，包括文房器、核雕/核桃、烟具、图书、邮票、钱币、化石、陨石、香料/香炉、奇石摆/件等；④ 紫砂陶瓷类，包括紫砂、陶器、瓷器、瓷片标本等；⑤ 书画篆刻类，包括国画、西画、篆刻/拓片、印石章料、书法、信札/善本等；⑥ 茶酒滋补类，包括白酒、洋酒、葡萄酒、普洱茶、白茶、岩茶、滋补营养品、其他茶叶等；⑦ 花鸟文娱类，包括盆景/盆栽、花卉、宠物等。

第二，微拍堂线上拍卖平台的商品定位。微拍堂线上拍卖平台以"鉴宝·捡漏·拍卖"为定位，与以往文玩艺术品主要集中于收藏市场不同，微拍堂想要通过平台运营实现艺术品市场的消费级拓展。因此，平台对目标客户做了细分，除了"名家精选"频道的作品均为艺术大师创作，价格较高之外，平台在对入驻商家资格审核与商品把关基础上，上拍了大量中低价位商品，并以竞拍模式进行交易，推出"0元起拍"的"捡漏"频道，旨在通过降低市场门槛的方式吸引消费者参与，让更多人享受艺术消费的乐趣，让艺术更好地走向大众。

第三，微拍堂线上拍卖平台的商品供应。微拍堂商品供应主要来自入驻商家，包括"个人认证商家"与"企业认证商家"。商家货源供应一般又可分为线下实体店供货（包括"微拍堂村"等公益品牌项目发掘与培育的工艺美术聚集区商家）、微拍堂线上"产品库"供货（即具备供货能力的商家通过平台为缺乏供货渠道的商家进行分销的货源）。

（3）交易体系。

微拍堂线上拍卖平台主要通过App客户端与微信端（公众号、小程序）两个端口实现用户交易。为帮助用户以方便、快捷、安全、高效的方式获得艺术品线上体验，微拍堂创新了传统艺术品交易模式，将艺术品从线下带到线上，打造了"直播+社交+拍卖+鉴宝"的全新艺术品消费体验平台。在交易体系建设方面，微拍堂为整个交易流程（包括前期竞拍、中期支付、后期退货等环节）制定了详细的规则制度，并为用户交易提供了多样化的支付服务（包括微信、支付宝、银行卡等多种方式）。在交易安全方面，微拍堂线上拍卖平台建立了完善的保障体系，如微拍堂平台"担保服务"（只有买方确认收货之后，货款才会打给卖方）、"千万消费者保障基金""如假必赔""7天无理由退货""包邮包退""30秒极速响应""7×16小时服务""0秒响应售后维权"等，这些保障措施的推出最大程度地为消费者的交易活动保驾护航。此外，在平台完善的保障体系基础上，"分享有礼""优惠券"等促销方式又进一步降低了消费者交易费用，刺激消费行为，大大提升了消费者交易满意度。可以说，微拍堂线上拍卖平台简单的交易流程、完善的交易规则、便捷的支付系统、强大的保障系统共同构筑了健全的微拍堂线上交易体系。

（4）监管体系。

平台的良好运营离不开监管，微拍堂线上拍卖平台重视平台信誉与网络交易生态的维护，不断完善其平台监督体系。通过一系列平台规则的制定与服务配套的实施，为平台用户的交易行为提供全流程的监管服务，不遗余力地为用户营造健康良好的艺术品交易环境，力图为消费者呈现更为优质的店铺与商品，对竞拍交易过程提供全方位的保障，对售后环节推出"0秒响应售后维权"等服务，对用户在平台上发布的信息进行严格的监管（平台对以炒作为目的的信息以及恶意或虚假信息进行删除，对存在恶意竞价、扰乱正常交易秩序等行为的商家采取停止服务，甚至追究法律责任等措施）。此外，微拍堂通过用户信息反馈（电话举报、线上举报）与平台日常巡查等方式，每月公布当月"打假公告"，对出售假冒伪劣产品的店铺实行严厉打击（如2020年2月，微拍堂平台发布《关于严厉打击钱币类目售卖赝品行为》的公告，对售假店铺实施封店处理）。总之，微拍堂为用户打造了全方位、多维度的监管服务体系，在平台交易无忧基础上让用户感受平台服务的最大诚意，获得极大的用户满足感与尊崇感，享受极致的艺术品消费体验。

（5）推广体系。

对于微拍堂推广体系的分析可以从用户获取阶段、用户转化阶段、用户留存与口碑传播阶段、价值认同阶段等不同阶段展开。

一是用户获取阶段。微拍堂在用户获取阶段主要依靠线上线下广告投放（如电梯间广告、抖音平台广告投放等）以及基于腾讯支持下的微信平台、QQ平台、QQ浏览器等产品宣传、企业线下活动的组织举办和其他媒体宣传推广等方式进行潜在用户的挖掘与引流。二是用户转化阶段。微拍堂主要依靠平台界面的优化与商品品质的打造为前期吸引来的新用户提供丰富的商品展示与便捷的消费体验，并在用户分析基础上向用户推送符合其需求与喜好的商品，从而将潜在用户转化为真实的平台用户。三是用户留存与口碑传播阶段。在这一阶段，如何将初级用户转化为平台的长期用户甚至使其成长为平台超级用户，赢得用户认可并促进用户群体的进一步拓展，是平台推广所要重点思考与研究的问题。因此，微拍堂在用户留存与口碑传播阶段主要以提高用户消费体验为原则，着力打造高品质的商品与服务，在简化交易流程、增强保障与售后服务、及时处理投诉与净化消费环境等基础上，不断创新平台交易模式，配合多层次、综合性的服务提升与福利发放等措施（如"权威鉴定师1对1免费鉴定"，发放"福袋"、优惠券等）。进一步为平台培育更多的超级用户，并通过用户的口碑传播实现平台影响力扩大与企业的发展。四是价值认同阶段。事实上，在平台的发展与用户数量的增长中，最终留下来的一定是与平台有着共同价值取向、深度参与平台活动、与平台同步成长的用户。因此，微拍堂在线上推出的"微拍堂大学""玩家社区""鉴真阁"等服务，以及线下开展的"微拍堂村""我有匠心"等公益项目，还有从创立以来发起并参与的众多公益活动，都是微拍堂扩大企业影响，诠释企业发展理念与价值观的重要方式。

当然，无论是线上线下的广告投放、媒体的宣传报道，还是平台服务的优化与各类品牌活动的打造，这些举措并不是局限于某一阶段某一环境下的企业推广，而是微拍堂企业运营中成体系的运营"组合拳"，它们共同实现着微拍堂"让人类享受中国文化艺术的魅力"的企业使命，帮助更多人了解微拍堂，并在微拍堂创新的电商模式下通过艺术品消费赋能人类美好生活。

（6）支撑服务体系。

第一，技术支持。微拍堂是以第三方身份为用户提供交易服务的平台，技术支持是其运营发展的基石。微拍堂创始人林志明本身就具有多年的互联网从业背景，因此，其团队从创立之初起就注重平台技术层面的打造，加之杭州优越的商业运营环境以及2016年腾讯注资并提供了强大的流量及技术支持（2016年微拍堂获得腾讯A轮融资，加入腾讯众创空间"双百计划"，共享腾讯100亿流量支持），使得微拍堂线上拍卖平台一方面能够通过腾讯旗下的微信、QQ两大社交平台，以及QQ浏览器、应用宝等产品渠道获得海量精准的用户资源，同时依托腾讯分享的云服务、安全服务以及支付服务等技术支撑，为平台用户与销售额持续增长注入强劲的动力。另一方面，在腾讯众创空间项目中，项目内部各种资源的相互补充、相互借力，共同形成了完整的产业生态体系[①]，为微拍堂带来了更多的配套资源，推动其更好地成长壮大。

第二，平台制度。微拍堂线上拍卖平台为了使用户获得优质的平台服务，维护良好的交易秩序，以规则与协议的制定不断健全平台运营制度，主要包括：《微拍堂规则》《微拍堂交易服务用户协议》《微拍堂会员服务用户协议》《微拍堂竞拍服务保证金规范》《微拍堂竞拍服务管理规范》《微拍堂消费者权益保护机制》《禁止和限制销售的拍品》《商品质量监控管理》《隐私保护政策》《微拍堂分类说明及管理》《直播间抽奖功能规则说明》《客户营销说明》等。

第三，鉴定服务。对于艺术品交易而言，真假问题是消费者最为关心的问题，也是困扰与阻碍市场发展的难点与痛点。解决鉴定难的问题，免除消费者的后顾之忧是微拍堂线上拍卖平台发展的重要战略，也是平台运营的重点服务项目。微拍堂在其全产业链布局中构建了线上线下协同发展的检测鉴定体系，主要包括线上文玩大师免费鉴定与线下合作机构权威鉴定方式，并推出微拍堂"有证链"计划，以电子防伪证书为用户的文化艺术品消费保驾护航。

一方面，用户通过"玩家社区"频道的"7×12"小时免费线上直播鉴定服务，可自由上传宝贝图文信息，申请行家进行免费的1对1鉴宝，也可以直接进入正在鉴宝中的大师直播间实时上传宝贝详情与大师互动鉴宝，这种线上鉴宝方式降低了用户鉴定门槛，也更为高效，让用户足不出户就能知道宝贝的真假。另一方面，微拍堂通过平台将消费者、商家与线下鉴定机构有效连通，开通了"鉴真阁"服务，提出"权威、时效、公正"的三大标准，不断完善平台鉴定服务体系。微拍堂鉴定服务的合作单位包括具备鉴定资质的中国计量认证、中国合格评定、中国考核合格检验、国际实验室认可合作，以及南京保粹、中检中奢中心、北京众诚详评、浙江省质检中心等20余家专业机构，鉴定对象包括翡翠、和田玉、黄花梨、钱币、邮票等25个热门品类，并最新推出了"先鉴定后付费"的功能，进一步升级用户消费体验。微拍堂通过与权威鉴定机构合作鉴宝及线上直播免费鉴宝的"线上+线下"模式，结合"有证链"服务的打造，以专业的平台服务实现艺术品市场信息的公平、公正、公开，打破市场信息不对等的壁垒，让藏家的艺术品收藏与普通消费者的艺术品交易更为安全、高效。

（三）微拍堂线上拍卖平台的交易结构与盈利模式

微拍堂线上拍卖平台主要涉及三个参与主体，

---

① 本部分节选自：微拍堂加入腾讯众创空间"双百计划"，共享100亿流[EB/OL].搜狐网，https://www.sohu.com/a/115289672_507104.

即平台方(微拍堂)、销售方(商家)、购买方(消费者)。其中,微拍堂线上拍卖平台并不直接参与商家和消费者之间的交易,而是作为促成销售方与购买方交易的第三方平台身份进行运营。

1. 微拍堂线上拍卖平台的交易结构

(1)微拍堂线上拍卖平台的基本交易模式。

微拍堂线上拍卖平台以网络拍卖方式进行文玩艺术品交易,其交易模式主要有"商品展示拍卖"与"直播拍卖"两种。具体如下:

第一,商品展示拍卖。名家精选、优店、捡漏等频道主要采用商品展示拍卖模式,以视频、图片、文字等方式详细展示商品信息以供消费者选购。以"名家精选"频道的"润脂和田玉珠宝"店铺上拍的《净瓶观音》为例,具体展示信息包括:作者、产状、产地、品种、重量、尺寸、雕刻师、类型、题材、图片、相关说明(包括相关文字介绍,鉴定情况,拍卖规则,截止时间,是否包邮包退,当前出价情况等)以及商家信息(包括商家名称、店铺保证金、店铺评分、粉丝数、评价信息等)。此外,消费者还可以点击作者信息,可链接至艺术家个人信息界面,详细了解艺术家简介、师承关系、代表作、获得荣誉以及该艺术家的其他拍品信息等内容。消费者通过浏览商品文字信息可以初步掌握商品的基本情况,通过观看图片尤其是视频能够更为直观地捕捉到作品品相与色泽等深层次的信息,进一步感受玉雕艺术的魅力,同时结合拍品竞价历史与加价幅度评估其价值,决定是否值得收藏。

这种交易模式的优点在于:与传统艺术品线下交易相比,既大大节省了交易成本,又可以在较为宽松的选购时间内细细品味每一件商品,从而精心挑选符合个人消费需求或收藏特点的拍品参与竞拍,并以适当的价位购得最具性价比的商品。在这种竞拍模式下,即便最终竞拍者的出价没有胜出,也往往能够从拍卖的过程中获得参与的乐趣。

第二,直播拍卖。直播购物是近年来发展火爆的互联网新业态,对大众来说并不陌生,但微拍堂将直播形式与文玩艺术品竞拍融合是其创新之举。

2019年1月,微拍堂直播竞拍功能的正式开通将微拍堂线上拍卖的电商模式又向前推进了一大步,直播频道一经上线就成为平台热门频道,并显现出强大的引流与销售能力。在微拍堂线上拍卖平台的直播频道中,各品类商品的多个直播间同时开放,消费者可根据每个直播间的实时观看人数自由选择进入哪一个直播间,也可以灵活地切换直播间,找到切合自身需求的商品。消费者在直播间观看直播的同时可以发言互动,遇到喜欢的商品即可根据界面左下方的拍卖时间与当前价格决定是否出手(界面中也可看到店铺其他"一口价"商品);同时,卖家在直播中也会根据观众的反馈与要求进行商品细节展示并补充相关说明,例如产品的产地、年代、寓意等。此外,直播商家还会在直播中穿插讲述一些商品知识或收藏知识,有些店铺还会推出"店铺福利"来回馈用户,进行促销。整个直播气氛在围观者、竞拍者与商家的互动中被调动起来,随着拍卖时间以倒计时的方式结束,出价最高者最终获得商品。

直播拍卖的模式为商家销售打开了新的空间,也为消费者带来了全新的消费场景。可以说,小小的直播间拉近了买卖双方的距离,蕴藏着无限的商机,也深深影响着文化产业在互联网电商模式下的转型发展。

(2)微拍堂线上拍卖平台的基本交易流程。

微拍堂线上拍卖平台的交易规则清晰、流程简单,主要采取网络竞拍方式进行交易,即卖家发布拍品进行公开竞拍(规定加价幅度),竞拍者参与竞拍,拍卖截止时出价最高者获胜并按照成交价格购得拍品。从消费者参与角度来看,其交易的基本流程可总结为以下几个主要步骤(图13-3):

图13-3 微拍堂线上拍卖平台主要交易流程

第一步,用户登录微拍堂线上拍卖平台后即可在平台界面中根据个人兴趣、爱好进行商品浏览,并可详细了解商家信息。

第二步，如果用户对商品感兴趣，即可点击"出个价"参与竞拍，在竞拍截止时，出价最高者竞拍成功。

第三步，买家在线支付货款后即可等待卖家发货。

第四步，卖家按照微拍堂业务流程将符合卖家描述的拍品交付买家，买家确认收货完成交易。

（3）微拍堂线上拍卖平台的交易结构。

微拍堂线上拍卖平台的交易结构是在平台六大支撑体系基础上围绕微拍堂线上拍卖平台、消费者、商家形成的交易活动。首先，商家与平台之间形成入驻关系，消费者与平台形成注册关系，然后开展交易活动。如图13-4所示，以消费者参与商品竞拍且竞拍成功，并在规定时间内支付货款到微拍堂平台（货款由微拍堂平台进行担保）来看，可能出现以下几种情况：

第一种情况：商家在买方支付货款后及时发货，买方收货并确认收货，平台将货款打给商家，本次交易即顺利完成（如图中标有数字的实线所示）。

第二种情况：商家在买方支付货款后未按照规定时间（72小时内）发货，消费者可申请退款，微拍堂平台将货款退还消费者，本次交易结束（如图中虚线所示）。

第三种情况：商家在买方支付货款后按照规定时间发货，买方收货后不满意（满足退货相关条件）并向微拍堂平台申请退货，同时买方将商品退回卖家，微拍堂平台将货款退还消费者，本次交易结束（如图中浅色虚线所示）。

当然，在现实交易中还可能出现许多其他复杂情况，如商家寄出货物而消费者未收到等，这里暂不做分析。

（4）微拍堂线上交易的方式。

目前微拍堂线上拍卖平台的交易支付渠道主要有微信支付、好友代付、转账汇款（ATM及柜台转账、网银转账）、支付宝、银行卡、账户余额支付等方式。

2. 微拍堂线上拍卖平台的盈利模式

微拍堂线上拍卖平台实质上是社交类C2C拍卖平台，是以互联网科技为支撑为用户（消费者、商家）提供交流、交易的渠道。微拍堂线上拍卖平台主要以商家入驻费、广告及增值服务费、交易服务费等方式获得盈利。

（1）商家入驻费。

商家入驻微拍堂线上拍卖平台需要缴纳的入驻费用主要包括商家认证费与保障金两个部分，目前

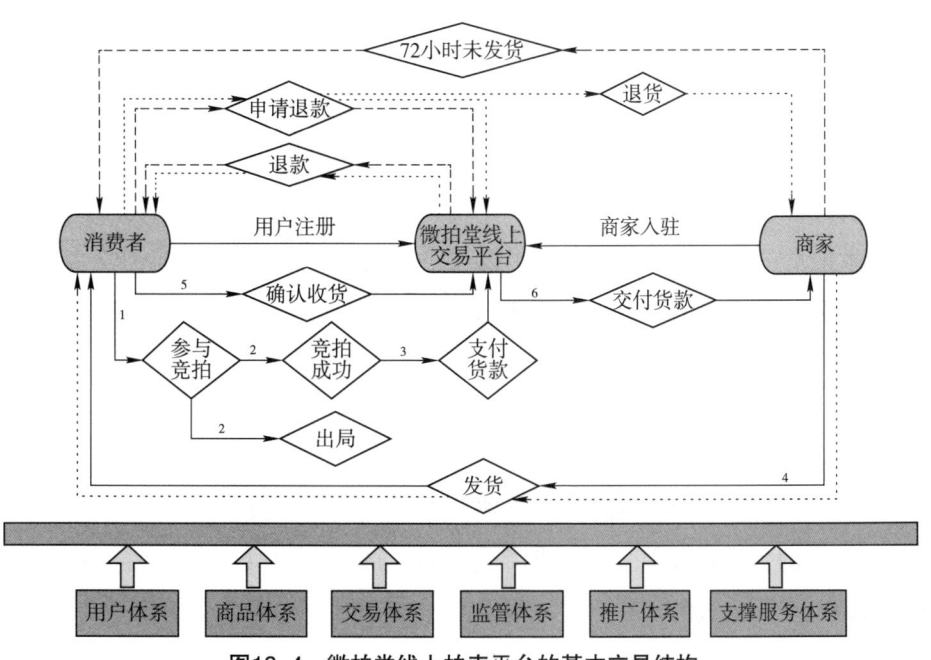

图13-4 微拍堂线上拍卖平台的基本交易结构

商家认证费为1500元/年，店铺保证金根据经营品类不同而有所差别，如经营普通类商品，保证金为1000元起（自愿交纳）；经营琥珀、蜜蜡、松石、翡翠等商品，保证金为5000元；经营酒类商品，保证金为20000元等。

（2）广告及增值服务费。

微拍堂线上拍卖平台为商家提供一系列推广服务以促进商家成长、提升商品曝光度、提高商家粉丝黏度与转化率，包括轮播推广、青竹广告、直播推广、分类推广、优店推广、橱窗推广、活动推广等。同时，平台还提供面向用户的"粉丝团"服务。这些服务的获取需要用户按照平台相关规定进行付费使用。此外，微拍堂线上拍卖平台相关功能的开通也要按照规则进行缴费，例如，微拍堂直播功能的开通除了商家达到一定条件后进行申请开通的方式外，还可通过缴费方式进行快速开通。

（3）交易服务费。

交易服务费是微拍堂平台从订单交易中获取的运营收益。首先，平台会收取一定的技术服务费，例如，收取商家一口价商品最终成交价的3%、其他拍品最终成交价的5%作为平台技术服务费；其次，平台对不同支付方式会收取一定比例的手续费[对于微信、易宝等第三方支付方式，收取0.6%的手续费（目前微拍堂全额补贴该项费用）；对于信用卡、支付宝、QQ钱包等支付方式，收取1%的手续费]；最后，平台还会从晒宝、预展打赏的款项中收取50%的手续费。

（四）引流与持续发展

2015年4月，微拍堂正式上线，自此开启了以创新为驱动，以消费者体验升级为导向，推动文化产业与互联网融合发展，引领文玩艺术品行业业态升级迭代的征程。

（1）创新与突破是微拍堂一直以来实现企业引流与发展的最大动力。正是在不断的创新与突破中，微拍堂践行着企业的各项发展理念，完成了平台服务的一次次升级与交易模式的不断更迭，赢得了包括用户、资本、社会、媒体等多方的认可与高度评价，实现了企业的成长与飞跃。以平台模式创新来看，微拍堂通过"直播+社交+拍卖+鉴宝"的电商模式，找寻到了一条以互联网促进艺术品消费市场升级转型的新路径，不但为艺术品找到了全新的交易渠道，同时也为电商发展找到了新的突破口，更以平台优质的服务持续升级用户的消费体验，推动艺术品消费业态的迭代，将蕴含着厚重历史与丰富文化内涵的艺术品带入了更多人的生活。当然，在线上拍卖平台取得巨大成功的同时，微拍堂并未停下创新与突破的脚步，依然在不断开拓企业发展的新疆域。2018年8月，微拍堂进军新零售领域，启动了"微风书院"项目，以打造集"文化展览、交流消费、互动体验"于一体的城市商业综合体来进一步建构艺术品市场交易闭环，塑造了微拍堂"线上交易+线下体验"的文化消费新生态，为真正拉近艺术与大众的距离、传承与弘扬中华文化而贡献力量。

（2）作为行业领军者，微拍堂强烈的企业责任感与担当意识是实现平台引流与持续发展的重要动力。微拍堂线上拍卖平台能够取得今天的成绩，得益于其专业的团队打造、完善的平台建设、精准的品牌定位、合理的产业布局，更得益于微拍堂作为行业领军者始终肩负的企业责任感与使命感。一方面，从创立以来，微拍堂一直秉承"让人类享受中国文化的魅力"的企业使命，深耕于艺术品电商行业，以艺术消费升级推动文化的传承与传播；另一方面，坚持"平台为善、资本为善、企业为善"的经营理念，紧跟国家大力发展文化产业与实现乡村振兴等战略布局，践行企业公益初心。

微拍堂成立以来，陆续发起或参与了2015年"助力打开心门，走向阳光"关爱自闭症儿童公益拍卖活动、2017年腾讯"99公益日"、2018年"大善玉缘"公益拍卖以及2020年初为抗击新型冠状病毒肺炎疫情而组织的"战'疫'在行动"等公益活动。同时，微拍堂还携手各地政府以及行业协会联合打造了多个公益品牌活动，如"我有匠心""微拍堂村"等，通过公益活动助力我国各地优秀公益美术资源与传统匠人的发掘，通过平台的资源倾斜、产业规划、包装宣传、培训扶持、品牌打造等方式，以互联网赋能传统工艺美术行业发展，助力乡村振兴，同时以商业模式的变革破解了传统技艺后继无人的发展困境，这是平台以实际行动响应党的十九大提出的"建设知识型、技能型、创新型劳动者大军，弘扬劳模精神和工匠精神"的最好体现。

品牌项目的开展在进一步拓宽我国优秀传统文化传承空间基础上构筑了微拍堂艺术消费产业链的完善，为平台发展带来了更多的优质商品与流量资源，配合微拍堂"鉴真阁""有证链"以及"微风书院"等线上线下项目实施，共同搭建起从产品打造、线上交易、权威鉴定、平台监管、售后服务、宣传推广、线下体验协同发展的微拍堂文化艺术品消费生态圈。

2019年7月，微拍堂成立的"微风公益基金会"是其公益事业的又一里程碑，标志着微拍堂公益事业迈入新阶段。可以说，微拍堂以平台的服务与公益事业的发展在不断塑造良好企业形象与持续传递企业文化的同时，也进一步实现了以公益助力企业成长，以互联网商业赋能文化产业发展的企业理念，为企业的发展带来持久的动力。

（3）资本的支持是微拍堂引流与持续发展的又一动力。企业的快速发展离不开资金的支持。从2014年获得天使轮投资起，微拍堂得到德同资本（2016年）、腾讯投资（2016年）以及马笛儿投资（2018年）等资方的关注与支持，目前已完成了企业B轮融资，这些资本力量的注入是微拍堂实现企业规模跨越式发展的重要保障，同时也为微拍堂全产业链的建构带来了持续、稳定、多维度的支撑。

回顾微拍堂的发展历程，无论是从上线第一年月交易额突破1亿元到2019年实现年度交易额430亿元，2016年累计用户1500万到2019年达到4000万的亮眼数据；还是上榜亿欧"2016中国最具成长力企业"、2018"胡润百富中国最具投资价值浙江50强"、2019"杭州'独角兽'企业"等榜单；抑或通过举办各项公益活动引发巨大的社会、媒体、网络关注与话题，都能见证微拍堂在重塑艺术品行业发展中做出的贡献及其不断创新与突破的努力。

微拍堂还在为新的企业发展方向积极布局，在经营品类拓展、平台服务优化、产业上下游连通、企业新增长极探索、高新技术应用以及海外市场开拓等方面不断开拓，力争实现"中国文化为人类所共享"的宏大目标。

四、延伸阅读：艺术微拍平台的运营策略

参阅姚恩育、鲁统磊撰写的《林志明快慢平衡术》，发表于《浙商》2019年第1期。

第十四章 中国香港巴塞尔艺博会案例研究

> 艺术博览会是艺术品市场交易体系的重要组成部分,而中国香港巴塞尔艺博会是近几年兴起的重要的国际化艺术博览会。本案例立足于分析国际化艺博会的体系、结构、运营及其与中国文化融合后所产生的一些重要变化,以便更深入地理解国际化艺博会发展的趋势及格局。

一、案例简介:中国香港巴塞尔艺博会

巴塞尔艺术展是世界著名的艺术博览会。巴塞尔艺术展主要展示和销售当代艺术品,于1970年在瑞士巴塞尔创办,2002年于美国迈阿密举行首展,2013年登陆香港,掀开了亚洲艺术市场的新一页。该艺术展现在每年分别于巴塞尔、迈阿密和中国香港三地举行,被认为是最具代表性的国际艺术博览会。艺术香港博览会(ART HK)被国际知名的巴塞尔艺术展收购,2013年正式命名为中国香港巴塞尔艺博会(Art Basel HK),2013年5月23日起一连4天于湾仔会展中心举行,接棒举办这项香港以至全亚洲的头号艺术盛事。

作为最高水平的艺术博览会,巴塞尔艺术展被誉为当代艺术市场的"晴雨表"。在2019年第七届香港巴塞尔艺博会上,主办方精心设计的八大展区各有特点。展会主要设置了"艺廊荟萃""亚洲视野""艺术探新"和以项目为主轴的"策展角落"及"艺聚空间"展区,并通过"光映现场"提供影片放映以及通过"巴塞尔艺术展对话"以对话的形式进行艺术探讨。不论是想单纯欣赏艺术品,还是希望进行艺术探讨,都可以在这里找到适合的选项,充分满足了艺术专业人士与爱好者们的各种需求。在具体的案例研究过程中,应特别注意以下几个重要问题:

(1)香港巴塞尔艺博会的考察重点。
(2)香港巴塞尔艺博会的主要特点。
(3)香港巴塞尔艺博会的运营与体系。
(4)香港巴塞尔艺博会的问题、态势与前景。

二、案例描述:中国香港巴塞尔艺博会概述[①]

巴塞尔艺术展有着"世界艺博会之冠"的美誉,以搜罗全世界最顶尖的艺廊为原则,展出20至21世纪的现代及当代艺术作品,涵盖雕塑、绘画、装置、摄影作品、电影、录像及数码艺术等作品。巴塞尔艺术展以其明确的定位、专业的理念以及严格的标准成为了当代艺术与艺术家展示自己的国际性舞台,通过将艺术市场的经济与社会特征最大化,产生出深远的现实意义。

随着亚洲的高速发展,在经济、政治以及文化上逐渐占据了重要的国际地位。中国香港作为亚洲的金融中心,因其免税的政策、完整的法治系统、优越的地理位置以及高效的商业运作成为链接东西方艺术市场的重要通道。2011年7月,巴塞尔艺术展所属的MCH瑞士展会股份有限公司收购了主办中国香港国际艺术展的亚洲艺术展览有限公司的六成股份,完成了其进军亚洲艺术市场极为重要的一步。2013年5月,首届香港巴塞尔艺博会在香港会议中心开幕,此次展会分为了"画廊荟萃""亚洲视野""艺术探新"和"艺聚空间"四个单元,汇

[①] 本部分执笔人:孙莹(西安美术学院史论系研究生)。根据公开材料研究整理。

聚了来自全球的245家的顶级画廊，吸引了超过6万名来宾入场。在画廊的选择以及作品的展示上，中国香港巴塞尔艺博会更注重亚洲藏家的口味，体现了其立足亚洲、辐射全球的发展目标，在为世界打开亚太艺术的大门的同时，更为整个亚洲的艺术家与艺术机构提供了一个全球性的平台。

在7年的成长中，中国香港巴塞尔艺博会逐渐生成了一套自身的运营体系，从画廊的筛选、展区的划分以及与城市的艺术联动中都表现出了自身特色。巴塞尔艺术展为香港带来了当代艺术，改变了香港多年来仅针对中国艺术品、古董文物单一的交易格局，激发了市场活力，并以极强的辐射能力促进香港艺术活动的发生和艺术产业的发展，对香港艺术生态的繁荣产生着积极正面的影响。在艺术市场蓬勃发展的同时，更进一步巩固了香港在亚洲艺术市场中的地位。作为亚洲最受瞩目的当代艺术博览会，香港巴塞尔艺博会对于香港的意义已经不仅仅停留在市场的表现上，它在与社会的接触、与大众的交流之中，表现出了一定的社会责任并承担起了一部分艺术审美教育的义务，在营造城市文化氛围的同时，促使香港实现了从"文化沙漠"到"文化港口"的转变。

（一）巴塞尔的运营理念

1. 清晰的市场定位

巴塞尔艺术展聚焦于现当代艺术，为最新的艺术潮流和创作趋势提供了一个国际性的展示舞台。参展作品限定在20至21世纪的现代及当代艺术品，涵盖雕塑、绘画、装置、摄影作品、电影、录像及数码艺术等形式，并跟随着艺术的发展而做出调整。如在1989年的巴塞尔艺术展上，为了庆祝摄影诞生150周年，特别策划了5个摄影艺术展览回顾其发展历史，成为世界领先的摄影艺术展示平台。巴塞尔艺术展始终将艺术价值放在首位，遵循着学术推动市场的基本原则，以明确的市场定位以及优质的企业形象塑造了自身的品牌文化。

2. 严格的画廊甄选标准

巴塞尔艺术展将搜罗全世界最顶尖画廊作为基本目标，不因利益的驱动而盲目扩展参展商的数量，在其发展中保持着每届300家左右的参展规模。巴塞尔以自身实力成为画廊趋之若鹜的对象。而针对每年大量的申请画廊，巴塞尔有一套严格的筛选标准，其核心就是坚持对学术性的不断追求，在申请画廊的专业性以及所代理的艺术家及其作品的艺术价值上进行严格的审核。为此，巴塞尔艺术展集合了国际顶级的画廊商并组成评选委员会。在自身的高标准、高要求下，巴塞尔艺术展确立了不可撼动的国际地位。

3. 专业有效的组织管理

巴塞尔艺术展的展区会针对不同地区进行相应的调整。根据香港自身的特点，中国香港巴塞尔艺博会的几大展区有的侧重于商业上的运作，有的侧重于对学术活动的打造。将市场与学术紧密联系在一起，延续着巴塞尔艺博会对于专业性与学术性的一贯追求。在展会期间，巴塞尔对参展商仍有着严格的管理，从参展画廊前期销售可能面临的情况到展会结束后可能出现的纠纷进行了全面考虑，并为此提供了相应的解决方案。同时，巴塞尔艺博会保持对展销作品的时刻追踪，确保其与申请信息一致，如因售出等原因需要更换，对作品的选择也必须获得巴塞尔的同意，确保展会中出现的艺术品都符合巴塞尔的标准。

4. 藏家资源的维护及培养

巴塞尔以卓越的品牌形象吸引了众多藏家，在多年的发展中积累了大量优质的藏家资源。虽如此，巴塞尔从未停止对老藏家的维护、新藏家的开发以及对未来藏家的培养。这首先体现在巴塞尔对作品质量的高要求之中，以提供高水准的艺术品保持藏家对其的信任；其次，在作品的选择上，巴塞尔会针对不同地区藏家在文化背景上的差异进行调整，提供当地藏家感兴趣、了解其中文化内涵的作品，以确保获得来自市场与文化的双重肯定；最后，通过提供更国际化的作品以及开展一系列文化活动的举措，逐步培养藏家对多元文化的认识，帮助其建立更为国际化的收藏视野，使藏家们从单纯地关注艺术家名气转向对作品艺术价值的认可。另外，巴塞尔艺术展在保证作品内容丰富多样的同时，也以高低不等的价位确保每位艺术爱好者都可以在这里选到一件自己喜爱的艺术品。

（二）香港巴塞尔艺博会的具体实施

1. 以多元化与国际化为标准，秉承"支持亚洲艺术发展"的承诺

中国香港巴塞尔艺博会仍以展示现当代艺术为基本原则。在对参展商的选择上，专业性与学术性依然是考核画廊的重点：首先，对申请画廊的开办时间做出了限制，要求参展商必须具备3年以上的开办历史；其次，画廊要与艺术家保持稳定的代理关系，并以专业化的操作为其制定具体可行的国际化发展路线；再次，对申请画廊的学术深度有明确的审核标准，比起单纯商业上的成功，巴塞尔更看重画廊代理作品的艺术价值，并且申请画廊应在一年内举办过极具学术意义的高质量展览以及相关的艺术活动；最后，为坚守本土化与国际化的双重原则，保证文化的多元与多样，中国香港巴塞尔艺博会确保50%的参展商由来自中国、日本、韩国等亚洲及亚太地区的画廊组成，在尽可能多地吸收世界各地优秀艺术作品和实力雄厚的画廊的同时，表现出了参展画廊的洲际覆盖面和参与国家范围越来越广的趋势。

2. 展会结构的调整

首届中国香港巴塞尔艺博会没有同瑞士巴塞尔一样，按照画廊的知名度划分场地，而是推出了"画廊荟萃""亚洲视野""艺术探新"和"艺聚空间"四大展区，并根据需要在之后的几届中逐步加入了"光映现场""策展角落"等极具巴塞尔特色的单元。"画廊荟萃"作为主展区集中了全球著名画廊带来的经过精心准备的艺术品；"亚洲视野"则聚焦亚洲，呈现亚洲及亚太地区艺术风采，在展示区域重要艺术家的同时表现亚洲当下最前沿的艺术状态；"艺术探新"属于新一代艺术家，是他们展现艺术思想的国际性平台；"艺聚空间"汇聚了全球著名艺术家创作的大型雕塑及装置艺术；2014年起，由李振华担纲策展的"光映现场"带来了一系列以艺术家为主题的精彩短片及特别放映节目；同时，"策展角落"于2017年首次出现，集中了国际策展人组织策划的专题群展、艺术历史项目或个人展览。香港巴塞尔艺博会在逐年的结构调整中丰富着展会的内容，在获得商业成功的同时实现了其呈现最好的当代艺术并培养当代艺术家的目的。

3. 促使藏家成长

中国香港巴塞尔艺博会在作品质量上从不马虎，高标准、高要求是巴塞尔的一贯准则。在7年的经验积累中，中国香港巴塞尔艺博会改变了最初对藏家趣味的一味迎合，提供的作品呈现出越来越国际化的趋势，促使本土藏家跳出仅关注本区域文化的局限。比起单纯的投资，逐渐成熟的藏家开始更关注艺术品的品质。

4. 与中国香港艺术机构的合作

除了中国香港巴塞尔艺博会现场在3月拥有热烈的气氛外，通过与亚洲艺术文献库、亚洲协会、香港大学等本地重要的文化组织与艺术院校紧密合作，举办一系列艺术活动，使得3月的中国香港也被浓郁的艺术气息所包围，中国香港巴塞尔艺博会将艺术家资源、藏家资源和香港这座沸点极高的城市进行了有效的对接，在提升自身影响力的同时，无形中承担起了对中国香港这座城市艺术审美教育的义务。

三、案例研究：中国香港巴塞尔艺博会案例研究[①]

（一）巴塞尔艺术展的市场拓展

在2019年的中国香港巴塞尔艺博会上，共有8.8万观众前来参观，创下该艺博会的历史新高。据雅昌艺术网的不完全统计，近100家画廊成交总额超过1亿美元，其中销售额排名前十的画廊总成交额超过4000万美元。在交易额最好的10家画廊名单

---

① 本部分执笔人：孙莹（西安美术学院史论系研究生）。根据公开材料研究整理。

中，总成交额达到500万美元以上的有4家，大部分画廊成交额都在200至300万美元。通过庞大的交易规模，可以清晰地感受到亚洲艺术市场的最新动态，了解艺术市场当下的发展趋势。无论从展商规模、交易体量还是市场覆盖度而言，中国香港巴塞尔艺博会都可以称为亚洲最具指标性的当代艺术博览会。

（二）香港巴塞尔艺博会对亚洲的意义

亚洲的高速发展使其经济、政治、文化在全球的地位得以提升，因此亚洲需要一场表现自身话语的艺术盛会。艺术博览会作为国际性的交流平台，可以在短短几天内汇聚起来自世界各地的顶级艺术家、收藏家、画廊机构、美术馆长、批评家及策展人，在为当代艺术注入更多具有时效性和针对性思考的同时，更可以作为窗口将亚洲艺术推向世界面前。日本、韩国、新加坡等国家纷纷尝试打造这个连接亚洲与世界艺术的桥梁，但因各方面条件的制约并未产生广泛的国际影响。随着巴塞尔艺术展对中国香港国际艺术展的收购，一场能够表现亚洲艺术，有着国际影响力的艺术博览会终于到来。

1. 亚洲艺术的传播与发展

中国香港巴塞尔艺博会的创始人之一Magnus Renfrew表示：中国香港巴塞尔艺博会的重要使命并非做一次单纯的展销，而是希望能够协助亚洲艺坛打造完整网络，让艺术家能长远发挥才华，达到全球艺术交流的目的。在具体的实践中，中国香港巴塞尔艺博会秉承"支持亚洲艺术发展"的承诺，保证参展画廊超过半数来自亚洲及亚太地区。在2019年中国香港巴塞尔艺博会上，有来自全球各地近250家画廊参展（其中有28家为新增画廊），亚洲画廊100家左右（其中不少来自中东和印度）。东南亚艺术家的集体亮相为此届艺术博览会增色不少——这些在国际上没有受到足够重视的艺术家，在巴塞尔获得了广阔的社会展示舞台。展会中还展出了亚洲的历史资料和当地艺术家的最新作品，通过多样化的形式对亚洲进行了深入的概述，以此为窗口，使亚洲文化得到广泛的传播。

同时，中国香港巴塞尔艺博会举办了一系列对话、讲座等艺术活动，为当下的艺术家带来了更具时效性与针对性的思考，提供了艺术创作的养料。市场的繁荣为更多的艺术家提供了稳定的创作环境，通过对传统的吸收以及对当下的反思，展现出亚洲文化的状态，推动了亚洲艺术的繁荣，为亚洲艺术走向国际奠定了坚实的基础。

2. 推动艺术市场的建设

巴塞尔作为目前国际上最顶级的艺术博览会，携带成熟的管理制度和经验进驻香港，帮助亚洲艺术市场的中介机构全方位提升自我。为了应对短短几天中来到展会的几万观众，市场有关人员蓄势待发，为其提供最专业的服务。画廊以巴塞尔严格的甄选标准为标杆，在朝着专业化、学术化发展的同时学习西方成熟的服务能力；艺术经纪人在这里积累经验，在庞大的交易中察觉市场动态，培养个人的敏锐度；巴塞尔艺术展完备、高效的发展模式更是亚洲艺术博览会学习的榜样。这种整体性的提升，对亚洲的艺术市场乃至艺术生态的繁荣都产生了积极、正面的意义。

（三）中国香港巴塞尔艺博会对香港的影响

作为亚洲连接世界的通商口岸，中国香港早在20世纪中期就已经成为中国艺术品的集散地。通过多年对中国传统瓷器、玉器及文物等艺术品的收藏，香港孕育了一大批藏家。20世纪70年代后，"国际拍卖大鳄"苏富比、佳士得纷纷选择在香港设立办事处，在这里绘制拓展亚洲市场的蓝图。国际拍卖行的到来推动了拍卖市场的发展，吸引了全球其他国家及地区的众多拍卖公司进驻香港。在拍卖市场的繁荣之中，香港逐渐以亚洲艺术市场新坐标的形象走进国际艺术市场的视野中。此时的香港主要停留在对中国传统艺术品以及古董文物进行交易的状态，二级市场强势发展，挤压着一级市场的生存空间，呈现出一二级市场倒挂的不良市场结构。这一状态一直到2008年才得到改善。首届中国香港国际艺术展的举办为香港带来了国际顶尖的画廊以及一流的当代艺术作品。艺术博览会的推进无形中影响着香港的艺术市场，帮助其朝着健康有序的方向发展。

1. 画廊业的整体升级

早期的中国香港画廊多以销售传统绘画的街头画店为主，处于相对稚嫩的状态。随着2008年第一届中国香港国际艺术展的举办，艺术博览会对艺术市场的推动作用得以直接显现：先是展会聚集了大量的顶级画廊，使得中国香港获得了全球艺术界的关注，随后更吸引了如白立方、本·布朗、高古轩等国际画廊的落户。与此同时，本土画廊无论是在数量上还是在规模上都有大幅度的提升。随着巴塞尔艺术展收购香港国际艺术展，在其品牌吸引力与号召力之下，顶级画廊纷纷在此抢滩亚洲艺术市场。这些世界顶级画廊以国际化、专业化的经营模式影响着香港画廊市场的整体升级，促使其纷纷调整自身的经营方式和经营范围，学习优秀画廊的经验，制定更为国际化的发展方案。同时，寻求发展的中国内地画廊也闻风而动，先后在中国香港设立艺术展示空间。随后，为了汇聚行业力量，推动画廊业的发展，香港画廊协会于2012年成立。在画廊的高度聚合下，香港形成了如毕打行、干诺道中50号农业银行大楼、H Queen's这样的艺术地标，一张属于香港的艺术地图由此展开。

随着画廊业蓬勃发展，来自南美洲、印度、法国、英国、日本、韩国等地的艺术品都汇集于此，为中国香港带来了全球的艺术资源，形成了多元化的艺术市场。这种转变不仅对中国香港的艺术市场产生了影响，其所创造的商业价值与学术影响也使得香港成为亚洲艺术市场的风向标。

通过巴塞尔的市场表现，艺术博览会的影响更是进一步被放大。据统计，2017年，香港画廊46%的交易都通过艺术博览会完成，同比上升5%，占据了近半数的交易份额，使得未来参加艺术博览会成为画廊发展的必选项。通过这个越来越有影响力的交易体系，画廊必能从中获得新的藏家资源。因此，中国香港巴塞尔艺博会已经为本土画廊提供了很好的机遇，而如何顺应当下的要求调整发展战略，成为对画廊的时代考验。

2. 藏家收藏理念的改变

购买艺术品的目的有很多种，其中将艺术品作为最终消费的收藏是最健康的市场行为。艺术市场在起初的发展中都表现出一些不理智的、投机的现象。相比艺术市场发展成熟的国家，中国藏家整体的艺术素养还有待提升。中国香港巴塞尔艺博会每年吸引大量国际藏家到来，为来自四面八方的收藏家提供交流的平台，他们以迥异的收藏风格及收藏理念影响着本土藏家收藏趣味的变化。同时，中国香港巴塞尔艺博会将来自全球的当代艺术的最新动态推到了亚洲藏家面前，为其打开了国际化的收藏视野。通过具体的实践，中国藏家可以逐步确立自身的收藏标准和收藏理念，让自己的收藏行为更加成熟，促进艺术市场健康有序运行。

3. 推动艺术产业发展

中国香港巴塞尔艺博会的举办在为艺术市场带来更多收入的同时，在城市文化的建设上也做出了不可小觑的贡献。在每年巴塞尔艺术展开展前期，不少画廊蓄势待发，纷纷举办相关展览，为即将到来的艺术博览会预热。随着巴塞尔艺术展的影响越来越深远，中国香港旅游发展局联合多家艺术机构策划了"艺术月"活动，通过整合艺术资源，激活城市新活力，释放出新的旅游增长点。随后，更是通过一系列举措（如建设以"M+博物馆"为中心的西九龙文化区以及翻新当代艺术博物馆和中央警署旧址作为中型展览场地）将艺术家资源、藏家资源和中国香港这座沸点极高的城市进行有机对接。在推动艺术产业的同时，提升了香港整体的艺术形象，使这座充满商业气息的城市增添了许多能够表现香港本土、亚洲及亚太文化的国际性非营利艺术机构。

4. 中国香港巴塞尔艺博会发展中的思考

据巴塞尔艺术展与瑞银集团发布的第三版《巴塞尔艺术展与瑞银集团环球艺术市场报告》的数据，"2018年，艺术展的销售额达到165亿美元，同比增长6%。在艺术展上，全球经销商在销售总额中所占份额已从2010年的不到30%增长到2018年的46%。"在销售额的稳定增长中，艺术博览会已成为艺术市场交易体系不可或缺的一部分。

中国香港巴塞尔艺博会的到来促进了中国香港艺术市场的繁荣，并带来了全球当代艺术的最新动态，丰富了香港的艺术生态。同时，顶级画廊随着国际艺术博览会一同到来，汇聚了全球的艺术资源，推动着多元化艺术市场的形成，推动着画廊的成长。在巴塞尔艺术博览会与中国香港紧密的联系中，中国香港艺术界变得更为活跃。通过平台的学习交流，藏家队伍在逐渐扩大的同时表现出越来越年轻的趋势，整体的艺术素养得到提升，收藏理念也越发成熟。这座城市开始散发出越来越浓郁的艺术气息。随着更多非营利艺术机构、文化产业区的建设，会吸引越来越多来自五湖四海的艺术爱好者的到来。

在巴塞尔推动着中国香港乃至亚洲艺术生态繁荣的背后，有不少问题值得我们去思考。首先，中国香港作为东西方艺术之间重要的交流舞台，支持并推动了亚洲艺术的发展，但留存在中国香港的仿佛只剩下庞大的交易额，本土艺术的发展举步维艰，描绘中国香港当下社会形态的笔墨被市场的巨浪席卷，如何平衡市场与艺术这个问题似乎更值得思考。其次，发生在艺术圈的马太效应也应引起我们的重视，否则中小画廊会因受到艺术市场极端的财富分配不均的影响而陷入发展困境。致力于挖掘新生代艺术家的中小画廊对艺术市场的有序发展有着重要的影响。对于如何解决中小画廊的发展问题，从而推动艺术市场的繁荣，很期待巴塞尔艺博会拿出值得艺术博览会学习的"巴塞尔方案"。最后，巴塞尔艺博会虽努力秉持着"支持亚洲艺术发展"的承诺，但无论如何仍避免不了西方视角，亚洲画廊虽然在整体数量上占据了优势，但无论从入选主单元的数量还是从成交的份额来看，都显得十分边缘化。我们很需要追问：巴塞尔艺术展这个国际性的舞台能否真正做到聚焦亚洲？但无论如何，巴塞尔艺术展还是为我们提供了大量经验，希望经过不断的学习，会有亚洲举办方为我们打造一场真正属于自己的艺术盛宴。

四、延伸阅读：新时代艺术博览会发展的八个基本趋势①

2018年5月2日，"2018艺术北京VIP论坛"举办了主题为"艺博会时代：中国艺术品市场投资趋势"的专业论坛。中国艺术产业研究院副院长西沐在论坛发言中指出，中国艺术博览会的发展正处在重要的转型过程中，特别是在新时代到来之际，中国艺术博览会发展也在发生变化，表现出八个基本的发展趋势。

西沐指出，艺博会在艺术品市场交易体系中占有重要的地位。在中国艺术品市场的发展过程中，艺博会的作用正在显现出来。我们都知道，在艺术品市场发展中，交易体系的建构与发展是重要的核心，而艺博会是交易体系建构过程中的重要组成部分。目前来看，中国艺术品市场交易体系包括三个重要的部分：一是传统交易体系，它包括三个主要的业态形式，即画廊业、拍卖业、艺博会业；二是创新型交易体系，它也有三个主要的业态形式，即平台化交易（典型的代表就是文交所）、艺术电商、"平台+艺术品"资产管理；三是特色型交易体系，主要就是指私下交易。在中国艺术品市场的发展过程中，私下交易的名声虽然不是很好，却占了中国艺术品市场交易规模的60%以上，是一种非常重要的艺术品市场交易形式，这一点我们不能否认。

在传统交易体系中，按照已有的规范，大家把画廊业称为一级市场的主要业态形式，把拍卖业称为二级市场的主要业态形式，有人将艺博会业称为"1.5级市场"的主要业态形式。可见，艺博会在艺术品市场交易体系的地位之重要。

西沐强调，艺博会之所以在艺术品市场交易体

---

① 2018年5月4日发表于中国经济网。

系中占有重要的地位，是源自艺博会在交易体系中有自己独特的定位：一是学术评价；二是展览展示；三是收藏销售；四是艺术的公共教育。当然，这些基本的定位都是艺博会的一些基础定位。事实上，艺博会的基础定位也在深化发展过程中，比如，平台化服务发展的趋势正在加强等等。同时，总的来看，艺博会也在创新发展的基础上不断走向综合发展。这是艺博会面对新时代的发展应该做出的一些基本的反应。

西沐认为，新时代中国艺术博览会的发展已经或者正在显示出以下基本的发展趋势：

（1）更加强调学术评判与选择能力，即以学术研究能力的发展为动力，进一步建构学术评判与选择的能力。

（2）更加强调消费市场的发展，即建构与新时代艺博会功能更加匹配的综合服务平台，推动艺术消费市场与收藏投资市场的新发展。

（3）更加强调综合性的服务，即基于展览售卖的综合服务功能，包括综合性的金融服务等综合性的服务。

（4）更加强调公共教育，即艺博会平台更加突出艺术教育，不仅仅是通过论坛的形式，还包括艺术的赏析、艺术品咨询及艺术投资管理的顾问等多样化的形式来展开。

（5）更加强调国际化，即艺博会本土化与国际化进程的相互促进，越来越有力地推动着中国艺博会国际化发展的进程。

（6）更加强调平台化运营，即艺博会的运营不断向平台化、专业化、大众化、规模化发展。在中国艺术品市场发展的新时代，中国艺博会也进入了一个新的发展时期。如何吸引更多的收藏投资者等新兴力量加入艺博会，是这个平台保持生命力的重要力量源泉。

（7）更加强调品牌化。中国艺博会会逐步走向品牌化，再因品牌化而产生行业聚集，形成行业集中度。

（8）更加强调与新科技的融合，即在手段上体现科技融合发展的一些新的前沿与新的表现，在展览内容上更加突出新科技与艺术融合发展的方向。

第十五章　艺沃平台运营案例研究

> 艺沃是在依托微信小程序而形成的社交电商平台的基础上，基于国内外MCN成功模式而自创的MCN2.0模式的艺术品体验消费运营平台，其独特的业务与技术逻辑、架构与商业运营等拓展了大众对基于平台的艺术品体验消费商业交易的认识。

一、案例简介：艺沃

艺沃是基于S2B2C模式的社交化艺术品电商交易模式构建的艺术品社交电商综合服务平台，基于"独立设计师""艺术家+"，透过IP化产品进入时尚生活，推动建立爆款走量的高品质产品市场，通过线上线下的VIP和在线直播拍卖，借助艺术金融融通一二级市场，建立面对面、有"身份"和有安全感的中高值艺术品一二级市场闭环。其交易运营路径为"小程序，大平台，坐着打通艺术生活'任督二脉'"，并整合原运营团队自有30万会员，推出基于线下经纪人带动的社群和在线直播"Living Show"的"场内场外+线上线下"的艺术品社交电商平台——"艺沃"大数据艺术品智能营销平台。

艺沃支持基于艺术品行业传统的艺术品经纪人模式，并创新性地引入艺术品鉴证溯源体系和互联网直播、艺术品在线拍卖、艺术衍生品销售+艺品商城三个服务平台，即"1+3"模式。这个模式把艺术品相关产业紧密连接在一起，成为艺术品电商的一个全新突破点。

艺术品作为个人品位最为突出的领域，与其相关的社交电商具有先天的优势，可以借助朋友或者品位领袖建立起以"品位+信任"为主导的"艺沃"大数据艺术品智能营销平台，建立起"真品+品位+个性"的社交电商平台，通过国家艺术品质量溯源公共服务平台和版权确权平台的认证，把适合的艺术品一步推送到感兴趣用户的微信里，助其完成欣赏、收藏和购买。

艺沃的商业模式重点解决艺术品市场两方面的痛点：一是目前中国的中产消费者及以上人口占人口总数的30%（4亿至5亿人），这类群体中有很大比例的人渴望收藏艺术品及文创工艺品，但受信息（艺术品信息不透明、真伪莫辨）、时间（没时间去画廊和展会）、经验（缺乏对艺术品的理解和价值判断）和财力（顶级艺术品价格高昂）的限制，难以找到适合自己需求的艺术品和文创工艺品；二是处于目前"价值洼地"（市场低谷期）的艺术家和优秀的独立文创设计师虽然具备较强的创造设计能力，但其创制的极具价值的艺术产品却找不到认可其价值的市场，更无进入爆品市场的路径。

艺沃将客户定位于日益崛起的4亿至5亿中产消费者。在具体的案例研究过程中，应特别注意以下几个重要问题：

（1）基于互联网赋能艺术消费的交易模式。
（2）艺沃平台的运营特点与体系。
（3）艺沃平台的结构与盈利模式。
（4）艺沃平台的引流与规范运营。

二、案例描述：艺沃，让艺术走进生活[①]

让艺术走进生活

艺术家+IP设计师

艺沃，让生活更美好

小程序，大平台
——坐着打通艺术生活"任督"二脉

价值构建脉
"艺术家""生活"
通过IP的设计、传播和体验，把艺术品、艺术家与生活结合起来，构建价值基石。

硬核"全真派"
"科技""金融"
通过大数据、区块链、AI+鉴证溯源构建信任基石

交易投资脉
"大众""精英"
通过线上、线下结合，交易+投资融合，打造一个基于内容的社交艺术品电商综合服务平台，构建"流转"全生态。

缘起和进展

艺沃的孕育过程为11个月，当时定位为艺术金融博士班的实践项目，各位发起人从2018年12月开始"很认真"地玩了半年时间。

市场调研
通过详尽的市场调研和商业分析，艺沃找到了自己的定位，发现了一片沃土。

找到定位
艺沃小程序已正式上线，带着我们艺术金融博士班的追求、"味道"和资源。

艺沃优势
艺沃要走"小程序、大平台"的艺术金融科技融合的模式。

艺沃未来
艺沃通过募资和投募资，快速在艺术品市场扩张。

[①] 本部分执笔人：林奥杰[中国艺术经济研究院（李可染画院）副秘书长，研究员]。

如何盈利？

"艺术家+独立设计师"

 **讲座**
艺术家在线课堂、讲座。一方面给艺术家提供在线讲座的平台，一方面通过艺沃在线教育平台提升艺术家的收入。

 **作品**
艺术家原创作品的销售。平台分成。

 **衍生品**
通过自有（合作）IP的衍生品，集中在文化消费品领域，形成"爆款"。

 **直播拍卖**
网红经济、直播临场感、体验度、可信度都比普通页面呈现强，通过直播拍卖，形成二级市场。获取佣金。

会员及渠道收入

- 7-2-1 会员群
- 70%的艺术品消费用户
- 20%的艺术品投资用户
- 10%的艺术品收藏用户

- 发展艺术品消费用户
- 通过独立设计师、艺术家工作室品牌引流、导流，引导消费型用户完成购买，建立一级市场

- VIP 会员模式
- 导入 艺术品投资、收藏用户
- 发展 艺术品投资、收藏用户

- 通过"艺术家"原创精品的艺术金融模式，发展 艺术品投资、收藏用户
- 线上直播拍卖+线下 VIP 会员
- 建立中高值艺术品一级市场

- 构建 7-2-1 会员体系
- 基于"独立设计师"、艺术家工作室，通过IP化产品进入生活的产品脉，建立爆款走量的高品质产品完成一级市场

- 通过线上线下的VIP和在线直播拍卖
- 借助艺术金融融通一二级市场，建立面对面、有"身份"和安全感的中高值艺术品一二级市场闭环

发展目标

艺沃文化科技获得原始投资并成立后，将以建设基于艺术金融科技为特色的艺术品社交电商综合服务平台为目标，分三个阶段完成公司的发展和配套融资。

◆天使发展期：营销围绕团队推广和10万会员进行；发展技术能力，配合营销进行大数据开发，通过和艺术家、机构合作，开发文创产品。

◆智能商业期：营销围绕VIP店铺推广和团队推广进行；自建技术团队，研发人工智能推荐系统；通过和文创产业、IP的合作进行产品研发。

◆线上线下闭环期：围绕线上线下一体化的旗舰体验店、艺术酒店等业务，突出特色，以此来匹配营销和团队；进一步发展技术团队，在Art FinTech上发力，开发基于区块链、AI、大数据的资产化产品；在艺术品、文创产业链的视角上进行产品研发和整合。

在筹备过程中，艺沃项目得到了包括丰台科技园、新加坡颉羿资本、东莞信托、重庆信托、安信证券的认可和支持。尤其值得一提的是，在2019北京文创大赛上，本项目得到了专家评委的首肯和支持。

投资回报

◆ 原始投资500万元，占艺沃文化科技公司14%股权，艺沃科技经核算后估值为3600万元，按上市估值1元股计算，投资500万元可控股500万股。

◆ 下一步，引入投资机构。经过多轮轮融资后，股份价值不断增值。当艺沃科技公司市值10亿时，原始投资的500万元就会升值近6倍。

◆ 上市科创板升值至少23倍以上市盈率，原始投资的500万元升值138倍（6*23=138）。

◆ 以上盈利不包含艺沃市场运营盈利。

发展规划

STEP 1: 发展会员
- 天使资金：3000万元
- 营销
  - 团队推广，10万会员
- 技术
  - 配合营销开发
  - 大数据开发
- 产品
  - 文创设计
  - 艺术家、机构合作

STEP 2: 引入风投
- 风险投资（A/B/C轮）：9000万元
- 营销
  - 广告、VIP店铺
  - 团队推广
- 业务：旗舰体验店
- 技术
  - 自建技术团队
  - AI、推荐系统
- 产品：IP文创、原创艺术品

STEP 3: IPO
- 投资10000万元
- 业务
  - 旗舰体验店、艺术酒店
  - 营销、团队
- 技术
  - 发展技术团队
  - Art FinTech
- 产品
  - 艺术品、文物、文创产业链

市场竞争力

经过反复市场调研、详尽分析，最终发现：

- 微拍堂240亿元成交的巨大交易额给艺术品电商提供了一个成功案例。
- 云集的迅速上市适应了社交电商商业设计的成功逻辑。
- 玩物得志获得5000万元风险投资，一条、寺库艺术等也逐渐形成了对艺术品市场的影响力。

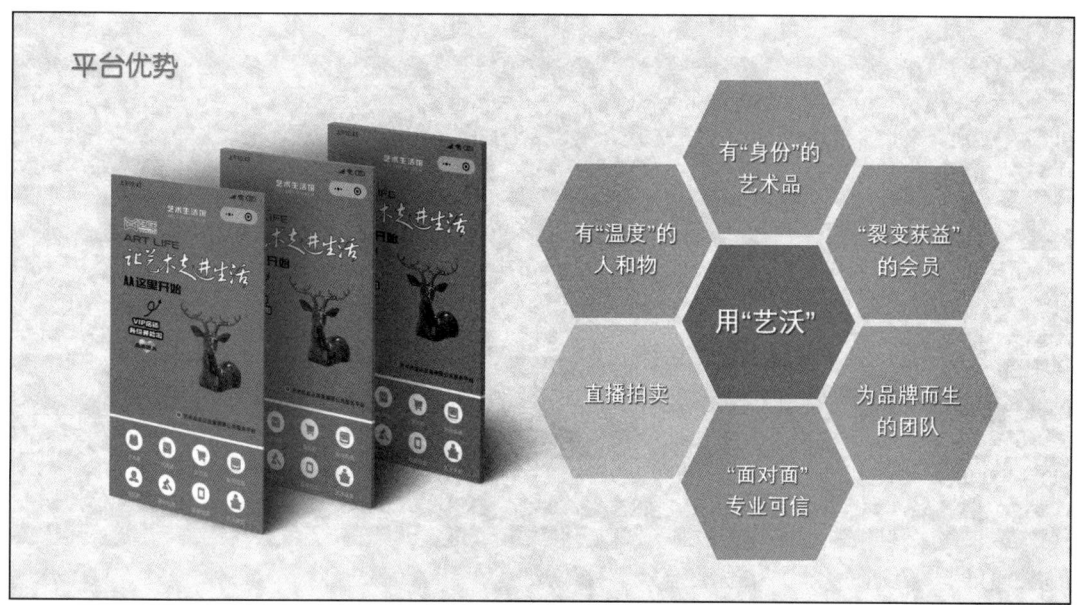

定位和特点

经过一年的筹备和研发，艺沃明确了方向和定位：艺沃，让艺术走进生活；盈利模式：基于 S2B2C 的艺术品社交电商综合服务平台，提供"艺术家要素"通过"大品牌产品"进入生活的产品脉络，通过爆款、走量的高品质产品布局一级市场，通过线上线下的VIP店铺和在线直播拍卖建立面对面、有"身份"和安全感的中高值艺术品一级市场和二级市场的闭环；交易运营路径：小程序，大平台，坐着打通艺术生活"任督"二脉。此外，艺沃已整合了原运营团队自有的30万会员。

目前，艺沃已经与隋建国、王艺、周春芽、老树、葛昊翔等几十位艺术家完成IP合作，结合李宁、耐克等一线品牌进行产品合作和推广，并得到其线上销售的授权。同时，"可米"、"蓝色蜗牛"、"鹿熙文创"、"赛网非遗""潍有风物""壹然珠宝"等几十家文创品牌、近500种产品已完成签约。

艺沃以"大智云移物"为基点，融合艺术金融科技，构建以"大数据+人工智能"的艺术品AI聚类和"一对一"精准推荐，依托中检学会和中国艺术经济研究院，以历史交易数据、学术影响力、用户喜欢程度等建立艺术金融的"艺沃五力指数"。同时，艺沃拥有基于区块链技术的艺术品身份证发明专利，拥有可为艺术品建立"正本清源 传承有序"的艺术品保真溯源体系的知识产权，这可以成为艺术金融投资和信托的重要风控和服务支撑平台。

艺沃是一家致力于直通中外艺术家与艺术品消费者、推广中外艺术产品、传播中外文化艺术的社交电商平台，由北京东方传世文化艺术投资管理有限公司携首届文旅部艺术发展中心暨西安交大艺术金融博士班成员共同开发。

艺沃基于原有营销团队及线下实体店几十万的艺术品消费客户，无隙互联艺术家、艺术产品，根据线下消费用户关注的艺术品类别，在线上实现准确推送，从而使中外艺术家IP全面进入生活领域，为生活消费赋予艺术新业态，打通艺术家与消费用户的传播壁垒，让艺术走进生活，让生活成为艺术。

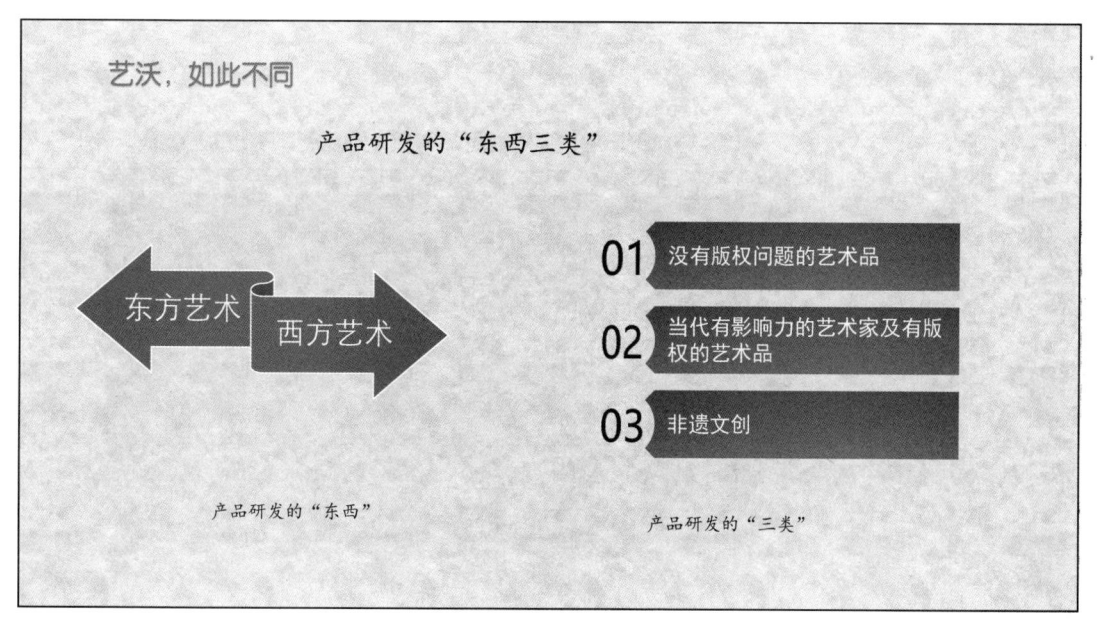

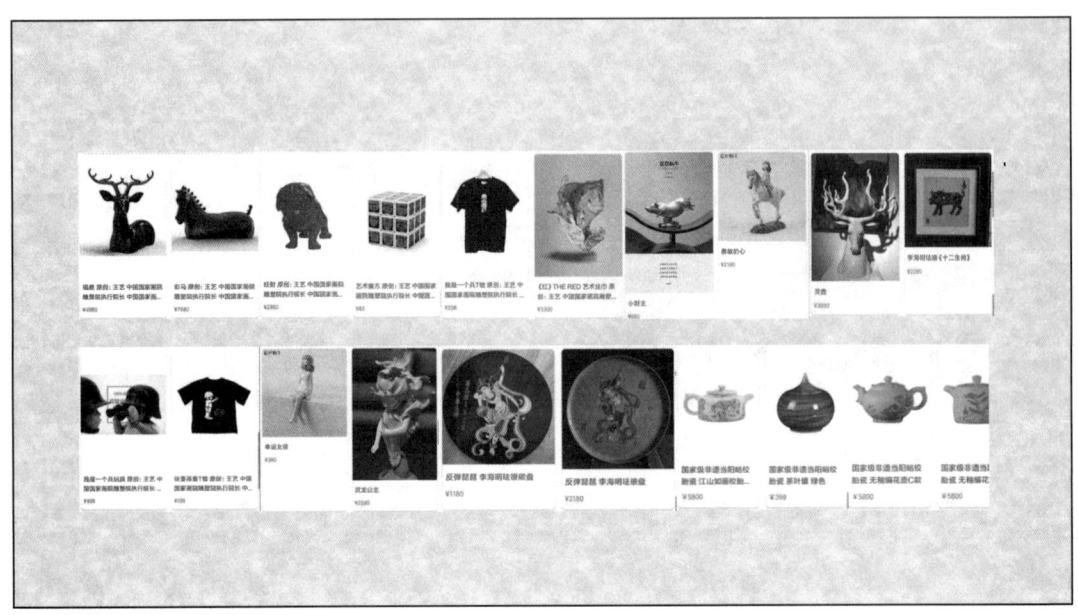

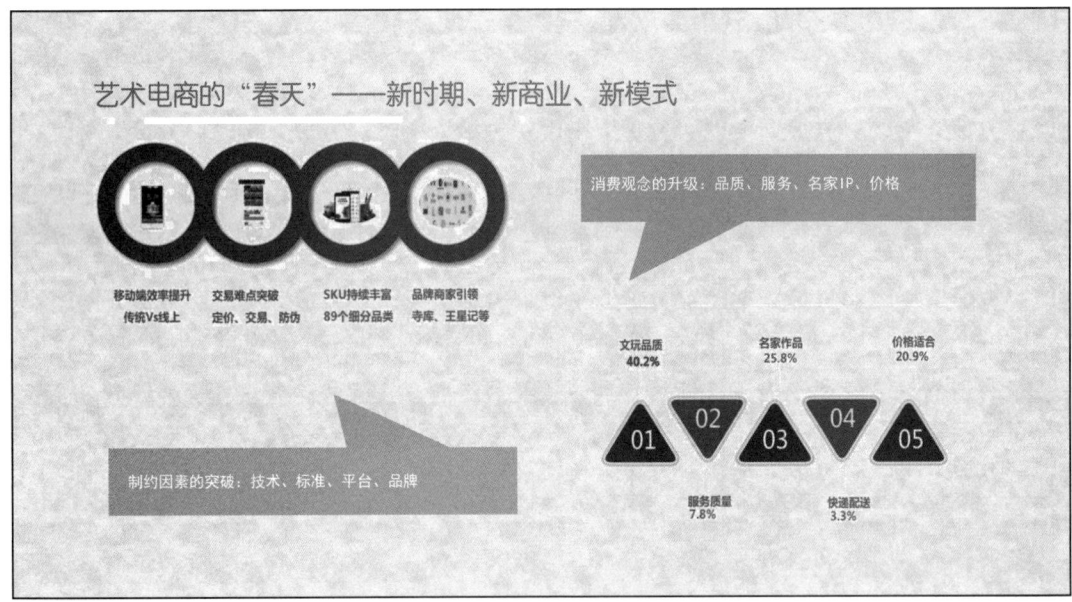

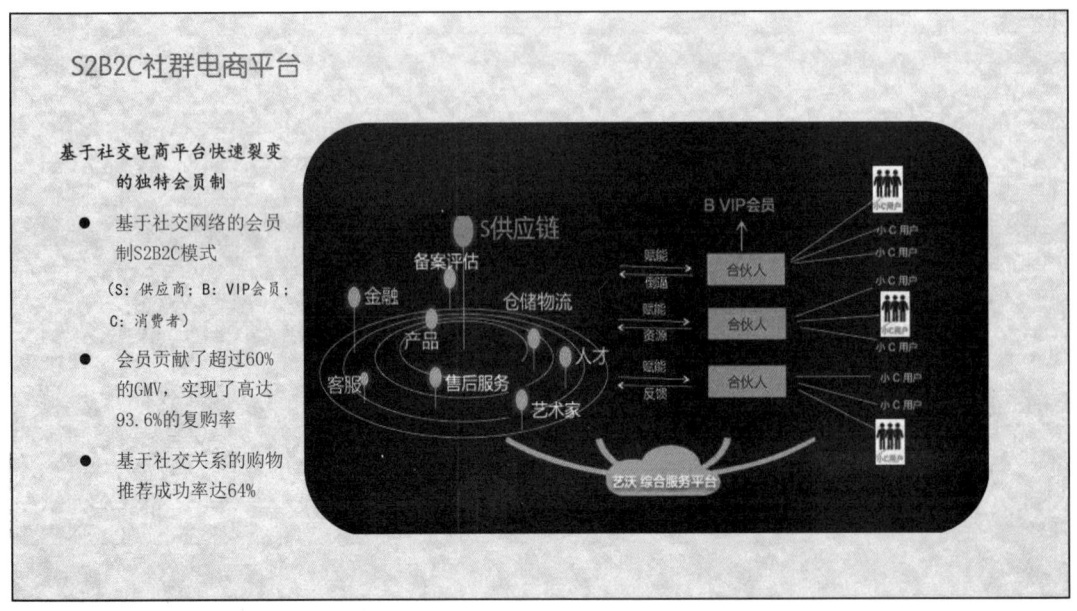

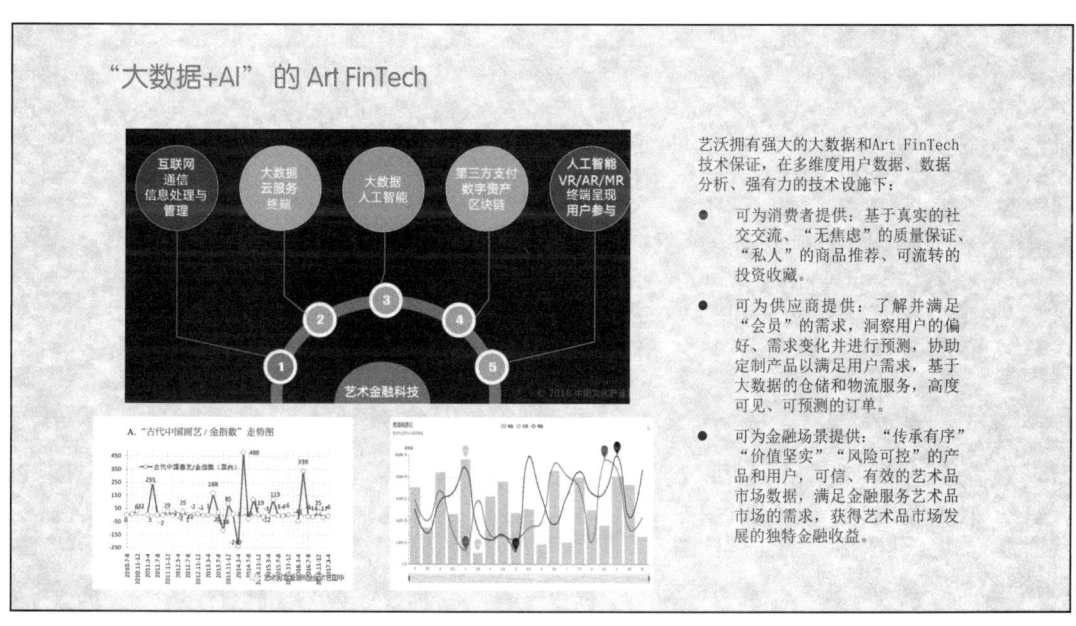

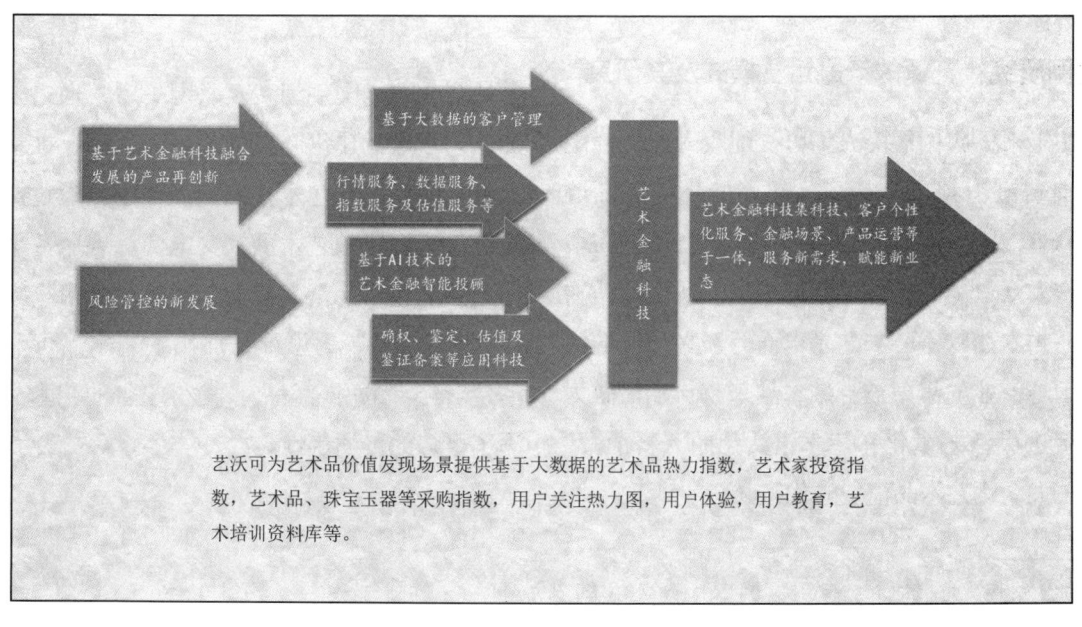

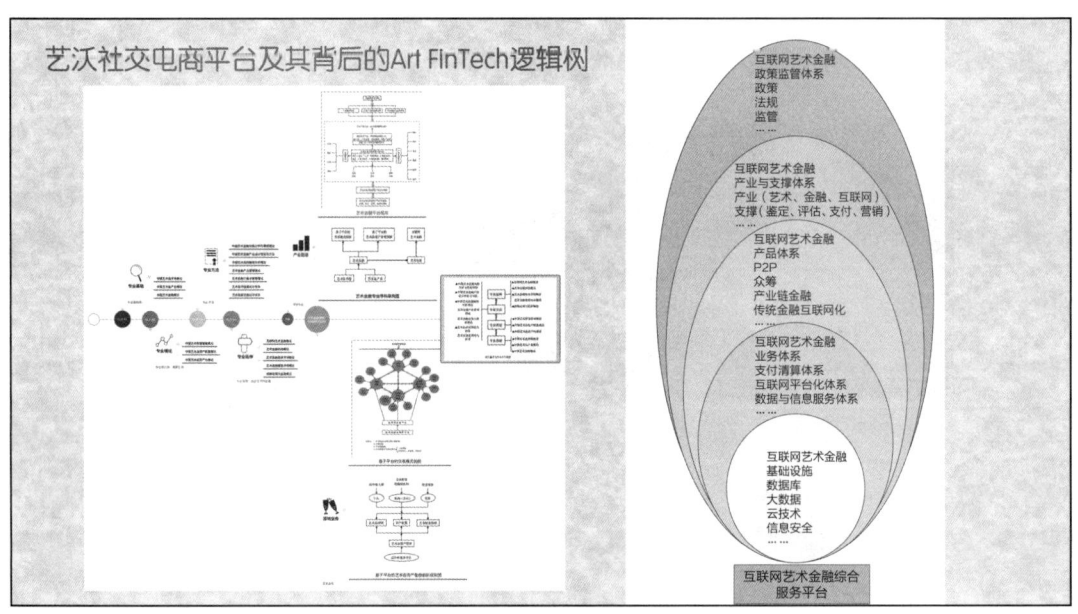

三、案例研究：艺沃的产品运营模式及其研究[①]

近几年来，我国居民人均可支配收入保持稳定增长，消费潜力得以生长，文化消费环境逐渐改善，大众在文化消费方面的获得感和幸福感在增强。随着大众审美、精神文化需求的发展以及博物馆商店、艺术购物中心、艺术电商等新兴产业的涌现，艺术与商业的界限被打破，越来越与生活融为一体，促进生活艺术化和艺术生活化的"新消费"时代——大众化艺术品消费时代来临。

以"让艺术走进生活"为目标的艺沃平台是一个社会化艺术文创消费互联网平台，通过独立设计师、艺术家的IP化产品进入时尚生活，推动建立爆款走量的高品质艺术文创产品市场，通过构建"体验经济"模式的艺术品社交电商综合服务平台为正在走热的艺术品消费赋能，为艺术品市场大众化引入"互联网+"的思维，加快了艺术品行业和"新消费"经济的融合发展，使得未来的艺术品市场充满了更多的可期待性。

---

① 本部分执笔人：林奥杰[中国艺术经济研究院（李可染画院）副秘书长，研究员]。

（一）基于互联网赋能艺术消费的交易模式

直播赋能——商城和拍卖，就是通过"艺商城+直播""拍卖+直播"组合的模式，让艺术品商店工作人员或者"艺术经纪人"在直播间里开直播并同时介绍商品，用户在直播间里了解商品，同时购买并完成支付。

通过"艺拍卖+直播"，认证机构在后台创建专场、上传拍品、设置保证金、加价幅度等，用户在前端交保证金、出价、授权手机号等。主播在直播间里开直播并介绍拍品，同时和买家完成互动；用户在直播间里竞拍，参与互动，并完成保证金支付和余款支付。

（二）平台的运营特点与体系

1. 艺"我"分享——内容社交电商系统

让每个热爱艺术品的人都能够影响身边的人，从而完成从兴趣、口碑到分享、销售的进阶，让所有艺术爱好者的人脉都成为平台伙伴，让艺沃平台上的每一个分享、评论、课程、交流等互动都成为艺术品价值贡献链条的一部分，通过积分制来量化其贡献度；在交易环节，系统自动记录用户来源，形成订单，记录上下级邀请关系（限定二级），后台设置佣金体系。用户获得佣金后，可提现至微信余额。

2. 艺鉴宝——国家艺术品鉴证质量溯源公共服务平台

通过艺鉴宝进行艺术品鉴证备案，获得国家艺术品鉴证备案证书，艺术品保真和溯源都有国家机构的背书和保障，艺术品质押、贷款、艺术品金融都不再是"可说不可做"的业务，让大家买得放心。

随着艺术品鉴证备案和艺术品价格评估服务的推出，平台进一步通过iArtWork提供面向消费者的艺术品鉴定和价格评估服务，采用线上"掌眼"（用户的在线互助或向专家求助）、线下评估（专业的鉴定和价格评估）的模式，将用户对艺术品收藏和投资的兴趣及对信息的渴求通过"人对人"（One2One）的服务模式对接起来。这将极大增强艺术品市场的交易活跃度，促进艺术品市场的繁荣。

3. 艺沃大数据营销系统

第一步，用户画像（用户地域、年龄、性别、职业信息，根据标签和行为将用户进行个性分类）；第二步，用户行为追踪（浏览过的拍品、出价次数、流拍次数、成交次数、成交额、成交单数、开拍提醒次数、聊天条数、送礼物次数、访问次数等）；第三步，个性消息推送（人工定向推送、定时自动推送）；第四步，用户信息采集（用户手机号、微信头像、微信昵称、性别、地区等）。

（三）交易结构与盈利模式

艺沃针对文化艺术商家目前交易中存在的一些难点，为商家提供增值服务、体验消费服务，引导商家完善产品，积极利用新的营销体系引流促进文化艺术品交易；也为买家提供更好的产品、更好的服务、更快速的成交，满足买家文化生活消费及收藏投资需求。

1. 市场结构

一、二线城市是艺术品消费者主要聚集地，而三、四线城市的消费力也在增长。美术馆、展览活动及居民艺术水平的发展与收入水平、知识层次、生活习惯等方面相关，所以人口和资源聚集的大城市与区域中心城市更具有优势。从线上消费来看，艺术品消费也主要集中在一、二线城市，但随着社会各界的重视和努力，公共文化服务水平的不断提高，人民的精神生活日渐丰富，三、四线城市的艺术品消费也在稳健增长。

线上艺术品消费者以"80后""85后"及"90后"为主，代际间对绘画流派的倾向有所差异。30岁上下的"85后""90后"人群已成为线上艺术品消费的主力，而且比起摆件，他们更偏爱装饰画。在艺术风格倾向上，"90后""95后"对西方画派更偏好，最喜爱印象派和现代主义画派，"80后""80前"则对国画更感兴趣。

2. 客户画像

艺沃客户定位为日益崛起的4亿至5亿中产阶级消费者：20岁以上，55岁以下，以住轻奢酒店（艺术酒店）为主的消费群体。在一线城市，该消费群体收入为30万元以上,多为金融财经、IT高科技、互联网、外资、地产、银行等企业高管、企业白领、金领或专业性自由职业者;在其他城市,该消费群体年收入为20万元以上,多为私营企业主、公务员等,他们是轻奢酒店(艺术酒店)入住者,同时也是C端用户。

目标人群特性:有一定文化素质、生活情趣、对艺术向往的热忱,消费能力达到小轻奢水平,具有艺术品装饰、艺术品礼品、艺术品投资收藏需求。

艺沃的商业模式是通过打通"艺术生活'任督二脉'",根据"价值感=关注+体验"这一艺术品价值构建模型来打通"价值构建脉络",通过"大众、精英""线上、线下""交易、投资""收藏、流转"的社群化电商生态,打通"交易投资脉"。

3. 盈利模式

首先依托艺沃导师甄选出处于"价值洼地"的艺术家、独立设计师 IP,选择高品质、未来升值潜力大的作品,作为平台上的商品及其内容,基于新媒体,进行多元化的传播,吸引广泛关注。

然后,通过低价模式,将作品租赁给具有潜在客户的企业、厂矿、工业园(文化下乡、798)、公共空间(通过与政府合作)或家庭,从而建立起"社会化画廊"。潜在客户不需要专门去画廊或展会,利用自己的碎片时间就可以欣赏、购买,真正实现艺术品和大众的紧密接触,获得"体验"的加持。

为了帮助客户欣赏、理解作品,艺沃的每幅作品旁都有艺沃小程序码。客户通过扫描小程序码就可以通过在线文字、影像、语音、VR等方式了解作品的信息,并能够实现社会化的分享,并通过社群电商购买。

艺沃的艺术品定价范围一般是2000至10000元,对客户而言,不会有很大负担,而且既能保证品质,又有未来的升值机会。

艺沃的工艺品定价范围一般是500至2000元,并给用户提供体验上手的机会。

以租赁方式建立社会化画廊只是艺沃商业模式的第一步,未来在线上、线下互动过程中,引导客户购买艺术品、购买私人定制艺术品以及艺术金融等产品,才是艺沃的最终目标。

建立"关注"和"体验"是艺沃商业模式的核心。在该模式的整体发展策略中,前期将以线上宣传营销手段为主,线下为辅,通过线上宣传提升品牌知名度,为平台化运营奠定用户基础;通过租赁业务渗透各行各业,建立社会化画廊,通过各种渠道营销,逐渐过渡到线上线下相结合的平台化运营模式。

艺沃商业模式的主要特点是多种模式组合,相互促进,即以"关注"艺术家价值构建(自媒体矩阵)为主,可以在"市场寒冬"为艺术家提供"飞升"的机会,并能够以相对低廉的价格获得艺术品,以"体验"低价租赁方式切入,通过良好的客户体验带动后续的艺术品、私人定制、艺术金融等产品的销售;反过来,良好的销售带来的品牌知名度又可以进一步促进租赁业务的长远发展。

(四)引流与持续发展

通过"不烧钱"的方式开拓市场:在自媒体矩阵建设中,充分发挥独立设计师和艺术家等相关资源的"势能"——即艺术市场的宣传和引流能力。同时,艺术品租赁业务本身也有一定的利润空间,在建立平台的过程中,几乎不需要专门"烧钱"来培养市场。

艺沃还依托已有的"鉴证""确权""估价"业务,建立中国艺术经济研究院艺术市场AI实验室、中国艺术品质量溯源数据中心技术平台,以获得技术基石。

传统模式和互联网模式的融合:基于平台化运营的互联网模式需要一定的市场规模和品牌知名度。在业务发展初期,艺沃采取以互联网内容营销为主、传统营销为辅的手段,快速占领市场(建立"社会化画廊")和提升品牌知名度,然后逐渐转变成以平台化运营为主、线上线下营销为特色的模式。

在引流上，艺沃采用了以下的内容引流模式：

1. 借力学术风向

一是艺术体验、艺术生活化、大众艺术消费——价值导向；二是"艺术+科技+生活"——趋势。

2. 打造精品案例

在产品选择上，以市场为导向，基于IP进行泛文化、泛艺术的延伸，打造消费者喜欢、市场买单的产品，而不刻意打上某类艺术的烙印（比如，女性佩戴的砗磲或黄花梨挂件、非遗的琉璃、手工女包等基于传统手艺，却又时尚化的手工饰品）。产品从源头到包装、运输，均大力控制成本，以物美价廉为优势。通过艺沃这个平台，让艺术家及藏家群体更高效便捷地对原创艺术精品进行传播和营销。通过产品，特别是通过打造爆款精品，吸引市场的关注。

3. 紧抓宣传推广

第一，通过学术推广平台进行宣传推广；第二，通过爆款产品"吸粉"；第三，通过地推模式吸粉（如纸巾机、按摩椅、饮水机）；第四，通过媒体进行宣传推广；第五，通过网红直播吸粉（网红的选择很重要，网红的粉丝群体与产品及平台的格调应保持同频）；第六，整合发起人的营销合力，实现裂变营销。

通过对艺沃案例进行研究，我们认为，艺沃在艺术消费领域的探索有几点意义：首先，就像瑞幸让咖啡从小资饮品变成大众消费品一样，艺沃做的事情从本质上来说就是让昔日"高高在上"的艺术品变成大众消费品，甚至让艺术品成为日常生活方式的一部分。其次，相比传统的艺术品产业链条和以传统艺术商业模式为基础的其他艺术品互联网平台，艺沃与它们最大的区别在于其不仅仅满足了买方和卖方的利益，也让其他大众参与者分享经由模式裂变带来的利益，这一理论和"让互联网的发展惠及更多的民众"的理念不谋而合。最后，艺沃这种让全链条都共享收益的模式打破了艺术品交易行业几千年来存在的零和博弈局面，从侧面来看也提升了参与者的黏性和活跃性，自然保障了艺沃未来的发展空间。

四、延伸阅读：艺沃——5G时代社群经济与艺术品电商的未来

参阅王新、余思柠、林奥杰撰写的《艺沃，5G时代社群经济与艺术品电商的未来》一文，发表于中国经济出版社2019年出版的《中国艺术金融评论（第一辑）》一书（西沐主编）。

第十六章 互联网背景下文化产业创新模式案例研究

> 在互联网背景下,文化产业的发展面临模式的创新发展新课题。特别是基于互联网机制,在数字化背景下,不同的业态应如何应对大数据、人工智能、区块链等新技术融合与新消费发展的趋势,进行新的创新发展?在这种融合与趋势的推动下,不同业态的商业模式创新会不断被创造出来,构成新时期互联网背景下文化产业发展的新生态。

一、案例简介:互联网背景下文化产业创新模式

在互联网背景下,文化产业的发展面临新的发展模式的创新问题。文化产业是在经济全球化背景下产生的,其以创造力为核心,强调文化资源通过技术、创意或资产化、产业化的方式进行开发的新兴产业。文化产业主要包括广播影视、动漫、音像、传媒、视觉艺术、表演艺术、工艺与设计、雕塑、环境艺术、广告装潢、服装设计、软件和计算机服务等。近几年来,文化艺术市场蓬勃发展,公共展演场地建设加快,文化创意产业的发展备受重视。

党的十九大报告提出,应"健全现代文化产业体系和市场体系,创新生产经营机制,完善文化经济政策,培育新型文化业态。"这为我们在新时代发展文化产业提供了重要方向指引。有学者认为,从我国文化产业自身的发展阶段来看,第一阶段主要倚重当地特色资源开发,第二阶段主要表现为在文化体制改革浪潮中大批转企改制的影视、出版行业翘楚脱颖而出,第三阶段则是以创意经济为主的时期,更加注重文化与科技的融合,创意创新所发挥的作用是文化产业升级换代的方向。特别是在互联网背景下,大数据、人工智能的融合发展给文化产业的创新发展提供了更多可能。

随着互联网基础设施化的发展,文化产业的发展高度依赖文化的创新意识,对文化创造力和创造型人才有更迫切的需求,因此,如果想改变我们国家的文化创意产业现状,就要解放人的创造力。特别是在互联网背景下,应努力营造鼓励创新的宽松的社会环境,鼓励文化生活的多元化,国家应出台一系列相关的配套政策奖励优秀的文化创意产品。文化产业创新模式有两个取向:一是积极推动业态创新发展,特别是推动与科技、金融、旅游的融合创新;二是文化产业创新业态基础上的跨界融合与业态的再生发再发展,推动"文化+"多元产业模式,文化正在更加真切地影响和改变着当代社会生活。在具体的案例研究过程中,应特别注意以下几个重要问题:

(1)考察互联网背景下文化产业创新发展的历史沿革与状态。

(2)系统探讨互联网背景下文化产业模式的把握方式、创新方向及多样性路径。

(3)互联网背景下文化产业创新模式的内在规律。

(4)互联网背景下文化产业创新模式发展的问题与态势。

二、案例描述：互联网背景下中国文化产业发展的商业创新模式

```
(一) 中国文化产业发展的一些基本共识
    1. 中国文化产业发展的基本战略共识
    2. 中国文化产业发展的特征源于文化资源的特性
    3. 中国文化产业发展的基本认识
    4. 对中国文化产业发展状况的评判
(二) 中国文化产业发展的前沿问题
    1. 文化产业与文化产品的理论认知问题
    2. 文化资源的资产化、产权化、金融化及证券化（大众化）的问题
    3. 新科技融合发展与文化产业融合问题
    4. 文化金融发展态势及其取向问题
    5. "平台化+互联网"的融合及其意义问题
    6. 内容生产与内容产业的泛娱乐化趋向问题
    7. 互联网基础设施与产业支撑体系的培育建构问题
    8. 产业链重塑与民族化、国际化的问题
    9. 小微文化金融与"双创"问题
    10. 新常态下文化财政、政策导向与资源配置机制问题
```

```
(三) 中国文化产业发展的热点领域
    1. "互联网+"
    2. "文化+"
    3. "金融+"
    4. "+IP"
    5. "+国际化"
(四) 中国文化产业发展中热点领域的模式分析
    1. 互联网+传统文化
    2. 文化+科技+旅游
    3. 文化+平台+互联网
    4. 金融+产业链生态
    5. 金融+艺术品资产化
    6. 互联网+文化+IP
    7. 互联网+文化+国际化
```

三、案例研究：中国文化产业发展前沿与热点中的创新模式分析[①]

关于我国文化产业的发展问题，无论是从战略、态势还是前沿发展等众多方面，相关研究不少，也出现了众多不同层面的讨论。可以说，这些研究与意见对于提升人们对文化产业发展的了解，进一步确立文化产业在我国经济社会中的战略地位，都具有非常重要的作用。但与此同时，文化产业还是一个新的业态，还未形成现成的理论与经验，每走一步，都需要去学习、去创新、去探索。同时，有一些带有倾向性的认识或是实践是在对文化产业发展的内在规律认识不清、把握不准的情况下做出的，由此也导致了一些认识上的偏差甚或误导，需要进一步厘清、纠偏，推动进行更深入的研究。

（一）中国文化产业发展的一些基本共识

我国文化产业经过十多年的发展，在前沿研究与前沿实践的进展、争论与碰撞过程中，不断形成

---

① 根据西沐2015年11月16日在重庆市委宣传部与澳门特别行政区政府社会文化司主办的中国重庆文化产业高级人才研修班上的授课讲稿整理。

与积淀出一些基本的战略共识，同时，也产生了新的发展机遇。

1. 中国文化产业发展的基本战略共识

关于新常态下发展文化产业的基本战略共识问题，可以用七句话来概括，即"两个结论，五大背景，两个转型，两大推动力，一个牵引力，三大落地板块及一个战略升级"。下面分别阐述：

（1）两个结论。中国经济持续几十年的高速增长，可以用两句话来总结：一是促成了全球经济与政治格局的根本改变；二是取得这样的成就，我们也付出了巨大的代价，在要素投入、成本到资源控制效率等许多方面已经达到了必须要改变的极限。

（2）五大背景。把文化产业的发展当作一个国家战略提出来，其中有五个大的背景：一是从我国人均GDP来看，目前已经到了消费结构快速转型的时期。其中，文化消费的迅速崛起是非常重要的象征。二是我们需要积极实现新的经济与社会的发展问题，因为不合理的投资结构与产业结构已经造成我国生产能力大量闲置、生产产品大量剩余，我们必须重视并且尽快改变这种状况。三是我国经济进入了新常态。四是"一带一路"倡议及国际化进程带来的战略挑战与机遇。五是在"互联网+文化+金融"这一大趋势的推动下，文化及其产业发展的融合能力在迅速提升。

（3）两个转型：一是发展方式必须转变；二是必须寻找新的发展领域和新的发展资源。针对新的发展方式，大家讨论比较多，在此重点谈一下新的发展领域和新的发展资源的问题。新的发展领域对我们来说是一个非常重要的问题，在寻找新的发展领域方面，互联网是重要的发展领域，文化艺术产业也是一个新的发展领域。在新的发展资源方面，文化艺术资源是一种非常重要的资源。

（4）两大推动力：一是科技进步，特别是基于通信技术、互联网技术及信息管理与处理技术融合对文化艺术资源的整合作用；二是金融推动，特别是文化艺术金融产业的发展对文化艺术资源的聚合作用。

（5）一个牵引力：指文化消费能力的增长。在这一进程中，科技进步是基础，内容是关键，金融推动是牛鼻子，也是重中之重；也就是说，资源是根本，创意是灵魂，文化与科技、文化与金融的融合是其发展的战略方向，而发展文化消费及其能力是核心。

（6）三大落地板块：一是以版权为中心的产业创新业态和发展；二是艺术品产业；三是"文化+旅游"。这涉及三个重要的战略指向：一是文化与科技的融合；二是文化与金融的融合；三是文化与消费的融合（特别是文化与旅游的融合）。其中，前两个是文化产业发展的内生战略，第三个是文化产业消费（尤其是文化旅游）发展的战略趋向。

（7）一个战略升级："十三五"时期，我国文化产业已进入3.0时代，今后将以"互联网+""文化+"为依托，注重新科技融合带来的文化产业与其他产业融合发展，提高相关产业的文化附加值。

2. 中国文化产业发展的特征源于文化资源的特性

为什么我们选择的是文化产业和文化艺术资源呢？其中一个最主要的原因是，我国有五千多年的历史，文化资源量多面广，储藏丰富。第二个前提是由文化资源本身的特性（即复用性、增值性、再生性、环境友好性）决定的。所以，文化资源的开发利用与传统意义上基于物理性的资源开发与利用不同：越开发越多；越经过系统发展，价值越高；越深度开发，价值就越大。同时，这种开发不仅不会造成环境问题，还会使环境更具亲和力和友好性，这是文化资源与传统资源相比的一个极为重要的区别。第三个前提是文化资源的融合能力强，这不仅表现在文化资源新业态的不断生发，更重要的是它对其他产业业态（特别是传统产业）的融合能力强。这三个方面也可以说是文化产业与文化资源作为新时期经济转型重要选择的必备前提。

3. 中国文化产业发展的基本认识

一个核心，即围绕发掘文化最终消费这一核

心；一条主线，即文化资源资产化、金融化、产业化、大众化这一主线；两条战略路径，即沿着文化与科技融合、文化与金融融合的战略路径前进；一个基本融合，即强调国家战略、政策同市场机制、互联网机制的作用相融合；一个基本目标，即达成满足社会多样化、多层次、多目标的文化消费需求。其中，核心是建立市场主导的资源配置机制，即重视文化产业要素市场与资本市场的培育与建设、文化资源价值平台的构建以及文化金融产业链条的培育与建构。

在这种融合机制下，在传统文化及其新业态的生发过程中，我们摸索出了一个基本的发展架构，可以用以下五句话来概括：

（1）文化产业的发展必须紧密依靠科技进步，必须大力发展传统文化及其产业技术，特别是面对通信技术、互联网技术、信息处理与管理技术融合，以及大数据、云服务与移动终端的进步所可能带来的、因为传统文化及其产业技术跃升而产生的新产业、新业态的创新发展。

（2）文化产业必须发展与金融业融合发展的业态，大力发展传统文化产业金融，不断推进传统文化资源资产化、金融化发展的进程、水平与能力。

（3）文化产业的发展必须做实产业基础，必须做牢产业支撑与服务体系。没有稳定的市场体系与产业主体，没有传统文化及其产业赖以生存与发展的政策、人才等产业支撑服务体系，传统文化及其产业的发展就会停留于口号中。

（4）文化产业发展的前提是需求导向，核心是培育、挖掘与满足消费需求，培育与发展传统的消费能力。

（5）文化产业的发展必须要有文化立场，要从两头整合资源，汲取力量：一是向传统文化回溯，特别是向民间艺术学习；二是要面向世界，要有国际化的视野。

有一点我们应明白，那就是虽然西方发达国家的文化及其产业发展到今天取得了很大的成功，但它不一定是我们的明天；同样，在今天，如果要走向文化复古，也一定是行不通的死路。

4. 对中国文化产业发展状况的评判

虽然文化产业包含的内容面非常广、量非常大，我们对文化产业的发展也谈了很多，但是目前能够很好地落地、实现产业化产生效益的，主要就是上面已经论述的三个大的板块。

在已有的产业实践中，人们似乎发现：文化产业落地难，见效益难，风险大。要进一步发展，就必须要在深入认知文化产业发展规律的基础上进行创新，打破已有的发展定势。特别是要改变过分强调文化产业的特质而将其独立于大产业发展格局与经济发展之外、不重视产业的跨界融合的情况，让文化产业在全球产业链重组过程中面向并融入全球经济与产业发展，避免形成比较封闭、自我发展的产业格局。文化产业的发展必须要由产业内小循环向经济大循环转变。

（二）中国文化产业发展的前沿问题

1. 文化产业与文化产品的理论认知问题

（1）文化产业发展不是文化建设的全部。概括地讲，文化的建设至少包含四个层面：一是文化精神的培育，培育一个区域、一个国家、一个民族的文化精神是文化发展的最高境界。二是发展文化事业是文化社会化、大众化的重要保证。我们要让后代知道我们有什么样的文化，要教育后代，让所有的人都能享受到这种权益。如果文化只是上流社会的玩物，那么所谓的文化就失去其本来的意义了。三是发展文化产业，关键是文化资源的资产化、产权化、产业化。没有产业化，何来文化产业的壮大与发展？没有产业化，发展文化就得不到很好的支撑与保证。四是优化文化环境，因为如果没有一个好的文化环境，就无法实现文化的大发展与大繁荣。可见，文化产业的发展只是文化建设的一个层面。

（2）在发展文化产业的过程中，一方面，我们需要关注文化产业对文化发展过程的冲击作用；另一方面，我们更应关注与研究文化产业对文化发展的培育机制与功能问题。我们千万不能因为在文化产业发展过程中出现了一些严重的问题与不和谐，就急忙地否定文化产业与文化资源产业化的必要性与作用。因为市场机制也是发展与培育文化精神的一个重要方面，不要因为我们不熟悉、难把握而轻易地去否定与排斥。

（3）文化产品是产业过程中的产品，不只是精神产品，需要创新管理方式与评价方式。文化产品是既有意识形态属性又有商品属性的"双重属性"产品。对于一个成功的文化产品，市场成功是基础，因为文化产品的消费过程同时也是文化价值传播的过程。所以说，在对文化产品的监管过程中，要更多地强调依法合规，更加突出市场机制的引导作用。

文化产业在全球范围内都是一个新兴的业态，需要持续探索创新。在我国，情况就更为复杂，难度就更大，最主要的原因无非两个：一是我们的产业体系及其支撑体系的发育、发展还不完善；二是我们的要素市场与资本市场发育比较初级。这一双重的困境决定了我国文化产业发展必然要走自己特色的路子，这就需要更多的创新、更为复杂的探索。而要达成这一目标，学习、借鉴无疑是极为重要的，但更为重要的是强化独立的前沿理论研究，在前沿实践中不断探索，在研究与探索过程中不断总结并将其上升为一般理论、模式与政策，以服务于更为广泛、更为复杂的产业发展。

2. 文化资源的资产化、产权化、金融化及证券化（大众化）的问题

推进以资源的整合、挖掘与价值发现、价值实现为主线的文化资源的资产化、产权化、金融化及证券化（大众化）的过程，其突破口就是基于互联网机制及其平台积极建构以传统文化资源资产化、金融化发展为特征的平台化体系，进一步对接金融及产业支撑体系，整合资本市场的资源，为市场提供多元化、多样化的产品与服务，来满足互联网条件下越来越不同的个性化需求。

3. 新科技融合发展与文化产业融合问题

这个问题包括四个方面。一是新技术的融合发展，主要是指互联网技术、通信技术以及信息处理与管理技术的融合发展。二是大数据技术、云服务与人工智能技术的前沿发展。三是借助大数据技术、云服务及移动化技术与终端，建构新的更加开放的文化创意融合产业生态（特别是移动互联网终端的发展为新科技与文化产业的融合提出了更多的可能性）。四是随着互联网基础设施化，大数据技术、人工智能技术等会给文化产业发展带来更多机会与可能。未来的五年正是"互联网+"转变为经济新常态的关键性时期，互联网的基础性作用将得到前所未有的提升，云存储、大数据应用、云计算与产业结合、可穿戴移动设备、物联网将成为未来中国经济能否成为世界第一大经济体的关键助推器。

4. 文化金融发展态势及其取向问题

文化金融及其产业最为核心的方面有两个：一是文化资源资产化、金融化工作中产生的金融产品与服务；二是围绕文化价值链发现而产生的文化产业链金融服务。由此可见，文化金融的核心是文化资源的资产化、金融化，是文化价值建构与发现的新手段与平台。

现在有一个误区，那就是很多人不去谈文化资源的资产化、金融化这一核心，而仅仅强调金融机构为文化产业及其企业提供金融服务，认为这就是文化金融。我们强调，文化金融及其产业发展需要关注三个维度：资源资产化、资本市场与要素市场、业态。其中，资本市场与要素市场是基础，资源资产化是核心、是根本，业态发展是重点、是载体。我们今天看到最多的是上市、股权投资、兼并等资本市场的行为，这一发展非常重要，是文化金融及其产业发展的基础，但这不能代表文化金融及其产业发展的全部，因为如果文化资本市场失去了为资源资产化发展、为文化资源进行价值发现的内在动力，就不可能实现良性与持续发展。为文化企业提供资本性、生产性的金融服务无疑是应该支持的，因为这可以暂时改变文化企业（特别是小微文化企业）融资难的眼前问题，但改变不了根本

问题。这一点已经在实践中得到证明：不发掘文化企业核心文化资源的价值并形成资产化、金融化机制，就无法从根本上解决文化产业发展过程中的投融资问题，更不可长久持续发展。

5."平台化+互联网"的融合及其意义问题

要积极推动艺术品及其资源资产化、金融化的平台建设。首先，通过艺术品资产化、金融化，完成使资源优势转化成产业优势的核心任务，就要在平台化建设上花力气、下功夫，把艺术品及其资源资产化、金融化的平台建设好、运营好。其次，平台化是当下的重要选择。除了平台化，没有别的路径可以让资源、资产金融化。对于很多文化艺术资源，我们连其当前的生存状态都不清楚，必须经由平台化的信用管理和风险控制才能使其有效地与金融体系和战略体系相对接，所以，平台化这个工作是我们不能绕过去的。西方发达国家有非常发达的资本市场，它的一些资源的资产化、金融化是自然而然的结果。最后，要用现代化治理的理念与结构来推进平台化的建设，不能用原来的老办法（成立国有公司），而应该采用现代化的治理结构和市场化机制来推进平台化的建设。

以平台化建设为纽带，以"互联网+"为抓手，积极培育文化产业生态体系。有了平台的要素市场以后，还要建立生态体系，只有这样，才能够逐步形成并建构文化产业生态。

培育文化产业生态体系主要包括六个方面：第一，必须要有金融体系，要引进证券、银行、信托、保险、基金等体系。第二，必须要有产业支撑体系，比如确权、评估、物流、集保，这对于艺术品资产化、平台化是非常重要的。第三，必须通过有效的办法聚合资本及其载体，比如形成艺术金融孵化基地，吸引更多的全国性甚至世界性基金管理机构和投资机构来参与艺术金融中心的建设。第四，必须要有"平台+互联网"的融合机制，这种机制会产生一大批新的业态。五是必须发展资讯体系，涵盖估值、指数、信息发布、咨询报告等重要内容，以获得话语权和定价权。

六是必须要有政策保障体系，在重点领域、区域配套相应的政策，并在财政方面提供支撑保证。

围绕不同艺术产业形成的价值链以及以此为基础的产业链而形成金融创新，可以使艺术金融业态的产业功能不断得到强化。目前比较成功的有四种模式：一是围绕艺术品及其资源的产业链而形成的产业链金融（比如，围绕寿山石的开采、加工、流通、保管等建立全产业链的金融服务，发展产业链金融。在这方面，中国民生银行的一些探索可圈可点）。二是围绕艺术品及其资源资产化、金融化而形成的全产业服务链，并以此为中心形成为其服务的金融服务体系（潍坊银行正在努力推动这一模式的发展，除了做艺术品的质押融资和消费信贷以外，该行还积极发展艺术品集保、艺术品策展、艺术品综合服务、艺术家的推介、包装等）。三是在一个平台上聚集所有的服务手段，为解决中小文化艺术企业融资难而发展综合化的集中服务（在这个领域，南京文化金融服务中心的探索可予以关注）。四是围绕艺术品资产化、金融化发展艺术金融生产，建立金融生态圈，推动整个艺术品产业的发展（在这个领域，陕文投集团的相关实践值得关注）。

6.内容生产与内容产业的泛娱乐化趋向问题

内容产业是文化产业发展的核心产业。内容产业的发展经历了传统生产、数字化、平台化等几个过程，而当下的泛娱乐化正在成为一种趋势。特别是随着互联网（尤其是移动互联网）的普及，"泛娱乐"正在成为互联网产业发展的趋势，互联网产业泛娱乐化的逐步推进已经使得人们在文学、影视、音乐等文化艺术的创作和收益上开始拥有了更平等、更充分、更立体的空间。随着更多企业的加入，"泛娱乐"也正在从一个企业战略向一种新的产业趋势发展。

近年来，"泛娱乐"已成为中国互联网产业的一个关键词。在腾讯于2012年首次系统性发布"泛娱乐"战略之后，百度、阿里巴巴等互联网行业巨头也开始全面进军影视、文学等传统文化领域，围绕"泛娱乐"谋划文化娱乐产业布局。在腾讯互娱

2015年度的发布会上,关于"泛娱乐"的布局得到进一步明确,腾讯互动娱乐事业群旗下的游戏、动漫、文学、影视四大业务平台首次集体亮相,以明星IP为共同主线的多个跨界融合的"泛娱乐"产品进入大众视线。

"泛娱乐"思维或将重塑人的生活方式。互联网产业泛娱乐的网状布局、深度融合和超强的粉丝黏合度令其日益受到重视,内容产业泛娱乐化及相关产业有着广泛的用户基础。服务消费的主体是用户,而泛娱乐产业则以网民为主体。从用户规模来看,"十二五"期间,由于移动互联网的兴起和快速发展,各大互联网企业的用户规模出现爆发性增长,坐拥数亿用户的互联网企业迅速增加。可以说,我国已经培养出一个对互联网认知深刻、消费能力不断增强、规模非常庞大的泛娱乐用户群体。

7. 互联网基础设施与产业体系的培育建构问题

当前,文化产业正在进行新一轮的产业链重塑与再造,具体有以下四条主线:第一,以专业创意与设计国际化为契机,发力产业链的重构,正在形成新的业态与产业内在结构调整的机会;第二,全球创意与设计服务市场在"平台化+互联网"架构的融合过程中,正在迎来艺术衍生品产业发展与服务的新模式与新机遇;第三,在创意、设计、生产、产品、品牌及消费等文化产业市场热点不断多元化、区域化的过程中,社会与产业分工更为精细、专业,在全球范围内配置资源的基础与能力正在形成,围绕授权、创设、生产、流通等环节正在形成不同的独立新业态,这为我们提供了更多的产业发展机会;第四,以新的技术与传媒为基础的全球产业融合(特别是产业的文化化、艺术化)的趋势,给现有的产业(特别是传统的制造业)带来了转型与新业态再造的机会。

8. 产业链重塑与民族化、国际化的问题

推动产业融合创新新业态的发展以及产业链的完善与全球化整合,就是依托产业链的重塑,在全球范围内配置与整合资源。

文化产业发展的民族化及国际化问题,说到底,其核心还是本土化与国际化的问题。为此,应聚合资本、人才的优势,通过市场机制,使产业链发展融入文化传播发展的体系,改"送出去"为"卖出去",进而按照国际分工,沿产业链把资源整合出去、配置出去。

在产业链重塑与民族化及国际化过程中,人才与教育体系问题是核心。人才缺乏的问题,表面上看是缺少与文化产业发展相适应的高端跨界人才,看上去是人的问题,其实质却是快速发展与融合的文化产业的人才需求与我国现行的人才培育体系之间出现了扭曲,即现有的教育体系无法适应快速发展的文化产业对人才的需求,这是一个核心问题。

9. 小微文化金融与"双创"问题

我国文化金融的发展是从金融支持文化产业的视角展开的。一开始,由于金融体系已有的惯性,一般是从关注大企业(起码是规模以上企业)、大项目入手的。在文化产业发展过程中,大量的小微文化企业与小微文化项目是一个基本的常态。面对这种情况,文化金融该如何发展的确是一个理论与实践的难题。因为越来越多的人发现,小微文化企业与项目、小微文化金融可能才是文化产业发展的基本状态,也是其存在与发展的价值基础。但是,要解决这个难题,我们至少有以下困境:一是面对如此专业与庞大的小微文化企业与项目的社会需求,还没有建构相应的风控体系与手段;二是金融体系在发展小微文化金融的过程中,还没有找到切实可行的机制与路径;三是小微文化企业与项目本身的能力与处境还无法达到现有金融体系介入支持的基本条件,如资产的轻质化问题、经营的规范性问题等。

随着"互联网+"与"文化+"的不断深入与普及,文化金融在发展过程中的困境正在被破解。特别是在"互联网+"与"文化+"的深度融合发展中,小微文化企业的征信体系不断发展与成熟,资源资产化支撑体系不断完善,大数据、云计算及移动终端快速发展,在多元、多样需求的引导下,小微文化企业的业态不断丰富与完善,小微文化金融发展的条件不断成熟。特别是在国家创新创业这一"双创"工程政策的指引下，小微企业特别是小微文化企业的发展备受关注，其发展的环境及政策支撑力度会不断得到优化与强化。可以说，由于小微文化产业发展格局与背景发生了迅速变化，小微文化金融正在迎来一轮新的突破和新的发展机遇。

10. 新常态下文化财政、政策导向与资源配置机制问题

要积极推动相关政策的出台，并与"市场+互联网"的融合机制形成合力。

一方面，新常态下资源配置机制的取向问题。首先是政府引导，要发挥文化财政的作用。但文化财政不能乱作为，前提是有战略、有规划，就是要在掌握发展规律的基础上将顶层设计前置。其次是要发挥市场机制在资源配置过程中的主导作用。再次是要发挥"互联网+"的作用，特别是在资源配置中的作用。最后是要发挥"市场+互联网"的融合机制的作用。

另一方面，文化财政与政策的取向问题。政策导向与文化发展导向的效应正在显现，特别是国务院及有关部门密集出台了有关文化产业的政策，包括设计服务、特色文化产业、文化金融融合等方面的政策。其中，受益最大的可以说就是文化产业，其发展的战略性正在被更多的有识之士所认知；另外，文化消费的品质正在不断提升，个性化、品质化的文化消费需求既暗合了国家对文化品位提升的要求，更为文化产业的发展释放出了更大的需求，也同时为中国文化产业的发展提出了更高的要求。

（三）中国文化产业发展的热点领域

1. "互联网+"

中国互联网经济在"十二五"期间发展之迅猛令世界瞠目结舌：2010年，中国的iGDP指数（互联网相关产业占GDP的比重）仅为3.3%，落后于大多数发达国家，到了2013年，中国的iGDP指数已经升至4.4%，达到全球领先国家的水平，2014年已然成为世界第一。"互联网+"是一种机制与平台架构，它对传统文化的影响有三点需要重点关注：一是互联网经济发展迅速，其规模与影响提升较快，在现有的经济结构中占有的份额快速提升，这是基础；二是互联网正在快速、有力地改变着现有产业经济的发展业态与发展趋势，并催生出大量的新生业态，可以说互联网已经成为新产业经济发展的一个基础，这是根本；三是互联网是一种机制，它在改变人们的生活及生存方式的同时，正在成为社会经济资源配置的一种重要机制，而这种机制的存在又决定了互联网对社会经济发展的更为深刻的变化，这是关键。

在"互联网+"的发展中，文化产业链变革已经开始。互联网早已渗入了文化产业领域，如网络文学、游戏、视频、微电影等。而"互联网+"概念提出之后，更是给各行各业指明了方向：BAT这些互联网企业大举进军文化产业，阿里影业、腾讯文学、腾讯影业、爱奇艺影业相继出现；游戏、旅游等各种文化企业、部门也凭借各自的资源、技术优势多元布局文化产业。

2. "文化+"

在理解"文化+"的时候，对其给传统文化发展带来的影响，应关注以下四个方面：一是文化资源与文化产业的发展已经成为现代经济发展的重要组成部分，并且是最活跃、最具竞争力的组成部分。二是文化资源、文化创意及文化产业是目前我们看到的最具融合能力的产业要素，它不仅融合产生新的业态，更为重要的是，它与传统产业发展融合的潜力巨大，产业整合能力较强。三是文化因素已越来越成为各种消费的重要组成部分，甚至可以说它正在引领新一轮消费转型的到来。同时，文化消费也已经成为文化传播的主要路径与组成部分。四是"文化+"让文化的多元化、多极化的生态化生存问题上升为一个产业问题。从内容生产、产业组织与体系、传播与消费等方面来看，产业发展的拉动已成为重要动力之一。

通过以上对"互联网+"与"文化+"的内涵分析可以看出，它们的存在都是以互联网经济与文化产业的迅速发展为基础，强调"互联网+"与"文

化+"首先是一种机制，其次是一种平台架构，利用平台机制整合资源，跨界融合，生发新的业态，迅速提升产业的整合与发展能力。

3."金融+"

金融业是社会经济发展的核心领域，纵观近年来国内学者的相关研究成果，很多致力于金融业与文化产业的融合发展和相互促进，以帮助文化产业实现跨越式的发展。金融业与文化产业通过产业理论相融合，构建并发展成为完善的文化金融产业，最终推动我国文化产业的快速发展。文化产业的发展离不开金融业的支持，文化资本市场的发展和发育是文化产业不断走向现代产业形态的重要推动力；文化金融产业的发展与发育是关系到我国文化资本市场形成、发育与壮大的战略课题。"金融+"推动文化资源资产化、金融化进程，为文化产业的发展注入活力；"金融+"生发新的产业业态，特别是互联网文化金融及其产业的发展；"金融+"催生产业链金融及其消费链金融，不断提升文化产业发展的质量与产业规模；"金融+"推进产业跨界与产业链重组，推动文化产业在全球平台上配置资源。

4."+IP"

相比于常见的IP1.0（文本）以及IP2.0（影视、游戏），目前国内并没有一个典型的线下体验式娱乐机构在泛娱乐产业中发掘动漫、影视行业的市场潜力。我们正在进入IP3.0（图16-1）时代，即基于互联网商业模式，以IP为驱动，打通游戏、影视、动漫及衍生品各个行业。国内动漫产业处于发展初期，作者和观众不断增加，自创动漫占比不断提高，并涌现出一批打通动漫创作、营销、影视衍生品变现的公司。目前国内的电影院线渗透率不足50%，尚有很多四五线城市没有影院，未来将维持快速增长，看好具有能够全面运营IP的内容制作企业。

互联网企业正在主导文化产业并购和资源整合。从游戏跨界动漫、影视等泛娱乐领域，打造更大规模、更具发展潜力的大IP产品体系。网易、腾讯、游族这些文化创意企业早已将旗下游戏产品作为载体，向全球输出中华文化，并取得了巨大的成功。

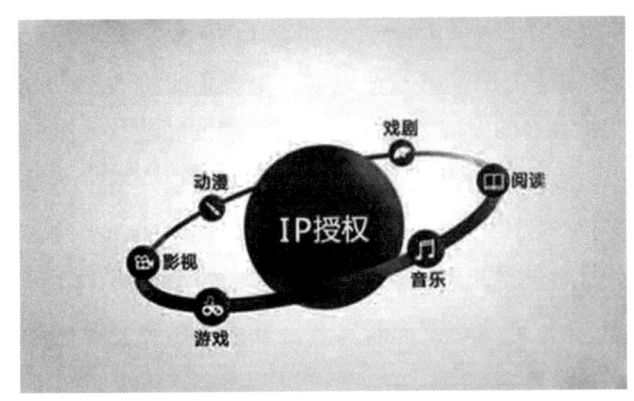

图16-1　IP3.0时代泛娱乐战略示意图

大力促进优质内容创新以及IP资源（包括影视、游戏、动漫、衍生品）的IP延伸开发。2015年以来，阿里巴巴、腾讯、游族网络等企业纷纷进军影视行业。在未来的泛娱乐产业时代，跨界融合将成为主旋律。整个泛娱乐产业的行业界限将越发模糊，区分也不再严格。但目前泛娱乐产业之间融合度还远低于其他传统行业，因此，游族试图在具备高效变现能力的游戏产业与文化氛围浓厚的影视产业之间寻找联合契机，用互联网思维让原始创意的文化生产力得到巨大的释放。

"互联网+"与游戏、动漫、影视等泛娱乐业态怎么结合，商业模式、产品形态、服务理念、产业格局怎么创新、怎么完善，将决定泛娱乐产业能否带动整个互联网经济进一步腾飞，从而助力中国未来五年抓住机遇实现"弯道超车"。全国人大常务委员会于2015年10月30日首次审议了电影产业促进法草案。其中对电影行业有不少利好：降低市场准入门槛，鼓励企业从事电影摄制等活动，监管放松具有弹性，激发行业内容创作和活力；财税、金融和用地、设立产业基金、融资信贷支持等扶持措施，激励社会资本进入；政策降低市场准入门槛将激活行业创作活力，值得期待。

5."+国际化"

文化要素配置要国际化。重视文化产业业态，特别是创新业态国际化，适应产业链重塑进程国际化。一个产业如果不能融入全球产业体系，不仅不能提升全球竞争力，甚至会导致文化创新能力的退化。

产出要与我国文化产业在国民经济中的地位相匹配。

文化产业发展要应对经济全球化趋势。大力推动文化贸易也会推动"一带一路"建设，但我国文化产业发展还不足以应对经济全球化趋势。要成为支柱性产业，我国文化产业还要融入全球文化产品生产和消费大循环中，这既是提升文化软实力的需要，也是提升全球经济地位的需要。

（四）中国文化产业发展中热点领域的模式分析

1. 互联网+传统文化

在此，我们以阿里巴巴推出的互联网基础设施+传统文化产业集群模式为例进行分析（图16-2）。

阿里巴巴集团为入驻在线产业带的企业提供运营平台、站内流量、营销和技术支持，服务商负责为入驻企业提供代运营、培训等服务，地方政府则负责政策引导、背书以及提供一定资金扶持。2014年全年，在线产业带交易额同比增长173.5%。截至2015年2月，全国已同阿里巴巴签约的产业带约有100个。大部分产业带集中在浙江、江苏、福建、广东、河南和湖北6省，占在线产业带总数的64.1%，其中浙江最高。

2. 文化+科技+旅游

在此，我们以迪士尼文化主题公园模式为例进行分析（图16-3）。

迪士尼产业价值链的盈利模式是以动漫影视为龙头，将相关业务扩展到三个主要领域，即迪士尼乐园、媒体网络、消费品业务。但其产业链模式并非单一的直线结构，各部分有一个交叉：一部动画影视剧生产的同时，相关的玩具、书刊、音乐、唱碟、纪念品和游戏等产品也被生产并推向市场，媒体网络也可能进行"轰炸式"的宣传。整个集团形成立体交叉式的产业链经营模式，从而将迪士尼动漫影视的价值最大化。迪士尼产业链最大的特点是

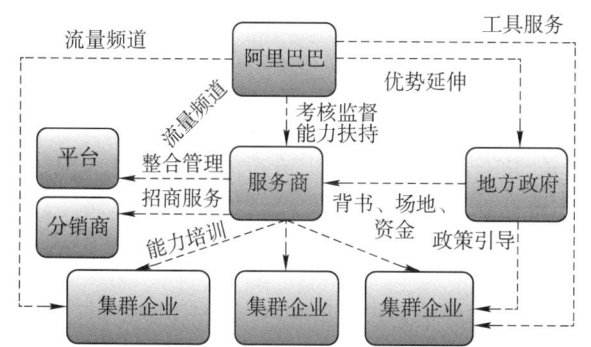

图16-2 阿里巴巴推出的"互联网基础设施+传统文化产业集群"模式

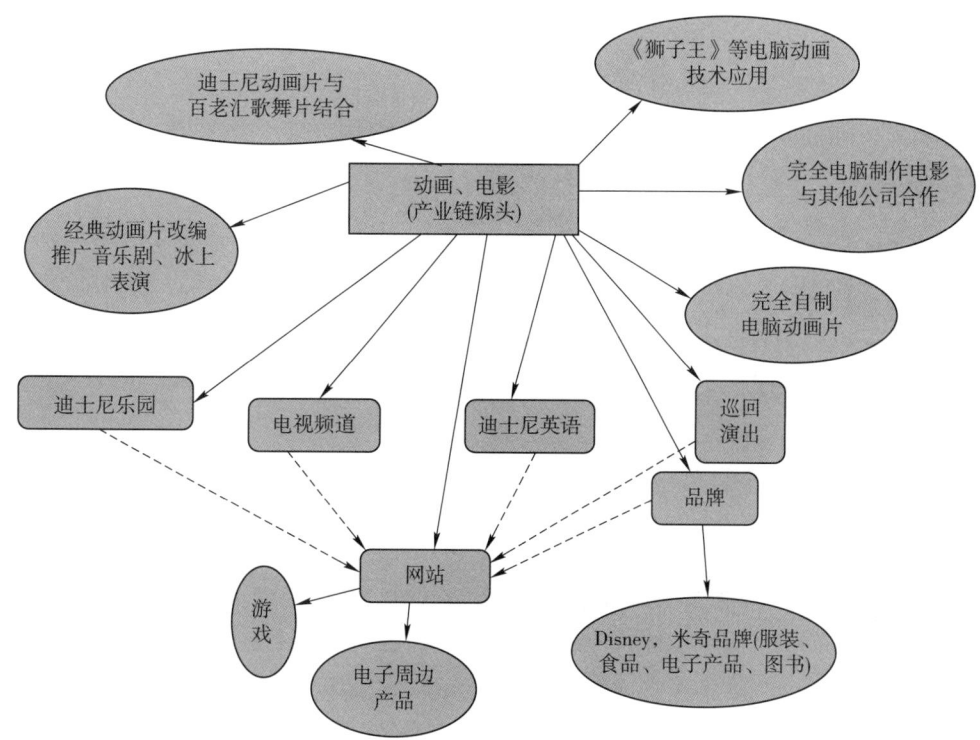

图16-3 迪士尼产业增值链

纵向延伸至多个领域，最大限度地开发其源头的创意价值，这是迪士尼盈利的关键。

3. 文化+平台+互联网

在此，我们以非遗艺术品实物集成电子化交易模式为例进行分析。这种交易模式创新价值最为突出的特点表现在五个方面：第一，非遗艺术品作为标的物，标准化程度高，单价较低，易于进行电子化交易。第二，探索了文交所发展出路的方向："平台+互联网"。同时，这也是在新的发展环境下，"互联网+"在交易模式创新之中所展示给我们的价值取向。也正是从这个视角，我们愿意积极地看待非遗艺术品电子化交易在交易模式创新过程中的意义。第三，可以将标的物的集成化交易标准化，把单个实物的一对一交易变成规模化的平台交易。第四，常态化的持续、连续交易。第五，使非遗艺术品价值发现的机制不断平台化、大众化。

至于非遗艺术品电子化交易中交易模式创新发展的背景、基本依据、合规性、合理性等问题，在不同的文章中已有阐述，限于篇幅，在此就不再展开。

4. 金融+产业链生态

正如前文所说，对于文化金融及其产业的发展，需要关注三个维度：资源资产化、资本市场与要素市场、业态。其中，资本市场与要素市场是基础，资源资产化是核心、是根本，业态的发展是重点、是载体（图16-4）。

我国文化金融产业的规模早已突破1万亿元。目前，我国资本市场体系发展的基本格局为：证券市场是最大市场，也是最具吸引力的市场；股权投资市场虽然不是最大市场，但发展潜力巨大；并购市场巨大，也是最具活力的市场；互联网文化金融市场起步快，资金聚合力强，是中国文化金融资本市场体系发展最具爆发力的市场。我国金融业态发展的基本格局为：银行业态规模最大，也是基础业态，显示了银行业创新对中国文化金融及其产业发展的重大意义；证券市场业态最具活力，是中国文化金融及其产业金融业态发展中重要的、最活跃的领域。

下面以阿里影业利用资本市场建构产业链生态圈模式为例进行分析（图16-5）。

淘宝电影自2014年全面投入运营，目前是国内最大的电影票在线销售和在线选座平台之一，同时也是电影的重要宣发渠道及电影院线服务用户的互联网工具。而娱乐宝是全球第一个也是最大的C2B影视娱乐内容投资融资平台。通过一年多的积累，

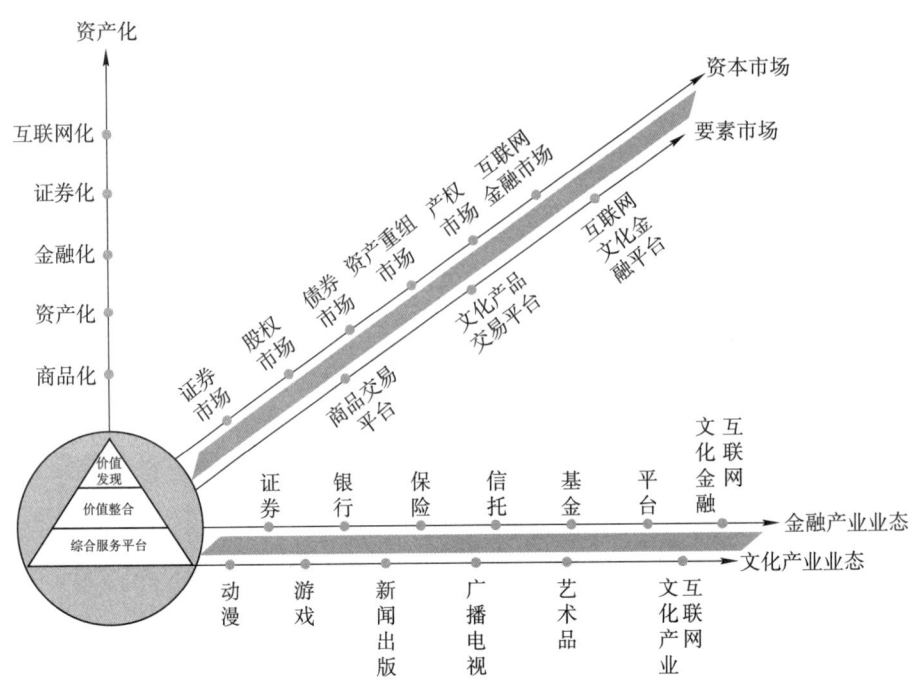

图16-4 文化金融及其产业发展的三个维度

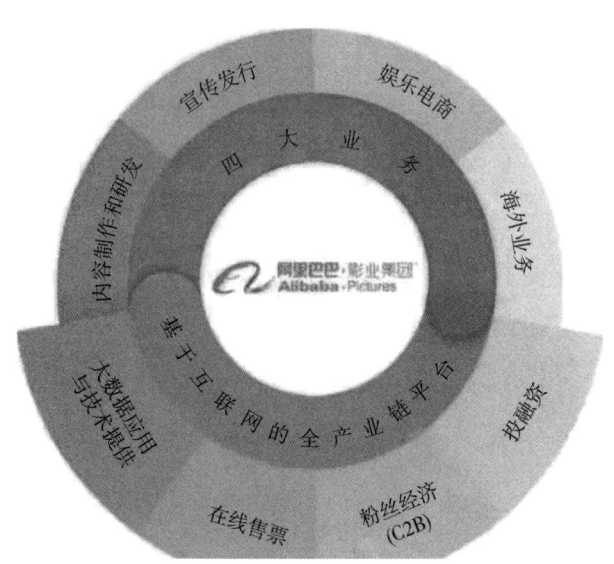

图16-5　阿里影业利用资本市场建构的产业链生态圈模式

娱乐宝已经成为国内最大的粉丝经济运营平台。经过多次业务整合，阿里影业注入了更多的互联网元素，成为国内少有的以互联网为核心驱动，拥有粉丝运营、投融资、内容生产制作、宣传发行和院线服务平台的娱乐全产业链平台。在内容制作层面，阿里影业拥有从研发、制作到商务开发的全链条生产体系；在发行层面，阿里影业拥有院线端上游平台级支撑能力，以及互联网在线售票和传统线下发行双渠道的完整通路；在投融资层面，通过娱乐宝平台，阿里影业彻底打通了从产业资本往粉丝经济互动化运营的关键环节。

互联网发展中有一句话：产品型公司值10亿美元，平台型公司值100亿美元，生态型公司值1000亿美元。2015年，一线影视公司（如华谊、光线等）市值都在50亿美元左右，它们也正处于从产品型公司到平台型公司的过渡阶段。而阿里影业的市值已经达到800亿港元左右，甚至接近光线和华谊的总和，这正是因为平台型公司的商业模式更值钱。对于阿里影业来说，成为平台型公司，服务整个影视行业只是一个起步，最终要建成一个"影视小生态"型公司，必定要进行一系列的并购，来不断加强行业性的平台化服务能力。从目前的发展趋势看，阿里巴巴是把阿里影业作为数字娱乐版图的核心在培养。值得一提的是，在注入淘宝电影和

娱乐宝之后，阿里影业账面上仍具有充沛的现金储备。阿里影业在整合淘宝电影和娱乐宝之后，势必要为了继续补强生态平台而展开其他的投资并购。

5. 金融+艺术品资产化

此处可以银行业艺术品质押融资模式为例进行分析。关于预收购人制度（预收购人、预收购人池），具体可见本书中有关章节的具体研究。

6. 互联网+IP，文化+IP

此处可以新价值链下的泛音乐产业链发展模式为例进行分析（图16-6）。

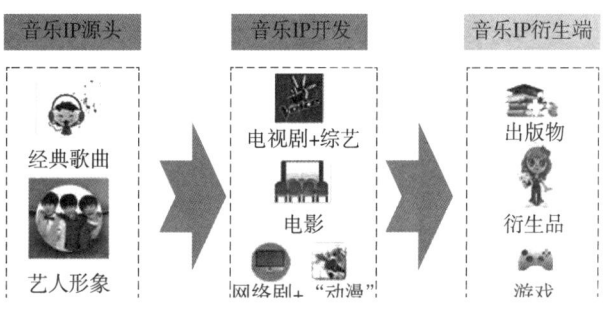

图16-6　新价值链下的泛音乐产业链发展模式

泛音乐时代的到来标志着我国音乐行业将摆脱传统的单一盈利模式，内生增长和向外拓展将使得我国音乐行业进入数字音乐、演艺产业、音乐衍生品全方位多点开花的局面。

新时代粉丝经济拥有互联网的新媒体助力。粉丝经济存在明显的"二八效应"，即20%的核心用户贡献80%的利润，因此，如何更高效地发现核心粉丝群已成为偶像成功的关键。互联网渠道更加丰富，通过微博、微信、弹幕网站等渠道，可以将偶像迅速垂直定位到核心粉丝群体，效率极高，盈利模式建立极快。

成熟的IP开发体系将助力音乐IP价值显现。音乐IP开发源头是经典音乐作品和知名艺人形象，经过开发之后可以形成电影、综艺、电视剧等产品，之后可以进一步形成出版物、周边产品、游戏等深度开发产品。在成熟的IP开发体系下，音乐IP价值"金矿"将得到充分的挖掘。

7. 互联网+国际化，文化+国际化

下面以艺术衍生品产业模式重塑为例进行

分析。

（1）艺术衍生品产业链整合模式。

艺术衍生品是以艺术授权为核心，以艺术原创或其要素为媒介，经过创意设计与加工的价值整合，形成具有一定收藏价值、可供大众收藏消费的艺术商品。艺术衍生品最为关键的是六个环节：第一是授权；第二是专业创意与设计；第三是有品质地制造与有质量地生产；第四是要整合营销与体系；第五是培育与引导消费；第六是体现文化内涵与品质的品牌。

（2）低端产业链模式。

围绕全球艺术品产业国际化的机遇，积极承接全球产业的本土化进程，迅速带动与提升我国艺术衍生品的核心竞争力。现阶段，更多地借鉴西方国家的成功模式和经验，特别是参考那些已经进入中国并完成本土化的外国艺术机构的一些成功方式和举措，将会很好地促进中国艺术衍生品行业的发展。

（3）高端产业链模式。

在艺术衍生产品开发过程中，要想创新创意设计理念、方式与方法，就要注意学习国际化大品牌在引导消费、培育消费方面的经验，包括有关行销和艺术衍生品品质，以及人才培养与使用的经验。其中，有两点非常关键：一是品牌驱动——产业链整合；二是IP驱动——跨界整合。

四、延伸阅读：中国艺术品产业需重塑发展模式①

在中国艺术品产业快速发展的过程中，中国艺术品产业发展的模式创新越来越受到人们的关注，也越来越成为艺术品产业持续发展的关键。

（一）为什么要关注艺术品产业

中国艺术品产业不仅是我国文化产业的重要组成部分，更是文化新经济发展的"酵母产业"。随着融合的不断发展和深入，中国艺术品产业在传承生发、文化事业建设、文化产业创新及文化"走出去"等方面都急需在市场机制、互联网机制与文化内在发展规律中找到契合点。特别是在新常态下，艺术资源（尤其是中国艺术品产业资源）资产化、金融化取向的重要性不断显现，中国艺术品产业及其新形态迅猛发展，市场、产业及其产业金融已受到越来越多的关注。

中国艺术品产业是文化产业的重要组成部分，也是文化产业发展过程中最具生命力与群众基础的新兴业态。中国艺术品产业的产品体系可以划分为书法艺术品、美术艺术品、工艺艺术品、民间（非遗）艺术品、古董杂项艺术品、以版权为中心的衍生艺术品、艺术品服务、顾问服务等类型。相应地，中国艺术品产业的体系构成，概括地讲也可以划分为以下几个大的类型：① 书法艺术品产业；② 美术艺术品产业；③ 工艺艺术品产业；④ 民间（非遗）艺术品产业；⑤ 古董杂项艺术品产业；⑥ 以版权为中心的衍生艺术品产业；⑦ 艺术品服务产业；⑧ 艺术品产业的支撑体系；⑨ 艺术品产业的生态体系。中国艺术品产业的规模分为三个不同的层次，即核心层、外围层与辐射层。

中国艺术品产业发展进入快车道具有强大的发展背景。一方面，中国艺术品产业的发展正在聚合各方力量。当然，中国艺术品产业的发展不是偶然的，更多的是国运与文化复兴不断推动的结果。首先，中国艺术品产业的消费能力正在不断地成长，其中，消费结构的转型是其成长的肥沃土壤；其次，巨大的消费需求正在被挖掘与唤醒；再次，文化大发展、大繁荣的政策推动效应正在显现；最后，艺术美育大众化、社会化的发展趋势正在使艺术品产业的发展成为利用市场机制来推动社会美育及艺术大众化发展的一条重要的路径。另一方面，中国艺术品产业已成为最为活跃、成长最为迅速的新业态。结合世界文化产业发展的规律与经验，从目前来看，在我国的文

---
① 2017年2月4日发表于中国经济网。

化产业中，易于落地的主要包括两大部分：一是以版权为核心的产业创意与服务，这里既包括新业态的创新发展，也包括与传统业态的跨界融合与发展；二是艺术品及其产业的创新发展。在这一部分中，随着艺术品多元化、多样化、多业态的不断创新发展，艺术品产业已经成为一个最为活跃、成长最为迅速的新业态。

（二）中国艺术品产业正在发生什么

中国艺术品产业在规模不断拓展的同时，业态发展也比较迅速。中国艺术品产业在发展过程中显现出五个趋势：一是中国艺术品产业规模发展迅速。二是中国艺术品产业规模在整个文化产业发展的过程中，占有举足轻重的地位。三是中国艺术品产业发展的联动作用表现在规模结构上就是有核心层、外围层与辐射层的分布，三头并进，相互促进，跨界融合，带动中国艺术品产业规模的快速增长。四是在中国艺术品产业规模结构中，美术艺术品产业及工艺艺术品产业是主导，达到了整个中国艺术品产业规模的60%以上；艺术品服务产业、以版权为中心的艺术衍生品产业目前的规模不是很大，但其成长发展的速度最为迅速；艺术品产业的支撑体系产业、民间（非遗）艺术品产业的规模也在迅速提升，成为中国艺术品产业发展过程中不可忽视的发展板块。五是中国艺术品产业生态正在形成。

由此可见，中国艺术品产业是当前文化产业与文化新经济发展过程中的一个亮点，总量持续快速增长，比重日益上升，在推动文化新经济发展、优化文化产业结构中发挥着越来越重要的作用，正在朝着推动文化产业成为国民经济支柱产业的方向发展。

（三）要关注艺术品产业的哪些方面

我国艺术品产业的发展，正在从认识上走出把艺术品产业等同于"项目"与"园区"论的视野，要特别注意处理好三大问题：一是控制艺术品产业园区的发展，使产业主体得到更多的关注和扶持；二是警惕对中国艺术品产业的非专业管理；三是作为具有宏观调控能力的政府力量，找准定位，分清建设与服务的关系，加强引导和扶持，同时减少直接建设和管理。重点围绕艺术品资源系统化、资源化、金融化、证券化这一主线，推进艺术品及其资源与科技融合、与金融融合的战略方向，在消费层面积极推进其与社会、生活、旅游的融合发展。应该特别关注的是：第一，艺术品的生产状态以及生产所依赖的生态，特别是生产的审美取向与价值导向正在发生新的变化，这是中国艺术品产业能够不断发展壮大的基础；第二，强调利用产业发展的理念来发展艺术品产业，而不是将艺术品产业的发展矮化为项目、园区，强调市场机制对资源配置方向与效率的作用，强调产业链在产业拓展中的作用，强调产业集聚的地位与作用，强调要素市场与资本市场的基础地位与作用等；第三，以艺术品资源化、资源系统化为基础，以资源资产化、金融化、证券化（大众化）为主线，大力发展要素市场与资本市场，推动艺术品资本市场及艺术品产业金融的发展，从而使艺术品产业在现代产业经济的基本框架下快速持续发展；第四，利用多元路径推进产业融合，特别是围绕艺术品资源进行跨界整合，融合发展，使中国艺术品产业的层次更加丰富、多元，即不仅有核心层、外围层，还有辐射层，提升艺术品产业的发展能力。

（四）中国艺术品产业发展的态势需要重塑产业发展模式

艺术产业是文化产业的重要组成部分，关于文化产业发展模式的研究不少，那为什么还要关注中国艺术品产业的发展模式？在研究过程中，我们发现，艺术品产业发展的态势需要重塑产业发展模式。

1. 问题独特

一是艺术品资产"轻"，这影响了金融资本的进入。由于缺乏科学公正的评估评价机制，金融支持艺术品产业尚未达到规模化与成熟化的发展阶段。目前，金融机构大多数还停留在"抵押为本"的运作模式上，与艺术品产业的资金需求形成了较大的缺口。二是中国艺术品产业发展规模"小"。由于中国艺术品产业发展起步晚、基础薄弱，其发展总体规模偏小，有影响力的艺术品牌及龙头企业缺乏。三是中国艺术品产业配套支持"弱"，在评估、监管、流转以及后续管理上，还缺乏规范的操作流程，缺乏艺术品产业发展的补偿机制、退出机制及激励手段，更为重要的是退出机制发育缓慢。四是中国艺术品产业主体的发育还处于萌芽阶段，力量单薄，抗风险能力差。五是中国艺术品产业人才匮乏，需求与培养失衡。六是中国艺术品产业发展相对封闭，国际化产业链的整合参与度低且低端，再加上发展布局分散，资源开发的趋同性严重，品牌意识不强，各环节孤立、断层、难成体系，产业化力度与国际化有待强化。

2. 特质明显

中国艺术品产业作为一种新的产业形态，有其独特的产业特质与内在特征。一是中国艺术品产业推崇创新和创造力，是典型的创意产业。二是垂直整合能力强（在这里，授权是核心，创意是灵魂，发力产业链是根本）。三是中国艺术品产业的发展空间和延伸领域极其广泛，它不仅包容了"以物质资本、经济资本为运转方式"的传统产业，还拓展了"以智力资本、艺术资本、社会资本为运营方式"的新产业内涵。四是中国艺术品产业所体现出的空间差异性较强，许多类型的艺术产品在偏好各异的消费中总是和特殊的地理位置联系在一起。五是中国艺术品产业与一个国家的生活品质息息相关，它会影响一个国家的生活品质形象，是知识经济时代与人民生活文化水平提高的产物。而这些产业特质与内在的特征无不是艺术品资源本身的规定性所决定的。这也是我们研究与探讨中国艺术品产业战略发展方向的基点与出发点。

3. 战略取向需要进一步明晰

（1）艺术品产业链条是基于艺术品资源的内在特征，沿着艺术品价值建构、价值发现、价值管理、价值实现、价值转移这一价值链条而形成的。目前，这一产业链条虽然发展迅速，但金融参与度低，产业水平初级，空间巨大。

（2）基于艺术品价值延伸的产业链的构建，如艺术授权与艺术衍生品产业、艺术品产业所聚合而成的艺术服务产业，除金融服务之外的艺术品集保、修复、物流、培育等服务产业，可以说是方兴未艾，发展的空间与前景已经展现在人们的眼前。而这一取向的难点是如何认知与积极参与到国际艺术品产业体系的创新与再造过程中，在国际艺术产业链重塑与再造过程中把握机遇，找准定位，摆脱产业链竞争中的低端状态。突破口就是围绕艺术授权的快速发展，在国际化语境下建立本土化的创意、生产、流通、消费的产业格局。特别是围绕价值建构，发展不同层次的全产业链服务平台的建设尤为重要。

（3）基于新的科技融合而形成的新的工艺、新的交易形式、新的产业路径及新的产业形态，艺术品产业可以说是未来最为广泛、最为活跃的新科技融合发展的领域。因为巨大的潜在需求是科技融合创新的用武之地，更是产业资本携产业科技的"逐鹿之地"，空间不言而喻。其中主要的难点是如何找到艺术与科技融合的方法与路径，特别是依托互联网技术、通信技术、信息处理与管理技术融合的基础上，形成创意、生产、流通与消费资源的新融合与新配置，提升产业水平与效率。

（五）中国艺术品产业重塑产业发展模式的战略取向

在中国艺术品产业重塑产业发展模式的战略取向的研究分析过程中，有七大取向非常值得关注：

（1）围绕特色资源的取向。最为根本的就是选择并围绕不同的特色资源，进行特色资源的系统化、资产化、产业化发展，在艺术品产业发展过程中形成差异化竞争的格局，从而基于资源的优势赢得竞争优势。

（2）"互联网+"的取向。特别是基于"平台+互联网"的艺术电商的不断兴起与发展，使艺术品产业模式的创新有了新的机制，发展有了新的取向。

（3）泛IP的取向。IP的泛化是知识产权与授权业不断多元化、碎片化、及时化发展的一个必然趋势。泛IP，特别是泛娱乐IP衍生品产业的不断发展，已经快速成为艺术品产业模式创新的一个重要取向。

（4）"传统艺术要素+当代设计"的取向。传统艺术形式与要素，如非遗、民间艺术等的要素，与当代设计融合，形成融入当代社会与生活的产品，特别是时尚化的产品，为传统艺术注入活力。

（5）品牌化发展的取向。产业的品牌化发展是这个产业进入成熟化发展的一个标志，艺术品产业也不例外。

（6）全球产业链配置的取向。抓住全球产业链整合与重塑的机遇，积极发展与全球产业链配置相适应的艺术品产业。

（7）跨界融合发展的取向。首先，是基于艺术品产业科技的创新发展；其次，是基于艺术品产业科技与其他产业业态的新融合与新发展。

（六）中国艺术品产业发展模式创新较为活跃

通过以上分析可以发现，中国艺术品产业发展模式进入了较为活跃的创新期，具体的模式探索可以概括为八大模式。

（1）基于特色资源的中国艺术品产业发展模式。要关注"三名"模式，即围绕"名人、名品、名牌"来整合资源，搞好特色资源聚集、产业聚集。

（2）基于"互联网+平台+艺术品"的中国艺术品产业发展模式，即基于综合性服务平台，用互联网机制把艺术品生产、交易、消费、服务等体系建构起来，成为产业发展的体系。

（3）基于泛IP驱动的艺术衍生品的中国艺术品产业发展模式。这要基于泛IP的授权，以及泛IP艺术品产业。

（4）基于"传统+当代设计"的时尚产品的中国艺术品产业发展模式。基本方向有：一是产品要融入当代生活；二是产品要适应当代审美，不断时尚化；三是通过工艺创新，不断开发消费需求，满足更多的个性化需求。

（5）基于艺术品资源化、资产化、金融化、证券化（大众化）的中国艺术品产业发展模式。突破口是要积极建构以艺术品资源资产化、金融化发展的平台化体系，进一步对接金融及产业支撑体系，整合资本市场的资源，为市场提供多元化、多样化的产品与服务，来满足大众不同的多元化的新需求。

（6）基于全球艺术品产业链重塑的中国艺术品产业发展模式。这是艺术品产业国际化发展的必然趋势。艺术品产业链整合是针对艺术品产业的发展特质而确立的。艺术品产业链构成比较复杂，从创意、设计、生产制造，再到流动销售、消费，产业链较长。因此，如何发挥优势，在全球整合配置产业资源，按照产业分工与整合的内在规律合理布置产业布局与产业链布位，不断在高端、战略产业链整合中占有主动权，是有效利用战略产业链整合策略、整合产业资源、拉长产业链、做大产业规模的关键。

（7）基于"文化+""艺术+"的产业跨界融合的中国艺术品产业发展模式。一是围绕产业融合做文章，即推进艺术品及其资源与科技融合、与金融融合的战略方向，在消费层面积极推进与社会、生活、旅游的融合发展。二是基于跨界融合机制培育新兴业态，发展多元多层的产业体系。

（8）艺术品科技产业发展的中国艺术品产业发展模式。特别是以互联网平台化为主导的技术及其体系不断发展，推动中国艺术品交易范围、交易边界以及交易规模的发展，正在改变中国艺术品产业的发展格局。近几年，基于大数据的综合服务平台技术、科技鉴定、鉴证备案技术与体系等的发展，不仅会催生新的艺术品产业业态，也会进一步推进中国艺术品科技产业进程的发展。

第三编 支撑服务业态案例

支撑服务业态是艺术金融及其产业发展的重要组成部分。它既是艺术金融发展的市场与产业体系，又是艺术金融发展过程中的重要业态形式。艺术金融的创新发展不仅仅是产品服务与业态的生发，在很多方面其实还会受制于其支撑服务体系的完善程度。这也从一个侧面反映出了支撑服务体系及其业态在艺术金融创新发展过程中的战略地位与意义。

艺术金融支撑服务体系及其业态的发展已经成为艺术金融及其产业发展的热点之一。但我们需要理解，其进一步的发展是需要一个过程的。在本编中，我们所选的艺术品保护修复案例、艺术金融指数案例、艺术品集保案例、艺术品物流运营案例、艺术品鉴证备案溯源案例、美国艺术品估值体系案例、中国艺术版权运营案例等，都是在艺术金融及其产业发展过程中由于支撑服务不断完善以及向体系化发展而形成的一些重要案例。

第十七章　艺术品保护修复案例研究

> 在艺术金融的发展过程中，艺术品及其资源的价值问题是一个核心问题。而在研究分析艺术品资产的价值时，有一个问题不可回避，那就是艺术品自身的物理状态及其保存状态。所以，在艺术金融发展的过程中，艺术品的保护与修复涉及艺术品资产的价值，意义重大。目前，关于艺术品的保护与修复问题，国内外均有不同的实践与标准。该案例研究有利于我们加深对这一问题的认知与理解。

一、案例简介：艺术品保护修复

随着中国艺术及其市场的发展，艺术品的保护与修复问题被提升到一个非常重要的高度，这是我们需要关注和研究的重要问题。下面，就以我国油画的保护与修复作为案例来进行深入分析。

我国第一代油画家们历史性地引入了新的画种和艺术观念，也根本性地改变了20世纪中国艺术的时代走向。借用出生于20世纪20年代前后，现今仍然健在的中国第三代油画家的话来说，今天的现实就是："在油画的材料技法特别是材料安全方面，我们的老师（中国第一代油画家）没有教授过我们什么。同样，我们也没有教给过我们的学生。"而这些曾经的学生，正是今天全国各大美术学院的中坚力量。也就是说，时至今日，中国百年油画的创作生态里始终隐含着材料安全的风险，同时也很少有艺术家（包括画材的供应者）能够系统地了解材料使用的物质结果。这一现状不仅阻碍和影响了艺术创作，甚至会对作品造成意料之外的破坏。

中国大陆油画修复的历史与中国油画的引入和创作有相应的时间关系，也存在历史的时差。中国大陆油画的修复史开始于20世纪90年代初，至今仅有约30年的时间，各方面还处在非常初级的阶段。由于东西方在审美习惯、艺术语言、创作手法等方面存在不同，二者也相互改良、融合、退让。在此过程中，因材料技法的互换、试探和坚守，出现过诸多富有意味的现象。由于文化差异较大，在修复工作中亦产生了诸多有趣的新课题。

（一）以东方审美习惯为主轴而产生的坚守与改良

例如，郎世宁在宣纸上所创作的油画，以及清末大量产生的纸本贸易油画；再如，20世纪二三十年代王悦之将油画装裱为卷轴的尝试。这也是西方油画修复中很少面对的材料案例。

（二）因材料语言和创作习惯不同而产生的局限和误区

例如，在油画创作中大量使用稀释剂和媒介剂，以模仿水墨画的晕化、融合、滴淌效果，这在中国油画创作中一直普遍存在，也成了现今油画修复的经常性课题。

（三）在物资匮乏环境中大量使用的非艺用材料

20世纪30年代，陈抱一使用制作枕巾的龙头花布作画；20世纪80年代，前卫艺术家在床单布、窗帘布上作画；再后来，甚至有人使用工业油漆、树脂等混合材料作画。这就是油画修复中常常需要面对的材料课题。

最为突出和迫切的现象是：改革开放40多年来，中国艺术创作从古典架上绘画直接进入后现代艺术，用40多年的时间走完了西方现代艺术100多年的艺术语言发展历程。艺术家创作的材料和技法全面展开，而且相互跨界。例如，油画创作中现成品的使用，记录于不同媒介材质的影像作品，装置和油画的并置和混入，行为艺术、观念艺术的兴起，等等。新时期艺术作品的物质状况呈现出的最大特征是实验性，这使得艺术品的修复保护对象不再是局部的架上绘画，而需要直接面对"当代艺术品修复"，甚至要为艺术家在创作前期提供安全方案和风险评估，这是我们面临的现实课题。在具体的案例研究分析过程中，应特别注意以下几个重要问题：

（1）艺术品保护修复在艺术金融发展中的意义。

（2）艺术品保护修复在国内外的不同视角与理念。

（3）艺术品保护修复的重要方法论基础分析。

（4）艺术品保护修复案例研究的具体运营与服务相配套。

二、案例描述：艺术品的保护与修复是其价值评估的条件[①]

（一）艺术品的"履历"

艺术金融的基础是艺术作品，所以，不能抛开艺术品本身去谈金融。我们认为，所有的艺术收藏品都需要做艺术品物质状况报告，也就是要有它完整的"履历"。一件作品无论真假，无论它的价值高低，首先要搞清楚它的物质状况。事实上，所有作品的真伪、评估、保护、储藏、运输、展览等问题，如果没有物质状况报告，就没有讨论的基础。如果这件艺术品的物质本身灭失了，它的艺术思想自然也就随之灭失。即便是观念艺术、行为艺术，也会有一个记录载体。因此，在艺术品金融活动中，如果没有物质作为一个基本参数的话，可以说一切都是虚拟的。

（二）艺术金融的基准条件

艺术品的艺术价值和作品的物质状况是艺术金融化的两个基准条件，后者更是前者的先决条件。

1. 艺术金融需要规范艺术价值的鉴定或者评估的准则

我们现在看到的艺术金融活动中，艺术品的物质状况基本处于隐没状态，看不到作品物质形态在评估、鉴定、监督、交易、流通等环节的常态化介入，即便在展示环节偶有显现，也只是物质形态的表象。

2. 艺术品的物质状况检查报告是其价值评估的基础

艺术品的保存就是价值的保存，而艺术品物质状况检查报告正是其保存状况的反映，在这样一个长期的、不间断的、记载了各种流变信息的"履历"上去谈相关的事情才有意义。比如，我们讲到"艺术品总有一天会灭失"，这也就意味着艺术品存在一个不断衰退的过程。换句话说，即使放到那里不动，它也在衰退、变化中。那么，质押怎么完成？长时间库藏后，衰退迹象会不断积累起来。同一件作品，如果在入出库时看起来像是两件不同的作品，那么这个问题怎么解决？质押期间，如果艺术品出现自然衰退甚至灭失，谁来承担？作品状况知情通道如何建立？事实上，这都是预防性维护和日常维护以及藏品基本管理的系统问题。我们很多人看到艺术品在升值、在溢价，不太注意它在升值、上涨的过程当中其实暗含着自然规律的变化，也不太注意如果对此变化不加约束可能导致的急剧贬值。因此，物质状况检查报告就是基础，它是一个状况累积的过程。多年积累下来，这份报告就能成为一个鉴证或者备案——仅仅一张照片不能解决问题。然而，现实是我们经常会客观或主观地把它"掐断"，导致好多作品没有"病历"或"履历"。如果一件30年前的作品只有一个价格单，这在整个的工作里面其实就没有实质性的参考价值。比如，中国的油画市场在2003年左右活跃起来，前前后后有多少物质问题、履历问题，绝大多数人无

---

① 本部分内容由雷茜（西安美术学院史论系博士生）根据邰武旗（中国油画院修复研究中心主任）的授课PPT整理而成。

从知晓。

我们认为，艺术品的鉴证、备案事实上是一个综合问题，不仅仅是一个市场功能的问题。艺术金融在中国出现有几年了，时间久了，相应的问题必然会体现出来。退一步来说，作品真伪会出现瑕疵、疏漏，比如我们现行的拍卖规则。作品的身份可以有争议，或者说有一定的社会豁免，但是作品的物质不能有争议——我们不可能接受入库时是一个完整的东西，出库后成了几部分。所以说，经营活动要把物质因素的各个方面完善进去。当前，这么多银行、机构需要发展艺术品业务，但是一直没有很好地发展起来，很大一部分原因就是没有从作品的物质和人文的履历做起，使得之后的评估、维护、推广、交易成为"无本之木、无源之水"。艺术品的经营必须面对这部分问题，这需要有基本的业务知识和技术储备，也需要基本的职业操守。我们这些年在做的一个重要工作就是参与个人或机构的艺术品购藏，通过修复师的介入为艺术品流转的各个环节进行物质安全方面的把关，让作品具备完善的"履历"，为其进一步的估值、鉴证等工作以及艺术品的市场化、金融化奠定基础。

三、案例研究：艺术品购藏与修复①

（一）艺术品购藏及相关案例

1. 修复师参与艺术品购藏的作用

在国外，修复师会参与到藏品的收购计划中，藏品组和保护组需要探讨藏品的相关风险和潜在成本，修复师会做出重要的专业贡献。修复师在参与作品购藏方面的主要内容依然是物质安全方面，对于计划购藏的作品进行物质状况评估，至少要得出作品物质状况的真实性。比如，观察作品有没有先前修复，如果有，那么先前修复是否合理，是否过度，是否有不可逆转的问题等。这本来是一个非常初级的、买卖双方都应该了解的购藏常识，但在很多的购藏行为中，这却是个很大的问题。

首先，常识告诉我们，欲购藏的作品很多都是做过先前修复的，一件稍有历史的作品，即便真的没有被修复过，至少也要有一份物质检查报告和作品流转信息的报告。可现实是，很多不规范的先前修复根本没有修复报告，这样的先前修复大多是掩饰性的（也就是破坏性的），购藏这样的作品，其维护和再修复的成本会大大提高，有些不可逆转的状况将是永久的破坏，对作品的价值会造成很大的损伤。其次，即便有合规的报告，售卖方大多也都不愿示人，有故意隐瞒的意图。这种情况有时是有意的，有时是无意的。无论有意还是无意，根本原因还是在于对作品物质状况不了解和缺乏认知，也是艺术品流通机制简陋和不成熟的表现。因此，在艺术品购藏中对作品进行物质状况评估是为购藏行为提供准确的价值评估的基础。作品的真实性是买卖双方、保险业务、艺术品金融化、各种形式的质押、罚没品鉴定等行为过程的一个基准。修复师参与上述各个行为中的作用或者说目的体现在以下两个主要的方面。

第一，追求或者尽可能确保这一基准的真实性——作品的真实性。这里的真实性鉴定跟作品的真伪鉴定是有区别的，后者脱离了前者是不成立的。对真实性的追求远不止真伪鉴定这样一个局部要求，从某种角度上说，真实性鉴定包括但不限于真伪鉴定。比如，拍卖条文里面对于作品真伪的陈述是明确的，基本不会有太多法理上的误解。但是，拍卖行为涉及的持有者、拍卖方、竞投者等直接相关人依然会对作品的真实性有不同的理解和要求，这也就是当事人各方最容易出现争议的地方。比如，藏家长时间不结账的原因可能是他认为预售卖的文件中未提供作品的某些物质状况，最典型的问题就是先前修复。绝大多数人在常规的预展现场是看不出先前修复的痕迹的——不论是专业的还是非专业的修复。有时候，那种掩饰性质的非专业修复可能更不容易被识别。在藏家看来，这就是拍卖

---

① 本部分内容由雷茜（西安美术学院史论系博士生）根据邰武旗（中国油画院修复研究中心主任）的授课PPT整理而成。

方的一种欺瞒,可事实很有可能是拍卖方也不知情,原因一是没看出来,二是从购藏某件作品到再次见到或交割作品的这个时间段里,作品的物质状况确实有了一个突变,如此等等。

第二,修复师在考虑作品当下的真实性的同时,对购藏作品状况未来的表现也要做出一些预判。特别是要对购藏机构的收藏条件进行评估。简单讲就是对于购买回来的艺术品,收藏者有没有条件和能力为作品的安全提供保障。这里面也是分两个大的方向,一个是物质安全,一个是价值推广。专业机构的收藏曾经有行政思维参与,之后由艺委会表决。现在一般不会这么简单地做,因为大家意识到,只看作品的表象,很多问题往往是看不出来的。现代收藏的基本机制是艺术委员会和物质安全委员会共同来决定是否收藏某件作品。艺术价值是一个标准,物质安全也是一个标准。作为修复师,更多的还是从物质安全方面介入作品流转的各个环节。

我们在参与个人或机构的购藏计划时,对作品物质检查报告或修复报告的查阅也是第一个参考指标。然而,现实是绝大多数售卖方提供不了,当然,这也是修复师介入购藏的原因。甚至有一些情况是,很多经我们检测或修复过的作品曾经有过完整的报告,但经过几次流转,再见到时,卖方会很"无辜"地告诉我们没有那些东西。这就是修复师有时不得不亲自到预展现场或卖方库房查验作品的原因。

2. 艺术品购藏案例

(1) 项目背景。

曾经有一件价值很高的作品,售卖方在招商的过程中提出,一个海外的客户要求先发给他一份报告,看了报告再决定要不要来北京看实物。卖方不知道对方要的是什么样的报告,一再地给对方介绍作品的重要性,甚至他们自己给对方做了一份书面"报告",那份报告还是在强调作品的重要性。事实上,买方要的报告跟作品一起,就放在卖方的库房,就是那份曾经的委托人签字确认不下五次的"修复报告"。

(2) 工作室的主要工作。

后来,我们工作室作为第三方接受了卖方的委托,给买方委托的海外物质评估机构提供了完整的"修复报告",买方的评估机构仔细查阅后给了书面回复,最终促成了本次交易。通过这次的工作,可以看到,买方事实上想要的报告就是艺术品的流转"履历"。因为凭常识,买方也不会相信一件作品已经完成近40年而没有任何物质瑕疵,或者没有做过任何日常维护,也没有维护记录,特别是对中国艺术生态有过基本了解的海外专业藏家而言更是如此。正如我们难以相信一个人在相对恶劣的环境中成长了40年而从未感冒发烧、磕磕碰碰过一样。

(二) 艺术品修复及相关案例

1. 艺术品修复标准的制定及意义

在为艺术品完善"履历"的同时,艺术品修复也是我们的重要工作内容。我们认为,将作品委托给一个专业的保护、修复单位,或者说每个持有作品的机构尽可能地具备专业的保护修复机制或者认知,是从事艺术品市场化、金融化的经营机构的基本要求。国际上有很多专业的艺术品保护库,很多世界知名的艺术馆、博物馆、金融机构、藏家将他们的藏品都放在那里委托管理,因为有一个系统在那里支撑着,这不是一个关乎经济的问题,而是关乎人类文化怎样保存的问题。这些艺术品保护库有一套完整的程序,每隔一段时间会出一张资料附到报告后面,这份资料会以电子邮件的方式发送给委托方,双方共同签字认可,有问题都附到报告里面,如此循环。事实上,也只有知道了这些问题,才知道怎样进行维护、修复、利用、价值评估,等等。我们都知道,在合约性的业务中,会存在一个合约瑕疵的问题,合约如果脱离这方面所涉及的内容,往往也就不成立了。为此,我们在艺术品修复方面制定了相应的准则,以约束和监督修复工作的落实与完善。

艺术创作可能没有固定的、量化的标准,但修复和检测是有标准的。我们说，人有自我恢复的能力，作品不会。坏了之后去修，没修好就是没修好，做不了假。一件作品要解决哪个问题，怎么解决，一步接一步，先做什么后做什么，用什么材料，工艺如何等等，都会有计划，双方沟通后确认没问题才可以签字进行修复。修复前、修复中、修复后都会有详细的记录。最重要的是，一件作品送来修复，它原来是什么样的，然后，在此基础上多了任何东西，或者少了任何东西都是有据可查的，修复工作都是有证据的，做不了假。2012年，我们工作室发布了"艺术品修复工作最低标准"。因为这个行业很多客户不了解，所以就要让客户根据标准来比对、判断我们的工作。事实上，修复工作追究起来很容易，作品不论送到哪个地方去修复，修复得对不对、合不合理，太容易检测了，特别是利用一定的标准去衡量。"艺术品修复基本准则"是国际通行的，只不过我们在准则的基础上又根据油画的专业特点做了一些调整。我们的工作都是按照这个准则来完成的。准则里面都有规定和约束，这就使修复行业往透明化方向迈出了关键一步。事实上，我们需要有一个合理的、科学的、符合规律的准则和系统，包括互联网艺术交易、艺术金融等新兴的经济模式，这就非常需要技术准则的约束和监督。

2. 艺术品修复案例一：天津庆王府油画修复项目

（1）项目背景。

2010年5月至2011年5月，天津庆王府进行了整体修复工作。在老建筑保护修复过程中，出于对"置于其间的人文和历史信息进行保护也是重要部分"的认知与考虑，位于庆王府主建筑一层大厅过道两侧推拉门上的8幅油画作品也被纳入修复保护的范围。因该组作品在可视范围内无任何信息属性，所以，作品为何人创作及作品名称等信息不得而知。仅能根据房屋原主人唯一后代的口述对其创作时间进行推测（据其讲述，可追溯至1923年房屋建成时）。

事实上，由于对修复背后所需要的技术等关键问题比较陌生，对于这组油画作品的修复问题，最初也存在一定的争议。围绕"修还是不修，修复的关键是什么"等问题，主要存在两种主要的观点：一种观点是"别动它"，这主要源于对修复风险的考量（这些油画作品的多处都是用胶、钉子、木头等固定的，万一在拆除修复过程中出现破损、修复失败等问题就很麻烦，需要谨慎考虑）；另一种观点是"要修"，但是一定要注意做好修复流程的规划，要把前期调研工作做到位。因此，作品修复委托方向北京维基艺术品中心专家团队进行了相关咨询，在打消了技术顾虑之后，最终决定对这组作品展开修复工作。

（2）主要工作及效果。

修复中心通过红外透射、紫外荧光拍摄等技术对这8幅作品的基本状况进行了系统性分析，结论是：

① 该组修复作品中，3号作品为1号作品的摹本，4号作品为2号作品的摹本。

② 1号、2号作品共用同一辅助支撑，画布为成品画布，经纬线相同，为平纹密织。画布以鞋钉固定，缺乏张力。

③ 因作品处于客厅和过道之间，表面损坏严重。画布有破洞，裂口，内框印痕显著，支撑物背面涂层渗透痕迹显著，画布折边较窄，背面尘袋污迹严重。

④ 作品使用直接画法，多为覆盖完成。颜料层缺失，龟裂状况严重，局部有色层缺失，外框槽口覆盖作品处痕迹显著，局部黏附外框表面色层，作品色层与表面涂层之间污迹显著。

由于历史上在房屋修缮时会给油画涂刷清漆作为"保护层"，而该涂层不可逆，且目前已经变为褐色，使得作品整体色调呈暗黄色，严重误导了人们对画面的直接观赏，而实际画面的真实色调是被外框覆盖下的色调，因此，必须去除作品表面这层不可逆的涂层，还作品以本来面貌。经分析（图17-1），该组作品中1号、2号、5号、7号四幅作品的表面都有不可逆涂层，6号、8号作品表面没有涂层，所以，我们对有涂层的作品进行了表面清洗。通过清洗测试显示，有表面不可逆涂层的作品在颜料层保存方面较好。3号、4号作品虽在视觉上较暗黄、老旧，但与其他6幅作品的老旧暗黄性质不同。其他作品是因保存过程中多次涂刷不可逆清漆图层，夹裹尘污的清漆老化变色而导致作品原貌改变，而这两幅作品则是由于创作年代较晚，是模仿其余6幅作品变色后的暗黄色调直接绘制出老旧的效果所致，因此，3号、4号作品在清洗完成后，作品色相上没有明显差别。

是以直接画法创作，背景与暗部为大面积涂刷，肌理平滑；亮部色层稍厚，衔接柔和，局部有不显著的小笔触。第二，作品创作完成后没有得到妥善保存，缺失辅助支撑，长期卷曲存放，画布变形状况严重，且有多处断裂痕迹，断裂处色层缺损严重，画面中有多处色层受损缺失，暴露底层材料，作品局部基底分化严重。

③作品修复。通过对比法填料填缝、人物面部润饰补色等方法对作品进行了修复，最终基本还原了作品的原貌（图17-2）。

图17-2 《黎元洪肖像》修复前后对比

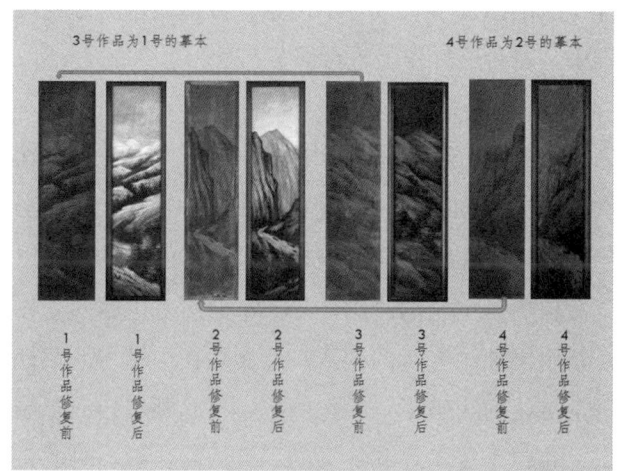

图17-1 天津庆王府油画修复前后对比（部分作品）

3.艺术品修复案例二：凯瑟琳·卡尔《黎元洪肖像》修复项目

（1）项目背景。

2009年，我工作室接到一件藏家从某古玩市场购得的油画作品，作品中的人物和作者待考证。

（2）主要修复工作及效果。

①作品画中人物考证。经对比分析，确认该作品为美国女画家凯瑟琳·卡尔（1858—1938）创作的《黎元洪肖像》。凯瑟琳在1903年来到中国，曾为慈禧太后画过《慈禧太后肖像》（该作品完成后在美国圣路易斯博览会展出，展览闭幕后，驻美公使梁诚将其正式赠与美国政府），著有《禁苑黄昏——一个美国女画师眼中的慈禧》。

②作品状况分析。第一，《黎元洪肖像》作品

4.艺术品修复案例三：吴冠中《长江万里图》修复项目

（1）项目背景。

2011年7月，我工作室接到藏家关于修复纸本油画《长江万里图》的委托。

（2）作品信息。

①作品创作历程及展览收藏情况。吴冠中在《我负丹青》一书中描述了该作品的创作由来："1973年，北京饭店制作大型壁画《长江万里图》，图由设计师奚小彭总负责，绘制者有袁运甫、祝大年、黄永玉和本人，待到长江收集资料，我们从上海溯江上重庆，一路写生，创作组到重庆时得知北京已开始'批黑画'，我们被召提前返京，抛入'批黑画'的漩涡中去，长江壁画也告流产。"

此时，作者实际绘制了两幅手稿，一稿为《一九七四年长江》，2006年4月于中华世纪坛展出，

同年10月捐赠给故宫博物院，此件作品尺寸为：603 cm×19.5 cm；另一稿由壁画总设计师奚小彭收藏，此稿为吴冠中创作的油画《长江万里图》最初的综合性定稿。1990年吴冠中重睹旧作，惊喜之情不能自已，补提了一段题识。

② 作品现状。

包装情况。作品存放于长113.3 cm、宽113.3 cm、高29 cm的密度板包装箱里。

作品尺寸。经查询，作品实际尺寸为：22.5 cm×509 cm。

保存情况。作品创作完成后，因特殊历史原因不能示人，且作品尺幅较长，因此，在存放过程中一直按照国画卷轴画的方式进行存储，导致作品色层开裂，厚肌理和高笔触均被压平，并出现支撑物断裂、变形等状况。此外，作品背面有先前托裱留下的纤维材料，裂口处也有先前修补痕迹，修补处背面粘贴有纸条。

（3）主要修复工作及效果。

① 加固因先前作品存放不当而导致的开裂色层。

② 去除背面先前不当拼补物。

③ 平整作品因存放不当导致的支撑物平面变形。

④ 为作品设计集全新的储存及展览为一体的存储方式。这也是从根本上解决作品存放方式问题，是使作品免受因后续存储而带来的进一步损害的重要保护措施。

具体修复效果如图17-3所示。

图17-3　吴冠中《长江万里图》修复效果

5. 艺术品修复案例四：钟涵《延河边上》修复项目

（1）项目背景。

2011年，我工作室开始为艺术家钟涵整理、维护和修复其所拥有的作品。在此过程中，通过整理艺术家创作手稿及资料，了解到作品《延河边上》破损严重，但由于当时这幅作品已捐赠给国家博物馆，修复时需要各种文件，且一直未找到合适的修复工作者，以致尚未修复。这幅作品是作者的毕业创作作品，对其可谓意义重大，因此在为艺术家整理修复作品的工作中，艺术家与工作室修复师对此件作品的修复事宜进行了沟通，希望在这次修复过程中一并对这件作品进行修复。

（2）作品信息。

① 创作历程及展览印刷情况。其一，作品的初次创作（1963版）。《延河边上》创作于1962—1963年，是作者在油画研究班毕业时创作的作品，是以革命历史为主题的绘画作品。革命历史主题的创作是新中国油画艺术的创新。此作品在构思与形象处理上被认为突破了一般化的方式。此画于1963年展出，获得了美术界和社会的一致认可，被当时的重要报刊广为报道。在此画创作初期，作者曾两次到延安进行为期数月的实地考察，绘制了大量的手稿及色稿。作品在1963年创作完成后，有过数次展览，并曾刊登于1963年《美术》杂志第5期第49页。在这期杂志上，作者还发表了关于此件作品的创作回忆——《关于〈延河边上〉的制作体会》。另外，作品还曾刊登于《美术作品介绍》（第一辑）的封面上（上海人民美术出版社编辑出版，1964年7月第1版第1次印刷）。

其二，初次创作版（1963版）作品的损坏与作品的二次创作（1999版）。据《延河边上》的作者口述，初次创作作品完成后，因异地展览需要，作品曾于1964年被拆除内框，卷运至展览处（此次展览因画面内容"有问题"而并没有刊登，卷着运回来后直接存放于画库）。到1966年，因为特殊历史时期，作品就此开始历经磨难，遭受了卷曲、折叠、捆绑、踩踏等不可想象的破坏，甚至可以说是毁灭性的破坏。也是从这次事件后，作者与作品失去联系。直到后来，油画学会决定举办一个20世纪中国油画展，由于《延河边上》在油画发展史上起到了重要作用，便希望能展出这幅作品。但当时原作（1963版）丢失，作者便根据记忆重绘了一幅（1999版），尺寸比第一幅小。重新绘制作品参加展览后被现有收藏机构关注。而在洽谈收藏事宜过程中，原作（1963版）被找回，当时原作折叠卷曲着放置于一库房角落。因当时各种条件缺乏，作品无法修缮存放，所以，作者将原作（1963版）一并捐给该收藏机构，但是一直惦记着原作损坏严重一事。

② 作品损坏后的现有情况。作品经历了"文革"中造成的一系列人为破坏，以及因保护工作不当造成的二次损伤。现有情况如下：

其一，作品表面色层状况。一方面，作品表面尘垢、尘埃累积物较多，整体上改变了作品的视觉面貌，影响画面展览展示效果。另一方面，作品表面有多处色层缺损，缺失处暴露支撑物。一是因先前卷曲存放的原因，导致作品色层剥落起翘状况严重，大面积颜料层起翘，弯曲变形；局部色层剥落、缺失；多处颜料层分层状况显著。二是因作品先前未做任何加固措施，直接绷于硬支撑表面，且多次运输于画库与库前展厅之间，因震荡导致表面松动，色层脱落较多。

其二，作品支撑状况。画面色层缺失处可看到部分支撑物断裂，断裂处裂口显著。作品硬支撑背面右下角水迹显著，发霉、污迹、尘垢较为严重。

其三，作品二次受损。因工作人员操作不当，二次重绷所用的硬支撑小于作品尺寸，造成颜料层被折于支撑物侧面。

（3）主要修复工作及效果。

① 作品修复手续办理。对于艺术家的修复诉求，工作室首先协助其联系了作品现在的收藏单位，沟通已捐赠作品修复所需办理的材料事宜，最终于2013年将修复所需文件手续办理完成。

② 确定方案。通过技术手段，对作品颜料层缺失情况进行分析，并通过调研采访作者和收藏机构，就修复方案进行沟通，达成的共识是对作品做结构性修复而不做填补缺失工作。原因在于：第一，历史原因。因画面现有状况是当时社会因素导致的，它经历了当时的动荡时期，且从侧面反映了当时社会形态，所以，收藏方和作者一致建议保留现有视觉状况，记录当时事件的发生是最为恰当的。第二，人文原因。该作品是作者的毕业创作作品，对作者尤为重要，作品的损坏事件对作者感触良多，且作品所受磨难与作者命运极其相似，因此，作者不希望填补缺失，而是想通过结构性修复，还原画面原有色彩。第三，艺术传播的意义。因作品有二次绘制的情况，所以，新绘制的作品满足了作品日常展览及艺术传播的需要，所以让第一次创作的作品保持现有视觉状况对于记录事件的发生更具意义。

③ 实施修复。第一步，还原画面原创尺寸。作品在找回后，因专业人员重绷时使用的硬支撑小于作品尺寸，造成作品尺寸受损。对此，必须进行还原修复。第二步，定制并更换新的硬支撑。现有支撑物在结构、材质、工艺等方面存在严重问题，因此，必须更换新的支撑物。第三步，清洗还原画面原有色彩。对作品表面严重影响视觉传达效果的尘垢以及污迹进行清洗，让作品的真实面貌显露出来。

④ 修复材料与工具。

a.作品整体贴面保护画面。

贴面材料选用日本纸和甲基纤维素。

b.作品整体加固色层。

黏合剂材料为8%的专用黏合剂。

c.作品支撑物复合衬托。

材料为1∶1专用黏合剂、比利时亚麻布及温控抽气平台。

d.为作品定制新的硬支撑材料。

e.作品表面清洗。

溶剂为盖蒂水性清洗溶剂。

f.作品表面涂刷保护涂层。

涂层选取碳氢化合树脂。

g.为作品定制安装保护性边框（因存储空间限制，作品不定制外框）。

⑤修复效果。通过结构性修复，作品基本还原了创作完成时的面貌，同时，又没有消除历史原因所造成的、发生于作品流转经历中的遭遇痕迹，在其艺术价值之上保留了重要的历史价值，达到了收藏机构和作者的修复要求。

（三）艺术家创作的预防性维护

一幅传统油画作品从离开作者的画架起，将在五种状态下循环：装框、包装和运输、展示、保存、修复。而在这一循环过程中，中国油画作品保存与修复常面临以下状况：

（1）破坏性的处理方式导致作品损坏。错误的处理方法+未达标的内框，如作品在重绷时喷水，画底溶解后黏在内框上，松脂与画布黏合等。

（2）内框木料变形，亚克力与作品发生黏连，外框在重力作用下变形。

（3）包装、运输过程中受到损坏。包括车祸造成的损坏，意外发生后的二次伤害，海运中因湿度较大导致的作品发霉等。

（4）展示中可能发生的状况。如展示中的光波辐射、照明不当、热辐射等错误的展示方式，以及密集参观等不可控因素等。

（5）保存中的损坏。一是错误的保存方式造成的损坏，如卷状保存、内框缺失等情况；二是保存中的生物（如白蚁等）侵害；三是水灾、高温、低温、梅雨季节等造成的画底分离等损坏；四是外界油烟及其他污染物损坏等。

（6）不规范操作损害。如涂刷光油、涂刷油漆过程中的损坏；画家、画廊工作人员对作品的光油进行清洗时的不当操作；画家的修复"重绘"；以油画颜料、光油作为黏合剂、填缝剂等情况造成的损坏。

（7）材料自身的发霉及其他损坏情况。

除了对艺术品的物质状况（包括作品在常用成像光源与不同层次的相互作用以及辐射源下的状态，作品颜料媒介剂老化变黄等情况）进行分析外，还会为艺术品进行预防性维护，以达到延长作品寿命，降低毁灭性损失的危险，减少、推迟或排除干预措施的必要，增加干预措施的有效性，提供最节约和最有效的保存手段，鼓励长远战略和长期计划；鼓励与其他人员的合作（如保安、防火、房屋保养、典藏人员等）等目的。事实上，我们需要为艺术家提供创作前期的物质安全设计方案和创作风险评估，甚至需要介入艺术家的创作过程中。例如，在2014年，我们的修复工作者就参与了尚扬《浴竹图》作品的创作过程（图17-4）。总之，在主客观因素的影响之下，中国油画作品的物质状况客观上具有的最大特征便是"实验性"。

图17-4　修复工作者参与尚扬作品《浴竹图》的创作过程

四、延伸阅读：艺术品修复与保护是个"大系统"[1]

宗娅琮：在您看来，文物艺术品的修复与艺术品价值的关系是怎样的？"修复"对于艺术品的保护和艺术品价值的实现意味着什么？

邰武旗：艺术品是艺术的一种外化形式或者说是一种物质载体。所有物质都是要灭失的，具有物质属性的艺术品当然最终也都会灭失，这是一个常识，同时是我们这次谈论的前提。艺术品的修复、保护、预防性维护等工作，只是我们在面对"终将灭失"的艺术品时采取的一些尽可能延缓这一过程的手段。了解了这一点，再谈修复之于艺术品的价

---

[1] 本部分选自宗娅琮（中央财经大学文化与传媒学院副教授、博士，当时兼任《中国艺术金融》杂志记者）对邰武旗（中国油画院修复研究中心主任）的专访，发表于《中国艺术金融》2018年第4期。

值时，就比较容易理解两者的关系——也就是说，艺术品修复、保护这件事情是个应该去做、迟早要做、必然会做的事情。创作出一件艺术品，就像一个人生下来，定然会面临感冒发烧、天灾人祸、生老病死一样，艺术品的保护、修复正如人的养护和治疗，不可避免。不同的是，人有自我修复的功能，比如，感冒了扛一扛可能就好了，艺术品没有这一功能，即便"感冒"这一类的小毛病，如果不加干预可能就会发展为"癌症"，甚至导致死亡或者说灭失，这应该是修复与艺术品之间的天然关系。至于修复与艺术品的价值关系，其实是一个对两者关系的理解程度是深是浅的问题。既然我们已经知道修复不可避免，那么，修复对于艺术品的价值影响就不在于修不修，而在于做得对不对、好不好，这才是重点。"对"和"好"的标准就是恰当性：既不能少做，更不能多做——少做是错，多做就是过度修复，更是错。对一件作品进行维护、保护和修复，是为了保存艺术品价值而设置的一系列手段和目的，做得恰当就是达成了这一目的，不恰当就是破坏作品，也就是破坏了作品的价值。

基于第一个问题，我们可以谈第二个问题：放弃保护和修复的艺术品会迅速毁坏、灭失，那么一件毁坏了的或者灭失了的艺术品，其艺术价值从何谈起？

宗娅琮：在油画修复的过程中，您提到首先要做好修复计划，这个计划的设计要考虑哪些重要的因素？您认为，以油画为代表的艺术品修复与保护方面的现状如何？

邰武旗：一件作品送来修复，就像一个病人到医院治病，做检查、写病历、编计划、建档案。就修复一件作品而言，就是一份包含了修复前、修复中、修复后的检测、分析、记录、总结等内容的修复报告。现代修复理念的趋势要求修复一件作品的总工作量的理想状态应该是"三七开"，这份完整报告的工作量占70%，实操部分占30%。而所谓"快捷修复"，就是不做分析、研究、论证等工作的、掩饰性的、隐蔽性的"修复"，甚至神秘化了的"修复"，这是非专业的、不科学的、错误的做法。如果不做这方面的工作，那么我们前面谈的类似修复的恰当性、可逆性等修复工作的基本原则就是无法得到的，也是无法维持的。即便有人说"我的实操是对的"，那也只是一个勉强交差的说法而已，因为没有提供一个证据链来证明自己的理念、材料、工艺是对的，更重要的是无法给今后10年、50年、100年甚至更长时间的作品经历提供应有的维护和再次"修复"的依据，这种所谓的修复事实上也是破坏性的——即使有时候是善意的。所以，一份完整的修复报告所牵涉的全部信息都是修复一件作品和制定修复计划时必须考虑的重要因素，因为它是我们针对作品进行所有操作的基本依据，是包括包装、运输、展示、储藏、预防性维护、日常维护以及再修复等各个环节的动作依据和指导。

一百多年来，因其本身的材料、技法和各种环境因素的影响，从物质结构的角度观察，可以说很多中国油画作品都具有"实验性"。特别是早期作品，那个年代物资匮乏，画油画是件不容易的事：画家们把窗框卸下来当作画框，把床单当作画布，把油漆当作颜料，什么情况都有。加上规范的材料技法研习方面的缺失，画完后更谈不上安全保存的环境了。这些因素给作品的维护和修复带来了很多难题。改革开放之后，中国油画的创作非常迅速，国外两三百年来的创作形式、风格流变，我们几乎在短短的30年中都经历了一遍。紧接着，当代艺术、综合材料、装置、行为、观念等艺术形式迅速成长，传统的架上绘画的修复系统还没有建立，当代艺术品修复已迫在眉睫。所以，我们的油画修复包括对当代艺术品的修复，这与发达国家和地区有着相当大的差别。

发达国家和地区的艺术品收藏是完整、成熟、系统的，好的作品基本上都保存在博物馆和美术馆，有收藏家和家族捐赠，有基金会进行系统的保护和管理，好作品很难流入民间，而且，每个馆都有自己成熟的修复保护系统或对应的专业保护修复机构，对藏品进行不间断地维护和修复。然而，中国大陆的油画作品无论是在预防性维护、日常维护中，还是在包装、运输、仓储、展览和修复环节中，目前都还不够专业和完善。只要一个环节没做好，作品就可能出现损坏，所以修复工作应该是一个"大系统"的保护理念。

另外一个问题就是，很多人直接请画家来修复作品，认为画家本人修自己的作品应该没问题，结果很多作品被修坏了，这也是一种破坏，这都是认识的问题。我常打比方说，画家创作一件作品，就好比生出了一个孩子，画家可以是一个很好的母亲，但你不能在家给孩子做手术，孩子病了还是得让医生来治疗，这是两件不同的事。当然，不排除有的母亲就是医生。

鉴于我们面对的艺术品种的多样性、复杂性，我们工作室客观上是被倒逼为"艺术品修复工作室"，而不仅仅是"油画修复工作室"。现在，一些艺术家在创作艺术品的时候就需要我们参与到他们的工作中去，包括前置的物质安全设计、创作中的工艺及材料的适配、完成作品的特殊保护和跟踪服务等工作。

现行教育系统的材料工作室关注的大多是材料表现，而少有材料安全方面的考量。比如，艺术家需要在画作上黏一片纸，注重的是画面效果，也就是材料的表现力，可是这片纸用什么黏合剂黏上去，什么时候会脱落、发黄、变色、变脆，往往就不会太在意了。当然，这不是艺术家的义务，但是艺术家有必要了解自己的创作结果。比如，艺术家使用了某种材料，我们告诉他5年后材料会具有完全不同的性状和质感，艺术家接受和允许了，这就体现了作者的意图。如果艺术家不能接受这种变化，我们就需要给艺术家提供另外的工艺或材料，以满足他的需要和意图。艺术品修复保护体系实际上分为两部分：一部分是实际操作的修复师，还有一部分是研究者，也就是各领域的科学家，他们可能不会去修复作品，但是会进行相应的研究，分析作品的物质结构以及材料和新材料的应用，这些研究成果会应用到修复工作中，同时也有助于艺术家的创作。

宗娅琮：事实上，文物艺术品的"修复"过程包含着重要的"鉴定"过程，尤其是针对时间较为久远的油画艺术品。在修复过程中，您认为哪些方面有助于完成"鉴定"工作？

邰武旗：我个人觉得将"鉴定"的描述方法换成"作品真实性研究"更为妥当。因为"鉴定"这个词的词义已经被固定化了，其目的似乎更倾向于判定真伪，而"真实性"就相对中立和客观，而且并不直接对应着"真"或者"假"。尤其从修复工作的角度而言，作品的真实性绝不能仅仅依靠艺术史，更多地或者说全部来自通过分析研究得到的客观事实。反过来讲，艺术史常常会依据越来越科学、精细的检测、分析而得到的结果去修改，这样的例证在世界各地不胜枚举。

但是，在修复工作室，真实性并非修复师的最终工作目标，这仅仅是修复工作合理、恰当、安全的一个基础任务。所以，修复工作室并不主动承担所谓"作品鉴定"的任务，即便修复师在工作过程中得出了某项类似"鉴定"的结果，也不会以"鉴定意见"的方式呈现或传播，因为修复作品的艺术品质或真假与修复的具体工作并不具有直接的关系。我们常说，对于修复而言，一件小孩涂鸦的纸片和一件大师作品本质上是没有分别的。我们接受的是一个委托，而委托的任务是修复。

"修复工作室帮助完成鉴定"，这个提法相对正确，也是事实。我们知道，鉴定需要一个更为复杂、更为综合的系统，这个系统需要更多的行业和专业共同配合来完成。修复工作室或者修复研究室可以承担其中的一部分工作，但是这个工作同样需要明确的授权和委托，给出的结论也不是真或假、好或不好等判断，而是相应的研究结果和分析报告。比如，一件作品牵涉到木材，就需要利用年轮学确定作品所涉木材砍伐的最早时间，也就是一个单项材料的断代。这听起来简单而有效，似乎很容易就找到了作品的断代依据。然而，事实是仅就木材的年轮学而言，它还会因为生物材料的问题而造成判断的障碍。比如，针叶树（例如云杉）或散孔阔叶树木（例如椴树）不是每年都长出年轮，这就缺失了数据，自然会影响精确断代。比如，如果树木是由于遭受昆虫、细菌的侵害或者过度干旱而倒伏的，在这种情况下，年轮圈数也无法精确计算，同样无法进行精确断代。再比如，交叉定年法对于年轮圈数有最低要求，不幸的是，我们目前还无法列出满足最低要求的年轮圈数。有时候，甚至就算有了相当"长"的曲线，也无法提供用以断代所需的特征图案。而且，这里面还会涉及诸多变量：有时候，仅仅50圈年轮就可以进行断代；但有的时候，就算有100圈年轮都不够。这一切都取决于样本质量。

好了，我简单举这样一个例子来说明分析研究报告的必要性和它同时所具有的复杂性。也就是说，我们对一件作品牵涉的主要物质甚至所有物质进行分析研究后得出的报告依然不能让我们做出最终鉴定——比如，我们时常听说有人会"同时同地做假"。当然，这份报告是鉴定行为的基础依据，也是鉴定工作最为倚重和不可缺少的依据。可以说，所有的鉴定都需要一个联合体和证据链，而不是一个单方面的说法。

我们曾经抽出修复工作中的某些近似鉴定的指标给美术馆、博物馆做过一些作品入藏的评估标准：针对作品提出7至8个指标，然后根据指标来决定缺一个指标怎样处理，缺两个指标怎样处理，以此类推。比如，物质安全鉴定是一个指标，传承问题是一个指标，历史著录是一个指标，等等。这些指标还有相应的其他副指标，然后再一项一项去比对。如果缺少一个指标，就不能定位为"典藏"级别的作品，而可能作为"收藏"级别的作品；如果缺少两个指标，那就可能只能作为市场流通作品，不能一概而论。事实上，目前国内的藏品机构非常缺乏入藏安全机制等方面的标准，基本上还是基于眼见为实的主观评价而工作。

宗娅琮： 当前，许多藏家、买家大量进行艺术品购藏。事实上，在完成艺术品购藏以后，更需要思考和面对的是有关艺术品的保护和传承问题。作为专业的文物艺术品修复师，您认为购藏艺术品之后更需要注意什么？如果遇到藏品的破损或其他意外情况，需要如何加以保护和保存？

邰武旗： 不管是藏家还是美术专业机构，把作品购买回来之后，仓储、展览、运输、灯光等一系列环节都可能导致作品损坏。这是除了修复工作之外的另一部分工作，也就是艺术品的预防性维护和日常维护，这是所有作品都需要面对、需要去做的事情。可是，我们经常看到藏品真的被藏起来、放起来，特别是将收藏与艺术金融业务结合之后，好多人买了作品之后就没有打开过，过5年又卖出去，放置多年都不清楚里面的作品是什么状况。我见过打开箱子后作品只剩一半的情况——另一半全让虫子给吃了。这并不是相关人员的态度问题，主要还是因为不了解艺术品的物质常识和变化风险。

艺术品的保存就是价值保存的概念，这是一个基本常识。我们常说，作品完成的时间越早、存放得越久远，艺术品价值越高，但这一切都要在物质安全的前提下才成立。如果没有物质安全，谈何价值？如果艺术金融把物质安全剥离出来，那么艺术金融就只剩下了概念。

我们常说的艺术金融应该重视"品"这个物质属性。如果只是一味地利用或者说过度利用"艺术"，而不重视"品"，几十年后，很多作品已是面目全非，不再有利用价值，甚至已经到了无法移动、濒临灭失的状况。在艺术金融兴起之后，艺术的物化形态被大家意识到了，知道作品是重要的、是有价值的。但是，大家对"品"的要求依然不高。所以，在谈及艺术金融时，其实谈的是两个问题：一个是物质安全，一个是价值保存。收藏作品，既要考虑物质损伤对价值的影响，同时要注意对价值本身的激活和推广。

对收藏的作品，如果不能合理地利用，也会使其失去价值，这是艺术的规律。我们要认识到，物质一直处于灭失的过程中，价值同样处于消长和变化的过程中。很多藏家（特别是作者），非常注意为作品选择好的"主人",这个好主人就是既会考虑作品的物质安全,又会考虑作品价值保存的藏家。很多作者都不愿将作品捐赠给所谓的专业机构,根本原因是"好主人"的两个优点,这些机构都没有。将作品捐出去,就像被"打入冷宫",几十年不见天日。作品、作者、作品的价值统统消失、湮灭。

第十八章 艺术金融指数案例研究

> 数据服务与艺术金融的计量研究是艺术金融发展的重要业态与课题,通过艺术金融指数案例研究,我们可以更好地认知数据资源与资产在艺术金融发展中的价值,理解数据产生、处理与使用的过程,以及数据服务与计量研究的基本模式及相应的结果等。

一、案例简介:艺术金融指数

中国艺术金融指数是潍坊银行艺术金融研究中心基于中国艺术金融数据库编制的一系列指数的总称,是反映中国艺术金融发展状态及艺术品市场行情的指数体系,包括价格型指数和预期型指数两大类。中国艺术金融指数相较于国内外其他研究性机构发布的同类指数表现出明显的特色。首先,该指数的金融属性明显。与艺术品市场中现有的其他指数相较而言,中国艺术金融指数旨在反映国内金融化程度较高、具有金融属性的艺术品的价格走势,金融化倾向明显,以艺术金融的发展来带动中国艺术品市场规范、健康、有序发展。其次,该指数更强调切实的指导性和针对性。潍坊银行研究并发布的中国艺术金融指数,很大程度上是为了支撑其自身业务发展的需要,满足艺术金融创新需求,这就对该指数必须能够直接用于指导前沿实践提出了现实要求。最后,该指数的科学性强。除了大数据及技术数据以外,指数计算所使用的数据均为大量一手数据——或为潍坊银行艺术金融业务数据,或为与潍坊银行建立数据供应关系的画廊所提交的数据——这在很大程度上保证了数据的真实性,进而能够保证计算结果的可信度。

总之,中国艺术金融指数是在梳理与吸收国内外艺术品市场指数理论、模型与方法的基础上,根据我国艺术品市场及艺术金融产业发展的实际,站在世界前沿理论与实践高度上的一次重要建构。在具体的案例研究分析过程中,应特别注意以下几个重要问题:

(1)数据服务在艺术金融发展中的作用与意义。

(2)艺术金融指数的模型与算法。

(3)艺术金融指数运营分析。

(4)支撑艺术金融指数的匹配条件分析。

二、案例描述:中国艺术金融指数

(一)概述分析

1. 问题的提出

指数是某一经济现象在某时期内的数值和同一现象在另一个比较标准的时期内的数值的比数,可表明经济现象变动的程度,一般用于经济活动领域,它是衡量一个市场是否成熟的重要标志。近年来,随着"文化强国"战略的实施,我国的文化产业不断发展,艺术品市场也取得了较大的进步,市场参与人数不断增多,对艺术金融指数这样一个能够反映市场整体价格水平、价格变动情况和市场发展趋势的指标的需求也更加迫切。国内发布的各类艺术品市场指数,因数据来源的不完整、模型算法的相对简单、数据处理的相对随意等问题,多为理论界和市场界人士所诟病。因此,急需构建一个科学、精准、有效的艺术金融指数,以帮助艺术品市场的参与者增加对市场的理性分析和对市场不同现象之间的比较,指导艺术品消费和投资实践,进而对艺术品市场的有序、健康发展起到积极的推动

2. 研究思路

首先，对艺术品市场指数的研究文献进行述评；其次，对艺术品市场实践中发布过的艺术品指数的基本情况、编制方法进行介绍和评价；在此基础上，分析中国艺术品市场指数架构设计中存在的主要问题，介绍中国艺术金融指数架构设计的基本原则，找出中国艺术金融指数编制的突破口及可能的路径，并提出中国艺术金融指数的架构和实施建议。

（二）中国艺术品市场指数架构设计中的主要问题

艺术品市场指数的科学性、合理性关系到指数价值在理论界和市场界的认可度，是影响指数权威性的重要方面。综观中国艺术品市场实践中发布的指数，可将其架构设计中存在的主要问题归纳为以下三个方面：

1. 数据来源不够完整

目前，国内外发布的各类艺术品市场指数以及指数研究文献中的各类艺术品市场指数，除中艺指数的样本数据包含部分一级市场的销售数据外，其他的指数样本数据均来源于二级市场的艺术品拍卖数据。从中国的艺术品市场成交情况看，一级市场数据占总的艺术品交易数据的60%以上，这就说明，如果指数样本数据仅来源于艺术品二级市场，那么绝大部分的艺术品交易信息就会被排除在样本之外。如此一来，市场指数便无法反映市场的真实情况，也就不能保证所发布指数的权威性。

2. 指数模型算法不够科学

分析国内外艺术品市场实践中发布的指数，可以发现其指数构建方法包含三类：平均价格法、重复交易法、特征价格法。而在中国艺术品市场实践中，除雅昌发布的"当代书画50指数"在指数构建模型方面做了重要的探索外，其他指数均采用平均价格法构建。通过对大量文献的研究发现，公认比较科学的构建艺术品指数的方法有两种：重复交易法和特征价格法。基于这一认识，采用平均价格法编制的中国艺术品市场指数确实不够科学。

3. 缺乏系统性规划

在中国艺术品市场指数架构设计过程中，往往缺乏系统性规划，没有突出理论建构的重要作用。研究先行、理论先行是构建一个科学、合理的艺术品指数体系的基础，这一环节的缺失也反映了当前中国艺术品市场指数体系架构和设计过程中的认知和能力不足。

（三）中国艺术金融指数架构设计的基本原则

通过对国内外艺术品市场指数研究文献和重要实践的分析，以及对中国艺术品市场指数架构设计中所存在问题的讨论，我们将中国艺术金融指数架构设计中所应遵循的基本原则归纳如下：

1. 坚持研究先行、理论先行

研究先行、理论先行是提升实践能力的基础，在中国艺术品市场指数架构设计过程中，尤其要强调理论研究的重要作用。基于此，为构建一个科学、合理的艺术金融指数体系，我们务必要在对国内外艺术品市场指数研究文献以及重要实践充分研究的基础上，结合中国艺术品市场实践的特点，先行确定适合中国艺术金融指数建构的模型算法、样本数据的范围等内容。

2. 坚持系统规划

中国艺术金融指数架构设计作为一项系统性工程，尤其要强调在对中国艺术品市场以及市场对量化研究的需求充分分析的基础上，做好中国艺术金融指数体系的系统规划，包括指数体系中指数类型、类别，各指数名称、含义、模型、算法等内容的确定，以及各指数的推出条件等内容。

3. 坚持分步实施

在指数样本数据采集方面，鉴于中国艺术品市场数据（尤其是一级市场数据）的获取存在较大难度，必须经过长期坚持不懈的积累才能取得较为理想的效果；在指数计算方面，因指数样本数据量较大，且样本数据会随着时间的推移越来越多，因此，指数的计算需借助于科技系统的支撑。无论对于哪一个指数而言，其系统实现均需要一定的时间周期，因此，中国艺术金融指数的推出应在统一规划的前提下，分步实施。

（四）中国艺术金融指数的架构方案

1. 编制中国艺术金融指数的突破口及可能的路径

基于对中国艺术品市场指数架构设计过程中所存在问题的分析，我们认为，为构建一个更加科学、合理、权威的中国艺术金融指数体系，可以从以下两个方面进行突破。

第一，完整的数据来源。鉴于中国艺术品市场中的一级市场数据占全部艺术品交易数据的60%以上，为使所构建的指数能够更全面、更科学地反映市场的真实情况，第一个突破口就在于样本数据应按比例包含一级市场交易数据和二级市场交易数据，从而在根本上保证中国艺术金融指数的权威性。第二，科学的指数模型。对于艺术品市场仅发展了二三十年、拍卖市场发展历程不到二十年的中国而言，交易数据的时间跨度较短，重复交易的数据量太少，且很难取得。因此，中国艺术金融指数不宜采用重复交易法构建，而宜采用特征价格法构建：一方面，采用特征价格模型构建艺术品指数时可以采用指数相关样本中的全部艺术品交易数据，而不是部分交易数据，从而避免采用重复交易模型构建艺术品指数过程中无法避免样本选择的偏差问题；另一方面，通过对不同的特征设置特征变量的方法解决数据处理的相对随意问题，避免数据分析时人为的数据调整。比如，通过对从不同渠道获取的数据设置"数据来源"特征变量，解决因交易渠道的不同引起的艺术品交易价格相差较大的问题；通过对不同题材的作品数据设置"题材"特征变量，解决因题材的不同引起的作品价格差异问题。

2. 中国艺术金融指数的架构

中国艺术金融指数应包含价格型指数和景气型指数的艺术品指数体系，其中，价格型指数应包括艺术家指数、艺术品分类指数和艺术品综合指数等反映艺术品市场不同方面的价格变动趋势的指数类别；景气型指数应包括溢价指数、景气指数和预期指数三个类别（其中，溢价指数基于艺术品二级市场数据编制，它通过度量艺术品拍卖成交价相对于估价的溢价反映艺术品市场的热度和景气状况；预期指数主要指信心指数，用于反映艺术品市场参与主体对该市场运行情况和预期走向的判断和信心）。

从数据来源看，中国艺术金融指数应包括一级市场数据和二级市场数据两个部分。在中国一级市场数据占总的艺术品交易数据60%以上的现实条件下，数据来源的全面性能从根本上保证中国艺术金融指数的权威性。为避免样本选择偏差问题，中国艺术金融指数的价格型指数的样本数据均应包含相应指数所应包含且能采集到的全部艺术品交易数据。中国艺术金融指数的价格型指数采用特征价格模型构建。

三、案例研究：中国艺术金融指数的发布案例

中国艺术金融指数的发布文本可以参见《中国艺术金融》杂志2016年第3期第137-157页或《中国艺术金融概论》（西沐著，中国书店出版）"第九章 中国艺术金融发展中的估值与指数研究及应用"中的"第三节 中国艺术金融指数的发布案例"。

四、延伸阅读：艺术品市场指数与数据基础分析

（一）艺术品指数50年：回顾与展望[①]

艺术品指数的研究实践已有半个世纪的历史。20世纪60年代，随着西方艺术品市场的蓬勃发展，艺术品的资产价值日益受到关注。1967年，Geraldine Keen在伦敦《泰晤士报》发布了世界上第一个艺术品指数——泰晤士苏富比艺术品指数（The Times-Sotheby Index of Art Prices）。该指数采用平均价格法构建，虽然只更新到1971年就停止，却

[①] 本部分执笔人：贾晓贝（首都师范大学历史学院博士生）。

在业界引起了广泛的讨论。

国内外艺术品指数主要分为价格型指数和景气型指数两大类,它们分别从价格水平和趋势预测的维度对艺术品市场进行动态测量分析。

价格型指数是反映一定时期内某类商品或市场的价格水平变动趋势和程度的相对数指标。目前,艺术品价格指数的研究主要聚焦于拍卖价格指数,并按照市场地区、流派、品类、艺术家等维度构建了细分的价格指数子类。与此同时,以潍坊银行为代表的机构对艺术金融价格指数、画廊价格指数也进行了研究。

景气型指数综合反映一定时期内研究对象所处的状态或发展趋势,可用作艺术品市场行情预测判断的先行指标,发挥"晴雨表"和"预警器"的作用。

1. 重要艺术品指数模型及实践

如前文所述,艺术品价格指数的构建方法主要包括平均价格法、重复交易法、特征价格法,此外还有基于前两者的混合模型法。国内外已有相当数量的研究对各个模型分别进行了阐述与验证,以国外为主的研究进一步对不同模型的表现进行了对比分析。不同的指数编制方法各有其优点和不足,目前还不存在一个可以毫无偏差地度量艺术品市场价格水平的指数模型,但是我们可以在不同的条件下选择更为合适的模型。此外,测量艺术品市场景气程度的信心指数及溢价指数的编制主要参考了其他领域的成熟模型。

(1) 平均价格法。

采用平均价格法编制的指数会将拍卖总成交价格进行算术平均,得出每件或每平方尺的单位价格。在此基础上,也有人进一步参考了股票指数的计算方法,对总成交价格进行了成分分析与加权平均。典型指数:泰晤士苏富比艺术品指数、雅昌拍卖价格指数、中艺指数。

泰晤士苏富比艺术品指数发布于1967年,基于苏富比自1950年起的拍卖成交价格记录,指数体系包括欧洲古典油画、现代派绘画、法式古典家具、版画等12类。以印象派指数为例,选取6位市场活跃度高的代表艺术家,按艺术家与时间分组计算出每位艺术家作品的平均价格变化率,进而对6位艺术家的计算结果进行算术平均,得出印象派指数。

雅昌拍卖价格指数在2004年由雅昌艺术网创建,以2000年为基期反映中国艺术品市场行情走势,包括艺术品市场综合指数、重要绘画流派及时期分类指数、重要艺术家指数。其设计思路是:某期艺术品总成交价格除以该期作品总平方尺数,即为该期拍卖指数。

中艺指数于2003年9月发布,选取"成分艺术品",即有突出贡献的艺术家的代表作构成样本,对总成交额进行艺术品尺寸的加权平均,即得到指数。剔除总样本中较高的10%和较低的10%,将其余80%样本行情数据纳入本期行情的计算范畴。

然而,艺术品区别于其他商品的一大特性就是其异质性,即每件艺术品均独一无二、不同艺术品之间没有直接可比性,而平均价格法是在艺术品同质化的前提下进行计算的。因此,采用此种方法编制的指数无法反映真实的市场情况,某一时期的平均价格变化可能是受作品质量不同的影响,而非整体价格水平发生变化。

(2) 重复交易法。

重复交易法参考了凯斯-席勒房价指数(Case-Shiller Home Prices Index)的思想,采用同一件艺术品在两个时间点的销售价格变化(又称为一对重复交易数据)构建艺术品指数。此方法认为,艺术品的基本特征(如材质、尺寸等)不随时间而变化,从而解决了艺术品的异质性问题。

标准模型形式:

$$r_i = \ln\left(\frac{P_{i,s}}{P_{i,b}}\right) = \sum_{t=b_i+1}^{s_i} r_{i,t} = \sum_{t=b_i+1}^{s_i} \mu_t + \sum_{t=b_i+1}^{s_i} \eta_{i,t}$$

典型指数应用:梅摩艺术品指数(The Mei Moses Art Indices)、雅昌当代书画50指数。

梅摩艺术品指数由时任纽约大学商学院教授梅建平和他的同事迈克尔·摩西在2000年共同创建,通过跟踪同一件艺术品的重复交易记录而构建艺品价格指数体系，目前其样本包含全球45000对重复拍卖记录并持续更新。梅摩艺术品指数涵盖了8个艺术品拍卖品类，包括印象派和现代派油画、古典油画、美国画派、英国画派、拉丁画派、当代艺术、中国传统艺术、中国当代油画。梅摩艺术品指数是第一个在欧洲交易市场上进行期货交易的艺术品指数。

2016年10月，苏富比拍卖行宣布收购该指数，并将其更名为苏富比梅摩指数（Sotheby's Mei Moses）。雅昌当代书画50指数采用重复交易法构建，发布于2015年5月，以2000年为指数基期，反映了以50位当代书画艺术家为代表的市场拍卖行情、价格走势情况以及投资收益和风险情况。

房地产市场的二手房交易非常活跃，因此，数据样本可充分反映市场价格水平。然而，艺术品拍卖成交的频率普遍较低，重复交易数据只占全部交易的很小一部分，因此采用该方法构建艺术品指数时样本十分受限，且存在选择偏差的问题。对于具有大量复制品的收藏品、交易频繁的热门艺术品来说，或在较长的研究时期（至少30年以上）内，适用此方法。

（3）特征价格法。

特征价格法基于艺术品的基本特征进行回归计算，如艺术家、创作时期、作品尺寸、主题、款识、成交地点等。该方法将艺术品价格变动中的特征因素进行分解，以显现出各项特征的隐含价格，并从价格的总变动中剔除特征变动的影响，达到反映纯价格变动的目的。

标准模型形式：

$$\log P_{i,t}=c+\sum_{k=1}^{K}\alpha_k x_{k,i,t}+\sum_{t=1}^{T}\beta_t time_{i,t}+\varepsilon_{i,t}$$

典型指数应用：Artprice艺术品价格指数、潍坊银行艺术品指数、艺拍指数—价格指数。

Artprice艺术品价格指数于1997年在法国创立，提供艺术品数据库、线上交易、新闻资讯、数据分析等服务。Artprice艺术品价格指数以1997年为基期，对其拍卖价格数据库中的拍品数据进行特征价格计算，得到艺术家价格指数。目前，Artprice艺术品价格指数分析涵盖了超过10000位艺术家的市场表现，用于反映艺术品（美术品）拍卖市场价格水平、投资收益预测以及价格。2018年1月，又推出了Artprice100指数，包含100位市场表现稳定可靠的蓝筹（blue chip）艺术家，用于有针对性地指导投资。

潍坊银行的中国艺术品市场拍卖价格指数和易拍全球研究院的艺拍指数—价格指数均采用特征价格法编制，基期分别为2010年和2007年，包括综合指数、地区指数、艺术流派指数以及艺术家指数，可与标准普尔指数、上证指数、恒生指数等进行同期走势对比。潍坊银行还基于特征价格法推出了中国艺术金融价格指数、潍坊画廊100指数。

采用此方法构建指数时可以选用几乎所有的艺术品交易数据，避免了重复交易法对样本的选择限制，并且可用此模型进行艺术品价格预测。然而，对艺术品特征变量的选择主要基于经验，不合理的设定会造成指数结果偏误。

（4）混合模型法。

该方法将特征价格法引入到重复交易模型中，扩大了低频交易的艺术品数据的可使用范围。典型指数应用：Artnet指数。

Artnet指数于1989年在德国成立，定位为线上艺术品交易与分析研究平台，2012年推出Artnet指数分析服务，包括艺术家个人指数、流派指数、Artnet市场综合指数。该指数的构建综合了特征价格法和重复交易法：首先对Artnet价格数据库中的美术作品进行分类，将年代、材质、尺寸等基本特征极为接近的作品划分入相似作品组，然后将相似作品组中每件作品的每次成交计入一次重复交易，进行指数计算。

混合法极大地扩充了样本适用范围，并且各系数估计值具有更小的标准差。但是，前期作品分组时的判断基于经验，并且由于引入特征价格法，对特征变量选取判断的问题同样会对指数准确性带来影响。

（5）信心指数。

艺术品市场信心指数的典型代表是Artprice于2008年推出的Art Market Confidence Index，简称AMCI。该指数参照美国密歇根大学研究中心的"密歇根消费信心指数"构建，以调查问卷的形式发放给Artprice全球范围的网站会员，收集其对市场前景和当下消费心理状态的主观回答，在计算时间点选取最近1000名参与者的答案为样本，并对答案进行赋值计算。

（6）溢价指数。

该指数的编制方法参考了香港恒生AH股溢价指数，表示一定时期内艺术品的实际拍卖成交价格超过其估价水平的相对数指标。溢价指数值越高，表明艺术品的拍卖市场整体热度越高，具有一定的先行意义，能够在一定程度上对下一期价格指数的走势提供参考。

标准模型形式：

$$Index_{pt} = \left(\frac{\sum_{i=1}^{N_t} \frac{P_{hi} - P_{ai}}{P_{ai}} / N_t - \sum_{i=1}^{N_0} \frac{P_{hi} - P_{ai}}{P_{ai}} / N_0}{\left| \sum_{i=1}^{N_0} \frac{P_{hi} - P_{ai}}{P_{ai}} / N_0 \right|} + 1 \right) \times Index_{p0}$$

潍坊银行的中国艺术品市场拍卖溢价指数和易拍全球研究院的艺拍指数—溢价指数均采用此种方法编制。在数据呈现方面，潍坊银行的艺术品溢价指数还采用了K线、均线图，完整记录并展现市场情况，与股市及期货市场接轨。

2. 艺术品指数的应用

艺术品指数的应用与其他指数相似，最直观的应用层面就是对市场进行分析及预测。由于利用艺术品价格指数可以进一步计算出投资收益率，因此，其在投资风险与收益方面成为重要工具。此外，以特征价格法构建的艺术品指数也在艺术品价格评估方面有所贡献，使得艺术品估价的方式在专家主观评定以外有了数理模型支撑的可能。

（1）市场分析预测。

天价拍品频出、白手套专场增多，这些现象能否说明市场价格水平上升？多件热点拍品流拍或低价成交是否意味着市场价格水平低迷？诚然，总成交额、成交率、平均成交价格等描述统计指标可以从一定程度上大致反映市场情况，但是，标准化了的艺术品指数能够排除艺术品的作者、材质、尺寸等特征因素的影响，使结果反映出纯价格随时间的变动趋势，比统计描述指标更加准确、可比较。

以中国书画价格指数及张大千价格指数为例：2007年春的中国书画价格指数为100点，到2016年秋的指数值为294点，这表示中国书画的整体拍卖价格水平在10年间增长了近2倍（图18-1）。同时，由于一般指数均选择100点作为基期指数值，便于观察分析不同艺术品类或艺术家在同一时期的价格水平走势，并且可以对其变动幅度进行直观比较。与基期2007年的100点相比，张大千个人价格指数的增长幅度明显高于整体中国书画价格指数，尤其

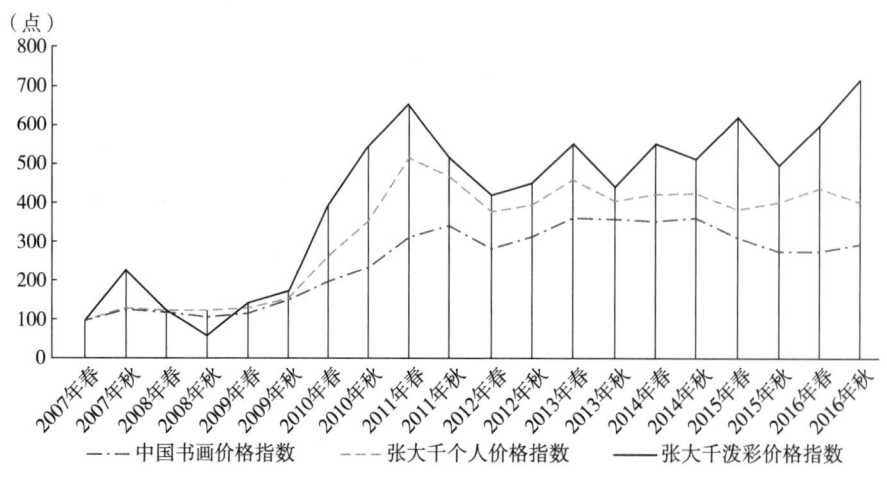

图18-1 中国书画价格指数及张大千价格指数

资料来源：《中国收藏拍卖年鉴2017》。

是其泼彩作品的价格指数涨幅最大，说明市场对名家精品的认可度更高。

（2）财富管理。

保值和增值是财富管理的核心。清华大学发布的《2018中国高净值人群财富白皮书》中提到，从投资需求来看，中国的高净值人群已经逐渐从最初的追逐高收益转向控制风险，他们认为资产的保值增值比单纯的快速增长更加重要。与此同时，艺术品逐渐成为高净值人群财富管理的重要组成部分。据德勤与ArtTactic联合发布的《2017年艺术金融报告》，在全球范围内受访的69位私人银行及家族财富管理办公室从业者中，有64%在过去一年中提供过艺术品相关服务。

在国内外商业实践及学术研究中，艺术品指数因其可以度量市场价格水平，成为计算艺术品投资风险与收益、资产配置优化选择的重要工具。表18-1展示了基于Artnet艺术品指数计算的不同艺术流派作品的复合年均增长率（CAGR）：一方面，通过对艺术品指数进行收益率计算，与股票、债券、黄金等金融资产的收益率进行同期比较。早期研究中，由于数据样本选取、时间范围界定以及计算方法有一定局限，得出的艺术品投资收益率的度量结果差距很大。随着模型及数据标准逐渐完善，后期大量研究认为艺术品投资在具有较高风险的同时，长期持有的收益较高且杰作的收益显著高于其他投资（石阳和李曜，2012）。也有学者（刘立安和张辉，2018）以2010—2016年的中国艺术品市场拍卖价格指数为研究对象，与同期的上证指数、创业板指数、上海黄金交易所黄金现货价格、债券等进行收益率比较，发现中国艺术品市场的风险与收益率均高于其他金融资产。另一方面，对艺术品指数与其他金融指数进行相关性分析，并通过建立向量自回归模型（VAR）、资本定价模型（CAMP）等进行联动分析，得出艺术品可作为风险分散工具，是传统金融资产的有效补充，有利于优化资产组合。其中，李东霖（2016）通过检验指出中国书画指数与上证指数呈负相关；Campell等（2004）以1875—2003年的梅摩指数、标准普尔指数及国债指数为依据进行最佳投资组合，发现18.21%的艺术品、27.69%的股票及54.1%的债券可以优化传统资产组合。

（3）价格评估。

长久以来，艺术品市场的高度不透明性成为阻碍艺术与金融进一步融合发展的一大痼疾，以艺术品价格的难以客观评估为典型代表。早在2002年，梅摩指数的创始人就指出，艺术品市场不符合"一价定律"，相似的艺术品在不同地理位置或拍卖行成交的价格非常不同。然而，无论是画廊、拍卖行等交易，还是艺术品质押融资、艺术品基金、私人财富管理或企业资产配置，抑或保险、税收、司法诉讼等，都需要对艺术品价格进行较为准确的估计。

基于特征价格法编制的艺术品价格指数为艺术品估价提供了一个传统评估方式以外的新方法。由于采用此方法编制的指数模型将艺术品的各项特征分解出其隐含的价格，因此，根据艺术品的作者、尺寸、创作年代、题材等详细特征，以及估价地理位置、时间、预期交易机构等信息，即可通过

表18-1　艺术品市场1年、5年、10年、15年的复合年均增长率（基于Artnet艺术品价格指数计算）

	1年的CAGR	5年的CAGR	10年的CAGR	15年的CAGR
欧洲古代大师艺术品	2.21%	1.72%	1.72%	3.69%
全球印象派艺术品	10.50%	−0.78%	−2.07%	1.54%
全球现代艺术品	3.62%	−2.50%	−2.43%	4.05%
全球战后艺术品	−0.98%	1.29%	−1.26%	7.12%
全球当代艺术品	7.45%	4.09%	2.04%	8.54%
中国书画精品	0.67%	−0.59%	9.17%	11.50%
20世纪及中国当代艺术品	3.74%	1.10%	3.19%	14.10%

资料来源：《2017年艺术与金融报告》，德勤与ArtTactic发布。

指数计算拟合出该艺术品的价格范围。目前，国外的Artprice和国内的易拍全球研究院、雅昌艺术市场监测中心等机构均可提供基于艺术品指数的估价服务，根据指数计算与相似作品之间的比较，结合专家的干预和微调，给出最终的价格评估报告。

3. 当下艺术品指数的问题

艺术品指数的研究已有将近半个世纪的积累，然而，其研究成果至今仍未得到广泛应用，尤其是在国内，艺术品指数的可靠性及有效性经常受到质疑。究其原因，主要有三个方面：

（1）数据的代表性有限。

目前，除了潍坊银行推出的画廊价格指数之外，其他主流艺术品价格指数均使用拍卖数据计算。Clare McAndrew执笔的《2018巴塞尔全球艺术品市场报告》显示，2017年，全球公开拍卖的艺术品成交量占47%，其余53%均为画廊、博览会等私人洽购，即艺术品市场有超过一半的数据无法应用到指数运算中。而在指数使用的这部分公开拍卖数据中，流拍的拍品价格并未被记入，因此，艺术品价格指数的样本仅考虑拍卖成交的作品，指数运算的样本有较大局限性。

（2）数据的准确性存疑。

由于假拍、拍后不付款等问题的存在，艺术品拍卖成交价格的真实性也存在隐患。中拍协发布的《2017年中国拍卖统计年报》显示，截至2018年5月15日，所有2017年在中国大陆成交的拍品中完成结算的拍品总额仅占总成交额的49%，而在1000万元人民币及以上成交的拍品中，完成结算的比例则降至28%。此外，不同地区、不同拍卖行的佣金比例各异，采集的成交价格数据容易将落槌价、成交价混为一谈，若数据清洗不彻底、标准不够统一，则会给指数结果带来影响。

（3）指数模型的完善度不足。

目前绝大多数指数研究聚焦于绘画作品，如中国书画、现当代油画、西方古典绘画等，更为广泛的陶瓷器、玉器、古典家具、雕塑、新媒体艺术等品类鲜少有涉及，使得艺术品价格指数的适用范围极其受限。尤其是对于采用特征价格法以及混合法编制的指数而言，这些极少涉及的艺术品类的特征变量庞杂、特征值不易标准化，也是构建更细致品类指数的难点所在。

4. 对艺术品指数未来探索的建议

（1）建立科学完整的艺术品价格数据库。

目前，业内知名度较高的艺术品价格数据库有Artnet、Artprice、LiveAuctioneers、Invaluable、雅昌中国艺术品数据库等。从用户范围及盈利情况来看，Artnet与Artprice的艺术品数据库公信力及认可度更高。以前者为例，Artnet艺术品价格数据库的订阅用户包括美国国税局（IRS）、花旗银行、安盛保险公司（AXA）、《华尔街日报》及《经济学人》等企事业单位、媒体、艺术市场研究机构、拍卖行、画廊、私人藏家等。反观我国，尚未有一个完整、准确的全球艺术品价格数据库，这也是阻碍艺术品指数发展的重要原因之一。

首先，一级市场的艺术品交易数据需纳入数据库建设。现有的艺术品价格数据库均基于拍卖数据，缺少一级市场中的私人洽购这部分重要数据。Artsy、Artnet等画廊线上聚合平台的发展将有助于提高一级市场交易的公开透明度，使得价格记录更加便于收录。其次，建议建立数据库信息收录标准。艺术品拍卖结果存在水分的问题长久以来受到诟病，若能通过与第三方机构合作等方式建立收录标准，排除掉不规范的拍卖机构或者拍卖行为，将极大地提高数据的严谨可靠程度。最后，数据库的建设需充分考虑到艺术品信息分类的准确合理性。当前，大多数的艺术品价格数据库建设采用爬虫程序抓取信息，结合编辑团队人工修正，耗时又耗力，且容易出现年代、尺寸、材质等信息混杂一团或者错位的情况。伴随着机器学习的进一步应用，结合专家设定的特征关键词，可以大幅提高艺术品各项信息的准确分类，便于展示及搜索。

（2）构建更为准确的艺术品指数。

国外学者更多地从数理层面对艺术品指数模型的优化深入研究，尤其对特征价格法的模型讨论更为广泛。

在特征变量处理方面，有学者采用两步特征价格法对"艺术家"变量进行处理（Kräussl and Elsland，2008）。传统方法是将"艺术家"变量设为虚拟变量，但是，当艺术家数量达到几百位时，方程中自变量的个数就会变得非常庞大，从而降低模型的稳定性。优化后的方法以"艺术家知名度"变量代替"艺术家"虚拟变量，采用两步特征法进行估计。

在误差解释方面，有学者指出由特征价格法编制的艺术品指数的误差为非高斯分布（Hodgson and Vorkink，2004），最小二乘法不能有效估计，使用t-分布来表达的效果更为理想（Bocart and Hafner，2011）；为减小指数波动性，可尝试使用最大似然估计法结合卡尔曼滤波进行优化（Bocart，2013）。

国内推动艺术品指数模型优化的数理研究十分缺乏，建议未来可在已有研究的基础上推进计量经济学层面的研究，减小模型误差，扩大数据样本适用性。

（3）完善艺术品价格指数体系。

将一级市场的艺术品交易数据加入指数体系这一呼声已成为国内外业界的共同诉求。目前，可公开查阅的引入画廊数据的艺术品指数实践仅为潍坊银行发布的"潍坊画廊100指数"。该指数采用特征价格法进行编制，以2015年为基期，每月更新一次。数据样本来自潍坊银行授信画廊，选取其中100家有代表性的画廊，收集艺术品交易价格信息供指数计算。

在引入一级市场数据层面，两种思路或许可供未来探索。一种思路是参考潍坊银行的实践，建立单独的一级市场艺术品价格指数，如画廊指数、艺博会指数、古玩市场指数等，选取合适的变量及模型算法进行指数编制。另一种思路是基于现有指数种类及模型框架，将艺术品拍卖数据与私人洽购交易数据共同组成样本，进行指数计算。这一方法能够反映某类艺术品或艺术家的整体市场价格水平，然而，一级市场数据的引入将增加时间、地点、机构等新的变量，也会对指数模型的编制及计算带来挑战。

（二）中国艺术品市场：数据的基础障碍难以突破[①]

在艺术产业发展不断成熟、国家对艺术产业的日益重视的背景下，中国艺术品数据市场作为艺术产业发展的战略领域，更需要优化发展的重要手段与途径。

随着中国艺术品市场与互联网艺术金融的不断发展，数据作为一种重要的市场资源与资产受到业界及资本市场的广泛关注。可以说，中国艺术品市场的发展，又面临一次重要的战略发展机遇。

据《艺术新闻》（The Art Newspaper）报道，继苏富比拍卖行于2016年10月购入价格信息产品——梅摩艺术品指数（Mei Moses Art Indices）之后不久，线上艺术品数据平台及拍卖商Artnet宣布购入数据分析产品Tutela Capital SA。由于以上两项动作出自两家在全球艺术品市场具有领导地位的机构，我们应该从中意识到，必须对中国的艺术品数据市场的发展给予足够的关注与重视。

1. 中国艺术品数据市场发展的意义

以数据为基础，从宏观到微观分析艺术品市场，能够简约直接地反映其内在发展规律。为此，数据的战略地位（从现象分析的工具与手段，到数据是战略资源，再到数据的资产特性的优势），可以说也不断得到了强化。概括地讲，发展艺术品市场数据的重要意义主要有六个方面：

（1）有利于拓展艺术品市场的发展资源，扩大艺术品市场的资产水平与能力，使艺术品市场的发展更好地与艺术品资源市场及资本市场进行对接，推动艺术品服务市场与资本市场的介入力度，从而进一步推动艺术品市场形态的提升。

（2）有利于更好地认识艺术品市场，更好地定量研究市场，更直接地反映市场发展的状况与态

[①] 2017年2月21日发表于中国经济网。

势。艺术品市场数据在某种程度上提供了相对精准的信息，对于历史分析、趋势预测等提供了一定的量化参照。

（3）有利于更好地传播艺术品市场价值，推动市场信息对称与共享化，推动市场评判体系的建构。中国艺术品市场数据研究与应用本身是价值挖掘、发现的过程，数据信息一体化可以促进市场一体化，实现市场供给与需求同步，推进市场的健康可持续发展。

（4）有利于提高艺术品市场的关注度。随着社会的发展，人们对艺术品消费有了个性化需求，运用数据能够实现艺术品市场传播的分众化、精确化。透过大数据，可以发现艺术品消费者的独特需求，从而提供个性化服务，让受众对艺术品更加认同。

（5）有利于更好地为艺术品市场提供精准服务。利用大数据可以高效分析艺术消费信息并作出预判，深入理解艺术品市场受众的喜好和需求。提供艺术品或艺术品市场服务的企业可以利用艺术品市场数据进行精准营销，为投资人提供市场发展动向，帮助其找准投资方向。

（6）有利于为政策制定与管理决策提供支撑。了解艺术品市场的内在发展规律，有助于政府提出一系列解决方案或计划，进而规范市场。有价值的艺术品市场数据也可以为企业或投资者提供方向性思路，指导其了解艺术品行业整体发展趋势、规律和前景，确保其做出明智的业务决策，及时调整方向。

2. 中国艺术品数据市场发展的现状

虽然艺术品数据市场发展受到越来越多的关注，尤其是资本市场的不断垂青，但关于艺术品市场数据发展的基本现状并不乐观。除了潍坊银行做出的最新实践探索以外，对此，我们可以从以下三个层面进行简要的分析：

（1）目前，中国艺术品市场数据的挖掘层面较肤浅，基本上还处于现象分析与点的应用这个层面，具体讲，主要应用于以下三个方面：①艺术品鉴证溯源。构建艺术品鉴证质量溯源体系，是遏制艺术品鉴定乱象的有效手段。目前，无损分析、样本检测等大量现代科技手段被用以确定艺术品材质，为艺术品鉴定提供了精确的信息和数据。雅昌综合传统鉴定和现代鉴定优势发起的中国艺术品鉴证备案，通过对书画作品作者本人经验鉴定、高清图像采集、作品DNA数据提取、数据存储备案、国家版权局登记备案等措施，为艺术品建立身份信息，并将所有鉴证资料整理分类入库，建立了中国艺术品鉴证数据库并提供全球查询平台。②艺术品市场行情描述和艺术品估价。国内已经发布的艺术品指数包括：使用平均价格法的雅昌指数、中艺指数，使用重复交易法的雅昌当代书画50指数，使用特征价格法的潍坊银行中国艺术金融价格指数。其中，特征价格法可以全面考虑各种影响艺术品价格因素，是目前最为合理的艺术品价格指数。利用该方法，还可以为艺术品精准估价，帮助市场参与者把握艺术品价格变动，实现理性交易。③艺术品市场预测。通过追踪及量化艺术品价格而建立预测模型、预判未来市场走势的景气指数是市场风向标，可以为投资者预报未来市场形势，投资者可根据其升降判断宏观行情和相关艺术品价格变动趋向，从而抓住投资机会。其中，雅昌发布的先行指数由先行指标以及同步指标构成，具备了半年期的预测功能。

（2）艺术品市场数据的挖掘性应用基本上还没有展开，如客户的精准分析、精准挖掘，客户的信用分析与管理，风险的识别与管控等仅仅处在研究层面，其功能的发掘与应用还没有进入重要的规划中，离具体的落地实施还有不小的距离。

（3）艺术品市场数据作为一种新的战略性资源与重要资产，目前还未得到足够重视。比如，不少艺术品投资机构及信息服务机构还没有很好地建立起以数据为核心的资产管理体系，而只是把数据作为一个支撑性的业务与手段，将其边缘化。

3. 中国艺术品数据市场发展过程中的问题

虽然中国艺术品数据市场作为整个市场体系下的重要的细分市场，其战略意义被越来越多的市场与机构所关注与认同，但由于艺术品市场数据长期以来并未得到足够重视,目前存在与积累的问题也比较突出。总的来说,问题体现在以下五个方面:第一,对艺术品市场数据发展的重要性、战略性认知不到位,甚至有所缺失,还没有把艺术品市场数据纳入市场资源与资产的战略高度去认知、分析与布局。第二,艺术品市场数据的基础障碍难以突破。在大数据技术体系内,艺术品市场数据具有鲜明的独特性。艺术品市场中的大量数据为私密数据,尤以画廊业数据和私下交易数据表现最为明显,而以拍卖行数据为代表的公开数据往往存在造假或"掺水"问题。艺术品市场数据数量有限、质量较差、透明度低,使市场使用者往往对其望而却步。第三,数据库不完备。艺术品种类繁多、数量巨大,建立全样本数据库工程浩大。由于艺术品市场数据库建设时间不长,艺术家备案意识缺乏,数据库无法与所有交易机构达成合作。加之目前艺术品市场赝品和劣作泛滥、炒作现象层出,艺术家及艺术品的入库标准及入库信息真实性甄别等问题都有待解决。第四,科学性的研究方法在研究应用中难以展开。艺术品本身存在的异质性使量化分析难度极大,由于影响艺术品市场的因素极多,且都会对艺术品交易产生深刻影响,致使各类指数和估价量化模型都有局限,具体算法和逻辑关系还需经过长期验证。此外,艺术品产业在国民经济中处于边缘位置,艺术市场历来是小众的市场,也造成了长期以来以数理研究为代表的科学方法在该领域的应用缺失。第五,由于艺术品市场及艺术金融发展过程中存在的问题,使艺术品市场数据的原因容易湮没在问题之中,特别是艺术品市场数据的资源特征、资产特性及估值更是容易出现"遮蔽"现象,要素市场与资本市场的价值发现需要较强的能力,存在较高的门槛。

4. 中国艺术品数据市场发展的趋势

中国艺术品数据市场发展的现状与存在的问题并不能改变中国艺术品数据市场发展的趋势,可概括为以下五方面:第一,从分析应用层面不断向资源、资产的战略方向转变。越来越多的市场与机会介入这一转化过程,并获得发展的先机,从而引发艺术品服务市场的洗牌,新格局的建立已经箭在弦上。第二,从研究层面转向市场化应用。随着信息化技术的进步,大数据作为最重要的互联网资源正得到越来越多的重视。随着数据的不断积累与深入挖掘,其商业化价值和市场化功能日渐凸显。伴随着市场参与者对市场交易数据依赖度的日益提升,艺术品市场中的数据性产品必然会成为炙手可热的商业化产品。第三,从边缘市场走向大众市场。历史发展及技术进化的经验表明,崭新的、陌生的技术会在使用者日渐增多的过程中很快成为习以为常的工具,以技术手段作为支撑的中国艺术品数据市场同样会遵循这样的规律。第四,更多的研究机构参与研究探索与跨界开发。相关研究机构积极将数据市场作为重要的挖掘市场,跨界融合与开发不可阻挡,除了产品应用开发外,各种服务及其标准的开发将会不断发展,因为这项工作既符合国家当前对技术成果转化的支持与提倡,也符合企业寻求进步的创新精神和商业盈利目标。第五,随着中国艺术品市场深层化、成熟化,特别是随着国家对艺术产业的重视,中国艺术品数据市场作为艺术产业发展的战略领域,更需要优化发展的重要手段与途径,新的艺术品产业业态会不断涌现,新的机遇与机会将受到越来越多的关注。

第十九章　艺术品集保案例研究

> 艺术品集保是艺术金融支撑服务体系的重要组成部分：一方面，它是艺术金融业态不断发展的组成部分；另一方面，它又是艺术金融创新发展模式的重要基点。近年来，艺术品集保中心的不断发展已受到广泛关注，该业态在艺术金融发展中的地位与作用日益凸显。

一、案例简介：艺术品集保

近年来，伴随全球艺术品市场以及艺术金融业务的蓬勃发展，各方对于专业艺术品集保服务的需求旺盛。与此同时，由于艺术品集保行业具有高门槛、高风险的特征，并且缺乏相应完善的行业标准和监管制度，使得很多资本与企业望而却步、难以进驻。作为艺术品流通的中心枢纽，艺术品集保服务是艺术市场的重要一环，可对艺术产业整体的发展起到不可忽视的作用。因此，艺术品集保急需进行产业升级。

本章选取美国的克洛泽艺术公司（Crozier Fine Arts）、日本的寺田仓库公司（寺田倉庫株式会社，Warehouse Terrada）、美国的阿西斯公司（ARCIS）三个艺术品集保行业的代表案例进行研究分析，以梳理案例企业的发展路径为切入点，理解行业面临的主要挑战，归纳总结艺术品集保企业的主要业务类型、流程与标准规范，系统研究艺术品集保行业如何创新发展与产业升级。在具体的案例研究分析过程中，应特别注意以下几个重要问题：

（1）艺术品集保行业的现状。
（2）主流艺术品集保企业的业务、流程与规范。
（3）案例发展的创新与特色服务。
（4）艺术品集保产业的升级策略。

二、案例描述：艺术品集保业态现状[①]

艺术品集保，即艺术品的集中保存与保管，是基于艺术品仓储（art storage）而发展起来的产业形态。根据经营业务的形式，艺术品集保企业主要可分为两种类型：第一种是艺术品销售机构及艺术金融机构的配套设施，如拍卖行、银行、文交所等机构配备的艺术品集保库；第二种是专业的艺术品集保企业面向私人藏家、画廊、博物馆和美术馆、银行、财产管理顾问以及艺术品个体经销商等提供服务。第一种类型下的艺术品集保设施定位为公司主营业务的支撑，服务面向公司客户，规模较小，能够解决艺术品流通的安全存储、品质保障、保险覆盖等问题，但是其作为配套设施，集保机构的投入高且风险较大，因而更多的机构选择成为专业的第三方艺术品集保企业，而这也是本部分的主要考察对象。

艺术品集保行业具有多种发展路径，有的企业是从大宗仓储行业逐渐进入艺术品集保领域的（如寺田仓库公司）；还有相当一部分专业艺术品集保企业是从艺术品物流做起的，随后在硬件方面提升，开展艺术品集中保管的业务（如克洛泽艺术公司）；此外，还有依靠自由港与保税区的优惠政策发展艺术品集保业务的（如阿西斯公司）。

---

① 本部分执笔人：贾晓贝（首都师范大学历史学院博士生）。

(一)从大宗仓储行业进入艺术品集保

寺田仓库公司于1950年在日本东京成立,最初以经营粮食储藏为主业,是日本最早从事仓储事业的公司之一。1975年,寺田仓库公司开始开展艺术品集保业务,是日本最早提供专业艺术品集保服务的公司之一。寺田仓库公司在艺术品、影像音乐媒体、酒类等专业物品的保存、保管方面的技术成熟,获得了业界极高评价。

寺田仓库公司的服务不局限于一般仓储的保管业务,其在挖掘、保存物品的附加价值方面不遗余力,善用空间与跨界创新,积极展开文化艺术消费的相关事业,服务范围覆盖网络平台、实体仓储、文化产业、创意空间、活动策划运营等。寺田仓库公司以东京的天王洲岛(Tennoz Isle)为根据地,对这片临近东京湾的沙洲进行区域设计与升级改造,逐渐将天王洲岛营造成为时尚潮流聚集的文化艺术热点地区。

2016年,寺田仓库公司成立旗下公司寺田艺术助手(Terrada Art Assist),旨在为全球多样化的艺术产业提供便捷的一站式解决方案。在硬件方面,其所有设备均针对艺术品的特性进行设计,建筑采用抗震结构、气体式防火设备、高于水平面的楼面以预防海啸威胁等。仓库温度全年控制在18至22摄氏度之间,湿度在45%至55%之间。在安全方面,通过安保人员与安防系统全天候守护、层层把关,严格管控人员出入。寺田艺术助手的艺术品集保业务主要包括以下内容①:

1. 国内与国际运输

包括海关清关手续、包装、海外运输板条箱、运输保险等。

2. 艺术品仓库

基于数十年经验,其艺术品存储技术高度专业化,仓库空间挑高充足,可以存放各种类型、尺寸的艺术品。

3. 线上艺术品管理

专业人员对藏品进行专业摄影、尺寸测量、信息录入,在线上艺术品管理系统中建立完整的藏品数据库,客户可以通过网络进行藏品查看与管理。

4. 艺术品展示、安装及包装

可以为博物馆、画廊、艺术博览会、私人住宅等提供艺术品展示、安装,还提供一系列支撑服务,包括包装、装框、仓储箱准备、艺术品搬运等。

5. 艺术品修复

专职艺术品修复专家可对各种艺术品进行修复。其修复实验室配备世界一流的摄影工作室,可以拍摄高清照片,以便对艺术品进行状况评估。

6. 艺术品保险

提供全面的艺术品风险管理,覆盖运输、储存、展览、包装和修复等环节。此外,还提供艺术品保险服务,与其合作的保险公司有美国国际集团(AIG)、三井住友海上火灾保险集团、东京海上日动火灾保险有限公司等。

7. 展陈空间

配备两个展陈空间,一个是毗邻艺术品仓库的寺田艺术空间(T-Art Hall),可用于展览、拍卖和各种艺术活动;另一个是寺田艺术综合体(Terrada Art Complex),包括7个画廊,汇集了各种各样的艺术形式。

8. 熏蒸设施、风干室

基于日本的气候特点,配备了熏蒸系统,防止艺术品受到霉菌和害虫损害;专门设有风干室,以使艺术品适应仓库的温度和湿度。采用与国家级博物馆水平相当的专业设备,可为客户提供最佳的艺术品保护服务。

9. 艺术类活动策划及运营

若有举办展览或接待会的需求,可提供从前期策划到现场运营的全面支持。

---

① 本部分内容整理、翻译自寺田仓库公司官方网站:https://terrada-art-assist.co.jp/。

10. 自由港与保税仓库

对于日本与新加坡两地间的运输,客户可使用新加坡自由港的保税仓库。保税仓库可用于临时存储从海外运达的物品,无需执行海关程序,存储的物品享受免税待遇。

11. 其他附加值服务

包括艺术品估值、销售代理、财产继承咨询顾问等。

(二)从艺术品物流进入艺术品集保

1976年,克洛泽艺术公司成立于美国纽约,创立初期定位为艺术品物流公司,1983年开始提供艺术品集保服务。伴随着艺术市场的快速发展,克洛泽艺术公司成为艺术品集保和物流行业的引领者以及行业标准的倡导者。2016年,克洛泽艺术公司被专注于数据存储安全的美国上市公司铁山集团(Iron Mountain Incorporated)收购。随后,克洛泽艺术公司与行业细分市场的成熟企业合并、联合,进行了一轮规模扩张,打造国际影响力。如今,克洛泽艺术公司在全球10个区域市场布局有19处仓库设施,运营超过130万平方英尺的仓储空间。公司拥有由80余辆专业艺术品运输车辆组成的车队,服务覆盖北美、英国和欧洲大陆。

克洛泽艺术公司为艺术品管理提供全周期的支持服务,包括从最初购买到最终销售。公司主要业务包含以下内容[①]:

1. 艺术品仓储

客户可以在隐私保护措施下查阅他们的藏品。艺术品专用仓库符合美国国家消防协会标准,获得了主要的艺术品保险公司的批准。其采用严格的库存管理程序,配备闭路电视、门禁、保安人员、烟雾探测和灭火系统,专业人员全天候响应警报。

2. 现场服务

技术人员可到客户指定的安装现场进行实地考察,以评估艺术品、存放位置和建筑的要求,然后制订详细的安装工作规划,以确保后续能够准确、高效地完成现场工作。

3. 安装

技术团队统一着装,开始安装前会为场地准备防护材料,完成安装后会将场地还原到初始状态。

4. 运输

在美国提供短途、跨区域及全国运输服务。提供克洛泽艺术公司特定分支设施之间的免费班车服务、前往美国主要艺术市场和博览会的经济班车服务,并可为特殊需求开辟专用运输线路,从而确保安全、及时地运输各种艺术品。

在国际运输方面,克洛泽艺术公司与满足高安全标准的一流专业团队进行合作,遵循国际法规并全程监督、协调艺术品的运输,全程保障艺术品安全。

5. 包装制作

精心设计和定制板条包装箱,以便在存储和搬运过程中为艺术品提供最大限度的保护。克洛泽艺术公司在美国有6个设备齐全的板条箱制作部,在欧洲有1个,均可为保护艺术品提供定制方案。

6. 展陈画廊

公司多地的设施都能为客户提供一系列展陈空间,适合临时展示和进行私人洽购。客户预约展陈空间后,克洛泽艺术公司将与客户一起酌情制定安全展陈规定。经验丰富的团队会对画廊进行配置,并调整照明,以使参观者获得最佳的观看体验。

7. 组装制作

对于需要组装艺术品的客户,克洛泽艺术公司会对初始材料的选择提出建议、与合适的第三方供应商联系并提供全面管理——尤其是对于大型和全球性展览项目。

在各项服务的基础上,克洛泽艺术公司可为不同类型的客户提供个性化解决方案,从单件艺术品到庞大的机构收藏品,都有工作人员与客户共同制订解决方案,最大限度满足客户的细节要求。其服务领域覆盖博物馆与机构收藏、艺术家创新支持、

---

① 本部分内容整理、翻译自克洛泽艺术公司官方网站:https://www.crozierfinearts.com/art-logistics。

项目管理、遗产保护、藏品管理、危机处理、工程设计以及教育与培训等方面，可为客户提供不同的解决方案。

（三）基于保税区的艺术品集保

阿西斯公司于2018年在美国纽约哈林区开业，是纽约市第一家免税的艺术品集保机构，其仓储建筑为满足艺术品保藏而进行特别设计，有5层空间，共11万平方英尺，耗资5000万美元，并被指定为对外贸易区（Foreign Trade Zone，FTZ），即艺术品在该设施内的存储、展示、销售等活动享有免税待遇。类似性质的自由港或保税区设施在新加坡、瑞士、卢森堡和美国特拉华州等地均有运营并广受欢迎。

阿西斯公司的艺术品集保业务主要包括艺术品存储、展陈以及辅助服务[1]。在仓储环境方面，提供私人存储空间，面积从50平方英尺到超过1万平方英尺均可选择；若对存储空间有特别要求，专业设计人员可以在现场协助进行自定义调整；若对空间大小的需求出现变化，每月都可以进行调整；提供最先进的电子化库存和状态跟踪系统；超高存储空间，高度可达18英尺；配备独立的预作用干式灭火系统，最大限度保护艺术品的安全；配备全景式监控防盗和火灾报警系统。

在展陈空间方面，阿西斯公司拥有5间不同规模的画廊展陈空间，可供客户按全天或半天预约使用，如举办拍卖预展、私人洽购、开幕活动等；提供360度无障碍展陈视角，观看高度可达18英尺；全面采用德国欧科专业建筑照明灯具；配备全自动起重机，可移动约2吨重的雕塑等艺术品。

此外，阿西斯公司还提供艺术品集保业务相关的辅助服务，包括预约专业人员进行艺术品搬运；指定地点的定制安装；出具艺术品状态报告及库存报告；定制包装和板条箱制作；国内和国际运输的物流协调；美国联邦运输安全管理局（TSA）认证的货物检查设施；对于本地艺术品运输，还可提供配备GPS跟踪、气候控制系统及空气悬挂的专业卡车；拥有2个全封闭的装载湾，便于艺术品的运输。

三、案例研究：艺术品集保产业升级之路[2]

近年来，艺术品集保行业在全球范围内蓬勃发展，据统计，其每年的营业额可达10亿美元，并且仍有不断升高的趋势。究其原因，伴随全球艺术市场的复苏与新业态的生发，艺术市场各方对于艺术品安全专业存储的需求是重要推动力。藏家、画廊、拍卖企业、博物馆和美术馆、银行、基金证券公司、文交所等都是艺术品集保的需求方。

对于藏家而言，私人宅邸空间有限且存在安全隐患，将艺术品存放于集保设施中更加可靠，而且不会过度引人注目。对于画廊而言，在展览和博览会之间需要有足够大的专业空间放置库存艺术品，以供周转。对于提供艺术品借贷等艺术金融业务的机构而言，集保库的专业条件符合保险公司要求并且能够抵御一定风险，适合存放高价值的艺术品。对于艺术品个体经销商而言，他们甚至可以租用集保设施的展陈空间以代替画廊的作用，邀请客户前来观看艺术品并进行洽谈。一些集保库还享受保税政策，具备免税功能，大大节省了收藏、销售和投资的成本。

（一）主要挑战

艺术市场对于艺术品集保的需求十分旺盛，但是专业、成熟、品牌化的艺术品集保企业却依然屈指可数，在国内更是凤毛麟角。作为艺术品流通的重要纽带，集保服务尤为关键，然而，由于行业的门槛高、风险大，同时也缺乏相应的行业标准和监管制度，使得很多资本与传统企业对此望而却步。

艺术品集保行业的高门槛来源于高投资、专业化强，并且从建筑空间设计制造、设备采购到人员招聘培训、业务流程制度及标准规范的设立，都需要专业人员参与。在硬件层面，艺术品存储空间不同于普通大宗货物的仓库，对空间的温度、湿

---

[1] 本部分内容整理、翻译自阿西斯公司官方网站：https://www.arcisartstorage.com/about-us/。
[2] 本部分执笔人：贾晓贝（首都师范大学历史学院博士生）。

度、灾害防护甚至光线都有极高的要求，不同类型艺术品的需求也不同，需要在硬件方面做出定制化调整。

艺术品集保行业的高风险来源于两个方面：一是艺术品自身的异质性、脆弱性与高价值，一旦发生破损就会造成巨大损失，且大多数情况下无可挽回；二是相关保险、法律制度、规范标准等支撑体系仍不完善。在运营层面，缺乏权威的规范与标准体系，尤其是国内在艺术品及贵重物品存储行业还没有完整的、与国际标准接轨的安防及运营方面的技术规范及行业标准。值得期待的是，2018年，公安部检测中心牵头启动了"艺术品及贵重物品存储安全防范技术规范制定"相关工作，基于上海国际艺术品保税服务中心项目开展，放大上海自贸区在文化产业领域的引领示范作用，树立起了相关行业技术规范，可进一步推动我国艺术品产业向规范化方向发展并实现能级提升。

（二）艺术品集保业务、流程与规范

1. 业务内容

综观世界范围内主要的艺术品集保企业，其业务内容一般不局限于艺术品存储，还会由存储延展至上下游链条的各环节，包括线上及线下藏品管理、展陈空间、会客室、艺术品修复、运输、场地评估、安装、艺术活动策划及运营、保险、艺术品估值、销售代理、财产继承咨询等服务。

由于客户类型广泛，对集保服务的需求差别较大，艺术品集保企业还会针对客户特点提供细分解决方案。具体而言，对画廊、博物馆和美术馆等收藏机构，提供过渡存储空间与适用于大规模存储和运输的管理系统；对个人藏家及投资顾问，提供个性化保管、保险咨询、艺术品状态报告、专业摄影、估值管理、贷款协议协调、资产证券化的监管服务等；对财产保护及管理者，提供定期藏品状况检查和事故预防措施；对艺术品个体经销商，提供展陈空间、活动策划运营、茶艺会客室等。此外，还可提供针对意外事故的应急管理方案以及支持艺术家创作的工作室空间等。

2. 业务流程

艺术品集保服务高度定制化与平台化，企业通过细致周到的专业服务赢得客户的信任。以寺田仓库公司为例，其线上艺术品集保服务流程主要包括以下步骤：

（1）会员注册：在网站输入姓名、地址、电子邮件地址、信用卡等信息进行注册。

（2）预约咨询：在网站会员页面提交申请，包括待存储艺术品的信息、提交艺术品的方式（上门取件或到店提交）、计划提交艺术品的日期和时间。随后，会有专人联系并进行细节信息确认。若选择上门取件，专业人员会按照约定上门包装并取走艺术品。

（3）制订集保方案：根据存储艺术品所需的最佳空间尺寸，公司会与客户沟通存储方案的报价。客户还可根据需求定制附加服务，包括艺术品出库、提取/查阅所存艺术品、熏蒸处理、艺术品状况报告、修复、运输等。双方同意后，生成最终集保方案。

（4）创建数据库：专业人员对艺术品进行测量与状况检查，将信息录入系统。可为每件艺术品拍摄不超过10张高清照片，并上传至系统保存。

（5）客户可以通过网络随时随地查询所存艺术品的信息与状态，并进行管理。

3. 标准规范

虽然艺术品集保行业没有形成统一的行业权威标准，但是业界主流企业在仓库硬件、流程内容、客户隐私保护等方面均遵守一定的标准与规范。

在硬件标准方面，艺术品集保的仓储空间大多配备有温/湿度控制系统、烟雾探测和灭火系统、全天候视频监控、门禁识别、入侵检测警报、备用动力系统等。严格的空间硬件要求一方面是为了保护艺术品免受损坏，另一方面也是为了满足保险公司的承保要求。以克洛泽艺术公司为例，其仓库设施不仅符合美国的国家消防协会标准，还受到安盛艺术品保险公司（AXA ArtProtect）的认可（安盛保险全球风险评估平台可从多角度对商用艺术品存储设

施的质量进行评估,包括物理安全、消防、环境控制、管理监督、库存控制和应急计划等)。

在客户隐私保护方面,须全程谨慎对待客户的信息,并将保密义务视为服务基础。以佳士得艺术品集保服务为例,客户信息绝不会向授权工作人员以外的人共享。客户在访问仓储空间或查阅委托艺术品时,将会受到严格的隐私保护措施,该客户只会与服务人员互动,不会遇到其他客户或被他人得知所存储艺术品的信息。

在流程内容方面,采用项目管理方式对定制化服务进行时间与工作内容的规划。以克洛泽艺术公司的服务项目为例,每份项目计划包括:服务概述(包装、运输、存储等的选项)、预期费用、所需材料、物品清单、突发事件应对方案、项目活动时间表等,并且每个项目计划都有明确的里程碑标志,以便及时进行状态更新。

(三)产业升级策略与启示

1. 细分解决方案,树立行业标准

艺术品集保是高度定制化的服务,不仅在于艺术品本身存在的异质性,更在于客户类型及其服务诉求各不相同。据统计,克洛泽艺术公司仓库中存储的私人藏品大约占35%,其余藏品来自博物馆、画廊、银行和不动产机构等。作为全球领先的艺术品集保和物流企业,克洛泽艺术公司针对各领域客户提供细分解决方案,全方位满足不同客户需求。

为最大限度满足客户的细节要求,克洛泽艺术公司推出一系列细分解决方案。具体而言,博物馆及机构藏家一般拥有数量庞大的艺术品,克洛泽艺术公司为此类客户提供的服务主要包括:因搬迁等原因重新安置整个馆藏、展览协调、创建适用于大规模存储和运输的管理系统、为馆长和策展人等提供专业技术支持。对于需要进行艺术品财产保护的客户,尤其是信托和遗产顾问及执行者,克洛泽艺术公司通过建立意外预防措施和例行藏品状态检查,可为艺术品财产的传承保驾护航,主要服务包括藏品信息调查、状态报告、展陈环境评估、安装检查、框架和玻璃复查以及补救服务,如重新安装、重新装框、临时过渡存储、修复等。此外,还有艺术家创新项目等。

对于不同环境下的藏品,无论是在集保库中、运输途中还是在特定地点,克洛泽艺术公司可根据具体需求提供藏品管理服务,以满足客户对艺术品的收藏与投资需求。服务包括个性化保管、库存管理、保险咨询、艺术品状态报告、专业摄影、估值管理、贷款协议协调、资产证券化的监管服务、应急方案、硬件和保藏环境评估等。而对于火灾或水灾等紧急情况,克洛泽艺术公司可在第一时间提供危机处理所需的必要信息和资源,在48小时内将受灾艺术品转移到专用的稳定环境中,随后进行修复或保护。克洛泽艺术公司与保险公司和损失理算师合作,可最大程度地降低风险,并保护艺术品的安全。

与此同时,克洛泽艺术公司通过举办艺术品集保相关的教育培训,成为行业标准的倡导者与制定者。自2008年起,克洛泽艺术公司面向全体员工进行艺术品搬运操作培训,针对艺术品之间的巨大差异与层出不穷的细节需求,使员工在工作中对搬运艺术品的相关操作有所了解,并能够应对临时出现的挑战。随后,这项专业性与实践性俱佳的培训广泛扩展至学生、相关从业者以及行业协会。克洛泽艺术公司为包括苏富比艺术学院、纽约大学在内的学生提供教学,为小型非营利艺术空间、主要文化艺术机构和商业画廊及相关专业人士提供指导,还对美国评估师协会、美国艺术品交易商协会等专业协会提供支持,促进行业最佳实践。

2. 跨界融合创新,延长产业链

仓储行业是比较典型的传统行业,主要是一种为企业大宗客户提供物理存储空间、保管货物的经营模式,产业形态较为保守。以日本寺田仓库公司为代表的艺术品集保企业虽然起步于大宗仓储行业,但是并没有局限于传统行业的运营方式,而是主动进行产业升级。自成立以来,寺田仓库公司一直在积极尝试跨界融合、创新商业模式、引入互联

网经营等，以个人客户为中心延长产业链条，持续扩大影响力。

（1）产学研合作，为创新提供源源不断的内生动力。

一方面，寺田仓库公司与日本的高校及科研机构进行合作，致力于对物品的保管技术进行研究，确保为客户呈现最佳保藏环境，提高存储艺术品的品质。东京艺术大学、山梨大学、横滨艺术设计学院等均是寺田仓库公司的合作方。其中，寺田仓库公司与横滨艺术设计学院在东京天王洲岛合作开设了艺术品修复课程，为未来有志于从事艺术品修复的学生提供理论知识与实践教学。另一方面，寺田仓库公司与各种社区组织建立合作伙伴关系，以期不断传递价值与影响。这些组织包括东京艺术博览会、日本文化视觉、横滨美术馆、松竹剧场有限公司、横滨三年展等。

（2）创新商业模式，延伸业务链条。

为使老仓库焕发新活力，寺田仓库公司引入线上经营模式，客户通过网络就可以进行艺术品集保服务预约、个性化方案定制及报价、藏品状态查询、线上管理等，还搭建了电商平台，以方便艺术品租赁销售以及颜料画材的购买。在线下，寺田仓库公司除了打造高品质的集保服务之外，还延展业务链条，将触角伸向了颜料画材实验室、艺术家工作室、画廊、茶道会客室、艺术空间租赁等多种商业模式。以2015年开设的颜料画材实验室为例，其不仅出售种类繁多的优质颜料、笔刷、胶水等专业画材，还兼具研究教育机构、工作坊和博物馆的功能。颜料画材实验室的工作人员包括颜料画材方面的研究人员、艺术家以及创意制作人，他们从文化、历史背景、地理环境的影响和化学性质等多个方面对多种材料的配方和使用方法进行研究分析。在公共教育活动方面，该实验室定期举办创作工作坊、色彩与材料相关讲座、日本画装裱工作坊等，并充当博物馆的角色，收集、存储和展示珍稀颜料矿物石、毛笔、制作技艺等，旨在在分享前沿技术和物质材料知识的同时，传承保护历史文化遗产。

（3）盘活当地艺术产业。

天王洲岛原本是东京湾附近的一个杂乱偏僻的仓库区，寺田仓库公司以天王洲地区为中心提供艺术品保存和修护等经营性服务，还通过区域整体设计、基础设施翻新、当代画廊入驻、建造艺术家工作室、邀请品牌商家等方式进行区域改造开发，将天王洲岛转换为充满活力的文化艺术街区。寺田仓库公司不仅对天王洲岛进行了街区改造升级，更以此为平台，在藏家、艺术家和市场之间搭建起了一条纽带，涉足艺术市场运营，力争盘活当地艺术产业。

2014年起，寺田仓库公司以奖励年轻艺术家为核心理念，设立了"寺田艺术奖"，每年评选出8位优秀艺术家，为其提供奖金、创作材料、工作室的2年免费使用权，并帮助其作品在合作的艺博会以及寺田旗下画廊展出。从2015年开始，寺田仓库公司每年都在其艺术空间T-Art Hall举办艺术收藏展，为客户储存于寺田仓库公司的艺术品提供一个充分展示的专业平台。为确保展览品质，寺田仓库公司每年都会邀请知名策展人进行策划指导，并与美术馆、艺术博览会、画廊、拍卖企业、艺术家等开展广泛合作。每年的展览均受到业界广泛关注。2018年6月，万宝龙文化基金会（Montblanc Cultural Foundation）授予寺田仓库公司"第27届万宝龙文化艺术赞助奖"（以往的获奖者包括威尔士亲王、小野洋子、坂本龙一等），该奖项充分肯定了寺田仓库公司对于支持年轻艺术家以及对艺术产业发展带来的重要影响。

3. 依托保税优势，加大科技助力

近年来，免税存放艺术品的保税仓库在全球范围内快速发展，包括瑞士、新加坡、摩纳哥、卢森堡等地先后兴建起自由港。一方面，艺术品经销商和藏家寻求进行私人的免税交易，卖家只要将艺术品存放于保税仓库，就可以邀请来自世界各地的潜在买家前来观看，从而决定是否购买以及将艺术品运送到哪里。很多时候，艺术品的交易就是从一个保税仓库移动到另一个保税仓库，只要艺术品还在保税区域中，就不需要被征税。另一方面，伴随着艺术金融的蓬勃发展，从事相关业务的金融类机构对保税仓库的需求也与日俱增。美国银行、德意志银行、瑞银集团等均提供艺术品质押贷款，也是自由港保税仓库的主要客户。

随着美国对文物艺术品征收新的关税，纽约首个艺术品保税仓储机构——阿西斯公司的市场需求激增①。2019年，美国对中国文物和艺术品征收关税。随后，世界贸易组织裁定美国可以对欧洲商品征收新关税，包括对从德国和英国进口的石版画和照片加征25%的税。作为世界瞩目的艺术中心，纽约是艺术品交易与流动的热点地区。相较于美国其他的艺术品集保企业，阿西斯公司最大的优势是能为当地艺术市场提供便利的艺术品免税存储及辅助服务。

阿西斯公司的另一大亮点就是对高科技的投入较大，可为存放的艺术品提供更高安全标准的保护。首先，进入阿西斯公司之前，访客须在前厅通过虹膜扫描仪和血管扫描仪检测，才能前往问询台。进入大堂后，工作人员会核查每一位访客的身份，然后发放临时门卡。其次，由于阿西斯公司所处区域易发生洪涝灾害，为此，该建筑的备用发电机采用天然气而不是靠柴油运行，以确保随时都能为建筑设施提供服务。阿西斯公司不仅在仓储空间内配备了温湿度控制以及先进的防火、防洪和防盗系统，藏家个人存储空间的钥匙状态也都会被实时追踪。为了保证空气质量，建筑内部的空气还会根据活动情况每小时更新3至6次。

除此以外，阿西斯公司还提供有助于艺术品展示和管理的设计。一楼配备有5个规模不同的展陈空间，按照切尔西区的画廊标准进行装潢设计，LED灯可以按客户需要的精确频谱及镜头进行组合，以达到最好的照明效果。客户可以租用这些空间，用以展示艺术品、进行拍卖预展或者组织私人洽购活动。一楼还有隔断空间可供出租，房间里布满了艺术品，并配备笔记本电脑。画廊经营者可以以更低的价格在这里进行艺术品登记录入工作。

综上所述，艺术品集保服务是艺术品流通的枢纽，对艺术市场以及整体艺术产业的发展起到了不可忽视的重要作用。艺术品集保企业应基于自身条件发挥特色优势，根据客户需求提供细分解决方案，打造专业优质服务。突破传统行业局限，积极进行跨界融合、创新经营模式，通过连接艺术家、藏家和市场，盘活艺术产业。尤为重要的是，需充分发挥平台优势，整合艺术品展陈、修复、运输、保险、鉴定、估值等配套资源，提高服务附加值，进行产业升级。

四、延伸阅读：艺术品集保的当代实践

（一）"寺田仓库"艺术品仓储加值的当代策略

参阅张梦薇《"寺田仓库"艺术品仓储加值的当代策略》，2016年8月25日发表于《文汇报》（https://news.artron.net/20160825/n860843.html）。

（二）艺博会结束后，艺术品都去了哪儿？

参阅Georgina Adam撰写，姜伊威翻译的《艺博会结束后，艺术品都去了哪儿？为什么更多的作品在沉睡……》，2017年6月23日发表于《艺术新闻（中文版）》（https://mp.weixin.qq.com/s/JQJ6pU99fgjb75PRgrXUiw）。

（三）自由港是否法外之地？

在过去的几年中，保税仓因不透明而招致许多批判。然而，经营者们极力抵制将自由港视为法外之地的观点。他们认为，将"安全的存钱罐"看成用于洗钱、避税、存放盗窃来的艺术品和保密的观点完全是错的；他们坚持辩白，所有的经营都在国家法律允许范围之内进行，并且对客户有过全面调查。

然而，据一名艺术品经销商透露，他曾经电话联系过一处保税仓，想要了解有什么新到的艺术品，并摸清了直到交易最终完成的所有内幕。"就像一个饭店的菜单一样，我告诉它我的手机号码，

---

① Ursula Sommer. Demand for New York's First Freeport Facility Steps Up[EB/OL]. The Art Newspaper. 2020-01-02. https://www.theartnewspaper.com/news/demand-for-us-freeport-steps-up.

他们就会告知我:'我们新进了一件毕加索、一件杜飞(Raoul Dufy)和德兰(André Derain)!'"

不过,这样的情况似乎不会再频繁发生了。2015年,由于对自由港成为逃税和洗钱温室的指控增多,瑞士政府通过引入新规大幅度收紧政策,其中最引人注意的一点便是要求日内瓦仓库等地的商品拥有者和买家进行身份注册。

第二十章　艺术品物流运营案例研究

> 与艺术品集保相对应，艺术品物流也是艺术金融支撑服务体系的重要组成部分。艺术品物流是特种物流，有其特别的业务要求、运营规范与流程。通过对世界范围内不同艺术品物流运营模式的研究分析，可以进一步加深我们对其内在发展规律及在艺术金融发展过程中的作用的理解与认知。

一、案例简介：艺术品物流

艺术品物流在欧洲已有百余年历史，发展较为成熟。在中国，这一概念则是2008年后伴随艺术市场的繁荣才开始崭露头角，更由于近年来因物流问题导致艺术品损毁的新闻层出不穷而备受关注。探索艺术品物流运营如何破局十分关键，是艺术市场及相关产业发展必不可少的一环。综观世界范围内的艺术品物流企业，主要有三种运营模式：第一种为自由港与保税区模式，代表案例为Natural Le Coultre（自然文化）与火凤凰（北京）国际艺术品物流有限公司；第二种为垂直细分市场模式，代表案例为Momart（蒙马特）、Crown Fine Art（嘉柏艺术品）及上海特锐艺术展览服务股份有限公司；第三种为综合性物流企业分支业务模式，代表案例为DB Schenker（德铁信可）。

本研究聚焦于国内外知名艺术品物流实践，以深入考察三种模式下的艺术品物流企业运营案例为切入点，在理解艺术品物流运营内在逻辑的基础上，系统研究案例公司如何打造综合服务平台体系，分析归纳艺术品物流综合服务平台体系的特点以及行业启示。在具体的案例研究分析过程中，应特别注意以下几个重要问题：

（1）艺术品物流的三种模式。
（2）艺术品物流综合服务平台体系。
（3）艺术品物流安全服务。
（4）艺术品物流特色服务。

二、案例描述：艺术品物流运营的三种模式[①]

本部分通过考察Natural Le Coultre（自然文化）、火凤凰（北京）国际艺术品物流有限公司、Momart（蒙马特）、Crown Fine Art（嘉柏艺术品）、上海特锐艺术展览服务股份有限公司、DB Schenker（德铁信可）等六家国内外知名艺术品物流运营案例，对艺术品物流运营的不同模式及案例的特点进行梳理介绍。

（一）自由港与保税区模式

自由港是指不受海关管辖的港口或港区，在该区域内的外国商品免征关税，可以自由加工、改装、装卸储存、展览、再出口等。保税区与之相似，也实行"境内关外"的运作方式，享有"免征、免税、保税"政策。大多数艺术品保税区和自由港免征关税和增值税，安保及硬件配置水准较高。在遵守所在国相关政策和法规的前提下，艺术品持有者还可以得到保管、展陈、鉴定、咨询、物流、金融、保险、税收等产业链的综合服务。

---

① 本部分执笔人：贾晓贝（首都师范大学历史学院博士生）。

Natural Le Coultre（自然文化）以及火凤凰（北京）国际艺术品物流有限公司的运营分别依托自由港与保税区，该模式突出的优势即为免税，可为客户节约资金、提高效率，同时提供丰富便捷的艺术品相关产业配套服务。

1. Natural Le Coultre（自然文化）[①]

全球知名的艺术品仓储和物流运输公司Natural Le Coultre（自然文化，简称NLC）于1859年在瑞士日内瓦成立，这里随后诞生了世界上最早的规模化专业艺术品自由港。伴随着世界其他地区自由港的正式运行，NLC分别于2010年和2014年在新加坡自由港和卢森堡自由港成立分公司并建设仓库。2017年，该公司被出售，买家为法国船运大亨安德烈·切努埃（André Chenue）旗下的艺术品物流集团。主要服务包括以下内容：

（1）定制化包装。

采用多个最高标准的专业木工及包装车间，设备齐全，从提供基础保护的包装到多场所适用的包装，乃至或博物馆级板条箱包装兼备，并有多种包装规格可供选择。

（2）专业保藏。

NLC在多地自由港内建有专业艺术品仓库，24小时监控，配备最新技术的警报系统，不间断的温/湿度控制，拥有共享或私人的保管空间，可根据具体需求进行个性化调整。

（3）运输及保险。

NLC在全球范围拥有合作伙伴网络，可满足通过陆运、海运或空运进行进出口的所有运输需求。运输车辆配备警报器、电路保护装置、温/湿度控制、保护垫、空气悬架和定位监控，保证在所有公路运输过程中均配备2名驾驶员。根据客户的要求，可联系专业公司提供价格优惠的全程运输保险。

（4）展览展品协调。

NLC与各参展艺术品的出借方联系，组织包装和运输，在机场区域设有专业员工监督航空公司的操作，确保艺术品装卸顺利进行。其员工训练有素、配备齐全（脚手架、激光器等），能够在策展人等的指导下在展览现场工作。

（5）展陈空间。

展陈空间位于仓库内部，以便在最佳条件下展示艺术品，避免额外的装卸操作及延误，降低风险和运输成本。

（6）其他附加服务。

可按需提供艺术品修复、装框、拍摄等服务，以及测定艺术品的状态。

2. 火凤凰（北京）国际艺术品物流有限公司[②]

火凤凰（北京）国际艺术品物流有限公司（以下简称火凤凰）成立于2014年，总部位于北京天竺综合保税区，在北京、上海、深圳、成都、香港等地设有专业的文物艺术品珍品仓库，硬件条件达到国际水准。

火凤凰依托保税区的政策优势，可以为客户省去很多烦琐的手续，大大提高了物流效率。目前，火凤凰已经打通国际艺术品通道，与国内外多家画廊、美术馆、博物馆、拍卖行有深入的合作，并与全球艺术品货运代理及珍品运输代理保持紧密合作，拥有成熟的国际运输网络体系，可以提供门到门、门到港、点到点的一站式系统服务。

火凤凰将高科技手段融入整个物流体系之中，包括艺术品的鉴证溯源系统、实时GPS定位系统等，保证"此物是此物"。运输文物艺术品配备专业的进口温控气垫车，能够最大限度地保护艺术品不受损伤。如果主办方资金能力有限，还可以提供艺术金融服务。

（二）垂直细分市场模式

以Momart（蒙马特）、Crown Fine Art（嘉柏艺术品）、上海特锐艺术展览服务股份有限公司为代表的艺术品物流企业聚焦于垂直细分市场，深耕艺术品物流这一小而精的领域。该模式主打专业与安全，以深厚的行业经验与合作关系打通市场网络，

[①] 本部分内容整理自Natural Le Coultre公司官方网站：https://naturallecoultre.ch/en/about/。

[②] 本部分内容整理自火凤凰（北京）国际艺术品物流有限公司官方网站：http://www.redphoenix.com.cn/aboutus.html。

受到主流艺术机构、艺博会、藏家等的信任。

1. Momart（蒙马特）①

Momart（蒙马特）于1972年在英国伦敦成立，致力于为全球的收藏家、画廊、博物馆和艺术家等提供高效、全面、个性化的专业艺术品物流服务。作为国际知名的高端艺术品物流企业，Momart（蒙马特）的机构客户主要包括大英博物馆、泰特美术馆、维多利亚与艾伯特博物馆、巴塞尔艺术博览会、弗利兹艺术博览会、欧洲艺术和古董博览会等。

（1）运输。

提供陆运、空运和海运三种方式。陆运覆盖欧洲大陆，公司自有专业艺术品运输车辆。每辆车配备2名专业人员，其既是合格的驾驶员，又可对艺术品进行专业操作，并根据需要在现场进行包装和拆箱。每周定期有班车从英国运输到欧洲主要艺术中心城市，是经济高效的选择。

（2）仓储与藏品管理。

专业艺术品仓库按照最高规格建造，符合最新的防火、环保和出入安全标准。仓库可根据具体需求量身定制，如定制艺术品货架系统、35至350平方米的恒温私人仓储空间等。专用私人展厅配备高度定制化的照明设备和会议室设施。此外，艺术仓库单元具有完全的海关保税地位，可为保税运输中的物品提供特殊的临时存储区域。藏品管理服务包括全面的仓储保险、藏品状态检查、摄影和库存管理、推荐装框和修复专家、提供有关估值和融资的建议，以及提供内部海关业务专家的支持等。

（3）装置咨询。

对拟展示区进行全面评估，考虑因素包括气候和环境条件、可操作性、现有固定装置等，对复杂场景提供安装方法说明和风险评估。技术团队将提供最有效、最安全的安装和展示方式的建议。

（4）定制化包装。

艺术品包装部门会根据艺术品的类型、条件和运输方式定制包装解决方案，自主生产包装箱。

（5）清关服务。

公司内部的海关团队经验丰富，熟悉海关要求和程序，可进行大多数海关申报，因此，公司能够确保申报的准确性和细节，管理整个海关清关流程。艺术品仓库单元经海关保税授权，能够在长期及短期存储过程中免除关税和增值税。在此过程中，客户可以查看、检查和包装作品。

2. Crown Fine Art（嘉柏艺术品）②

Crown Fine Art（嘉柏艺术品）隶属于Crown Worldwide Group（嘉柏国际集团），该集团成立于1965年，业务涵盖全球迁移、运输、搬迁、信息管理、业务信息存储、艺术品管理、货运代理以及物流等服务。Crown Fine Art（嘉柏艺术品）在世界各地的艺术中心提供全套艺术品物流服务，将传统技术与最新技术相结合，致力于确保服务的高质量、安全、高效经济和隐私保护。

（1）欧洲班车服务。

班车每周往返巴黎、阿姆斯特丹、布鲁塞尔和伦敦，隔周往返罗马、米兰和巴黎。其他欧洲艺术中心城市也均可到达，可参考具体的时间表。自有专业车辆，配备空气悬架、气候控制、温/湿度控制、跟踪和监视系统以及警报系统。每件艺术品均由同一团队操作、运输和交付。

（2）保藏。

全球艺术品仓库设施分布于伦敦、巴黎、迪拜、中国香港，以及印度、马来西亚、意大利、德国、荷兰、俄罗斯等地，提供短期和长期艺术品存储解决方案。服务包括灵活的仓储选项、架式存储区、气候控制单元、私人仓库、私人展厅、摄影室、客户工作区、责任与风险管理等。

（3）安装评估。

安装前，将对空间的环境条件、约束条件、安全性和安装标准等进行全面的仔细评估，生成清晰的安装计划、风险评估以及状况报告。

---

① 本部分内容整理自Momart公司官方网站：https://www.momart.com。
② 本部分内容整理自Crown FineArt公司官方网站：https://www.crownfineart.com/en-us/page/about-us

（4）专业咨询。

技术团队可为客户的展览物流、布展、撤展、包装、特殊操作、保管、藏品管理等需求提供专业咨询。公司团队可以监督陪同第三方快递人员，并为特定项目提供建议、管理和评估，还可在客户规定的时间和地点进行典藏登记服务。

（5）运输及包装。

陆运、空运、海运可供选择，并可进行清关服务。在空运过程的每个阶段，从卡车装卸、搬运、海关到飞机装卸，全程都有专人监督跟随。自主生产的包装板条箱规格严格，防撞击或振动，内部衬里可防止摩擦损坏，并且严格密封，还可根据气候变化提供相应的保护。

3. 上海特锐艺术展览服务股份有限公司[①]

上海特锐艺术展览服务股份有限公司成立于2007年，是国内最早致力于艺术品包装、运输、布展、仓储和保险的专业机构之一。主要包含以下服务内容：

（1）个性化包装。

公司在北京和上海拥有独立的艺术品包装设计工作室，根据作品本身的特质和运输条件设计包装方案，并选用不同密度和厚度的包装材料，保证作品能够有效抵御长途运输中的颠簸、受潮等风险。

（2）一站式运输解决方案。

涵盖国内国际运输、进出口清关、临时仓储、展览批文申请等诸环节，并对各环节进行综合设计与整合，在欧洲、亚洲和北美等地区拥有高信誉的长期合作伙伴。

（3）布/撤展服务。

布展团队不仅具备包装技能，还配备木工、电工和起重工。团队谙熟光线调制和作品摆放次序等布展要素，可以协助策展人或艺术家安全迅速地完成布/撤展任务。

（4）安全便捷的仓储服务。

公司在北京和上海的仓库都位于当地的艺术区中心位置，交通便利。所有仓库除配备CCTV监控、24小时保安看护，还配备有独立的恒温恒湿存储空间以及艺术品预览陈列室。为艺术品定制开发的仓储管理系统可以帮助客户实现远程管理，通过网络，客户可以实时掌握所有作品的入出库信息。

（5）增值服务。

可通过短信或电子邮件向客户通知作品到达状况。公司自主开发的展品运输跟踪系统能定时转发来自现场派送员发回的作品提送信息，客户也可以在网上查询作品的状态以及历史操作记录。公司提供国内运输班车业务：按照固定时刻表，有多个艺术品全封闭集装箱来往于北京和上海，多数作品无需木箱包装，更经济、环保，自有车辆及驾驶员，易管理。公司的艺术品运输及展览保险由中国人保专业艺术品保险承保，"事先认定价值+出损后提供价值证明"的方法简化了投保和理赔流程。

（三）综合性物流企业分支业务模式

综合物流企业一般规模较大，在其业务范围下设艺术品物流业务，可借助企业成熟的标准化流程，保障安全性与可靠性。代表案例为德国的DB Schenker（德铁信可）[②]，别名"全球国际货运"。DB Schenker（德铁信可）是世界领先的全球物流供应商，通过陆运、全球空运和海运、合约物流和供应链管理服务，支持全球货物交易中的行业和贸易，更因其是国际奥委会的指定货代商而扬名国际物流界。

DB Schenker（德铁信可）的艺术品物流依托其遍布全球的业务基础已通过DIN EN ISO 9001：2008质量管理体系认证，通过标准化、规范化的管理体系确保艺术品物流服务的高质量与安全可靠性。

1. 服务

公司配备最新一代的艺术品运输工具，并由专业人员陪同直达，安全可靠，且在所有国际机场均可进行艺术品运输处理。博物馆工作人员也可陪同

---

① 本部分内容整理自上海特锐艺术展览服务股份有限公司官方网站：http://www.trojans-art.com/cn/index.aspx。
② 本部分内容整理自DB Schenker公司官方网站：https://www.dbschenker.com/de-en/products/art-logistics-。

运输。公司提供展品专用包装和清关服务，拥有安全、稳妥的艺术品仓库，可在绘画作品不脱框的情况下完成转移。

2. 定制包装

包括各类艺术品的包装、运输框架、运输箱、绘画作品板条箱等物品的架设，提供独立设计的减振空调箱和无减振空调箱，提供可供租用的纸箱、板条箱和轮式箱，提供巡回展览包装设计，提供环保包装材料等。

3. 特色服务

可进行展架、展台的安装和拆除，提供高空吊装团队，提供雕塑升降装置等技术设备和可应用于重型展品的气垫技术。展览期间，提供用于存放空包装的空间，提供仓库行政管理及库存管理，提供经验丰富的技术展览人员，并可提供预算计算、项目管理等。

三、案例研究：打造艺术品物流综合服务平台体系①

伴随着全球艺术品市场的活跃、线上艺术品交易以及世界各地艺术博览会的蓬勃发展，艺术品交易的全球化趋势逐渐升温，这使得艺术品物流成为必不可少的重要一环。与此同时，人们对美好生活的需求日益提升，希望能够更频繁地看到丰富、多元的艺术展览，这也对参展艺术品的物流提出了更高要求。然而，近年来，因物流问题而导致艺术品损毁的新闻层出不穷，给藏家与机构各方造成了巨大损失，也严重制约了艺术品市场及相关产业的发展。探索艺术品物流运营如何破局，在当下十分必要。

（一）艺术品物流运营的内在逻辑

艺术品物流不同于一般商品的物流快递，除了运输之外，还包括一系列综合环节，其特殊性源于艺术品的特殊性。理解艺术品物流的内在逻辑，可把握其核心竞争力，有助于深入分析艺术品物流运营模式与发展轨迹。

1. 艺术品物流的特殊性

艺术品（尤其是文物艺术品）的突出特点是非标准性及脆弱性，物流服务商需要根据每一件艺术品的特性及条件制订高度定制化的专业方案。此外，由于高价值的艺术品大多是独一无二、不可替代的，因而其物流具有高风险性，这也导致艺术品物流成为高门槛行业。

基于艺术品的特殊性对物流提出的要求，艺术品物流区别于普通物流快递的另一个方面在于定位不同。普通的物流快递重点解决的是运输的时效性与经济性，致力于追求规模化与标准化，而艺术品物流则需要首先保障承运的艺术品安然无恙地交付给客户。这就意味着在运输以外要着重关注艺术品的包装及安装布置，甚至清关、保险等环节，在各个环节通过"全方位管家"式的综合设计来控制风险、提高安全性。因此，艺术品物流所包含的"最后一公里"的工作内容与普通物流快递有实质上的不同，这也导致了艺术品物流企业必须要有与众不同的成本结构和运营方式。

2. 艺术品物流的核心竞争力

艺术品物流按运营方式可分为三种模式，即自由港与保税区模式、垂直细分市场模式、综合性物流企业分支业务模式，而其共同的核心竞争力均为客户的信任。一方面，艺术品越是珍稀、脆弱，物流操作的难度一般就越大，而一旦出现问题，则损失不可估量，因此客户就越需要选择可信度高的物流公司承运；另一方面，艺术品物流的前期咨询规划、安装布置等环节往往涉及客户的私人信息，出于对隐私保护的考虑，物流公司的可信度也显得尤为重要。

客户的信任来自物流服务的专业水平，既要保障艺术品的安全，又要高效完成运输途中可能存在的装卸、保险、清关等需求，还要在到达目的地后按照需求进行展陈布置等工作。这一系列

---

① 本部分执笔人：贾晓贝（首都师范大学历史学院博士生）。

环节涉及物流公司内部与外部的方方面面，有赖于艺术品物流综合服务平台体系对资源的有效整合与配置。

（二）如何打造综合服务平台体系

通过对三种模式下的艺术品物流企业进行案例分析，发现其综合服务平台体系的构建主要从战略规划、内部硬件以及外部生态环境三个维度进行：在战略规划维度，以全局意识引领咨询顾问服务；在内部硬件维度，以科技创新推动安全服务；在外部生态环境维度，跨界融合，拓展特色产业链条。

1. 以全局意识引领咨询顾问服务

艺术品物流企业作为"全方位管家"，全局意识开始于前期的咨询顾问，基于对客户需求及情况的了解，为整体物流过程规划出个性化方案，以此作为综合服务平台体系的启动框架。一次完整的艺术品物流服务可能涵盖包装、仓储、运输、保险、清关、安装、展陈、安保、咨询以及其他增值服务环节，物流公司作为总协调，需要在战略规划层面对各个环节进行综合设计，从而提高安全性、优化效能，而其中的保险、清关、附加值服务等环节也可能是物流公司与其他服务提供商的再合作。

以自由港与保税区模式下的艺术品物流企业为例：保税优势与完善的金融及艺术产业配套设施使得该模式下的企业能够提供全链条的服务规划。在免税的条件下，艺术品可以直接由机场运抵物流公司位于自由港的仓库；同时，客户也可将转存于此的艺术品出售或转运到国外。因此，该模式下的物流公司的咨询顾问服务往往更多地考虑到后期的艺术品托管、销售、金融服务等环节。Natural Le Coultre（自然文化）在日内瓦、卢森堡等地的自由港内建有宽敞的专业艺术品仓库，仓库配备高规格展陈空间，可供客户进行艺术品展示、销售洽谈等业务。根据客户需求，还可提供艺术品修复、装框、拍摄服务，其下设的科学分析实验室能够测定艺术品的状态并出具报告，为托管、销售、金融服务等后续环节提供支持。此外，基于卢森堡自由港配备的艺术品鉴定估值、保险经纪、法务税务咨询、艺术金融等专家服务，Natural Le Coultre（自然文化）的咨询顾问服务也包括向客户推荐相关合作专家。

对于垂直细分市场模式下的艺术品物流企业来说，全局意识引领下的咨询顾问服务不仅体现在整体方案设计上，更渗透于艺术品物流过程中的每一环节。譬如在安装布置环节，Momart（蒙马特）、Crown Fine Art（嘉柏艺术品）均会提前对拟展示空间的气候和环境条件、限制因素、安全性和安装标准进行全面仔细的评估，进而生成清晰的安装计划、风险评估以及状况报告，并且提供安全有效的安装和展示建议。在艺术品运送到目的地、打开包装之前，技术团队会精细规划如何将艺术品从包装中取出，并一步步放置到指定位置。一旦其中任何一步出现差池，都需要及时启用提前准备好的备用方案。

2. 以科技创新推动安全服务

安全是艺术品物流综合服务平台体系的核心要义，除了通过对各环节的综合设计能够提高安全性以外，以科技创新应用于物流硬件也将有力地推动安全服务。

为解决艺术品保藏的安全问题，上海特锐艺术展览服务股份有限公司通过研发软件系统实现了仓储环境的稳定安全、仓库盘点与管理的准确高效[1]。一方面，针对艺术品仓储环境的恒温恒湿要求，上海特锐艺术展览服务股份有限公司定制开发了美术馆专用恒温恒湿组态集中监控软件，将不同控制系统的空调和加湿系统通过通信协议的转换和采集集成在一个界面。通过电脑主机同时操作不同厂家生产的空调、抽湿机、加湿器，进行实时的温度、湿度监控。该系统还可以集成安防监控报警、照明和消防功能。另一方面，针对

---

[1] 节选自：何妍婷.张润：艺术品保管，让艺术品流芳百世的学问[EB/OL].雅昌艺术网，2016-11-16.https://news.artron.net/20161116/n884766_1.html.

人工盘点库存艺术品效率低且容易出现误差的难题，上海特锐艺术展览服务股份有限公司开发了基于RFID（射频识别）技术的物联网藏品管理系统。RFID管理的最大优势是不需要接触作品，方便高效。管理员只需手持RFID终端机对货柜扫一扫，即可马上知道该货柜目前可存放几件艺术品、实际有几件。每次入库，管理员都会将每件藏品的库位和藏品的信息绑定一个标签，扫描完成后，手持机上就会显示藏品信息和库位。定期盘点时，手持机可以通过扫描作品标签和货柜标签来匹配每个货柜应该保存的藏品数量。此外，该系统的远程藏品管理颇为实用。

公路运输是中短途艺术品物流服务的首选方式，考虑到路况颠簸、交通事故、气候变化等因素的普遍存在，通过技术创新来提高运输车辆的安全性十分重要。Crown Fine Art（嘉柏艺术品）在2018年投入使用号称"全球最安全的艺术品运输车辆"，该汽车的驾驶员视野在正面、侧面和背面增加50%，配备全轴空气悬挂、气候及温/湿度控制、跟踪和监视系统以及警报系统，能够通过后转向和高可见度来应对狭窄空间。

此外，引入技术创新提高艺术品物流操作流程的透明化程度，能够有效提高服务安全度，赢得客户信任。上海特锐艺术展览服务股份有限公司在保护客户及机构隐私的前提下，利用WiFi摄像头将现场的操作过程实时传达给客户，并且艺术品专业运输车辆的车厢里也安装有摄像头，无论是驾驶员还是调度人员，均可实时监控作品运输情况。上海特锐艺术展览服务股份有限公司还自主开发了展品运输跟踪系统，能够通过短信或电子邮件定时更新艺术品运送状态，客户也可以在网上查询作品的运送状态以及历史操作记录。

火凤凰（北京）国际艺术品物流有限公司将艺术品的鉴证溯源系统、实时GPS定位系统等技术应用到艺术品物流过程中，以科技力量为艺术品物流的安全性打造又一重保障。由于艺术品物流过程环节众多，涉及艺术品的交付与转移，存在多重隐患，因此，能够保证"此物是此物"十分必要。艺术品鉴证溯源系统基于艺术品物理特征识别技术，对艺术品图像信息进行识别，整合大数据处理、云计算和数据结构的标准化，由独立的第三方实验室进行鉴定认证及权威备案，使艺术品的收藏可以达到准确的信息溯源、传承有序。

3.跨界融合，拓展特色产业链条

艺术品物流企业自身内部的人力、资金、技术等资源是有限的，面对业务开展带来的各种要求和挑战，主动向外寻求跨界融合是艺术品物流企业的积极选择。外部合作生态的搭建有利于延长艺术品物流产业链条、打造特色服务，充分发挥综合服务平台体系对于多方资源的整合与调配，实现"1+1>2"的效果。以下将对艺术品物流企业与拍卖、藏品管理、数字化应用三个领域的跨界融合案例进行阐述。

（1）Crown Fine Art（嘉柏艺术品）与佳士得合作，加快成交付款和购买流程。

2016年，Crown Fine Art（嘉柏艺术品）与拍卖巨头佳士得在欧洲、中东和非洲（EMEA）地区展开合作，提高整体交付费用的透明度，加快成交付款和购买流程。Crown Fine Art（嘉柏艺术品）的艺术品物流定价和服务解决方案可以准确估算艺术品的物流费用，从而在竞拍前为客户提供每件拍品的物流报价；在成交后，买家可以在线支付包括物流价格在内的全部费用，随后通过系统无缝衔接、安全高效地完成运送。

（2）Momart（蒙马特）与线上藏品管理系统合作，提高藏家艺术品的全球流动性。

2015年，Momart（蒙马特）与线上藏品管理系统Collectrium（艺藏管）进行合作，扩展双方的客户与业务范围。Collectrium（艺藏管）隶属于佳士得旗下，是基于网络的艺术品收藏管理系统，近期开始面向私人专业藏家扩展其平台功能和产品服务。双方通过合作集成在线系统，当客户考虑移动其藏品时，可以登录线上系统在全球范围内选择运送及安装地点，获得包括运输和仓储等环节在内的直接报价。艺术品物流与线上藏品管理系统的合作实现了优势互补,双方既实现了业务的互补拓展,又扩展了新的客户。

(3) Natural Le Coultre (自然文化) 与3D技术企业合作,提供艺术品数字化衍生业务。

2018年,Natural Le Coultre (自然文化) 与3D技术企业Arius (阿里乌) 开展合作,在其位于卢森堡自由港的先进设施内启动艺术品数字化和数字存档服务。Arius (阿里乌) 拥有世界领先的3D数字化和印刷技术,已与世界一流博物馆合作,能够安全准确地捕获原始艺术品中每个笔触的颜色和形状,从而生成最真实的数字化艺术品。其工程师团队可以远程处理数百万个数据点,将虚拟数字信息转换制作成精美、高质感的印刷品,可以放在家中或办公室中像真品一样来欣赏。客户还可以对其完整的收藏体系进行数字化存档,结合3D、虚拟现实和增强现实等技术,将其藏品以数字化形式许可或捐赠给博物馆、出版商或参展商。

与此同时,积极搭建合作网络、培育外部生态,有助于艺术品物流企业开展特色服务,以更优质、全面的服务体系形成竞争优势。以火凤凰(北京)国际艺术品物流有限公司为例,其依托北京天竺保税区的政策优势,可以为客户省去很多烦琐的手续、提高行业效率。考虑到艺术品展览和拍卖会通常涉及保险与海关保证金的缴纳,对主办方是巨大的成本压力,火凤凰(北京)国际艺术品物流有限公司与多个金融机构达成战略合作,如果客户的资金能力有限,可以为其提供艺术金融服务,有效解决资金方面的问题。此外,通过与国内外知名拍卖公司成为长期战略合作伙伴,火凤凰(北京)国际艺术品物流有限公司还可为其完成海外征集拍品之后的一系列工作,提供包括海外点交、包装、运输、进出关手续、仓储、布/撤展、安保等服务。未来,火凤凰(北京)国际艺术品物流有限公司还计划建立起包括艺术品物流、保管、保险、展陈、鉴定修复、艺术品金融等的全链条艺术产业服务。

(三) 艺术品物流综合服务平台体系的特点与启示

1. 风险控制是重要抓手

艺术品物流的安全服务主要围绕风险控制展开,即风险识别、评估与风险应对。首先,基于前期咨询、实地考察以及专业经验,对艺术品物流各个环节进行综合设计,实现风险识别与评估。比如,包装材料及包装方式不合理可能会使艺术品出现破损,仓库温度、湿度不当可能导致艺术品发生虫蛀霉变等问题,运输过程中的颠簸可能损坏易碎艺术品,清关手续有问题可能导致延误展期,安装空间可能存在承重限制,等等。其次,针对潜在风险,通过对艺术品物流的物理条件及流程的调整实现风险预防。三种不同模式的艺术品物流企业均采用自主生产的包装材料,根据艺术品类别与展览形式提供不同规格的包装方案。通过在专业运输车辆上加载温/湿度控制、保护垫、空气悬架等,能够最大限度地保护艺术品不受损伤。尤其是Momart (蒙马特)、Crown Fine Art (嘉柏艺术品) 及上海特锐艺术展览服务股份有限公司等艺术品物流企业均配备自有车辆及驾驶员,更易快速协调管理,也避免了层层外包产生的风险。最后,还需要配合保险服务,以达到风险的转移。虽然物理条件与流程设计能够预防大部分风险的发生,但是依然可能存在未识别出的风险或预防失败的问题。一旦风险发生,保险就成了风险转移的主要途径。

2. 专业化是必然要求

艺术品物流专业化是保障服务安全高效、赢取客户信任的核心。一方面,专业化体现在综合服务平台体系对各流程环节的规范化。表现突出的代表案例是DB Schenker (德铁信可),已通过DIN EN ISO 9001:2008质量管理体系认证,以规范化的流程标准确保艺术品物流服务的安全可靠。在艺术品物流的每个环节,均有专业人员陪同,在所有国际机场均可提供艺术品运输服务,从卡车装卸、搬运、通关到飞机装卸,全程有专人监督跟随。为满足博物馆展品的严格要求,还可以由博物馆工作人员陪同监督物流运输。

Momart（蒙马特）与Natural Le Coultre（自然文化）为保证公路运输的安全可靠，每辆车配备2名专业人员。另一方面，艺术品物流企业的专业化还可以通过行业协会认证以及重要客户背书得以体现。行业协会性质的机构一般具有专业认证可供参考，如国际展览与艺术品运输商联合会（International Convention of Exhibition and Fine Art Transporters，ICEFAT）、国际艺术品运输协会（Art Transporters International Meeting，ARTIM）、美国博物馆协会（American Alliance of Museums，AAM）等，成为这些协会的会员即代表企业满足行业标准，具备专业资质。以国际展览与艺术品运输商联合会（ICEFAT）[①]为例，该组织成立于1977年，是历史最悠久、规模最大、参与程度最高的国际化艺术品物流组织，共有74名艺术品物流成员企业。ICEFAT的所有成员都是根据经营历史、成就和商业实践进行审核和投票而选出的，其严格的会员资质获得了博物馆及保险界的认可。此外，艺术品物流企业与国际主流美术馆、博物馆、大型画廊、知名藏家等的良好合作关系也是对其专业度的强有力背书。

3. 产业升级是大趋势

艺术品物流由于需要全面把控各环节，使其无法在规模效益维度与一般物流快递企业相比较，但是其基于综合服务平台体系的"全链条"服务可帮助艺术品物流实现服务增值，收获更高的利润率。因此，艺术品物流企业纷纷延长产业链，推出特色优质服务，进而带动整体产业升级。

2019年，伴随着上海自贸试验区版权服务中心和上海国际艺术品保税服务中心的正式启动运行，中国的艺术品物流迎来了更广阔的发展机遇。上海国际艺术品保税服务中心集艺术品仓储物流、展览展示、拍卖洽购、评估鉴定、版权服务、金融服务等六大板块于一体，并依托上海自贸区政策优势，提供多种税费政策与服务叠加的便利化措施，旨在给全世界艺术品提供安全细致、便捷高效的服务。"艺术品物流仓储""展览展示""金融服务""IP衍生""版权服务"等系列合作将推动艺术品物流产业各相关方不断资源互补、优势叠加、创新发展，实现新一轮的产业升级。

四、延伸阅读：艺术品物流需打通全链条

参阅《北京商报》记者徐磊撰写的《艺术品物流需打通全链条——专访火凤凰（北京）国际艺术品物流有限公司总经理王文正》，2017年6月26日发表于《典藏周刊》（http://www.bbtnews.com.cn/2017/0626/199094.shtml）。

---

① 参见国际展览与艺术品运输商联合会官方网站：https://icefat.org/。

第二十一章 艺术品鉴证备案溯源案例研究

> 艺术品鉴证备案溯源是近几年在新科技融合的基础上发展起来的艺术科技服务系统，从艺术品鉴证备案溯源技术的突破，到艺术品鉴证备案溯源服务平台的建构，已经成为艺术科技融合过程中最为成功的艺术金融及其产业支撑服务体系之一。

一、案例简介：艺术品鉴证备案溯源

艺术品鉴证备案溯源是艺术品科技发展的重要前沿应用，也是艺术金融发展过程中支撑服务体系建设过程中的重要进展。"中国艺术品质量溯源公共服务平台"是在艺术品市场乱象之下建立的为艺术品市场的繁荣保驾护航的"三公"平台。通过建立基于艺术品"DNA"的艺术品身份证，为艺术品的流转建立追踪溯源体系；同时，通过建立艺术品鉴证备案相关标准，凝聚社会共识，采用开放的数据服务、国标加密体系和物联网芯片技术以及区块链技术，构建了一个艺术品"商品化、资产化、证券化、大众化"的国家质量基础底层设施，"正本清源，传承有序"，为艺术品市场的繁荣发展保驾护航。

艺术品鉴证质量溯源体系的建立将艺术品市场中长期存在的"顽疾"——真伪鉴别问题放到了一个平台化的环境下进行审视与处理。这样就能够通过丰富处理机制及手段，使这一问题的解决有了质的提高。构建艺术品鉴证备案溯源体系不仅为破解鉴定市场乱局提供了一个突破口，也为促进艺术品市场健康有序发展提出了一条新路径。对这一领域相关内容的研究，一直是艺术服务领域尤其是艺术金融重点关注的内容之一。《中国艺术金融》杂志先后在"深度报道""专访""实践与探索"等栏目刊发相关研究文章，典型文章有《国家质检总局艺术品鉴证质量溯源体系》《雅昌艺术品鉴证备案服务》等。

截至2019年年底，在NQI（国家质量基础）艺术品行业互联网示范应用上，基于中国艺术品质量溯源公共服务平台对外提供的质量溯源服务体系采集的数据已有50余万条，服务机构40余家，服务艺术家200多人，初步形成行业应用，并完成数据平台搭建，完成30万条数据的录入，制定并公布了17项艺术品鉴证质量溯源团体标准（书画类、陶瓷类和玉石类），填补了千百年以来书画、陶瓷艺术品鉴定鉴证没有标准可依的历史空白。课题相关机构形成发明专利2项，实用新型专利4项。随着艺术品鉴证备案在艺术品全行业的正式应用，在历史上第一次有效地解决了艺术品质量问题。

在艺术金融方面，我们和泰丰文化合作，为艺术品的流转交易提供了艺术品"身份证"，可保障艺术品再次流转过程中的"正本清源，传承有序"。在艺术品生态服务上，我们为环太湖艺术城提供了从艺术家培养到艺术产业构建再到艺术闭环流通的艺术品生态体系，提供了基于"艺术家"和"艺术品"的双重"质量溯源"服务，为艺术产业生态的健康发展提供了基本质量支撑和信任基础。同时，在艺术产业要素平台化交易服务上，我们通过和潍坊文交所进行深度合作，在艺术品版权、艺术品确权方面，通过艺术品NQI项目完成了跨行业的融合，为保障文化产业要素交易提供了基于"三公"原则而建立的公信力基础，从而面向平台客户服务。

我们之所以如此看重这一研究领域的动态，原因在于其与艺术金融产业的发展关联密切。正如艺术金融是艺术品市场发展的必然趋势一样，艺术品鉴证质量溯源体系也在以不可逆转之势铺展开来，应用范围及运营渠道均处于逐渐拓宽的状态。如果能够充分借助其典型性功能，相信能为艺术金融的发展开辟更广阔的空间。在具体的案例研究分析过程中，应特别注意以下几个重要问题：

（1）艺术品鉴证备案溯源发展的历程与背景。

（2）艺术品鉴证备案溯源发展的基本逻辑。

（3）艺术品鉴证备案溯源的重要方法论基础分析。

（4）艺术品鉴证备案溯源的具体运营与服务相配套。

（5）艺术品鉴证备案溯源的前景与问题分析。

二、案例描述：艺术品鉴证质量溯源概述[①]

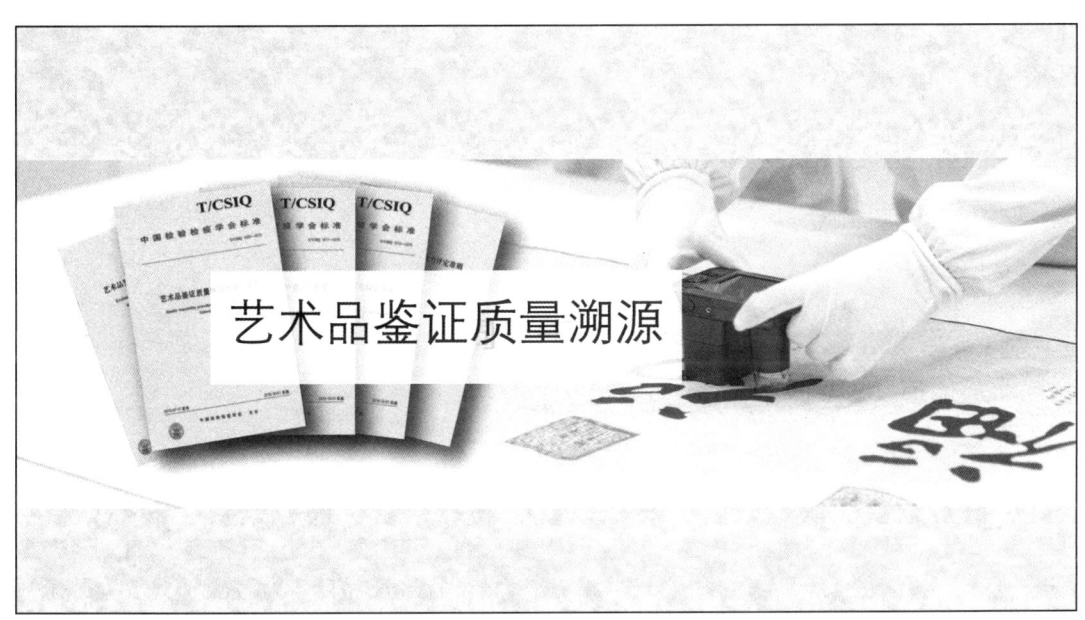

---

① 本部分执笔人：林奥杰[中国艺术经济研究院（李可染画院）副秘书长，研究员]。

艺术品鉴证——基于科技的创新

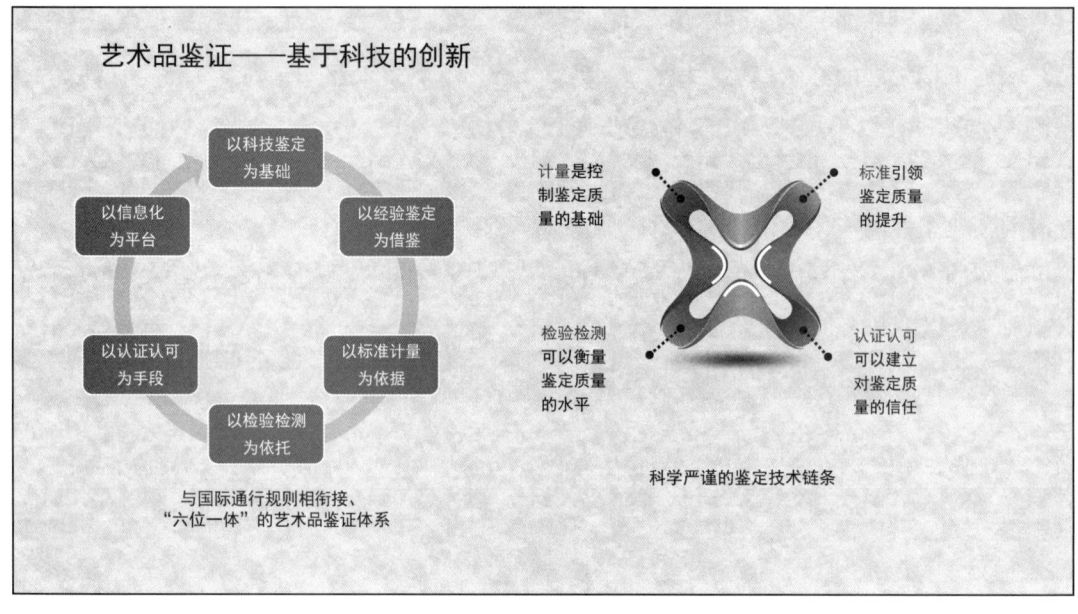

与国际通行规则相衔接、"六位一体"的艺术品鉴证体系

科学严谨的鉴定技术链条

艺术品国家质量基础

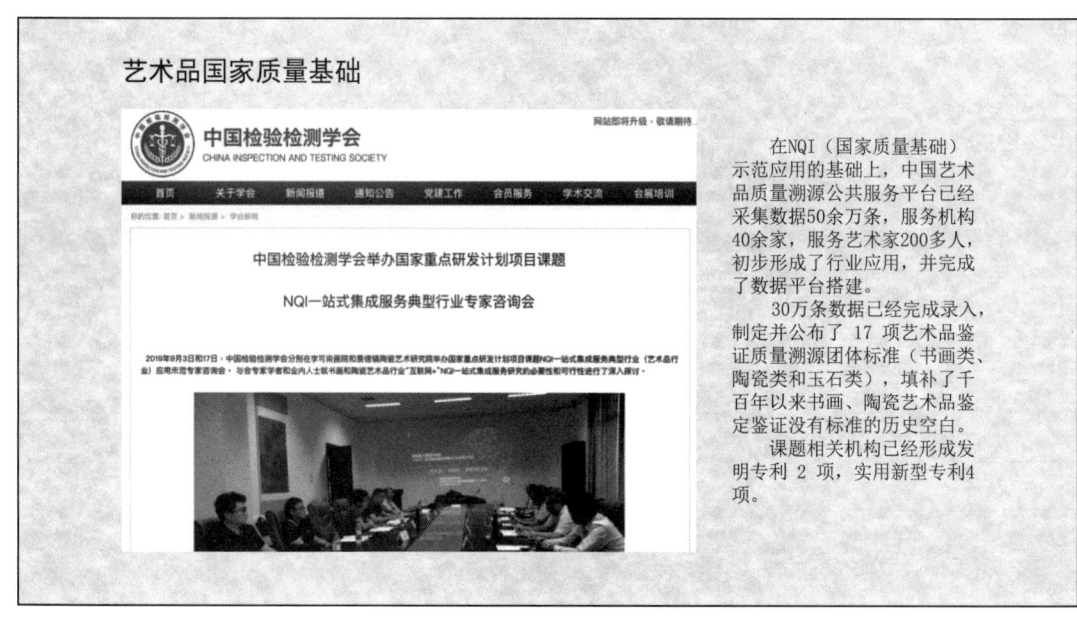

在NQI（国家质量基础）示范应用的基础上，中国艺术品质量溯源公共服务平台已经采集数据50余万条，服务机构40余家，服务艺术家200多人，初步形成了行业应用，并完成了数据平台搭建。

30万条数据已经完成录入，制定并公布了17项艺术品鉴证质量溯源团体标准（书画类、陶瓷类和玉石类），填补了千百年以来书画、陶瓷艺术品鉴定鉴证没有标准的历史空白。

课题相关机构已经形成发明专利2项，实用新型专利4项。

艺术品质量标准和规程

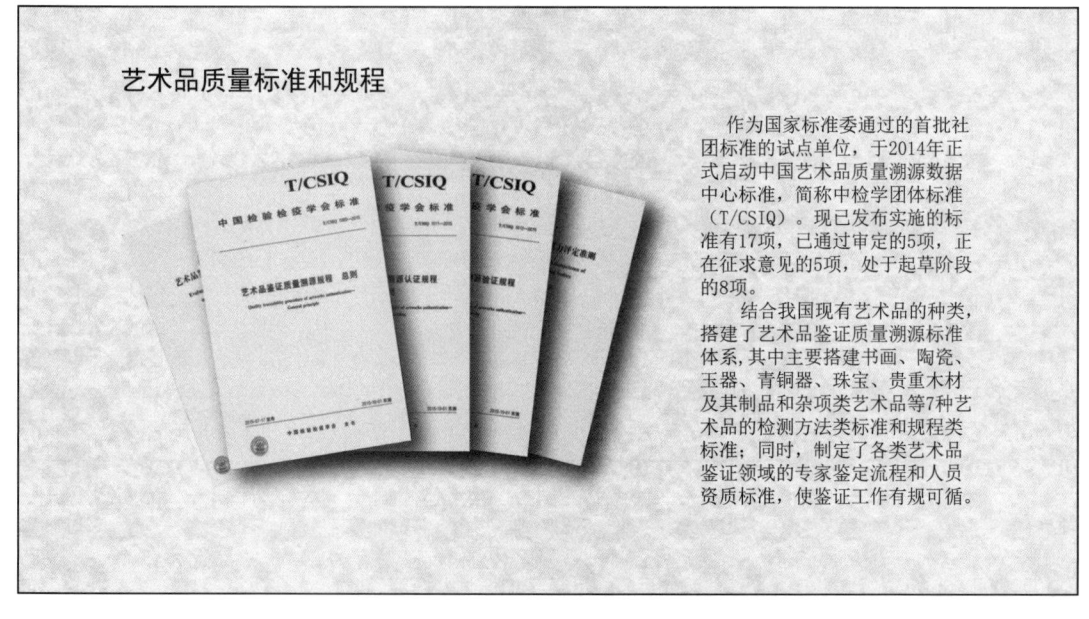

作为国家标准委通过的首批社团标准的试点单位，于2014年正式启动中国艺术品质量溯源数据中心标准，简称中检学团体标准（T/CSIQ）。现已发布实施的标准有17项，已通过审定的5项，正在征求意见的5项，处于起草阶段的8项。

结合我国现有艺术品的种类，搭建了艺术品鉴证质量溯源标准体系，其中主要搭建书画、陶瓷、玉器、青铜器、珠宝、贵重木材及其制品和杂项类艺术品等7种艺术品的检测方法类标准和规程类标准；同时，制定了各类艺术品鉴证领域的专家鉴定流程和人员资质标准，使鉴证工作有规可循。

数据开放等级

艺术品数据在整个平台中需要对不同数据进行等级划分,来确保数据的保密性、可靠性、完整性。

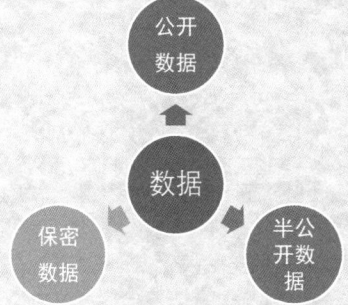

数据等级	等级说明	示例
公开数据	对大众开放,客观数据和可测量数据且符合相关法律条件和标准下公开的数据	长、宽、高、年代、作者、作品图片等
半公开数据	对部分大众或机构开放,经相关机构或干系人同意半公开的数据且符合相关法律条件和标准下半公开的数据	艺术品等比图、艺术品特征图、作者相关信息等
保密数据	一般不公开,在符合相关法律条件和标准下才可以公开的数据	艺术品特征原文件、艺术品交易信息、艺术品持有人等

多部门介入,多机构参与

- 2015年6月,国家标准化管理委员会批复同意中国艺术品质量溯源数据中心组建"艺术品鉴证质量溯源标准化专业技术委员会"。
- 2016年4月12日,国家认证认可监督管理委员会批复同意中国艺术品质量溯源数据中心开展艺术品鉴证机构资质认定(试点)工作。
- 在北京召开的第39届国际标准化组织(ISO)大会上,《艺术品鉴证质量溯源体系介绍》被列入大会指定发放的6份材料之一。同时,国家标准委正在积极推进成立"世界艺术品鉴证质量溯源标准化专业技术委员会"的筹备工作。
- 2016年10月12日,由中国艺术品质量溯源数据中心主办的首批艺术品鉴证质量溯源机构的授牌颁证仪式在北京隆重举行。首批通过认证的有包括北京艺鉴通在内的8家企业,这标志着艺术品鉴证质量溯源体系建设取得阶段性成果,也标志着我国艺术品鉴证质量溯源领域资质认定制度的建立。
- 截至2019年11月,有30家机构获得认证,50余家机构正在报批和评审过程中。

艺术品鉴证系统——以信息化为基础的"三公"平台

艺术品鉴证质量溯源公共服务平台的功能

- **流转追溯功能**：通过完整记录鉴证艺术品每一次的交易和流向信息，实现交易信息可查询、流向可追踪，保障艺术品流转有序。
- **数据共享功能**：实现了数据的统一管理、互联互通、整合利用，共享数据库中的数据资源。
- **适时监管功能**：实现真伪可查询、质量可追溯、责任可追究的目标，使市场监管部门从单纯的人力稽查监管转变为"源头可溯，去向可查"的事前、事中、事后全链条闭环监管，从单一部门监管体系转变为政府、企业和消费者共同参与的社会性体系。

艺术品鉴证备案服务：给艺术品一张"身份证"

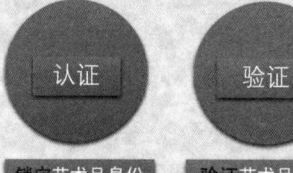

- 认证 —— 锁定艺术品身份
- 验证 —— 验证艺术品身份
- 溯源 —— 艺术品有序传承

核心价值：为每一件艺术品建立唯一权威的"身份证"信息，同时进行艺术品高清图像采集和备案数据存储服务，保护艺术家和收藏家的权益，为中国艺术品市场健康有序发展提供有力保障。让艺术品传承有序，为艺术品流通保驾护航。

艺术品鉴证备案服务

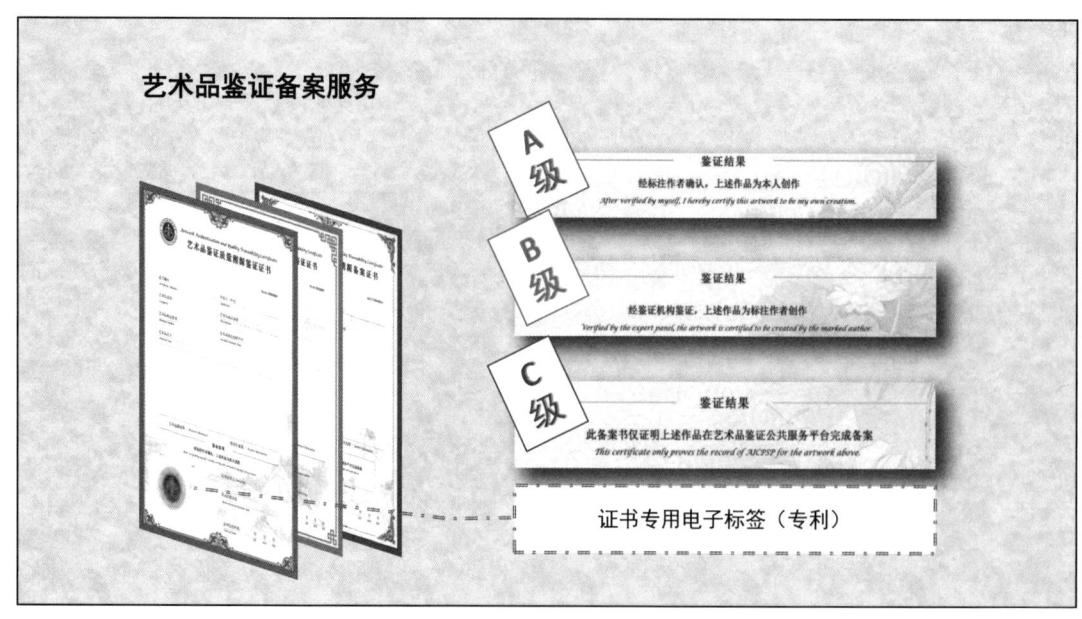

- A级 鉴证结果：经标注作者确认，上述作品为本人创作 After verified by myself, I hereby certify this artwork to be my own creation.
- B级 鉴证结果：经鉴证机构鉴证，上述作品为标注作者创作 Verified by the expert panel, the artwork is certified to be created by the marked author.
- C级 鉴证结果：此备案书仅证明上述作品在艺术品鉴证公共服务平台完成备案 This certificate only proves the record of AICFSP for the artwork above.

证书专用电子标签（专利）

证书的"辨真""防调包""防复制""防转移"

- **二维码信息入口**：在艺术品溯源过程中产生的数据作为艺术品的唯一特征信息被存储下来，同时作为溯源数据存在。在此处，二维码作为信息入口已经足够了。
- **为什么还要用 RFID芯片**：证书不仅仅是一个信息入口，更重要的是在艺术品交易领域中，具有资产质押证明的作用。证书本身的防伪尤为重要，带有加密芯片的RFID一方面可以保证信息的入口不被篡改，另一方面也可保障证书本身的安全性和不被伪造。
- **为什么"三防"**：证书使用的RFID采用国密SM7芯片，具有单向函数的特征，可以达到金融级的信息加密能力。同时，其在加工工艺上使用了防转移技术，确保芯片不能被转移，一旦转移即损毁。
- **实战可靠**：中检学会国家艺术品鉴证质量溯源公共服务平台服务于全国30多家机构的近10万幅艺术品。其中，泰丰文化的6000多幅、价值近10亿元的艺术品已经过多次流转，证实防掉包保障机制安全可靠。

中国书画的"DNA"

- 在微观条件下，每一张宣纸类中国书画纸的任何一处纤维形貌都是唯一的，而此微观形貌的差异性主要来自天然纤维自身的特点及其特定生产工艺所偶然形成的独特结构状态。人们能在同年代、同地点以同原料、同方式复制同批同类的书画纸，但尚无能力复制其纤维结构的微观形貌。
- 墨、色、印迹融合在独一无二的纤维结构上，其微观形态也必然独一无二。所以每一幅使用了宣纸类书画纸的作品都拥有了独一无二的纸纤维结构状态和独一无二的墨、色、印迹状态。这两个独一无二的状态之结合，便形成了该作品无法被仿制的唯一性微观形态。
- 不同历史时期、不同产地、不同品种的书画材料，其内部物质成分必然有差异，而各种纸、墨色、印泥中的不同物质成分往往都具有不同时空的烙印，对作品的物质成分进行检测备案也具有了防伪意义。

——尹毅，《论艺术品鉴证与管理及其科学体系建构》

艺术品鉴证的科学基础

1985年，加拿大文物保护协会利用X射线衍射仪对凡·高的一幅油画进行分析，发现画面中的白色颜料主要成分是金红石。金红石启用于1938年，而凡·高生活于1853年至1890年间。赝品身份由此不揭自破。

艺术品鉴证的科学基础

 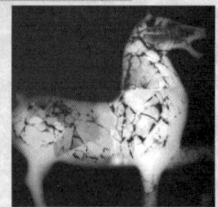

赝品"青铜马"在X探伤检测技术中原形毕露

艺术品鉴证的科学基础

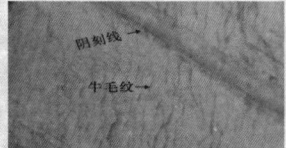

古玉器表面的牛毛纹特征

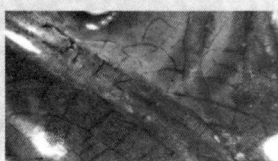

瓷器釉面的老化纹

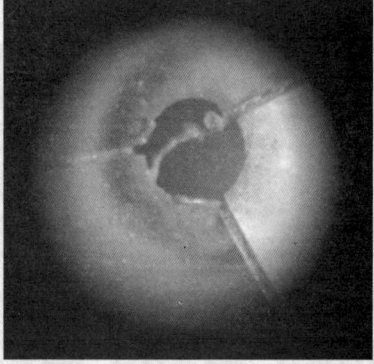

古瓷釉面开片中的结晶及气泡老化特征

在光学仪器的探测下,陶瓷器物胎、釉的成分、含量及衰变老化的所有痕迹均可一览无遗。青铜器等其他类型的器物也均适用。

艺术品鉴证的科学基础

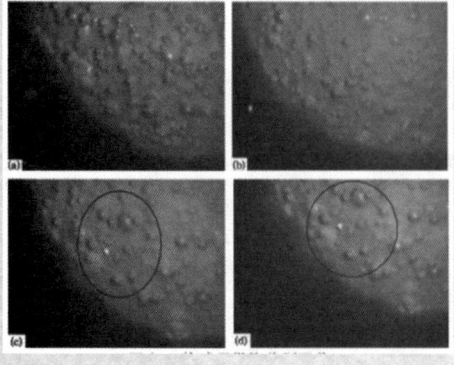

体视显微镜鉴别图像

在不破坏陶瓷艺术品的前提下,将材料表面的实物图像经过光学系统放大数百倍,并且所拍摄到的图像与制品真实的颜色、结构、形貌完全一样。本文利用体视显微镜技术对现代陶瓷艺术品表面结构的唯一性特征进行表征研究,通过将这些特征拍摄、建档并存入现代陶瓷艺术品数据库中,并通过二次检测再现这些特征,可进行辨别真伪,从而实现现代陶瓷艺术品的防伪鉴定。

——袁文璐、方涛、常启宾等,《体视显微镜技术在现代陶瓷艺术品防伪和鉴定中的应用》

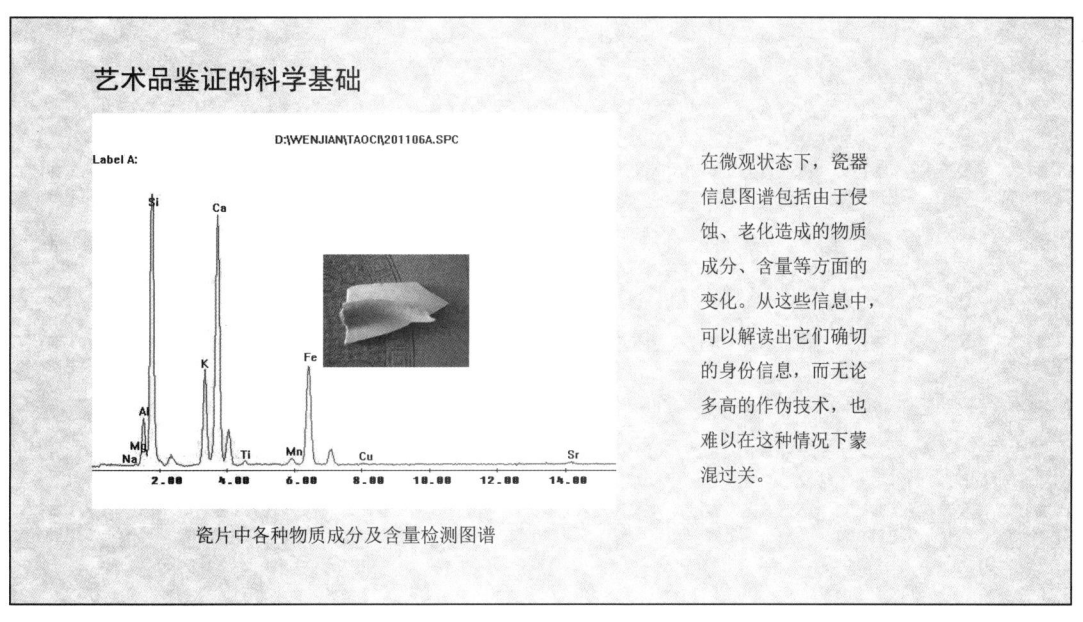

瓷片中各种物质成分及含量检测图谱

在微观状态下，瓷器信息图谱包括由于侵蚀、老化造成的物质成分、含量等方面的变化。从这些信息中，可以解读出它们确切的身份信息，而无论多高的作伪技术，也难以在这种情况下蒙混过关。

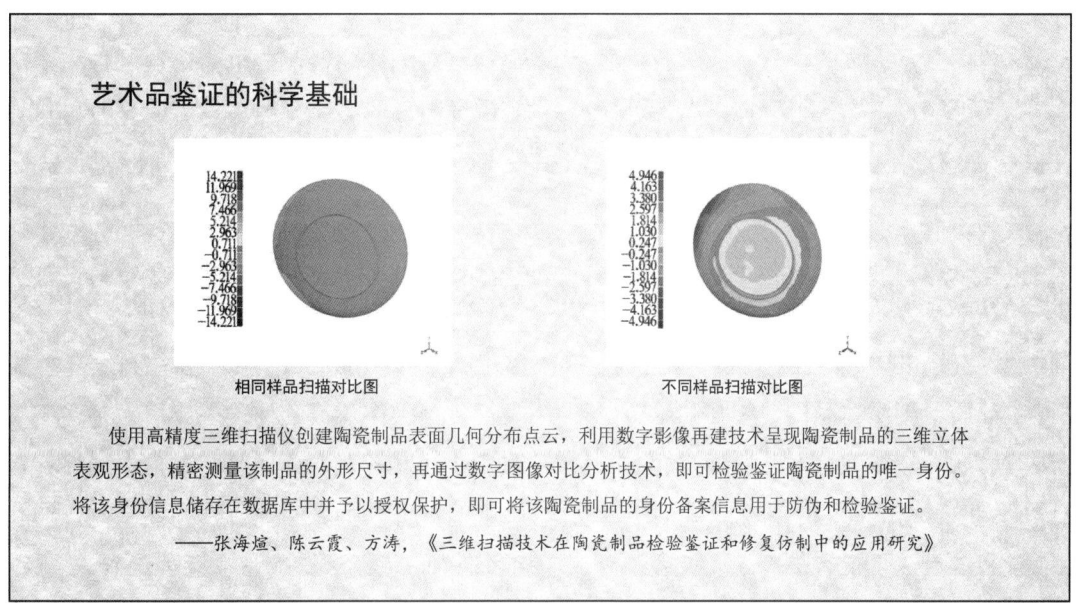

相同样品扫描对比图　　　　　　不同样品扫描对比图

使用高精度三维扫描仪创建陶瓷制品表面几何分布点云，利用数字影像再建技术呈现陶瓷制品的三维立体表观形态，精密测量该制品的外形尺寸，再通过数字图像对比分析技术，即可检验鉴证陶瓷制品的唯一身份。将该身份信息储存在数据库中并予以授权保护，即可将该陶瓷制品的身份备案信息用于防伪和检验鉴证。

——张海煊、陈云霞、方涛，《三维扫描技术在陶瓷制品检验鉴证和修复仿制中的应用研究》

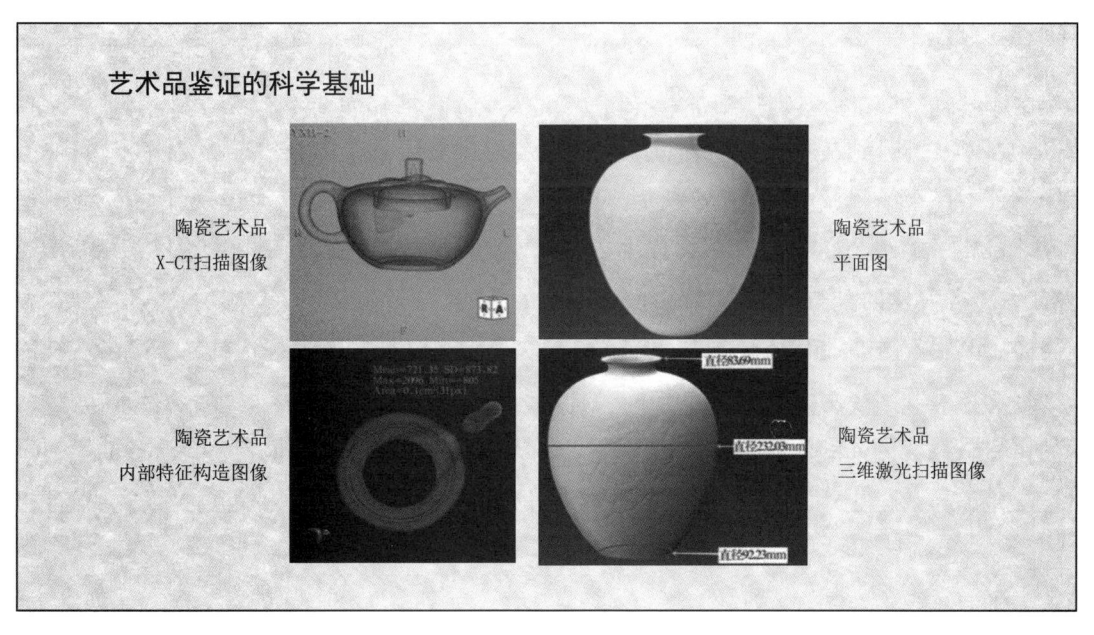

陶瓷艺术品 X-CT扫描图像

陶瓷艺术品 平面图

陶瓷艺术品 内部特征构造图像

陶瓷艺术品 三维激光扫描图像

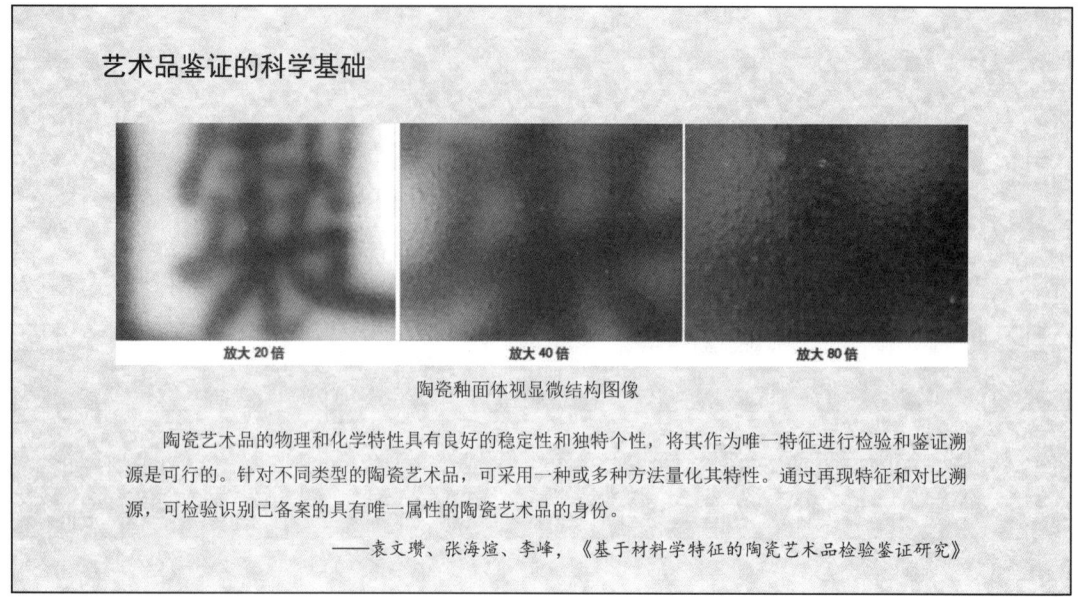

陶瓷釉面体视显微结构图像

陶瓷艺术品的物理和化学特性具有良好的稳定性和独特个性,将其作为唯一特征进行检验和鉴证溯源是可行的。针对不同类型的陶瓷艺术品,可采用一种或多种方法量化其特性。通过再现特征和对比溯源,可检验识别已备案的具有唯一属性的陶瓷艺术品的身份。

——袁文瓒、张海煊、李峰,《基于材料学特征的陶瓷艺术品检验鉴证研究》

三、案例研究:艺鉴通艺术品鉴证溯源研究[①]

(一)艺术品鉴证是艺术金融的重要支撑

北京艺鉴通科技有限公司(以下简称艺鉴通)是一家以打造艺术品鉴证平台、开发艺术品质量溯源体系相关产品为核心功能,并首批通过CSIQ艺术品鉴证质量溯源鉴证机构资质评定的互联网企业。

艺术品鉴证质量溯源体系的建立与艺术金融产业的发展关联密切。本章通过对艺鉴通在相关领域开发的创新性产品及相关举措进行深入剖析及分析,希望能对艺术金融产业的发展有所助益。

(二)艺术金融语境下的艺鉴通

与艺术品市场的发展相同步,中国艺术金融产业的深化急需创新性发展,而任何创新都要以技术条件的突破与支持作为核心。而在很多环节都面临"瓶颈"的艺术品市场领域中,一个众所周知的问题就是艺术品的真伪鉴别问题。在很大程度上,这一问题的存在将大量的"好事者"挡在了行业外,严重阻碍了艺术金融产业乃至整个艺术品市场的做大、做强。在互联网技术深入发展的当下,随着"艺术品+科技+互联网"的蓬勃发展,一些具有"互联网+"思维的科技企业开始进入艺术品这个传统却急需创新的行业,也为该领域带来了活力。循着市场需求的态势,越来越多的企业参与到技术研发与竞技中来,固有的"瓶颈"得到明显的突破。

艺鉴通就是在这样的背景下进入这一领域展开探索的。作为一家互联网科技企业,艺鉴通拥有独立的技术开发团队,云平台搭建、运维、Java、PHP、iOS、Android、H5、前端开发、智能硬件开发等各个操作环节的技术人员均为有多年工作经验的专业开发者。当前,艺鉴通是中国检验检测学会认定的首批艺术品鉴证质量溯源专业机构和制定艺术品鉴证质量溯源行业标准的公司之一。公司从艺术品源头出发,通过对书画作品进行高清图像采集、作品特征数据提取、自动特征识别和比对,以及云平台加密备案、艺术品流转数据(如拍卖信息、展览信息、出版信息等)、在时间轴上做标记等一系列功能,力求为每一件艺术品建立可信的"身份证"信息,以实现"正本清源,传承有序"的目的。

艺鉴通的一大发展优势在于配备有功能齐备的艺术品鉴证中心实验室。该实验室成立于2015年,是首批通过中国检验检测学会认证的第三方专业签证机构,同时也是中国检验检测学会认证机构的学

[①] 本部分执笔人:曲家辉(鲁东大学文学院讲师、博士)。

习培训场所。实验室拥有高级鉴证人员8名、中级鉴证人员14名、初级鉴证人员22名,其中多位鉴证人员是中国艺术品质量溯源标准的制定者,所有鉴证人员均通过了中国检验检测学会的从业培训。实验室可对多种类的艺术品进行鉴证,并出具中国检验检测学会颁发的鉴证证书。

(三)促进艺术金融发展的"神器"

1. 艺术品鉴证质量溯源公共服务平台

艺鉴通选择从艺术品大数据切入市场,通过信息采集对艺术品微观特征溯源,为每一件艺术品制作独有的"身份证",让艺术品的市场价值实现增信、增量、增值,这些信息将全部纳入备案数据库,可查询、可验证。艺鉴通相关功能的应用重点围绕艺术品鉴证质量溯源公共服务平台而展开。

艺术品鉴证质量溯源公共服务平台是为广大藏家、艺术家服务的在线服务平台,主要提供艺术品认证、艺术品验证、艺术品溯源等服务,其核心运营机制在于采集艺术品在流转过程中的各类信息,使艺术品的收藏和传承可以在公共服务平台上进行信息溯源。

从具体的操作过程来分析:首先,该平台采用现代技术手段,对不同门类艺术品的微观特征和指标信息进行提取,并进行研究、记录;其次,该平台结合艺术品物理特征识别技术,对艺术品图像、艺术品特征信息等进行技术识别,并通过大数据处理、云计算,由独立的第三方实验室进行鉴定认证,并对艺术品质量溯源相关身份信息进行权威备案;最后,该平台采用符合国际标准的艺术品相关元数据,通过公共开放平台向第三方信息平台提供开放接口。凡经鉴证的艺术品都会匹配正、副两本证书,使广大藏家和艺术家的作品得到保障,让艺术品有序传承。

艺术品鉴证质量溯源公共服务平台重点提供认证和验证两大服务,系统采集的艺术品DNA信息可用不同设备进行复核比对,并首次实现了异地认证、异地验证,支持鉴证机构间的交叉鉴证。这就使每件经过鉴证的艺术品都能拥有可信的"身份证"信息。

2. 各类产品

围绕艺术品质量溯源公共服务平台的建设及相关开放功能,艺鉴通独家开发了一系列用于配套服务的产品,包括艺鉴宝M-AID智能鉴证仪器和艺鉴宝(鉴证)App等。

(1)艺鉴宝M-AID智能鉴证仪器。

艺鉴宝M-AID是由艺鉴通自主研发的智能鉴证仪器,其外形与照相机相似,具备图像高清放大与数据采集功能。该设备在应用过程中,通过中国检验检测学会授权,直接和艺术品鉴证质量溯源公共服务平台对接,利用科技鉴证技术直接提取作品的唯一特征信息并将其存入数据库,用以完成对艺术品的认证备案工作。

按照用户需求的差异,艺鉴宝M-AID分为专业版和大众版两种设备:专业版设备的主要功能在于供艺术品鉴证机构的工作人员按照标准要求采集数据信息并上传至平台数据库,以备随时取用;大众版设备的主要功能在于供市场参与者使用,通过设备读取相关鉴证备案信息,用以辨别艺术品的真伪。

其中,专业版设备的特点包括:30至200倍放大倍率(可观测到纸张纤维级别的唯一特征),可轻易观看到肉眼无法看到的作品微观特征,确认作品的唯一性;作品与作者的身份通过鉴证系统进行唯一绑定,从根本上杜绝非本人操作的可能性;机身小巧轻便,采用独家设计的"光学+电子"部件,成像质量优于同类产品;由中国检验检测学会独家监制;在大型设备不方便展开、时间紧迫的场景下,使用艺鉴宝M-AID即可进行艺术品鉴证备案,节省鉴证费用。

大众版设备的特点包括:配合艺鉴宝App,随时比对艺术品的特征信息,轻松辨别艺术品的真伪;拥有30至200倍的放大倍率,与鉴证机构所用设备相同,可保证准确性;自带LED标准光源,不受环境干扰,可极大地保证色彩还原度;支持视频实时输出,便于大屏幕演示;由中国检验检测学会独家监制；屏幕可折叠，机身小巧，便于携带。

（2）艺鉴宝（鉴证）App。

艺鉴宝（鉴证）App是艺鉴通公司自主研发的客户端应用系统。通过艺鉴宝（鉴证）App，能够快速实现一键备案，该客户端直接和艺术品鉴证质量溯源公共服务平台对接，并下发由中国检验检测学会颁发的证书（对艺术创作者、艺术家，发A类证书；对艺术机构、美术馆、画廊，发备案证书）。

使用艺鉴宝（鉴证）App进行作品备案十分便捷。艺术家通过鉴证客户端注册，由相关人员审核通过后，准备好备案作品的资料（主要包括：艺术家专业版微观智能取点手持设备、艺术家同作品的合影图及描述信息、作品落款图、作品完整图、属性信息及描述信息、通过取点生成的作品微观图），就可以通过App填写及上传上述资料，完成备案。

3. 其他相关业务

公司产品还包括艺来艺网商户端、艺来艺网App、基于微信小基站的艺推小助手、基于虚拟现实的艺观360°全景展示等产品，用于为艺术家提供推广及交易服务。

（四）艺鉴通在市场发展中的重要价值

1. 能够直接面对市场所需，表现出鲜明的现实应用价值

由艺鉴通所打造的艺术品鉴证质量溯源服务品牌现已全面覆盖以拍卖为核心的中国艺术品二级市场。2016年底，艺鉴通领行业之先，与上海嘉禾拍卖通力合作，为"秋拍"的400多件艺术品制作了"身份证"。在2017年"春拍"之际，艺鉴通又与嘉德、保利、匡时、银座、中贸圣佳等国内一线拍卖公司建立合作，为近2000件价值不菲的艺术品提供了鉴证备案服务。这些实践活动能够充分显示出艺术品鉴证质量溯源在中国艺术品市场中的应用价值。

从总体来理解，二级市场中的拍卖依然在中国艺术品交易市场中占有非常强势的地位。而艺术品鉴证质量溯源及相关服务有助于艺术品在有"身份"保障的基础上取得更好的交易成绩，更能够通过影响市场环境和市场中的信任机制，进而影响藏家参与市场的热情，有效提升市场活跃度。

2. 有利于改良艺术品市场生态，表现出明显的促动价值

艺鉴通所提供的一系列产品及服务能够从不同角度促进艺术品市场的生态建设：对于艺术品本身而言，能够从艺术品源头出发，对书画作品进行高清图像采集、作品特征数据提取、自动特征识别和比对以及云平台加密备案，每一件艺术品都可拥有可信的"身份证"信息；对于艺术收藏者而言，如果收藏当代作品，可以直接请艺术家本人鉴定，如果收藏近现代作品，可以以艺术家的弟子或后裔以及具备话语权的专家的综合鉴定为准，如果收藏古代书画作品，则可邀请多位对某一画派有专攻的权威专家进行鉴定，为收藏家提供第三方鉴定公证，并对鉴定为真的艺术品予以保真锁定；对于市场运营者而言，通过艺鉴通能够杜绝艺术品流通过程中的"掉包"现象，更能够减少烦琐的求证环节，有效避免了一系列的专家鉴定费用，实现一劳永逸。

3. 有利于优化艺术金融产业结构，有助于进一步挖掘产业潜能

艺术金融产业链是由多重彼此相关联的要素联动构成的。艺术品的真伪鉴别问题是其中的重要环节，是决定艺术金融业务能否顺利开展及体量大小的核心要素。艺鉴通的艺术品鉴证质量溯源相关服务及其开发的相关产品能够在很大程度上为艺术金融产业的发展提供便利，对打通艺术金融产业链各构成要素间的有序互动有着深远的影响。

在互联网技术、大数据技术发展日新月异的当下，积极应用科技手段来保证及促进中国艺术品市场的健康发展和生态建构的趋势势不可挡。与之同步，在市场的呼唤与国家政策的倡导下，艺术品鉴证质量溯源体系及相关技术越来越表现出巨大的应用价值。以此为背景，相信以艺鉴通为代表的企业会越来越多地出现并发展起来。

四、延伸阅读：艺术金融发展中的鉴证备案和区块链技术①

（一）导言和背景

1. 区块链走入大众视野

2018年春节期间，微信里的"三点钟无眠区块链"群席卷互联网，随后，《人民日报·经济周刊》刊发了一系列与区块链相关的评论文章。从2017年9月出台的"比特币交易平台全部关停，并于近期退出市场"的监管规定，到坊间"币圈一日，人间一年"的暴富神话，在资本市场中，各种区块链概念股的股价犹如过山车般惊心动魄。短短时间之内，区块链完成了从IT界新宠到饭后谈资的演变，受到各方高度关注。

（1）"三点钟无眠区块链"微信群。

在这个区块链社群里，聚集了徐小平、薛蛮子、隆领资本蔡文胜、快的打车创始人陈伟星、Qtun量子链创始人帅初等百名区块链行业重量级人物，还吸引了像汪峰、佟丽娅、胡海泉、高晓松等这些娱乐圈大咖。支持者中，有隆领资本蔡文胜、快的打车创始人陈伟星和Qtun量子链创始人帅初等。他们认为，区块链能够代表未来，在链上会产生最具价值的产品。同时，蔡文胜还认为只能"拥抱泡沫"，"不参与"才是最大的风险。反对者中，有"中国最大的矿工之一"郭宏才和金沙江创投朱啸虎等。郭宏才认为区块链支持者"尽吹牛，不干实事"，朱啸虎则表示"不要拉我进任何三点钟群，有些风口宁愿错过，有些钱宁愿不赚，大家晚节保重"。代表不同观点的双方为此大打口水战。

（2）《人民日报·经济周刊》：三问区块链。

2018年2月26日，《人民日报·经济周刊》第17版发表了整版的专题报道：《三问区块链》《抓住区块链这个机遇》《做数字经济领跑者》。

《三问区块链》一文提出了以下几个问题：首先，什么是区块链？文章对区块链在降低价值传输成本、解放生产力方面的作用给予了肯定。其次，区块链有什么用？文章认为，区块链能解决金融、公益、监管、打假等很多领域的痛点、难点，但不是万能的。最后，区块链会成为新风口吗？文章指出，区块链技术目前还不太成熟，要警惕概念炒作，特别要区分其是"技术创新"还是"集资创新"，不能"为了区块链而区块链"。区块链技术确实能创造很大的价值，但一些风险也不容忽视。

《抓住区块链这个机遇》一文围绕区块链的诞生进行论述，指出区块链底层技术还不成熟，基础设施还不完善。区块链行业的健康发展亟须科学监管，最终必然演化为"监管融入技术"的模式。

《做数字经济领跑者》一文提出了"要做一个数字世界领跑者"的目标："当前，我国正把深化供给侧结构性改革、提高供给体系质量作为改革主攻方向，深入推动以'互联网+'、大数据、人工智能为代表的数字技术进步，深度拓展这些先进技术的场景应用，必将成为撬动我国经济高质量发展的重要抓手，也将引领世界数字经济大潮。"

（3）99号文、最大的矿场和最懂区块链的央行。

2017年9月2日，互联网金融风险专项整治工作领导小组办公室向各省市金融办（局）发布了《关于对代币发行融资开展清理整顿工作的通知》（整治办函〔2017〕99号，以下简称"99号文"），其中明确，ICO（Initial Coin Offering，首次代币发行）本质上属于未经批准的非法公开融资，涉嫌非法集资、非法发行证券、非法发售代币募集，并涉及金融诈骗、传销等违法犯罪活动，严重扰乱了经济金融秩序。总体而言，99号文的主要内容有三点：全面摸排、一律叫停ICO新发行的项目；对已完成的ICO项目，要进行逐案研判，针对大众发行的要清退；打击违法违规行为。

一项统计数据显示，就比特币矿池算力占比来看，中国以81%的哈希（Hash）算力高居榜首，冰岛紧随其后（5%），随后依次是日本（3%）、捷克

---

① 本部分执笔人：林奥杰[中国艺术经济研究院（李可染画院）副秘书长，研究员]。

（3%）、格鲁吉亚（2%）、印度（2%）。

尽管对比特币等数字货币交易持否定态度，但中国人民银行无疑是全球最懂区块链技术的央行。在2017全球区块链企业专利排行榜（前100名）中，中国人民银行行旗下的数字货币研究所以33个专利的数量排名第三，是上榜的唯一一家央行和官方机构。调查显示，中国在全球区块链研究方面领先：榜单前100名中，中国入榜的企业占比为49%，其次为美国（33%）；在前10名中，中国企业占了7家，美国仅2家。不难看出，中国企业、中国人民银行在区块链和数字货币研究上取得的成就丝毫不亚于全球顶尖的科技、金融企业。

中国人民银行原行长周小川表示，人民银行在3年多以前就组织了数字货币相关的研讨会，随后又成立了研究所。他透露，央行研发的数字货币叫DCEP，DC即数字货币，EP指电子支付。同时，他还指出，在考虑新技术的同时，在服务方向上要清楚，不希望创造一种可投机的产品，让人有一夜暴富的幻想，而要强调服务实体经济。

目前，国内区块链企业数量已超过100家，仅次于排名第一的美国，北京、杭州、贵阳、深圳等地纷纷成立了区块链产业园，由此引发的聚集效应正在助推产业快速发展。

2. 区块链——价值互联网的技术基础

工信部指导发布的《中国区块链技术和应用发展白皮书2016》中有这样的解释：广义来讲，区块链技术是利用区块链式数据结构来验证与存储数据、利用分布式节点共识算法来生成和更新数据、利用密码学的方式保证数据传输和访问的安全、利用由自动化脚本代码组成的智能合约来编程和操作数据的一种全新的分布式基础架构与计算范式。

简单来说，从技术上来看，区块链是指分布式数据存储、点对点传输、共识机制、加密算法等一些基础性计算机技术的集合；从应用上来看，区块链是一种可防止篡改的分布式记账系统，它在分布式共识算法、智能合约、加密算法等的基础上，可解决在信任缺失场景下进行交易的问题。利用这种技术，人们无须依靠可信第三方就能完成信息交换，还能确保所交换信息的完整。

区块链被称为驱动互联网变革的核心关键技术，它有两个关键特性：一是创造信任（也被称为"去中心化"），在人与人、点与点、端与端不认识的时候，可以在没有中央权威机构的情况下通过区块链技术建立信任；二是区块链不会被伪造，信息高度透明。

区块链技术于2015年逐渐从虚拟货币中独立出来，在转账与支付、泛金融业务、征信领域都有着广泛的应用发展空间，现在已经与云计算、物联网、大数据、人工智能等创新技术结合应用，被许多业内人士认为是"最有潜力触发计算机技术第五轮颠覆性革命的核心技术"。

2017夏季达沃斯论坛发布了《实现区块链的潜力》白皮书，指出区块链技术能够催生新的机会，促进社会价值的创造与交易，使互联网从信息互联网向价值互联网转变（图21-1）。

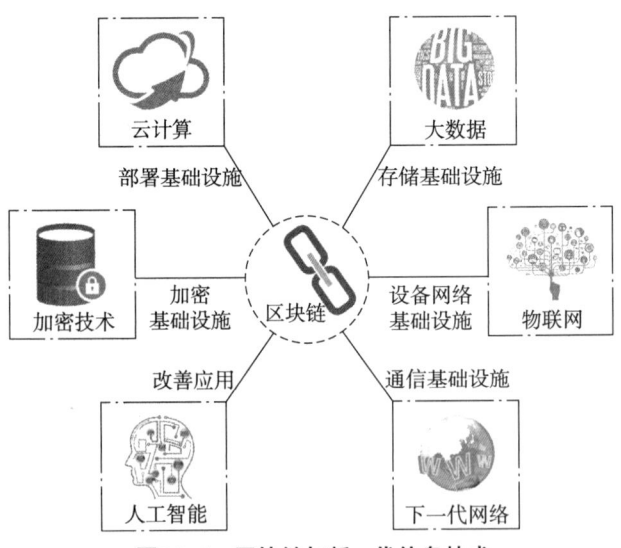

图21-1　区块链与新一代信息技术

3. 艺术金融的区块链场景

目前，区块链的应用已从单一的数字货币应用（例如比特币）延伸到经济社会的各个领域，其应用的场景非常丰富（图21-2）。除金融服务行业的应用相对成熟外，其他行业的区块链应用还处于探索起步阶段。

从溯源防伪的角度看，区块链的不可篡改、数据可完整追溯以及时间戳功能可有效解决物品的溯源防伪问题。

以艺术品行业来说，由于很多艺术品缺少清晰的流转记录，缺少可供查证的证据系统，这种不可追溯性以及产业链漏洞让造假者乘虚而入，从而让当下市场的造假现象比以往任何时代都严重。艺术品市场鱼龙混杂、真假不辨已经成为全社会高度关注的问题。由此可见，当前中国艺术品市场赝品横行、劣作泛滥、市场两极分化的主要根源之一在于中国艺术品鉴证（质量溯源）科学体系缺失，市场参与者的鉴赏能力匮乏、苍白，又缺少能够为市场和社会认可的公信体系。

可以说，当前的艺术品市场的痛点主要涉及三个方面：一是艺术品的鉴证、艺术品的身份、艺术品传承信息的溯源，二是艺术品的物权、版权、人身权、财产权的归属，三是艺术品每次流转的记录。在这几个方面，缺少长期有效且具有公信力的方法来确立归属和认可。基于艺术品鉴证备案（艺术品鉴证质量溯源）进行艺术品身份认证、确权及记录流转过程——为每一件艺术品建立唯一的电子身份，可以用区块链技术来记录每一件艺术品的"DNA"特征和基础属性，并将其存放至区块链中。如此一来，艺术品的创作过程、来源出处、流转历史记录、交易记录、展览、出版、权利归属和所在地都会被实时记录在链，一旦在区块链上被确权，艺术品的"传承"就可追溯、可追踪，这为未来的艺术品资产化、"价值发现"和司法取证提供了一种强大的技术保障和支持性证据。

（二）基于区块链视角的艺术品鉴证备案模型

区块链以其可信任性、安全性和不可篡改性促进了数据的海量增长。区块链的可追溯特性使得数据从采集、交易、流通到计算分析的每一步记录都可以留存在区块链上，使数据的质量获得前所未有的强信任背书，也保证了数据分析结果的正确性和数据挖掘的效果。

区块链能够进一步规范数据的使用，精细化授权范围。脱敏后的数据交易流通则有利于突破"信息孤岛"，建立数据横向流通机制，并基于区块链的价值转移网络逐步推动形成基于全球化的数据交易场景，这与艺术品资产化、金融化后的资产配置和全球流通特性相契合。

1. 区块链的技术特性

区块链总体上可以分为三种类型：公有链、联盟链和私有链。在公有链上，所有的数据对任何人都是公开可见的，一个区块链地址相关的所有交易信息都能被公众浏览。在联盟链中，区块链的区块

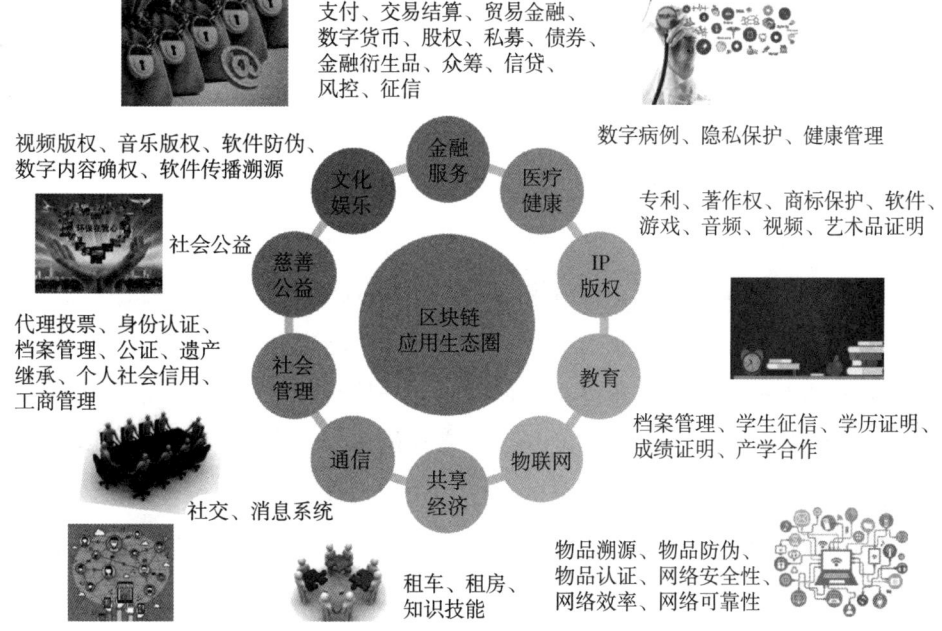

图21-2　区块链应用生态圈

和交易的有效性由预先设定的一个验证者群体决定，这个验证群体形成一个联盟。一个区块需要联盟中50%以上的成员签名通过，新区块才有效。区块链上的信息可以是公开的，也可以只对联盟成员可见。私有链是一个完全中心化的区块链，只有私有链的创建者才能往区块链中写入信息，这对于想进行内部审计的组织是一个很好的选择。

2. 区块链视角下的艺术品鉴证备案

基于"平台+互联网"机制的艺术品产业创新生态的构建，其基本的思路就是基于艺术品综合服务平台的建构要满足以下几方面的要求：第一，建立在"三公"（公开、公正、公平）原则基础上，因为唯有这样才能生发公信力。第二，登记与鉴证交易。一是随着互联网的发展，基于大数据平台的征信及其管理越来越重要。二是随着大数据及人工智能技术的快速发展，以征信为主要内容的信用管理功能越来越成为平台的重要基本功能。随着互联网金融的快速发展，平台基本功能中的信用管理功能会越来越重要。第三，对接整合金融体系与市场支撑体系能力的建构。金融体系包括证券、银行、信托、保险、基金，艺术市场支撑体系包括确权、鉴定、评估、鉴证、备案、集中保管、物流等。通过整合，平台可以根据包括投资客户在内的消费需求创新产品，从而满足消费者越来越个性化的需求。第四，通过实物资产权益交易以及投融资服务，使投资门槛不断降低。由于平台具有公信力，也能提供风险控制，没有这方面知识的投资者也敢来投资。平台的风控机制不仅能使投资安全，也能使成本降低。比如，以前收藏某作品时需要找权威机构鉴定，甚至要找到艺术家本人鉴定；日后想出售给其他人时，买家也要再找鉴定机构或艺术家本人鉴定，每次交易都要重复一遍，成本非常高。而如果在平台上交易，只要鉴定一次即可，鉴定以后的鉴证、备案都会留有相关记录，降低了交易成本，交易的安全性和效率都得到了保证。

"'三公'原则""登记和鉴证""信用管理""金融""场景化""线上线下"等特性，使区块链建立"共识"、创建信任（也被称为"去中心化"）的能力得以昭显。通过区块链技术，甚至可以在没有权威机构的情况下建立信任。同时，由于区块链不会被伪造，即使在"匿名化"的场景下，仍然能够保持信息高度透明，使得通过互联网进行艺术品价值发现和价值交换成为可能。

基于西沐提出的艺术品资产化和平台化的构建模型，本章提出了基于区块链的艺术品鉴证综合云平台服务和体系的模型。通过模型，我们可以看到，艺术品及其衍生品的综合服务及交易也是区块链技术引领互联网从信息互联网进入价值互联网的重要应用。

3. 艺术品区块链ArtChain

根据其是否有物理实体，可将艺术品及其经过授权的艺术品衍生品分为无物理实体艺术品和有物理实体艺术品两种类型。

（1）信息溯源和权属保护。

对于无物理实体文化消费端产品，其产品信息追溯和防伪可以单独依靠区块链技术来实现。比如，位于美国洛杉矶的一家广告科技公司MetaX就基于开放的区块链开发了以太坊，研究开发对创意内容进行跟踪的Adchain程序。再如，基于区块链的文化消费端的众筹服务具有独特的泛金融和非金融特色，是围绕知识产权（IP）而产生的新业态。基于区块链的特性和虚拟市场规则，消费者能够参与IP创作、生产、传播和消费的全流程，而不需要依靠第三方众筹平台的信用背书。另外，利用区块链技术，添加信任的确权节点，进行IP及相关权利的交易以及权益分配等，可解决交易不透明、内容不公开等问题。

区块链能安全地存储版权等数字资产的交易数据。一旦通过身份注册，区块链能够完整地记录作者从最初的灵感到最终作品的所有变化过程，并通过"时间戳"链条以及基于密码技术的连续数字签名为任意一个特定的时间点提供存在证明和身份证明。无论是图片、文字还是其他作品，都可以由区块链有效证明其存在性，从而确定著作权归属。

此外，区块链的存在证明可以在提供版权存证明的同时，不泄露版权作品本身的内容。区块链允许用户上传文件和支付交易费用，但只存储文件的加密数据，而文件并不会存储在网上，所以用户的文件内容没有被恶意公开的风险。同时，可以依托区块链技术在文章、音乐、图片等作品上附加类似于DNA的版权协议，使作品的版权信息在转载中可以被追溯，起到保护知识产权的作用，继而直接避免著作权侵权。通过区块链及时有效地进行权利归属认定，能够避免作品内容泄露，从源头上对著作权进行保护。

（2）物联网"锁物"。

对于有物理实体的文化艺术品产品，由于艺术品的登记、鉴证、信息追溯、防伪涉及多个环节，如艺术品艺术特征、物理实体特征、艺术品资源化、艺术品服务（鉴证、确权、登记、鉴定、评估、集保、修复、物流）、艺术品资产化、艺术品交易、艺术品展览等多个流转环节，不仅增加了艺术品信息追溯的难度，也为不法分子进行造假活动留下了很大空间，这也是艺术品市场一直以来存在的问题。尽管区块链技术所具有的信息安全、数据可溯源及防篡改特性可为信息追溯系统提供优良的数据存储方案，但并不能从艺术品"正本清源"的角度（即从源头上）通过"锁物"防止虚假信息输入区块链，还要结合艺术品鉴证质量溯源（基于科技鉴证的物联网）技术将客观世界的艺术品实体变为相应的数字信息并将其映射到价值互联网上——即"艺术品上链"。因此，本章在现有研究基础上提出，应利用艺术品鉴证质量溯源（基于科技鉴证的物联网）技术来确保将艺术品产品信息客观公正、实时动态地映射到区块链中。

（三）艺术品鉴证（备案）综合云服务平台inArtChain

基于西沐在《中国艺术品资产化研究》（中卷）中所给出的艺术品市场综合交易平台分析图中提出的业务场景以及"六位一体"的艺术品鉴证质量溯源体系，可以构建"艺术+区块链"的艺术品（资产）鉴证（备案）综合云服务平台（图21-3）。在此基础上，基于新时期的市场需求和用户消费场景，本章提出了"平台+互联网"创新生态的构建思路。

艺术品（资产）鉴证（备案）综合云服务平台主要包括五个方面：① 艺术品的资产确权服务，确保在平台上交易、流转的艺术品产权明晰。② 艺术品资产权益登记服务。③ 艺术品鉴定、鉴证服务。④ 艺术品权益的处置服务。⑤ 艺术品资产的综合服务。

艺术品市场用户在参观、上拍、购买等场景下，可以自主通过手机应用扫码、图像识别等功能非常方便地了解艺术品的背景信息和艺术品的特征信息，从而确定艺术品是否为真品；在艺术品进行金融质押和证券化的场景下，可通过物联网的NFC功能，通过扫描艺术品鉴证证书（艺术品身份证）确认权属，并且可以将与资产化相关的定制化信息写入艺术品区块链。

例如，在参观过程中，看到感兴趣的艺术品，通过手机获得艺术品信息后，可以留下自己的评论和照片，通过微信和微博等社交软件与朋友分享，形成对艺术品的用户评价记录。上拍后，艺术品的交易价格和时间等信息都会记录在区块链上。所有在区块链里留下的信息都会被恒久记录和保存，让艺术品真正进入"正本清源，传承有序"的时代。

（四）"正本清源，传承有序"的新动能

通过为每一件艺术品、每一位用户创建独有的数字身份，每一次的交易记录、每一次的价值投资、每一次的资产转让都会如实地记录在案。在基于区块链的艺术品综合服务平台上，造假信息无法被删除，并可溯源到底，将人们在现实生活中的信用初步引入艺术品综合服务平台这一价值网络中。而价值社交网络将有助于艺术家、爱好者、投资人相互建立深度链接，共同创建新的社会化场景和社区。

从传承有序的角度看，将艺术品的身份证和权属以加密的形式存储在区块链中，使之确立并公开之

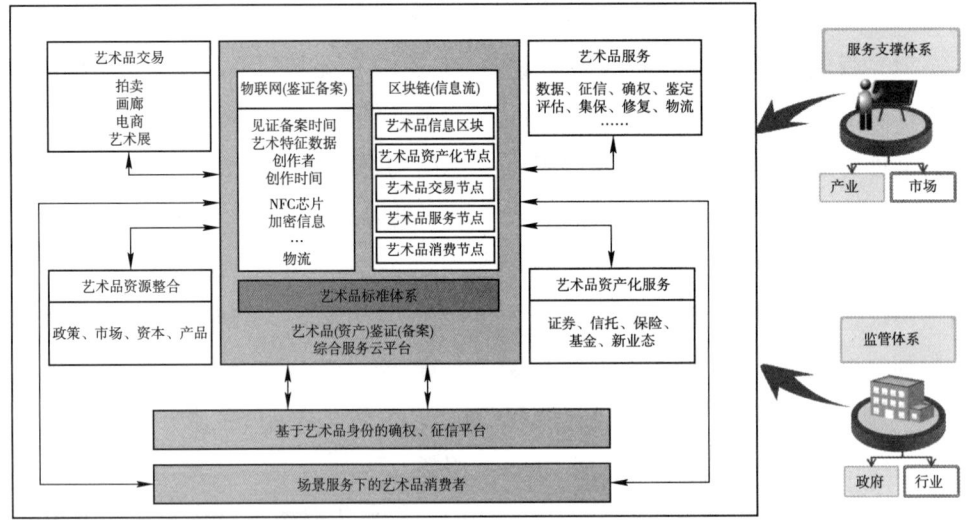

图21-3 艺术品（资产）鉴证（备案）综合服务云平台系统架构

后，任何人再也无法更改；同时，可以记录艺术品每一次的流转，使艺术品的交易历史（包括所有权、展览历史、成文记录、流转记录和其他关键信息）从此有据可循，所有人可以通过追溯艺术品区块链获得确权信息，这将有助于建立艺术市场的诚信机制，并提高市场流动性。

从价值发现的角度看，单一艺术品的估值从来就很难获得市场公认，因为它会受到作者、历史、流转、持有人、拍卖者等无法一一枚举的各种因素的影响，而每种因素都可能使估值产生巨大差别。

从艺术品的交易成本来看，由于智能合约拥有自治、自足和分布式等诸多优势，在架构艺术品交易模式时可采用区块链智能合约机制，任意双方都可依据智能合约条款的约定以自身数字身份确权为背书，轻松实现对确权标的物的追踪溯源。从双方达成合约协定时开始，通过将合约中的内容进行数字化编码并写入区块链中，就可实现对合约内容的固化及不可篡改化，一旦合约中约定的条件事项发生，将自动触发合约的执行程序。另外，智能合约还可以实现实时交易结算，提高艺术品交易的透明度，使冗长的金融服务流程简化、自动化，减少前台和后台的交互，节省大量的人力与物力，从而提高艺术品市场的竞争力。

艺术产业作为满足人们精神需要的产业，伴随着人类历史的发展而演进。在新的技术革命推动下，艺术品"正本清源，传承有序"的愿景将更加接近实现，艺术品的产生、交易、收藏、流转、传承的方式和形态也将在新时代、新动能的驱动下，与时俱进。

第二十二章 艺术金融区块链运营监管案例研究

> 艺术金融科技的发展是艺术金融创新发展的重要动力,但在艺术金融融合发展的过程中,合法合规的监管一直是很重要的问题。可以说,对新的艺术金融科技的应用如何分析及监管,是艺术金融创新发展面对的重要课题。艺术金融区块链运营监管案例研究就是在这一背景下形成的。

一、案例简介:艺术金融区块链运营监管

与新科技的融合是艺术金融发展的重要动力之一,而对其进行相应的合规监管是一个重要的课题。截至目前,区块链经历了1.0时代到3.0时代的发展。区块链1.0时代主要以比特币为代表,在这一发展阶段,区块链技术的应用领域主要为加密货币及支付手段,包括加密货币的转移、汇兑和支付系统,并实现了加密货币和支付手段的去中心化。区块链2.0时代主要基于智能合约,它被更多地应用于金融市场领域。区块链3.0时代,也就是目前区块链技术所处的阶段,意在实现区块链的大面积商用,区块链技术不再局限于加密货币和金融领域的应用,而是在征信、电子存证、供应链、文化、知识产权保护等方面都进行了探索和应用。

在艺术金融领域,通常认为存在以下问题:缺少衔接的平台,对投资者缺乏黏度;艺术品定价难以统一;艺术品鉴定、授权机制不透明;艺术品交易市场欠缺成熟的规范等。而区块链天然的分布式特点、多方共识记账的防篡改特性以及哈希加解密的链式存储结构有助于从技术层面给传统的艺术金融领域赋能,推动艺术金融与新科技深度融合,有望改变传统的艺术金融发展格局。在这个过程中,区块链监管层面的规定及面临的监管问题会进一步凸显,特别是区块链技术在艺术金融领域应用的合规监管,是我们要关注的一个重要问题。在具体的案例研究分析过程中,应特别注意以下几个重要问题:

(1)艺术金融区块链应用的场景分析。

(2)艺术金融区块链运营监管的视角与理念。

(3)艺术金融区块链运营监管的重要方法基础分析。

(4)艺术金融区块链运营监管的前瞻评估。

二、案例描述:区块链技术在艺术金融领域的应用[①]

(一)艺术金融领域的发展新趋势——艺术金融科技

新科技的融合发展与金融业务的创新关系越来越密切,甚至出现了一体化发展的趋势,这一趋势也影响到了艺术金融的发展,逐渐形成了艺术金融技术及其体系,以互联网平台化为主导的技术及其体系不断发展,推动中国艺术金融市场的交易范围、交易边界以及交易规模扩大,正在改变艺术金融发展的格局。

艺术金融科技的发展大致分为5个基本阶段:一是互联网技术、通信技术及信息处理与管理等技术融合发展的基本阶段;二是大数据、云服务及终

---
① 本部分执笔人:王振华[上海华夏经济发展研究院区块链中心执行主任,泰和泰(上海)律师事务所主任]。

端进步等技术融合发展的基本阶段；三是大数据、人工智能等技术融合发展的基本阶段；四是第三方支付、数字资产及区块链等技术融合发展的基本阶段；五是人工智能、VR/AR/MR、终端呈现和用户参与场景化技术发展的基本阶段。

艺术金融科技赋能艺术金融领域，主要包括6个方面：一是基于大数据的客户管理科技；二是行情服务、数据服务、指数服务及估值服务等；三是基于AI技术的艺术金融智能投顾；四是确权、鉴定、估值及鉴证备案等应用科技；五是基于艺术金融科技融合发展的产品再创新；六是风险管控的新发展。而区块链技术作为艺术金融科技发展的第四个基本阶段，将与第三方支付、数字资产等深度融合，带来艺术金融领域的创新局面。

（二）区块链技术与艺术金融领域的融合

结合区块链技术的特性，其与艺术金融的融合主要包括以下四个方面：

1. 艺术品数字身份的确权

区块链作为驱动互联网变革的核心关键技术，作为价值网络的基础，有两个重要的特性：一是创造信任，即去中心化；二是基于哈希算法及链式存储结构，链上信息很难被伪造篡改，且信息高度透明。

如前所述，对于有物理实体的文化艺术产品，由于登记鉴证、信息追溯、防伪，涉及艺术品艺术特征、物理实体特征以及艺术品资源化、艺术品服务、艺术品资产化、艺术品交易、艺术品展览等多个环节，不仅增加了艺术品信息追溯的难度，也为不法分子造假留下巨大空间，这是艺术品市场长久存在的问题。尽管区块链技术所具有的信息安全、数据可溯源及防篡改特性可为信息追溯系统提供优良的数据存储方案，但并不能从艺术品"正本清源"的角度上，即从源头上通过"锁物"——防止虚假信息输入区块链，还要结合艺术品鉴证质量溯源（基于科技鉴证的物联网）技术来完成客观世界的艺术品实体到信息和价值互联网的映射——"艺术品上链"。

艺术品在完成"锁物""确权""上链"后，获得艺术品身份证，艺术品就被唯一锁定，为未来在艺术品资产化、证券化、金融化、"价值发现"和司法取证，乃至各种权利和资产的线上交易提供了一种强大的技术保障和结论性证据。

借由区块链技术自身所具有的分布式数据存储、去中心化、不可篡改、可追溯、可信任等特性，可以为每一件艺术品、每一位用户都创建独有的数字身份，记录每一次的流转，使艺术品的交易历史（包括所有权、展览历史、成文记录、流转记录及其他关键信息）有据可循，所有人可以通过追溯艺术品区块链获得确权信息，这将有助于建立艺术品市场的诚信机制并提高市场流动性，一旦发生造假信息将无法删除，并将溯源到任何一个关联人、物，也就将人们在现实生活中的信用初步引入到这一价值网络中。

2. 共识化的价值认可

单一艺术品的估值很难获得市场公认，众口难调，它会受到作者因素、历史因素、流转因素、持有人因素、拍卖者因素等各种因素的影响，而每种因素都会使其估值产生根本上的差别，对其价值认可难以达到一致意见。然而，如果基于一种事先的共识化标准，那么艺术品的流通与其金融价值的体现将达到新高度，这也是文化艺术品区块链价值网络构建的重要价值所在。

3. 艺术品鉴定溯源的新路径

区块链的优势主要表现在不需要中介参与、信息开放透明且不可篡改、数据安全及成本低，最重要的是解决了中介信用问题，为艺术品防伪和防欺诈提供了新的渠道，系统地保护艺术家的知识产权，解决了艺术品市场缺乏合适的记录保留方式和艺术品来源实时验证等需求痛点，为艺术品鉴定溯源提供适合的新路径。

4. 便捷且智能的交易

智能合约拥有自治、自足和分布式等诸多优势，任意双方都可以对确权的标的物轻松实现追踪溯源。双方达成合约协定之后，就可以将合约中的内容进行数字化编码并写入区块链中。如此一来，就实现了对合约内容的约定，一旦合约中约定的条件事项发生，将自动触发合约的执行程序，完成实时交易结算，并创建防篡改的可验证来源，提高艺术品交易的透明度，将金融服务流程简化、自动化，节省大量的人力与物力，从而提高艺术品在市场中的竞争力。

（三）应用案例

1."艺信术用Artkey"案例

"艺信术用Artkey"艺术区块链溯源系统是泰丰文化与同济大学区块链研究院合作共建的艺术科技实验室研发而出的成果。"艺信术用Artkey"建立在国家检验检测学会授权艺术鉴证单位的鉴定技术基础上，使用区块链技术通过加密步骤，为当代艺术品创建博物馆等级的记录。艺术品的物理鉴证、艺术家信息、艺术品交易记录在"艺信术用Artkey"的分散分类账加密的区块链证书，可以随时共享或传输。

泰丰文化"艺信术用Artkey"区块链证书的优势在于：

（1）艺术品备案与验证：基于高质量的溯源体系、去中心化的区块链技术，很多当代绘画作品已经通过"艺信术用Artkey"认证备案，令画作拥有高质量的溯源体系，保障画作的真实性，去中心化的区块链技术，使画作的每一次收藏交易都有科学的、不可编造的记录，具有司法证明及来源可靠的作用，在全球艺术科技架构下具有了国际流通的优势。

（2）艺术家认证：建立个人数据记录，建构艺术家的创作生涯认证。

"艺信术用Artkey"为艺术家建立个人数据记录，完整建构艺术家的创作生涯认证，包含个人作品、展览、获奖成就，提供艺术家在互联网时代的新面貌，将艺术家从区域文化推广至国际文化这个更广大的领域。

艺术品市场长期存在着制假、鉴假、拍假的"三假"现象和鉴定无标准、检测无规则、执业无资质的"三无"问题，这些问题严重侵害了消费者的合法权益，扰乱了艺术品市场的经营秩序。因此，构建一个以科技鉴定为基础、以经验鉴定为借鉴、以标准计量为依据、以认证认可为手段、以检验检测为依托、以信息化为平台，并与国际通行规则相衔接的艺术品鉴证质量溯源体系就显得极为重要。而完善和推进艺术品鉴证质量溯源体系，需要运用新型的技术引擎来保障推动。

区块链作为一项新兴的前沿技术，其去中心化的分布式数据存储、链式结构信息传播、非对称加密和共识机制等高安全特性，正在被越来越多的行业认可和应用。区块链技术将信息交换和价值交易中的人与人之间的信任，转化为人对机器和信息的信任。区块链这种去信任和创造信任的核心本质将增强艺术品鉴证质量溯源平台的公信力，去中心化的分布式记账和不可篡改性机制将进一步确保艺术品鉴证溯源信息的可靠性。

从艺术品流通和收藏过程看，艺术品鉴证质量溯源体系非常契合区块链技术的特征优势。运用区块链技术可为每一件艺术品、每一位艺术家、每一个经营机构建立独有的数字身份，继而精准地记载每件艺术品关联信息的每一次变化，实现艺术品的鉴证和信息溯源。艺术品鉴证质量溯源体系的相关标准是建立艺术品、艺术家、从业机构的数字身份的执行规范。运用区块链技术增强艺术品鉴证质量溯源系统，将彻底解决艺术品行业的确真、确权、确价的"三难"问题，将对艺术品的有序传承、市场的诚信健康发展产生深远而重大的影响。

2. 知识产权保护案例

在第一代互联网中，很多知识产权的创造者并没有很好的办法保护自己的版权，例如画家、音乐家、剧作家、摄影师等个人，及画廊、电影工作室、出版社等组织，如果要保护他们的知识产权，必须将他们的知识产权相关专利转给公共的知识产权管理中心，而传统的知识产权管理中心因制度、人力、物力、大数据等原因仅起到了部分作用，如登记著作权等，而对作品的溯源、防伪、供应链等,则需要其他的机构(如鉴定中心、拍卖行等中介机构)来完成。

区块链技术为知识产权的创造者提供了一个去中心化的、信息公开透明、不可篡改的版权使用证明。它是作品的数字记录系统,包括防伪证明、状态及版权所有者,还能像比特币一样,从一个人的藏品库转移到另一个人的藏品库,也能定制限量版本等。这项技术克服了公信力、版权所有、估价、转让等传统管理办法的瓶颈。

人类社会已经进入互联网时代,对于艺术作品的发布,在传统互联网及计算机3D成像技术的推动下,随时可以实现对信息的无损害复制与低成本传播,导致权利人难以对版权进行有效的控制。利用区块链技术,有望让网络上的各类艺术品本身成为可信登记的证明。版权人借助区块链技术有能力控制、追踪自己在网络上的各类知识产权的实时情况,避免遭遇像传统网络环境下作品一经发布就失去控制的困境。作品在区块链系统下进行发布时利用"私钥"就可以对使用作品的条件进行约定、限制,以加强权利人对自己作品版权的掌控力度,形成一种新的IP授权商业模式。

3. 艺术金融生态链案例

艺术金融生态链遵循由激活艺术资源进而深化为艺术金融的成长路径:以美术馆为艺术价值传播平台,以鉴定中心为艺术金融鉴定评估平台,以文交所为艺术金融产品设计及竞价交易平台,以传统拍卖、互联网和移动互联网渠道等多元化策略搭建艺术品资产退出平台,该艺术金融生态链的系统性布局打通了艺术金融的上下游企业机构,通过该系统贯通了书画交易的全产业链,同时完成了艺术品资产化、金融化以及大众化投资参与的全过程。

目前,由绍德堂发起的中华古典艺术资产权益通证项目,简称艺行通(ArTBC),已在深圳文化产权交易所上线。艺行通(ArTBC)是经过改造后的古陶瓷数字资产,是区块链3.0技术在艺术品领域的创新应用,解决了中国古陶瓷艺术品的确权、确真、确值以及流通性差等问题。

艺术品通过数字资产化,可以让所有的参与方成为他们所参与互动的艺术品的部分所有者和股东,用数字化资产的份额对应艺术作品,并提供激励机制。参与方包括艺术家、收藏家、艺术爱好者、策展人、美术馆、博物馆、工作室、交易平台等。而当使用网络应用时,需要注册、登录账号,有时候为了方便,会使用第三方应用来注册及登录,这种身份托管方式虽然提供了便利,但是第三方应用可能在未经授权的情况下登录应用,并进行操作以及获取个人数据。平台能够兼顾便利性和安全性,能够通过同一个账号登录不同应用,并且完全由自己控制。通过区块链技术实现个人信息的安全存储及控制,在此基础上,可以实现丰富的应用场景,例如App登录、电子合同签署、供应链、版权保护、资产数字化以及艺术品金融化等。

三、案例研究:区块链技术在艺术金融领域应用的合规与监管问题[①]

(一)区块链监管层面的规定及面临的监管问题

1. 区块链监管层面的规定

与其他行业或部门法律一样,适用于区块链的法律体系也是由法律、行政法规、部委规章、司法解释、其他规范性文件等不同层级的法规体系构成的。不同的是,由于区块链技术本身尚在快速演进中,很多领域还未达到能够制定法律规范的程度,因此,或者尚在立法调研(例如主管部门发布法规征求意见稿)阶段,或者仅能由该行业甚至主要企业、机构先行对相关标准及规范进行探索,或者根本不能进行规范(比如区块链核心技术之一的"智能合约"问题)。

(1)就法律层面而言,相关的刑事法律罪名有《中华人民共和国刑法》规定的"侵犯公民个人信

---

① 本部分执笔人:王振华[上海华夏经济发展研究院区块链中心执行主任,泰和泰(上海)律师事务所主任]。

息罪""拒不履行信息网络安全管理义务罪""非法利用信息网络罪""帮助信息网络犯罪活动罪"等；相关的民事法律责任则主要包含在《中华人民共和国民法典》关于个人信息安全及网络财产、民事责任条款中。其他相关的法律规范主要包括作为其上位法的计算机及信息技术领域立法，例如《网络安全法》《电子商务法》《电子签名法》等。

（2）在行政法规层面上，相关立法主要有《计算机信息系统安全保护条例》《互联网信息服务管理办法》等。虽然前者主要内容是规定相关主管机关的职责权限，但作为上位法同样可适用于区块链领域。后者主要规范互联网经营行为：由于区块链应用的发展也要运用于经营活动，因此也会受该办法调整。

（3）在部委规章层面上，主要有央行的《金融消费者权益保护实施办法》、网信办的《区块链信息服务管理规定》。前者旨在维护个人金融信息安全及金融行业安全，后者则是截至目前最新、最全面的直接规范区块链的规则体系。

（4）在司法解释方面，目前主要涉及最高法院《关于互联网法院审理案件若干问题的规定》，其中对区块链等电子证据的认证进行了规定。

另外，在区块链快速演进过程中，主管部门出于权宜之计出台了一些非规范性的通知、公告，如《关于防范比特币风险的通知》《关于防范代币发行融资风险的公告》《关于防范以"虚拟货币""区块链"名义进行非法集资的风险提示》等。虽然这些不是规范性文件，称不上法规，但也能从中窥探到主管部门的基本观点及立法趋势。

最后，区块链相关行业及领头企业、机构还通过起草相关技术标准、服务标准，对区块链领域标准化及相关规范进行先行探索。例如，2016年和2018年版《中国区块链技术和应用发展白皮书》《区块链参考构架》《区块链数据格式规范》等文献资料对于做好企业合规具有一定参考作用。

2. 区块链面临的监管问题[①]

区块链目前面临的监管问题主要有以下几个方面：

（1）区块链技术应用的监管责任主体分散面临的法律问题。区块链的分布式共享账本网络导致没有中心化的参与者，网络节点本身是分散的。比如联盟链的情形，在联盟链上存在多个联盟节点（成员），且通常某些区块链应用的节点处在域外，因此就面临着现行法律对于不同国家设立的节点的适用性问题。另外，跨境的联盟链也涉及跨境数据和本地化的问题。

（2）智能合约自动执行法律的有效性问题。智能合约将传统合同中约定双方权利义务的内容通过代码的方式展现，并且合同的自动执行通过智能合约的触发机制实现。这里的问题有三个：其一，该种设定方式能否被认定为法律领域的合同存在争议，即智能合约的法律属性存在疑问。其二，智能合约的触发机制往往涉及链上与链下如何协同，比如一些触发机制如温度、湿度等，区块链技术只能解决上链信息不被篡改，但无法解决信息上链之前保证其真实，因此，链上信息的真实性需要链下第三方机构的信用予以背书，实践中也有诸如投票表决机制来实现链下信息真实性的信用背书，具体运行效果还有待于实践检验，目前并不存在一个普遍适用的方案。其三，智能合约的隐私性问题。公有链的智能合约通常会将合约代码及所执行的交易广播到整个网络，所有节点均会公开可见，而这会引致部分应用方对于数据隐私保护的担忧，在大量的商业场景中，智能合约难以取代传统法律合同。若不能解决好隐私保护的问题，智能合约将不能适用于类似对关键供应商付款、敏感交易等需高度保密的协议合约情形。

（3）激励机制下的数字资产的法律属性及监管难题。"通证"经济被认为是区块链技术在金融领域应用的广阔场景，但是因为区块链技术的匿名属

---

① 参考中国信息通信研究院发布的《区块链白皮书（2019年）》。

性等特点，易导致技术本身被利用从而实施违法行为。对于数字资产的法律属性，我国央行等五部委于2013年12月3日发布的《关于防范比特币风险的通知》明确，比特币是一种特定的虚拟商品，不具有货币属性，禁止各金融机构和支付机构开展与比特币相关的业务。2017年9月4日，我国央行等七部委发布的《关于防范代币发行融资风险的公告》，指明代币发行融资是指融资主体通过代币的违规发售、流通，向投资者筹集比特币、以太币等所谓"虚拟货币"，本质上是一种未经批准非法公开融资的行为，涉嫌非法发售代币票券、非法发行证券以及非法集资、金融诈骗、传销等违法犯罪活动。代币发行融资中使用的代币或"虚拟货币"不由货币当局发行，不具有法偿性与强制性等货币属性，不具有与货币等同的法律地位，不能也不应作为货币在市场上流通使用。但是在其他国家，对于虚拟代币的监管态度则不一，比如新加坡将其区分为"实用型代币"与"证券型代币"，"证券型代币"落入证券法监管，而"实用型代币"并不被证券法监管。再如美国，根据"豪威测试"来判定虚拟代币的属性是否属于证券，从而判定是否属于证券法监管。

（4）区块链技术的难篡改属性与数据主体被遗忘权的冲突问题。根据2018年欧盟制定的《一般数据保护条例》（GDPR）的规定，GDPR不仅适用于位于欧盟内的组织，而且适用于欧盟之外的向欧盟数据主体提供商品或服务或监控其行为的组织。GDPR的核心要求（比如个人的被遗忘权）与区块链难以被篡改的技术特性是相冲突的。

（二）从案例看区块链在艺术金融领域应用的合规问题

1. "区块链+艺术金融"中通证的法律属性

在数字经济时代和区块链应用的发展中，通证都将扮演重要作用，如"区块链+供应链金融"系统中流转的通证，比如大型企业集团供应链金融项目中的"通宝"，以及"区块链+艺术金融"中可能应用到的通证，其在法律上到底该如何定性？

在应用区块链技术搭建艺术金融体系时，需要根据对应的艺术金融的业务模式和场景，通过明晰具体场景下的法律关系，界定不同法律关系下的法律要件，分析通证是电子票据还是债权凭证，从而明确其法律属性，确保不违反现有法律框架之下的禁止性规定。

2. 个人信息收集及存储权限问题

个人信息是指以电子或其他方式记录的能够单独或者与其他信息结合识别特定自然人身份或者反映特定自然人活动情况的各种信息。在上述应用案例中，艺术家的数字身份认证即存在收集个人信息及对于个人信息的存储、使用。《中华人民共和国个人信息保护法》《中华人民共和国民法典》《中华人民共和国网络安全法》《中华人民共和国电子商务法》等都对公民的个人信息予以保护作出了明确的规定，要求收集、使用个人信息应该遵循合法、正当、必要的原则，需要明确收集、使用信息的目的、方式和范围。

现有法律对于个人信息保护的例外：

（1）个人的同意授权。

《中华人民共和国网络安全法》（以下简称《网络安全法》）第41条提供了"同意授权机制"，即"网络运营者收集、使用个人信息，应当遵循合法、正当、必要的原则，公开收集、使用规则，明示收集、使用信息的目的、方式和范围，并经被收集者同意"。

（2）匿名化及脱敏机制。

《网络安全法》第42条提供了"匿名或脱敏机制"，即"网络运营者不得泄露、篡改、毁损其收集的个人信息；未经被收集者同意，不得向他人提供个人信息。但是，经过处理无法识别特定个人且不能复原的除外"。

（3）其他情形。

主要包括涉及治疗、支付或保健护理时，涉及公共利益或法律法规要求时，用于科学研究、公共卫生或医疗保健操作目的的受限制数据集。

因此，在应用区块链技术搭建艺术金融体系

时，艺术品交易平台等作为应用主导方，若需要收集、存储、使用个人信息，需要根据个人信息的类别，确定需要取得何种用户的授权，并对收集、存储的权限予以说明，公布使用的方式、方法。

（三）关于合规建议

1.《区块链信息服务管理规定》（以下简称《区块链规定》）下的备案要求

（1）备案对象：区块链信息服务提供者。《区块链规定》第二条第二款提到，区块链信息服务是指基于区块链技术或者系统，通过互联网站、应用程序等形式，向社会公众提供信息服务。第三款提到，区块链信息服务提供者是指向社会公众提供区块链信息服务的主体或者节点，以及为区块链信息服务的主体提供技术支持的机构或者组织。

（2）备案事项与内容：区块链信息服务提供者需要履行的备案事项主要包括提供服务、变更服务、终止服务三类。备案的内容主要包括服务提供者的名称、服务类别、服务形式、应用领域、服务器地址等信息。

（3）备案流程：区块链信息服务的备案流程主要是服务提供者通过国家网信办区块链信息服务备案管理系统进行线上备案，各级网信办负责对备案信息进行审核，符合备案要求的应予以备案并公示。另外，在《区块链规定》公布前从事区块链信息服务的，应当自其生效日起20个工作日内补办有关手续。

（4）区块链信息服务提供者的法律责任：第一，落实信息内容安全管理责任，建立相应的安全管理制度；第二，具备与其服务相适应的技术条件，有符合国家标准的技术方案和针对法律、行政法规禁止的信息内容的应急处理能力；第三，制定并公开管理规则和平台公约，通过服务协议的方式明确与服务使用者的权利义务；第四，落实真实身份信息认证制度，用户不进行真实身份信息认证的，服务提供者不得为其提供相关服务；第五，开发上线新产品、新应用、新功能的，应当按照有关规定报相应网信办进行安全评估；第六，应对违反法律和相关规定的用户依法采取警示、限制功能等处置措施。

2. 从中国首例区块链存证案例看司法对区块链存证应用的态度

首例区块链存证应用被法院认可的案例是杭州华泰一媒文化传媒有限公司诉深圳市道同科技发展有限公司案。2018年，杭州华泰一媒文化传媒有限公司（以下简称华泰一媒公司）发现深圳市道同科技发展有限公司（以下简称道同科技公司）未经授权转载了其文字作品和摄影作品，涉嫌侵犯信息网络传播权，遂将其起诉至杭州互联网法院，请求法院判令道同科技公司赔偿经济损失等。杭州互联网法院在一审判决书中首次对采用区块链技术存证的电子数据法律效力予以确认，并明确了区块链电子存证的审查判断方法。

该案争议焦点集中在：区块链这种固证、存证方式是否符合电子数据的相关规定及该证据证明力的大小如何？法院的审查角度主要包括：第三方存证平台的资质、侵权网页取证技术手段可信度、区块链电子证据保存完整性。

（1）第三方存证平台的资质。

杭州市互联网法院认为，第三方存证平台保全网的运营公司的股东及经营范围独立于原告华泰一媒公司的股东及运营范围，具有中立性，且通过了国家网络与信息安全产品质量监督检验中心完整性鉴别检测，认可了保全网作为第三方电子存证平台的资质。

（2）侵权网页取证技术手段可信度。

法院认为，保全网系统部署在阿里云中，且已获得网站安全一级认证证书、信息系统安全等级保护第三级的备案证明。除有相反证据否定之外，应认定该网站具备进行电子数据存储的安全环境。

（3）区块链电子证据保存完整性。

法院分别从电子数据是否真实上传和是否系诉争电子证据两方面进行了审查：通过可信度较高的自动抓取程序进行网页截图、源码识别，能够保证电子数据来源真实；采用符合相关标准的区块链技术对上述电子数据进行了存证固定，确保了电子数据的可靠性；在确认哈希值验算一致且与其他证据能够相互印证的前提下，最终认定该种电子数据可以作为本案侵权认定的依据。

对于上述基于区块链技术存证的电子数据的司法审查，我们认为：首先，传统证据审查判断的合法性、真实性与关联性审查判断是一般原则；其次，对于基于区块链存证的电子数据，在具体实践中还应结合个案情况和其他证据对电子数据的效力做出综合判断——以技术中立、技术说明、个案审查为原则，对该种电子证据存储方式的法律效力予以综合认定，即不因区块链技术属于新型技术而排斥或者提高其认定标准，也不因该技术具有难以篡改的特点而降低其认定标准。最后，实践中对于该类案件的审查判断，杭州互联网法院常务副院长提出的四点考虑可作为重要参考：第一，目前尚未出台相关法律法规对电子存证平台资质进行审查，当事人应选择资信度更高的存证平台；第二，对技术应采取开放和包容的态度，保证数据在提取、保存和运输三个环节中不存在任何篡改或不安全的因素存在的情况下，无论用何种技术实现，均可对电子数据真实性进行认定；第三，第三方电子存证平台采取技术手段所提供的电子数据应当作一个完整的技术说明，使法官在司法裁量中对电子数据的真实合法性作出合理客观的评价；第四，民事案件虽采用"谁主张谁举证"的原则，但在原告证据达到高度盖然性的情况下，举证责任应转移给被告，被告对电子证据有不确认的，应通过寻求技术专家的帮助等方法确认电子存证的技术缺陷，或找出相反证据。

3. 个人信息保护的合规边界

2019年9月初，多个大数据公司被调查，导致警方介入调查的原因或许与数据抓取业务涉嫌侵犯隐私，助长"套路贷""高利贷"，助力暴力催收有关。至此，野蛮生长的大数据时代遭遇冷静期，多位数据行业从业者表示，大数据行业自诞生以来的最大的行业地震已经到来。笔者在检索相关的大数据产品时，发现有一款基于位置核验的大数据产品，目前多个运营商都有基于该款应用的产品。试举一种位置核验的产品，它核验的路径是：

首先，位置核验入参：包括手机号以及具体住址或城市名，部分机构要求提供用户身份信息。然后，核验返回：比如通过运营商基站来实现，核验后告知与定点的距离误差，这个距离一般以位置到基站的距离为准。这个产品的典型应用场景是：在用户申请贷款时，如果银行无法判断其填写的住址和公司地址信息的真实性，通过位置核验接口，就可以核验位置准确性或者距离误差，来审核用户是否填报了虚假信息。再如，在银行风控环节的审核中，针对银行用户的网上交易，一般会要求用户发起交易的地址与用户所在地址是一致的，以此来防止异地盗刷。如果在位置核验后发现两个地址不一致，则会及时拦截交易并通知用户。

一般性的位置核验（比如用户漫游到外省）会根据地理位置实时分析用户网络状况，优化网络技术，并动态调整基站半径，个性化配置网络资源，此时并不会被界定为违法搜集，此环节也不需要授权。问题在于，在数据流转、利用过程中存在合规问题：首先，数据多级流转过程中并没有做到每次核验位置信息的逐笔授权；其次（也是此次危机爆发的原因），下游服务商违法使用个人信息，大量使用用户的位置信息进行暴力催收，并引发了多起暴力催收血案。

目前，针对个人信息保护主要的法律法规包括：2021年11月1日起施行的《中华人民共和国个人信息安全法》对个人信息安全做了全面的规定；2021年1月1日起施行的《中华人民共和国民法典》第111条规定了自然人的个人信息受法律保护；2016年11月7日颁布的《网络安全法》第41条明确了个人信息收集使用规则，规定"网络运营者收集、使用个人信息，应当遵循合法、正当、必要的原则，公开收集、使用规则，明示收集、使用信息的目的、方式和范围，并经被收集者同意"；由国家市场监督管理总局和国家标准化管理委员会以国家标准形式联合发布并于2020年10月1日起实施的《信息安全技术：个人信息安全规范》（以下简称

《安全规范》）在遵循《网络安全法》要求的基础上全面而详尽地规定了个人信息处理各个环节的合规要求。虽然《安全规范》属于推荐性国家标准，不具有强制力，不能直接作为执法依据，但是已经有监管部门将《安全规范》的要求融进制定的规范性文件中，比如中国银保监会2018年5月21日发布的《银行业金融机构数据治理指引》第24条明确要求"银行业金融机构采集、应用数据涉及个人信息的，应遵循国际个人信息保护法律法规要求，符合与个人信息安全相关的国家标准"。另外，最高人民法院、最高人民检察院2017年5月9日发布的《最高人民法院、最高人民检察院关于办理侵犯公民个人信息刑事案件适用法律若干问题的解释》（以下简称《两高解释》），对《刑法修正案（九）》规定的"侵犯公民个人信息罪"的核心概念"公民个人信息""提供行为""非法获取"以及"情节严重"等做了更明确的界定。

结合上述的法律、司法解释以及部委规章，对此次大数据风波事件大致可以从收集信息的"授权同意规则"及最小化要求，转让个人信息的有限审查尽调以及企业内部的个人信息安全事件的处置三个方面来对此流转过程的合规要点予以提示。

（1）收集信息的"授权同意规则"及最小化要求。

按照《网络安全法》第76条第5款关于个人信息的规定，个人信息是指以电子或者其他方式记录的能够单独或者与其他信息结合识别自然人个人身份的各种信息，包括但不限于自然人的姓名、出生日期、身份证件号码、个人生物识别信息、住址、电话号码等。而《两高解释》则将公民个人信息扩大到反映自然人活动情况的各种信息，包括与特定自然人活动相关的账号密码、财产状况和行踪轨迹等信息。

大数据公司基于位置核验的大数据产品，将核验的位置信息授权给下游公司使用，从文义解释角度，可以将该核验的位置信息归类为个人的行踪轨迹，[①]属于公民的"个人信息"。按照《两高解释》对于个人信息类型的分类，"行踪轨迹信息"在公民个人信息中最为重要，数量达到50条以上即可构成侵犯公民个人信息罪。

大数据公司在收集用户个人信息时需要遵循"合法、正当、必要"原则，按照《安全规范》的要求，同时要遵循收集个人信息的最小化要求。

基于此，首先大数据公司在搜集个人信息时必须获取用户的明确授权。对于该环节的"授权同意规则"可见表22-1。

表22-1 个人信息授权同意规则

业务	个人敏感信息	一般个人信息
核心业务功能	应当明示同意	明示或默示同意
附加业务功能	应当逐一明示同意	明示或默示同意

将信息类型区分为个人敏感信息与一般个人信息；将业务区分为核心业务功能与附加业务功能，在此基础上确定不同的同意规则。

在收集个人信息的最小化要求上，《安全规范》5.2款规定了收集个人信息的最小化要求，2019年8月5日发布的《信息安全技术移动互联网应用（App）收集个人信息基本规范（草案）》（以下简称《App应用规范（草案）》）规范了移动互联网应用运营者收集个人信息的行为，其中附录A对于常用服务类型进行区分，并列举了常见服务类型的最少信息，对于大数据公司在收集个人信息时的合规要求具有重要参考意义。

（2）转让个人信息的有限审查尽调。

大数据公司授权下游服务商使用其签约用户个人信息，在用途审查及授权协议审查方面，大数据公司要尽到何种程度的义务？在这个数据层层流转的大数据产品运行体系里，获取个人信息的途径，不仅有大数据公司经用户授权同意后的直接获取，还有第三方公司对大数据公司获得授权的用户个人

[①] 参见裴小平侵犯公民个人信息一审刑事判决书[(2018)浙0402刑初205号]：公诉机关指控被告人非法获取他人位置信息，即个人的行踪轨迹，向法院提起公诉；法院对这一犯罪事实予以认定。

信息转让的间接获取信息方式。对于这部分个人信息的转让，《安全规范》第7.6款规定，大数据公司应根据汇聚融合后个人信息所用于的目的，开展个人信息安全影响评估，采取有效的个人信息保护措施。除例外情形外，都应向用户信息主体告知转让个人信息的目的、数据接收方的类型并事先征得个人信息主体的授权同意。①对于这部分的授权同意，应当是"一次一授权"，即在用户注销账号之后应当视为授权协议终止，当用户再重新注册登录之后，该使用收集的协议需要重新再获取用户的授权。另外，在实践中，大数据公司应当对个人信息接收方即下游服务商的相关业务行为进行有限但必要的尽职调查，审阅下游服务商的相关隐私保护政策及协议，审查其个人信息的保护行为。除了转让行为之外，《安全规范》还规定了个人信息的委托处理、共享、转让和公开披露行为，②分别规定了相应的要求，相关企业可以作为重要参考。

（3）企业内部的个人信息安全事件的处置。

大数据公司在个人信息安全事件的处置方面，应该从"安全事件应急处置和报告"和"安全事件告知"两方面做好内部的管控，包括制订个人信息安全事件应急预案，定期组织内部相关人员进行应急响应培训和应急演练等。③另外，《安全规范》的第10款对于个人信息控制者的组织管理要求进行了细化规定，包括明确责任部门和人员，开展个人信息安全影响评估，提高数据安全能力，加强人员管理与培训以及安全审计。

四、延伸阅读：展望与深化④

展望未来，以下三个方面的因素会对区块链在艺术金融中的应用产生影响。

（一）艺术金融产业发展及运营结构化的程度和深度

艺术金融科技的发展作为艺术金融产业的新领域，尚处在起步阶段，还需要一段时间在理论与实践研究过程中去检验、完善与深化，其不同的科技形态尚处于孕育、生发的过程中，很难也不可能用成熟产业科技的研究方式对其系统分析与研究。在此，只能对其发展的趋势、结构、规模进行相应的对比分析，更多的是进行定性式的系统分析与研究，这是由互联网艺术金融及其产业发展水平与状态所决定的。

（二）艺术品及其交易的信息化+数据化程度

数据是区块链的立业之根，区块链要想在艺术市场领域深入发展，需要拍卖机构向区块链打开"信息大门"。但多年以来，拍卖机构的交易记录因为独立、封闭、内部重叠等，导致艺术品交易记录查验存在难度。同时，卖家出于各方面的原因，无法对外分享历次交易的单据文件等实物资料。因此，拍卖公司能否共享相关数据源，将会对区块链的生态链的丰盈产生决定性作用。

由于采用了国际元数据标准体系和国家标准进行数据记录，基于"艺术品身份证"的区块链上的内容可以被全球的集合管理系统和编目数据库所使用，保险公司、博物馆、执法机构等都可以实时验证，整个过程便捷，具有广泛的使用价值。举例来说，艺术品盗抢险就非常需要一个共享的追踪机制。区块链不仅可以为艺术家提供免费的库存管理系统，在艺术品的所有权发生变化时通知画廊和美术馆等相关机构，还可以为收藏家寻找没有公开披露的价格和身份等虚拟资产信息。区块链可以成为寻求艺术品的美术馆和希望通过展览提升艺术品价值的私人收藏家之间的中间商，将艺术品的完整生态链信息放到区块链上，为博物馆、私人藏家等提供可靠的信息平台支撑。区块链作为一个容易分享、发现和传播的永久记录，如果发展顺利，将会促进艺术市场向私人的点对点交易和网上交易转移。

---

① 《安全规范》第9.2款：共享、转让经去标识化处理的个人信息，且确保数据接收方无法重新识别个人信息主体的除外。
② 《安全规范》第9款：个人信息的委托处理、共享、转让、公开披露。
③ 《安全规范》第10款：个人信息安全事件处置。
④ 本部分执笔人：王振华（上海华夏经济发展研究院区块链中心执行主任，泰和泰（上海）律师事务所主任）。

（三）大数据、人工智能、区块链技术在艺术金融中的融合性

区块链与人工智能、大数据的深度融合发展，是赋能艺术金融领域的极佳途径。

（1）区块链可以帮助人工智能避免因数据存储问题导致的故障。区块链的分布式数据存储、哈希加解密的链式结构能够保证数据难以篡改，系统级别风险降低；另外，区块链通过记录谁编写了原始的人工智能算法以及用什么数据来训练算法，避免不良数据内容给人工智能带来的安全隐患。

（2）市场竞争导致的数据共享难题，采用区块链技术可以利用数据分类账进行部分数据的购买销售，可靠性强、可用性高的数据将会使得企业生产出高质量的数据密集型应用。另外，之前市场收集的是大量同类型的数据用于训练AI模型，而引入区块链技术后可以让不同的人和公司来提供可信的不同数据，这样就可以获得多样化的数据样本，帮助AI自主决策的精准性。

（3）区块链采用非对称加密和授权技术，交易信息公开透明，但账户身份信息则是高度加密的，只有经过数据拥有者授权才可以访问该数据，此技术在AI大数据运行环境下，个人的隐私免于被侵犯，不法企业难以利用用户数据来牟取不正当利益。另外，区块链与加密算法相结合可以在数据分享过程中分离数据所有权和使用权，让数据使用方可以利用密文进行模型训练和使用，杜绝原始数据泄露风险，从而打通企业和政府中的数据孤岛。

（4）人工智能也可以优化区块链技术的不足。采用POW共识机制的区块链项目需要消耗大量的电力资源，人工智能可以通过学习算法，提升数据中心的负载，操控计算机服务器和相关的散热系统，优化冷却，有效进行设备管理，从而减少电力消耗。

第二十三章 美国艺术品估值体系案例研究

> 艺术品估值问题是艺术金融发展过程中最为核心的问题,因为它涉及艺术品及其资源资产化的进程。在这个过程中,定价又是艺术品估值的核心。目前,关于艺术品估值问题还是一个世界范围内的世纪性大课题,没有成熟的模式与标准。美国艺术品估值体系这一案例的研究为我们提供了一个解决问题的视角。

一、案例简介:美国艺术品估值体系

艺术品估值在世界范围内都是一个新的课题。艺术品估值之所以重要,源于它是艺术品市场发展的一个"基石",与不动产、企业资产评估领域一样,艺术品作为资产的评估与金融业的关系正日益密切,建立合理有效的艺术品评估体系是开展如艺术品抵押融资、艺术品资产与基金管理、艺术品保险等业务的基本前提。

艺术品估值是一个专业问题。艺术品估值始终需要人的参与并做出关键性的判断,艺术品定价是一个复杂漫长的过程,需要评估师从艺术品具体信息、艺术史价值、文化及市场背景、作品流通领域等一切相关方面进行评估。这就意味着,参与艺术品估值的专业人士需要专业的训练:一方面要全面学习艺术品评估的理论,另一方面要掌握艺术品评估行业的标准。美国艺术品估值体系是一个重要的艺术品估值体系,其中,美国评估师协会(Appraisers Association of America,AAA)成立于1949年,是艺术品价值评估方面的最权威协会,拥有遍布100个不同领域艺术专业机构的700位独立评估师。评估师大多是任职于各大美术馆的资深策展人、拍卖行主管、艺术媒体、院校教授等,在各自的专业领域都有很高的权威性。美国评估师协会的会员要求拿到《专业评估执业统一准则》(Uniform Standards of Professional Appraisal Practice,USPAP)最高标准的合格证书。对于艺术品的保险、税收、慈善捐赠、产品公正、资产价值清算等给予公正的评估。《专业评估执业统一准则》(USPAP)是美国在20世纪80年代金融危机之后制定的评估准则,在促进美国评估行业发展乃至规范抵押评估等金融业务方面发挥了重要作用,并成为国际评估界具有重要影响力的准国际性准则。

在美国,政府通过间接的方式对艺术品评估行业进行引导。美国国内税务署(Internal Revenue Service,IRS)要求涉及艺术品评估的税收审核(如联邦所得税、遗产及赠与税申报中涉及艺术品)提交第三方评估报告。而IRS则根据评估师和其做出的评估是否满足一些重要的条件,决定是否采信和采信的程度。比如,评估师是否在所评估的艺术品相关领域拥有证书或有多年经验;评估师是否遵守USPAP准则;是否在评估中声明已经了解过高或过低估价将会受到的惩罚,并明确其与捐赠人的关系。艺术品评估行业中,权威性评估师协会颁发的资格证书就相当于政府对房地产评估人员颁发的从业执照,而寻求评估服务的客户也依赖这些评估师协会提供的资格证明判断估价师是否具备执业能力。在具体的案例研究分析过程中,应特别注意以下几个重要问题:

(1)美国艺术品估值体系的构成与运作。

(2)美国艺术品估值体系案例研究解决的主要难题分析。

(3) 美国艺术品估值体系的理念。

(4) 美国艺术品估值体系的基本规程分析。

(5) 美国艺术品估值体系的具体运营与服务相配套分析。

二、案例描述：美国艺术品估值体系及其对中国艺术金融发展的启示[①]

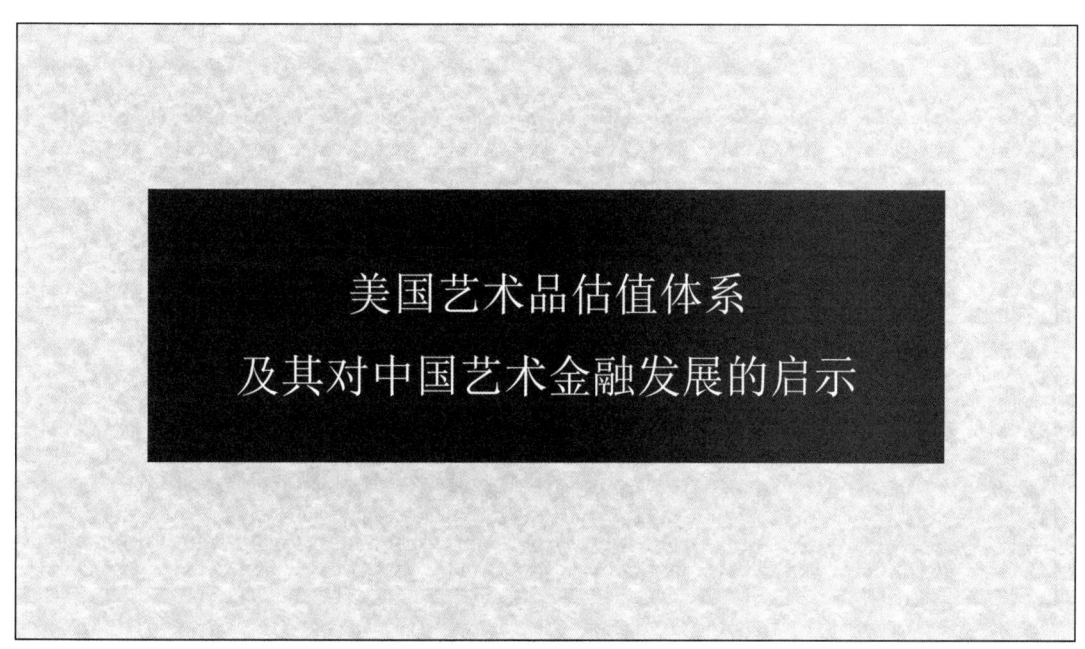

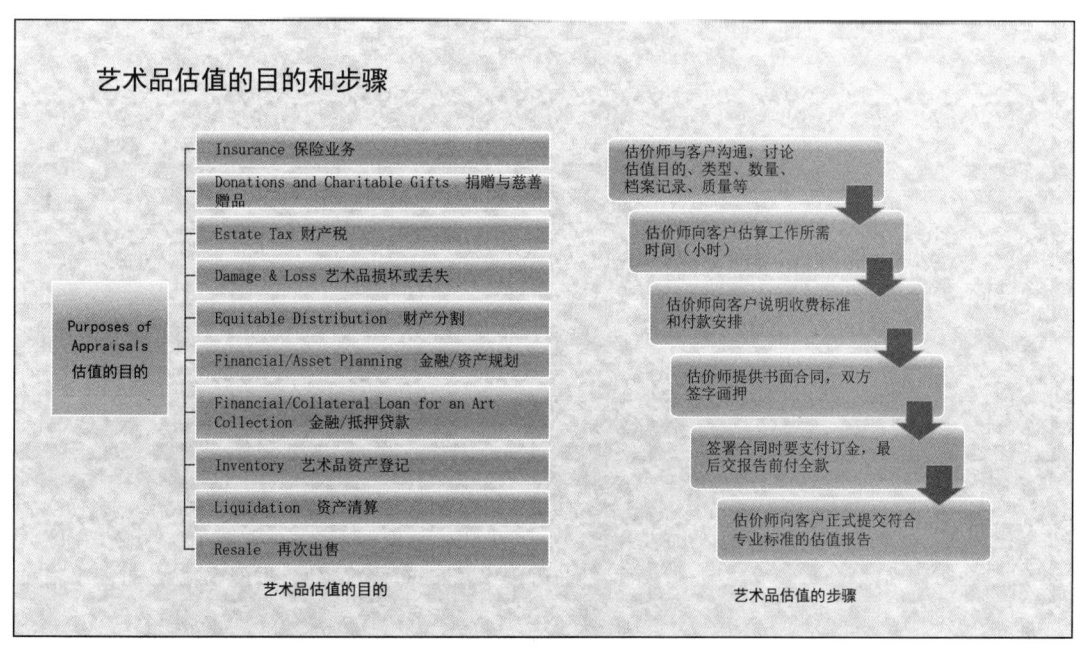

---

① 本部分执笔人：宁强（长江学者，北京外国语大学教授、博士生导师）。

艺术品估值的类别

- **等值替换价（RRV）/ 最高价**
  - 用于保险业务或税收计算
- **公平交易价（FMV）**
  - 甲乙双方都同意的价格，主要用于国税局计算慈善捐献免税额度
- **现金销售实价（MCV）**
  - 甲乙双方都同意的交易价格，主要用于财产分割、艺术品再销售、资产规划
- **市场公开价（MV）**
  - 在一定时间段内，公开市场上最可能的价格，主要用于拍卖
- **清算价（LV）**
  - 偏低，用于强制/限制出售情况下的价格
- **残值资产价（SV）**
  - 最低，用于现金交易、丢弃物等

估价师的收费方式与从业资格要求

估价师的收费方式

- hourly：按工作时间，以小时计费
- per diem：按艺术品估值所需时间，每天平均计费
- flat fee：按每单活儿，简单商定总价

估价师的从业资格要求

会员制：
- AAA（美国估价师协会）：美术品、宝石、特殊纪念品等
- ASA（美国估价师协会）：公司、珠宝、家具等
- ISA（国际估价师协会）

基础指标：
- 艺术硕士/经济硕士+2年市场经验
- 通过USPAP标准考试，获得资格证书
- 专业领域划分：地区、时代、艺术家
- 继续教育：保持证书有效、跟踪法规变化

估价师应该做和不应该做的事

估价师应该做的事（额外服务）

1. 咨询：拍卖、私下交易、慈善捐赠、中间商
2. 中介服务：卖家——买家
3. 自己成为交易商
4. 做藏品管理人
5. 做专业顾问
6. 做专家见证人

估价师不应该做的事

1. 不做推广宣传员
2. 不鉴定艺术品真伪
3. 不做文物艺术品保护
4. 不做金融规划师
5. 不做拍卖
6. 不免费估值

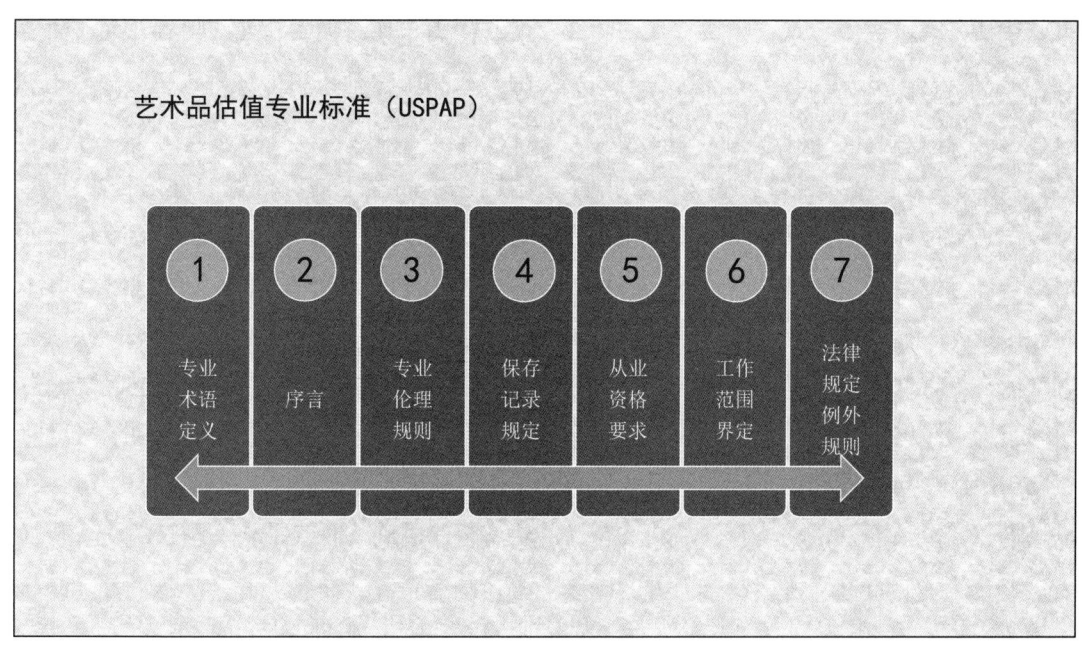

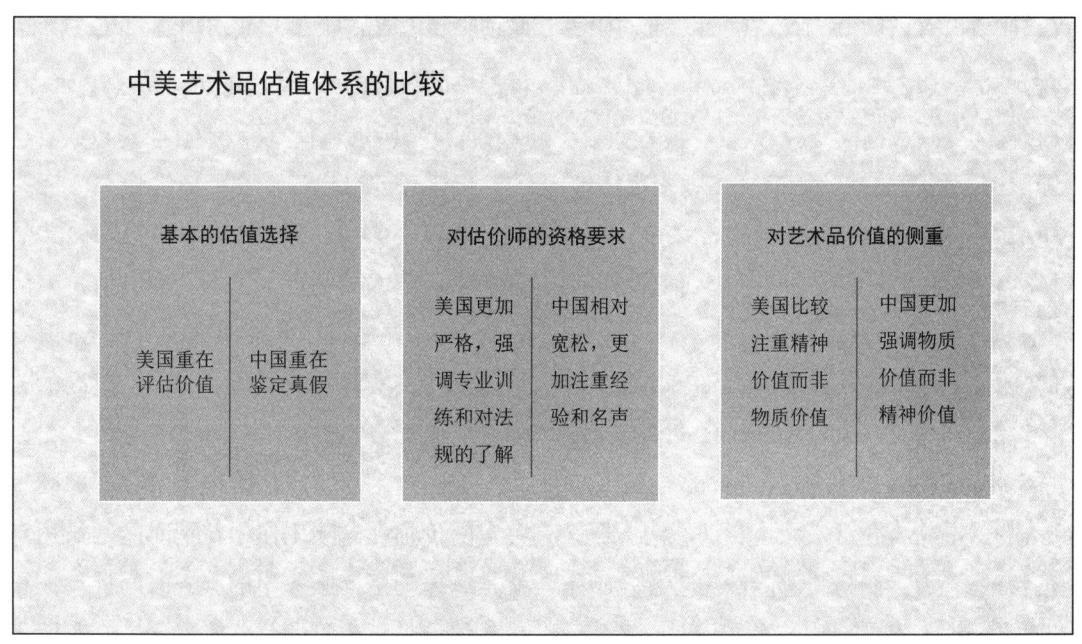

三、案例研究：中美艺术品鉴定估价理论与实践的比较研究[①]

艺术品的鉴定与估价是艺术品交易的核心程序。无论是艺术金融的实践，还是艺术品拍卖行业的活动，都离不开鉴定与估价。由于艺术品作为商品或交易物品时具备的特殊性（即其价格的不肯定性和不可预测性），各国家、地区艺术品市场的交易规则和方式也有很大区别。在艺术品交易日益国际化、金融化的今天，我们必须对国际通用的相关规则及其理论与实践中的问题和挑战有清醒的认识，才能保障中国艺术品市场的健康发展。目前，美国、英国、中国三大艺术品市场占据了全球艺术品市场80%以上的份额，加之美英艺术品市场规则基本相同，因此对中美艺术品鉴定估价理论和实践的比较研究，可以在一定程度上揭示全球艺术品交易市场相关情况的总体风貌。

---

① 本部分执笔人：宁强（长江学者，北京外国语大学教授、博士生导师）。

（一）鉴定估价的概念比较

美国的鉴定估价核心概念叫"appraisal"，它包括鉴定真伪、当前市场价格、价格变化区间、价格适用范围等诸多要素。在将其翻译为中文时，我们无法找到一个完全对应的词，只好用"鉴定估价"这个词组来翻译。实际上，"鉴定"一词英文通常翻译为identification，而"估价"则译为valuation，用"鉴定估价"来翻译appraisal实在是因为无法找到完美对应词汇后的无奈之举。这个无奈的中文译名，恰好说明了中美之间在艺术品市场理论与实践中的重大差别。

在中文里还有一个词叫"评估"，好像可以被理解为"评论与估价"的缩写。但"评论"与"鉴定"明显不同，评论往往很主观，而"鉴定"则要求必须客观。如果用"评估"来翻译appraisal，就有些似是而非了。

根据美国国家税务总局认定的官方版鉴定估价规则（USPAP）的定义，appraisal的含义是：（名词）形成一个价格的过程或行为，一个确定价格的意见；（形容词）对估价行为及其相关实践或服务的描述，即"(noun) the act or process of developing an opinion of value; an opinion of value; (adjective) of or pertaining to appraising and related functions such as appraisal practice or appraisal services."这个定义强调了鉴定估价的过程性特征和确定价格的功能。因此，在实践中，美国"鉴定估价师"的报告往往不写真伪鉴定意见，只写价格估算意见，这样在一定程度上就避免了因真伪鉴定失误而造成责任承担的问题。当然，真伪鉴定是影响价格估算的重要因素，在研究过程中是必须要考虑的，只是在书面报告中一般不反映。

中国"艺术品评估报告"的中心是真伪鉴定，大多是较为主观的个人意见，主要凭经验，而且容易受到评估报告委托者的影响。中国也没有一个与美国USPAP相似的具备法律效力的鉴定估价标准文件，这使得中国艺术品市场长期受到"主观性鉴定估价"的困扰。鉴于此，我以美国官方版文件USPAP为主要参照，撰写了一份中英文双语的"中国艺术品鉴定估价行业标准术语界定及其说明"文件（见本章附录），算是抛砖引玉，希望能对规范中国艺术品鉴定估价行业的理论与实践有所助益。这份文件既有助于规范艺术品鉴定估价报告的撰写，也有利于法律法规含义的理解，其双语的写法，也有利于中国艺术品交易与国际接轨。

（二）中美艺术品鉴定估价的实践比较

目前，中国艺术品市场中活跃的"评估师"基本上都没有受过专业训练，有些人仅接受过一周的"文物鉴定速成班"训练就走马上任了。至于"估价"训练，基本靠自己摸索。许多"老师级"的权威人士大多只有"鉴定真伪"的实践经验，完全不懂市场估价原理，其提供的价格估算往往是应艺术品拥有人的要求提供的有偿服务，与实际市场价格可能差别较大。而且，评估师也不必为其估价结论负责。

美国的appraiser（鉴定估价师）资格要求具备本科或以上学历，经过2年的相关课程学习（包括艺术史、艺术品鉴定、艺术金融、估价方法、版权法规等），并通过USPAP内容的统一考试，还要有2年以上相关实践从业经验。显然，美国的鉴定估价师对从业资格的要求比中国严格得多。

美国艺术品鉴定估价报告的收费原则主要根据鉴定估价师在这项工作中花费时间的长短计算，也就是和律师咨询服务中的服务时间计价法相同。当然，估价师每小时的服务收费标准会有所不同，但实际差别也不是很大。如果为一件作品的鉴定估价花了40小时（一周的标准工作量），而该鉴定估价师的收费标准是每小时90美元，则最终的收费是3600美元。这种服务时间计价法的好处是，估价师在判断该件作品的价格时不会考虑作品价格高低对自己收入的影响。同样一件作品，估价10元或估价100万元，与鉴定估价师的服务收入没有关联，鉴定估价师只收自己所花费时间的人工服务费。

中国评估师的收费办法和标准则是五花八门，主要有"计件收费""成交价格比例提成""约定定价"等方式。"计件收费"是比较通行的做法，评估一件作品300元、800元或者3000元，甲方乙方一个愿打一个愿挨，标准自己定，愿者上钩。"成交价格比例提成"则是评估师的判断应验之后再收费，比较大额的交易往往采用这种做法。"约定定价"顾名思义就是主客双方商量一个价格，没有什么依据或标准，只要双方满意就行。

具体收费时又常分为"书面报告"和"口头报告"两级差价收费。"书面报告"的收费一般比"口头报告"高10倍左右。因为"口头报告"的效果主要是满足艺术品拥有者对价格的好奇心，但"口说无凭"，因此也就不能用于正式的商业往来文件，而书面报告则是严肃的、具有一定法律参考效力的文件，一般评估师都不太愿意提供，主要是不想担责。实际上，在中国现行的法律法规中，即便出具了书面的鉴定估价报告，报告撰写者也不必负法律责任，除了专业声誉方面的影响，并无其他损失。

从比较研究的角度观察，中美之间艺术品在艺术品鉴定估价方面有明显的不同。

（1）美国重估价，中国重鉴定。美国对假货的惩罚力度很大，全社会对伪作都深恶痛绝。美国视故意销售伪作的商家和个人为犯罪，除了判刑，罚款也往往重到令以身试法者破产的地步。这样的假货处理方式令一般人望而却步。因此，市场参与者多自觉声明真假，以至于艺术品真伪鉴定的市场需求很小。中国艺术品市场则正好相反，假货、伪作充斥市场，买到伪作者往往自认倒霉，对销售者没有任何惩罚。买家只好寻求专家帮助，鉴定真假，而专家的意见也往往受到诸多因素的影响，结论也未必可信。所以，艺术品的真伪鉴定成为鉴定评估报告的中心。至于估价，藏家往往非常自信，相信只要东西是真的，那价格也不需要专家多嘴了。

（2）对鉴定估价师资格的要求，美国更加严格，特别强调专业训练和对法规的了解，并须通过资格考试。而中国目前对艺术品鉴定估价师的资格认定相对宽松，注重经验和名声。美国与中国艺术市场对鉴定估价师资格要求的巨大区别，导致了收藏界对中国"评估师"出具的"艺术品鉴定估价报告"的信誉度大大降低。

（3）美国对艺术品的估值注重其"精神价值"而非"物质价值"，而中国则相反，特别强调艺术品的"物质价值"而非其"精神价值"。有一个中国"官方估价"的故事很能说明问题：据说某国家级的估价专家对北京饭店20世纪70年代后期中国国画大师们留下的大幅作品是按宣纸和墨的"物质价值"计算的：一幅画用宣纸一张，价值1元人民币，墨价值0.5元人民币，因此一幅大师名作在饭店的财产登记簿上可能只值1.5元人民币，而且还必须按饭店资产价值损耗率一同逐年下调。这个故事虽然有点夸张，但真实反映了中国艺术市场对艺术品价值的基本态度，即重"物质"而轻"精神"。而玉器、金银器、古董家具等，往往比书画贵很多。近年来，中国艺术市场绘画作品的价格飙升，昂贵的作品往往是已经被"资产化"或者价格已经被西方人"固化"者。像在纽约市场，一只塑料气球狗值4000万美元的现象在中国是不会出现的。

总之，中美在艺术品鉴定估价领域有很大差异。通过比较，可以对双方的特点有更为清晰的认识，从而在艺术品交易市场日趋国际化的今天占据更为有利的位置，同时也可以借鉴西方艺术市场的一些做法，使中国艺术市场更加规范、健康地发展。

本章附录
中国艺术品鉴定估价行业
标准术语界定及其说明

CHINESE ARTWORKS APPRAISAL PRACTICE
STANDARD TERMS AND DEFINITION

说明：①本"术语界定及其说明"按中文拼音第一个字母顺序排列，以便中文使用者查阅。②本"术语界定及其说明"以中英文双语写成，以便与国际相关标准定义接轨。③本"术语界定及其说明"是以美国专业鉴定估价实践统一标准（USPAP）为基础，加入中国艺术品鉴定估价行业的特殊性需求制定而成,既符合国际通用标准,也适用于中国艺术品市场的使用环境。

(一)术语(TERMS)目录

1. 报告(REPORT)
2. 曝光时间(EXPOSURE TIME)
3. 保密信息(CONFIDENTIAL INFORMATION)
4. 成本(COST)
5. 重新估价(APPRAISAL REVIEW)
6. 房地产(REAL ESTATE)
7. 个人财产(PERSONAL PROPERTY)
8. 工作档案(WORKFILE)
9. 工作范围(SCOPE OF WORK)
10. 固定资产(REAL PROPERTY)
11. 估价(VALUE)
12. 估价服务(VALUATION SERVICE)
13. 估价任务(ASSIGNMENT)
14. 估价任务结果(ASSIGNMENT RESULTS)
15. 估价师(APPRAISER)
16. 估价师的同行(APPRAISER'S PEERS)
17. 估价实践(APPRAISAL PRACTICE)
18. 极端推定(EXTRAORDINARY ASSUMPTION)
19. 价格(PRICE)
20. 鉴定估价(APPRAISAL)
21. 假设性状况(HYPOTHETICAL CONDITION)
22. 经营股本(BUSINESS EQUITY)
23. 经营性企业(BUSINESS ENTERPRISE)
24. 客户(CLIENT)
25. 可信度(CREDIBLE)
26. 可行性分析(FEASIBILITY ANALYSIS)
27. 批量估价(MASS APPRAISAL)
28. 批量估价模式(MASS APPRAISAL MODEL)
29. 偏见(BIAS)
30. 签名(SIGNATURE)
31. 推定(ASSUMPTION)
32. 设定的使用人(INTENDED USER)
33. 设定的用途(INTENDED USE)
34. 市场价值(MARKET VALUE)
35. 司法管辖权例外(JURISDICTIONAL EXCEPTION)
36. 文化资产(CULTURAL PROPERTY)
37. 文物(CULTURAL ARTIFACT)
38. 文物估价(CULTURAL ARTIFACT VALUATION)
39. 文物鉴定(CULTURAL ARTIFACT AUTHENTICATION)
40. 无形财产/无形资产(INTANGIBLE PROPERTY/INTANGIBLE ASSETS)
41. 艺术品(ARTWORK)
42. 艺术品估价(ARTWORK VALUATION)
43. 艺术品估价程序(ARTWORK VALUATION PROCESS)
44. 艺术品鉴定(ARTWORK AUTHENTICATION)
45. 艺术品鉴定估价(ARTWORK APPRAISAL)
46. 艺术市场(ART MARKET)
47. 艺术资产(ART PROPERTY)
48. 艺术资产包(ART PROPERTY PACKAGE)

(二)术语定义与说明(Definition and Explanation)

1. 报告:鉴定估价或重新鉴定估价任务完成后,提交给客户的任何书面或口头的报告。

REPORT: Any communication, written or oral, of an appraisal or appraisal review that is transmitted to the client upon completion of an assignment.

说明:绝大多数报告是书面的,而绝大多数客户只承认书面报告。口头报告的要求(参照"记录保存规则")包括在法院的证词以及鉴定估价或重新鉴定估价等其他口头沟通。

Comment: Most reports are written and most clients mandate written reports. Oral report requirements(see the RECORD KEEPING RULE)are included to cover court testimony and other oral communications of an appraisal or appraisal review.

2. 曝光时间:财产鉴定估价结果,在鉴定估价有效日期,在向预期的以市场价格来完成销售的市场提供之前，估计需要的时间长度。

EXPOSURE TIME: Estimated length of time that the property interest being appraised would have been offered on the market prior to the hypothetical consummation of a sale at market value on the effective date of the appraisal.

说明：曝光时间是基于对过去假定是竞争性开放市场已经发生的事件的分析基础上的追溯性意见。

Comment: Exposure time is a retrospective opinion based on an analysis of past events assuming a competitive and open market.

3.保密信息：这种信息包括

·客户在向估价师委托估价任务时认定为需要保密的、从其他来源无法获知的信息；或

·被相关法律、法规界定为保密或隐私的信息＊。

CONFIDENTIAL INFORMATION: Information that is either

·identified by the client as confidential when providing it to an appraiser and that is not available from any other source; or

·classified as confidential or private by applicable law or regulation＊.

＊注释：例如，根据1999年通过的"格拉姆—李奇—伯利勒法案"，某些公共机构已经开始使用对估价师有影响的隐私规定。结果，美国联邦贸易委员会发布了一条以保护顾客向金融从业人员提供的"非公开个人信息"为中心的规定。"（这些信息）与银行或银行转账交易密切相关。"这类信息还包括"对固定资产或个人财产的鉴定估值。"（引文出自美国联邦贸易委员会发布：客户金融信息隐私权；最终裁决，编号16CFR Part 313）

＊NOTICE: For example, pursuant to the passage of the *Gramm-Leach-Bliley Act* in November 1999, some public agencies have adopted privacy regulations that affect appraisers. As a result, the Federal Trade Commission issued a rule focused on the protection of "non-public personal information" provided by consumers to those involved in financial activities "found to be closely related to banking or usual in connection with the transaction of banking." These activities have been deemed to include "appraising real or personal property."（Quotations are from the Federal Trade Commission, Privacy of Consumer Financial Information; Final Rule, 16 CFR Part 313.）

4.成本：创造、制作、获取资产需要的资金数额。

COST: The amount of money required to create, produce, or obtain a property.

说明：成本可以是实际花费，也可以是估算的费用。

Comment: Cost is either a fact or an estimate of fact.

5.重新估价：深化和表述关于别的估价师估价或重新估价工作成果的质量的意见的行为或过程。

APPRAISAL REVIEW: The act or process of developing and communicating an opinion about the quality of another appraiser's work that was performed as part of an appraisal or appraisal review assignment.

说明：重新估价工作的对象可以是一份报告的局部或全部、一份档案或前述诸项的总和。

Comment: The subject of an appraisal review assignment may be all or part of a report, workfile, or a combination of these.

6.房地产：可界定识别的地块或大片土地，包括对土地的开发。

REAL ESTATE: An identified parcel or tract of land, including improvements, if any.

7.个人财产：公众公认的"个人"拥有的具体物资。例如：家具、艺术品、古董、珠宝、藏品、机器和设备等，包括所有的不属于固定资产类别的有形资产。

PERSONAL PROPERTY: Identifiable tangible

objects that are considered by the general public as being "personal" – for example, furnishings, artwork, antiques, gems and jewelry, collectibles, machinery and equipment; all tangible property that is not classified as real estate.

8.工作档案：用于支持估价师的分析、意见、结论的必备文献资料。

WORKFILE: Documentation necessary to support an appraiser's analyses, opinions, and conclusions.

9.工作范围：鉴定估价或重新鉴定估价任务中的研究和分析工作的范围和类别。

SCOPE OF WORK: The type and extent of research and analyses in an appraisal or appraisal review assignment.

10.固定资产：房地产拥有权带来的利润、权益、固有的权利。

REAL PROPERTY: The interests, benefits, and rights inherent in the ownership of real estate.

说明：在某些法定辖区内，房地产和固定资产这两个术语的法定含义是相同的。二者间有区别的定义，承认鉴定估价理论对这两个概念的传统上的区分。

Comment: In some jurisdictions, the terms real estate and real property have the same legal meaning. The separate definitions recognize the traditional distinction between the two concepts in appraisal theory.

11.估价：资产与买卖或使用这些资产的人之间的金钱关系。

VALUE: The monetary relationship between properties and those who buy, sell, or use those properties.

说明：估价表达的是一个经济学概念。因此，估价永远不会是一个事实，而只能是在特定时间与特定价值界定相符合的对某一资产的价值意见。在鉴定估价实践中，估价必须有明确限定——例如：市场价值、流通价值、投资价值等。

Comment: Value expresses an economic concept. As such, it is never a fact but always an opinion of the worth of a property at a given time in accordance with a specific definition of value. In appraisal practice, value must always be qualified – for example, market value, liquidation value, or investment value.

12.估价服务：为资产估价的各种方面的服务。

VALUATION SERVICE: Services pertaining to aspects of property value.

说明：估价服务包含了资产估价的各个方面，也包括估价师和其他人提供的估价服务。

Comment: Valuation services pertain to all aspects of property value and include services performed both by appraisers and by others.

13.估价任务：

·估价师与客户之间签订的提供估价服务的协议；

·根据这个协议所提供的估价服务。

ASSIGNMENT:

·An agreement between an appraiser and a client to provide a valuation service;

·The valuation service that is provided as a consequence of such an agreement.

14.估价任务结果：估价师在特定估价任务完成后得出的结论或意见。

ASSIGNMENT RESULTS: An appraiser's opinions or conclusions developed specific to an assignment.

说明：估价任务结果包括估价师

·在鉴定估价任务基础上提出的意见或得出的结论，并不仅限于价格估算；

·在重新鉴定估价任务基础上提出的意见或得出的结论，并不仅限于对别的估价师工作质量的评议意见；或者

·在完成价格估算服务或重新鉴定估价任务基础上提出的意见或得出的结论。

Comments: Assignment results include an

appraiser's

· opinions or conclusions developed in an appraisal assignment, not limited to value;

· opinions or conclusions, developed in an appraisal review assignment, not limited to an opinion about the quality of another appraiser's work; or

· opinions or conclusions developed when performing a valuation service other than an appraisal or appraisal review assignment.

15.估价师：有能力做独立、公正、客观的价格估算服务的人。

APPRAISER: One who is expected to perform valuation services competently and in a manner that is independent, impartial, and objective.

说明：不管是出于估价者自己的选择还是法律、法规、与顾客或潜在顾客的协议要求，估价行为一旦发生，对估价师素质的要求就是必须遵从的。

Comment: Such expectation occurs when individuals, either by choice or by requirement placed upon them or upon the service they provide by law, regulation, or agreement with the client or intended users, represent that they comply.

16.估价师的同行：具备同类工作的相关专业知识和技能的其他估价师。

APPRAISER'S PEERS: Other appraisers who have expertise and competency in a similar type of assignment.

17.估价实践：由估价师个人实施的估价服务，包括但不限于估价和重估。

APPRAISAL PRACTICE: Valuation services performed by an individual acting as an appraiser, including but not limited to appraisal and appraisal review.

说明：估价实践只能由估价师提供，但价格确定服务则可以由不同领域的专业人士或者个人提供。估价与重新估价这两个术语故意设定为通称，而且相互不排斥。例如：一个估价的意见可以成为重新估价工作的一部分。别的与估价或重新估价相关的术语群的使用（例如：分析、顾问、评估、研究、提交、定价）不能豁免一个估价师遵从USPAP（美国专业鉴定估价统一标准）规定的义务。

Comment: Appraisal practice is provided only by appraisers, while valuation services are provided by a variety of professionals and others. The terms appraisal and appraisal review are intentionally generic and are not mutually exclusive. For example, an opinion of value may be required as part of an appraisal review assignment. The use of other nomenclature for an appraisal or appraisal review assignment (e.g., analysis, counseling, evaluation, study, submission, or valuation) does not exempt an appraiser from adherence to the Uniform Standards of Professional Appraisal Practice.

18.极端推定：是与特定估价任务直接相关的推定。在此项任务生效时，如果发现其结论虚假，（极端推定）可以修订该估价师提出的意见或得出的结论。

EXTRAORDINARY ASSUMPTION: An assumption, directly related to a specific assignment, as of the effective date of the assignment results, which, if found to be false, could alter the appraiser's opinions or conclusions.

说明：极端推定被认定为事实，否则，关于被估价资产物理、法律、经济等特征就是不确定的信息；或者说，该资产的外部环境，如市场现状或发展趋势，或是与用于分析的原始数据的一致性等，也都成为不确定信息。

Comment: Extraordinary assumptions presume as fact otherwise uncertain information about physical, legal, or economic characteristics of the subject property; or about conditions external to the property, such as market conditions or trends; or about the integrity of data used in an analysis.

19.价格：对资产提出的要求价、主动提供价或实际支付价。

PRICE: The amount asked, offered, or paid for a property.

说明：一旦讲明，价格就成为事实，不管是公开宣布还是私下说明。因为买家或卖家的金融能力、动机或特殊因素，实际成交的价格可能和别人提出的价格有关联，也可能毫无关系。

Comment: Once stated, price is a fact, whether it is publicly disclosed or retained in private. Because of the financial capabilities, motivations, or special interests of a given buyer or seller, the price paid for a property may or may not have any relation to the value that might be ascribed to that property by others.

20.鉴定估价：（名词）形成一个价格的过程或行为；一个确定价格的意见。（形容词）对估价行为及其相关实践或服务的描述。

APPRAISAL:（noun）The act or process of developing an opinion of value; an opinion of value.（adjective）Of or pertaining to appraising and related functions such as appraisal practice or appraisal services.

说明：估价必须用具体的价格数字、数字区间或者与前述估价意见相联系的表达（例如：不多于×××，不少于×××）或者与价格数字基准相联系的表达（例如：估计的价格、抵押价格）。

Comment: An appraisal must be numerically expressed as a specific amount, as a range of numbers, or as a relationship（e.g., not more than, not less than）to a previous value opinion or numerical benchmark（e.g., assessed value, collateral value）.

21.假设性状况：与特定估价任务直接相关，但与估价师在指定的任务结论生效日期时所知情况相反的状况，仅用于分析目的。

HYPOTHETICAL CONDITION: A condition, directly related to a specific assignment, which is contrary to what is known by the appraiser to exist on the effective date of the assignment results, but is used for the purpose of analysis.

说明：假设性状况与已知的关于估值对象的物理、法律、经济特征的事实正好相反；或者对被估值的资产而言是外在的状况，如市场现状或发展趋势等；或者与分析中使用的原始资料数据的内在一致性有关。

Comment: Hypothetical conditions are contrary to known facts about physical, legal, or economic characteristics of the subject property; or about conditions external to the property, such as market conditions or trends; or about the integrity of data used in an analysis.

22.经营股本：经营性企业所有权里的获利、收益和固有权力，或者以任何形式存在的部分权益（包括，但不一定局限于，资本股票、合资收益、股份制公司、独资公司、期权、保险）。

BUSINESS EQUITY: The interests, benefits, and rights inherent in the ownership of a business enterprise or a part thereof in any form（including, but not necessarily limited to, capital stock, partnership interests, cooperatives, sole proprietorships, options, and warrants）.

23.经营性企业：从事经济活动的实体。

BUSINESS ENTERPRISE: An entity pursuing an economic activity.

24.客户：以雇佣或签署合同的方式，委托估价师从事特定价格估算工作的甲方东家。

CLIENT: The party or parties who engage, by employment or contract, an appraiser in a specific assignment.

说明：客户可以是个人、集体或单位。客户可以直接与估价师联系沟通，也可以通过代理人与估价师联系。

Comment: The client may be an individual, group, or entity, and may engage and communicate with the appraiser directly or through an agent.

25.可信度：信任的价值。

CREDIBLE: Worthy of belief.

说明：可信的鉴定估价结论，需要有能达到预定目的要求的相关证据和逻辑性的支持。

Comment: Credible assignment results require support, by relevant evidence and logic, to the degree necessary for the intended use.

26.可行性分析：对经济事务中花费与收益之间关系的研究。

FEASIBILITY ANALYSIS: A study of the cost-benefit relationship of an economic endeavor.

27.批量估价：在指定日期，使用标准化的方法、采用常用数据资料并容许统计学测试状况下，对一批资产做价值估算的程序。

MASS APPRAISAL: The process of valuing a universe of properties as of a given date using standard methodology, employing common data, and allowing for statistical testing.

28.批量估价模式：对市场的供求要素相互作用的数学表述。

MASS APPRAISAL MODEL: A mathematical expression of how supply and demand factors interact in a market.

29.偏见：在鉴定估价过程中影响或排斥估价师的公正性、独立性、客观性的倾向或意愿。

BIAS: A preference or inclination that precludes an appraiser's impartiality, independence, or objectivity in an assignment.

30.签名：证明估价师完成此工作的真实性的个人化证据，也是承认对报告的内容、分析、结论负责的证据。

SIGNATURE: Personalized evidence indicating authentication of the work performed by the appraiser and the acceptance of the responsibility for content, analyses, and the conclusions in the report.

31.推定：被认定为真实的。

ASSUMPTION: That which is taken to be true.

32.设定的使用人：在鉴定估价任务确定时，在估价师与客户沟通基础上被认定为鉴定估价报告或重新鉴定估价报告的使用者，可以是客户本身或任何别的由姓名或类别识别的使用方。

INTENDED USER: The client and any other party as identified, by name or type, as users of the appraisal or appraisal review report by the appraiser on the basis of communication with the client at the time of the assignment.

33.设定的用途：由估价师与客户在指定估价任务时沟通约定的对估价师的估价或重新估价的报告提供的意见或结论的使用。

INTENDED USE: The use or uses of an appraiser's reported appraisal or appraisal review assignment opinions and conclusions, as identified by the appraiser based on communication with the client at the time of the assignment.

34.市场价值：以一种意见方式表达出来的价值类别，假定在某个时间、在某种特定状况下，资产的过户换手（即：所有权或所有权集群的变换）时，由估价师在其估价报告中确定。

MARKET VALUE: A type of value, stated as an opinion, that presumes the transfer of a property (i.e., a right of ownership or a bundle of such rights), as of a certain date, under specific conditions set forth in the definition of the term identified by the appraiser as applicable in an appraisal.

说明：形成一个市场价值的意见，是许多实体财产鉴定估价人物的目标，特别是当客户设定的使用者不止一人时。市场价值形成的状况条件设定了形成具体意见的角度。这些状况条件可能根据界定标准不同而有所变化，但总的来讲有三种类型：

·有关各方（即卖方和买方）间的关系、知识和动机；

·买卖的条款（即现金交易、相当于现金交易，或别的方式）；

·买卖的状况条件（即交易前，在有竞争的市场里适度的时间内曝光）。

Comment: Forming an opinion of market value is

the purpose of many real property appraisal assignments, particularly when the client's intended use includes more than one intended user. The conditions included in market value definitions establish market perspectives for development of the opinion. These conditions may vary from definition to definition but generally fall into three categories:

· the relationship, knowledge, and motivation of the parties (i.e., seller and buyer);

· the terms of sale (e.g., cash, cash equivalent, or other terms); and

· the conditions of sale (e.g., exposure in a competitive market for a reasonable time prior to sale).

注释：估价师被要求在以形成市场价值意见为目的的估价报告中使用市场价值时，对其确切含义、其提供者保持警觉。

Notice: Appraisers are cautioned to identify the exact definition of market value, and its authority, applicable in each appraisal completed for the purpose of market value.

35.司法管辖权例外：由适用的法律、法规构成的指定任务状况，使估价师不必遵从"专业鉴定估价实践统一标准"的某一部分。

JURISDICTIONAL EXCEPTION: An assignment condition established by applicable law or regulation, which precludes an appraiser from complying with a part of USPAP.

36.文化资产：具有文化价值的有形和无形资产，主要包括，但不限于，古今艺术品、文物古迹、图书、有文化价值的建筑物等有形资产和各类非物质文化资产如音乐、舞蹈、戏剧等。

CULTURAL PROPERTY: The tangible and intangible properties with cultural value, mainly including, but not limited to, tangible cultural properties such as ancient and contemporary art works, cultural artifacts and sites, books, buildings with cultural values, as well as intangible cultural properties such as music, dance, and drama.

37.文物：人类创造的有历史意义的物质遗存，包括前人创造使用的生产工具和产品、生活用品和建筑、仪式用品和建筑等。

CULTURAL ARTIFACT: Physical artifacts created by human being in history, including tools and products, life materials and buildings, ritual objects and spaces.

38.文物估价：对人类创造的有历史意义的物质遗存，特别是可用于商业交易的历史遗存物品，做价格估算。

CULTURAL ARTIFACT VALUATION: To calculate the value of physical artifacts created by human being in history, particularly historical artifacts that could be used in commercial trade.

39.文物鉴定：对历史遗存物的出处、时代、材料等做真假鉴定。

CULTURAL ARTIFACT AUTHENTICATION: To identify the authenticity of historical artifacts, i.e., to check the origin, period, and material of historical artifacts and confirm if they are really as they are claimed to be.

40.无形财产／无形资产：非实体资产，包括但不限于特许经营权、商标、专利、版权、商誉、股本、保险、合同等，与实体资产(如设施、设备等)有明确区别。

INTANGIBLE PROPERTY/INTANGIBLE ASSETS: Nonphysical assets, including but not limited to franchises, trademarks, patents, copyrights, goodwill, equities, securities, and contracts as distinguished from physical assets such as facilities and equipment.

41.艺术品：人类为满足精神需求而创造的物品，通常指绘画、雕塑、工艺美术品，也包括具有使用功能的产品如建筑、设计作品等。

ARTWORK: Human products for spiritual need, commonly understood as painting, sculpture, and craft, as well as products with practical value such as architecture and design works.

42.艺术品估价：对艺术品，特别是用于商业交易的艺术品，做价格估算。

ARTWORK VALUATION: To calculate the value of artwork, particularly the artwork that could be used in commercial trade.

43.艺术品估价程序：对艺术品进行价格估算的过程，通常包括签订估价委托合同、真假鉴定、物理测量、历史调查、档案建立、类似作品价格比较、撰写估价报告、提供估算价格结论等。

ARTWORK VALUATION PROCESS: The process of valuating artwork, often including signing the entrust contract, authenticating the artwork, measuring the physical condition of the artwork, historical investigation, establishing the archive, comparing to relevant artworks, composing the valuation report, and providing the conclusion of price.

44.艺术品鉴定：鉴定艺术品的真伪，包括艺术品的作者、创作时间、创作地点、收藏历史等。

ARTWORK AUTHENTICATION: To identify the authenticity of artwork, including the authorship, time, location of the artwork and its collection history.

45.艺术品鉴定估价：对艺术品的真假做鉴定并估算其价格，以估价为主要目的，兼做真假鉴定研究，但通常不对真假鉴定结论负责。

ARTWORK APPRAISAL: To valuate artwork with authenticating studies, mainly providing estimated price or price range and usually not responsible for the authentication research conclusion.

46.艺术市场：以艺术品及其产权交易为主的专门化市场。

ART MARKET: A specialized market focusing on the trade of artworks and their property rights.

47.艺术资产：艺术品拥有权带来的利润、权益、固有的权利。

ART PROPERTY: The interests, benefits, and rights inherent in the ownership of artworks.

48.艺术资产包：由多个艺术品组合而成的资产及其拥有权带来的利润、权益、固有的权利。

ART PROPERTY PACKAGE: The interests, benefits, and rights inherent in the ownership of a package of multiple artworks.

四、延伸阅读：欧美艺术品市场估值的若干分析

（一）欧美艺术品市场的价格评估

参阅曹轶《欧美艺术品市场的价格评估》，2018年5月25日发表于新浪收藏，http://collection.sina.com.cn/cpsc/2018-0525/doc-ihaysviy5040735.shtml。

（二）艺术品如何估值

参阅王金坪《艺术品如何估值》，发表于《收藏·拍卖》2014年第2期。

（三）美国国内税收署对艺术品价值评估的管理

参阅周叔敏《美国国内税收署对艺术品价值评估的管理》，发表于《中国资产评估》2008年第11期。

第二十四章　中国艺术版权运营案例研究

> 艺术版权涉及艺术品资源化、系统化的问题，对艺术版权的运营又涉及艺术品资源的估值定价问题，所以，艺术版权运营是艺术金融发展过程中必须重视的一个领域与业态。中国艺术版权运营要基于艺术版权的内涵与分类，根据艺术版权运营的基本类型、基本规程，来进一步研究其具体运营与服务。

一、案例简介：中国艺术版权运营

艺术版权问题，如果从运营的角度来讲，它是艺术品市场及艺术品产业发展的重要组成部分；如果从艺术品资源与艺术品资产的角度来讲，它又是艺术金融及其产业发展过程中不可或缺的部分。中国艺术版权的基本运营，总的来看可以分为两个大的部分：一是中国艺术版权业务的运营服务平台与体系，二是中国艺术版权金融的运营服务平台与体系。在中国艺术版权业务的运营服务平台与体系这一部分，我们重点从五个视角来探讨相关的案例：第一个视角是版权授权开发，这个方面的案例最多、最广泛，如上海润道就是其中的参与者；第二个视角是艺术版权咨询和顾问业务，这样的专业机构也在不断发展，其中以北京《艺术版权》杂志为平台的机构就是积极参与者；第三个视角是艺术家版权授权，这是目前较为普遍的艺术版权运营形式，重庆艺术版权交易中心就是其中的运营者；第四个视角是版权产业供应链运营，华中国家版权交易中心在积极倡导并落地实施；第五个视角是全版权运营。在中国艺术版权金融的运营服务平台与体系这一部分，版权作为一种智力创新成果具有财富属性、产品属性和高附加值属性，在具体的研究中，要从版权金融概念、版权金融现状、产品模式创新等方面进一步揭示版权金融运营服务平台与体系的内在构成与发展，并找出其中的规律。

在本案例的研究过程中，我们把重点考察一个案例与重点分析一个行业发展的具体态势与结构结合起来，做成一个专门的综合案例。在具体的案例研究分析过程中，应特别注意以下几个重要问题：

（1）中国艺术版权的形成与内容。
（2）中国艺术版权运营服务平台与体系。
（3）中国艺术版权的处置与体系。
（4）中国艺术版权基本运营的问题与展望。

二、案例描述：中国艺术版权业务的运营服务[①]

如果从艺术品市场运营的角度来看，目前，艺术品市场线下实物交易、线上实物交易和艺术版权交易，可以说是艺术品市场交易的三种主要方式。艺术品是物权和知识产权的双重结合，在新经济时代，艺术版权正表现出巨大的商业潜力和经济价值。随着艺术品市场及艺术品产业的不断发展，艺术家们逐渐意识到，在传统艺术品市场交易方式之外，可以对艺术版权进行深度开发利用，从而提升艺术品及其衍生品的价值和传播范围，加速推动艺术品大众化消费时代的进程。其中，艺术版权业务与版权金融的运营发展是重要的推动力与发展的基本路径。

---

① 本部分执笔人：西沐，刘绍星，易扬。

关于艺术版权业务的运营服务，我们重点分析艺术版权授权开发、艺术版权咨询和顾问业务及艺术家版权授权等几个大的部分，并分别对应相应的案例。

（一）艺术版权授权开发

在艺术版权授权开发的众多机构里，可以上海润道为例。润道是共济投资集团旗下全资子公司。以润道品牌管理有限公司（Rayway Brand Management Co., Ltd., 以下简称"润道"）海外文化产业投资板块下的海外文化IP业务为主要研究对象，深入分析润道在中国文化IP出海与海外文化IP引进的艺术版权运营服务平台与体系，尤其是在获取境内博物馆、画廊和海外各国顶级博物馆的独家授权后，如何通过艺术IP激活艺术版权市场。并且对其授权模式以及艺术IP衍生开发案例在艺术版权市场的发展中所做出的贡献进行研究和探讨。

（二）艺术版权咨询和顾问

在艺术版权咨询和顾问业务的发展中，可以北京《艺术版权》杂志为例。北京蓝色精灵公关咨询有限公司成立于2007年2月，成立之初专注于公关活动、策划执行，后期进入艺术公关领域，转向服务艺术市场；2011年，创办了"知识产权艺术周"，2012年11月创刊了《艺术版权》杂志，定位于"服务+规范"艺术市场，致力于保护创新和创作者权益。《艺术版权》杂志以文化产业的知识产权组合管理服务和艺术法律实践为主线，分别涉足版权管理、文创开发、IP资产管理、公关活动、媒体传播等的咨询和服务，目标是为客户提供成功所需的意见和法律指导，以便客户可以做出更好的业务决策。

（三）艺术家版权授权

在艺术家版权授权的运营过程中，可以重庆艺术品版权交易中心为例。重庆艺术品版权交易中心位于九龙坡区黄桷坪，以版权云端服务平台为技术支撑，集登记保护、展示交流、研讨培训、拍卖交易、价值评估、包装策划等功能于一体。目前，重庆艺术品版权交易中心已与远至北京、上海、广州，近到荣昌、梁平、大足、綦江等多地艺术品经营机构，以及本土的"黄漂"艺术家、创意联盟均建立了长期战略合作关系，同时，汇集原创艺术、动漫和剪纸、楹联、版画、年画、折扇等独具巴渝特色的非遗作品。今后，通过版权云端服务平台，重庆艺术品版权交易中心与版权保护中心将联合办公，为版权人提供全面、深入、及时、方便的版权开发及保护，版权购买者可通过网络平台的360度立体透视技术对版权作品进行全方位、多角度了解，远程购买作品。

（四）版权产业供应链运营

版权产业供应链运营是华中国家版权交易中心提出并积极实施的战略业务链条，其案例运营值得重点关注。

（五）全版权运营

全版权运营的理念是近几年不断兴起的版权运营新理念，主要是指通过全版权的运营，对影视、游戏、出版、动漫等多种业态进行跨界融合发展。而如何理解全版权运营，业界目前还没有统一的定义，但一般是指以IP为主线驱动，推动不同业态平台与公司机构的业务融合，通过精准营销，让IP形态多元化、多样化，实现对IP的多次、多元化利用及收益，以深度挖掘版权价值，扩大版权的辐射面和影响力，实现版权价值的最大化。

三、案例研究：中国艺术版权业务的运营服务平台与体系

版权亦称"著作权"，指作者或其他人（包括法人）依法对某一著作物享受的权利。根据规定，作者享受下列权利：①以本名、化名或以不署名的方式发表作品；②保护作品的完整性；③修改已经发表的作品；④因观点改变或其他正当理由声明收回已经发表的作品，但应适当赔偿出版单位损失；⑤通过合法途径，以出版、复制、播放、表演、展览、摄制片、翻译或改编等形式使用作品；⑥因他人使用作品而获得经济报酬。这些权利总体来讲，包括著作人身权和著作财产权两部分。著作人身权专属于作者，保护期限不受限制，而且不可转让，所以我们在版权运营过程中，是针对版权中的著作财产权进行。

（一）著作人身权

著作人身权又称为精神权利，是作者在作品中体现出的人格和精神权利，专属于作者，不可转让。

（1）发表权：作者决定作品是否公之于众的权利。

（2）署名权：作者表明身份，在作品上署名的权利。

（3）修改权：作者有权修改作品或授权他人修改作品的权利。

（4）保护作品完整权：作者有权保护作品不受歪曲、篡改的权利。强调作者有权保护作品内容/观点以及形式不受歪曲、篡改。

其中，署名权、修改权与保护作品完整权保护期限不受限制，永久属于作者。

（二）著作财产权

（1）复制权：以印刷、复印、拓印、录音、翻录、翻拍等方式将作品制作一份或多份的权利。

（2）发行权：即以出售或者赠与方式向公众提供作品的原件或者复制件的权利。

（3）出租权：即有偿许可他人临时使用电影作品和以类似摄制电影的方法创作的作品、计算机软件的权利，计算机软件不是出租的主要标的的除外。

（4）展览权：即公开陈列美术作品、摄影作品的原件或者复印件的权利。

（5）表演权：即公开表演作品，以及用各种手段公开播送作品的表演的权利。

（6）放映权：即通过放映机、幻灯机等技术设备公开再现美术、摄影、电影和以类似摄制电影的方法创作的作品等的权利。

（7）广播权：即以无线方式公开广播或者传播作品，以有线传播或者转播的方式向公众传播广播作品，以及通过扩音器或者其他传送符号、声音、图像的类似工具向公众传播广播作品的权利。

（8）信息网络传播权：即以有线或者无线方式向公众提供作品，使公众可以在其个人选定的时间和地点获得作品的权利。

（9）摄制权：即以摄制电影或者类似摄制电影的方法将作品固定在载体上的权利。

（10）改编权：即改变作品，创作出具有独创性的新作品的权利。

（11）翻译权：即将作品从一种语言转换成另一种语言文字的权利。

（12）汇编权：即将作品或者作品的片段通过选择或者编排，汇集成新作品的权利。

（13）应当由著作权人享有的其他权利。

（三）版权运营

从以上的分析可以看出，艺术版权的运营是一个复杂且多元化的过程，不仅仅其业态形式是多样化的，而且其产业发展的格局与链条也是多元复杂的。一般来讲，艺术版权的运营，可以分为以下几个部分：

（1）艺术版权授权。

（2）艺术板块授权开发。

（3）艺术版权顾问。

（4）艺术衍生品开发。艺术衍生品是将优秀的授权作品，通过商业化手段（品牌合作、产品重新包装设计，或直接授权给某公司进行大批量复制生产）流通到大众市场，以商品的形式进行的买卖行为。在这里有两个重要的模式：一是迪士尼，二是故宫。在艺术衍生品的开发中，迪士尼的IP是后天被创造出来的，而故宫利用的则是先天已有的文化艺术资源库。

（5）版权产业供应链。版权产业供应链是华中国家版权交易中心提出并实施的。华中国家版权交易中心在全产业链布局版权交易产品研发及促进版权资源与资本对接所形成的模式上，做出了颇具成效的创新实践。中心聚合版权资源，延伸产业链条，按照市场化运作手段，把交易活动同时向物理空间和网络空间拓展延伸，搭建集版权展示、交易、投融资及各种商务活动为一体的多功能高端平台，促进版权与文化、版权与科技、版权与金融的有机融合，为湖北文化产业发展打造新的经济增长点，形成华中地区版权产业高地。目前，华中国家版权交易中心有限公司已搭建以版权为核心的全产业链服务平台，并基于平台提供的具体服务板块包括："版权+服务""版权+维权""版权+评估""版权+挂牌""版权+金融""版权+科技"等。

（6）全版权运营。一般来讲，全版权运营主要分为两种模式，一种是集团式运营，如腾讯、阿里巴巴等具备完善产业链的大型集团，在这些集团内部，各个链条之间能进行互动互通，资源共享，已经形成闭环，依靠自身的资源就能打造泛娱乐生态圈。在集团式运营模式中，一些大型集团往往已建立起能够进行联动的多元平台，这些平台之间能进行资源共享，共同对某一个版权项目进行联动开发，让同一内容得到多元化呈现，实现版权价值的最大化。比如腾讯集团已完成互联网与游戏、动漫、文学、影视等文化领域的融合布局，拥有阅文集团、腾讯视频、QQ、微信等众多平台，共同组成腾讯互娱全新的泛娱乐业务矩阵。因此，进行全版权开发，腾讯集团既有内容版权优势，还有输出平台优势，以及社交平台优势、支付平台优势。阿里巴巴集团在以电商业务及支撑电商体系的金融业务为核心建立起的商业生态圈内，已布局影视、游戏、视频、音乐等泛娱乐业务，并提出了以集团的基础设施赋能网络文学等内容形态，进行版权衍生，开发粉丝经济，并突出了IP消费这一理念。另一种是开放式运营，采用这种开发模式的大都是正在成长中的公司，其企业内部产业链条还不够全面，因此一般专注于全版权开发链条中的几个环节，并与其他公司合作共同进行全版权开发，各自发挥平台优势，实现共赢。更多的文化企业正在成长中，尚没有能力构建完善的产业链条，如中文在线、磨铁、掌阅等。他们也在打造自己的生态圈，但尚未成为完整的生态链，因此需要与其他平台合作共同完成全版权开发，以实现多赢。在这种开发模式中，企业之间一般会共同进行版权开发布局，对某部或系列作品的版权开发进行合理的策划，既可以就某一项目进行合作，也可以是两个或多个企业之间的战略合作。这种合作能集合各个企业的优势力量进行强强联合，互相弥补产业链条上的不足。

（四）基于艺术版权综合服务平台的体系化运营

关于基于艺术版权综合服务平台的体系化运营的探索，目前在全国范围内已经有了不少的积极探索，取得了不少的运营经验。一般来讲，在艺术版权运营的过程中，需要完善以下几个方面的工作：一是要不断培育中国艺术品交易市场中的著作权意识；二是建立艺术品著作权交易支撑体系，对艺术品的著作权确权、确真、确价，重点是建立艺术品著作权价值评估体系；三是以立法为主导，以建立艺术品著作权行业管理机构为契机，建立艺术品著作权交易的规范流程与监管体系；四是要积极培育中国艺术衍生品市场，提升艺术品著作权的现实需求。

1. 关注艺术版权运营的大趋势

艺术版权在运营发展中的基本趋势，首先是创作者与版权本身将会越来越分离；其次是作为一种独立的资源，艺术版权将会越来越多地被专业化的机构所运营，并不断朝着产业化、国际化的方向发展；最后是由"品牌主导的产业链整合的艺术衍生品产业模式"向"IP主导的跨界整合驱动的艺术衍生品产业模式"发展。

2. 建构基于艺术版权综合服务平台的体系化运营体系

在这个方面，华中国家版权交易中心的探索值得关注。在未来的发展中，华中国家版权交易中心有限公司将充分利用国家、各省、市及开发区已有的政策、技术、服务、场所等基础条件，按照资源共享、产业聚集原则，注重发挥区位优势，规划产业结构，重点整合版权资源，建立多功能的交易平台，打造版权产业链，吸引文化产权权利人和使用人到中心平台从事交易活动，吸引文化产业战略投资者到中心投资兴业。他们的实践重点体现在两个方面：一方面，搭建以版权为核心的全产业链服务平台，正式以"版权+互联网+金融"的模式为各种版权的权利人和使用人从事交易活动提供权威、公正、公平、规范的交易平台；另一方面，体系化运作，如：①提供版权确权、登记、评估、推广、交易服务；②提供版权质押代理；③提供版权保护、法律维权、专业咨询服务；④提供版权及文化相关企业咨询服务；⑤投资建设文化产业园、文化产业项目及运营；⑥提供创意文化产业投资及产业孵化；⑦展示展览服务；⑧依法为各类文化艺术品交易提供服务；⑨提供政府授权的或法律和法规许可的、与版权相关的其他服务。

四、延伸阅读：艺术金融发展将推动艺术版权保护与创新①

随着中国艺术品市场的不断深化发展，市场的参与者与市场形态也出现了大的变化。近几年，中国艺术品市场出现了"二元结构"的趋势，即在收藏投资市场不断发展的同时，消费市场也在不断崛起，出现了高端市场与低端市场形态同步推进的格局。其中，由于大众消费市场的兴起，艺术版权、艺术授权、艺术衍生品、艺术衍生品产业等环节的作用不可忽视。

（一）艺术版权及其市场关注度持续上升

众所周知，近年来，业界对于艺术版权的关注度不断提升，艺术版权市场也日渐活跃。其中，不乏法制环境不断得到改善、政府管理部门比较重视、国际化交流日趋活跃等方面的原因，但主要归因于两个方面的推动：一是需求推动，二是"平台+互联网"的推动，这是艺术版权及其市场发展的根本性动力源。

在需求推动方面，随着人均GDP的迅速增长，我国正在进入消费结构快速转型的通道。与此相对应，大众消费结构也出现了大的转型。其中，文化艺术品消费比重迅速提升，以艺术版权为基础的艺术衍生品产业不断兴起，艺术品消费市场得到不断发展。由此带来的拉动效应，是消费市场的发展趋势。

而在"平台+互联网"的推动方面，近几年，随着我国艺术金融创新的发展，特别是基于"平台+互联网"这一交易模式的创新，对艺术版权市场的带动作用不可小觑。如不少文交所平台推出的不同种类的艺术品交易中心，就是把不同类型的艺术家及其作品进行授权并衍生复制，形成标准化的交易标的物，进行平台化的公开交易。

由于平台化交易是一个公开交易市场，交易的规模大、影响力大，引起了艺术家及参与者对艺术版权、艺术版权市场、艺术版权消费极大的关注，从前沿实践方面推动了人们对艺术版权的认知，以及艺术版权市场的发展。

（二）艺术版权是艺术金融研究的重要问题

众所周知，金融的根本就是服务，而艺术金融是针对艺术品及其资源资产化、金融化而进行的一种特种服务。由于艺术品及其资源的非标准特性，以及资源化较复杂、价值的提升要依靠难以度量的发现来实现等特性，使艺术版权的地位与作用在艺术金融发展过程中具有重大意义。

（1）艺术版权是艺术品资源化的基础与保障之一。如果没有艺术版权的存在与保障，艺术品及其资源化的问题就难以落实。也可以说，在艺术品资源化的过程中，艺术版权是其重要组成部分。以前，在人们对艺术金融的研究与实践中，更多的是针对艺术品本身，但随着艺术金融实践的深化及艺术品资源化、系统化的深入发展，艺术金融无论从研究还是前沿实践，会更多地关注艺术版权这类核心性的艺术品资源，并将其纳入研究与实践的重点领域与范畴。

（2）艺术版权的确权认证、鉴定鉴证、估价定价等问题，也已经成为艺术金融发展过程中的重要组成部分，也可以说是艺术金融发展中的重要板块。艺术版权应有的价值是艺术品价值的重要组成部分，这一认知与理念正在深入到人们对艺术品及其价值认知的过程中。可以预期的是，艺术金融的不断发展，会进一步带动艺术版权金融的发展与深化。

（三）保护和创新是一项系统工程

艺术版权的保护与创新是一项社会性的系统工程，有其较为复杂与相互制约的内在发展规律，不

---

① 西沐.艺术金融发展将推动艺术版权保护与创新[N].中国文化报·美术文化周刊，2017-03-18.

能以偏概全。从艺术金融发展的角度来看，艺术金融的发展对艺术版权的保护有着积极意义。金融是一种服务，但同时，金融在现代经济发展的过程中，也是一种十分重要的建制力量。也就是说，艺术金融的发展，不仅会推进艺术版权制度的不断完善，并且会进一步促进艺术版权的创新发展。

（1）艺术金融的发展，会基于艺术版权的保护制度，不断推进艺术版权资源的系统化、资产化、金融化进程，同时推动版权资源资产与金融体系的对接，尤其是与证券、银行、信托、保险、基金等的对接，实现版权资产在金融体系间的流转，如可以不断推出版权资产的质押融资等金融产品。在这个方面，可以借助业已兴起的版权交易平台与文交所平台，持续推进版权资产金融化的工作，创新设计更多的金融产品，来服务于版权资源资产化、金融化的发展。

（2）基于"平台+互联网+艺术衍生品"的创新模式，推动更大规模、更大范围的版权产品的交易。这种模式的创新，一是实现了由版权资源向版权产品的转化，进而实现由版权产品集成为版权资产，并在平台上进行公开交易，实现版权资产的大众化；二是在平台化电子交易的过程中，由于海量、高频度的常态化交易，使交易标的物的定价有了交易数据的支撑，其定价就会越来越透明、越来越有交易历史数据的支持，金融体系就会越容易采信相应的定价信息，从而把相应的金融资源配置到相应的交易过程中来，不断地探索风控的具体机制与模式。

（3）基于"艺术授权+艺术衍生品"产业的发展模式，将不断建构产业链、培育产业链、拉长产业链，从而壮大艺术衍生品产业的发展。从微观层面上讲，一是要推动版权资源资产的金融化，即利用版权资源、资产进行直接融资；二是要根据授权艺术衍生品产业的特性来创新艺术金融的支撑业务与产品，积极发展艺术版权金融。从宏观角度上讲，应根据产业政策的指引，发展艺术衍生品产业基础和股权投资基础，并在有条件的区域培育发展艺术版权资本市场与要素市场，真正实现市场主导，以金融手段完成艺术版权资源的优化配置。

（4）基于互联网经济与科技的融合发展顺应新的发展趋势，在创新艺术金融服务的过程中壮大版权新经济的发展。科技的融合发展是艺术版权金融创新的重要支撑手段，探索如何利用大数据等技术来实现艺术版权金融的风险控制是工作重点。

目前，基于"互联网+"这一大背景下的艺术版权产业的发展，主要有四个大的趋向：一是基于互联网机制个性化、多样化、多样态的需求转型；二是在泛娱乐化的推动下，基于由品牌推动向IP衍生推动的产业发展模式的转型；三是新技术、新工艺、新设计对现有产品与消费的转型；四是艺术版权的跨界融合而产生的新产业形态的发展等。

这些新的发展趋向都是艺术版权经济或产业面临的新问题、新情况，更是新的机遇，也是艺术金融创新发展的新机遇。可以说，大力发展便捷、高效、安全的艺术消费金融方兴未艾。同时，也是对这一新业态进行重塑的开始。

第四编　创新平台交易案例

在艺术金融的发展过程中，基于平台的交易创新都会对艺术金融的创新发展起到重要的推动作用，不仅仅是艺术金融及其产业规模提升较大，更重要的是关于创新的理念与机制的研究探讨会进一步深化。这种基于平台的交易创新案例的出现，如果在实践过程中取得市场成功与监管认可，毫无疑问会极大地推动艺术金融创新发展的进程，也能够集中反映艺术金融及其产业创新发展的能力与水平。

我们如果关注艺术金融的创新发展，就不会对艺术品份额化电子交易运营案例、艺术品实物集成电子化交易运营案例等感到陌生。这些案例的推出，无不引起了业界巨大的震动。虽然这些案例的运营都没有持续很长的时间，但它给理论研究、实践探索以及监管等基于平台的艺术金融交易创新都带来了前所未有的影响。我们研究这些案例，是用社会历史实验室的理论与方法批判性地对其进行分析研究，汲取其可借鉴之处，为艺术金融的再创新打下基础。

第二十五章 艺术品份额化电子交易运营案例研究

> 艺术品份额化电子交易是艺术品市场及艺术金融的发展过程中的一次不成功的理论与实践创新。艺术品份额化电子交易是基于文交所平台而创新的交易类产品。但是，这个创新产品从一开始入市到最后的退场，可以说都充满了争议，是当下对类金融产品创新与监管的一个非常重要的历史标本。

一、案例简介：艺术品份额化电子交易

艺术品份额化电子交易模式的出现是艺术品市场发展的结果，也是文交所创新发展探索的结果。文交所要按照"发现价值、提升价值、实现价值"的探索性经营理念，遵循"公信、公开、公正、公平"的经营原则，以文化艺术为载体、以产权为核心、以金融为纽带、以资本为动力、以科技为先导、以服务为根本，全力打造一个在"政府领导、企业主导、专家指导、中介辅导、市场引导"下使文化艺术产业要素实现跨行业、跨地域、跨所有制高效流动与融合的创新与价值发现平台。艺术品份额化交易模式可通过电子交易平台实现网上无纸化交易。

份额化交易的法律依据是《中华人民共和国物权法》[以下简称《物权法》，现已被《中华人民共和国民法典》（以下简称《民法典》）所取代]。《物权法》第九十四条规定，"按份共有人对共有的不动产或者动产按照其份额享有所有权"（《民法典》第二百九十八条），第一百零一条规定，"按份共有人可以转让其享有的共有的不动产或者动产份额。其他共有人在同等条件下享有优先购买的权利"（《民法典》第三百零五条）。据此，有人认为，艺术品可以按份共有，按份共有人可以依法转让其持有的艺术品份额，可以在监管部门的指导下，打造"制度合理、运营规范、市场认可、投资人放心"的艺术品交易平台。文交所是一种新的市场形态，是一种平台化的交易形式，这种平台化交易可通过评估先确认文化产品的价值并进一步量化，然后通过价值量的细化拆分，在交易过程中逐渐实现其使用价值。

在众多开展艺术品份额化交易的文交所中，天津文化艺术品交易所最引人注目。以其作为典型案例，主要分析关注如下几个内容：

（一）平台简介

天津文交所由天津济川投资发展有限公司、天津市泰运天成投资有限公司、天津新金融投资有限责任公司及部分自然人共同出资，经天津市人民政府批准，于2009年9月17日注册成立，注册资本1.35亿元，被列入《天津市2009年第二批金融改革创新20项重点工作计划表》。

天津文交所最早进行了份额化交易的类证券化尝试，并于2011年1月26日至10月21日发行了5批共19件艺术品，引发了市场上的最大热点和高潮。在国务院2011年11月11日发布38号文件《关于清理整顿各类交易场所切实防范金融风险的决定》、天津市政府2012年3月4日出台《清理整顿各类交易场所工作方案》之后，仍延续其份额化交易业务。天津文交所的收入包括上市费用、交易佣金。上市费用为发行总价格的1%至2%，发售成功由发售代理商承担，发售不成功则由艺术品持有人承担；交易佣金采取双向收费，为成交额的0.5‰至25‰。

（二）交易结构

天津文交所的交易结构由一级市场的份额发售和申购、二级市场的份额交易两部分构成。

1. 一级市场

（1）申购方式。

份额发售采取网上竞价申购方式。投资人按照份额发售说明书中规定的价格区间及数量，自由报价申购，每个份额账户对同一份额仅限申购一次。

（2）申购价格。

交易所按价格优先原则由高到低依次排列投资人申报。当有效申购数量小于或等于向投资人发售数量时，最低申报价为最终发售价格，高于或等于最终发售价格的申报全部中签。当有效申购数量大于向投资人发售数量时，申报数量达到向投资人发售数量时对应的最低申报价为最终发售价格，高于最终发售价格的申报全部中签，最终发售价格对应的申报以抽签的方式确定中签。申购中签者全部以最终发售价格成交。

2. 二级市场

（1）交易模式。

按价格优先、时间优先原则进行撮合交易。实行"T+0"制度，当日买入的份额可当日卖出，特殊处理的份额除外。

（2）涨跌幅和交易数量限制。

上市首日集合竞价申报价格限制为最终发售价格的80%至120%，连续竞价申报价格限制为开盘价的80%至120%。非上市首日价格涨跌幅比例为5%。单笔申报不能超过份额发售总量的5%；当日份额实时累计净买入量或净卖出量不能超过份额总量的5%。

（三）交易体系

1. 交易者

（1）艺术品持有人。

艺术品持有人将其拥有所有权或者依法能够处置的艺术品在平台申请上市，艺术品份额发售成功后获得份额收益。在发售上市过程中，须完整披露艺术品的来源和瑕疵等信息。

（2）投资者。

投资者符合平台的投资人标准，经平台同意后成为投资人会员，享有对艺术品和份额交易信息的知情权、份额交易权，购买并持有份额即可成为该份额标的物的共有人。

2. 交易标的

交易标的包括书法、绘画、雕塑、工艺美术品、玉器、珠宝、金属器、陶瓷、家具、综合艺术品等，其来源必须合法、权属清晰无瑕疵，不能是法律法规禁止买卖的艺术品。

3. 服务系统

（1）发售代理服务。

发售代理机构包括深圳市蒸蒸上文化艺术投资中心、天津中睿信投资有限公司、天津华赞文化艺术品投资有限公司，代理艺术品持有人进行艺术品发售上市，并承担艺术品真伪的连带保证责任，包销未售出份额。

（2）鉴定评估服务。

鉴定机构为中华民间藏品鉴定委员会天津分会、文化部（现文化和旅游部）文化市场发展中心艺术品评估委员会，可为申请上市的艺术品提供鉴定评估。

（3）托管和保险服务。

由投资人一致授权文交所代理选定，托管场所为天津金融博物馆，保险机构为中国人民财产保险股份有限公司天津分公司。

（4）登记结算服务。

为交易提供集中登记和查询服务，要依照相关规定集中统一办理份额登记业务。

（5）资金存管服务。

资金存管机构为招商银行，接受平台及投资人委托办理的资金划拨。

（四）存在问题总结

1. 平台定位问题

文交所的营利性质决定了其难以保持独立，容易被投资者和庄家操纵控制，难以保证投资者利益不受侵害。

2. 法律冲突问题

艺术品上市交易后，投资者可自由买卖，持有者人数可能超过200人，等同于公开发售，与《中华人民共和国证券法》（以下简称《证券法》）的禁止性规定相冲突。

3. 鉴定评估问题

按规定，由艺术品持有人自己解决鉴定评估，但文交所指定的两家机构并无艺术品鉴定评估的资质。

4. 定价方式问题

发行总金额由原持有者和代理发行商天津华赞共同商议决定，严重偏离价值，导致首批发行产品暴涨暴跌。

5. 交易制度问题

设定"T+0"模式，允许当日无限次买卖，日涨跌幅限制较为宽松，停牌时间较短，造成投机性炒作资金自由进出。

6. 资金安全问题

投资者资金从存管银行转入交易所企业账户后，不再有第三方对资金进行监管，无法有效维护投资者利益。

7. 退出机制问题

规定某一投资者持有某个艺术品份额达67%时即可申请要约退市，当份额达到交割期限时实行竞价交割，二者均缺乏可操作性。

8. 频改规则问题

在挂牌经营之前，未形成严密的运营体制和风险规避措施，依靠在实际操作中不断改进，单方面修改规则。

9. 缺乏监管问题

业务涉及鉴定和评估、托管和保险、发行上市及资金结算等环节，面临诸多风险，但外部监管者仅有天津金融办。

（五）创新的合理内核

设计之初，天津文交所认为创新内核有利于打破艺术品交易的小众化局面，让更多投资者关注了解艺术品、分享艺术品投资收益，繁荣艺术品市场；有利于打造使艺术产业要素实现跨行业、跨地域、跨所有制高效流动融合的价值发现平台，打造制度合理、运营规范、市场认可、投资人放心的艺术品公共交易平台；有利于推进建立以艺术资源特性为基础的确权、鉴定、评估、定价、保险、托管支撑体系；有利于推动政府确定文交所的属性和监管机构，制定统一的管理办法，建立完善的艺术品市场监管体系；有利于以市场机制参与文化艺术普及、美育及价值观的传递通道的形成；有利于国家文化战略的达成与文化发展环境的塑造。但是，由于运营不规范，这些目标已经落空。

（六）监管系统分析

在艺术品份额化交易实践中，信息披露不充分，市场容易被炒作和操纵，容易出现过度投机和欺诈行为，必须有严格的监管系统加以规范。国内金融机构的监管模式分为政府法规监管、行业自律监管、交易所自律监管，但三者对艺术品份额化交易的管控都不完善。

在国家机构层面，由于我国尚未出台专门针对艺术品金融创新的监管法律，艺术品份额化交易的监管主体尚不明确，天津艺术品份额化交易实践初期，并没有明确的具体监管部门。虽然行业协会的自律监管可以发挥协会、审计、评级等机构的作用，推动文交所加强风险控制的自觉性与能力，但艺术品份额化交易尚未能形成统一的行业协会。实际上，艺术品份额化交易主要有文交所在三个环节的自律监管：一是对发行上市产品的审查审核；二是对鉴定评估标准及流程、鉴定评估机构、鉴定评估人员资质的监管；三是对交易人员、交易行为、交易环境、交易信息披露的监管。

相对而言，政府层面的法规监管最有威慑力，政府必须适时在法律上确定文交所的属性，确定艺术品份额化交易的监管机关或机构，制定统一具体的管理办法，从而从根本上有效防范其风险。

二、案例描述：基于文交所平台的艺术品份额化交易[①]

（一）业务流程

1. 入市流程（图25-1）

（1）艺术品持有人到文物局对拟上市标的物进行备案。

（2）艺术品持有人聘请发售代理商，与其签订发售代理协议。

（3）艺术品持有人或其委托的发售代理商找两家具备相应条件的鉴定评估机构或专家，对艺术品鉴定评估，由两家机构出具鉴定评估报告。

（4）艺术品持有人或发售代理商向文交所提交艺术品保管、保险协议。

（5）艺术品经过由金融、艺术品及法律三方专家组成的上市审核委员会审核，艺术品持有人、发售代理商与文交所签订发售上市协议，文交所将相关发售上市材料报政府监管部门备案。

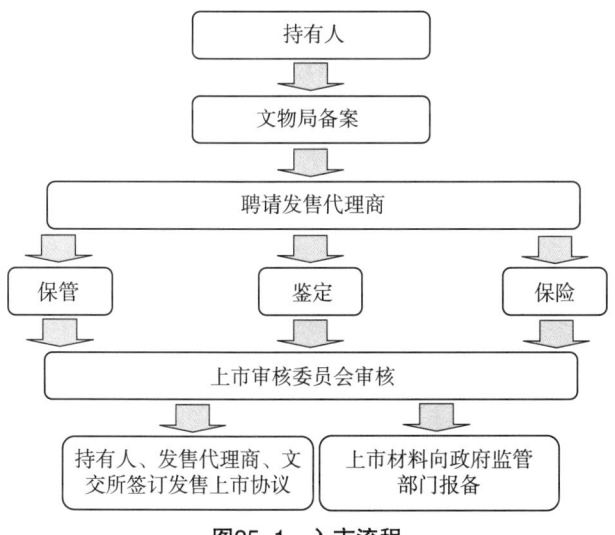

图25-1　入市流程

2. 申购流程（图25-2）

（1）T日：投资人通过平台交易系统申购份额，申购订单不能撤销。

（2）T+2日：平台公告份额发售申购情况。

（3）T+3日：平台按价格优先原则由高到低依次排列投资人的申报，确定中签者和最终发售价格。

（4）T+4日：平台公告艺术品份额发售申购结果，解冻未中签申购资金及申购多余资金。

（5）T+5日：平台根据艺术品份额发售申购结果向投资人划拨份额，资金存管银行向艺术品持有人划拨资金。

（6）T+10日：平台发布上市交易公告，艺术品份额上市交易。

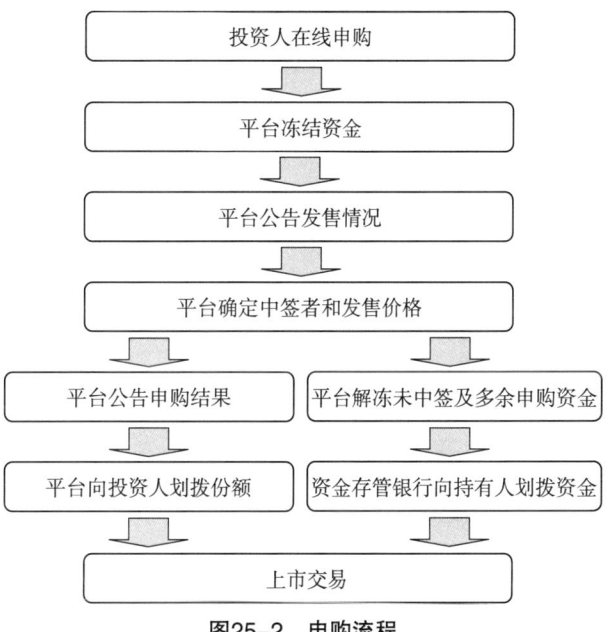

图25-2　申购流程

3. 交易流程（图25-3）

（1）投资人到文交所指定银行开立交易结算资金账户，同时到文交所官方网站开立份额账户并下载交易软件。

（2）投资者在文交所交易系统内进行艺术品份额交易。

（3）艺术品份额发售时，艺术品持有人保留不少于发售总量5%的份额，发售代理商先行认购不少于发售总量5%的份额，二者在上市180个自然日后可在文交所交易。

[①] 本部分执笔人:刘晓丹（中国艺术经济研究院副院长、研究员，鞍山师范学院教授）。

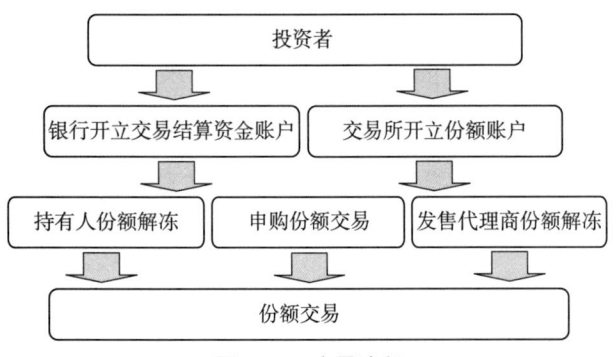

图25-3 交易流程

4. 退市流程（图25-4）

（1）当份额达到期满交割期限，份额停牌。

（2）份额停牌后第7个交易日进行第一次竞价，第一次竞价交割底价为该份额历史交易最高市值与历史交易最低市值的平均值。竞价成功后，份额正常退市，办理实物交割手续。

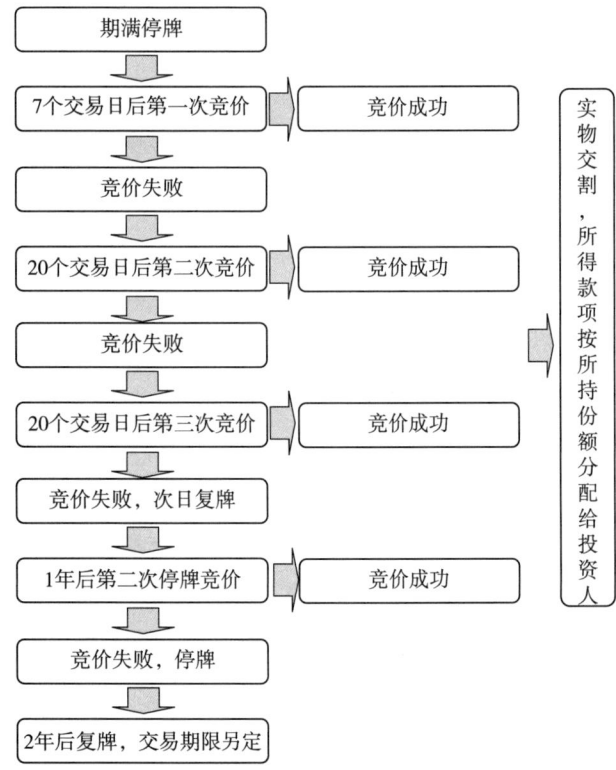

图25-4 退市流程

（3）如果第一次竞价失败，第20个交易日后以第一次竞价底价的90%为底价进行第二次竞价。

（4）如果第二次竞价失败，第20个交易日后以第二次竞价底价的80%为底价进行第三次竞价。

（5）如果第三次竞价失败，于下一交易日复牌，开盘价为第三次竞价的底价。复牌的份额交易期限为1年。

（6）交易期限届满后第二次停牌竞价，竞价底价为该份额的发售总价，如果此次停牌时市值小于发售总价，则以此次停牌时市值作为竞价底价。

（7）如果第二次竞价失败，份额停牌2年后复牌，开盘价为之前停牌时价格，交易期限另行确定。

（8）期满交割成功后，所得款项按交割前投资人所持份额比例分配给投资人。

（二）上市交易简历

1. 历次上市交易

（1）2011年1月26日。

上市艺术品为白庚延的中国画《黄河西来决昆仑　咆啸万里触龙门》（发行价600万元）与《燕塞秋》（发行价500万元），每份1元。

（2）2011年3月11日。

上市艺术品包括白庚延的中国画《沧海浩瀚　浪涌银山》（发行价400万元）、《喷薄风雷河汉落》（发行价500万元）、《声喧乱石中》（发行价400万元）、《太行秋牧》（发行价400万元）、《浩浩不息》（发行价400万元）、《河汉无极》（发行价400万元）、《龙吟老藤》（发行价400万元）和一颗4.34克拉粉钻（发行价2400万元）。

（3）2011年7月29日。

上市艺术品包括翡翠龙璧挂件（发行价2750万元）、翡翠珠链（发行价6400万元）、杨飞云的油画《生命祭》《百合花》组合（发行价1600万元）、崔如琢的中国画《荷风千秋》长卷（发行价4200万元）。

（4）2011年9月28日。

上市艺术品为白玉《观音》，发行总价为1300万元。

（5）2011年10月17日。

上市艺术品包括苏绣《世纪和平·百鸽图》（发行价2600万元）、苏绣《富春山居图》（发行价3300万元）、崔如琢的中国画《林峦醉雪》（发行价4700万元）、翡翠《福豆》（发行价3000万元）。

2. 形势转变

（1）申购数量。

第一批、第二批、第四批、第五批采用非定额申购。第三批采用定额申购，中签数控制在198人之内。

（2）申购价格。

第一批、第二批采用每份1元的定价申购，第三批、第四批、第五批采用竞价申购。

（3）发行溢价。

第一批发行价明显高于拍卖市场价格，发行溢价过高。第三批发行价低于拍卖市场价格，基本无发行溢价。

（4）中签率。

第一批中签率高达46.33%，第二批降至2.45%，第三批、第四批有所提高，第五批提高至14.01%。

（5）发售份额构成。

第一批、第二批代理商无优先认购份额，第二批中7款产品持有人有20%份额，第三批代理商有优先认购，一般为10%至10.4%。

（6）开户门槛。

2011年1月26日为5万元，3月10日改为50万元，7月1日改为100万元。从大众交易转到小众交易。

（7）交易定期。

从第二批开始，有5年至10年的交易定期，交易定期结束时必须退市变现，保证投资者有保底退出渠道，又可防止无限炒作。

（8）交易规则。

最初采用"T+0"交易方式，买进当天即可卖出，日涨跌幅度上限为15%。后改为"T+1"交易方式，买进隔日方可交易，日涨跌幅度最低限制为1%，并对价格异常波动实施特殊处理，在一定程度上抑制了投机者继续炒作。

（三）重要事件——《黄河咆哮》与《燕塞秋》的暴涨暴跌

《黄河咆哮》与《燕塞秋》是天津文交所的首批份额上市艺术品，也是国内最早的"类证券化"艺术品份额化交易的尝试。

《黄河咆哮》和《燕塞秋》于2011年1月26日上市交易，发行总价为600万元、500万元，每平方尺单价超过5万元、6万元，而作者白庚延的作品在2010年之前的拍卖成交价基本在每平方尺2万元以下。二者的发行代理商均为天津市华赞文化艺术品投资有限公司，由发行代理商负责文交所规定范围内的包销。二者的发行总量为600万份、500万份，艺术品持有人保留60万份、50万份，向投资人发行540万份、450万份，发行价格均为1.00元/份，最小申购数量均为1000份，分别不得超过30000份、25000份，每个份额账户只能申购一次。

《黄河咆哮》和《燕塞秋》的中签率分别为45.5%、47.1%。2011年2月，二者行情开始上扬，最高价为7.99元、7.70元；3月，二者行情出现井喷，每份最高价达18.70元、18.50元，成交量达56.8964万手、47.081万手，总成交额达6.7853亿元、5.5761亿元；4月，二者行情回落；5月，二者每份最高价降至9.88元、9.84元，成交量仅771手、94手，总成交额仅70.51万元、8.87万元。至2013年7月，二者的最高价仅为1.72元、1.30元。

三、案例研究：艺术品份额化交易模式研究①

（一）艺术品份额化交易的主要模式

艺术品份额化，是将单件艺术品或艺术品资产包经过严格鉴定、评估、托管、保险后，由文交所将其产权进行等额化拆分发行，并上市交易。各地文交所于2009—2010年涌现，在上海、天津、深圳、成都、武汉、广东等地纷纷成立。在深圳文交所发行上市杨培江美术作品资产包后，多家文交所推出了书画、雕塑、版权、钻石等的艺术资产份额化产品，除了前述天津文交所的类证券模式，另有类证券、类基金、类股票三种模式。

---

① 本部分执笔人：刘晓丹（中国艺术经济研究院副院长、研究员，鞍山师范学院教授）。

1. 类证券模式

以深圳文交所为代表。2010年7月,深圳文交所发行我国第一个艺术品份额化产品——杨培江美术作品资产包,包括杨培江的4幅油画、8幅宣纸彩墨作品。资产包定价200万元,拆分为1000份,1份2000元,1份为最小交易单位。网上交易系统周二、周五下午3:00—3:30为集中撮合时间,周一至周五上午9:30—11:30、下午1:00—3:00为连续竞价时间。为有效抑制投资炒作、维护交易秩序,设涨跌停板:挂牌首日最高价格不能超过发行价的1.44倍,挂牌次日起,最大涨跌停幅度为10%。

2. 类基金模式

以上海文交所为代表。2010年12月,上海文交所推出其首个艺术品份额化交易产品——艺术品产权1号——黄钢作品资产包,包括黄钢未来4年的综合性绘画作品,每年40平方米,共160平方米。资产包定价2200万元,共2200份,1份1万元。指定管理人上海香地雅道艺术中心持有40%,剩余60%通过文交所挂牌出售给投资俱乐部成员,持有人控制在200人以内。一级市场销售和二级市场交易均须通过文交所完成。文交所负责发布产品挂牌信息、监督管理人,收取2%的管理费以及增值部分的20%。

3. 类股票模式

以天津文交所为代表。2011年1月,天津文交所发行其首批份额化艺术品——白庚延的画作《黄河咆哮》和《燕塞秋》,定价分别为600万元、500万元,拆分成600万份、500万份,1份1元,不限制申购和持有人数。交易规则参照沪深股市:报价方式分为限价申报和市价申报两种,最少申报数量为100份;每交易日的9:15—9:25集合竞价,9:30—11:30、13:00—15:00连续竞价,按价格优先和时间优先原则进行撮合交易。

三家文交所的艺术品份额化交易模式对比见表25-1。

(二)艺术品份额化权益与股票的区别

1. 享有权利

股票持有人对公司享有所有权,享有《公司法》所规定的表决权、参加股东大会等权利。艺术品份额化权益持有人,享有艺术品价格增值带来的收益,并承担相应的投资风险。

2. 发行条件

股票发行对组织机构、盈利能力、财务状况、财务会计报告等都有严格要求,上市公司发行股票须证监会核准。艺术品份额化权益发行一般按照文交所规定的条件和程序办理,比较模糊。

表25-1　三家文交所艺术品份额化交易模式比较

文交所	深圳文交所	上海文交所	天津文交所
交易模式	类证券	类基金	类股票
交易制度	T+0	≥T+1	T+0
出让对象	文交所会员	具有2年或以上投资经验,并持有100万元以上金融资产的投资俱乐部成员	开通招商银行金葵花卡的普通投资者
交易地点	电子交易平台	文交所大厅	电子交易平台
成交机制	竞价交易制(竞价和撮合)。竞价交易:上午9:30—11:30;下午1:00—3:00;撮合交易:周二和周五下午3:00—3:30	采取非连续的产权交易原则:分为协议成交、集中竞价成交和拍卖	竞价交易制(指令驱动)。集合竞价:交易日9:15—9:25,连续竞价9:30—11:30、13:00—15:00;按时间优先、价格优先原则撮合交易
涨跌幅限制	挂牌首日,允许挂牌价比发行价高20%以内,涨跌幅为20%;挂牌次日起涨跌幅为10%	无	上市首日无涨跌限制,其余交易日涨跌限制为15%
最小交易单位	近现代艺术家作品1万元/份、当代艺术家作品2000元/份,最小交易单位1份,交易后权益所有人可超过200人	以所占资产包价值的千分数显示;同一交易日同一投资者的挂牌资产只能一次性卖出	最小申报量为100份,1份为1元,申报价格最小变动单位为0.01元

3. 发行程序

股份有限公司公开发行股票，应向国务院证券监督管理机构报送募股申请和公司章程、发起人协议、发起人认购股份数、出资种类及验资证明等，《证券法》中有很多与之相配套的制度，如保荐人制度、承销制度等。艺术品份额化权益的发行程序由文交所制定，比较模糊。

4. 交易模式

股票主要有股票现货交易、股票期货交易、股票期权交易、股票信用交易四种交易模式。艺术品份额权益交易主要是产权交易和类证券化交易，产权交易是将艺术品所代表财产权益的全部或者一部分转让；类证券化交易是将标的艺术品的财产权物等额拆分后，按照享有的份额公开上市交易。

5. 退出机制

股权退出主要有股权转让、公司减资、公司回购、解散公司、破产清算退出等方式。艺术品份额化权益一般是份额持有人之间转让或协商一致退市，执行中缺乏可操作性。

6. 审批设立

证券交易所的设立和解散由国务院决定，设立期货交易所必须由国务院期货监督管理机构审批。文交所不尽相同：天津文交所和郑州文交所均为股份有限公司，均由当地省级政府金融办批准设立；成都文交所由成都市政府批准设立；湖南文交所由湖南省文化厅批准设立。

7. 监管机构

上海证券交易所、深圳证券交易所以及全国四家期货交易所均由中国证监会负责监管。文交所一般由审批设立者监管。

（三）五大风险

1. 信用风险

文交所的信用保障不足，其股东责任能力有限、义务不明确、缺乏制度设置、缺乏公信力。上市艺术品、发行商均由文交所决定，难以抑制道德风险，有可能出现利益输送。

2. 价值风险

艺术品份额发售的定价机制存在缺陷，评估机构大都与交易所关系密切，估价高低与其自身收益直接相关，难以做出公允的估值，可能偏离实际价值。

3. 灭失风险

艺术品体积小但价值大，在保管过程当中易发生价值贬损或者出现意外灭失。

4. 泡沫风险

艺术品自身并不产生现金流，份额化投资回报更多寄希望于交易价格不断升高。艺术品证券总额较小，容易被少数人操纵，"T+0"频繁交易可能炒高价格导致暴跌。

5. 制度风险

我国未出台与艺术品权利份额发行和交易的法律法规，发售和交易的法律法规依据不足。艺术品份额化只是对艺术品的财产权份额化，艺术品的著作权利等无法份额化分割，对其并无说明。

（四）法律困境

1. 法律基础与法律风险

艺术品份额化交易的法律基础是《中华人民共和国物权法》（以下简称《物权法》，现已被《民法典》所取代）中的"按份共有"：不动产或者动产可以由两个以上单位或个人共有，共有包括按份共有和共同共有；按份共有人对共有的不动产或者动产，按照其份额享有所有权；按份共有人可以转让其享有共有的不动产或者动产份额，其他共有人在同等条件下享有优先购买的权利。有人认为，艺术品作为"物"，应当可以由两个以上的单位或者个人按份共有。

艺术品份额化交易具有标准化、公开化与连续交易的特征，与证券交易相似。根据证券交易相关法规，证券的发行与上市须有会计师事务所、律师事务所和有主承销商资格的证券公司等服务机构参与，须经证监会发行审核委员会审核，须履行严格的信息披露义务，以确保持续信息公开。而政府对艺术品份额化交易的监督力度极低，长期没有监管规则。只要艺术品在法律上允许上市交易，符合文交所制定的交易规则，经文交所审核通过即可上市交易，没有持续信息披露的要求，故常因其中潜藏着巨大风险而饱受质疑。在2011年6月国务院办公厅下发《关于进一步整顿文化产权交易所的征求意见稿》之后，艺术品份额化交易受到重创，大面积跌停。

2. 紧急限制后难以为继

2011年11月，国务院出台《关于清理整顿各类交易场所切实防范金融风险的决定》（以下简称38号文），清理整顿包括从事产权交易、文化艺术品交易等内容的文交所，艺术品份额化交易模式受到限制。同年12月，中宣部、商务部、文化部（现文化和旅游部）等五部委联合下发《关于贯彻落实国务院决定加强文化产权交易和艺术品交易管理的意见》（简称49号文），将艺术品份额化交易严格排除在合法经营范围之外。

2012年2月，"清理整顿各类交易场所工作会议暨部际联席会议"召开第一次会议，要求各地制定并尽快启动清理整顿工作方案，确保在6月30日前完成各项工作。7月，国务院办公厅发布《关于清理整顿各类交易场所的实施意见》，要求清理整顿各类交易场所的权益类交易，其中包括文化艺术品权益交易，艺术品份额化公开交易被正式禁止。面对禁令，6月底前有深圳文交所、湖南文交所、南京文交所、江西文交所、陕西文交所等以各种方式退还申购款项，也有天津文交所、山东泰山文交所未停止份额化交易，昆明元盛文交所不认为份额化交易被禁止，停牌后又恢复交易。郑州文交所则采取了以下改革措施：将艺术品共有权益改为不等额拆分；将共有权益转让改为"一对一"要约交易，取消做市商机制；打破标准化交易单位，采用间断式挂牌交易；将T+1交易模式改为T+5模式；持有人数坚持原来的不超过200人。其后，绝大部分文交所放弃份额化交易，转向实物实权模式。

四、延伸阅读：对文化艺术品份额化交易的法律规制[①]

参阅赵一万、崔晶《艺术品份额化交易法律问题研究》，载于《中国商法年刊（2012）》，重庆大学出版社，2013.

---

① 节选自：赵万一，崔晶.艺术品份额化交易法律问题研究[M]//中国商法年刊(2012).重庆：重庆大学出版社，2013.

第二十六章 艺术品实物集成电子化交易运营案例研究

> 艺术品实物集成电子化交易是在艺术品份额化电子交易创新基础上出现的基于平台化运营的一款交易类产品。这一产品除了标的物的选择特性外，还需要运营支撑与监管，是比较复杂的艺术品交易的产品形式。通过以下案例的研究分析，我们能更加深入地理解基于平台的艺术金融交易产品设计的规律、结构、方法与运营体系。

一、案例简介：艺术品实物集成电子化交易运营

邮币卡电子盘是邮币卡电子化交易市场的一个俗称。邮币卡电子化交易是一个以邮币卡为标的物的艺术品实物集成电子化交易模式。艺术品实物集成电子化交易，就是通常说的艺术品电子盘交易，除政策风险以外，其监管的重点主要有：交易平台是否合规；实物交易，并且实物标的物是否可以标准化；顶层设计是否合理；风控是否闭环；等等。艺术品实物集成电子化交易是一个创新性较强的业态，不仅仅是一个跨界的探索，也是一个具有高度学术与政策敏感性的实践。这种新兴的电子交易模式最根本的特点就是基于综合服务平台之上的、在会员中进行的、标准化标的物的、持续的电子化交易。所以，这是一种艺术品交易模式的创新。在具体的案例研究过程中，应特别注意以下几个重要问题：

（一）交易模式

邮币卡电子化交易模式是艺术品实物集成电子化交易模式的典型代表，该模式参照了大宗商品现货挂牌发售模式。为了适应邮币卡的商品特征、降低风险、活跃交易、提高交易效率，该模式具有以下要求：

（1）邮币卡标准化。邮币卡属于具有批量化、标准化特点的艺术品品种，这是其采取电子化交易模式的前提。邮币卡电子化交易实践中所选择的邮币卡，必须是批量化藏品。

（2）基于综合平台。邮币卡电子化交易的整个交易过程是在综合性电子服务平台上完成的。综合平台提供了主要交易环节的服务，也联结辅助环节的服务，形成了邮币卡电子化交易的生态圈。

（3）实物挂牌托管。平台在指定机构配合下，完成对藏品的统一鉴定、评估，公告藏品的主要属性、数量、参考价格等信息，并对藏品实行统一托管。

（4）会员封闭交易。所有交易均在交易会员之间进行。交易会员在发售时以发售者为对手，在二级市场以其他不特定交易会员为对手。若无下家接盘，到期应提取实物。

（5）二级市场结构。在一级市场完成现货发售和申购，在二级市场完成现货所有权电子交易。

（6）持续竞价交易。二级市场交易采取集中竞价或连续竞价方式，可持续交易。

（二）交易结构

邮币卡电子化交易由一级市场的现货发售和申购以及二级市场的现货所有权电子交易两部分构成。持有藏品的交易会员可在一级市场发出要约，其他交易会员申购成功后，可在二级市场转让，也可申请提货。具体如下：

1. 一级市场现货发售、申购

（1）发售申购程序。

在申购日（T日），交易会员缴足申购款，提

交申购委托，申购资金冻结。在T+1日，中心根据发行申购公告规定的抽签规则抽签，并公布中签结果。在T+2日，新藏品挂牌上市交易。

（2）申购价格。

申购价格是新藏品首日挂牌交易的指定参考价，根据经纪商推荐挂牌价、专家委员会综合评估价、专业市场现货均价制定。其中，经纪商推荐挂牌价由挂牌申请人与经纪商协商制定，专家委员会综合评估价由专家委员会评审小组制定，专业市场现货均价为发布藏品托管公告之前一周的现货市场平均价。

（3）发售时可向符合条件的交易会员配售，平台有权根据市场发展情况调整申购和配售比例。

2. 二级市场现货所有权电子交易

（1）交易程序。

交易会员在交易时间内，向平台提交交易申请。提交购买申请时，应保证账户有足够的资金；提交转让申请时，应保证账户有足够的藏品。系统在申请有效期内锁定相应金额的资金或相应数量的藏品，并在第一时间寻找符合相应条件的交易方。购买方与转让方在价格上达成一致后，系统会生成相应的电子合同，对应的资金和藏品的所有权即发生转移。

（2）交易限制。

单笔交易申请最大数量一般不超过市场流通量的1%，平台中心可根据市场流通量变化适时调整。新藏品挂牌交易首日价格最大波动幅度一般为30%，次日起日价格最大波动幅度一般为10%，平台可根据市场管理需要调整。

（3）实物提取。

交易会员提交实物提取申请后，藏品被锁定。平台审核确认后，在指定提货地点提货。单一交易日提货量达到总托管入库量5%时，中心将及时发布藏品出库公告。

（三）交易体系

1. 交易系统

交易系统主要由交易者、交易标的、资金构成。

（1）交易者。仅为交易会员，包括自然人交易会员、机构交易会员两类。

（2）交易标的。一般仅限于六类：中国人民银行发行的现代纪念币，退出流通使用领域的人民币，中国人民银行发行的连体钞、纪念钞和港澳台纪念钞，国家主管部门发行的电话卡、外汇券等有价凭证，国家邮政主管部门发行的邮资品，其他有价藏品。

（3）资金。须存放在平台指定的存管银行的资金账户，可在交易账户和银行资金账户间自由划拨。

2. 服务系统

服务系统主要包括经纪服务、确权服务、评估服务、鉴定服务、托管服务。

（1）经纪服务。由交易平台委托经纪商开展，经纪服务包括发展交易会员、申请新藏品挂牌交易、申请藏品入场登记、申请藏品再托管交易，包括帮助交易会员寻找专业机构鉴定真伪、评定价格。

（2）确权与评估服务。提供经纪服务方在交易会员申请新藏品挂牌时，受委托提交《可行性分析研究报告》，须保证藏品权利归属明确，并包括由专业人员签发的藏品价值评估报告。

（3）鉴定服务。交易会员申请托管交易的藏品，通常须经平台指定的鉴定机构鉴定。

（4）托管服务。申请托管交易的藏品经鉴定合格后，进入指定保管库。已挂牌藏品符合再托管条件时，可申请再托管。

3. 管理系统

管理系统主要包括会员管理、账户管理、藏品管理。

（1）会员管理。

实行实名制注册，平台核查如发现会员提供虚假资讯、不及时更新重大变更信息等情况，可冻结其账户。对于违反管理规定和业务规则的会员，视行为性质和情节严重程度，给予警告、通报批评、罚款、限期整改、暂停交易、限制交易许可权、终止会员资格等处罚。

（2）账户管理。

包含实物账户、资金账户，分别用于记录持有藏品实物的数量及其变动情况、持有交易资金状况及其变动情况。平台按照托管申请、交易申请等调整实物账户的持有量，划拨资金账户的交易结算资金。

（3）藏品管理。

藏品实行挂牌准入制度，须按藏品目录指定的编号进行登记。新藏品挂牌申请提交的《可行性分析研究报告》包括藏品的合法性、市场规模、市场趋势、投资价值研究、由专业人员签发的藏品价值评估报告，平台评审通过后进入藏品目录。

（四）存在的问题

1. 平台公正性问题

平台自行制定交易规则，并在定价、鉴定、保管、开户、撮合交易、资金结算、风险控制等环节处于强势地位，可能损害交易会员权益。平台为活跃交易、吸引人气、多收佣金，可能放任甚至鼓励庄家恶意炒作。

2. 操作规范性问题

平台指定专家机构的评估鉴定，主观性较大。平台自主调整涨跌停板幅度，易受人为因素干预。一些平台降低托管标准，无法保证藏品品质。一些平台放松对经纪商的监督管理，降低对交易者的硬性约束，造成高成交、低交割以及欺诈行为。

3. 高溢价风险问题

平台上二级市场价格由于人为操纵和炒作，经常大幅偏离现货交易价格。高溢价在带给投资者更高收益的同时，也会造成风险急剧上升。大部分投资者并非邮币卡收藏者，可能因受庄家操盘引诱而高位接盘，被洗劫后很容易引发群体性事件。

4. 监管缺位问题

平台没有明确的直接监管主体，各省、市级金融办没有监管平台的具体业务和交易过程。平台缺乏统一的监管制度和管理细则，对交易规则、价格标准、异常波动行情定性等缺乏具体的监管约束。

5. 政策风险问题

平台交易制度以及政府相关政策的改变容易对交易产生影响，造成价格剧烈波动。如果平台价格出现暴涨暴跌的情况，会给投资者带来收益的不确定。

（五）创新的合理内核

邮币卡电子化交易的创新之处：一是通过"互联网+"平台有效聚合了鉴定、评估、集中保管等多项市场资源，通过资金存管、实物挂牌托管等方式，打通了场内与场外、线上与线下、本地与外地的限制，解决了传统邮币卡市场中真伪难辨、品相不一以及保管、运输、资金结算等方面的不便，使交易成本大大降低，便捷度大大提高。二是通过藏品的标准化、批量化和二级市场结构，降低了入市门槛，加强了市场信息透明度和流动性，从而将文化、金融、互联网集为一体，赋予文化品以金融属性，实现了邮币卡收藏者与广大投资者、艺术品市场与金融的有效对接。

邮币卡电子化交易以其在"互联网+文化""金融+艺术"方面的大胆探索，成为艺术品实物集成电子化交易创新的代表，也为其他有相同属性的艺术品或文化产品的互联网化、金融化提供了有益启示。

二、案例描述：艺术品实物集成电子化交易之邮币卡电子交易概述①

中国经济网编者按：有媒体称，自2015年5月28日A股股市大跌以来，曾经火爆的邮币卡电子盘交易市场也是跌宕起伏，网络上对这一交易模式更是褒贬不一。于是乎，有立即关停论者，有大力发展论者，有加强监管论者，也有投机赌博论者……面对这种境况，我们应该如何认识邮币卡电子化交易这

---

① 2015年7月6日发表于中国经济网。

一新兴的交易模式？它在发展过程中的问题与出路是什么？带着这些问题，我们采访了西沐先生，他在2011年上半年出版了我国首部文交所理论奠基性著作《中国艺术品份额化交易的理论与实践研究》（中国书店出版社，2011），是我国文交所理论的重要建构者。以下是有关访谈的主要内容。

记者：邮币卡电子交易市场是一个新兴的交易市场，您是怎么看待这个新兴交易市场的发展状况的？

西沐：作为一个新兴的电子交易市场，邮币卡电子交易可谓发展迅速。通过近两年的发展，已有十多家市场处于常态化持续交易或是准常态化持续交易的状态，持续交易规模的能力已达到每年数千亿元人民币的水平。更为值得注意的是，还有数十家市场正在积极筹备，但由于监管、系统、产品、运营等多方面的原因，还在"路上"。从目前的发展来看，南京文交所邮币卡电子交易市场比较活跃，成交量较大；而南方文交所的邮币卡电子交易市场的发展则比较稳健，有不少可圈可点的地方。其他的邮币卡电子交易市场大多处于模仿、跟随的发展阶段。

邮币卡电子交易市场发展到今天这样的局面，我们非常理解媒体与业界的一些纠结：面对创新发展的交易模式应该给予鼓励，但面对不断出现的乱象又不能不痛心疾首。在监管不到位、行业自律不健全的状况下，在利益与业务发展的双重驱动下，弱监管带来的必然是市场的"野蛮生长"。关于"野蛮生长"的问题，我在2011年出版的《中国艺术品份额化交易的理论与实践研究》中已有较系统的论述，对此我们要总结经验，汲取教训，避免再一次踏入"一哄而上""一拍即散"的发展老路。

记者：怎样看待当下的邮币卡电子盘？

西沐：邮币卡电子盘是邮币卡电子化交易市场的一个俗称。邮币卡电子化交易是一个新兴的电子交易模式，不是一个所谓的新兴行业，是一种交易模式的创新。这种新兴的电子交易模式最根本的特点就是基于综合服务平台之上的、在会员中进行的、标准化标的物的、持续的电子化交易。所以我们讲，这是一种收藏艺术品交易模式的创新，邮币卡电子化交易是这种创新模式的一个先行者，我们把这一创新模式统称为艺术品实物集成电子化交易。

记者：怎样认识当下以邮币卡电子化交易为先导的艺术品实物集成电子化交易这一创新模式的价值？

西沐：关于这种交易模式的创新，目前我们正在做一个课题，即艺术品实物集成电子化交易课题研究。这个课题会系统研究这一交易模式创新的标的、体系、架构、运营与政策等问题，而邮币卡只是多种标的物中的一个，这也是我们为什么把这种模式创新叫作以邮币卡电子化交易为先导的艺术品实物集成电子化交易模式的原因。

事实上，邮币卡电子化交易最大的价值不是交易市场的规模有多大、市场有多么活跃，而是其交易模式创新的价值。这种价值最为突出地表现在以下四个方面：第一，我在以前多次强调过，文交所的发展方向是"平台+互联网"。同时，这也是在新的发展环境下，"互联网+"所展示给我们的在交易模式创新之中的价值取向。也正是从这个视角，我们愿意积极地看待邮币卡电子化交易在交易模式创新过程中的积极意义。第二，可以使标的物的集成化交易标准化，把单个实物交易变成规模化的平台交易。第三，常态化持续交易。第四，使价值发现的机制不断平台化、大众化。

记者：我们怎样系统认识当下以邮币卡电子化交易为先导的艺术品实物集成电子化交易这一创新模式的发展？

西沐：关于邮币卡电子化交易模式的发展，目前问题可能比较多，也很纷乱，但从创新发展的眼光来看，我想，我们首先要注意它的发展背景及合法性、合规性与合理性，然后再去分析它存在的问题。

（1）关于邮币卡电子化交易模式发展的背景。有两份文件，我想业界人士可能都比较熟悉，那就是在以天津文交所为首的艺术品份额化电子交易有可能出现不可控风险后，国务院与中宣部分别下发了《国务院关于清理整顿各类交易场所 切实防范金融风险的决议》(国发〔2011〕38号)和《关于贯彻落实国务院加强文化产权交易和艺术品交易管理的意见》(中宣发〔2011〕49号),明确要求文交所不得开展以艺术品细分为手段的份额化和连续化电子竞价交易。在这一背景下,各地文交所交易市场的发展受到极大制约,为了生存,它们纷纷探索与试验新的交易模式,因为如果仅仅开展国有文化产权类交易,由于目前的市场规模还很有限,这么小的业务发展规模很难支撑起文交所长远发展的目标。在这一态势下,各地文交所开始探索新型文化艺术品的创新交易模式,如组合产权模式、艺术家上市模式、单一艺术品竞价模式等,不一而足。在这个过程中,经过实践摸索,以南京文交所、南方文交所等为主的邮币卡交易为主体的创新模式不断完善发展,交易规模迅速提升,社会关注度高。可以说,这一模式目前已经成为文化艺术品电子化交易的一个亮点,并且发展十分迅速,交易规模较大。这也使人们看到了在"平台+互联网"这一机制下交易模式创新的可能与巨大发展空间。

(2)关于以邮币卡电子化交易为先导的艺术品实物集成电子化交易模式,其合法性首先是基于以实物物权电子化转让作为交易基本依据,遵循《中华人民共和国物权法》《中华人民共和国电子签名法》《中华人民共和国合同法》(现已成为《中华人民共和国民法典》的组成内容)等规定规范交易行为,而不是权益类的权益细分电子化交易。

(3)关于以邮币卡电子化交易为先导的艺术品实物集成电子化交易模式,其合规性表现在:一是以实物物权电子化取代了权益细分电子化,避免了违背国发〔2011〕38号文件规定的"不得将任何权益拆分为均等份额公开发行"的规定。二是在交易过程中,买方和卖方撮合交易类似于非标准化金融衍生品交易模式,尽可能规避国发〔2011〕38号文件明确规定的"不能采取连续竞价交易模式"的规定。当转让方和受让方的价格达成一致,交易生效并且签订电子交易合同,即系统收到交易指令后,会自动寻找符合交易条件的交易,撮合部分成交或全部成交,达成交易后,藏品所有权相应地就从卖方转向买方。三是交易模式综合了股票交易和期货交易的基本原则,采取电子化交易和实物交割相结合的模式。在最坏的情况下,投资者也只是以远高于市场价获得了100%产权的藏品,相对于艺术品份额化电子交易,有效地降低了交易风险。四是托管体系的建立,即在交易规范中,投资者不仅要和交易所签订交易协议,同时也要签订托管协议,即在交易所进行上市发行和交易的所有产品都要托管在交易所内,只有当产品退出交易后,投资者才可以从交易所提出所持有的藏品。交易所托管体系的建立保证了交易标的物的真实性和安全性,交易所提供了独立的保管和交易平台,交易双方根据自愿报价进行买卖行为。五是会员制度的建立。会员一般分为投资人会员和做市商会员(经纪人、交易商等)。投资人会员是具有完全民事能力和风险识别能力的合格投资人,可以购买在交易所发行的产品并开展交易行为;做市商会员是指经过交易所审核的机构会员,获准开展藏品挂牌交易、登记、再托管交易等行为。在会员管理制度下,只有完全符合交易所规定的自然人和机构才能注册会员,成为会员后才能开展投资交易行为和产品发行行为。六是产品的挂牌、发行和交易体系的建立。整个体系可以借鉴股票发行上市模式,即符合交易所规定的藏品通过做市商会员申请在交易所挂牌发行,需要提供一系列的藏品和投资价值分析报告等,提交交易所审核后,具备发行资格的才允许发行上市。发行上市的标准主要是藏品标的物的品质和规模,藏品必须符合交易所的规定。通过交易所的审核后,需要办理入场登记和托管手续,藏品托管在交易所。新产品完成托管后,投资者可以申购产品,申购成功后可以按照约定条款上市交易。交易设定有交易价格最大价格波动幅度。投资人委托的价格必须在波动幅度区间之内,交易价格波动区间的限制避免了产品交易时出现大幅度的波动。

(4)以邮币卡电子化交易为先导的艺术品实物集成电子化交易模式的合理性表现在:一是作为创

新模式与业务，其前提是我们具有强大的需求与供给能力。当然，并不排除这种需求中既有投资需求，也有投机需求。供给能力是基于中国艺术品市场的规模与生产能力，大量的、分散的艺术品市场需要更加有力的流通平台与价值发现平台。二是有以上合法性与合规性的支撑。三是在新常态下，新科技融合发展为这种创新模式与业务的发展创造了可能。四是中国艺术品市场与中国资本市场的快速发展和需求能力的不断释放为这种创新模式与业务的发展和试验、试错、探索提供了迂回空间。五是随着监管体系与能力的建设，这种创新模式与业务的发展会受到越来越具体的管理、指导与引导，为创新模式与业务的发展建立体制与政策保障。

（5）在以邮币卡电子化交易为先导的艺术品实物集成电子化交易模式创新的过程中，也存在一些需要正视的问题，有时还非常明显，表现在：一是创新虽然巧妙规避了监管的基本红线（38号文件明确规定不能采取连续竞价交易，而创新交易模式过程中，买方和卖方撮合交易类似于非标准化金融衍生品交易模式），但是交易行为活跃之后，仍然存在连续竞价的嫌疑，若交易过程管理混乱，极易被定性为连续交易。二是如何解决普通投资者正确理解潜在风险的问题。目前，资本市场中的合格投资者参与范围还存在一定的争议，特别是一旦在创新交易过程中最终无法退出，很容易引起系统性风险。若最终大量投资者在高价接盘后无法成功退出，则会产生极大的社会影响，监管部门很可能会像处理艺术品份额化方式一样，禁止此类交易模式的创新。三是标准化的估值体系的建立问题。在创新交易模式中，艺术品价值评估主要依靠市场价格和专业人士评估，普通投资者几乎不可能较为准确地评价其真实价值，因此交易价格的波动很难有一个参考基准，主要来源于市场交易行为本身。成熟的股票、债券和期货等金融衍生品市场交易活跃的一个主要原因就是拥有一个公允的定价机制和完善的服务体系并且被整个市场所接受，大部分投资者也可以通过学习了解整个定价体系。由于定价的不确定性，很难判断交易价格是否严重背离藏品本身的市场价值，此外，流动性不足也导致了市场价值的不稳定性。一旦问题集中出现，极易出现系统性风险。四是操控市场的问题。创新交易模式中，由于单个产品的规模较小，容易导致非法交易行为，普通投资者的利益很难得到保障——为了活跃交易，交易所本身也可能存在控制交易或误导普通投资者的行为。特别是人为地把价格炒高，制造泡沫，因此也存在法律风险。五是创新的跨界较大，法规与政策的衔接易出现空白，进一步增加了创新交易模式中的法律法规与政策风险。六是管理体制模糊不定，监管理念与体系不健全，进一步增加了业务发展的短期效应与发展的不确定性。

记者：为何传统的藏品如邮票、钱币、电话卡等，要做成电子化交易呢？

西沐：传统的藏品如邮票、钱币、电话卡等做成集成电子化交易，是收藏市场与平台化交易模式发展到一定阶段的结果。具体来讲，主要有三个方面的因素推动：一是"平台+互联网"这一机制不断成熟，平台的公信力、价值发现能力与互联网扁平化的共享机制迅速地降低了投资交易的门槛，降低了交易的成本，进一步提高了交易效率，扩大了交易范围，提升了交易频率，大大拓展了交易的规模，能够迅速提振市场，增强市场的流通性。二是邮票、钱币、电话卡等藏品收藏人数众多，价值认同度高，单价较低，大众参与能力强。这种收藏的基本面会带动更多的投资者介入，市场基础好，投资活跃。三是邮票、钱币、电话卡等藏品标准化程度高，单价低，易于进行电子化交易。我想，这些都应该是邮票、钱币、电话卡等传统的藏品率先做成集成电子化交易产品的重要原因。

记者：在这一轮的暴涨暴跌中，邮币卡线上线下价格相差太大，为何会出现这种情况？

西沐：在这一轮的暴涨暴跌中，邮币卡线上线下价格相差大的问题，不外乎有两个原因：一是市场投机形成的泡沫导致线上线下价格相差太大，甚至由于泡沫消长而引发暴涨暴跌；二是平台电子化交易所形成的溢价问题。这个问题在股市中表现最为突出，很多股票可能溢价十倍、几十倍甚至几百倍，这是平台电子化交易过程中的平台效应，不是艺术品实物集成电子化交易模式所独有的现象。只是根据不同的环境与认知，人们对溢价多少的理解与判断会有不同的结果。

记者：邮币卡电子化交易市场是否存在庄家炒作、虚假销售等行为？

西沐：对于这个问题，我想大家的回答会与我一样，不但有，并且可能还很严重。交易过程中，发行的产品基本上在百万级，事实上，投资者很容易通过互相交易把价格炒高，这是现实。可以说，这是目前艺术品实物集成电子化交易模式探索成功与否的一个关键问题，更是其健康发展的一个"毒瘤"。现在最大的问题是，在监管不力的态势下，这一重任只能交由交易平台方——文交所来进行监管，这种监管在很多情况下只能称之为自律。为此，我们呼吁：在监管不力的情况下，首先需要强化监管；在监管一时无法到位的情况下，要加强行业管理职能，利用行业规程来强化行业管理与行业自律。有时候我们明确地意识到，面对如此重大的问题，我们的治理手段与方法确实如此贫乏与不足，这也是邮币卡电子交易市场发展的一个部分。

记者：催生的这些泡沫，必会给投资者带来巨大的损失，那投资者又该如何规避风险？

西沐：投资者规避风险最有效的办法是认识风险、识别风险，这就涉及投资者的风险教育问题了。当下，我们最为缺乏的是风险教育。投资风险教育的核心就是：投资是有风险的，收益一般与风险成正比，分散风险是管理风险的重要手段，要明白自己的风险承受能力。大家现在都在讨论交易过程中市盈率居然能如此离谱，其实这就是一种最大的风险警示。就以股市来讲，市盈率如此之高，我们只需要看一看股价下跌后依然还有100多倍市盈率的传统媒体的股价，依然还有近200倍市盈率的小商品城股价，那你也许就知道风险在哪里了，因为这基本上与价值投资没有关系了，变成了一种投机，甚至赌博。与投机相比，赌博的危险程度作为投资者应该最清楚，如果你愿意参与，就证明你愿意并有能力承担这种风险。其实，在邮币卡电子化交易市场中，投资者不用再"摸着石头过河"，因为有了股市的教育历练，有期货、基金等作为参照，对很多老投资者来讲已经够用了，不需要我再重复普及。只是注意不要有太多的侥幸心理，也不要"好了伤疤忘了痛"，要切实管住自己的风险承受能力。

记者：未来市场对艺术金融互联网运用会有怎样的规范？在以邮币卡电子化交易为先导的艺术品实物集成电子化交易后期发展中，应该考虑哪些核心问题？

西沐：未来市场对艺术金融互联网运用方面的规范要求，可概括如下：

围绕一个机制：围绕"平台+互联网"的融合机制进行架构与治理。

围绕一条主线：即艺术品资源资产化、金融化、证券化（大众化）。

围绕一条价值链：发现价值—整合价值—构架价值链条—构建艺术金融产业培育平台（新业态的孵化）—形成艺术金融产业链条—做大艺术金融产业规模的发展价值链。所以，从全球艺术金融业发展的态势来看，只有发力艺术金融产业链，形成相对完善的产业链条，才能推动艺术金融产业的健康快速发展。

围绕三个环节：第一个环节是艺术资源、艺术资产如何和证、银、信、保四大金融体系对接；第二个环节是艺术资产如何得到产业支撑体系的保障，包括怎么能够得到合理的鉴定、评估、运输物流保证，等等；第三个环节是艺术金融体系本身的运作能力、职业化水平，这也是一个很大的问题，因为这是一个新的行业业态，它需要专业的人员、专业的知识、专业的运作和规范的流程。

围绕三个支撑：一是监管体制与体系，二是政策支持，三是技术的跨界融合支撑。

我想，这几个方面就是未来市场对艺术金融互联网运用方面的规范要求，而目前我们多在形式上做外围文章，往往不利于行业的发展，甚至会产生误导。

在这种大趋势下，艺术品实物集成电子化交易，特别是邮币卡电子化交易后期发展应考虑的核心问题主要有：一是监管的体制与体系、方法与模式。不解决这个问题，艺术品实物集成电子化交易，特别是邮币卡电子化交易就很难摆脱项目形象，短期行为就难以从根本上得到治理。二是交易标的物的选择和设计也面临一定挑战，主要是标的物的标准化与单件作品的价值问题。标的物可以标准化是前提，而如果单价估值太高则交易量不活跃，估值过低则容易造成个人控盘交易。另外，由于标的物的价值规模一般控制在百万级，投资者很容易进行控盘交易和关联交易，通过相互交易把价格炒高，后续投资者接盘后很可能无法退出，导致在价格虚高时购买标的艺术品。交易物标的的选择和交易产品的设计直接影响到交易量的活跃程度和最终交易的退出，同时也要规避38号文件和49号文件的潜在监管风险。三是交易标的物的价值评估和交易涨跌幅的控制，应确保整个交易市场的价格遵循基本的定价标准且不产生偏离真实价值较大的波动。由于艺术品缺乏一套公正的且被市场广泛认可的价值评估体系，因此交易价格很难通过标准方式确定出来，而一般性的价值评估很容易受到主观因素的影响，因此交易价格的波动缺乏真实价值的支撑，很容易偏离真实价值，造成市场泡沫。四是如何保障投资者最终退出。如何建立起合理的退出机制是发展艺术品电子化交易的关键，核心在于如何保障普通投资者最终能够安全退出，这是所有文化艺术品电子化交易的首要问题。另外，确保整个业务合规，首先要保障大众投资者利益。文交所创新交易业务的根本目的就是希望活跃交易市场，通过交易量增大获取交易佣金，但是艺术品的特殊性导致其定价和估值的专业性很强，并且尚无被市场广泛认可的估值体系。在这一背景下，文交所想要活跃整个交易市场，必须吸引广大的合格投资者，而不仅仅是专业的藏家和艺术品投资人群。但是，合格投资者的目的是通过交易获取高额收益，如果无法有效退出，即使合规也容易引起社会风险。五是交易制度与交易运营管理的提升完善。提升完善交易制度，核心是在新科技融合发展的前提下避免或突破连续竞价交易的"紧箍咒"；提升完善交易运营管理的重点是如何规范与发展合格投资人与做市商队伍，通过制度建设搞好平台的监管与自律工作。

记者： 在强化以邮币卡电子化交易为先导的艺术品实物集成电子化交易的金融属性的同时，如何挖掘和弘扬其文化价值？

西沐： 在邮币卡电子化交易市场的市盈率高企的状况下，市场交易主体的投机氛围浓厚，价值对价格的关联能力几乎失去控制，在这种情况下，我们很难去谈挖掘和弘扬文化价值。如果要谈挖掘和弘扬文化价值，前提就是使市场进入理性状态，不断回归价值投资。在挖掘和弘扬文化价值方面，我认为，邮币卡电子化交易最大的贡献是创新并实践艺术品实物集成电子化交易模式，基于这一模式的健康运行，可以在挖掘和弘扬文化价值方面发挥重大作用，特别是基于这一模式在民间民族文化艺术资源与产品的市场化、资产化、金融化、证券化等方面，会不断做出独特的贡献，但前提是要把好事做好——这既是一个亮点，也是一个不小的难题。

三、案例研究：艺术品实物集成电子化交易创新分析

（一）艺术品实物集成电子化交易创新的"红线"[①]

中国经济网编者按： 邮币卡电子化交易市场的迅速发展引起了人们对艺术品实物集成电子化交易创新的关注。事实上，在邮币卡电子化交易的引导下，越来越多的创新发生在艺术品实物集成电子化交易的过程中。值得注意的是，在这些创新的过程中，还有

---

① 2015年7月13日发表于中国经济网。

很多盲点，急需引导与规范；否则，这些盲点会导致风险不断集聚，小则有可能引起运营企业发生经营风险，大则有可能引起社会金融风险。对此，我们必须予以重视。为此，我们采访了中国经济网文化产业频道特约专家、中国艺术产业研究院副院长西沐先生，在谈了邮币卡电子化交易市场之后，再就艺术品实物集成电子化交易模式创新的有关问题——如"红线"等敏感问题——进行交流。

记者：中国艺术品实物集成电子化交易创新的法律、法规与政策依据是什么？

西沐：关于中国艺术品实物集成电子化交易模式创新的法律、法规与政策依据问题，目前的说法很多、很乱。我想，总体看来有三个层面：一是艺术品实物集成电子化交易模式的合法性体现在以实物物权电子化转让作为交易基本依据，遵循《中华人民共和国物权法》《中华人民共和国电子签名法》《中华人民共和国合同法》（现已成为《中华人民共和国民法典》的组成内容）等；二是艺术品实物集成电子化交易模式的合规性体现在必须符合国务院《国务院关于清理整顿各类交易场所切实防范金融风险的决议》（国发〔2011〕38号）、《国务院办公厅关于清理整顿各类交易场所的实施意见》（国办发〔2012〕37号）等；三是艺术品实物集成电子化交易模式的合理性体现在要符合以中宣部《关于贯彻落实国务院加强文化产权交易和艺术品交易管理的意见》（中宣发〔2011〕49号）、证监会《关于禁止以电子商务名义开展标准化合约交易活动的通知》（证监发〔2013〕74号）等文件精神与规定为主导的，以及有关部委与省市相关文件要求。这是艺术品实物集成电子化交易模式创新发展的大前提。

记者：中国艺术品实物集成电子化交易创新的现实基础有哪些？

西沐：任何形式的创新，都要有其现实基础。中国艺术品实物集成电子化交易模式创新除了具有法律、法规与政策依据之外，还必须具有市场、交易及政策基础，即必须要具有现实基础。那么，中国艺术品实物集成电子化交易模式创新的现实基础有哪些？我们认为，主要有以下四个方面的现实基础：一是证券市场和期货交易市场的快速发展与日益社会化、法制化为艺术品实物集成电子化交易创新打下了认知、参与市场基础；二是文交所等交易平台近几年不断探索、不断创新，其经验与教训都为艺术品实物集成电子化交易模式的创新发展提供了操作方式和路径上的借鉴；三是互联网环境下电商与电子化交易的迅速发展为艺术品实物集成电子化交易创新培育了消费人群、消费习惯与交易基础及系统技术的支撑；四是以"文化+"与"互联网+"为导向的创新为艺术品实物集成电子化交易模式创新提供了政策及环境空间。这些都是艺术品实物集成电子化交易模式创新的现实基础，对艺术品实物集成电子化交易进行模式创新至关重要。

记者：中国艺术品实物集成电子化交易创新的"红线"是什么？面对"红线"，我们应该注意的核心问题有哪些？

西沐：事实上，根据国发〔2011〕38号及中宣发〔2011〕49号等文件，总体来看，主要规定涉及三个方面，强调一个风险。

（1）三个规定：一是交易机构合法性的规定。设立文化产权交易机构，必须由省级人民政府批准。文化产权交易所的业务活动须符合现行法律、行政法规以及文化市场准入政策和行业管理规范；同时又规定，仅从事车辆、房地产等实物交易的交易场所除外。其中，权益类交易包括产权、股权、债权、林权、矿权、知识产权、文化艺术品权益及金融资产权益等交易；大宗商品中远期交易，是指以大宗商品的标准化合约为交易对象，采用电子化集中交易方式，允许交易者以对冲平仓方式了结交易而不以实物交收为目的或不必交割实物的标准化合约交易。但协议转让、依法进行的拍卖不在此列。特别强调，以电子商务名义，采取集合竞价、连续竞价、电子撮合、匿名交易、做市商等集中交易方式进行标准化合约交易的公司平台存在较大的风险隐患，应责令停止交易。二是关于标的物的规定。除依法设立的证券交易所或国务院批准的从事金融产品交易的交易场所外，任何交易场所均不得将任何权益拆分为均等份额公开发行，任何交易场所利用其服务与设施,将权益拆分为均等份额后发售给投资者,即属于"均等份额公开发行";不得采取集合竞价、做市商等集中交易方式进行交易;不得将权益按照标准化交易单位持续挂牌交易,任何投资者买入后卖出或卖出后买入同一交易品种的时间间隔不得少于5个交易日;除法律、行政法规另有规定外,权益持有人累计不得超过200人。三是关于交易形式的规定。除依法经国务院或国务院期货监管机构批准设立从事期货交易的交易场所外,任何单位一律不得以集合竞价、电子撮合、匿名交易、做市商等集中交易方式进行标准化合约交易。"标准化合约"包括两种情形:一种是由交易场所统一制定,除价格外其他条款固定,规定在将来某一时间和地点交割一定数量标的物的合约;另一种是由交易场所统一制定,规定买方有权在将来某一时间以特定价格买入或者卖出约定标的物的合约。

(2)强调一个风险:交易场所是为所有市场参与者提供平等、透明交易机会,进行有序交易的平台,具有较强的社会性和公开性,需要依法规范管理,确保安全运行。其中,证券和期货交易更是具有特殊的金融属性和风险属性,直接关系到经济金融安全和社会稳定,必须在经批准的特定交易场所,遵循严格的管理制度规范进行。目前,一些交易场所未经批准违法开展证券期货交易活动;有的交易场所管理不规范,存在严重投机和价格操纵行为;个别交易场所股东直接参与买卖,甚至发生管理人员侵吞客户资金、经营者卷款逃跑等问题。这些问题如发展蔓延下去,极易引发系统性、区域性金融风险,甚至影响社会稳定,因此必须高度重视各类交易场所存在的违法违规问题,从维护市场秩序和社会稳定的大局出发,切实做好清理整顿各类交易场所和规范市场秩序的各项工作。各类交易场所要建立健全规章制度,严格遵守信息披露、公平交易和风险管理等各项规定。建立与风险承受能力、投资知识和经验相适应的投资者管理制度,提高投资者风险意识和辨别能力,切实保护投资者合法权益。

在以上框架之下,我们认为,艺术品实物集成电子化交易模式创新的"红线"以及应注意的核心问题,主要有以下四个方面:一是必须坚持以实物及实物集成为基础的交易本质,在标的物的设计上只能选择"一对一""多对一"式的电子化交易,不能选择"一对多"式的电子化交易,以规避权益拆分集成的状况出现;在标的物的设计选择上只能进行标准化取向,规避出现权益拆分均等份额状况。二是必须坚持探索创新实物标的物的"一对一"式的非标准化合约电子化交易的本质,规避集合竞价、电子撮合、匿名交易、做市商等集中交易方式进行标准化合约交易,即所谓的标准化、电子化连续交易。三是必须坚持平台会员间的电子化交易,突出"合格投资人"的概念,规避面向公众公开发行式的类证券电子化交易。四是必须坚持系统顶层设计,依法规范管理,确保安全运行,规避经济金融和社会稳定风险。

记者:邮币卡电子化交易市场现在的突出问题是什么?

西沐:从目前来看,邮币卡电子化交易市场现在的突出问题主要体现在两个大的方面:一是连续交易的问题,关键是标准化合约的集中电子化交易问题;二是风险管控问题,关键是顶层设计缺失,边干边改,风险管控手段有限,金融的系统风险和社会的稳定风险易发。从目前邮币卡电子化交易市场发展的状况来看,有这样一种趋势,那就是正在偏离平台化价值发现的本质,而越来越走向过度投资、投机,甚至是进入赌博的交易市场怪圈。而这一怪圈一旦形成,邮币卡电子化交易市场就会成为非常难控制的风险圈,很可能引发金融的系统风险和社会的稳定风险。如果这一局面得不到改观,邮币卡电子化交易市场就会面临重大风险,长此以往,前景堪忧!

记者:关于中国艺术品实物集成电子化交易创新,我们急需做什么?

西沐:要发展艺术品实物集成电子化交易这一创新的业务,当务之急就是要做好以下四个方面的工作:一是加强管理、搞好试点,业务成熟、取得经验后再有序推开;二是制定规划,按中宣发〔2011〕49号文件的精神,以"总量控制、合理布局、依法规范、健康有序"的原则,统筹规划艺术品实物集成电子化交易机构的数量规模和区域分布,制订艺术品实物集成电子化交易创新市场的品种结构、规划和审查标准,加强对艺术品实物集成电子化交易模式创新市场的宏观调控和分类管理;三是强化业务监管的顶层设计,不能靠修修补补进行业务控制,更不能靠不断修订交易规则来稳定交易市场、控制市场风险;四是在发展中做好提升与分类指导工作,关键是做好预警、评价与系统规范的提升工作。

(二)南京文交所钱币邮票交易平台[①]

1. 平台简介

南京文交所钱币邮票交易平台由南京文化艺术产权交易所有限公司运营。南京文交所于2011年由南京八城科技有限公司、国影投资管理有限公司等共同发起成立,2013年经中宣部同意并报国务院证监会验收通过,成为江苏省首家运营的大型文化交易平台,后逐步发展成集文化产权交易、文化投融资服务、文化企业孵化、文化信息产业信息发布为一体的专业化综合性服务平台。

南京文交所钱币邮票交易中心于2013年成立,首创邮币卡类证券化交易模式。平台以"作为全国首家钱币邮票实物挂牌交易平台、全国首家公开集中的钱币邮票线上交易平台,将建设成为全国钱币邮票交易领域的标杆性平台,成为全国钱币邮票市场价格风向标"为定位,是邮币卡电子化交易上线最早、交易量最大的平台之一。南京文交所在成交量、成交额以及总市值等方面均处于我国文交所前列,2015年交易额达到7800亿元。

2. 平台重要事件

2013年10月21日,首批藏品挂牌交易。

2014年7月,线上交易藏品市值突破十亿元;8月,电子盘交易额首破1亿元。

2015年1月,与中国人寿签订托管藏品金库保险协议;3月,与平安银行合作;4月,与中国农业银行无锡分行举办业务合作启动大会。

2015年4月,申购资金达118亿元。

2015年4月,与工商银行总行、民生银行南京分行达成双边合作共识,与工商银行江苏省分行签署全面战略合作协议。

2015年10月,与私募机构江苏中杏艺禾、北京标准国基投资、万银资产、南通文化产业股权投资基金、江苏磐石股权投资基金、深圳恒泽荣耀财富、上海盛川股权投资基金、上海珺瓴资产、广州市鼎时赢签署合作协议。

2015年12月,在民生银行的银商接口正式上线。

2016年3月,交易会员突破100万人。

2017年7月,停盘。

2018年8月,宣布不再开展邮币卡业务。

3. 交易流程

交易流程(图26-1)包括交易会员开户、经纪会员开户、挂牌、托管(入场登记)、申购、上市交易、再托管、实物提取等部分。

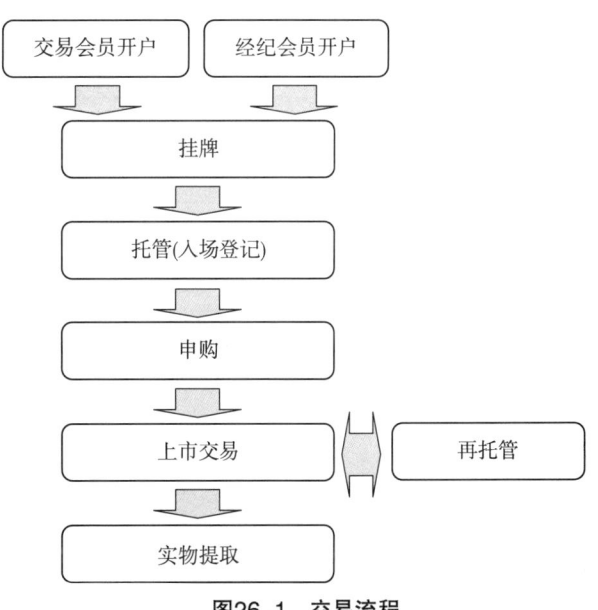

图26-1 交易流程

(1)交易会员、经纪会员开户流程(图26-2、图26-3)。

第一步,申请人通过交易中心网站申请注册,按要求提供会员资格申请材料,并对所提交资料的真实性、准确性、完整性和合法性负责。

[①] 本部分系刘晓丹(中国艺术经济研究院副院长、研究员,鞍山师范学院教授)根据公开材料执笔整理。

第二步，交易会员经审核符合要求，签署《交易会员入市申请表》《交易会员入市协议》《会员交易风险提示书》，并到平台指定的资金存管银行签署会员资金存管合同后，取得交易会员资格。经纪会员开户的第二步与上述步骤类似。

提出新藏品挂牌申请，经审核通过后报新藏品挂牌审核小组复审，复审通过可安排进入挂牌托管流程。

第四步，中心公告的公开征集挂牌藏品名单中的藏品，经新藏品挂牌审核小组审核同意后，该藏品可直接进入挂牌托管流程，当托管市值达到交易规则要求即可挂牌上市交易。

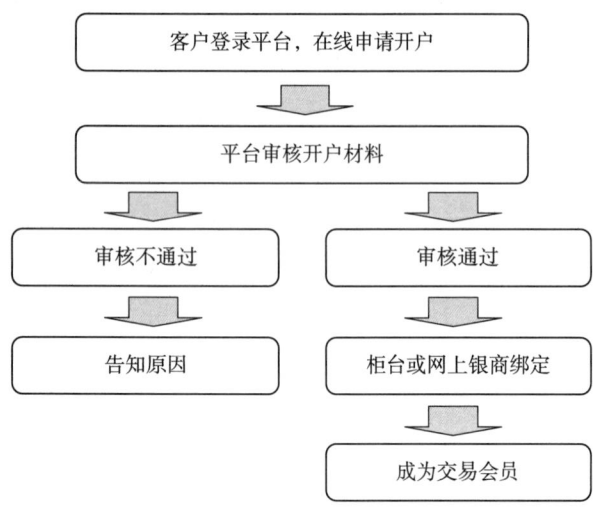

图26-2 交易会员开户流程

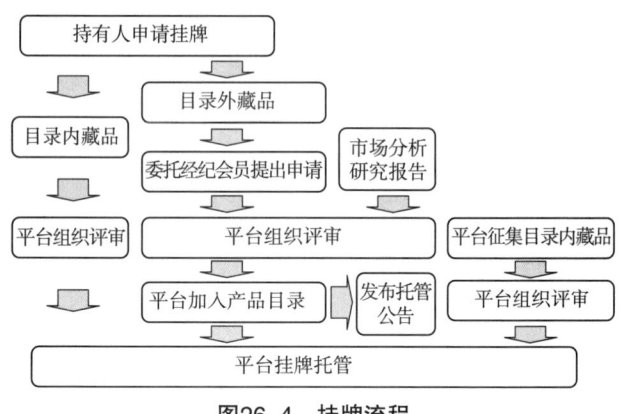

图26-4 挂牌流程

（3）托管（入场登记）流程（图26-5）。

第一步，持有挂牌藏品的交易会员在中心发布托管公告后，提出入场登记申请。

第二步，藏品经中心指定机构鉴定合格，进入中心代理银行托管库。托管中心出具鉴定托管单，并将鉴定托管单转为交易会员的交易账户持仓。交易会员在交易客户端支付完挂牌费后，中心将交易会员的持仓全部或部分解冻后，方可上市交易。

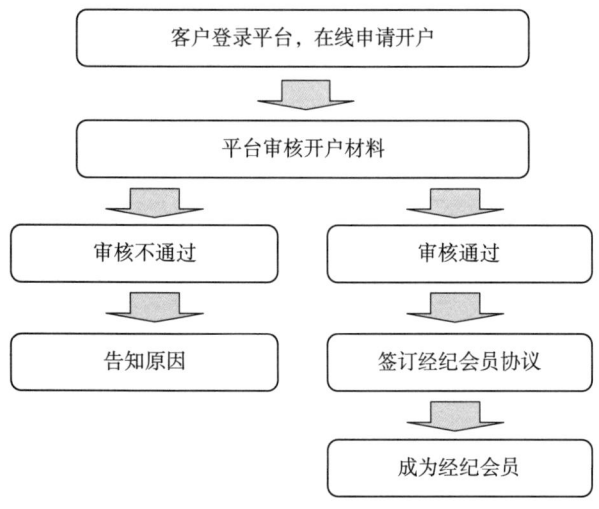

图26-3 经纪会员开户流程

（2）挂牌流程（图26-4）。

第一步，交易会员可在线提交新藏品挂牌申请，并委托经纪会员提交《委托挂牌代理协议》《挂牌申请书》《可行性分析研究报告》《持有人承诺书》等相关文件。

第二步，收到挂牌申请后进行初步审核，审核合格后统一组织中心专家委员会评审，评审通过后藏品将进入藏品目录。

第三步，藏品目录中所列藏品的申请人可向中心

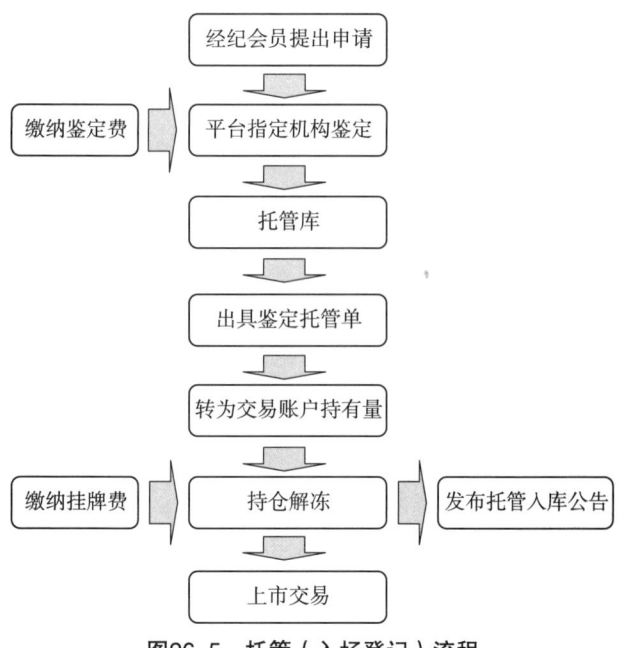

图26-5 托管（入场登记）流程

第三步，托管流程完成后，中心及时发布藏品托管入库公告。

（4）申购流程（图26-6）。

第一步，交易会员在申购时间内缴足申购款，提交申购申请，申购资金冻结。

第二步，中心根据发行申购公告规定的抽签规则进行抽签，对未中签部分的申购款解冻，公布中签结果。

第三步，新藏品挂牌上市交易。

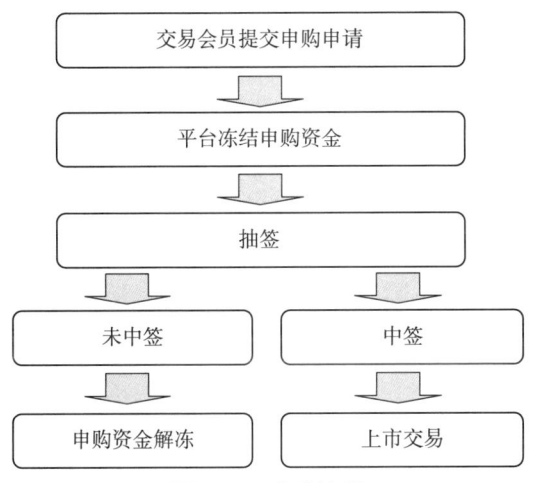

图26-6 申购流程

（5）上市交易流程（图26-7）。

第一步，交易会员向中心提交购买申请、转让申请，平台在申请有效期内锁定相应的资金、相应数量的交易藏品，在应价合适时完成撮合交易。

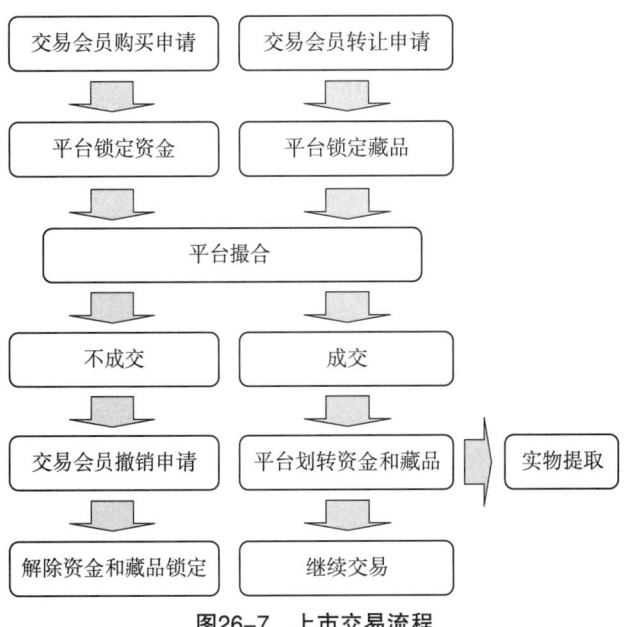

图26-7 上市交易流程

第二步，交易达成后，平台成交收取交易手续费，划转资金和交易藏品。购买人可提取实物。

第三步，在接受交易申请的时间内，未成交申请可以撤销。中心确认后方可及时解除对交易会员的资金或实物的锁定。

（6）实物提取流程（图26-8）。

第一步，交易会员通过交易客户端提出实物提取申请，生成提货单，藏品及其对应数量被锁定，进入待提取状态。

第二步，中心接到提货单，审核并确认后，安排进入提货流程。交易会员至指定提货地办理提货出库。

第三步，交易会员有权注销提货单，对应的钱币邮票实物将被解除锁定。

第四步，交易会员若在指定提货时间内未办理实物提取业务，提货单作废，交易会员须注销提货单以解除锁定。

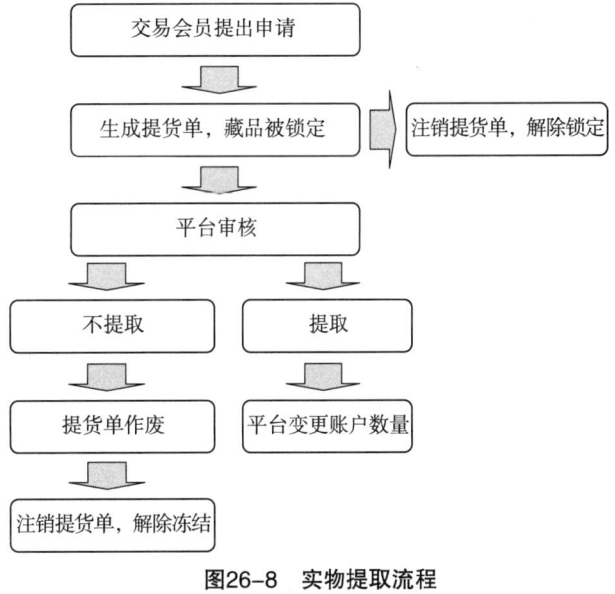

图26-8 实物提取流程

4. 风险管理制度

（1）风险警示制度。

第一，出现交易价格异常变动，会员交易行为异常，会员订货量、资金变化异常，会员持仓量异常，会员涉嫌违规、涉及司法调查或诉讼案件等情形，要求会员报告情况或约见会员谈话，提醒风险。

第二，发生国内外市场交易异常变化，会员涉嫌违规，会员交易存在较大风险等情形，向全体会员发风险提示函。

第三，发生会员不按中心要求报告情况和谈话，故意隐瞒事实，瞒报、错报、漏报重要信息，故意销毁违规违约证明材料，不配合中心调查，经查实存在欺诈行为，经查实参与操纵市场行为，与第三方服务机构恶意串通影响第三方服务机构客观公正的履行职责等情形，对相关会员限制交易。

第四，由于不可抗力、意外事件以及交易系统被非法侵入，出现系统、设备、互联网、通信或电力故障等情况，造成藏品灭失、损坏等重大变化的以及被法院查封等可能影响合同履行的重大情况时，采取暂停交易、延时开市、提前闭市、特别停牌、暂缓进入交收等措施。

（2）保证金制度。

第一，交易开始前，会员应在资金账户内存入足够数量的保证金，用于结算和履约保证。

第二，会员发出竞价指令时，交易系统自动锁定对应数额的保证金。

第三，交易保证金比例为100%。

（3）涨/跌停板制度。

第一，设定涨/跌停板幅度，可根据市场风险状况调整。

第二，新藏品挂牌上市交易首日涨/跌停板幅度为挂牌指导价的±30%，正常交易品种为上一交易日收盘价的±10%。

第三，挂牌交易品种连续三个交易日出现同方向涨停或者跌停，根据市场情况采取停牌控制措施。

（4）藏品管理制度。

第一，风险警示。依托市场信息采集员，采集北京、上海、广州及专业网站现货市场每个交易日的报价，综合现货市场报价的均价乘以130%作为现货基准价。当挂牌藏品线上5日均价超出现货基准价100%时，进行风险警示，发布风险提示公告。

第二，藏品再托管。当挂牌藏品线上5日均价超出现货基准价的150%时，将根据市场交易情况发布再托管公告，对该挂牌藏品开展再托管业务。

第三，藏品退市。对于不活跃的藏品或有较大争议的藏品，启动退市流程。

四、延伸阅读：非物质文化遗产艺术品实物集成电子化交易是重要突破口①

从目前的情况来看，通过几年的持续呼吁与发展，整个社会对非物质文化遗产（以下简称非遗）的发展的关注度比较高，参与热情也很高。所以，在非遗发展的研究、探索、实践等方面，需要做的工作非常多，每年都有很多项目开展，并产出了很多研究成果，基本上建构起了非遗蓬勃发展的格局。

非遗艺术品市场及其产业这个问题可以说是一个非常敏感的话题。在非遗发展过程中，敏感的话题虽然不少，但是像非遗艺术品市场及其产业发展这么敏感的话题可能并不多。这主要是由两个背景决定的：第一，现在非遗的发展主要还处在抢救、保护这样的大的战略格局下。在这样的大格局下，非遗艺术品市场、非遗艺术品产业如何发展？它的发展会不会冲击抢救和保护的力度与进程？这是非常敏感的话题。同时，不同的声音也非常多。第二，在非遗发展的过程中，由于非遗艺术品市场及其产业机制的参与，在传承过程中是否会造成非遗的异化？这在学术界和业界都是非常敏感的话题，很多人都在讨论。

（一）非遗艺术品实物集成电子化交易是其市场与产业发展的一个重要突破口

非遗艺术品（也有人称之为非遗产品）及非遗产业是中国艺术品市场及产业不可或缺的组成部分。虽然从我国非遗发展的大的战略格局来讲，在强势文化的冲击下，非遗的抢救、保护与传承还是一项不可动摇的战略任务，占有主导性的位置，但这并

---

① 2015年9月11日发表于中国经济网，作者：西沐。

不妨碍有条件进行市场化、产业化发展的非遗资源进入非遗艺术品市场与产业发展的格局之中。我们在这里所强调的非遗艺术品就是指在市场与产业格局中的非遗产品，是指能够进入市场和产业发展中的非遗种类和非遗资源，而那些因为处在抢救、保护状态中而不能进入市场、不能进入产业化发展的非遗种类和非遗资源，或者是还需要一定的研究与评判才能确定其是否能称之为非遗的一些艺术品种类与项目资源，暂不在我们这次课题研究的范畴之内。所以，从这个视角来看，我们必须正视非遗艺术品市场，正视非遗艺术品产业。同时，更为重要的是，我们不能也不可能拒绝非遗艺术品市场及其产业发展的创新，因为只有符合市场与产业发展规律的创新，才能更好地激发非遗资源的生命力，更好地推动非遗的发展及其与当代社会生活的融合。今天我们研究与探讨的非遗艺术品实物集成电子化交易的课题，就是从市场交易模式的层面来推动非遗艺术品市场的创新。它是非遗发展过程中众多创新发展之中的一种，更是当今现代市场经济与产业经济关注与重视非遗发展与资源的具体行动。

当下，非遗艺术品及产业的发展有了一些进展，但这种进展与非遗在文化建设中的战略地位很不相称，与当下我国文化产业迅速发展的局面也很不相称。虽然造成这种状况的原因是多方面的，但除了我们主观上的观念问题之外，更重要的是管理、体制、政策以及市场体系与市场主体发育上的问题，特别是非遗艺术品及其产业主体能力的建设与迅速发展的非遗艺术品市场及产业的需求存在很大的差距——市场观念的保守，市场手段的缺失，资本能力、技术能力、管理能力等的不足，再加上非遗资源量大、点多、分散、规模小、区域性强等具体行业因素的限制，深刻地制约着非遗艺术品及其产业的发展。但同时，也彰显出巨大的市场潜力与空间。在艺术品产业向资产化、规模化、大众化、国际化发展的战略格局中，非遗艺术品及产业只能进一步整合资源，依托优势资源进行创新，以创新促进融合发展。创新的突破口是要进一步按照

资源差异化的秉赋来进一步改善供给，发掘需求。从目前来看，非遗艺术品市场交易环节的创新是重中之重，而"平台+互联网"机制下的电子化交易则是可行而又可选的重要战略突破口。

（二）非遗艺术品实物集成电子化交易的战略意义

非遗艺术品市场交易模式电子化创新是进一步拓展非遗文化艺术经济与社会效应的重要路径，可以有力地推动非遗艺术品市场及产业的发展，不断释放非遗发展的效应。非遗艺术品实物集成电子化交易的探索具有重要而又深远的意义。

（1）非遗艺术品实物集成电子化交易是一种新的交易模式，是一个平台化的交易，在平台整合功能的作用下，可以最大程度地改变现有非遗艺术品的需求与供给状况，大幅度推进非遗与当代社会生活的融合发展。一方面，平台效应可以最大程度地聚合非遗创意、生产、创作等资源，在资源的聚合中生发出更多的个性化的创意与产品，从而丰富非遗艺术品市场供给端的状况；另一方面，平台效应又能最大程度地聚合多元化的需求，在个性化需求的整合、实现再流转方面拓展更多的空间，从而更为有效地发掘需求。有了丰富的多元化的供给与个性化的需求，非遗艺术品就会走入市场、进入消费，这可以说是利用市场机制推进非遗与当代生活融合的重要战略路径。

（2）非遗艺术品实物集成电子化交易这种平台化交易的创新为非遗资源或非遗艺术品价值发现建构了新的平台，为非遗资源及其产品价值链的建构打下了基础。我们知道，平台最大的价值在于它是建立在"三公"原则基础之上的具有公信力的平台，具有增信功能，这是一个平台的最大价值所在。在这个平台上，通过大量、快速、反复的高密度、高频次的交易，为挖掘非遗艺术品内涵及价值及其价值的发现和提升提供了非常重要的公开路径与可能性，有利于推动实现非遗艺术品市场及产业与金融的融合发展。

（3）非遗艺术品实物集成电子化交易为非遗艺

术品及产业的大众化打开了一个重要窗口，也为非遗普及及利用优秀非遗艺术进行社会美育开拓了一条重要路径，体现了"消费是最好的传播与学习"的理念。非遗文化艺术品交易的过程同时也是文化艺术普及与美育的过程：在交易中传播，在交易中消费，在生活中消费与使用，在使用中体验，才是最好的非遗普及与美育方式。

上述三个重要的战略意义，坚定了我们在推动这一交易模式的创新、探索方面进行研究与实践的决心。

（三）非遗艺术品实物集成电子化交易的关键是要抓住发展的要点

非遗艺术品实物集成电子化交易是一种交易模式的创新，这种创新如何才能成功地运用到非遗艺术品市场的交易过程中，还需要研究与探讨。概括地讲，以下几个方面的问题应给予特别重视：

1. 交易标的物的选择问题

非遗艺术品实物集成电子化交易标的物的选择问题很多，也很具体，但概括起来，重点有五个方面：

（1）交易标的物的实物问题。

标的物的实物问题的核心是标的物必须是实物、现货，而不是期货；最小的交易单位就是一个独立的艺术品实物；标准化交易单元是一对一的，也可以是多对一的（即多个艺术品对一个交易对象），但不能是一对多的（即一个艺术品单元不能对多个交易对象，不能走权益份额化的路子）。

（2）交易标的物的生产能力问题。

我们知道，非遗艺术品数量大，样态非常多，很多来自民间的作品以及与生活密切相关的作品，量的供给差异很大。所以，对标的物的生产能力必须进行考察，因为实物电子化交易需要有一定的量的支撑，而很多非遗产品生产能力低下，不可能大批量生产（这样的非遗产品就不适合在平台上进行集中的集成电子化交易）。

（3）交易标的物的标准化问题。

首先，要考虑标的物创意设计的标准化问题，在创意、设计的时候，就要考虑实物集成电子化交易平台的基本要求（即需要标准化的设计与产品）。其次，是制作、创作的标准化，实物电子化交易有一个基本的前提，就是假定资产包里的所有实物非遗艺术品的价值、形态都是等同的，所以，在制作、创作非遗艺术品时，必须强化标准化生产与创作。

（4）交易标的物与电子化交易的互适问题。

互适问题，主要是考虑电子化交易过程中的单价问题、集保问题、流转便捷问题等。第一，单价问题。以南方文交所的宣纸交易为例，在一般市场交易中，宣纸的交易以刀（1刀为100张）为单位，但在电子化交易中，我们就可以以张为标准交易单位，这就考虑了单价问题。因为不少很老的宣纸，1刀可能就是1万元，而1张就是100元，低单价有利于交易的活跃度，有利于更多的合格投资者参与。第二，集保问题。非遗艺术品与其他艺术品相比，样态、形态更复杂，要求更多，首先要考虑产品保持周期问题，如有些非遗艺术品在短期内就会出现质变或稳定性不足，如果实物集成电子化交易存续期大于非遗艺术品的保质期限，那么对这种非遗产品的选择就肯定是有问题的；其次要考虑机构，电子化交易涉及非遗艺术品拥有方、电子交易平台方和投资方，因此最好选择与上述交易无关的独立的第四方专业机构来承担集保任务；再次是集保的条件，集保机构需要提供更专业的条件来满足专业性的要求；最后是资产的保全，这就涉及保险的问题（下一步，可能会出现专业化的集保保险产品，专业化的保险机构也可能参与到非遗艺术品的集保过程中来）。第三，流转便捷问题。非遗艺术品交易产品在需要提货或清盘的时候，乃至在实物艺术品交易的过程中，如果需要，实物艺术品怎么才能非常便捷地到达投资者的手中？这就需要专业的、先进的物流机构或企业的参与及物流体系的支撑。

（5）交易标的物的价值挖掘空间。

要选择有价值潜力的非遗艺术品交易的标的物，为投资者负责，保障投资者的权益。一般情况下，在非遗艺术品电子化交易平台上进行交易时，就会有溢价的空间。如果选择了没有价值挖掘空间的非遗艺术品作为标的物，溢价后，价格就容易严重偏离其价值，这时，投资风险就会出现。

2. 交易的合法性

交易的合法性，核心是交易平台的合法性，重点是平台建构方的合法性。平台建构方准入情况是平台合法性的前提，国务院及有关部委对此都有详细明确的规定。当下，不少未取得准入资格的机构与企业也在搭建有关交易平台进行交易，可以说，如果不解决交易的合法性问题，政策风险非常巨大。

3. 交易过程的合法性

交易过程的合法性，核心是交易的连续性问题，重点是连续交易问题（在这个问题中，标准化合约交易又是重点）。如何有效地在连续交易这个问题上取得突破，无论从政策上来说还是从规则与技术上来说，都是解决问题的基本切入点。

4. 会员的准入问题

会员的准入问题即合格投资人的问题。在这里，合格投资人主要包括经纪人会员与投资人会员。要探索适合非遗艺术品电子化交易的合格投资人的独立体系，核心是合格投资人，包括经纪人会员与投资人会员的进入门槛，即通过进入门槛来提升风险识别、风险承受及风险管理能力，从而降低交易与社会系统的风险。

（四）平台化是落实非遗艺术品实物集成电子化交易的基石

为什么互联网艺术品产业经过多年的发展，还鲜有成功的案例？我们认为，关键还是要把互联网当成艺术品产业发展的工具与通道，强调互联网在交易层面的渠道与通道作用，重视艺术品市场平台化发展的取向，深刻认识"平台+互联网"这一根本的融合机制。

为此，我们强调要积极建构非遗艺术品实物集成电子化交易的综合服务平台。艺术品市场平台化发展的基础性业态强调利用平台的公信力来实现对需求及资源的整合作用，通过交易鉴证与登记来提高信息的透明度，通过提高信息对称程度来降低交易成本，提高交易效率，减少交易风险。同时，依托金融体系与市场支撑体系来不断拓展平台的业务能力。

有了规范、高效的综合服务平台，就可以推动"平台+互联网"机制的建构，在互联网技术、通信技术、信息处理与管理技术融合发展过程中，特别是通过互联网终端的发展进步，会进一步突破PC（个人电脑）端而进入多元化发展的移动端，并在此基础上衍生更多的新型市场交易模式，实现非遗艺术品交易的规模化、常态化和大众化，建立适应新科技融合发展与市场需要的新型交易流通体系与市场体系，最终推进"平台+互联网"文化机制建构下的多元、多重产业融合发展。所以，平台化是落实非遗艺术品实物集成电子化交易的基石。

从目前的实践来看，只有通过这种平台化的综合服务，才能真正实现非遗艺术品资产化、金融化与产业化，从而可以达成方便、快捷的非遗艺术品资产流转与艺术品产业的规模化发展。

（五）非遗艺术品实物集成电子化交易模式需要在创新中规范发展

在非遗艺术品实物集成电子化交易过程中，除了以上四个方面的交易问题以外，还应特别做好以下方面的基础运营工作：

（1）非遗艺术品实物集成电子化交易平台的价值梳理与发现功能。这是平台化公信力与增信功能的一个基点，因为如果没有价值梳理与发现功能，平台就失去了其存在的价值基础。所以，平台的价值梳理与发现功能是平台运营的前提基础，无法实现价值梳理与发现功能的平台，就谈不上公信力的建立，也就失去了平台存在的合理性。

（2）非遗艺术品实物集成电子化交易投资人权益的保护机制问题。投资人权益的保护主要有两大块：一是风险教育，包括风险识别能力的提升教育与风险接受能力的提升教育；二是风险管控机制，主要包括准入风险、运营风险与退出风险这三个方面的管控。目前来看，非遗艺术品实物集成电子化交易的退出风险虽然没有政策与法律障碍，但有社会风险的存在，应予以重视研究与探讨。

（3）非遗艺术品实物集成电子化交易平台的运营问题。这个问题比较复杂、具体，但主要是五个方面的问题，包括运营安全、高效运营、规范运营、运营技术、低成本运营。平台的运营问题是非遗艺术品电子化交易的基础，更是实验与探索成功与否的前提，其中，对于运营专业化与技术保障、安全问题，应给予特别重视。

（4）非遗艺术品实物集成电子化交易重点是搞好运营的顶层设计。从运营规划、运营架构、运营规则、运营管理服务、运营产品、运营技术、运营支撑等，尽量避免边运营、边设计、边改善的模式。要充分发挥研究与借鉴的功能，推动非遗艺术品实物集成电子化交易顶层设计在广度、高度、深度层面不断突破。特别是要充分发挥智库与研究机构在顶层设计过程中的重要作用，为我国非遗艺术品实物集成电子化交易的探索提供更多、更全面的咨询与服务。

当然，非遗艺术品实物集成电子化交易是一个创新性较强的业态，不仅是一个跨界的探索，也是一个具有高度学术与政策敏感性的实践，加之相关的探索与实践刚刚开始，成功的案例不多，面临的困难多且大，所以，需要大家齐心合力推进，给这一前沿探索以时间、以宽容、以支持，为我国非遗事业的发展鼓与呼。

第五编 创新运营案例

创新运营案例主要是以企业或机构本身的运营实践与探索作为案例。由于艺术金融是一个全新的业态,其发展创新在很多方面都具有一定的探索性,没有成熟的理论指导与成功实践案例的参考,所以,企业或机构的创新实践具有很强的实验性与探索性,其难度与风险是不言而喻的。在对这些案例的运营分析研究中,我们看到了针对一个企业或机构,艺术金融及其产业创新发展的一个立体性概貌。

本编所选择的案例注重的就是这种探索的创造性与创新的前沿性,这些案例都是在新的发展时代,在不同业态发展过程中具有标志意义的实践探索。兰州创意文化产业园区案例、泰丰书画产业对接资本市场运营案例、浩律财富家族财富传承及艺术财富管理案例、国金公链运营案例、南方文交所交易平台运营案例等,无不符合这一逻辑标准。这些案例的出现和不断丰满,使我们对艺术金融及其产业的创新发展有了更多、更全面的立体性认知。

第二十七章 兰州创意文化产业园区案例研究

> 文化创意产业园区正在从业态聚集向功能聚集及智能聚集的方向发展。在这个过程中,如何按照需求进行聚合机制创新,特别是在时空与业态三个维度上落地这一问题,涉及运营中的风险分析与管理。兰州创意文化产业园区功能聚集平台化共享的实践为我们提供了一个创新探索的视角。

一、案例简介:兰州创意文化产业园区

兰州创意文化产业园是甘肃省内唯一一个以集聚创意产业、创新平台和创业孵化为主的综合性示范园区。2017年9月,园区荣获首批国家级文化产业示范园区创建资格。园区是以动漫影视、创意设计、产品开发、广告和景观设计、文化演艺、展览展示、出版发行、咨询策划、信息服务、艺术培训、艺术品交流等文化业态为主的产业集群。园区主要对入园企业提供产业运营、创业孵化、政策咨询、产业发展相关的扶持指导以及人才培训、金融支持、物业等服务,现旗下项目包括A9创意国际、夏河藏文化产业园等。兰州创意文化产业园始终秉承"开放、包容、多元、创新"的精神,以助力甘肃文创产业快速发展为己任,凭借先进的理念、有序的规划、优惠的政策,以及完善的服务吸引了众多文创机构,形成了集文化公司、艺术展览、时尚店铺、教育培训、创意工作室、新媒体运营、艺术家酒店、餐饮休闲等为一体的多元文化空间。兰州创意文化产业园区还一直在走创新发展的路子,特别是通过近几年的积极探索,已经走上由业态聚合向功能聚合共享的探索创新之路,得到了广泛的关注。

在具体的案例研究过程中,应特别注意以下几个重要问题:

(1)兰州创意文化产业园发展的历史沿革考察。

(2)兰州创意文化产业园发展态势分析。

(3)兰州创意文化产业园从业态聚集到功能聚集的发展历程。

(4)MEBOX机制分析。

(5)兰州创意文化产业园发展展望。

二、案例描述:从"无机园区"到"有机园区"转型

（一）兰州创意文化产业园简介

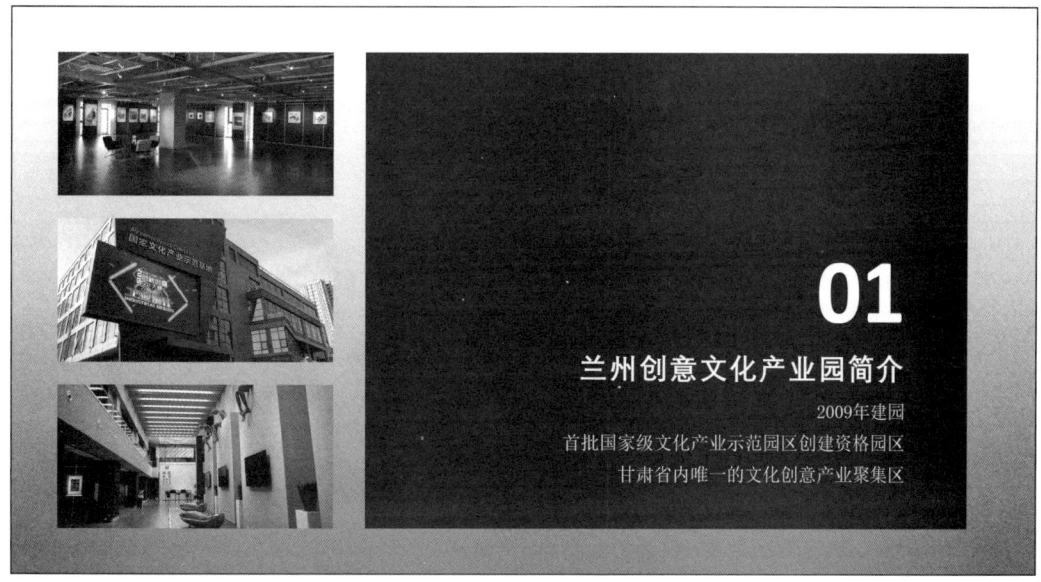

兰州创意文化产业园的发展理念

- 五大特色部门

  项目开发研究部，文化人才培训部，创新企业服务部，基础服务行政部，艺术金融投资部

- 六块功能服务区

  文化创意产品推广展示区，文化创意成果发布展览区，工业文明体验展示区，创新创业孵化区，园区共享支持服务区，特色配套休闲商业区

- 七项功能平台

  基础服务平台，创新技术共享平台，金融服务平台，管理咨询支撑平台，产业融合创新平台，信息交流推广平台，文创人才招募培训平台

社会殊荣

- 2010年，被评为"甘肃省文化产业示范园区"。
- 2012年，被文化部（现文化和旅游部）授予国家级文化产业示范基地。
- 2013年，荣登甘肃省民营文化企业30强榜首。
- 2013年，荣获甘肃省100家骨干文化企业名录。
- 2014年，被工信部授予国家中小企业公共示范平台。
- 2014年，被列入文化部（现文化和旅游部）特色文化产业重点项目。
- 2017年，文化部（现文化和旅游部）下发《关于公布第一批国家级文化产业示范园区创建资格名单的通知》（文产函〔2017〕1029号），确定兰州创意文化产业园拥有第一批国家级文化产业示范园区创建资格。

（二）兰州创意文化产业园创新实践的特点

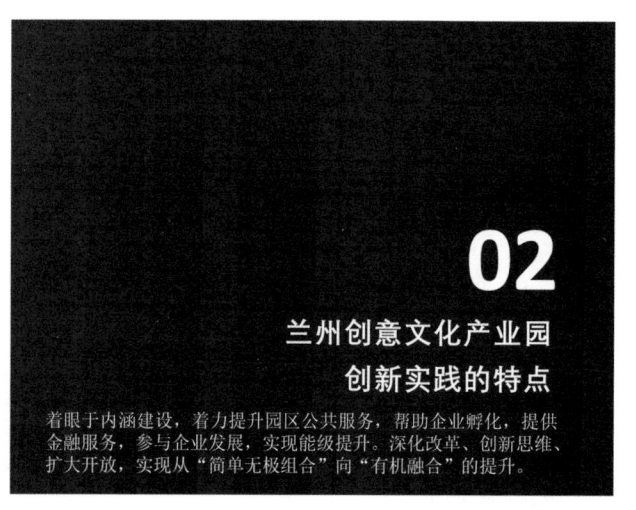

02

兰州创意文化产业园
创新实践的特点

着眼于内涵建设，着力提升园区公共服务，帮助企业孵化，提供金融服务，参与企业发展，实现能级提升。深化改革、创新思维、扩大开放，实现从"简单无极组合"向"有机融合"的提升。

规划产业链条，布局功能区块

清晰定位 提高产业集聚度

- 甘肃省文化产业规划研究院致力于文化创意产业领域现状研究发现和挖掘有较好成长潜质的小微创意企业。
- 入驻企业数据库，通过对包括企业规模、专注领域、发展方向和团队背景等数据的深入分析，判断企业的成长性以及是否符合园区定位、是否可以融入园区产业发展。
- 入驻企业筛选机制，实行产业内的资源配置整合，使得园区内的创意产业链更加合理和完备。对人才、金融、管理、推广等不同功能实行一体化整合，使产业发展的各功能区块之间更加"有机化"，真正促进企业间的紧密联系和高效沟通，收到了"1+1>2"的效果。

规划产业链条，布局功能区块

MEBOX设立了共享办公室、会议室、洽谈室、展览厅、接待室和培训教室，开通了共享信息交流平台，通过打造内部公用的共享设施，进一步调高园区对企业的黏合度，同时也为园区在经营过程中的深度融合奠定了良好的基础。以此为龙头，推进"A9国际"共享型服务平台的硬件设施建设。

- 创新技术共享平台
- 金融服务平台
- 管理咨询支撑平台
- 产业融合创新平台
- 信息交流推广平台
- 文创人才招募培训平台

- 文化创意产品推广展示区（陇原特色手工作坊）
- 文化创意成果发布展览区（美术馆）
- 工业文明体验展示区（照相机博物馆）
- 创新创业孵化区
- 园区共享支持服务区
- 特色配套休闲商业区

推出七大功能平台，成功实现角色转型

创新技术共享平台	基础服务平台	金融服务平台
组建园区专家咨询顾问团，凝聚多个领域专家群体的集体智慧，为企业在发展关键时期出现的重大问题提供决策支持和科学合理的解决方案。	为园区企业提供场地设施租赁及配套物业服务、政务服务、中介服务、信息咨询服务、展览及会务专业服务等。	进行直接的股权投资，在企业和银行间充当"红娘"的角色，引进著名风险投资商。
产业融合创新平台	**文创人才招募培训平台**	**信息交流推广平台**
促进园区内文化企业之间的融合创新，建立园区内部产业联盟，促进园区内创意主体之间开展合作，深度融合，发挥"聚集-聚合-聚焦-聚变"效应。	为园区企业新进员工进行岗前培训和个性化团队拓展训练，举办各类专题讲座等特色活动。为园区及甘肃省文创企业招募和培育高端专业人才提供服务。	为有潜力的园区企业免费提供整合品牌推广服务，还特别建立网络自媒体，组织丰富的推广交流活动，为创意企业商务沟通搭建信息交流和交换平台。

管理咨询支撑平台	为园内的企业推出法律咨询管理咨询、财务管理的服务。

从企业服务商转型为园区产业发展共同体

七大功能平台的推行为兰州创意文化产业园建立"共生、共享、共赢"的产业发展共同体提供了有力支撑。

以往，园区作为企业服务商，主要以自身发展和提升园区效益为出发点，作为企业之外的助力者向园区企业提供各项支持和服务，与企业保持松散的合作关系，不参与企业发展的具体经营过程。

现在，打造园区产业发展共同体要求掌握优势资源整合能力的园区在企业发展过程中为其在项目研判、技术创新、产品创新、模式创新、管理咨询、金融支撑、公关推广、成本管理、人才引进培育等各个环节提供有效支撑，全过程、全方位关注企业发展，通过共享创新机制、金融股权投资、技术平台共用、基础设施共享等形式，与园区企业深度融合，最终实现园区的"共生、共享、共赢"。

（三）打造共享经济区块链，推动共享经济创新发展

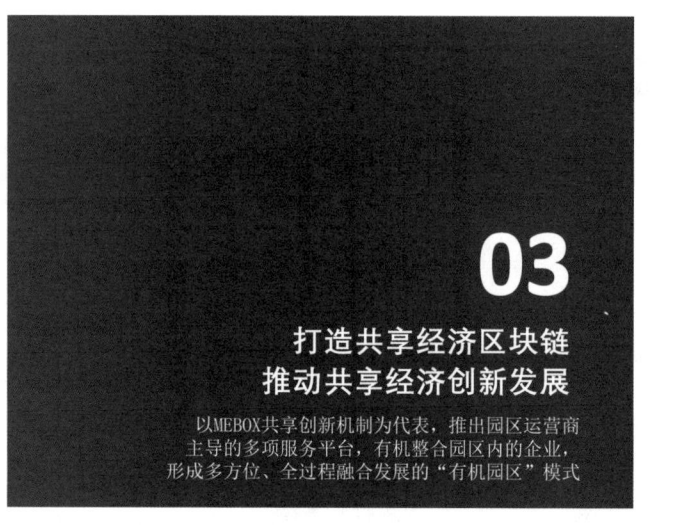

03 打造共享经济区块链 推动共享经济创新发展

以MEBOX共享创新机制为代表，推出园区运营商主导的多项服务平台，有机整合园区内的企业，形成多方位、全过程融合发展的"有机园区"模式

基于共享理念的运营模式

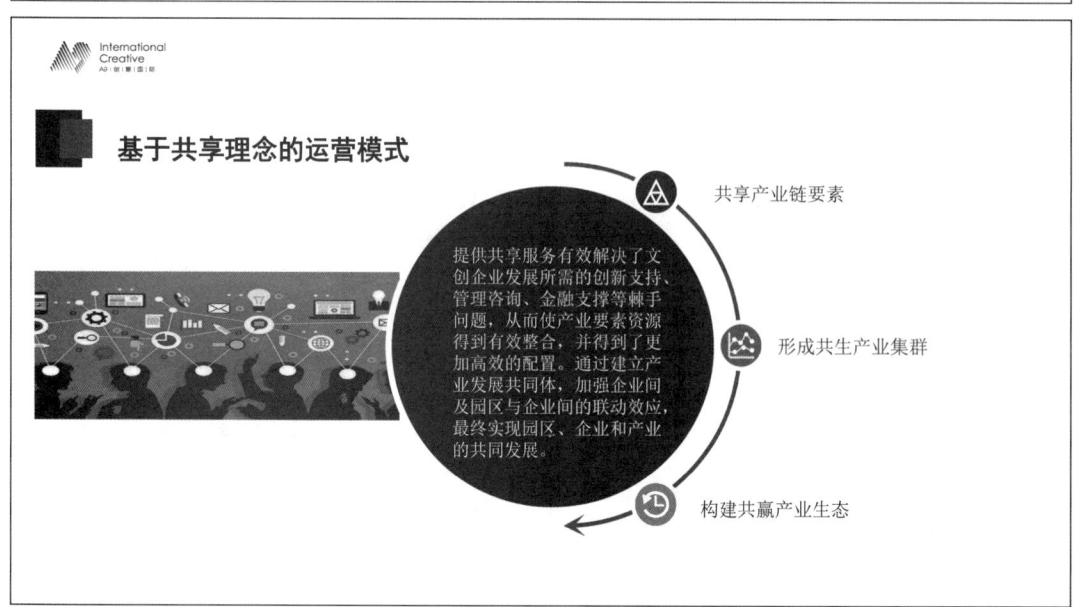

提供共享服务有效解决了文创企业发展所需的创新支持、管理咨询、金融支撑等棘手问题，从而使产业要素资源得到有效整合，并得到了更加高效的配置。通过建立产业发展共同体，加强企业间及园区与企业间的联动效应，最终实现园区、企业和产业的共同发展。

- 共享产业链要素
- 形成共生产业集群
- 构建共赢产业生态

基于共享平台的专业化服务模式

建设园区共享服务体系,通过打造共享服务平台转换服务模式,实行园区的无边界管理,整合提供综合的文化创意共享服务解决方案。

联络员　项目经理　专家顾问　商业服务机构

基于共享发展的组合盈利模式

园区采取多种方式创收,拓宽资金来源渠道。

- **服务性收入**
  服务性收入是指园区为企业提供服务取得的收入,如:为企业招聘和代理培训人才,为艺术家进行作品展览、拍卖、代理销售,通过投融资中介服务促成企业和银行"联姻"等。

- **产权投资**
  产权投资是指园区利用平台优势和信息优势,选择成长性好的企业,以现金、实物和品牌、使用权等无形资产入股投资,分享企业经营所得。

基于共享思维的结合化创新模式——实现多叠层次结合化的创新

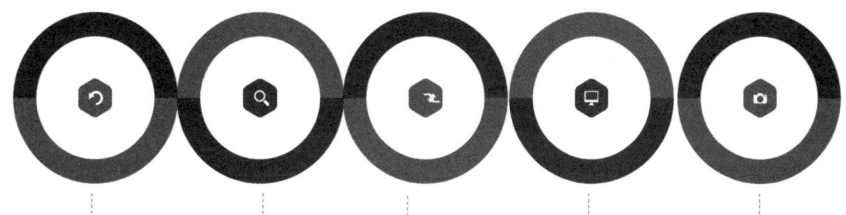

| 地面上的物理园区与云端园区建设结合 | 当地园区与远程园区建设结合 | 重资源导入与轻资产运营的结合 | 产业升级与培育培养孵化新产业、新企业紧密结合 | 一线地区产业资源与二、三线地区发展结合 |

三、案例研究：兰州创意文化产业园的创新实践①

文化创意产业园区作为文化产业发展、产业规模化以及细分领域发展的重要途径和载体，虽然在各地文化创意产业园区的管理和运营上具有很大的差别，但都在促进产业集聚、提升产业规模化效益，并且对国家和城市的文化事业、文化产业发展等方面起到了重要作用。

我国文化创意产业园区的建设从20世纪90年代起步，随着文化创意产业被公认为21世纪全球经济一体化时代的"朝阳产业""黄金产业"，各类文化创意产业园如雨后春笋般出现，甚至出现井喷态势。在新发展形势下，过去那种"圈一片土地、布几个产业、发展一批企业"的、缺乏园区内企业之间融合发展的"无机化"发展模式，已再无生存空间。近年来，由于受国内外经济增长放缓、市场需求变化、实体经济及产业发展低迷、新兴业态新经济模式蓬勃发展等多种因素影响，文创园区发展也普遍遇到了瓶颈。

由此，各地文化创意产业园区开始着力于内涵建设，从规模扩张向质量提升转型：着力提升园区公共服务，从房屋租赁、提供物业服务逐步发展到帮助企业孵化、提供金融服务、参与企业发展，实现能级提升。同时也在管理体制、市场机制、运营模式上深化改革、创新思维、扩大开放，力图实现从"简单无机组合"向"有机融合"的提升。

在新一轮的园区创新实践中，兰州创意文化产业园建立了以MEBOX共享创新机制为代表，由园区运营商主导多项服务平台有机整合，园区企业经营全方位、全过程融合发展的"有机园区"模式。从简单的企业服务商管理模式成功转型为集园区共享支撑、企业管理咨询、金融投资服务、产业融合创新、产品开发推广等功能于一体的、与园区企业有机融合的"文创产业发展共同体"模式。MEBOX的创新实践是提升发展动能、优化园区功能的一个有益尝试，也为其他园区创新发展提供了可资借鉴的经验和可供选择的发展模式。

（一）兰州创意文化产业园的发展历程

兰州创意文化产业园是甘肃省内唯一一个集聚创意产业、创新平台和创业孵化的综合性示范园区，园区秉承"文化是灵魂、创意是核心"的理念，创新运营模式，不断集成创意园区基础服务平台、创新技术共享平台、金融服务平台、管理咨询支撑平台、产业融合创新平台、信息交流推广平台、文创人才招募培训平台，汇聚优势，整合资

---

① 本部分由兰州创意文化产业园区顾问马志诚执笔。

源,推动形成未来西北最大的创意产业生态圈。

兰州创意文化产业园自2009年创建以来,汇集精英,积聚智慧,借文化产业发展机遇,建立起了甘肃省唯一的文化创意产业集聚区。经过十几年的积累,已初步形成以创意设计、文化演艺、影视制作为主导,以科技创新、创业孵化、创意产品开发、艺术品交易、艺术培训等为依托的产业体系。

2016年,园区在原有基础上进行增容扩区,对原有产业聚集区进行整体提升,打造了甘肃省首个创意产业孵化加速器和创意产业的全产业链共享发展平台——A9国际三创示范园区(以下简称A9国际)。A9国际不仅是新型的"文化创意、科技创新、智力创业"的"三创"集聚区,更是甘肃省唯一的文化创意产业聚集区的核心和新增长动能。

MEBOX作为A9国际的核心项目,更是A9国际在园区模式创新的先行者。从2016年开始投资运营到现在,已总结出了一套独具特色的经营理念和运营模式,即集共享支撑、企业管理咨询、金融投资服务、产业融合创新、产品开发推广等功能于一体的、与园区企业融合发展的文创产业发展共同体运营模式,并吸纳了一批优秀的文化创意企业入驻。

2010年,园区被评为"甘肃省文化产业示范园区";2012年,被文化部(现文化和旅游部)授予国家级文化产业示范基地;2013年,荣登"甘肃省民营文化企业30强"榜首,并入选甘肃省100家骨干文化企业名录;2014年,被工信部授予国家中小企业公共示范平台,并被列入文化部(现文化和旅游部)特色文化产业重点项目;2017年,文化部(现文化和旅游部)下发《关于公布第一批国家级文化产业示范园区创建资格名单的通知》(文产函〔2017〕1029号),确定兰州创意文化产业园拥有第一批国家级文化产业示范园区创建资格。

同时,园区在建立之初,就把与省内外高校合作作为园区发展的一个主要渠道,并将利用创意产业特色促进大学生就业作为园区的一项重要功能。园区先后与上海大学、中国美术学院、兰州大学、兰州理工大学、西北师范大学、兰州财经大学和甘肃省艺术学校等建立了良好的关系,在会展、文化旅游项目开发、文化演艺、文化创意产业园区建设方面进行了深入的合作,也为大学生实习就业建立了良好的渠道。

(二)兰州创意文化产业园创新实践的特点

1. 规划产业链条,布局功能区块

(1)明确定位,提高产业集聚度。

园区建立伊始,就明确并始终坚持自身定位,奉行"园区的产业化经营理念",重点发展以"创意"为核心的创意设计、动漫影视、文化演艺、艺术交流等文化业态,对入园企业的行业属性和发展质量严格把关,集聚了一批具有较高创意和科技含量的文化企业,呈现出规模化、集约化发展特征。为此,兰州创意文化产业园专门设立了甘肃省文化产业规划研究院,致力于研究文化创意产业领域现状和挖掘有较好成长潜质的小微创意企业;成立了入驻企业数据库,通过对企业规模、专注领域、发展方向和团队背景等数据的深入分析,判断企业的成长性以及是否符合园区定位,是否可以融入园区产业发展;通过有目的地选择入驻企业,实行产业内的资源配置整合,使园区内创意产业链更加合理和完备。对人才、金融、管理、推广等不同功能实行一体化整合,使产业发展的各功能区块之间更加"有机化",真正促进了企业间的紧密联系和高效沟通,起到了"1+1>2"的效果。

(2)突出共享,完善基础设施建设。

MEBOX设立了共享办公室、会议室、洽谈室、展览厅、接待室和培训教室,开通了共享信息交流平台,通过打造内部公用的共享设施,进一步提高园区对企业的黏合度,同时也为园区在经营过程中的深度融合奠定了良好的基础。以此为龙头,推进"A9国际"共享型服务平台的硬件设施建设,并集成了七大服务平台,下面一一进行介绍。

2. 推出七大功能平台,成功实现角色转型

(1)七大功能平台。

兰州创意文化产业园最有特色的就是它的"五部门"和"七平台"。五大部门分别为甘肃省文

产业规划研究院（项目开发研究）、创意企业服务部、基础服务行政部、创意人才培训部和创意金融投资部；七大功能平台包括基础服务平台、创新技术共享平台、金融服务平台、管理咨询支撑平台、产业融合创新平台、信息交流推广平台、文创人才招募培训平台。

基础服务平台由基础服务行政部负责运营，主要以MEBOX为依托，为园区企业提供共享办公、会议、洽谈、展览、接待、培训和共享信息交流等活动所需的、功能齐全的场地设施租赁及配套物业服务、政务服务、中介服务、信息咨询服务等。同时，提供文化创意产品推广展示区（陇原特色文创工坊）、文化创意成果发布展览区（美术馆）、工业文明体验展示区（照相机博物馆）、创新创业孵化区、园区共享支持服务区、配套服务区（艺术酒店等）、大学生创意集市、园区景观休闲、特色休闲商业区等基础设施的维护使用服务，并相应提供各类活动、展览及会务的专业服务。

创新技术共享平台由创意企业服务部负责运营，主要针对企业发展所特有的个性化高层次专业问题，以甘肃省文化产业规划研究院为载体，汇聚业内成功企业家、行业技术领军人才、权威机构专家组成企业的创新技术支撑团队，借助专家和成功人士的经验和视野，帮助企业增强对发展机遇的辨识能力、对企业发展方向的把控能力和对市场风险的抵御能力，提升企业项目开发和创业的成功率。以园区专家咨询顾问团凝聚多个领域专家群体的集体智慧，为企业发展关键时期出现的重大问题提供决策支持和科学合理的解决方案。

金融服务平台由创意金融投资部负责运营，投融资服务是兰州创意文化产业园七大功能平台中的重点之一。一是进行直接的股权投资。对成熟的优质企业做长期的股权投资，依托园区专业咨询团队，参与到企业发展的战略方向选择和企业经营的重大决策。二是在企业和银行间充当"红娘"的角色。如与政府产业投资公司、兰州银行等机构共同开发融资产品，每年给兰州创意文化产业园一定的授信额度，由园区做担保，经过对企业信用、口碑、客户评价以及团队背景等的调查，将处于初创期有潜力的企业推荐给银行。三是引进著名风险投资商，与园区内的创意企业形成对接，以满足企业长期发展所需资金。

管理咨询支撑平台由创意企业服务部负责运营，兰州创意文化产业园和第三方财务以及法律服务公司进行合作，专门为园区内的企业推出了法律咨询、管理咨询、财务管理服务。如聘请专门的律师事务所为中小型创意企业提供基础法律服务，定期提供讲座服务，解读最新的法律政策。与国内知名的企业管理咨询公司联系，特制管理课程，给需要学习管理经验和管理流程的创意企业提供准确和具有针对性的辅导。兰州创意文化产业园还为园区内的企业聘请了专业的财务咨询公司，为中小型企业提供财务管理规范化提升服务。

产业融合创新平台由创意企业服务部负责运营，致力于促进园区内文化企业之间的融合创新。园区坚持以原创设计为核心，相关产业链为聚合，着眼集聚和孵化功能，形成以研发设计创意、文化传媒设计创意、时尚消费创意等为发展重点的创意产业集聚载体。在此基础上，建立园区内部产业联盟，有针对性地成立产业融合创新攻关小组，积极促进园区内创意主体之间开展合作，深度融合，发挥园区企业"聚集—聚合—聚焦—聚变"效应。

信息交流推广平台由创意企业服务部负责运营，兰州创意文化产业园十分注重园区内企业产品的品牌市场效应。依托自身强大的媒体整合能力，为有潜力的园区企业免费提供整合品牌推广服务。园区还特别建立网络自媒体，组织了丰富的推广交流活动，为创意企业商务沟通搭建信息交流和交换平台。

文创人才招募培训平台由创意人才培训部负责运营，兰州创意文化产业园每年都会组织园区企业的专场招聘会，还免费为园区企业新进员工进行岗前培训和个性化团队拓展训练，并举办各类专题讲座以及各类园区运动会、白领派对等特色活动，推动人才服务。园区还专门成立文创人才专业招募培育团队，为园区及全省文创企业招募和培育高端专业人才提供服务。

（2）从企业服务商转型为园区产业发展共同体。

七大功能平台的推行，为兰州创意文化产业园建立"共生、共享、共赢"的产业发展共同体提供了有力支撑。以往，作为企业服务商，园区主要以自身发展和提升园区效益为出发点，作为企业之外的助力者向园区企业提供各项支持和服务，与企业保持松散的合作关系，园区不参与企业发展的具体经营过程。而打造园区产业发展共同体，要求园区作为掌握优势资源整合能力的运营方，为企业提供在发展过程中的项目研判、技术创新、产品创新、模式创新、管理咨询、金融支撑、公关推广、成本管理、人才引进培育等企业经营的各个环节的有效支撑，全过程、全方位关注企业发展，通过共享创新机制、金融股权投资、技术平台共用、基础设施共享等形式，与园区企业深度融合，最终实现园区的"共生、共享、共赢"。

同时，七大功能平台的推行也为园区探索收取租金之外的其他盈利方式提供了契机。如在投融资服务方面，给企业和银行"牵线搭桥"成功后，园区收取财务顾问费和担保费。在股权投资中，只要有一定比例的企业融资成功，园区就会获取丰厚的资金回报。目前，兰州创意文化产业园虽然仍以租金为利润的主要来源，但是其盈利模式已经从仅依赖于租金收入的单一盈利模式变为包括物业租赁、投资收益、服务性收入在内的组合盈利模式。

七大功能平台的有效运行，给兰州创意文化产业园园区内的企业发展提供了有效的支撑和保障，提升了企业客户满意度和黏合度，通过搭建共享服务平台，与园区内企业实现了共生共长共发展，使园区成功转型为企业发展全方位、多层次、嵌入式的功能共享集成的"有机园区"，有效促进了园区发展模式的创新提升。

（三）本案例对其他文化创意产业园区模式创新的启示

1. 基于共享理念的运营模式

文创产业园区以创意产业为核心。成熟的文创产业园区不仅是一个产业要素资源集聚平台，还应是一个产业发展资源共享平台和产业链要素高效配置的产业发展共同体。产业园区运营要立足于"共享"的经营理念，按照"共享产业链要素、形成共生产业集群、构建共赢产业生态"的思路，不断创新发展模式。

从兰州创意文化产业园的案例可以看出，产业园的运营不能脱离园区整体产业发展而实现自身发展，如何促进园区企业创新发展、企业及行业间融合，从而推动园区产业整体发展，就成了现代园区必须面对的重要问题。此外，文化创意产业的产业特征也决定了其产业发展赖以实现的基础是创新引领，同时文化企业大多是中小企业，在企业创建阶段由于资金、人才等要素限制，无法独立实现创新和自我发展。而产业园区提供的共享服务有效解决了文创企业发展所需的创新支持、管理咨询、金融支撑等棘手问题，从而使产业要素资源得到有效整合，并得到了更加高效的配置，通过建立产业发展共同体，加强企业间及园区与企业间的联动效应，最终实现园区、企业和产业的共同发展。

2. 基于共享平台的专业化服务模式

由于文化创意企业多为轻资产运营的小微企业，在初创期组织形式比较松散，规模化和集约化程度不高，而且企业的初创者多为艺术家，有创意、有技术，但缺少管理经验，急需企业发展中的技术攻关、项目运营、公关融资、管理咨询和财务法律等方面的配套服务。

文化创意产业园区利用专业化的优势，建设园区共享服务体系，通过打造共享服务平台转换服务模式，实行园区的无边界管理，整合提供综合的文化创意共享服务解决方案。

针对以上特点，园区基于共享服务理念，组建了专门的服务团队，通过"联络员+项目经理+专家顾问+商业机构"四级服务体系，为园区企业提供以联络员为主的基础性服务、以项目经理为主的增值性服务、以专家咨询顾问为主的指导性服务、以各类商业服务机构为主的专业性服务。与政府部门、金融机构合作为小微文化企业创业提供贷款贴息，协助落实有关产业引导优惠政策。与政府投资平台合作建立产业引导基金，搭建园区企业融资平台。

3. 基于共享发展的组合盈利模式

许多文创园区目前仍沿用"二房东"模式，通过提供物业租赁和简单的代办中介服务坐地收租。而以兰州创意文化产业园为代表的园区已经开始探索组合式盈利模式，在园区经营过程中采取多种方式创收，拓宽资金来源渠道，具体来说有产权投资和服务性收入。产权投资是指园区利用平台优势和信息优势选择成长性好的企业，以现金、实物和品牌、使用权等无形资产入股投资，分享企业经营所得（如兰州创意文化产业园采取的"股权投资"）。服务性收入是指园区为企业提供服务取得的收入，如为企业招聘、代理培训人才取得的收入，为艺术家进行作品展览、拍卖、代理销售取得的收入，为企业和银行"联姻"提供的投融资中介服务取得的收入等（如兰州创意文化产业园担保企业申请贷款后，收取贷款额一定比例的费用作为财务顾问费和担保费用）。

组合化盈利模式提升了园区资金运营的抗风险能力，在园区发展的不同阶段，可以动态调整各种资金来源渠道在总利润中所占据的比例，如初创阶段以租金收入为主，在发展期可以拓宽投资和服务收入渠道，在成熟期则可以引进餐饮娱乐等商业设施，获取衍生利润，形成动态的组合化盈利模式。

4. 基于共享思维的结合化创新模式——实现多叠层次结合化的创新

在交通设施快速改善、信息技术发展迅猛、互联网资讯发展迅速的形势下，产业园区发展必须实现多层次结合化的创新：第一，要实现地面上的物理园区与云端园区建设相结合；第二，要实现当地园区与远程园区建设相结合，采用"异地研发、远程孵化，远程资源、本地配置，建设平台、全国要素"的创新手段，实现区内与区外的全面结合；第三，要实现重资源导入与轻资产运营相结合，产业园区运营不仅要注重土地开发、基础设施建设等重资产、重资源的建设导入，更应该注重包括专业技术服务、金融服务、战略咨询服务、产业生态建设等方面的软资产、软资源运营；第四，要把促进原有产业升级与培育培养孵化新产业、新企业紧密结合起来；第五，要实现一线地区产业资源与二三线发展相结合，产业园区发展应从一线发达地区"圈、抢、引"多种产业资源，向二线、三线地区转移、流动。

5. 基于共享合作的品牌化管理模式——实现园区的企业价值，树立良好社会形象

品牌化管理是指园区运营商在规划设计和经营园区的同时，提炼、浓缩形成园区独有的文化，并在提供专业服务、统一宣传推广、履行企业责任过程中不断加强对品牌的塑造和宣传，扩大品牌在文化创意产业领域乃至整个城市建设中的影响力和吸引力，成为业内外公认的专业文化创意产业运营商品牌。

兰州创意文化产业园注重打造和管理自身品牌。首先，园区由老旧工业厂房改造而成，紧密结合园区文化创意产业的发展定位，对原有建筑进行巧妙的利用和改造，在保留原有建筑的时代感和沧桑感的基础上，塑造了富有文化创意特色的创意景观，提升园区文化品位；其次，以"共生、共享、共赢"为企业核心价值观，通过多种渠道解决企业发展中遇到的困难和问题，以此实现园区的企业价值，树立良好社会形象；最后，开展丰富多彩的活动，将服务延伸到园区外企业，推广企业品牌的知晓度。现如今，兰州创意文化产业园已经成功推广自身品牌，受到西北地区文化创意企业的青睐。

四、延伸阅读：在"一带一路"架构下建构文化发展新机制新优势[①]

如今全球化格局不断发展演变，旧的格局正在被逐渐打破，特别是中国的崛起与亚太整体竞争能

力的提升正在成为全球化发展中的重要一极,并会不断成长为全球化最富活力的中心。从宏观层面看,面对全球财富霸权与世界货币发行权的争夺,我们取胜的最大资源基础既不是人力资源,也不是物理资源,而是我们丰富与独特的文化资源。文化资源系统化、资产化、金融化、证券化是中华民族赖以生存的关键性资源,也是中华民族面向未来,屹立于世界民族之林的宝贵的物质与精神财富。

面对复苏乏力的全球经济形势、纷繁复杂的国际和地区政治局面,"一带一路"是世界各国共有的历史文化遗产与财富资源。我们强调,从五个维度建构中国提出的"和谐世界"观念:政治多极、经济平衡、文化多样、安全互信及环境永续。其中,如何发挥面向独特文化资源转化过程中的文化与金融的建制力量与能力,形成新的机制,打造新的优势,是极其重要的课题。

（一）新经济需要新的建构力量以打造文化发展新机制新优势

在全球化的话题中,"一带一路"是极为重要的,文化及其产业的发展问题越来越受到关注。对文化这一话题的关注与重视,一方面是基于在全球化发展的进程中,人们对文化价值及其重要性的再认识、再发展。也就是说,文化资源作为全球资源的重要组成部分,是一个区域、一个民族赖以生存的重要精神与物质财富,是重要、独特、丰厚的民族财富。另一方面,全球化进程对文化产业发展而言既是机遇,更是挑战,这已成为一个不争的事实,随着人们生存空间概念边界的弱化、全球产业链的兴起、文化趋同性的快速发展等,人们意识到,面对新的发展框架与资源,发展新经济,最需要的是社会建构的力量,而不仅仅是资源、项目与资本,要把它们结合起来,共同打造新机制新优势。具体体现在以下时代需求与发展目标上:

1. 时代需求

（1）中国不断发展崛起的时代需要。拓展国际活动空间,积极参与世界秩序的建构与治理,是国际合作以及全球治理新模式的积极探索,将为世界和平发展增添新的正能量。

（2）解决重大挑战的需要。"一带一路"倡议是在中国面对更加复杂的重大挑战,在全球化背景下应对挑战的发展框架。当下中国发展遇到的重大挑战主要来自三个方面:国内问题、国际化问题,以及有可能国际化的国内问题。

（3）新常态条件下发展的需要。"一带一路"是中国经济在新常态下发展的内在需求,为中国经济发展转型带来了新的发展机遇与空间。关键是认知与关注发展背景的主线条:新常态、新经济、国际化、"互联网+",以及产业融合创新。

（4）新经济化转型的需求。中国非均衡性开放经济模式主要有六个方面的表现:物理资源过度开发与文化资源过剩、GDP（国内生产总值）与GNP（国民生产总值）日益背离、中国企业国际化相对滞后、加工贸易无法转型升级、外汇储备难以转化,以及产能过剩。在这种条件下,急需发展基于独特资源的新经济。

2. 目标蓝图

（1）互联互通格局的形成,急需打造文化发展新机制新优势。

（2）基于全球价值链基础上的产业链的互补与对接。

（3）催生新经济的发展。新经济发展过程中,新资源是关键,"平台经济"是基础,"共享经济"是核心,"小微经济""小微金融"生态是土壤、是基础。

（4）打造文化发展新机制新优势,构建命运共同体。

（二）发挥文化与金融建制机制的作用以建构新的机制

以上发展需求与目标的实现需要新的机制力量的推进,最为关键的是文化与金融建制机制的作用。

---

① 根据西沐2016年3月17日在上海举办的"中国文化金融高峰论坛"上的主旨发言稿整理,发表于中国经济网,2017年6月29日。

1. 文化智慧

文化智慧是一种建构性力量，中国的传统文化是一种深厚的建构性资源，应当在自身现代化转型的同时，对世界的现代化走向起到积极的引领作用。

文化智慧最终的体现是：文化及其资源要通过市场机制、产业链机制、互联网机制，沿着产业链整合出去、卖出去、被"请"出去，融合成对方文化及其资源的组成部分：一是价值上的多元共存，二是情感上的融会和谐，三是资源上的融合发现，四是产业上的协同发展，五是利益上的共生共享，六是安全上的共同命运。

2. 资本力量

资本是一种社会机制的建构力量。一是推进优势资源的聚合与配置。二是推进资源的资产化、金融化、证券化（大众化）发展进程。三是聚合优势要素参与国际化分工，参与全球价值链整合，提升我们参与产业价值链建构的主动性及在全球配置资源发展的意识与能力。四是通过对产业化的政策提升，来进一步推动产业全球化能力的提升。

3. 协同机制

一是认同机制。文化认同是一种最高级的认同形式。二是联通机制，以政策沟通、设施联通、贸易畅通、资金融通、民心相通为主要内容。最基础的就是文化认同。如果达不成应有的文化认同，眼前的"通"，可能就是长远的"痛"。三是共识机制。加强双边合作，强化多边合作机制，积极构建多层次政府间宏观政策沟通交流机制，深化利益融合，促进政治互信，达成合作新共识。沿线各国可以就经济发展宏观设计和对策进行充分交流对接，共同制定推进区域合作的规划和措施，协商解决合作中的问题，形成共识。四是资源资产化平台机制。五是要素与资本市场机制。六是基于全球价值链的产业机制。七是融合共享机制，打造政治互信、经济融合、文化包容的利益共同体、责任共同体，最终达成命运共同体。

（三）明确建构打造文化发展新机制新优势的一个框架

明确框架，就是要建构与探索发展的基本架构。这个基本的架构可以概括如下：

一个核心：围绕"发掘与创造文化最终消费"这一核心，打造文化新机制新优势。

一条主线：即文化资源资产化、金融化、证券化（大众化）。围绕这一主线，打造文化新机制新优势。

三条发展路径：一是沿着文化与科技融合、文化与金融融合的顶层架构取向与路径进行建构；二是在文化要素及资本市场之上的基于全球价值链的产业链建构；三是建构不同区域的文化资源资产化、金融化的综合服务平台。

一个基本融合：文化资源的共生融合，建构命运共同体。事实证明，在文化生态复杂的区域，如果没有文化共生共享建构命运共同体，就不可能实现经济上的共赢。

（四）建构打造文化发展新机制新优势九大要点

1. 顶层设计思想需更注重长远利益

重视"一带一路"倡议格局中的技术、方法与具体的项目，顶层设计思想需更注重长远利益。从"一带一路"倡议的提出到认识的深化，可以说是一个研究、探索与实践提升的过程。"一带一路"是中国面向新世纪、新时期核心的国际化发展的国家规划与策略，应有明确的顶层设计思想、长期的顶层规划与系统的政策对策，不应只顾解决眼前问题，为化解眼前难题而放弃规划长远利益。也就是说，不要仅仅在"技"的层面上过度聪明，而忽略在"道"的层面上长袖善舞，即用项目来覆盖应有的顶层设计思想的缺失与取向。不要为了拿到眼前的利益，在顶层设计层面上"重技忘道"，从而失去信任与长远利益。

2. 重视文化及其产业在其中的历史与融合的基础作用

强调"一带一路"格局中的地缘政治与经济

合作的博弈问题，应重视文化及其产业在其中的历史与融合的基础作用。大家都看到了"一带一路"倡议是中国不断尝试通过双边、多边等机制共同寻找依存、共赢发展的路子，可以说是中国在新的世界格局中"走出去"的关键。与美国"先军事合作再经济合作"的方式不同，中国走的是"先文化、再经济、再安全"的基本路径。在这里，文化及其产业的资源发展基础与缓冲作用不可忽视。目前，我们看到达成双边或多边机制的合作国家，特别是我们的周边国家，在合作过程中往往会不断反复，这种反复除了争取更大利益之外，对顶层设计的指向与意图的不同理解与不认同也是一个重要原因。

3. "一带一路"不仅仅是空间的概念，更是文化影响力的概念

"一带一路"不仅仅是一个空间的概念，更是一个建立在历史文化概念影响基础之上的"文化影响力"的概念。大家都知道，"一带一路"是指"丝绸之路经济带"和"21世纪海上丝绸之路"，它贯穿的空间包括欧亚大陆，东边连接经济繁荣并具活力的亚太经济圈，西边连接经济发达的欧洲经济圈，在这两大经济圈之间，涉及中亚、南亚等数十个国家的广泛地域，而在这些广泛的区域中，政治势力与政治格局复杂，美国的影响力大，不少区域可以说是根基深厚，在这种广度多维的区域空间内，如果我们一味地强调政治、经济手段，则易形成硬碰撞。所以，如何淡化"一带一路"的空间概念，通过文化及其产业先行，通过文化影响力概念来淡化地缘政治效应，逐步形成共识与相互信任，则更易通过"一带一路"为我国架构全方位的对外开放格局。同时，这也有利于发挥传统文化及其资源的巨大优势。

4. 在互联互通与经济合作的同时，更需要文化价值认同感

在"一带一路"的倡议架构中，不能过分强调互联互通过程中的经济合作关系，忽视文化思想认同感。特别是不能只强调基础设施的合作建设（如将铁路、公路、港口、能源、通信等项目的合作作为地域经济重大产业发展的突破口与抓手），而忽视了"一带一路"互联互通过程中文化智慧、文化资源的价值发现，以及文化平台的合作机制建设。事实上，通过双边或多边文化交流与合作机制，在文化共识形成的基础上，不断建构共同参与、共同建设、共享利益、共识推动的文化融合发展平台，不仅可以整合丰富的文化资源，形成文化传承与保护发展的长效机制与产业优势，共筑民意基础，还能在文化及其利益的共享中进一步提升对"一带一路"的文化认同感。

5. 文化及其产业的发展规划不能滞后

在"一带一路"倡议的规划与实施的过程中，文化及其产业的规划后置问题比较突出。任何一个发展规划都必须有相应的突破口与抓手，充分发挥我们的资本优势与基础设施建设优势毫无疑问是正确的，但后置文化及其产业发展的规划部署的趋势应值得警惕。大家都知道，在国际交易与贸易的过程中，文化具有其他产业无法替代的先天优势。要实现"一带一路"的多元互联互通，文化的积极介入势不可挡。以项目为抓手，以资本为纽带，以平台建设为根本，充分发挥文化及其产业的先行优势，有利于形成平等与尊重的气氛，推动"一带一路"倡议的实施由"独唱"到"合唱"。

6. 重视不同文化资源资产化、金融化这一发展主线与核心的作用

在"一带一路"格局中，资本推动文化及其产业的发展过分地重视资本市场作用这一主线，而忽视了不同文化资源的资产化、金融化这一发展主线与核心的作用。强势的资本力量与手段易给双边或多边合作机制的国家与地区造成文化受到侵害的印象，从而可能使其担心文化安全与文化利益问题，破坏或阻碍业已形成的共识，出现合作中的反复。所以，只有树立"文化资源是各民族、各地区与国家的重大资源与独特的财富"的理念，推动其文化资源的资产化、财富化，真正做到文化共生发展，在文化利益整合过程中建构文化利益共同体，才能

真正实现核心利益的最大化。

7. 突破单一向度的功能性发展思路，追求经济上共赢、文化上共生，建构命运共同体

"一带一路"的框架不是单一向度的功能性倡议，而是一个系统的、超级的全球综合性倡议，这一倡议的落实不是追求经济或文化利益的最大化，而是追求经济上共赢、文化上共生，建构命运共同体，追求的是核心利益的最大化。可以说，没有文化共生，建构命运共同体，就不可能实现经济上的共赢。所以，从目前来看，一是我们对文化及其产业在"一带一路"中的地位认识不足；二是过分强调大资金、大资本、大机构的金融效能，而忽视了民间的、文化及其产业发展的金融需求与状态，对小微文化金融的功能及作用机制认识不清，布局不够。

8. 强调国际社会的"大合唱"，重视国内布局的"一盘棋"

在"一带一路"倡议推进过程中，应该强调国际社会的"大合唱"，重视国内布局的"一盘棋"。最主要的就是在顶层设计研究与规划的制定过程中，注意克服现有利益格局的牵制与影响，突破架构研究、规划布局与政策制定的既有圈子，真正把文化产业—文化金融—小微文化金融这一主线凸显出来，重视起来，落实下去。其中，最为关键的就是要在宏观架构、规划、政策的制定过程中，让更多、更具代表性的不同利益方参与进来，而不是关起门来让几个学者或是秘书做文章。

9. 构建有效传播机制，树立消费本身就是文化体验及交流与传播的理念

转变"文化交流就是政府主导的宣传、展示与活动"的观念，树立利用市场机制进行文化交流、传播的机制，树立"消费本身就是文化体验、交流与传播的过程"的理念，积极探索在"市场+互联网"融合机制与资本市场机制这一平台上建构文化交流、形成文化共识的新经验、新做法与新的传播机制的建构，充分发挥市场机制在推动文化交流过程中的创造性，以及面对不同文化发展需求，在多元化、多样态、持续性发展过程中的作用。

（五）明确建构打造文化新机制新优势六大基本格局

1. 基本格局之一：资源整合与发展共识

在资源整合层面，我们主要提倡三个方面的推进：一是利用平台化机制形成对文化资源的整合聚集；二是在平台化机制过程中实现文化资源价值的发现与整合；三是面向多元化的资源进行充分发掘、发现，并使之资产化、金融化，能够有效地流动和充满创造性与活力，从而使文化资源不断增值。

在发展共识方面，重点关注以下方面：一是文化及其资源是"一带一路"倡议的重要组成部分，并且是一个在规划布局中需要前置的"重中之重"；二是文化及其资源是"一带一路"倡议格局中的重要突破口与抓手，其长远意义不低于基础设施在互联互通中的重要地位与作用；三是文化及其资源拓展了"一带一路"的内涵与视角，是"一带一路"倡议的重要基础。

2. 基本格局之二：产业机制与平台化机制

发挥资源在文化及其产业发展过程中的先发优势，在"一带一路"的框架下，在全球层面整合配置产业资源，按照产业分工与整合的内在规律，合理布置产业布局与产业链布局，不断在高端、核心产业链整合中占有主动权，是有效利用核心产业链整合策略，整合产业资源，拉长产业链，做大产业规模的关键。

平台化的机制主要包括五个方面：一是文化交流的平台化机制；二是文化资源流动，包括文化资源资产化、金融化发展的平台化机制；三是各种重大核心力量聚合的平台化机制，包括政府的支持，企业、社会及民间力量的积极参与，产业市场支撑体系的参与支持等；四是基于不同文化背景及利益诉求而形成的双边、多边或者是区域化的平台发展机制；五是新科技融合平台化机制。发挥平台化机制的效能，在整合金融体系资源与文化产业支持体系资源的基础上，聚合国际、国内资本实力与能力，通过价值发现、创新服务来满足"一带一路"

架构下文化金融发展的时代需求。在这个过程中，需特别重视科技融合，特别是互联网、通信及信息处理与管理技术融合，以及大数据、云服务、终端技术进步对平台化所提供的更多可能与保障。

3. 基本格局之三：大金融机制与小微金融机制

在"一带一路"架构下，有两个视角最值得关注：一是其顶层框架的金融支撑，二是文化资源特质的金融保障。

顶层框架的金融支撑需要"大金融"，需要亚洲基础设施投资银行、金砖国家开发银行、中国—东盟银行联合体、上合组织银行联合体、丝路基金等机构以银团贷款、银行授信等方式开展多边金融合作。

文化资源特质的金融保障，需要"小微金融"。一是由于我国文化资源量大、点多、个性取向明显；二是在文化资源生存的状态与消费趋势中，最为核心的是多元化、多极化、多样态的生态化生存及消费结构的不断快速转型，使文化消费出现了多样化、多元化与个性化的需求取向，这是其鲜活性与创造能力的根本，而这种资源的生存与消费状态需要更贴合其需求的小微文化金融服务；三是在资产、金融资本层面，更容易与世界文化及其产业体系进行对接。文化资源多样态、多元化、离散化的特性决定了文化金融是一种基于文化资源多样化、个性化的需求而实施的一种差异化的金融服务，也就是说，海量的、离散化的文化资源生存状态需要更具差异化的小微文化金融服务。

4. 基本格局之四：资本市场与金融服务创新

资本市场是"一带一路"架构中最具活力与动力的推动力量。在政策层面：一是充分发挥丝绸之路基金及亚投行机制对文化产业发展的关注与投资，二是可以设立专门的文化产业发展基金，三是重点发展"一带一路"格局下不同层面的产业投资基金与股权投资基金。

在金融服务创新拓展层面：一是沿着文化资源资产化、金融化这一主线，积极推动金融体系参与的广度、深度与力度；二是积极推动文化金融以证券市场的发展为抓手，大力发展股权、债权与资产重组市场，推进文化企业上市（包括新三板），发展潜力巨大的股权投资市场及最具活力的并购市场，重点是进一步发挥产业投资基金与股权投资基金；三是围绕以证券业态为基础，发展银行（政策、商业、开发金融）、投资基金、PPP（政府和社会资本合作）模式及互联网金融业态的创新，从而进一步完善与壮大文化金融赖以发展的资本市场基础。

5. 基本格局之五："互联网+"与顶层设计前置效应

在充分发挥互联网机制效应的情况下，重点推进"互联网+市场"机制融合的发展，并建构相应的机制平台，在互联网经济快速发展的推动下，进一步拓展基于新机制平台的文化金融的规模，催生新的小微金融业态，推动相关的金融资源在"一带一路"框架下的优化配置，高效率地推进文化资源向产品、产业的整合发展。充分发挥互联网机制对资源的渗透、整合优势，以及对产业、产品的跨界融合能力。

文化发展与价值认同前置，一方面可以建立共识，清除认识误解，减少摩擦或冲突；另一方面，文化产业作为一个新兴业态，也可以丰富与壮大"一带一路"的内涵与规模。文化价值认同效应主要包括以下几个大的方面：一是基于共识的文化认同；二是基于广泛合作交流的国际形象的树立及国际影响的产生；三是基于文化竞争力的话语权与影响力；四是通过共建共享机制，彰显尊重历史文明，增强积极应对全球化挑战的文化自信与勇气。

6. 基本格局之六：发展机遇与时代背景

"一带一路"格局下，围绕文化资源资产化、金融化、证券化主线，文化金融在新一轮的全球文化产业链的重塑与再造呈现出五大机遇：第一，利用互联互通的基础，通过建设统一的市场（包括商品的、资本的及要素的市场），进一步挖掘消费需求，释放需求能力，推进文化及其产业的生发与创新的能力。第二，以专业创意与设计国际化为契机，发力产业链的重构抓住新的文化金融及其产业业态与文化产业内在结构调整的机会。第三，以全球化创意与设计服务市场在"平台化+互联网"架构的融合过程中抓住文化金融及其产业发展与服务的新模式与新机遇。第四，以"一带一路"框架下文化金融在创意、设计、生产、产品、品牌及消费等热点不断多元化、区域化的过程中，社会与产业分工更为精细、专业，在"一带一路"架构中，配置资源的基础与能力正在形成，正在围绕授权、创设、生产、流通等环节形成不同的、独立的新业态，这为我们提供了更多的产业发展机会。第五，以新的技术与传媒为基础的全球产业融合，特别是产业的文化化、艺术化的趋势，给现有的产业（特别是传统产业或传统制造业）带来融合、转型与新业态再造的机会。

第二十八章　泰丰书画产业对接资本市场运营案例研究

> 泰丰文化最大的突破是将传统的书画艺术品的销售与新科技相融合,基于艺术品综合平台的建构,把线上线下的场景进一步打通,取得可观的市场营销规模与收益,并在此基础上不断探索艺术品市场运营与资本市场运营的对接,并在对接过程中规范管理、提升平台能力,从而进一步拓展竞争能力,实现市场目标。

一、案例简介:泰丰书画产业资本市场运营

书画产业资本市场的发展是书画产业发展过程中的重要阶段。运营得最为规范的资本市场,可以说非证券市场莫属。在中国艺术品市场中,书画市场占有非常重要的地位,积极推进中国艺术品及其资源资产化的发展,要大力发展艺术品资本市场,抓住机遇,尽快建构并设立我国文化新三板市场。特别是在近期,要抓住快速发展艺术品资本市场、要素市场这一战略契机,大力发展证券市场、股权市场、债权市场及互联网艺术品金融市场。建设文化新三板市场是我国文化金融及其产业发展的需要,是由中国文化产业发展的特征源于文化资源特性的特殊性决定的。从目前的大趋势看,"十三五"规划的实施会进一步快速推动各行各业的创新,下一步,股权投资市场将成为推动经济快速发展的加速器,成为艺术品资本市场的一个重要热点。积极推动中国艺术品资本市场,就是要不断推进不同的艺术品经营企业进入不同的公开资本市场进行直接融资。在具体的案例研究分析过程中,应特别注意以下几个重要问题:

(1) 泰丰文化模式发展的基本背景与意义。
(2) 泰丰文化模式的基本机理与意义。
(3) 泰丰文化模式的基本运营与体系分析。
(4) 泰丰文化模式的基本前景与问题探讨。

二、案例描述:泰丰文化运营概述

泰丰文化自创业起深耕江浙沪市场，泰丰企业运营成果与创始人经营管理成绩优异，经年累月，收获多项荣誉成就。近年来，更因艺术科技领域的各项创新成绩及企业诚信作为，屡获各界肯定。

企业资质

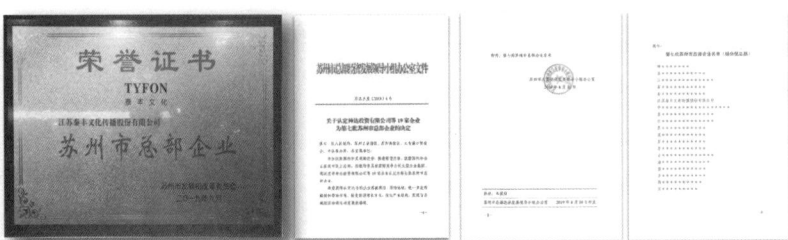

2019年8月，泰丰文化通过苏州市人民政府总部经济办公室的审查评估，成为苏州市总部企业的一员和苏州市总部经济政策的主力企业之一。

企业荣誉

2019年7月，泰丰文化通过企业大数据信用服务平台"水滴信用"的多项企业信用测试评估，在全国近3000家企业中脱颖而出，获得"2019行业优秀企业奖"的荣誉。

泰丰文化大力发展艺术科创，与同济大学区块链研究院合作研发了具备区块链记录架构、大数据评分及用户裂变应用的电子商务交易平台——泰丰艺术商城。2019年7月，泰丰文化被苏州市发展改革委授予"苏州市人工智能和大数据应用示范企业"称号。

战略合作

国务院已将全民健身上升为国家战略。2018年,泰丰文化秉持社会责任与对市民生活品质提升的支持,成立了泰丰陆战队足球队,成为国内首个成立球队的艺术公司。2019年,公司通过关联公司苏州咏丰咨询管理有限公司与具有国资背景的苏州润元经济发展有限公司合资成立苏州禾泰文体发展有限公司,全面启动文体事业,产业化推进"发现艺文城市,体验健康生活"的社会目标。

商业生态系统

泰丰文化以艺术经济培育体系、区块链溯源认证体系、产业路由器为核心构建商业生态系统,通过平台打通全产业价值链,连接行业内优秀企业,各参与方可实现客户、信息、渠道等资源共享,实现开放合作、持续发展的赋能型产业共同体。

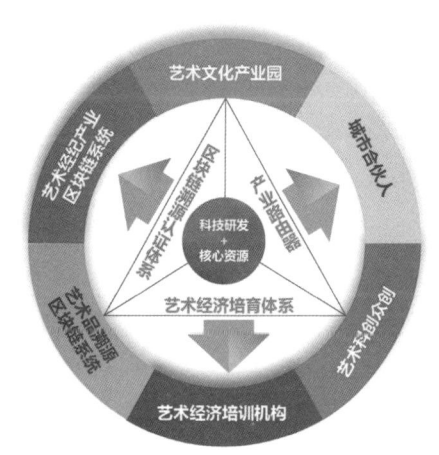

专家队伍

朱法鹏先生
泰丰文化团首席艺术顾问,
胡润艺术榜"中国五十强"画家

朱法鹏,中国美术家协会会员,国家一级美术师,厦门张雄书画院艺术顾问,国际现代水墨画联盟副会长。2010-2011年雅昌当代国画价格指数名家百强之一,2016年胡润艺术榜排名第46位。其作品分别在多家拍卖行拍卖,部分作品被保利、荣宝、瀚海春秋等多次拍出佳绩。

2016胡润艺术榜榜单

排名	艺术家	总成交额(万元人民币)	总成交量(件)	年龄	类别
1	崔如琢	78630	126	72	中国书画
2	曾梵志	11181	23	52	油画
3	何家英	9908	89	59	中国书画
43	周韶华	2447	84	87	中国书画
44	贾又福	2394	83	74	中国书画
45	徐累	2341	15	53	中国书画
46	朱法鹏	2255	7	58	中国书画
47	韩美	2254	95	60	中国书画
48	李勐超	2211	64	58	中国书画

专家队伍

泰丰文化已签约超过200位中国美术家协会成员和国家一级美术师,并持续开拓更具潜力的美术家及作品。

李耀林
中国美术家协会理事,中国美术家协会综合绘画艺术委员会副主任,北京美术家协会副主席,北京美术家协会中国画艺术委员会秘书长。

张文华
中国美术家协会理事,中国文联高级职称评委,北京美术家协会理事,中直机关美协艺术顾问。

宋 鸣
中国美术家协会理事,宁夏美术家协会主席,国家一级美术师,宁夏政协委员,宁夏文联委员,宁夏青年联合会副主席,中国书法家协会会员。

包洪波
中国美术家协会会员,国家一级美术师,中直机关美协艺术顾问、副主席,民革中央画院培训部部长,世界非物质文化遗产艺术百年组委会执行主席,临沂市美术家协会副主席。

合作伙伴

泰丰文化集团的高品质画作拥有严谨的溯源体系,获得了中国农业银行、中国建设银行、苏州银行、中信银行等银行认可,并合作开展艺术品收藏。作为国内艺术品收藏投资领域领先机构,泰丰文化每年可推动4000多笔交易,并通过艺术收藏与投资交流实现收藏财富的增值。

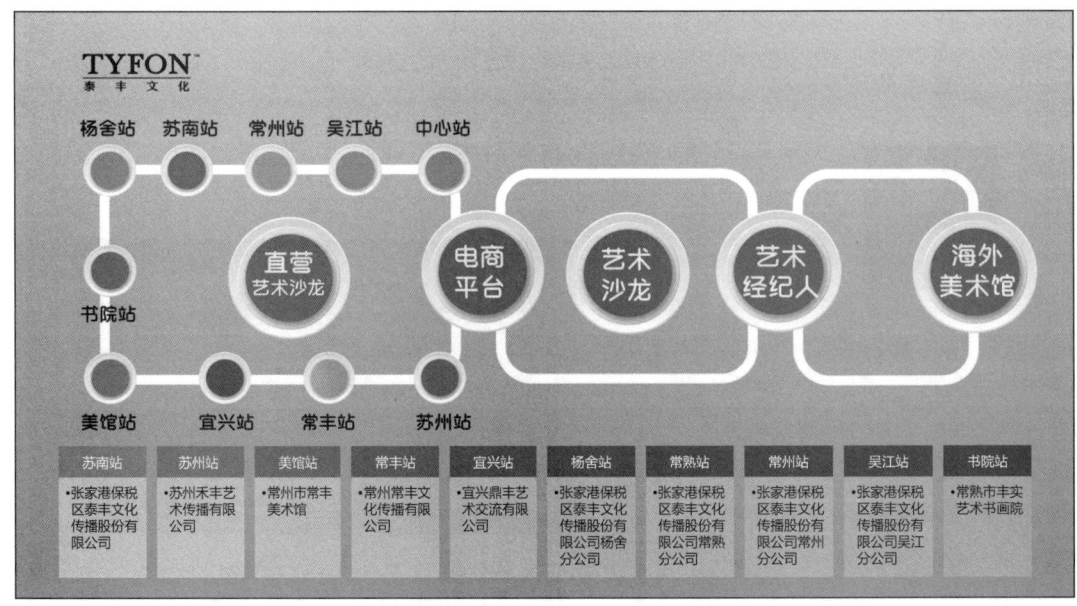

按需求选画，随心随形

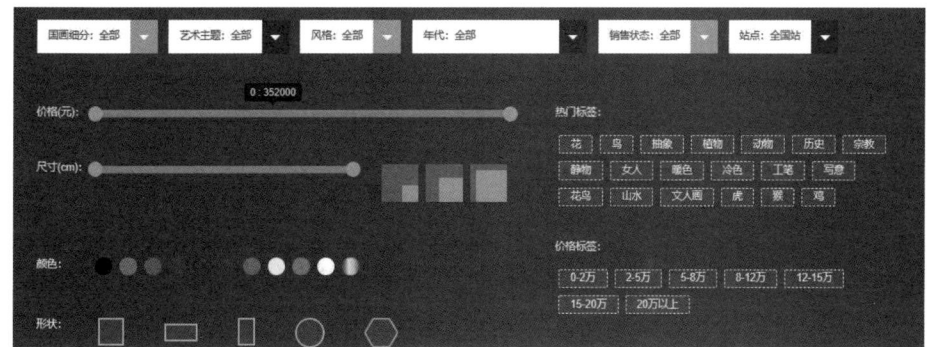

用户可根据需求，自行选择条件来购买画作

艺术品智能赏析

点击"听赏析"即可通过人工智能模拟的人声听画评

多场景互联网购画体验

通过模拟现实实现场景选画（即置画到场景，如客厅）

国内首发永久持续记录的艺术证书形式

服务全球当代艺术的区块链艺术证书

ARTkey艺信术用区块链生圈链战略

ARTkey艺信术用与泰丰文化合作，积极推动行业国家标准化工程，打造艺术区块链生态圈。

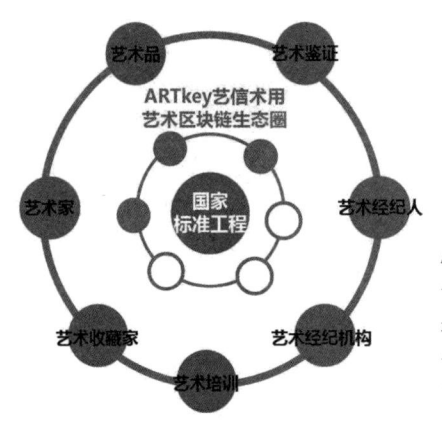

ARTkey艺信术用在各艺术专业领域研发导入艺术区块链技术，对行业多轨认证及多轨标准的现状进行了整合。

泰丰文化与同济大学区块链研究院、中国检验检疫学会合作，共同推出了符合国家书画采集标准的艺术区块链项目。泰丰文化的艺术品均具备国家鉴证备案资格。

作品历史交易数据库 | 画家本人验真程序 | 法定艺术验真程序 | 去中心化记录

国际区块链规格 | 著作权证书 | 防伪学会证书 | 国家鉴证备案

第五编 创新运营案例
第二十八章 泰丰书画产业对接资本市场运营案例研究

ARTkey艺信术用区块链证书优势

艺术家保障：持续记录艺术家经历及专业协会资格，对艺术家身份进行长期鉴证。

艺术品保真：通过数字化手段，开发严谨溯源评鉴系统，更具保障。

科学化保值：利用区块链去中心化技术，开放记录作品交易记录，作品保值增值过程更具公信力。

国际化流通：参照国际主流艺术区块链认证制度为作品赋能，使其具有全球化流通的基础。

泰丰文化业务及合作模块

- 展览及艺术经纪
- 城市艺术沙龙
- 艺术电商
- 艺术课程
- 艺术商店
- 行业解决方案
- 文创项目

Exhibition 展览及艺术经纪

展销培训 · 互联网裂变 · 专业展览支持

泰丰文化每年都在各大城市定期举办不同等级及规模的艺术展览，由持有国家艺术经纪人证的城市艺术经纪人进行展览现场的导览及交易服务。对于每场展览，泰丰文化均会根据大数据为其配置收藏指数最佳的作品作为地区推荐。

Salon 城市艺术沙龙

文创政策辅导 | 电商地区分流 | 投资收藏课程 | 收藏投资市场

城市艺术沙龙定位于艺术收藏投资服务，是由泰丰文化所属的艺术投资顾问及艺术专家共同主持的艺术品投资聚会，分享关于艺术品的分析及收藏、投资观念，为收藏家规划短、中、长线的收藏策略，也是藏家间的交流机会。

Store 艺邑YIYI house 艺术商店

新形态商店 | 商场优惠入驻 | 艺术IP文创品 | 收藏投资市场

艺邑YIYI house——品味"你的美好日子"。这是泰丰文化开辟的"城市中的生活艺术商店"，将文化艺术之美导入生活日常。艺邑组建了专业的商品团队，通过与艺术家的访谈，共同建立完整的商品线，邀请国内外顶级设计师进行二次商品创作，将艺术作品发展为时尚、实用的生活商品，还原艺术家的生活态度，同时在商店里展示原画作，是寻常生活中的一个温暖的艺术角落。

Estate 文创项目

艺术科创孵化器 | 文创众创 | 美术馆书画院 | 博物馆

在国民消费升级的时代，各个领域都有能够通过艺术升级消费的项目。泰丰文化专家团队不断钻研各种艺术文创项目开发的可能性，已经完成了对美术馆、书画院、博物馆及文创园区的规划，通过丰富的行业资源为文创项目注入艺术灵魂，也带动了地区的生活品质。

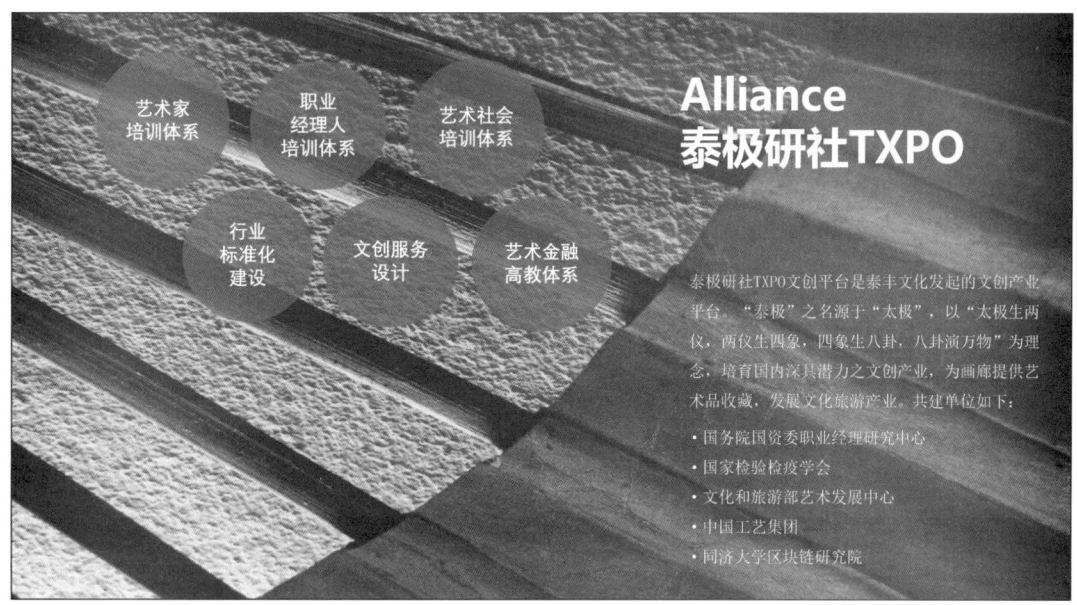

三、案例研究:泰丰文化品牌产业化发展之路[①]

泰丰文化书画艺术产业独特的发展模式为国内文化产业的发展提供了一个范本,引起了社会各方面的广泛关注。在当前的市场中,泰丰文化书画艺术产业化的成因和发展模式表现出一定的典型性,具有可供审视、探讨之价值。

(一)书画艺术品市场的痛点

(1)书画艺术品市场的"掐尖效应"制约了市场规模。

(2)书画艺术品市场热点效应拓展有限,艺术品未能进入大众文化消费、收藏、投资的视野。

(3)中青年书画艺术家作品与市场对接有效性差。

(4)书画艺术品鉴定评估体系门类繁多,没有形成权威。

(5)书画艺术品市场支撑服务体系未形成推动力。

(6)文化艺术多元化发展市场前景迷茫。

---

① 本部分执笔人:胡婷(江苏泰丰文化传播股份有限公司董事长,中国艺术经济研究院理事、研究员,苏州对外文化交流促进会常务理事)。

（二）泰丰文化书画艺术产业的形成与发展

1. 泰丰文化的缘起

艺术品市场行情是经济发展状况的晴雨表，虽然其体量、规模较小，但"窥斑见豹"，可以看出一个国家的文化艺术软实力和宏观经济基本面。

1978年以来，伴随中国社会的逐步开放和锐意改革，艺术品市场逐渐复苏，由小到大，从弱到强，目前已经成为世界上最大的艺术品市场。正如中国经济腾飞的奇迹一样，短短40余年间，中国艺术品市场也取得了惊艳世人的非凡成就。

这40余年，民众身处一个文化大发展、大繁荣的时代，其重要表征在于：第一，民众在物质生活得到满足的基础上，精神层面的追求也开始自觉萌动，进而自发地寻求文化价值的回归；第二，党和国家顺势而为，将人民追求与国家利益相契合，让时代风气与市场现实并轨，提出"大力发展文化产业"的发展战略。

江苏泰丰文化传播股份有限公司正是在这样的大背景下，循着文化产业中的艺术产业之"支流"，悄然走进了探索和实践艺术品商品化、资产化、金融化、证券化道路的历史时期。泰丰文化始终以书画艺术产业化为龙头，不过度追求创新，走的是一条相对稳健的发展路径。其基本发展思路在于通过积累基础资源，同时借助有益之渠道，搭建发展平台，实现文化、艺术资源与资本市场、产业化发展路径的对接。

2. 泰丰文化的发展

江苏泰丰文化传播股份有限公司成立于2013年3月，目前，旗下子公司包括泰丰文化发展有限公司、宜兴市鼎丰艺术交流有限公司、苏州市禾丰艺术传播有限公司、常州市常丰文化传播有限公司、常熟市丰实艺术书画院、张家港保税区瀛泰企业管理合伙企业、苏州漾丰艺术交流有限公司、泰丰文化传播股份有限公司吴江分公司、苏州禾泰文体发展有限公司、常州博丰文化科技有限公司等。

2017年2月，泰丰文化通过全国中小企业股份转让系统成功挂牌，成为新三板文化艺术经纪代理服务行业第一股。[①]

泰丰文化自成立以来，在全面挖掘中国传统优秀文化精髓的基础上，逐步形成了以书画艺术产业发展为主导，以"传承历史、弘扬传统、收藏文化"为产业发展理念，坚持市场开拓，坚持为广大艺术爱好者做好艺术经纪代理服务。

泰丰文化先后与百余位中国美术家协会会员签约，在苏州、常州、宜兴、常熟、张家港、江阴、宁波等地累计举办了千余场个展或联展，共展出中国画作品5万余幅，艺术爱好者达10万余人；盈利能力远超行业平均水平，2015—2018年毛利率分别为70.57%、66.87%、60.21%和67.26%（图28-1）。

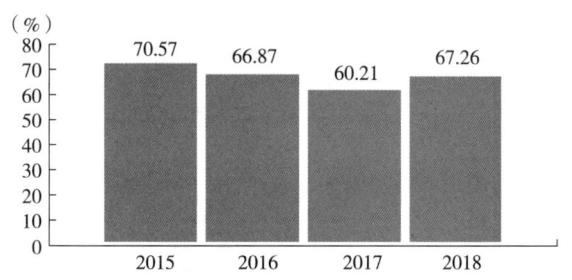

图28-1 泰丰文化2015—2018年盈利水平

在文化、艺术资源产业化发展的时代背景之下，为有效提升市场竞争力，增加产业化与市场对接的"触角"，泰丰文化依托自身所掌握的资源，坚持与时俱进的创新思想，大踏步进行文化产业创新，力促融合发展，与国务院国资委所属职业经理研究中心、国家检验检测学会、文化部（现文化和旅游部）艺术发展中心、中国工艺集团等单位合作，开展文化艺术产业标准化、艺术经济、艺术金融、艺术管理学科建设、文化艺术职业培训等，文化艺术产业孵化、赋能文创商品，逐步建构文化艺术生态产业链。坚持从科技创新着手，研发艺术品鉴证认证技术，与同济大学区块链研究院合作，研

[①] 2020年年初，泰丰文化主动从新三板除牌，拟转赴中国香港上市。

发艺术区块链科技大数据系统。泰丰文化通过将文化产业以商业化运作的模式为艺术品市场参与者、艺术爱好者提供了一个全新的，集培养、交流、收藏投资、流通溯源等功能于一体的服务平台。

（三）泰丰文化书画艺术产业成因分析

1. 区域优势

书画市场的发展离不开经济市场的发展，也离不开传统文化带来的作用。"江南"是中国历史文化及现实生活中的一个重要的区域概念，它不仅是一个地理概念，还是一个历史概念，同时还是一个具有极其丰富内涵的文化概念。江南文化传统的特征主要体现在：第一，江南山川秀美、气候温暖、水域众多，人性普遍较灵秀颖慧，利于艺术。第二，江南文化具有突出的"崇文"特征，社会普遍崇尚文教，重视文化教育。第三，江南文化具有开放性与包容性的特点，自远古以来就不断地吸收、融合其他区域文化。第四，江南文化是一种诗性文化，江南人饱满的感性审美与放达沉稳的现实诉求以及清丽秀美的自然环境和谐统一。

江南历史悠久，也是书画作品集聚的地方，大批的书画收藏人士云集。由于经济发展速度较快，地理位置较好，传统文化积淀比较深厚，书画市场与当地的经济齐步发展。因此，区域优势是泰丰文化生存与发展的重要因素。

2. 政策环境

泰丰文化的形成以及泰丰文化书画艺术产业的发展具有国家和地方政策导向的必然性。2017年5月，中共中央办公厅、国务院办公厅印发《国家"十三五"时期文化发展改革规划纲要》，提出"'十三五'末文化产业成为国民经济支柱性产业"，"文化产业"在时下之重以及其中裹蕴之机，不言自明。

2017年10月，习近平总书记在党的十九大报告中指出，中国特色社会主义进入新时代，我国社会主要矛盾转化为人民日益增长的美好生活需要和不平衡不充分的发展之间的矛盾。"美好生活的需要"，换言之就是消费升级催生的新需求，而多元、高质、跨界的文化产品是未来经济结构调整升级的刚需。由此，文化艺术消费市场的活跃以及新的艺术品交易形式、艺术品的互联网化和电子商务的积极探索和发展将进一步推动艺术品消费市场进入大众文化消费的视野。

苏州市政府坚持两手抓的方针，一手抓经济建设，一手抓文化建设，为泰丰文化书画艺术产业发展提供了肥沃的土壤和宽松的环境。特别是"十三五"期间，苏州市政府提出"文化立市"战略，泰丰文化正是在这片政策的沃土上生根发芽，茁壮成长的。

3. 准确的产业定位

如何找准艺术品市场的产业定位？如何在江南这块文化艺术的土壤里寻找到文化需求和市场需求的切入点？创业者从一开始就应准确切入市场，没有过多的"婆婆"和条条框框的束缚，将书画艺术作为产业发展的方向，实现艺术创作的市场对接，让艺术的产品、艺术品成为商品进入市场，让艺术创作成为一种商品生产，将艺术价值和商业价值非常巧妙地结合起来赢得市场，自始至终将书画艺术品市场资源的积累与培育视作一项战略工作来抓，以此作为其对接资本市场的基础。

（四）泰丰文化书画艺术产业的内涵

"艺术与市场在泰丰对接，才华与财富在泰丰转换"，这两句话比较经典地概括出泰丰文化作为书画艺术产业发展的核心内容，体现了泰丰文化书画艺术产业的特色和实质。作为艺术与市场相结合的产物，泰丰文化既是一个交易平台，又是一个艺术创作基地。通过泰丰文化这个市场，作为特殊商品的书画艺术品在这里找到了进行市场交换和流通的途径，书画艺术创作者可以直接面对市场，直接参与市场的交换，直接感受市场的变化，了解市场的供需关系，从而确定自己的创作题材，让广大艺术爱好者有更大的消费、收藏、投资的艺术市场空间。

（五）泰丰文化书画艺术市场化发展模式分析

泰丰文化从产生到发展，正在从自发发展向产业实践层面的自觉和产业管理层面的有序迈进。其模式为：艺术与市场结合，让市场引导产业；创意与现实结合，让精品占领市场；艺术产业标准化赋能文化艺术产业集聚。

1. 以原创为龙头，推广艺术精品

文化产业的特殊性表现在"原创性"，一个文化企业只有以"原创性"活动为根本，才能成为文化市场的主宰和赢家。泰丰文化自成立以来，始终坚持将德艺双馨、富有艺术个性特征的中国美术家协会会员作为签约画家的设定标准，将原创作品作为艺术水平的基准线，坚持以体现思想性、艺术性、观赏性作为衡量优秀作品的基本标准。在此基础上，积极宣传、推广优秀中青年艺术家的艺术人生、艺术成就、艺术作品，为广大艺术爱好者在新形势下重新认识和理解当代艺术架起了桥梁。

泰丰文化通过多种形式的展览，拓展了全国范围的书画艺术交流活动，聚集了来自全国各地的著名画家。这些展览既可促进各画派之间的艺术交流，又提供了互相学习的机会，同时还用画展的表现形式为观众认识和理解当代艺术架起了一座桥梁。与其说这些展览是一次次艺术活动，不如说它们是一座城市精神财富的积累，通过画展带动城市的文化艺术鉴赏和收藏热潮，提升城市的文化品位，增强城市的文化底蕴。

2. 培育市场，营造收藏投资氛围

由于中国书画艺术市场的掐尖效应制约了"二元结构"的进一步发展，使中国书画艺术高端收藏投资市场与中低端消费市场这两个市场的特质差异非常大。为了推动文化艺术知识普及，让更大的群体在享受文化艺术美的过程中开展书画艺术品的收藏、投资等活动，泰丰文化采取了一种差异化的发展策略，即"人无我有，人有我强"。让平民百姓能够鉴赏典雅艺术，是泰丰文化培育市场、参与市场的重要思路。

泰丰文化自成立以来，一直将展览功能作为实现其社会价值的重要方式，尽可能用最直观的形式为艺术爱好者带来了解艺术信息、接触艺术品的机会。多年来，公司先后在常州、无锡、苏州、宁波等地以不同的形式开展了300多场文化公益活动，通过举办各类培训班、专题讲座、鉴赏活动，使社会公众、广大艺术爱好者以及青少年学生了解、学习、掌握文化艺术的基本知识，接受良好的审美教育，陶冶情操，提高修养。让更多人在享受文化艺术美的过程中消费、收藏、投资自己喜爱的艺术家的佳作。通过形式多样的活动，既活跃了苏州乃至长三角地区的文化艺术产业市场，也丰富了人民群众的文化生活，社会效益明显。

正是由于泰丰文化始终坚持致力于中青年"潜力股"画家的培养和推广，始终坚持文化艺术面向人民大众，其优选的中国美术家协会的画家及其作品深受广大艺术爱好者的喜爱，在苏南地区已形成了融合画家、机构、藏家在内的良好的艺术生态体系，培养和积累了一定规模的消费者、收藏者、投资群体。

随着市场的发展，我们发现艺术爱好者或收藏者在选择当代书画进行收藏或投资时，那些在艺术上有一定成就、已被市场关注但还未得到充分开发的优秀画家的作品，以及已形成了自己独特艺术风格的青年艺术家的作品最容易得到投资者追捧，其作品价格也逐年稳步上扬，投资价值逐步显现出来。

3. 完善产业链，形成综合服务体系

从"十二五"到"十三五"，文化发展经历了从大步向前到理性回归的过程，创新发展、融合发展、协调发展是新时期文化发展的主要趋势。"十三五"以来，我国文化艺术经济快速崛起，文化事业与文化产业需求在不断提升，尤其是艺术经济市场携手互联网，艺术品从消费互联网向产业互联网转换，正在改变文化艺术的既有版图。艺术经济、艺术科技、艺术产业标准化已成为一门新兴的学科和新兴的产业，是艺术学研究和实践的新热点，也是艺术与经济跨界融合发展的重点。

泰丰文化坚持与时俱进的创新思想，引入文化产业，赋能战略思路，在开拓市场的同时，加强书画艺术配套和相关产业的建设，拓展艺术门类，大踏步进行文化产业创新，完善产业链，形成综合服务体系。

（1）成立艺术品鉴证实验室。2017年，泰丰文化获得了中国检验检测学会艺术品鉴证质量溯源机

构资质证书，这不仅仅是中国检验检测学会对泰丰文化艺术品鉴证备案资格的认可，更是对未来工作的鼓舞和鞭策。为此，泰丰文化成立艺术品鉴证实验室，配备了专门的科研仪器，组建了一支专业化的人才队伍，确立了艺术品科学鉴定、科学备案作为艺术品鉴证研究的重要基础。在艺术品鉴证科研中，积极探索艺术品鉴证领域中的相关技术与基础业务模式，用科学的方法改变了过去用经验、用眼力参与艺术品去伪存真的筛选，用科技手段对艺术品进行鉴证，为未来传承最真、最准、最标准的艺术品和艺术数据打下基础。

（2）建立标准化体系。随着文化艺术产业的迅猛发展，文化艺术标准数量少、适用性差、缺乏统一规划等问题日益凸显。实施"标准化+"发展战略，是泰丰文化通往艺术未来的钥匙。自2019年开始，公司初步建立了泰丰文化艺术领域的标准化体系：一是完成了《书画艺术品经纪代理服务体系备案诚信规程》企业标准的制订工作；二是与同济大学区块链研究院共同开发"艺信术用·艺术区块链溯源系统"；三是与国务院国资委所属职业经理研究中心共同制订《文化艺术管理职业经理人标准》以及培训课程、评价体系的开发。通过文化艺术产业标准化建设，使泰丰文化走上了规范有序健康的文化艺术产业发展道路。

（3）艺信术用·艺术区块链。泰丰文化立足于艺术品行业，从艺术品产业面临的鉴定难、追溯难、变现难等实际问题出发，解决商家、创业者、消费者、资源者、投资者以及加盟者的痛点，以区块链技术为切入点，积极寻求艺术品产业发展的技术方案。

与其说区块链是一种技术，不如说它是一个思维方式。从技术层面看，区块链和之前存在的互联网技术之间没有显著的技术壁垒。但从思维方式看，区块链的核心理念是"去中心化"，即通过全体用户的共识消除中间环节，实现用户之间直接的信息、价值交换，让并不互相信任的用户可以基于区块链的"真实性、不可篡改性"达成共识。区块链去中心化的思维逻辑成了为艺术品认证的依据，区块链的互联网科技特性、加密技术及网络流通满足了艺术品流通的灵活度。

泰丰艺术区块链是泰丰文化打造的专注于艺术品实物资产的流通、交易、认证、溯源和金融衍生品业务的平台。

"艺信术用"是泰丰文化开发的艺术区块链溯源系统，其基于国家检验检测学会艺术品鉴证质量溯源标准，并在此基础上实现更高采集标准后，与同济大学区块链研究院一起开发完成。"艺信术用"以国家认证流程为基础，广泛参照国内外画廊、博物馆和文化组织等艺术机构的认证体系，建立艺术品备案机制。其主要特点有：一是通过对艺术品原始数据的采集分析和密码学等技术手段将其特征属性保存在区块链原始链当中，未来需要对艺术品真伪进行鉴定及认证时，可通过泰丰艺术区块链原始链数据进行信息比对，从而判断真伪；二是对艺术作品价值进行累积记录，从而追溯每件艺术品的流通价格，为收藏、流通提供最直接的参考依据；三是在艺术家层面做了大量的数据建模，通过对艺术家的人气、认证、流通、展览、资历、收藏、专业度、影响力等多维度数据进行搜集及分析，以市场需求为导向，分析得出泰丰艺术指数（图28-2），给藏家以最直接的收藏帮助，也可为艺术品定价提供最直接的依据。

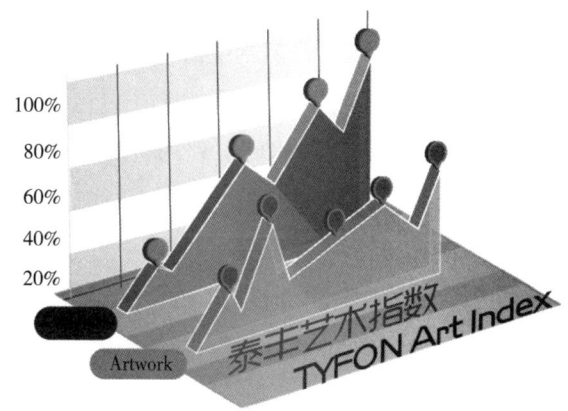

图28-2　泰丰艺术指数

泰丰艺术区块链同时运用金融级的数据采集手段，综合运用计算机爬虫技术、人脸识别技术、数字签名技术及大数据金融信用模型，为艺术家进行人工智能评分，最终形成艺术品行业评分标准，应用于所有艺术机构。

（4）泰极研社·泰丰艺教综合平台。"泰极研社"（TXPO）是泰丰文化集文化艺术产、教、研、学为一体的综合发展平台。

第一，学科教育融合体系。由于受体制和机制等多种因素影响，文化艺术管理人才培养供给侧和产业需求侧在结构、质量、水平上还不能完全适应，"两张皮"问题仍然存在。根据《国务院办公厅关于深化产教融合的若干意见》（国办发〔2017〕95号）的文件精神，为深化文化艺术产教融合，促进教育链、人才链与产业链、创新链有机衔接，我们与教育部学校规划建设发展中心、国务院国资委所属职业经理研究中心以及相关教育培训企事业机构，引领建设适应创新驱动发展的文化艺术管理学科专业集群平台。

第二，文化艺术公共教育培训体系。一是开展艺术品经纪人培训。为全面提升艺术经纪人的专业知识及文化素养，建立高素质艺术经纪人才队伍，泰丰文化与国务院国资委所属职业经理研究中心在"中国国家人事人才培训网岗位能力提升平台"上联合推出"艺术品经纪"的全网络远程教学项目，并诚聘高等院校、科研院所、社会名企等各界专业名师授课，旨在培养文化产业领域高素质、专业化复合型人才，学成后可以获得行业机构内推荐机会，实现就业双保障。二是开设少儿课后兴趣班。为了活跃本地区少儿艺术生活，丰富社区文化氛围，培养艺术人才，泰丰文化组建了艺邑（YiYi house）社区少儿课后兴趣班，利用自身资源组织艺邑（YiYi house）暑期少儿美术培训。三是成立泰丰文化陆战队青训中心。泰丰文化陆战队青训中心是泰丰文化与苏州市相城区政府联手打造的公益型文体项目，拥有专业的教练队伍、固定的青训基地，其目的是打造本地区专业化的青少年足球培养体系，推动泰丰文化多产业、多渠道的融合发展。

（5）艺邑（YiYi house）艺术品牌。随着现代消费者越来越注重个性化、时尚化、特色化，对个人感知增强，大众化、无特色的普通商品已越来越难以抓住消费者的心。

艺邑（YiYi house）艺术定位于泰丰文化在"城市中的生活艺术商店"，秉承"你的美好日子"的理念，将文化艺术之美导入生活日常，是泰丰文化新锐品牌的孵化器和城市生活方式的风向标。艺邑（YiYi house）艺术组建了专业商品团队，与艺术家共同建立完整的商品线，邀请国内外顶级设计师进行二次商品创作，将艺术作品发展成时尚实用的生活商品。艺邑（YiYi house）内设书店和艺术空间，长期呈现限量版艺术品、原创设计品、限量版艺术图书，还原艺术家的生活感知度，贩卖生活态度，是"寻常中没距离"的艺术角落，消费者能欣赏到美术馆级别的陶瓷、绘画等艺术作品，呈现一种兼具潮流与艺术品质的生活方式。

（六）泰丰文化产业化发展愿景

泰丰文化产业发展的目标是要成为国内外当代书画艺术品的集聚基地，连接当代中外顶级书画艺术交流、交易中心以及文化艺术人才培养、实践基地，将艺术作品发展成时尚、实用的生活商品的生产基地并将基地打造成为国内外人文旅游重要景点，成为中国文化艺术产业探索发展的成功典范。

回首往昔，展望未来，泰丰文化坚持以书画艺术产业化为龙头，引入艺术经济、艺术科技、艺术产业标准化，坚持"赋能"战略思路，不断前行！

四、延伸阅读：推动新三板成为文化资本市场购并的新平台[①]

目前，我国文化建设与文化产业的发展已进入了一个关键期，无论是文化体制改革，还是产业的创新发展，都急需借力市场与资本的力量。积极推进文化新三板的形成与建立，可以说是形成这种推动力的一个重要机制与动力源泉。文化金融发展的基础与前提就是要大力发展文化资本市场，因为如果没有文化资本市场，文化金融的所有业态就都难

[①] 本部分执笔人：西沐。本文于2015年12月11日首次发表于中国经济网。

以持续与深入发展。

（一）文化资源的特质需要新的资本运营平台

我们必须清楚地看到，文化资源的特质及其存在状态，在文化资源资产化→金融化→证券化（大众化）的过程中，需要有新的资本运营平台来对接与推动。现有的文化金融业态及其相应的资本市场的发育发展根本无法适应当下文化产业发展的内在需求，更无法满足文化资源资产化发展的这种现实趋向。在确立文化产业的战略地位及其快速发展的过程中，文化资本市场发育、发展的滞后状况已经成了我国文化产业发展的一个难以逾越的障碍，亟须尽快取得突破。

在新科技融合发展的过程中，文化产业创新业态的发展层出不穷，资本要素的流转日趋活跃，但目前我国文化资本市场的发展还处于初级阶段，面临的问题及相应的运营成本还比较高，寻找与建构新的资本市场运营平台以提升效率已迫在眉睫，所以，发展文化新三板市场并将其发展成为资本市场兼并与并购的资本平台，可以说是推动文化产业新业态发展的重要手段与举措。到2015年，新三板挂牌企业已经突破4000家。事实上，新三板的生态也在变化，特别是在新三板做市商制度推出之前，新三板上市公司一般会愿意被上市公司收购，但随着新三板指数及新三板做市商制度的推出，成交额不断提升，流动性增强，这时具有做市能力的新三板企业正在由被动并购向以"定增+现金"方式主动收购的方向发展。随着新三板的扩容发展，我们急需从国家战略的高度上认识、建立与建构文化新三板市场，并将其打造成文化资本市场的运营平台，建设成文化资本市场兼并、并购的资本中心市场，这应该成为我国文化产业发展过程中的当务之急。

（二）基于"文化+"机制推动的跨界常态急需差异化资本运营

在"文化+"机制的推动下，文化产业的跨界产业融合能力会进一步提升，产业文化化的步伐会进一步加快。在这个过程中，产业的跨界融合更多地不仅仅表现在文化要素的跨界应用，而是文化资本与其他产业资本的融合交叉，即一种新的、差异化较强的资本市场运营，特别是文化企业与其他产业企业之间发生的股权兼并与并购会成为一种常态。2015年第一季度，我国并购市场完成的357起并购交易大多分布于清洁技术、生物技术/医疗健康、房地产、互联网、机械制造等22个重要行业。可以预料的是，随着文化新三板的形成和发展，更多的中小文化企业登陆新三板后，一方面，挂牌文化企业将具备一定的资金实力，另一方面，挂牌中小文化企业可以通过多种手段完成并购，如通过定增股份方式实施收购，而不仅仅依靠现金支付的方式。更为重要的是，随着做市文化新三板企业的股票交易日趋活跃，流通性不断增强，投资者的信心逐步提升，收购、并购就会更加踊跃。在这一过程中，根据文化资源及其资本市场的特性，就特别需要有一个更为专业化的资本市场平台来更好地推动与其他产业与企业的资本运营。同时，中小投资者在面对大量文化新三板上市公司的海量信息时，可以借助专业投资机构的强大专业研究团队资源获得客观理性的分析判断，通过认购这些专业机构发行的文化新三板基金，参与到文化新三板的资本运作中来。而文化新三板的建立与建构，可以说是迎合并推动这一发展趋势的重要举措。

（三）文化新三板需要系统独立地规范、高效、低成本运营

文化资本市场做大做强与文化产业做大做强，都迫切需要规范、高效、低成本运营的资本市场平台。而从目前来看，文化新三板的建立，可以快速有效地满足文化资本市场与文化产业发展的这一重要需求。随着分层管理模式、集合竞价制度相继推出，新三板市场的流动性会进一步改善，资产的定价会更加公允，这为新三板并购提供了一个定价依据。特别是随着文化资源资产化→金融化→证券化（大众化）的不断发展，文化企业或者是以文化产业为主营业务的新三板上市企业所占的份额会不断提升，越来越多的文化新三板企业及其巨大的资本流转需求为文化新三板市场的建立和发展打下了基

础,也为将其不断建构与打造成文化资本市场兼并并购平台提供了更多的可能。

(四)文化新三板的活力使其成为新三板市场的重要组成部分

新三板市场快速发展使之越来越具有竞争力和发展活力,已经成为中国资本市场不可或缺的一个重要组成部分,发挥着重要的作用。特别是随着文化新三板市场的不断发展,文化新三板正在不断聚集相当数量的文化产业各细分领域的龙头企业,其成长性与获利能力也在不断提升,治理结构与信息披露更为优化透明,而做市商制度也会吸引更多基金来活跃股价,并通过合理定价来真实反映公司价值等,这些都会极大地推进文化新三板市场并购重组的快速发展。可以说,这一快速发展的资本市场的业态为文化产业在"互联网+文化+金融"这个大背景下的发展提供了更多的可能与支撑,拓展了更大的空间。所以说,文化新三板让文化产业的发展找到了突破瓶颈、摆脱狭小产业发展空间的一条重要的战略发展路径,是文化产业资本融合发展的重要资本平台。新三板市场突破了束缚文化及其产业生产力发展的最根本的制约,文化产业及其企业会在这一平台上有更多、更为精彩的表现与作为。我们应该重视与把握这一建立在产业发展内在规律基础之上的趋势,抓住机遇,加快发展。

第二十九章　浩律财富家族财富传承及艺术财富管理案例研究

> 艺术财富管理是艺术金融发展的高级形态与重要组成部分，目前还没有非常成熟的案例。浩律财富通过法律服务的方式与视角，将相关业务进行集成，形成了相对系统的运作体系，为基于综合性服务平台的艺术财富管理业态的发展提供了新的探索。

一、案例简介：家族财富传承及艺术财富管理

家族财富管理与传承是艺术财富管理过程中的重要课题，特别是依托艺术品信托机制与架构而进行实践探索，更是一个研究探索的重点领域。浩律财富是全国大型综合商事律师事务所北京市浩天信和律师事务所财富规划业务团队，针对高净值人士、家族（家庭）、家族企业提供财富规划的专业服务，在财富规划法律事务领域潜心研究及实践多年，已形成完整成熟的服务体系和服务模式，客户分布在中国及北美地区、大洋洲部分地区等，并与相关机构建立了战略合作，可与全球150多个国家和地区的律师事务所协同服务。浩律财富荣获2019年家族财富管理奖（Family Wealth Management）、2019年China Business Law Awards "卓越律所大奖"（《商法》杂志授予），已出版《家族财富管理与传承法律实务》和《艺术品投资法律风险防范》等著作。

家族财富管理与传承实务的核心是解决每一个家族对财富管理与传承方面的诉求。每一个家族的成员构成、文化背景、发展状况、所处地域等情况不同，需求和解决方案也不尽相同。对于家族艺术财富而言，除了家族特殊性以外，不同主体对艺术喜好、种类、传承与否、管理与传承方式等问题的特异意愿，也会导致家族艺术财富管理方案更加复杂。

从研究角度来看，家族财富管理与传承及艺术财富管理不仅涉及社会科学，也涉及艺术；不仅涉及法律、管理、金融，也涉及心理、文化、社会等诸多方面。可以说，我们之所以对此进行研究、探讨，不是因为存在家族财富管理与传承或艺术财富管理这一理论学科，而是因为实践中需要为家族财富管理与传承以及艺术财富管理这一跨领域、跨专业的现实问题提供专业支持，从而需要我们对这方面的案例进行研究与分析。

目前案例研究体系分成横向和纵向两个方向。横向上，借助浩律财富团队全球战略合作伙伴的案例支持，浩律财富对不同专业机构、团队在工作实践中的实务信息、业务进展进行分析归纳、追踪研究、梳理总结；纵向上，浩律财富对收集整理的典型案例依据家族财富管理与传承的内在逻辑结构和分类，并从专业上进行分析与研究。团队成员由经验丰富的资深律师和调查研究能力强的年轻律师、教学科研人员及外部顾问组成。在团队负责人牵头领导下，各小组分工协作，统筹运行。

本案例研究解决的核心问题是试图总结梳理一些典型性问题的解决方案，对尚不完善的领域通过案例研究推动相关专业研究，进一步促进和推动实务在纵向和横向上实现长远发展，同时也为该领域的教学科研提供案例研究的素材。在具体的案例研究分析过程中，应特别注意以下几个重要问题：

（1）案例实践的系统考察。
（2）案例实践的基本逻辑。
（3）案例实践的基本架构与体系。
（4）案例运营的态势分析。

二、案例描述：浩律家族财富传承及艺术财富管理体系概述

基本情况

- 浩律财富是浩天信和律师事务所针对高净值家庭、家族、家族企业财富规划需求而配置的专业法律服务板块。
- 浩律财富由40余位熟悉金融、投资、公司法、知识产权法、税法、民法且熟悉美国、英国、澳大利亚、新加坡等国家和地区法律事务的专业律师、顾问、教学科研人员组成。

律所支持

浩天信和律师事务所是一家有20多年历史的全国大型综合商事律师事务所，总部设在北京，在上海、广州、深圳、杭州、南京、成都、武汉、青岛等地设有20余家分支机构，在多个领域具有核心市场竞争力。事务所与国际知名律所联盟Terralex紧密合作10余年，可与全球150多个国家和地区的律师事务所协同服务。浩天信和律师事务所可为浩律财富提供有力的支持和配合。

战略布局

浩律财富与中国境内战略专家、私人银行、第三方理财机构、信托公司、保险公司、家族办公室、移民留学机构、公证机关等建立了战略合作，在美国、加拿大、英国、法国、西班牙、希腊、澳大利亚、新西兰、新加坡、马来西亚、阿联酋等国家及中国香港、中国澳门、中国台湾等地区完成了全面的战略合作布局。

家族财富管理与传承的系统考察

境内财富规划
- **家庭**：现金资产、房产、艺术品、黄金珠宝、知识产权的投资、保险、境内信托产品、财产信托、家族信托、遗嘱和遗嘱信托、慈善信托的安排
- **家族**：家族治理结构和家族宪法的建立，接班人的培养机制
- **家族企业**：家族企业股权结构的搭建、调整和完善，家族企业商业地产、工业地产、矿产、知识产权的安排，家族上市公司股权的安排

海外资产规划
- **家庭**：信托、保险、置业、现金投资、移民、税务安排
- **家族企业**：海外公司架构搭建，海外上市安排

家族财富管理与传承的基本逻辑

01 根据全球华人分布的地域，研究不同国家文化、历史、习俗的特点及其法律制度，比较财富管理与传承方式的相同之处和不同之处
- 中国境内（含中国香港、澳门、台湾地区）
- 境外：北美洲（美国、加拿大）、欧洲（英国、希腊、西班牙）、大洋洲（澳大利亚、新西兰）、亚洲（新加坡等其他东南亚国家）

02 根据不同主体的需求，研究财富管理和传承方式的特点和适用性
- 家庭、家族、家族企业

03 根据不同的财产类别和适用法律，研究财富管理与传承方式的应用方式
- 现金资产、不动产(住宅、商业地产、工业地产、矿产)、知识产权、艺术品、黄金珠宝

04 根据法律现状和发展趋势，研究财富管理与传承工具在实践中的应用
- 资产配置、股权规划、信托、保单、遗嘱、慈善公益

家族财富管理与传承的基本研究体系

研究体系

横向：借助我们全球战略合作伙伴的案例支持，对不同专业机构、团队在工作实践中的实务信息、业务进展进行分析归纳、追踪研究、梳理总结。

纵向：对收集整理的典型案例，依据家族财富管理与传承的内在逻辑结构和分类，进行专业的分析与研究。团队成员由经验丰富的资深律师和调查研究能力较强的年轻律师、教学科研人员及外部顾问组成。

家族财富管理与传承的SWOT分析

S（优势） 浩律财富团队在国内最早开展家族财富与传承方面的研究，专业领域全面，处于案例实践前沿，科研能力较强，覆盖地域广泛

O（机遇） 随着该领域实践的发展，案例数量和种类会大幅度增加，越来越多的富有经验力量愿意关注和投身这一领域

W（劣势） 研究案例数量不足，个别领域缺乏典型性案例，缺少专业研究机构和人员

T（威胁） 随着该领域在中国越来越被关注，会有更多的机构进入该领域，会产生资源的分配问题和人才的竞争

案例分享：家族财富管理与传承之艺术品信托

基本情况：C先生是当代知名画家，拥有非凡的艺术天赋，其作品在世界许多国家展出，也被许多藏家收藏。C先生夫妻两人有一个未成年的儿子。同时，C先生也是一位爱心人士。

诉求：C先生希望拿出自己的20幅画设立信托，一半用于儿子的教育费用，一半用于慈善事业。

艺术品双层信托的架构设计

- **艺术品信托**：由C先生委托Z信托公司以20幅画作为信托财产，设立艺术品财产信托，受益人为C先生控制、信任的A公司和C先生未成年的儿子。

- **慈善信托**：A公司为委托人，Z信托公司为受托人，受益范围为公共文化事业，H慈善基金会为指定公益项目执行人。信托财产为A公司在艺术品信托受益的现金资产。

艺术品双层信托的主体设定

- ◆ C先生为20幅画作的创作人，也是设立信托的委托人。
- ◆ Z信托公司为历史业绩良好的持牌信托公司。
- ◆ A公司是C先生和好友注册成立的公司，C先生完全信任该公司。
- ◆ Y艺术经纪公司是C先生信任并具有良好信誉和执行能力的公司。
- ◆ H慈善基金会是C先生信任的基金会，同时，在公共文化事业和公益项目上富有经验和能力。
- ◆ D律师事务所是C先生信任的事务所，专业从事艺术品法律实务。

C先生	Y艺术经纪公司
Z信托公司	H慈善基金会
A公司	D律师事务所

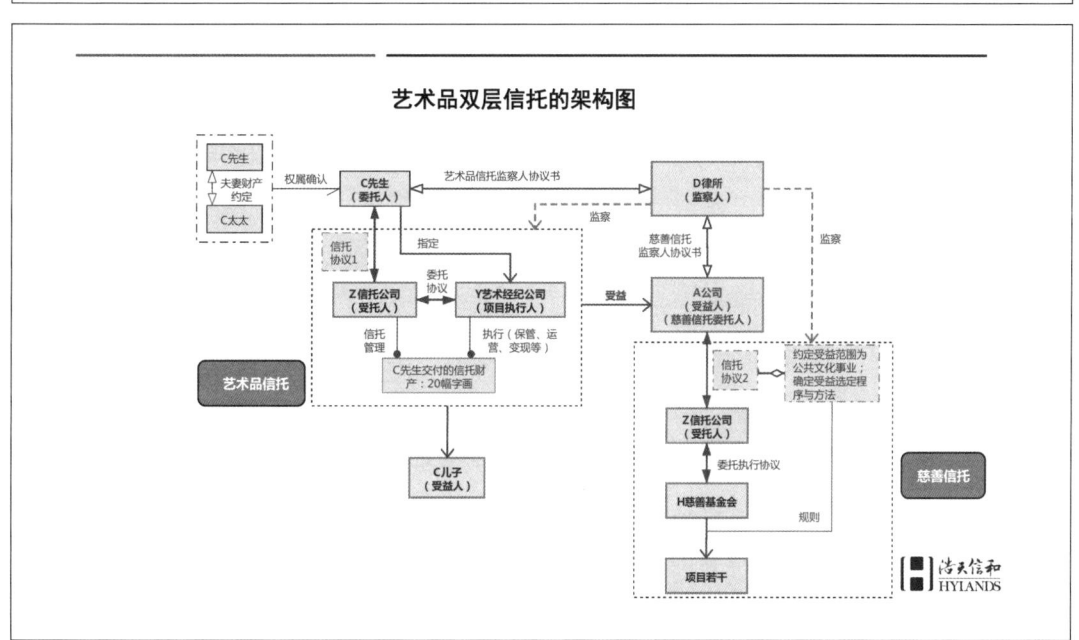

三、案例研究：浩律家族财富传承及艺术财富管理探索[①]

近几年，财富管理与传承及艺术财富管理市场需求的不断升温催生并推动着相关领域研究的发展，浩天信和律师事务所财富规划团队浩律财富自成立以来，十分重视该领域的积累和研究，作为一线实务团队，将案例研究作为研究的主要部分，在该领域做了一些有益的尝试和探索。

（一）浩律财富实践和研究体系建立的背景

我国改革开放40多年来，经济迅猛发展，社会财富以及个人、家庭财富急剧增长，财富的种类丰富多元，分布的地域空间也越来越广阔。财富的增长带来了财富管理的客观需求，财富的保值增值、财富的传承、家族的兴旺发达、家族企业的百年永续成为越来越多人思考和关注的问题。

2014年，我们开始关注、思考和着手准备财富管理和规划这个课题。几年来，我们认真阅读了大量书籍和资料，和国内外专家、学者、专业人

---

① 本部分执笔人：云大慧（浩天信和律师事务所合伙人、浩律财富负责人）。

士、私人银行、信托机构、保险机构、家族办公室的朋友交流，和多位高净值人士、文化艺术领域藏家、艺术家、企业家朋友深度交流，了解他们真正的需求，当这个板块的拼图基本完整后，浩天信和律师事务所财富规划团队浩律财富于2018年春应运而生。

浩律财富在服务客户实践过程中，在与同行及相关机构交流过程中，发现很多人对此存在许多误解和认识上的模糊。作为专业机构，我们不仅需要为客户提供更好的服务，同时也需要为行业的发展和自身的提升做一些总结性、探索性的工作。团队成员中有经验丰富的各领域的资深律师，有专家顾问，有具有良好教育背景、海外留学归来的青年才俊，有已经搭建完成的全球合作伙伴的支持，特别是团队中的许多人有着教学科研经验，从事律师实务的浩律财富便将家族财富管理与传承的实践案例研究作为团队业务发展的一项重要内容。

（二）浩律财富实践和研究的基本理念和方法

浩律财富实践和研究主要解决的问题是对现有的案例进行总结梳理，从个性案例中梳理出一些典型问题的解决方案；通过域外相关案例的搜集、整理、对比研究，提炼其中可以学习借鉴的部分；对目前国内尚未有先例的典型个案，尝试设计研究突破性方案；对尚不完善的领域，通过案例研究推动相关专业研究和立法调研，进一步促进和推动实务的纵深和广阔发展，同时也为该领域的教学科研提供案例研究的素材。

1. 归纳总结研究

归纳总结是浩律财富案例研究的基础性工作。我们会将实践中遇到、听到、看到的案例进行系统的搜集整理。每一个案例都有着各自不同的特点和个性，但个性背后都有法律上的共性。因此，我们采用法律的逻辑和方便读者全面了解的思维模式对其进行了梳理，做了一些探索。例如，2018年，团队就艺术品的法律属性和交易过程中的法律风险做出总结和研究，出版了《艺术品投资法律风险防范》一书，廓清了艺术品的概念、范畴，并从法律规制和风险揭示角度对艺术品投资各个环节做了解释、梳理，厘清了艺术品的法律属性，涉及物权、知识产权、继承、信托、基金、担保、保险、评估、拍卖、国际私法、合同法、税法和行政管理等诸多方面的法律制度和司法实践。2019年，团队就家族财富管理与传承的法律问题做了归纳总结和研究，出版了《家族财富管理与传承法律实务》一书，从家族财富管理、家族财富传承、家族企业管理、家族治理四个方面，对家族财富管理中的现金资产管理、不动产投资管理、对外股权投资管理、家族企业知识产权规划管理、海外投资管理和税务的筹划，家族财富传承中的三大传承工具、家族信托法律制度、大额保单投资和遗嘱在家族财富传承的运用，家族企业管理中的家族企业股权规划、家族企业治理、家族企业的传承、家族企业财富刑事法律风险的防范，家族治理中的家族治理结构、家族宪章、婚姻缔结、子嗣培养、长者养老等方面分别进行了论述。这两本著作已经被部分高等院校作为教学研究的教材使用。另外，在日常工作中，我们还对个别领域问题做出单项整理研究，或以文章的方式、或以教学的方式做了尝试。比如，云大慧律师在受邀出席国内首个"艺术法国际论坛"时与国内外专家共议"艺术法与文化治理"，发表了题为"艺术作品传承中的法律问题分析"的演讲；于谨源律师在受邀参加北京大学民营企业家法律风险治理研修班沙龙时做了题为"家族企业股权设计中的挑战与权衡"的主题演讲，并于2020年1月3日发表在新华网。

2. 借鉴比较研究

浩律财富充分利用团队成员在海外教育、工作背景和语言等方面的优势，对全球华人生活、工作的主要国家和地区涉及资产配置、投资、教育、移民、置业等的相关法律制度和实例做了基础性的研究，并与中国法律和实践做出比较，明晰其差异。比如，团队详细研究了美国信托的多个案例，写出了有关美国信托的系列文章，梳理出两者之间的法律制度差异、基本概念差异、操作方法差异；比较美国、中国香港地区、中国内地保险的差异，梳理出美国人寿保险在财富传承中的作用；详细了解澳大利亚相关法律制度，做出2020年澳大利亚投资移民政策变化可能性专业分析和澳大利亚投资移民政策的解读；就2019年下半年客户关注的焦点，研究并整理推出系列新加坡上市和资产配置相关文章；团队经与战略合作伙伴探讨研究，梳理和借鉴了PTC（私人信托公司）在家族财富管理中的安排及开曼经济实质法案的相关问题；搜集整理了美国和欧洲一些国家关于艺术品信托的案例，为国内艺术品信托实例突破做了研究性准备。

3. 案例突破尝试

在中国的财富管理与传承中，信托这项重要的工具是非常有局限的。无论是在观念上还是在实践中，信托多为信托公司推出的信托投资计划产品，是一种持牌机构的理财产品。2018年9月12日，银保监会信托部下发《关于加强规范资产管理业务过渡期内信托监管工作的通知》（以下简称37号文），首次界定了"家族信托"的概念，但在实务中依然因相关配套法律制度的不完善而很难真正推动。在现有的法律环境下，浩律财富基于以上研究，开始尝试在实践中对部分条件成熟的项目做突破性推动。例如：2019年，浩律财富团队推动了一项将不动产装入公司资产，以公司股权为信托财产的家族信托；设计完成了一项用艺术品做信托财产，将信托受益用于子女教育和公益慈善的艺术品信托和慈善信托双架构模式。

4. 参与相关法律制度的推动

作为家族财富管理重要工具之一的家族信托在中国起步较晚——虽然2001年10月1日《中华人民共和国信托法》（以下简称《信托法》）就已实施，但实践中真正形成的信托法律关系还凤毛麟角。"回归信托本源"成为行业的呼声。由于现行法律法规欠完备，制约和影响了中国信托业的发展，也限制了家族财富管理与传承，限制了文化产业的永续经营、艺术品的传承。家族信托对《信托法》等金融法律制度和艺术文化法律制度所带来的一系列挑战正在呼唤和推动相关法律制度的进一步健全和完善。浩律财富积极参与中国银行业协会和信托业协会关于信托立法研究课题的研究，负责艺术品信托课题和参与股权信托课题；参与中央财经大学关于艺术法国家社科课题的研究，负责非物质文化遗产开发利用法律制度比较研究。

（三）浩律财富实践和研究的运营体系

浩律财富团队组成架构清晰、职责明确、相互配合，在横向和纵向两个研究方向上形成的研究结果定期通过固定和不固定载体发布。

1. 横向研究方向

浩律财富在浩天信和律师事务所及全国20余家分支机构范围内建立了财富规划与税务筹划专业委员会，建立了该领域的常态化研究机制；同时，与中国境内战略专家、私人银行、第三方理财机构、信托公司、保险公司、家族办公室、移民留学机构、公证机关等建立了战略合作，在美国、加拿大等北美国家，英国、法国、西班牙、希腊等欧洲国家，澳大利亚、新西兰等大洋洲国家，新加坡、马来西亚、阿联酋等亚洲国家以及中国香港、中国澳门、中国台湾等地区完成了金融机构、保险机构、律师、会计师、家族办公室、投资银行、第三方服务机构的战略合作布局，实现了信息互通共享、项目和研究领域的互相协助以及定期和不定期互访交流和研讨机制。

2. 纵向研究方向

根据财富规划涉及专业的不同，浩律财富团队和专业委员会分为投资金融、公司股权与公司治理、信托与保险、文化产业与知识产权、家事与遗嘱、税务筹划、海外资产配置、信托与移民、公益与慈善等九大板块。各板块由专业人员组成团队，由专人牵头负责。各板块形成了专业分工明确的研究方向，包括日常常态化沟通交流和每月定期集中交流的方式。对于专业交叉的领域，由总负责人协调安排。浩律财富所在的浩天信和律师事务所及20余家分支机构作为全国大型综合商事律师事务所，在各专业领域给予强有力的后盾支持。

3. 团队组成架构和研究成果承载

浩律财富团队由全国各地办公室及常驻美国、澳大利亚及中国香港的40余位律师、外部顾问、教学科研兼职人员组成；财富规划与税务筹划专业委员会由浩天信和律师事务所各地办公室里专注或关注财富规划和税务筹划的各领域专业律师组成；浩律财富团队和财富规划与税务筹划专业委员会都是浩天信和律师事务所的内部专业团队和研究机构。团队成员有经验丰富的资深律师和调查研究能力强的年轻律师、教学科研人员，在团队负责人牵头下，各小组分工协作，统筹运行。

浩律财富案例实践研究的初步成果通过公众号"浩律财富"日常发布，部分成果也在其他媒体和刊物发布；有些专业课题以研讨、教学的方式交流分享；条件成熟的，以专项研究报告的方式发布，或编撰成书出版发行。

（四）实践案例

1. 案情简介

C先生是当代知名画家，拥有非凡的艺术天赋，其作品在世界许多国家展出，也被许多藏家收藏。C先生与妻子有一个未成年儿子。C先生是一位爱心人士，希望拿出自己的20幅画作设立信托，一半用于儿子的教育费用，一半用于慈善事业。

2. 解决方案

通过艺术品信托和慈善信托双层信托架构，可以实现C先生的愿望和诉求。

（1）信托最重要的核心是信任，因此首先需要协助C先生选择其确认信任的主体，包括业绩良好的持牌信托公司Z，具有良好信誉和执行能力的艺术经纪公司Y，可以作为艺术品信托受益人和慈善信托委托人的公司A，在公共文化事业公益项目上富有经验和能力的慈善基金会H，专业从事艺术品法律实务的律师所在的律师事务所D。

（2）C先生与C太太协商一致，并签署了夫妻财产约定协议，约定该20幅画为C先生单独所有，C先生为该画作做必要的财产保险，并以此画作加部分管理运营所需的现金资产设立信托，由C先生委托Z信托公司以20幅画作为信托财产，设立艺术品财产信托，指定A公司和C先生的未成年儿子为受益人；A公司作为艺术品信托的受益人，用受益收益设立慈善信托。另外，C先生指定艺术经纪公司Y作为项目执行人，负责保管、运营、管理、变现受托财产。

（3）A公司委托Z信托公司设立慈善信托，约定该慈善信托的受益范围为公共文化事业，并确定了受益选定的程序和方法，由H慈善基金会负责执行具体项目。

（4）D律师事务所委派专业律师出任艺术品信托和慈善信托的监察人。

3. 法律要点解析

该案例的解决方案符合《中华人民共和国信托法》《中华人民共和国慈善法》《中华人民共和国合同法》和《中华人民共和国婚姻法》（现已纳入《中华人民共和国民法典》）等相关法律的规定，延用了一些实践中的常用方法，具体如下：

（1）C先生希望用自己的20幅画作设立信托，用于儿子的教育费用和慈善事业，符合《中华人民共和国信托法》第六条、第七条的规定。C先生作为委托人设立信托，需要对20幅画作具有完全独立的所有权，而画作作为艺术品不但具有物权属性，同时也具有著作权属性。C先生是20幅画作的创作人，对上述画作享有著作权。根据原《中华人民共和国婚姻法》（以下简称《婚姻法》）第十七条规定，知识产权产生的收益为夫妻共同财产。为了后续信托执行的需求，在设立信托之前，C先生和C太太对该20幅画作签署了夫妻财产约定协议，约定该财产归C先生个人单独享有。这样，C先生作为委托人设立信托，符合《信托法》关于信托财产的规定。

（2）C先生基于信任，选择了Z信托公司作为受托人，签署书面信托合同，管理和处置信托财产，符合《信托法》的规定。

（3）Z信托公司为金融机构，在艺术品管理上并不专业，在信托合同中，C先生指定了Y艺术经纪公司作为信托执行人，负责保管、运营、管理、变现受托财产，这项约定不违反法律规定，是实践中常采用的方式。

（4）C先生用艺术品信托受益的一部分设立慈善信托符合《中华人民共和国慈善法》（以下简称《慈善法》）的规定。为了隔离C先生与信托执行的风险，C先生基于对A公司的信任，选定A公司并签署协议，由A公司作为艺术品信托的受益人，用受益收益设立慈善信托。A公司与Z公司签署慈善信托协议，符合《信托法》和《慈善法》的相关规定。

（5）慈善信托受益范围为公共文化事业，符合《慈善法》的规定。H基金会被指定为慈善基金会作为执行人，与Z信托公司签署设立慈善信托及使用规则协议书，不违反法律规定，是实践中常采用的方式。

（6）C先生与D律师事务所签署艺术品信托监察人协议书，虽然《信托法》并未规定监察人是财产信托的必要条件，但也有禁止性规定。为了艺术品信托更好地执行，建立监察人制度不违反法律规定。

（7）A公司与D律师事务所签署慈善信托监察人协议书，满足《信托法》第六十四条和《慈善法》第四十九条的规定要求。

同时我们也注意到，该案例的实践存在一些问题和法律障碍，例如根据《信托法》第十条的规定，设立信托应该登记，而艺术品信托登记尚未有法定登记机构；受托人报酬没有相关直接规定，双方虽然可以约定，但艺术品评估制度的限制也影响了艺术品信托的开展和执行；在实践中，相关税收制度的滞后、不确定也是艺术品信托、慈善信托开展的困惑和难点。

（五）回顾与展望

浩律财富自成立以来，在财富管理与传承及艺术财富管理案例研究与实践方面做了一些尝试与探索，也取得了一些成绩，团队的专业和研究能力得到了很大的提升。同时，我们也清晰地意识到，目前我们还存在一些问题，还有很大的提升空间。由于时间较短，整个行业可供研究的案例数量较少，有些领域甚至还是空白。许多法律、法规尚不明确和完善，使该领域的研究在基础数据和丰富性上还有很大缺失。由于团队以实务工作为主，在研究能力和学术能力上水平有限，在研究的深度上有待加强。案例研究是浩律财富的工作内容之一，可投入的人力、物力、财力有限，缺乏系统和长远的规划。随着财富管理与传承及艺术财富管理的发展，随着浩律财富的不断壮大，希望该研究能成为长期、固定的科研及实践项目，不断学习提升、打磨、积累，能为财富管理与传承及艺术财富管理领域的实践和教学科研贡献一分力量，也为财富的善用与延绵尽一份时代的社会责任。

四、延伸阅读：艺术品的传承[①]

随着改革开放40余年来中国经济的高速发展，家庭财富不断增长和积累，人们越来越重视财富的配置和规划。近些年来，在人们的财富配置中，艺术品以其稀缺性、独特性、观赏性、成长性等特点及在财富规划和传承中特有的功能备受关注。

艺术品与其他形态的财富相比具有不同的特点，这决定了艺术品传承也有着独特性。这一领域的相关研究很少，本小节对艺术品传承中相关法律问题的几点思考略作探讨。

（一）艺术品传承的价值和意义

"2019胡润财富报告"显示，大中华区拥有600万美元资产的"富裕家庭"的总财富达128万亿美元，是大中华区全年GDP的1.3倍，其中，中国大陆占八成。

《2019艺术市场报告》显示，2018年，全球艺术市场共成交拍卖金额524.1亿元，中国占比29%，在全球三大市场中位居第二。中国家族（家庭）越来越重视历史文化的保护和传承，不少家族（家

---

① 本部分执笔人：云大慧（浩天信和律师事务所合伙人，浩律财富负责人）。

庭）开始购藏艺术品并重视艺术品的传世意义，将投资与家族文化血脉相结合，探索良性传承模式。

《2019中国家族财富可持续发展报告——聚焦家族信托》显示，中国未来30年将有60万亿元财富由第一代创始人传给第二代。同样，对于艺术品而言，艺术品的传承也成为艺术家和艺术品藏家面临和思考的问题。

案例一：艺术品继承纠纷

昆明市中级人民法院曾有一起艺术品继承纠纷，被继承人王某某、葛某某夫妇婚后育有子女王某甲与王某乙二人，被继承人生前立下遗嘱，遗嘱中载明家里遗有的书籍、字画、瓷器工艺品及什物由王某甲与王某乙二人协商分配。王某某、葛某某夫妇过世后，其子王某甲与王某乙二人对遗嘱和继承产生分歧。王某甲起诉至法院，主张被继承人二人生前所收藏的60幅字画和60余件瓷器等被王某乙非法占有，王某甲主张应由其继承60幅字画。据此，王某甲提供了一份"被盗名家字画画家名目"，该份名目中列有34位画家的名字，有王某乙书写的"确认以上字画现在我处"的文字，并有王某乙的签名及书写的日期。但因证据不足，"被盗名家字画画家名目"被法院认定为非王某乙的真实意思表示，不具有证明存在60幅字画的效力。最终，王某甲的诉讼请求被法院驳回。

案例二：艺术品传承的需求

赵先生夫妇是一对老画家，25年前，他们沿着"丝绸之路"一路走、一路作画，积累了大量画作。但他们无儿无女，现已年近古稀，这批艺术品如何实现其价值以及如何传承，成了摆在他们面前的难题。

从艺术品创作者的角度来看，一些知名艺术家随着年龄的增长和艺术造诣的提升，创作的艺术品的价值在不断攀升，艺术家希望自己的艺术作品永世流传，艺术价值可以得到最好的体现；同时，艺术品资产成为艺术家家庭资产中最主要的构成。也是基于此，艺术品权属纠纷目前也呈上升趋势，制约着艺术价值的有效增长，甚至出现家庭关系失和，这一定是艺术家不愿意看到的后果。因此，了解艺术品的权属和法律属性，提前做好艺术品及艺术资产的安排和规划，避免纠纷，让艺术品永世传承是艺术家需要思考和面临的问题。

从艺术品藏家来看，艺术品与其他资产相比，有其非常特殊之处。艺术品不仅有财产属性，也有人身关系属性。同时，其价值的不确定性、标的物的可复制性、特殊保管需求等都使得艺术品的传承相对复杂。如果不了解艺术品的法律属性、法律风险，没有提前做好艺术品规划，艺术品不但无法成为传承、维系家风和文化传承的重要载体，还可能有灭失的风险。

（二）艺术品传承的法律问题

1. 艺术品传承的方式

（1）通过遗嘱对艺术品进行规划与安排。

艺术品所有者可以通过设立遗嘱将属于自己的艺术品决定由一人或者数人继承其中的一部分或全部份额；也可以通过遗嘱的方式将其遗产的一部分或全部赠予国家、社会或者法定继承人以外的人；也可以与扶养人签订协议，约定由扶养人承担遗赠人生养死葬的义务，并将自己的艺术品财产的一部分或全部于其死后转移给扶养人。通过遗嘱对艺术品的安排，可以有效保证艺术品所有人按照自己的真实意愿传承艺术品，避免出现因有多个继承人分割而不得不出售艺术品以获取价款后由各继承人均分的后果，以免造成艺术品的价值受损，从而导致艺术品无法在家族内传承。同时，被继承人对所拥有的艺术品及其数量、性质、价值、存放位置、是否交由第三人保管或质押给债权人等情况最为了解，通过遗嘱明确继承内容，有助于避免本属于继承人应继承的艺术品流失，尤其是当艺术品系交付第三方保管或质押给债权人时，遗嘱可有效避免上述风险。

通过遗嘱对艺术品作出安排有利于艺术品的真伪鉴定。艺术品的真伪鉴定是艺术品交易中非常重要的环节。一份记载艺术品品种、名称、性质、作家、年代、市场价等信息的遗嘱，在一定程度上可作为艺术品的"身份标签",成为鉴别艺术品真伪的工具,帮助艺术品有序传承。尤其是当被继承人系艺术品作者时,继承人或受遗赠人作为作者的家属或朋友,对艺术品真伪的鉴定具有一定的说服力,加上遗嘱的佐证,鉴定力度会更强。

在安排艺术品传承时,艺术品持有人应先析产,以避免将夫妻共同财产或其他人的财产纳入遗嘱处置范围,避免处置不当,留下发生纠纷的隐患。订立遗嘱都应确保遗嘱的订立程序合法,形式上无瑕疵,以避免出现因形式不合法而出现遗嘱继承无效和产生效力争议。

在艺术品传承遗嘱中,需要特别注意艺术品基本信息、鉴定评估资料应与艺术品一并传承,并尽量以书面并且公证的形式确保传承的效力。另外,艺术品的交付是艺术品继承中非常重要的环节,只有取得艺术品,才算是艺术品继承的完成。

(2)通过艺术品信托做传承规划与安排。

艺术品信托是指委托人将其持有的艺术品转移给受托人并设立信托,由受托人自身或会同其他专业管理人员共同发挥该艺术品的价值,并以此获得信托收益。

设立艺术品信托应订立信托合同,对艺术品信托的内容作出详细约定,包括但不限于委托人、受托人、受益人及监督人等其他各方当事人及其各自的权利义务,艺术品的管理与运作,艺术品收益分配。艺术品的管理与运作应使其充分发挥价值,实现信托财产的稳定增值。信托合同还应约定艺术品的馆藏、出租、展出、品鉴、市场推广、流转、出境限制,以确保艺术品完好保存,发挥更高的社会和艺术价值。信托合同还应约定信托期限、信托费用、监督人等条款,更好地保障信托各方当事人的权益,实现信托目的。

艺术品信托是通过专业机构、专业人员让艺术品的艺术价值和经济价值得到更好发挥的一种传承方式。通过信托合同和信托法律制度规范,无论艺术品所有者生存或身故,乃至身故后若干年,在信托架构中的艺术品都会依信托合同的约定被处置和安排,使得艺术品所有者可以按自己的意愿来安排艺术品,是一种重要的艺术品传承方式。如果委托人家族成员及后代对艺术品有兴趣和相应处置能力,除了可以获得相应的信托利益外,还可以通过在家族信托各实体机构中任职发挥自身管理专长,以获得相应报酬。但目前国内单独针对艺术品的信托尚未开展,这给家族信托未来的发展留下了很大的空间和挑战。

(3)通过大额保单做好税务筹划和工具补充,使艺术品价值传承最大化。

艺术品作为传承的标的,有着与其他标的不同的特性。与其他标的相比,艺术品价值认定的不确定性较大。艺术品的价值也会因时代的变迁和创作者艺术造诣的社会认同度而变化很大。在传承安排与发生继承时,艺术品的价值也可能会有比较大的变化。发生艺术品继承时是否面临遗产税的征收及税须估算,也是艺术品规划与安排中需要考虑的一个重要方面。

遗产税是对被继承人死亡时所遗留的财产课征的一项税种。继承人必须先按这笔遗产在被继承人死亡时的市场价格乘以一定的税率向政府交税,完税后才有权利继承遗产。全世界对于征收遗产税的态度和做法不尽相同,有的国家对所有遗产征税,有的国家则只对其中一项或者几项遗产征税。据统计,世界上已开征遗产税的国家和地区已达到100多个。我国目前虽未开征遗产税,但遗产税的征收已是世界各国已经施行的成熟的税收制度。征收遗产税是我国未来的发展趋势。如果艺术品发生继承,在遗产税开始征收后没有做好相应的规划,就会出现因未缴纳遗产税而无法继承该艺术品的情形。因此,做好该项规划成为艺术品传承不可忽视的重要内容。

另外,针对后代的不同情况,大额保单也是平衡家族(家庭)财富传承价值的重要补充工具。现在一些保险机构针对家族财富传承推出了大额保单产品,指向未来遗产税的支付应对,可起到税务筹划、未雨绸缪的作用,为艺术品传承提供了一种非常好的传承工具补充。提前考虑安排相应的大额保单以应对未来的遗产税和传承工具的多样性，是值得考虑的一种方式，让艺术品价值传承最大化，让艺术品可以按照艺术家或藏家自己的意愿实现传承。但目前中国境内还没有针对艺术品传承的保单业务，对于保险机构无疑也是一个很大的发展空间和挑战。

2. 影响艺术传承的法律问题

艺术品来源于艺术家创作、艺术品传承和艺术品交易。来源于创作和传承的艺术品，其权属和真伪问题相对比较小；来源于交易的大量艺术品，则在交易的各个环节都可能存在法律问题和法律风险，对艺术品藏家的传承有着重要的影响。藏家在取得艺术品时，应注意这些法律问题，以保证传承标的的权属真实、合法、有效，确定其价值。

艺术品交易涉及法律问题的环节包括艺术品的鉴定与评估、艺术品的画廊交易与私下交易、艺术品拍卖、艺术品电子商务、艺术品投资基金与资金信托、艺术品份额化交易、艺术品质押融资等艺术品金融形式、艺术品保管与运输、艺术品交易过程中的税收和行政管理等。

在我国，影响艺术品市场交易的难点主要是艺术品的鉴定与评估，这是全行业都在关注和积极探索的领域。另外，在管理和交易的各个环节，都存在一定法律风险。

此外，我国艺术品基金还存在艺术品评估和定价机制缺失、鉴定机制不完善、赝品盛行等问题，这也在一定程度上制约了艺术品金融的发展。

3. 信托业现状及影响艺术品信托的信托法律制度完善

中国信托业协会发布的《中国信托业发展报告（2018—2019）》显示，2018年是中国家族信托发展史上的关键一年，中国银保监会首次在官方文件中明确界定了家族信托业务，为将来家族信托业务的发展奠定了坚实的政策基础。信托公司已经成为家族信托的主要参与者：截至2018年末，在68家信托公司中，共有36家开展了实质性的家族信托业务，以资金信托为主，业务总规模约为850亿元。目前，大部分信托公司开展的家族信托属于资金信托，少部分信托公司开展了保险金家族信托、商业地产家族信托、股权家族信托，但规模较小。

作为家族财富管理重要工具之一的家族信托在中国起步较晚。从近几年的实践来看，由于现行法律法规欠完备，制约了其发展的速度。目前，我国家族信托业务主要受2001年《信托法》、2007年《信托公司管理办法》、2008年《信托公司集合资金信托计划管理办法》、2010年《信托公司净资本管理办法》的规制。上述规定为家族信托业务确定了基本的法律关系，奠定了家族信托业务的发展基础，但远远不足以支撑家族信托业务发展的需要，并在一定程度上限制了家族信托的发展。按照金融法律法规的规定，家族信托作为一种金融产品，是受金融法调整的金融交易行为，并受金融监管部门监管，不是《信托法》项下按委托人的意愿以自己的名义为受益人的利益或者特定目的进行管理或者处分的行为，离信托的本源相距尚远。

《信托公司管理办法》第七条规定，设立信托公司应当经中国银行业监督管理委员会（现银保监会）批准，并领取金融许可证；未经中国银行业监督管理委员会批准，任何单位和个人不得经营信托业务。依据这一规定，目前我国的信托业务仅限于以信托公司为主的金融机构，也就是说，信托关系中的受托人有严格的主体资格要求。这一限定大大约束了信托行为，使《信托法》第二十四条"受托人应当是具有完全民事行为能力的自然人、法人"的规定形同虚设。同时，信托关系的实质是基于信任的，主体资格的限定也局限了信任的核心要素。

从目前我国信托业的现状可以看出，信托公司的经营范围主要是金融业务，尚未有受托管理的职能，而市场的需求亟待相关法律制度的突破，艺术品信托的开展也有待于这些制度有所突破。亟待突破的主要法律制度主要有四个方面：

（1）受托人制度的建立。

我们可以借鉴一些信托制度成熟的国家的做法，将受托人分成层级，最严格的级别是持牌金融机构，从事资金信托业务，受金融监管。除此之外，可以由行业自律组织和专业性机构（比如律师事务所）承担受托人资格，对委托人的非资金类受托和事务信托承担受托责任。艺术品信托也可以由行业自律组织等专业性和公信力强的组织承担。随着个人信用体制和个人破产制度的完善，可将受托人扩展到自然人，并完善相关制度，设立完整的受托人制度。

（2）完善信托登记制度和机构。

《信托法》第十条规定，设立信托，对于信托财产，有关法律、行政法规规定应当办理登记手续的，应当依法办理信托登记。未依照前款规定办理信托登记的，应当补办登记手续；不补办的，该信托不产生效力。银监会（现银保监会）制定的《信托登记管理办法》明确，信托产品登记机构为中国信托登记有限责任公司。这里我们暂不讨论信托登记与信托成立的关系、信托审查制度问题及信托登记与保密性冲突等问题，单就登记机构而言，就不能满足家族信托中非信托金融产品之外的家族信托的需求。实践中，除了中国信托登记有限责任公司外，并没有统一和规定的信托机构，这使得家族信托（包括艺术品信托）实操存在困境。建立明确的、可操作的、便捷的信托登记机构是家族信托和艺术品信托开展的必要条件。

（3）完善家族信托的税收制度。

《信托法》规定，信托财产具有独立性。从所有权角度来看，《信托法》未明确信托财产转移是否会导致所有权的转移。而我国的税收制度采用的是一般性的税收原则，家族信托就存在制度困境和现实征管困境。这一现状给家族信托的发展带来了巨大的影响，因此亟待建立针对家族信托征税的制度设计。业内专家呼吁，可以借鉴英美法系家族信托制度，为中国家族信托所得税设计特别条款，确定双重所有权制度。家族信托税收制度的突破也将给艺术品信托落地带来实质性推动作用。

（4）完善信托监察人制度。

我国《信托法》对公益信托有监察人设置要求，对私益信托则未做规定。从近年来家族信托的需求和实践以及国外的家族信托制度看，有必要在立法上明确私益信托监察人的设置和地位——特别是对艺术品信托，因为艺术品的价值具有变动性、易复制性、保管要求高等特点，设立专业人士为监察人的制度对艺术品信托的开展大有助益。

4. 设立艺术品慈善基金和信托，让艺术价值弘扬光大

艺术品除了艺术价值和经济价值的传承外，其更具有社会价值和文化价值。许多艺术家和藏家有着更高的追求。艺术家和藏家可以根据自己的意愿设立艺术品慈善基金和慈善信托，通过艺术品基金和信托的运行获取收益，以支持社会公益。包括艺术品所有人在内的大部分高净值人群都有回馈社会的愿望和需求，世界上的许多名门望族与华人世界的富裕家族都已成立了慈善基金和慈善信托，通过慈善基金和慈善信托机构实现对社会的贡献。同时，回馈社会和对社会的贡献也是建立家族文化和核心价值、家族精神的重要途径，是家族精神财富传承的重要内容。

2016年9月1日起实行的《基金会管理条例》是慈善基金会设立和运营的直接法律规范。2016年9月，我国颁布了《慈善法》，对慈善组织、慈善募捐、慈善捐赠、慈善信托、慈善财产、慈善服务等作出了明确的法律规定，也对过去实践中的一些模糊和不尽明确的内容有了准确的定性。基金会的登记和管理由民政部门负责。艺术品基金会的设立和运营由上述法律规范。目前，许多艺术家都设立了艺术基金会，用艺术品经营收益支持各种类型的公益事业。

2017年7月26日，银监会（现银保监会）和民政部联合发布了《慈善信托管理办法》，对慈善信托的设立、财产的管理和处分及备案制度等方面

作出明确规定。目前，已有许多艺术家设立了慈善信托，慈善信托也是各信托公司目前积极开展的业务板块。该规章的出台让慈善信托有法可依，可以更好地发挥作用。

综上，艺术品传承与其他财富传承最大的不同是其不但有资产价值，更重要的是还有艺术价值。艺术品的艺术价值是无限和不可估量的，艺术品因其流转和市场要求被赋予了定量的经济价值。而艺术品的传承不仅仅是经济价值的传承，在传承中让艺术价值得到最大发挥或许才是艺术家和收藏家的最大心愿，也是艺术品艺术价值属性和文化遗产属性最好的弘扬方式。如何做好艺术品传承这一课题，值得艺术家、收藏家和各领域相关专业人员投入更多精力进行关注和研究。

第三十章　南方文交所交易平台运营案例研究

> 南方文交所是艺术品交易平台"四分离理论"的提出者与实践者，在艺术品交易平台的规范管理运营上做出了重要的探索。在此基础上，南方文交所探索公开交易市场的投融资理论与实践，把投融资分析的理论、方法及平台建设与客户的管理、教育结合起来，成为文交所平台规范化发展的一个标杆。

一、案例简介：南方文交所交易平台运营

广东省南方文化产权交易所（以下简称南方文交所）是经广东省人民政府批准设立的综合性文化产权交易服务机构，由广东省委宣传部主管，于2010年11月8日挂牌成立，2011年7月15日正式营运。南方文交所是《广东省建设文化强省规划纲要（2011—2020年）》十大重点工程之一，是广东省文化市场体系建设重要成果之一。南方文交所致力于做行业标准建设的引领者、社会责任的担当者和文化产业的推动者。南方文交所秉承"交易创造价值、文化引领未来"的经营理念，上联政府、下接企业，左牵资本、右引项目，以"推动文化强国伟大事业的发展"为使命，充分运用科技手段，引领文化产业健康、可持续、快速发展，建构了专业的交易、鉴定、评估、仓储、结算服务团队，是平台化"四分离"制度的提出者与实践者。南方文交所交易平台上线第一年，便实现钱币邮票交易总额136.4亿元，此后交易额稳步上涨，日交易额最高达到10亿元。

2014年，在广东省政府的推动下，南方文交所推出线上交易平台，由收藏者提交藏品挂牌申请，文交所邀请权威第三方对藏品进行价值判定，通过审核后对该藏品进行挂牌，投资人可通过平台直接查询到该藏品的信息，并通过平台买卖藏品。这实际上是简化了所有的中间流程，将原本的文化艺术商品的买卖汇集到互联网中，通过平台形成网上市场，形成更为开放透明的交易环境。而投资人不但可以通过网站查询到相关收藏品的价值，更可以通过简便的方式托管、出售自己的藏品，形成文化商品和金融资本价值的转化。整个交易平台体系由文交所交易系统、第三方鉴定机构、第三方仓储机构、第三方银行机构共同组成，其中，信息发布和交易服务由电子交易平台提供；资金存管与结算由第三方银行负责；钱币邮票鉴定由美国NGC中国总代理广州国标钱币收藏品鉴定评估有限公司（中国首家经国际认可的钱币鉴定专业机构）独立开展鉴定；钱币邮票保管与交收服务由国家级的专业仓储交收机构——上海中工美国际货物运输代理有限责任公司负责。

全国交易场所陆续推出文化商品交易服务，不但解决了传统现货市场存在的商品真伪难辨、品相不一、交易效率低、交收成本高等弊端，而且有效降低了交易和交收成本，有效拓宽了商品融通范围，大力促进了文化产业的发展。短短几年间，文化商品交易市场迅速发展，但随之而来的是各种交易乱象的频现。比如，由于缺乏规范性文件的管理和指引，导致文化商品交易投机炒作过度，甚至部分交易所与发行人串通虚拟发行，产品上市后价格被庄家迅速拉升，高出市场价几倍甚至几十倍，引诱投资者高位接盘获利。

南方文交所交易平台在交易过程中通过"四

分离"制度安排,即交易所登记结算、银行资金监管、第三方独立鉴定以及独立仓库保管,确保了交易过程中的资金、商品及交易本身的独立性,达到了保障交易客户资金安全、商品安全、交收安全、交易安全的目的,使文化商品交易从乱象丛生的环境进入到一个公开透明的市场体系。在具体的案例研究分析过程中,应特别注意以下几个重要问题:

(1)南方文交所交易平台的发展沿革与背景。
(2)南方文交所平台的运营机制。
(3)南方文交所交易结构与体系。
(4)南方文交所创新的合理内核与问题总结。

二、案例描述:文化商品交易服务——文化商品交易平台背景及业务模式

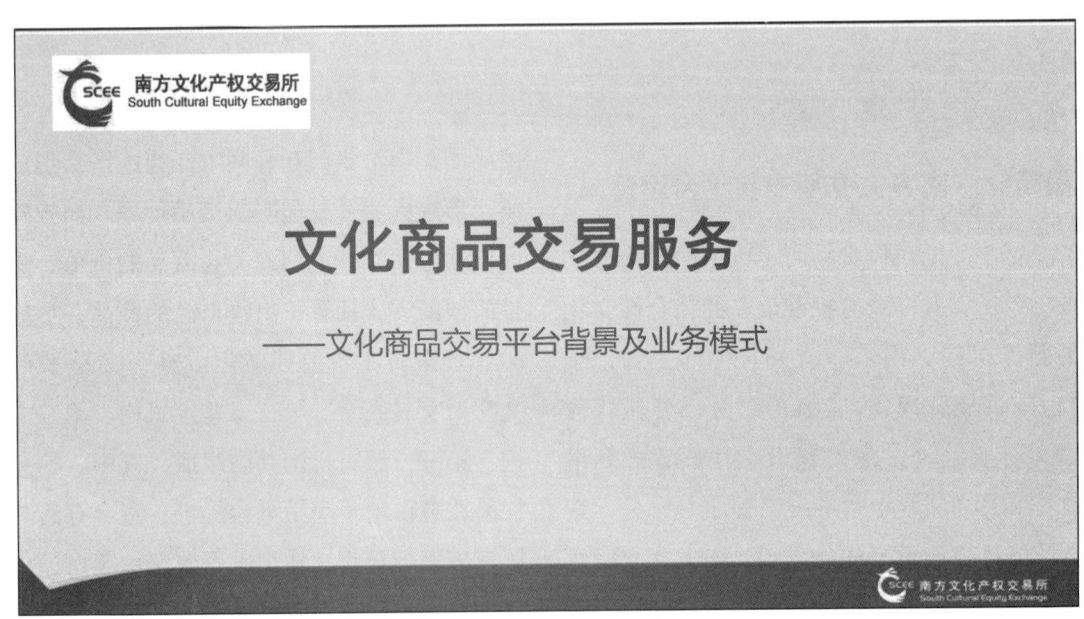

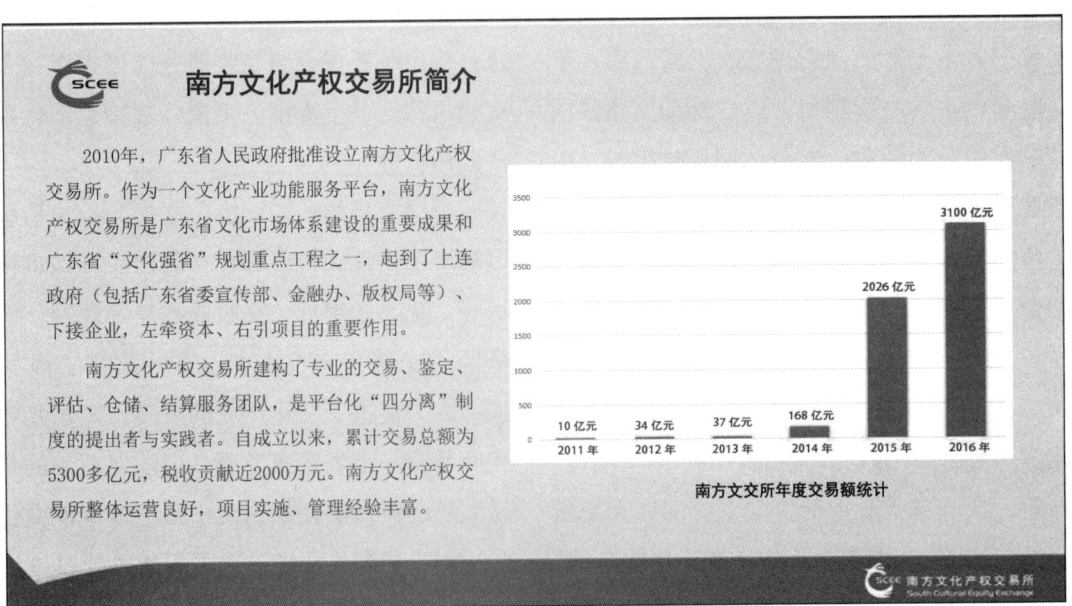

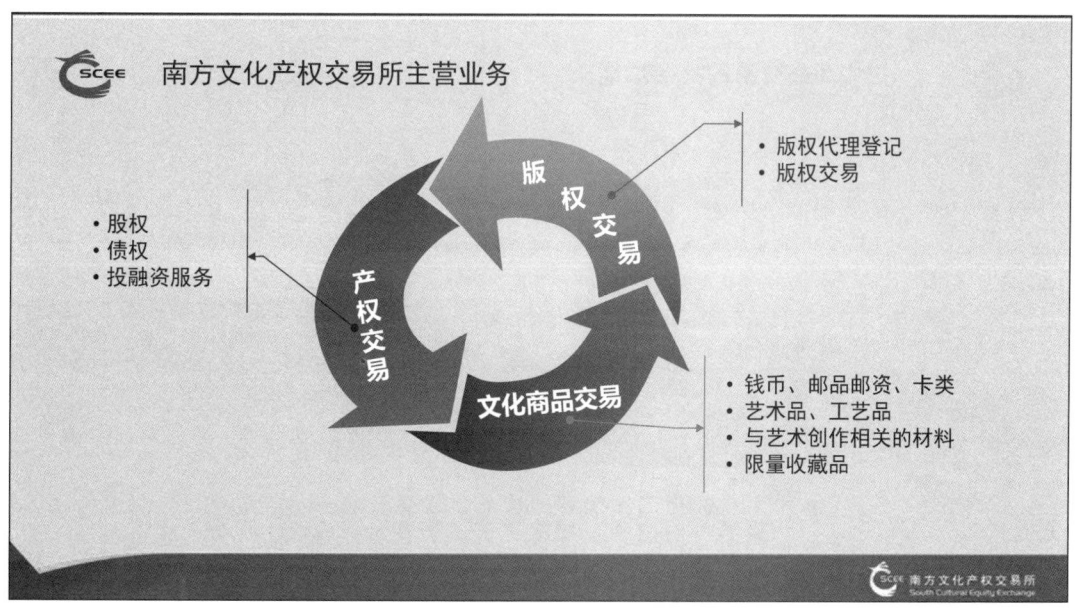

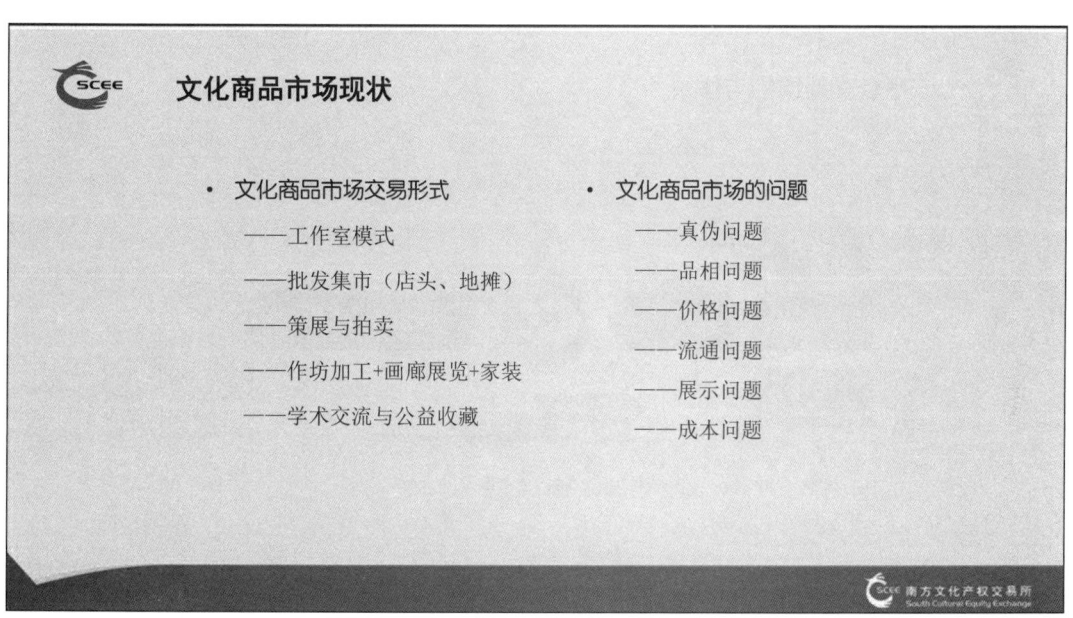

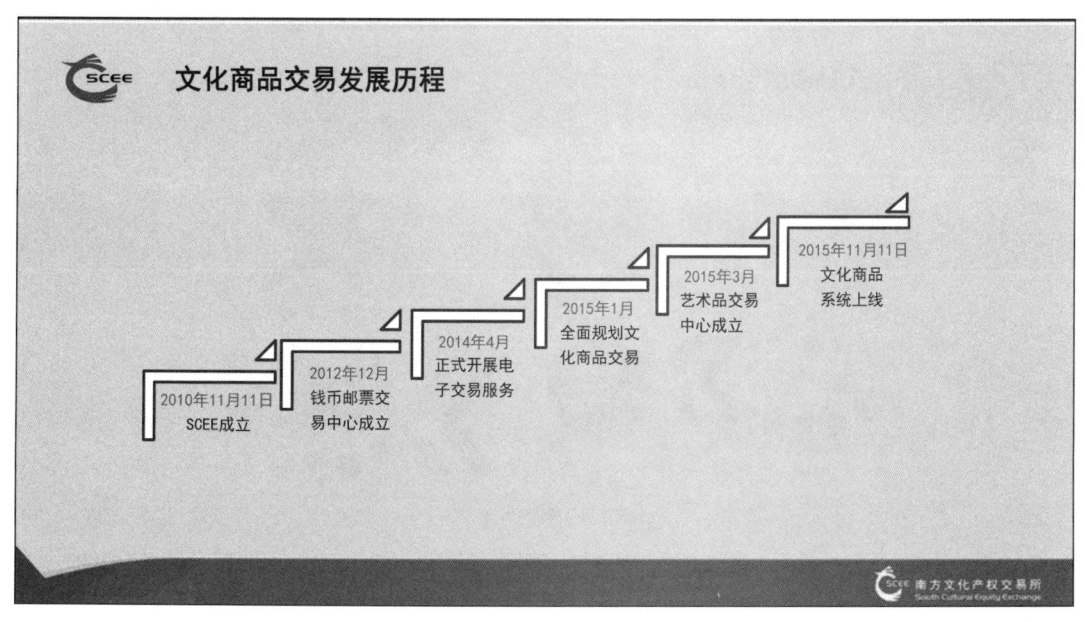

文化商品交易的社会功能

- 构建交易所层面商品交易系统系统
- 构建文化商品发行、批发、商品融通、终端销售全链条商品流通体系
- 激励艺术家、工艺大师的创作热情
- 方便群众参与文化投资、收藏，接受艺术熏陶
- 通过交易促进文化保护与传承，繁荣文化市场
- 文化商品交易系统体系的一个重要组成部分
- 实现商品多次交易、快速流通的创新商品交易
- 建立文化商品流通体系、市场价格体系
- 提升文化商品的交易层次
- 助推传统文化的商品交易走向金融之路

大众文化艺术消费、收藏、投资三位一体
美学传播和普及让文化艺术精品走入生活

平台交易结构与体系

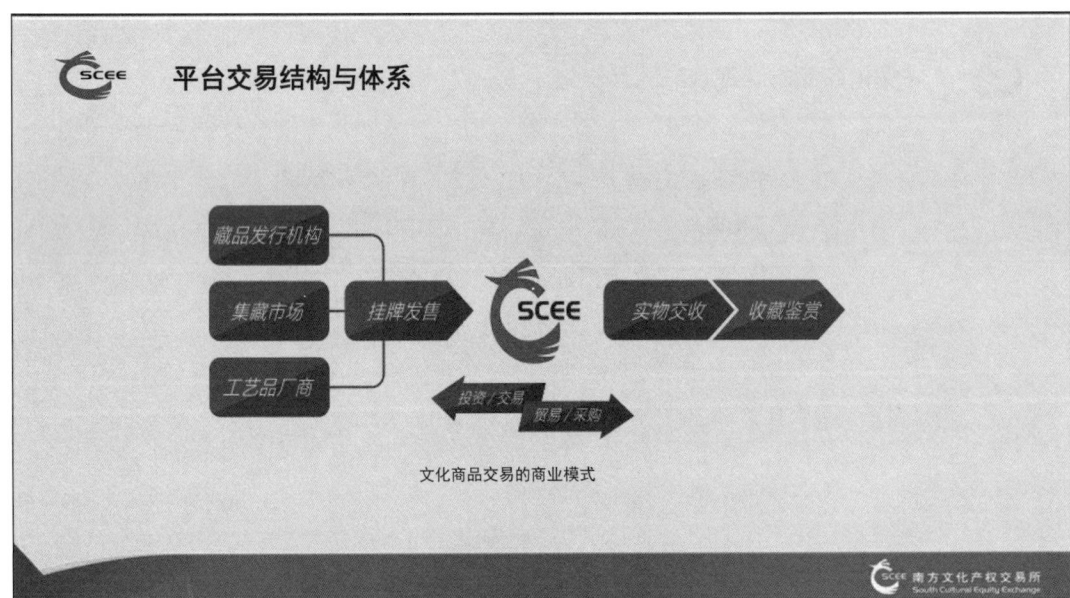

文化商品交易的商业模式

平台交易结构与体系

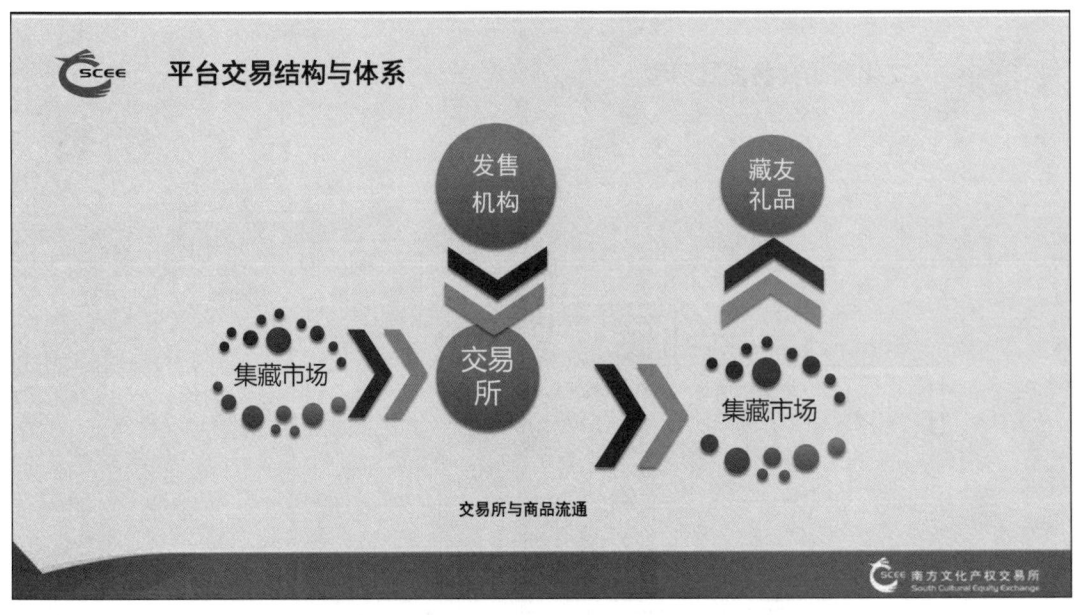

交易所与商品流通

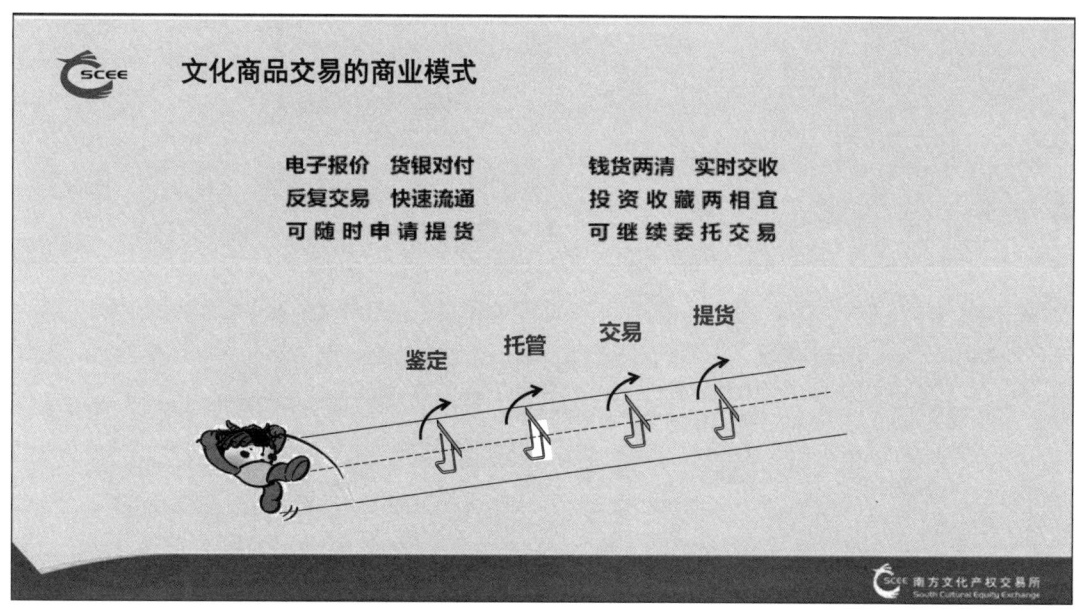

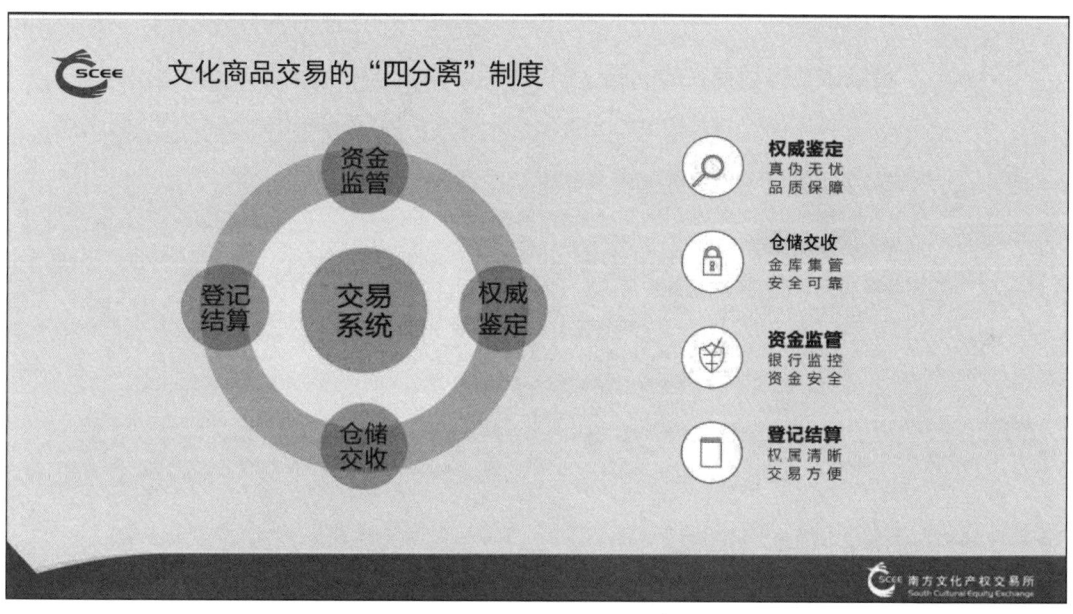

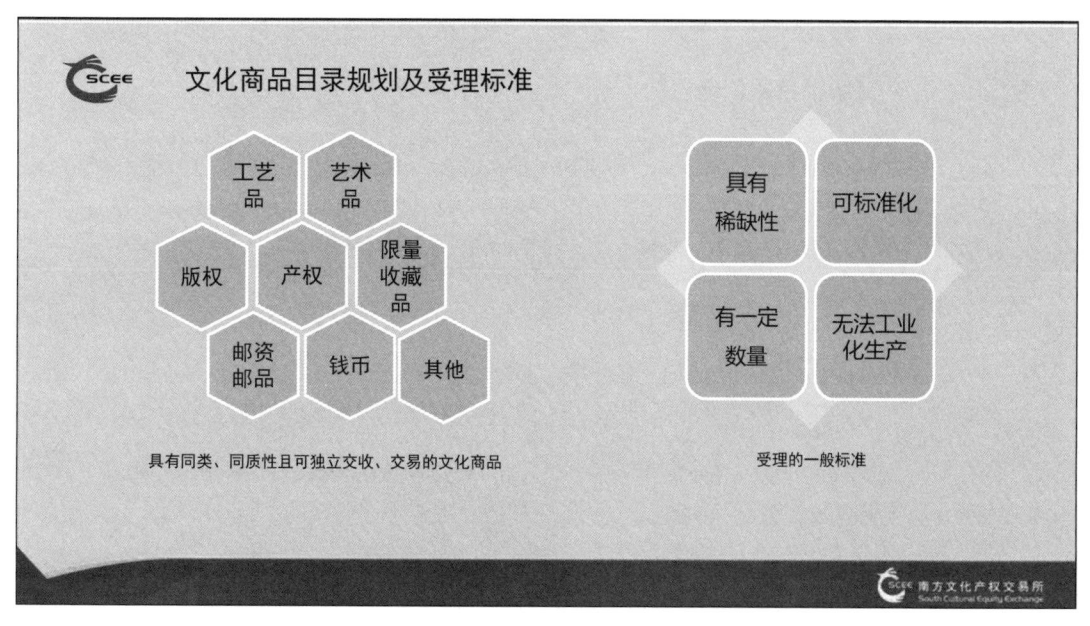

文化商品交易存在的问题

- **混乱的市场**

  （1）类似交易场所数量庞大：全国集藏市场主要集中在北京、上海、广州三大城市，而开展类似服务的全国市场有147家，某些区县一级地区甚至在未经批准的情况下就纷纷开设交易平台。

  （2）平台管理水平差异大，劣币驱逐良币：交易方式看起来都是电子订单交易，实际上平台管理差异非常之大，高风险平台带来的负面影响会对规范管理平台造成排挤。

  （3）市场教育缺失：行业发展初期，市场教育不充分，客户群迅速传递，但大多数消费者并不理解"集藏贸易"本身的特征，单纯将其视同"短期投资"工具，导致短期内聚集了过多投机行为。

- **无序的管理**

  （1）平台设立无标准：交易场所的设立应与地方实体经济相匹配（应由省级人民政府批准），实际操作中却存在无实体支撑的大量地市甚至区县批设的情况。

  （2）"一刀切"的行业管理：不规范平台经营的风险会给整个行业带来负面影响，而"一刀切"地叫停行政管理一样会造成风险集聚的"堰塞湖现象"。

  （3）管理部门不统一：各省市的行业主管部门不统一，也会让全国的行业管理陷入无序。

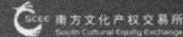

传统现货市场存在的问题

- **交易双方信息不对称，买家往往是信息的劣势方**

  要在制假售假泛滥、赝品次品横行的现货市场中站稳脚跟，要求买家有较强的"眼鉴"能力、雄厚的资金实力和对市场态势的准确把控能力。

- **价格不透明，藏品流通缓慢**

  （1）藏品定价虚高、有价无市，交易期限长，商品流通速度缓。

  （2）存货周转较慢，资金周转困难，贸易成本较高。

  （3）每一次传统集藏贸易行为都伴随着物流配送，交易成本高，同时在配送、运输过程中也存在很大风险，效率低、成本高、风险高。

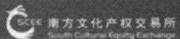

文交所平台的创新优势

文交所平台实行资金监管、权威鉴定、仓储交收、登记结算"四分离"的制度安排，将资金流、商流、物流和信息流进行规范化、科学化的管理，提升了文化商品的交易层次，能够推进文化商品行业进一步发展。具体的创新优势体现在以下方面：

- **买家**

  电子交易系统客观上改变了以往现货交易市场"一店一价""一时一价"等定价混乱无序的局面，买家无须为购买一件商品而四处询价、货比三家，通过电子交易系统便可网上看盘，随时获知文化商品的价格变化，大大降低了信息搜索成本，一定程度上扭转了买家在现货交易中所处的信息劣势方地位。

- **商家**

  商家通过交易中心开设的电子交易系统可将邮币藏品进行线上挂牌交易，不仅能提高自身的知名度，还能有效缓解藏品变现成本高、资金周转速度慢等难题。文交所平台交易快速变现，有效提高了资金周转的速度，进而能更好地防范市场风险。

- **银行**

  电子交易系统不但使交易双方的资金划拨过程变得规范化、透明化，而且有利于银行拓展新的业务市场，获得更大的发展空间；同时，银商转账业务减少了现金的使用率，有效地保证了交易资金的安全。

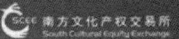

三、案例研究：南方文化产权交易所钱币邮票交易中心的发展模式研究①

（一）南方文交所钱币邮票交易中心的交易模式发展与创新

我国钱币邮票的交易市场规模正不断扩大，据不完全统计，全国钱币邮票的流通市值已超过了1万亿元。从整体上看，邮币藏品交易正逐渐呈现出规范化、专业化和规模化的发展趋势。日益扩大的藏品交易对交易模式提出了更高的要求。在此大环境下，南方文交所钱币邮票交易中心做出了相应的调整和变革，并最终实现了从现货交易模式到线上交易模式的转变。

1. 现货交易模式的弊端

南方文交所钱币邮票交易中心在设立的初期曾一度采用现货交易模式，在其后一年多时间的实际营运过程中暴露出不少问题（图32-1）。通过对市场参与各方的分析可以发现，现货交易模式存在一些结构性缺陷。

（1）买家角度。

根据购买藏品动机的不同，买家可划分为收藏性买家、投资性买家、投机性买家和消费性买家四大类。在现货交易模式下，交易双方存在信息不对称问题，而买家往往是信息的劣势方。要在制假售假泛滥、赝品次品横行的现货市场中站稳脚跟，就要求买家有较强的"眼鉴"能力、雄厚的资金实力和对市场态势的准确把控能力。如此严苛的进场条件使许多有意投资邮币藏品，但鉴别能力有所欠缺、本钱不多的"潜在买家"望而却步。事实上，符合上述条件的往往只是少数的收藏性买家和投机性买家。而投资性买家和消费性买家群体则呈现出专业化程度参差不齐、藏品管理能力有限、易受市场信息影响等特点。因而对于大部分买家而言，邮币藏品收藏行业的准入门槛较高。

（2）商家角度。

相较于买家，商家虽然拥有一定的信息优势，但受艺术品价值判定的模糊性和复杂性、艺术家自身行为的不确定性以及道德风险、艺术品交易中介的信息不完全和不对称、艺术品消费和投资者的非理性和机会主义倾向等因素影响，邮币现

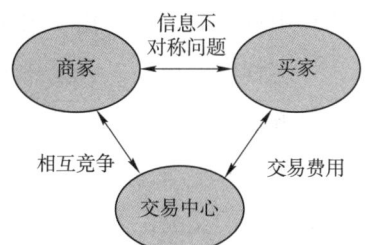

图32-1　南方文交所钱币邮票交易中心现货交易模型图

---

① 本部分节选自：黎友焕，陈飞延，江则昊.南方文化产权交易所钱币邮票交易中心的发展模式研究[J].现代经济信息，2016（8）.

货交易市场中普遍会存在藏品定价虚高、交易期限长等行业现象，商家也不可避免地会遇到商品流通速度缓慢、资金周转困难、变现成本较高等难题。此外，现货市场的邮币藏品价格受地域、周期的影响较大，容易出现藏品交易量大起大落，成交价格时高时低的情况。再者，交易中心也向客户提供钱币买卖和委托买卖等服务，这使商家与交易中心之间存在一定程度的竞争关系。商家除了要面临巨大的市场风险，还要应对来自同行和交易中心的挑战，因此，在现货交易模式中，商家的处境可谓举步维艰。

（3）交易中心角度。

在现货交易模式中，交易中心对自身缺乏一个清晰的定位。具体而言，一方面，交易中心具有规范钱币藏品交易行为、维护钱币藏品交易秩序的责任，是藏品交易市场的"裁判"；另一方面，交易中心又从事钱币买卖、钱币展览等业务，与一般的商家并无二致——这时候，交易中心又是藏品交易市场的"参与者"或"运动员"。交易中心这种"既当裁判又当运动员"的做法，难以保证其对市场的监管、引导作用的全面发挥，更会在一定程度上挤压商家原有的市场份额，不利于钱币藏品交易行业的长远发展。另外，交易中心在开展钱币买卖、钱币展览等业务之余，又向市场提供钱币评级、真假鉴定等配套服务。为此，交易中心需要建立附属的评级机构和藏品鉴真部门，这些举措一方面使得交易中心的规模过于庞大，容易出现人浮于事、尾大不掉等管理问题；另一方面，运营项目过多或会导致不同部门间利益纷争增多，内部矛盾加大，不容易形成工作合力。以上两方面的问题将直接或间接影响到交易中心的运行效率，从而推高钱币藏品的交易费用。

总的来说，在现货交易模式下，信息不对称问题是买家进入邮币市场的拦路石，阻碍了买家群体的进一步扩大；而库存积压、资金周转难的问题则始终困扰着商家，使商家面临着巨大的市场风险；"既当裁判又当运动员"的交易中心不断挤压着商家的市场份额，推高了市场的交易费用。

2. 线上交易模式的优势

互联网技术的发展已渗透到社会经济运行的各个方面，对传统的商业形态产生了深刻影响，引发了传统企业市场和竞争环境前所未有的剧变。在吸取了前期经验教训的基础上，交易中心从钱币邮票藏品现货交易模式逐步发展为线上电子交易模式，通过创造性地实行资金监管、藏品鉴定、仓储交收、登记结算"四分离"的制度安排，将资金流、商流、物流和信息流进行规范化、科学化的管理，藉此提升邮币藏品的交易层次并推进邮币行业的进一步发展。与现货交易模式相比，线上交易模式拥有无可比拟的优势（图32-2）。

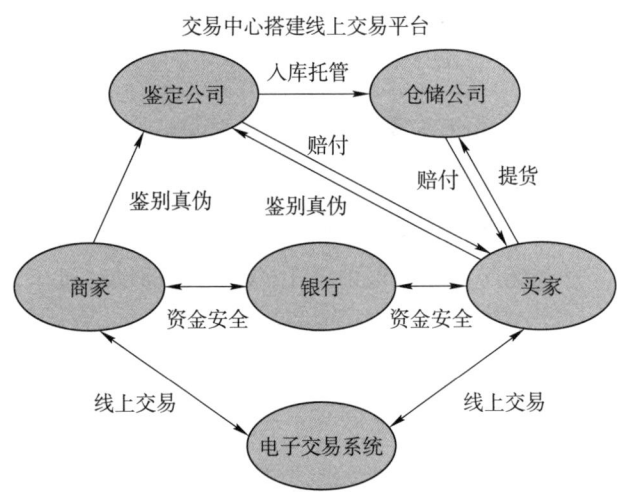

图32-2 南方文交所钱币邮票交易中心线上交易模型图

（1）买家角度。

交易中心开设的电子交易系统客观上改变了以往现货交易市场"一店一价""一时一价"等定价混乱无序的局面，买家无须为购买一件商品而四处询价、货比三家，通过电子交易系统便可网上看盘，随时获知邮币藏品的价格变化，大大降低了信息搜索成本，一定程度上扭转了买家在现货交易中所处的信息劣势方地位。一方面，电子交易系统打开了传统邮币市场上的"定价黑匣子"，将全国主要邮币交易市场的热门交易品种的价格以电子表格的形式每日更新，使投资型买家获得稳定的信息发布源，进而降低了买家的准入门槛，有效扩大了买家投资群体。另一方面，电子交易系统也吸引了相当数量的投机型买家入场，而健康的交易市场离不开一定数量投机者的存在。投机者好比市场运行机制中的润滑剂，他们通过套利获取利润，在活跃交易、消除不合理价差、为市场注入流动性等方面起到了积极的作用。

（2）商家角度。

商家通过交易中心开设的电子交易系统可将邮币藏品进行线上挂牌交易，不仅能提高自身的知名度，还能有效缓解藏品变现成本高、资金周转速度慢等难题。首先，商家要将藏品挂牌交易，需先注册成为交易中心的经纪会员，将自家的邮币藏品送达指定的鉴定机构进行鉴真，通过鉴定专家的评估后方能向交易中心提出入场挂牌申请。只要商家能通过层层选拔将藏品挂牌交易，这本身就是对其实力的肯定，而经纪会员的身份更有助于商家提高社会知名度，从而获得更多投资者的青睐。其次，依托电子交易系统，商家可以在资金需求量大时选择抛售存货来套现，在藏品脱销时选择购入存货以增加库存。由于电子盘交易汇集了大量买家和卖家，商家通常无须折价即可将库存藏品变现，有效提高了资金周转的速度，进而能更好地防范市场风险。而在销售旺季，藏品因受买家追捧而售罄时，商家亦可以通过电子交易系统购入藏品以补充货源，提高销量。

（3）银行角度。

交易双方要利用电子交易系统进行交易，首先要将交易账号和银行卡账号进行关联和绑定，签约开通银商转账业务。银商转账业务不但使交易双方的资金划拨过程变得规范化、透明化，而且有利于银行拓展新的业务市场，获得更大的发展空间。对于交易双方而言，在传统的现货交易模式下，买家和卖家收受假币、邮币商卷款逃跑等现象屡见不鲜，资金安全一直是阻碍邮币藏品行业进一步发展的桎梏。而银商转账业务的出现，大大减少了交易现金的使用数量，有效降低了现金携带成本和失窃风险，有利于交易结算资金的管理，保证了交易资金的安全。对于商业银行而言，银商转账业务也具有十分重要的意义。一方面，该业务稳定了参与藏品投资的客户群体，丰富了银行卡的功能，保证了商业银行的开卡发卡数量实现稳步增长。另一方面，该业务大大减少了商业银行传统的柜台现金使用量，提高了网上银行、手机银行在客户中的使用频率，有利于商业银行推进无纸化、智能化办公的建设。

（4）鉴定公司角度。

在现货交易模式下，邮币藏品市场上制假售假、以假乱真、以次充好的现象屡见不鲜。赝品次品充斥现货市场的一个重要原因，是买家普遍缺乏专业的鉴别技巧，大部分买家鉴别藏品依靠的是"眼鉴法"。由于现货市场的交易特点是一手交钱、一手交货，如果买家要聘请专家进行实地鉴别，不菲的鉴别费用甚至会超过藏品本身的价格，所以在一般情况下，买家只能通过"眼鉴"功夫以及对邮币商的信誉进行评估，而且许多商家均有"货品售出恕不退换"的规定，可以说，现货交易大都没有硬性保障。而在电子交易模式下，交易中心委托专门的第三方鉴定评估机构——广州国标钱币收藏品鉴定评估有限公司对邮币藏品进行全程鉴定，依据科学的甄别方法，从源头上杜绝了赝品盛行的问题。对于交易方而言，鉴定公司有效缓解了市场信息不对称的问题，交易双方无需为鉴真问题而烦恼。而对于鉴定公司而言，通过对藏品进行鉴别评估，除了可以为公司带来可观的业务收入，更能提高公司的公信力和知名度。

（5）仓储公司角度。

在传统的现货交易模式下，邮币商不但需要自行投资建设藏品保管仓库，还需要聘请专业的仓管人员进行管理。另外，藏品交易过程中产生的运输配送问题长久以来一直困扰着大大小小的邮币商。运输时间长、运输成本高、交接手续繁复、运输质量难以保证等问题屡见不鲜，由于运输不慎造成藏品破损使买家拒绝签收等现象更是时有发生。而在电子交易模式下，交易中心委托独立的第三方专业仓储运输公司——北京中工美物流有限公司对藏品进行仓储交收管理。该仓储公司是国家级的保管金库，且拥有成熟的物流运输网络。公司向商户和买家作出郑重承诺：即便因不可抗力因素导致藏品损坏，也可以全额赔付。另外，仓储行业的规模效应明显，能有效降低藏品的单位运费及保管费，这样就保障了交易双方的最大利益。

（6）交易中心角度。

在早期现货交易模式下，交易中心是"既当裁判又当运动员"，一定程度上挤占了商家的利益。而在电子交易模式下，交易中心将自己定位为独立于交易外的第四方，即它既不是买方，也不是卖方，更不是中介方，本身并不参与到交易活动中，只是作为一个公平、公正、公开、公信的第四方平台，负责制定相关的交易规则，规范藏品交易市场秩序，并为交易双方提供必要的场所、设施和相关的服务，保证邮币藏品交易的顺利进行。第四方平台的出现能有效聚集社会闲散资金，引导和改变资金的流向，并最终使市场细分，产业链完善。交易中心对自身的正确定位有很多好处：一方面，交易中心将涉及交易的业务剥离并外包出去，专注于市场信息发布，依靠收取交易佣金、鉴定费、手续费和挂牌费进行盈利，而不直接参与市场，不与市场各方争利，容易被买卖双方接受。另一方面，交易中心通过组建电子交易系统，将邮币市场上原本分散的潜在买方和卖方汇集起来，集中广大经纪会员和投资会员的力量将邮币交易这块蛋糕做大，能促进产业集群，并有效拓宽市场容量和交易规模。

综上所述，对于市场参与各方而言，线上交易是一个共赢模式。相比于现货交易，它有六大优势：一是降低了买家的信息搜索成本，二是加快了商家的资金周转速度，三是保障了买卖双方的资金安全，四是避免了以次充好、以假乱真的邮币质量问题，五是降低了藏品的交易费用，六是有利于促进产业集群。

3. 未来交易模式的发展趋势

针对目前的情况来看，线上交易模式方兴未艾，并呈现出快速发展的态势，而现货交易仍然拥有众多受众，仍然是邮币藏品市场的一种重要交易模式。我们认为，在邮币藏品行业中，这两种交易模式仍将继续存在，但线上交易模式将成为主导，现货交易模式则居于辅助的、次要的地位。

这是因为：一方面，随着"大数据"时代的到来，邮币交易集约化的趋势会愈发凸显。大数据隐含着巨大的社会、经济、科研价值，已引起了各行各业的高度重视。今后，线上交易模式将依托信息技术对交易流程各节点的数据进行深入挖掘和整合，使产业链的供需信息高度集成，人们有望借助计算机对数据进行关联分析，提高匹配和处理交易信息的效率，使大规模的、无差别的交易在规范化的电子平台完成成为可能。但另一方面，收藏界"物以稀为贵"的行业特点又使得现货交易模式不会完全消亡。邮币市场上总会存在一部分由于印刷、制作工艺的误差而导致的错版、孤本等特殊藏品，这一部分特殊的、个性化的藏品由于数量稀少，并不适合在电子交易系统进行交易，因而将在现货市场上继续流通。线上交易模式和现货交易模式对邮币藏品行业的发展是互为补充、不可或缺的。

（二）南方文交所钱币邮票交易中心交易模式发展过程中存在的不足

目前，交易所交易平台除了提供电子交易服务，还附带结算、现货保管、交收服务等，有效地解决了文化商品交易过程中鉴定、保险、结算、仓储等基本问题，加速了商品流通，交易中心推出的电子交易系统在促进邮币经济与文化产业可持续发展方面发挥了积极的作用。但从客观的角度看，当前的钱币邮票电子化交易模式也存在着一些亟待解决的问题。

1. 运营时间不长，可能面临操作风险

操作风险是指由不完善或有问题的内部程序、人员及系统或外部事件所造成损失的风险，它与信用风险、市场风险并称为金融机构的三大风险。南方文交所钱币邮票交易中心的电子交易系统和证券交易系统有着很高的相似度，因而和证券交易系统一样，交易中心也可能面临操作风险。具体而言,虽然交易中心建立了相应的风险管理机制,包括异常波动提示和停牌警告、异常交易行为监控机制,但由于其营运时间不长,员工还得不到有效的锻炼,在面对系统崩溃、程序紊乱以及其他外部突发事件时,员工只要稍有不慎,其不规范操作都可能引发操作风险事件。国内证券交易系统的运营时间比南方文交所钱币邮票交易中心的电子交易系统要长得多,在风险管理方面拥有更多的经验。但即便如此,证券业仍然避免不了"光大银行乌龙指"事件的发生,这从侧面印证了操作风险无处不在的威胁。

2. 缺乏政策细则指引,政策扶持力度不足

目前我国已出台的与电子交易相关的法律有《中华人民共和国民法典》《中华人民共和国电子签名法》《中华人民共和国担保法》,相关的法规条例有《电子认证服务管理办法》《非金融机构支付服务管理办法》《网上交易平台服务自律规范》。这些法律法规从不同程度上对文化产权交易的交易规则、信息披露、公平公正、监督管理进行约束。与其他发达国家相比,我国在电子交易领域的立法工作开展得较晚,相关法律级次较低、相关细则还不完善。特别是涉及钱币邮票电子交易层面的相关性法律尚未出台,市场参与各方缺乏政策细则的相关指引,只能对市场采取谨慎观望的态度。要推动整个邮币收藏行业实现长远发展,仅仅依靠文化产权交易所自身的力量显然是不够的。钱币邮票收藏行业要实现跨越式发展,离不开政府宏观层面给予的政策指引,更离不开民间资本微观层面的资金支持。目前的情况是,政府对邮币电子交易模式的关注度不够,政策扶持力度不够,而民间资本虽一直有入市的欲望,但鉴于藏品电子化交易的相关法律法规尚不完善,政府也没出台具体的管理办法对行业发展予以支持,巨大的市场风险以及政府尚不明确的态度使民间资本力量一直瞻前顾后,不敢贸然进入。

3. 监管体系不完善,缺乏外部监督

2012年,我国首个全国性文化产权交易行业自律组织"全国文化产权交易共同市场"成立,这标志着我国文化产权交易行业的内部监督体系建设达到了一个新的高度。然而,仅仅依靠行业自律并不能完全杜绝暗箱操作和内幕交易等情况的发生。行业要实现健康可持续发展,离不开政府和民间的外部监督。但由于文化产权交易在我国仍是新生事物,在经历了"艺术品份额化交易"风波后,政府对文交所的发展采取了观望态度,而受困于政策限制的文交所几乎脱离了公众关注的热点范围,媒体和民众对文交所的关注了解程度尚且不足,更谈不上对其进行外部监管了。而外部监督环境的缺失会在客观上降低暗箱操作和内幕交易的犯罪成本,可能会诱使不法分子铤而走险从事违规活动,不利于文交所长远的发展。

(三)促进南方文交所钱币邮票交易中心交易模式长远发展的建议

针对当前邮币电子化交易模式存在的不足,南方文交所需要联合包括政府和民间的力量,建立健全风险预警机制,完善相关法律法规,推进监督体系建设,促进文化产业集群,并最终带动整个区域经济发展。

1. 建立健全操作风险预警机制

为应对操作风险及市场上可能发生的其他突发情况,需要从多方面建立健全预警机制:一是建立严密的前端风险监控机制,加强对各个易发风险事件的严格审查,建立责任认定制度,遏制人为操作上的风险。二是建立分级预警机制,按操作风险引起损失的严重程度分为几个层次规范管理,制定相应的管理措施。三是借助计算机网络分析软件提高风险预警能力,以便提早做出风险预防计划,降低风险损失。四是应加强对操作风险的前瞻性研究。因为操作风险具有隐蔽性、突发性,隐蔽时人们无法察觉,突发时让人措手不及,因此掌握其分布状况及走向就显得尤为重要,因此就需要经常深入基层调查研究,虚心听取基层员工的建议,跟踪风险来源,分析风险产生的原因,及时更新技术,做好防范风险的准备。

2. 推进完善相关法律法规的建设

完善的法律法规对于任何一个行业而言都是至关重要的。一方面,法律法规体现着国家的意志,能从宏观上引导行业的走向,促进行业的健康发展;另一方面,法律法规通过明确交易各方的权利和义务,为行业的有序发展提供了支撑和保障。邮币藏品电子化交易在我国发展的时间不长,相关的法律法规尚未完善,因此,加强文化产业政策调研,争取发展改革、国土、商务、财政、税务、科技、金融、教育等部门支持,出台具有可操作性的配套政策,逐步完善文化产业政策体系成为当务之急。具体而言,广东政府需要及早出台一部规范邮币藏品线上交易的地方性法规或规章,并以其为核心,建立起多层次、宽领域的邮币市场政策体系,内容涵盖挂牌审核、竞价、信息公开发布、鉴定评估、风险管理、价款结算等钱币邮票藏品交易各个方面,使藏品市场运作有章可循。

3. 促进文化产业集群,带动区域经济发展

文化产业作为高附加值的产业,是我国经济实现产业结构转化和升级的优势所在。而要做到这一点,就要求文化产权交易所在清楚了解自身的经营资源优劣势以及所面临的机会与威胁的基础上"因地制宜"地选择适合自己的具体发展战略。具体而言,南方文化产权交易所应充分发挥其独立的第四方平台效应,营造出良好的平台环境,使邮币藏品行业乃至文化产业的企业聚集起来,通过协同作用降低单位生产成本和交易成本,整合产业链上下游资源,提高行业的规模效益,从而形成新的经济增长点,带动区域经济的发展。需要注意的是,文化产业集群并不等同于相关文化企业的简单扎堆,而是借助南方文交所这个平台,吸引一批成长性好、竞争力强的企业入场进驻,并通过政府的宏观引导,以市场化运作为手段推动文化产业资源实现有效配置,最终达到"1+1>2"的效果。这样,文化产业群集所带来的外在经济效应又继续作用于与文化产业相关的附属行业,从而刺激整个区域产业的转型升级,并最终促进和带动区域经济实现良性发展。

4. 加强监管机制和监管体系的建设

我国在文化产权交易所的监管主体方面一直没有明确规定,缺乏统一的监管法规或办法,文化产权交易所的发展秩序和监管状况较为混乱。针对文化产权交易所外部监督缺失的情况,政府可仿效证监会和银保监会的做法,建立文化产权交易监督委员会(文监会),对包括南方文化产权交易所在内的全国文交所实行统一监督管理。与证监会类似,文监会可依据法律赋予的权利,制定文化产权交易方面的规章和规则,并在全国各地设立派出机构,对各地的文交所进行日常监管。同时,继续加强完善文化艺术品交易行业自律组织的建设,敦促会员严格实行自律管理,监督检查会员行为,对违反法律法规或自律组织章程的会员给予纪律处分和曝光。通过建立完善内外相结合的监督体系,可最大程度上保证文交所在公开、公平、公正的环境下实现健康可持续的发展。

四、延伸阅读:梦在远方,路在脚下[①]

2016年,南方文交所文化商品交易额突破3000亿元,累计交易额超5000亿元,再创辉煌,取得的成绩为业界瞩目!

近几年,文交所如雨后春笋般涌现,极大促进了我国文化资本市场的繁荣发展,文化艺术金融时代迎来了大发展。在这个时代契机下,作为广东十大文化项目工程之一,南方文交所秉承着"交易创造价值,文化引领未来"的理念,在不断的探索发展中,实现了自身的创新发展与规范发展。《黎婉仪·财经访谈一小时》制作了"南方文交所之窗"专题节目,通过对南方文交所时任总经理张志兵先生的专访,回顾了南方文交所2016年的发展历程,展望2017年的机遇与挑战。

---

① 本部分内容为广东广播电视台黎婉仪财富管理工作室主持人黎婉仪于2017年1月对南方文交所时任总经理张志兵先生的采访文稿。

（一）回顾2016：南方文交所再创辉煌

黎婉仪（以下简称"黎"）：欢迎收听"南方文交所之窗"节目！今天我采访的嘉宾是南方文交所总经理张志兵先生。张总您好！

张志兵（以下简称"张"）：主持人好。

黎：很高兴又可以有机会采访您！在过去的一年里面，南方文交所与广东广播电视台珠江经济台联合制作的"南方文交所之窗"节目影响力非凡。在刚刚过去的2016年，南方文交所的发展速度相当快。今天，想请张总给我们总结一下南方文交所在2016年里做了哪些工作？取得了哪些成绩？

张：好！2016年，在我们广大投资收藏爱好者和社会各界的关心帮助下，南方文交所的业务可以用一个词来形容：热火朝天。我们取得了不俗的成绩。我们南方文交所的"两权一品"业务，概括起来就是版权、股权和文化商品，取得了较大的发展。

版权交易方面，我们和越秀区共同成立了华南版权贸易公司。虽然成立只有一年多时间，但是取得了良好的社会影响力，全国各地的同行纷纷来交流学习。

股权业务方面，我们在广东省委宣传部、文资办的指导下，对国有文化企业的股权做进场交易，保证了国有文化企业国有资产的保值增值，也得到了主管部门的高度肯定。

文化商品方面，2016年是聚焦突破的一年。2016年初，我们就对文化商品提出了"双翻番工程"的目标，就是在当时会员人数不足40万人、交易额不到2000亿元的情况下，就锚定了"双翻番"。2016年全年，我们在文化商品业务方面的业绩交出了一组漂亮的数据：在全国开设了100余家文化商品体验店，有3277个经济会员单位，全年的交易总额已经达到了3050亿元，全国的交易会员人数已经达到977000人，解决了1万余人就业。之所以能取得这些业绩，说明社会各界，尤其是广大的投资收藏爱好者对南方文交所文化商品的一种厚爱、一种支持、一种关心。

（二）行业建设的引领者、社会责任的担当者、文化产业的推动者

黎：展望2017年，南方文交所将从哪些方面着手去继续提升、继续创新？

张：我们刚开了2017年的年会，年会上，我们对2017年充满希望，为什么充满希望呢？因为南方文交所充满希望，南方文交所人充满希望。在这个火热的时代，我们认为，现在是文化商品、文化艺术品以及文化产业大发展、大繁荣的时代。南方文交所在这方面也一定要做好自己的工作。

我们觉得，任何一个伟大的企业要实现自己的理想、目标，都是要经历一番风雨的。南方文交所同样如此。2017年，我们希望在三个方面做好自己的事情，也就是致力于做行业建设的引领者，做社会责任的担当者，做文化产业的推动者。一直以来，我们也是瞄准这三个目标来推进各项工作的。

先说一下"行业建设的引领者"。其实，文交所从诞生的那一刻起就褒贬不一。但是，南方文交所一直诚信规范运作。比如在2016年，南方文交所主导召开了全国首届艺术品诚信高峰发展论坛，发起设立了艺术品诚信发展基金，同时也牵头发起成立了中国文交协这样的自律组织。这些事情都说明我们要致力于行业建设的规范发展。

再说一下"社会责任的担当者"。我先给大家介绍一下文交行业的基本情况。做文化商品的机构，有些叫交易平台，有些叫文交所，有些叫文交中心，甚至大家会把一些商品交易所或者其他的线上交易平台都理解为文交所。那么，做这个业务的机构有多少呢？据我们不完全统计，做文化商品电子盘线上交易的，目前在全国有将近200家。但事实上，根据国务院38号文、37号文和中宣部49号文的规定，成立文交所的一个最基本条件是合法合规，必须经省级人民政府批准。所以，我在这里提醒广大的投资收藏爱好者：要弄清什么样的平台是规范的，是国家监管部门认可的。2013年，全国交易场所联席办公室提供的名单显示，经全国联席会议备案通过的文交所共27家，加上由各省人民政府

批准的文交所，总计30家左右。这是已经取得合法资质的。其他的一些交易平台并未严格按照相关规定审批，也可能不受法律法规的保护。

所以，南方文交所在这方面的社会责任担当就是规范这个行业的发展。比如，我们与文化部（现文化和旅游部）艺术发展中心签订了战略合作协议，从行业的人才培训到高端课题的调研，甚至一些给政府提供参考的高端智库项目的共同研发等，都是我们在做的。我们还与中国检验检测学会共同起草制定了一些文化艺术品（收藏品、产品）行业标准，这都体现了南方文交所在社会责任方面的担当。

最后说一下"文化产业的推动者"。文交所最重要的作用还是推动实体经济的发展，推动文化艺术品行业的发展。我们认为，任何一个企业存在的价值，必须是对实体经济或者整个行业有促进作用。南方文交所2016年所做的文化商品线上交易业务的一组数据非常亮眼：通过我们的平台交易，真正提货到消费者手里的产品是213万件，这是一个很大的交易量，对于文化艺术收藏品流通的促进是非常明显的。在一些新的交易品种（比如端砚、版画、宣纸等）上，我们给投资人、收藏爱好者提供了新型的交易模式，让大家能够很便捷地买到很好的、超值的东西。我们认为这对推动实体经济的发展有很大的帮助，也是南方文交所一直努力的方向。

（三）线上交易，首选合法合规平台

黎：行业建设的引领者，社会责任的担当者，文化产业的推动者——定位非常清晰！

刚才张总提及最近一段时间文化市场开始清理整顿，因为目前称作"文交所"的交易场所很多，良莠不齐，让社会上很多投资人、消费者产生了一些误解。对此，南方文交所如何应对？

张：对投资者或收藏爱好者而言，我认为有两条一定要注意。第一条，大家如果要参与交易、投资、收藏，首先就是要选好平台。选平台时，最关键的就是要选合法合规的平台。我刚才讲了全国有200多家这样的平台，但是真正合规的只有30家左右。大家可以上网查询哪些是已在全国联席会议备案的交易场所，相关资料是公开的。所以，投资也好，交易也好，我认为最基本的一点就是一定要选合法合规的平台，这点尤其重要。

第二条，要选业务规范发展的平台。比如，南方文交所成立以来一直致力于向业界推动"四分离原则"，这是南方文交所首创的。"四分离原则"就是鉴定、托管、资金、结算由四个不同的交易主体相互制约，共同完成。首先是鉴定，南方文交所上线的所有交易品种均由有专业资质的第三方鉴定公司进行鉴定，所以大家在南方文交所购买任何文化艺术商品，不会有假货问题，如假包赔，这一点非常重要，降低了大家进入的门槛。其次是托管，文化艺术商品有不同的品质和不同的保管条件，既要专业，还要安全，所以我们将所有交易品种放在第三方保管机构进行保管。如果出现了质量短缺或品相破损等质量问题，我们全额赔偿。再次是资金，我们现在与五大银行（中行、农行、建行、平安银行、民生银行）合作，将客户的资金都放在这五家银行存管，资金是安全的。最后，文交所做的最主要工作就是结算工作，即应该把商品登记在谁的名下，然后资金应该怎样结算等。"四分离原则"由我们倡导推出以来，得到了广大客户的遵从和认可。我们认为，这是规范的、标准的交易平台所必须具备的条件。大家可以看哪个交易所也是用"四分离原则"在做业务，那基本就是放心的。因为"四分离原则"保证了货在、钱在，而且货真、账也在，大家可以放心去交易。所以，广大的投资消费者选择平台时要注意，一是选择有合法资质的平台，二是选择业务规范的平台。

（四）搭建政府与艺术品经营企业沟通的桥梁

黎：进入2017年，我知道张总被选为广东省艺术品行业协会的会长，恭喜恭喜！可以说，您当选这个会长，是实至名归啊！请您给我们介绍一下广东省艺术品行业协会成立的背景。

张：2016年3月15日，文化部（现文化和旅游部）颁发了《艺术品经营管理办法》，出台了一些新的规定，把鉴定和评估纳入艺术品经营管理，同时纳入以艺术品为标的物的投资经营活动和服务。此外，利用信息网络从事艺术品经营活动的，也适用《艺术品经营管理办法》。在规范艺术品经营活动方面，也增加了以下几项新的制度：第一，民事担保制度，就是说艺术品经营者要对投资人或者消费者负责，艺术品的来源必须说清楚，这是民事担保制度。第二，规定了艺术品经营者还要取得相应的资质，就是说取得了艺术品经营的工商登记后，还需要到县级以上的文化行政部门登记备案，以后有案可查。第三，对怎么进行经营交易，规定不得拆分、不得连续竞价交易、单项权益不能超过500人等。

在这个前提条件下，各省也纷纷成立了相关的艺术品行业协会或学会之类的机构。广东是一个文化大省，也是一个艺术品消费大省，但是大家都感觉艺术品好像不是广东的强项，这其实源于平台服务机构的相对欠缺。在这种情况下，以广东省文化厅作为主管单位，南方文交所作为主要发起单位之一，结合省内的艺术品行业知名机构（如雅昌、光合）以及广东艺术品集邮收藏协会等单位共同成立了广东省艺术品行业协会。广东省民政厅也已经通过了这一核名请求，同意成立这一机构，并在广东省文化厅召开了发起人参加的第一次会议。广东省文化厅的主管副厅长、文化产业处处长和民政厅相关领导等都参加了会议。

广东省艺术品行业协会的成立对广东省艺术品行业的发展有很好的促进作用。这个行业协会涵盖了艺术品的创作、教育、培训、经营，艺术品金融等领域的跨界企业也都参与进来，大家真正做到了资源共享。我们也希望行业协会做好政府和艺术品经营企业的沟通桥梁，同时让会员之间的资源互通互享，做到大家共赢。

黎：相信南方文交所在张总的大力推动下，在文交所不断的发展中，整个文化产业尤其是艺术品产业都会有一个非常好的前景和很大的发展！非常感谢张总接受我们的采访！

结束语　如何看待中国艺术金融实践的趋势和独立性[①]

> 目前，对于如何认识中国艺术金融的发展、如何看待中国艺术金融的实践、如何认识中国艺术金融的发展与世界艺术金融发展的关系等问题，理论界与学术界的认知还比较混乱，需进一步厘清。中国经济网文化产业频道特约专家、中国艺术产业研究院副院长西沐先生一直被业界视为中国艺术金融前沿理论与前沿实践的建构者，他在采访过程中系统论述并探讨分析了中国艺术金融前沿理论与实践前沿方面的一些问题，具有重要价值，引起了广泛关注。

记者：您认为目前的艺术金融发展的内核及前沿趋势是什么？

西沐：用最简单的一句话来讲，艺术金融就是一个将艺术品及其资源资产化、金融化的服务过程。当然，这种服务过程包括产品、方法、支撑等多种服务形式。如果从进一步的学理上讲，我们认为，艺术金融首先是一个新的业态，有自己独立的业态发展进化规律与特征，它不是简单意义上的"艺术+金融"，也不能仅仅理解成艺术产业与金融业的融合，而是指在艺术品及其资源资产化、产业化发展过程中，由理论创新架构体系、金融化过程与运作体系、以艺术价值链构建为核心的产业形态体系及服务与支撑体系等形成的系统活动过程的总和。在这里，理论创新架构体系包括艺术金融及其产业的基本理论、方法与技术等；金融化过程与运作体系包括金融制度、金融规则、金融政策等宏观性体系以及金融工具与金融服务的系统性、创新性体系等运作层面的体系；以艺术价值链建构为核心的产业形态体系主要是指不同艺术资源价值体系所形成的产业形态，如艺术原创性的金融产业形态、艺术衍生品金融产业形态、顾问服务产品金融产业形态、艺术教育金融产业形态及市场支撑服务金融产业形态等体系；服务与支撑体系主要是指政府、艺术机构（企业）、艺术市场、社会中介与产业支撑机构等各种主体及其在艺术创新融资过程中的行为活动所共同组成的一个体系。由此可见，艺术金融是围绕艺术资源资产化在艺术产业发展的整个生命周期中的一种融资与服务过程。所以，艺术金融不仅仅是一种高级的市场形态、一种概念性的理念、一种产品层面上的呈现，而且是在艺术品市场发展基础之上的一种产业形式或独特的业态表现。在这里，价值链的架构至关重要：其中，发现价值是核心，创造是灵魂，价值整合是主线，艺术资本市场是基础，通过艺术品及其产业市场走向大众化是目标，国际化是大势。

我们作为前沿理论研究与实践前沿的践行者，在艺术金融发展的过程中，就要越来越清晰地围绕以下艺术金融的发展主线深入工作，即发现价值—整合价值—构架价值链条—构建艺术金融产业培育平台（新业态的孵化）—形成艺术金融产业链条—做大艺术金融产业规模。所以，从全球艺术金融业发展的态势来看，只有发力艺术金融产业链，形成相对完善的产业链条，才能推动艺术金融产业的健康快速发展。

从艺术金融业务发展的态势来看，当下艺术金融发展的前景非常广阔，充满活力。可以这样说，

[①] 本部分为《艺术金融》编辑部记者于2015年6月对西沐老师的采访稿，2015年12月31日发表于中国经济网。

除了巨大的需求空间不断被挖掘、政策效应不断被挤出以外,我们还面临一个互联网技术、通信技术及信息管理技术不断融合发展的新格局,催生了全球艺术金融产业市场的快速发展。我们应在以下五个主要的大方向用力推进:一是艺术金融新资源新领域所带来的新的产业发展机会,为加快经济结构调整带来了新的机会;二是产业文化化、艺术化所带来的产业融合的发展态势给现有产业(特别是传统产业)带来的转型与业态变革的机会不仅解放了老的产业能力,更重要的是创造了新的生产力;三是新技术融合,特别是大数据与人工智能技术对艺术品市场资源与体系的整合作用;四是艺术品资本市场的发展不断深入,艺术企业上市以及艺术企业在各类产业基金、股权投资基金等的支撑下展开的购并与并购也呈现出加速发展的趋势;五是当下全球艺术品市场服务的平台化取向与互联网技术发展的融合所带来的市场与产业发展治理机会,特别是以"交易服务平台化+互联网"技术为代表的互联网市场服务模式就是一个重要的方向。

记者: 中国特色的艺术金融和西方发达国家的艺术金融有什么差别?

西沐: 中国艺术金融和西方发达国家的艺术金融在发展中的共同点不少,区别也很大。具体来讲,主要区别有以下三点:

第一,西方发达国家艺术金融的发展是基于资本市场高度发达的基础而进行的,艺术金融的发展与需求不像我们这样急需,关注度、集中度也不会这么高,潜在规模需求以及探索发展难度也不是特别大。西方发达国家人们关于艺术金融的需求很容易在高度发达的资本市场中获得释放。而我们的艺术资本市场的发展才刚刚开始,需要很长的路要走,但需求又被消费结构的转型等因素挖掘出来。需求与基础的巨大差异就决定了中国艺术金融和西方发达国家的艺术金融发展的路径不尽相同。

第二,艺术金融发展的市场支撑服务体系的发育与发展的状况,中国与西方发达国家差异巨大。经过长时间的发展,西方发达国家市场与产业支撑服务体系可以说已经发展得比较成熟,除了成熟的画廊体系、博物馆体系、拍卖体系外,有关确权、鉴定、估值、集保、物流等支撑服务体系也已很完善;而目前,我国在这些方面刚起步,有的甚至还没有起步,缺失比较明显。主要表现在三个方面:一是对接的支撑服务体系还未建立起来,比如确权、鉴定、评估、咨询、顾问等服务,包括信息共享体系的建立、确权制度的建立等。目前,由于金融机构对于艺术品市场缺少专业经验,总感觉"水很深",不敢贸然进入,无处下手;而艺术市场对于金融体系也是一头雾水,不知道从哪里切入。艺术资源变为金融资产没有体系与支撑,很难对接。二是缺少衔接融合发展的平台。金融产业最大的核心问题就是如何规模化,而规模化的基础是大众化,大众化依托的是社会化。社会化、大众化和规模化是艺术金融产业发展的产业基础,要实现这"三化",交易模式就必须创新,不能仅是点对点的信息不对称交易,甚至要突破一对一的封闭交易。这就必须要实现平台化,而平台化又必须公开、公正、公平,只有建立在这"三公"的原则上,才能建立公信力,降低门槛与交易成本,实现增信,大众才能放心参与。只有在具备公信力的平台上,金融资本和艺术资产才能整合起来,而不能在无规则的平台上交易。在非常通畅且有一定标准和规则的交易平台上,才能实现很好的对接与常态化交易。三是在整个交易创新过程中,艺术资源转变为金融资产的对接机制以及定价体系的建立至关重要,所有资产评估的核心就是定价与机制。实际上,现在的问题就是没有形成一个具有共识的定价机制,艺术机构定的价格,金融体系不认同;金融机构定的价格,艺术机构不认可。只有形成大家公认的定价机制,基于有公信力的平台,又有可靠的支撑体系,金融资本和艺术资源的对接才有了稳定的基础和基本条件。而这些都需要我们"而今迈步从头越"。

第三,艺术金融发展的市场理念与实际需求的状况,中国与西方发达国家有着非常大的发展差异。关注艺术品资产配置是对金融理财产品认识的提升。实际上，在国外，艺术品作为一种理财产品，一两年内就实现增值变现的观念是很难被认可的。他们更认同将艺术品作为一种另类的投资产品，推崇"资产配置"的概念。在美国及欧洲的很多家庭，艺术品在整个家庭资产配置中的比例达到了10%，有的甚至达到了20%。因为艺术品市场价值的实现是从挖掘、发现到价值增值再到市场交易的漫长过程，至少5年甚至8年，具有中长期投资的特性，和一般金融理财产品短期投机的理念有很大差异。而我们目前的很多艺术金融产品仍定义在理财产品这一层面，大部分期限在一到两年，这本身就违背了艺术金融的价值发现的内在规律，导致艺术金融投资投机现象严重。

记者：都说目前中国的艺术金融市场很混乱，乱在哪里，有什么出路？

西沐：艺术金融市场的发展并不是很混乱，而是发育不足、不规范。事实上，艺术金融的出现，其本质是用新的手段与平台进行艺术资源价值的再发现。在中国艺术金融发展的初期阶段，由于制度、监管等方面的缺失，前期的实践给人们一些误解，以为艺术品的份额化电子连续交易就是艺术金融，其实，这最多只能是艺术金融化过程中在交易形式上的一种并不成功的探索，并不是艺术金融本身。艺术金融及其产业是一个体系，这一个产业体系相对比较专业、复杂，目前它的发展规模虽然不大，但相对于其他产业来讲，可以说是最难以被操控与运营的一个产业。不然，业界就不会有"水太深"的哀叹了。

记者：艺术金融投资适合什么人？普通人想介入艺术金融投资，应该怎样入门？

西沐：中国的艺术金融要想有更大的发展，很明显必须走社会化、规模化、产业化、大众化之路，让合格的大众投资者有更多的机会与渠道参与到艺术金融的发展过程中来。艺术金融之所以能够推动大众化，就是它降低了投资的门槛，把本来门槛很高、专业性极强的艺术品投资变为一个大众化的投资市场与行为。也就是说，艺术金融的好处就是不需要让每一个普通投资者都成为艺术品投资的专家，而是只需要选对投资顾问、选定投资平台就可以进行投资。虽然如此，在中国艺术金融发展的现阶段，艺术金融适合的投资人还应该是"合格投资人"，对投资人来讲，这需要有一个门槛，但这个门槛会随着艺术金融发展进程的推进而进一步降低。

投资者参与艺术金融要注意两种理念的选择和认识，一种是资产配置的理念，另一种是短期理财的理念。一般投资者要更多地选择前者，规避短期的投资理财可能带来的一些风险。投入资金要有一定的规划，通过不同的产品来结构性地分散风险。不要搞小圈子投资，应慎重地选择投资顾问机构。

（1）关注大势。只有关注大势，并能很好地把握大势的投资才是有智慧的投资。在中国艺术品市场的基础未有根本性转变之际，在诚信机制缺失、乱象丛生的问题中，又加入了新的交易制度间的、基于短期行为的种种跨界问题，增加了市场交易秩序的混乱程度，极有可能引发市场交易层面的一场无序竞争的混战。特别是在市场没有出现主导性的力量之时，在整合能力低下的情况下，势必形成市场集中度低下，过度竞争引爆的混战会导致资本进入艺术品市场的信心不足。为此，我们讲中国艺术品市场在2012—2015年出现了"小年"，市场呈不断萎缩的态势，这是对该市场2011年的高速成长中所积累的问题的一种消化，也是中国艺术品市场进程的一种必然趋势，关键是我们要把握大势，认清市场底层结构。2013年，在机构有较高预期的带动下，市场信心有所恢复，但在2014—2015年，因为没有市场的有力支撑，市场信心再次分散、波动，避险情绪浓重。

（2）关注风险，分析风险，敢于承担风险。投资的过程，同时也是强调体验的过程与投资风险意识树立的过程。我们不能因为怕风险而错失创新与推广的时机，让太多、太复杂的管制压制大众参与艺术品市场的积极性，并学会分析与承担市场风险。在对大的架构的把控下，我们更多的应是进行充分的风险教育，提示艺术品市场风险，让投资者有更多分析与选择的机会，并逐步使他们具备相应的市场风险选择的能力，从而使投资者有艺术品市场风险认识能力，并愿意承担市场风险，而不是面对艺术品市场无从选择，无法获得应有的投资收益。

（3）重视策略。策略在很多方面涉及细节，但一项投资在很多时候是由细节决定投资整体的成败，艺术品投资更是如此。中国艺术品市场新一轮行情需要我们以理性的思维、冷静的头脑、慎独的态度及踏踏实实的精神去认真经营。以下三点值得注意：第一，更加理性地分析中国艺术品市场的底层结构，既要关注拍卖市场的动向，又要关注一级市场的表现以及由此造成的结果。第二，把握好收藏的门类。具体来说就是：一是投资书画艺术品。但投资书画艺术品需要相当高的鉴别能力，门槛较高，风险比较大，但流动性强，市场支持面广。二是投资尚处于价值发现洼地的现当代存世艺术家的艺术品。近十年来，随着当代艺术家艺术品市场的完善，投资者与资金量也会越来越多，行情大势不会逆转，关键在于价值发现环节。三是投资工艺艺术品及杂项，如古籍碑帖、玉器、瓷器、贵金属及其相关产品。第三，注意三大纪律、八项注意。所谓的三大纪律是指：①要学习一些美术史知识，本着虚心的态度多请教，多听专家的意见，不要狂妄地钻牛角尖，更不要偏执；②要坚持"真、精、新"的收藏理念，不要"捡到篮子里都是菜"；③确立自己的收藏目的，制定系统规划，不要三心二意、半途而废。八项注意指：①不要听故事，在收藏中，对事、对人要做全面的理性判断；②不要以捡漏的心态去收藏，"漏"往往也是大陷阱；③收藏趋于热爱，止于投机，有恒心才会有恒值，搞好梯度组合才能闲庭信步；④不要靠"耳朵"收藏，要认准艺价比，艺术价值比炒作更靠得住；⑤不搞小圈子收藏，要时常跳出圈子、多交友，谨防设套、杀熟等高成本支出；⑥多看、多听、多思考，少动手、慢动手，看准了、想明白了再动手，避免盲目与冲动；⑦不要跟风、追风，确保收藏周期的可控性及资金的延续性；⑧培养良好的、平和的心态，看准大势，把握节奏，从容应对，享受修身养性的乐趣。

除此之外，我们在投资中，还要观察与寻求长期合作伙伴，如投资顾问、平台化机构等，以减少风险。对长期合作伙伴，应重点考察以下几个内容：一是收益是否长期处在一个相对高位的水平；二是品牌塑造与提升能力是否可持续；三是是否有核心竞争能力，这种核心竞争能力的发展是否能长期保持；四是发展理念是否具有大格局与超前意识；五是公司文化是否追求竞争合作中的共赢。

记者：现在是不是入市的好时机？为什么？

西沐：回顾改革开放40多年来中国艺术品市场的发展，中国人财富水平的增长与积累都与资源资产化、资产金融化发展进程密切相关。比如，改革开放以来，我们迎来了几轮财富大增长的阶段，比较典型的有：一是企业资源的资产化、金融化、证券化。在企业股票上市过程中富了一批人，中国人的财富水平得到了很大的提升。二是房地产资源资产化、金融化。以前，住房是分配制的，后来有了商品房，并逐渐成为一种资产资源，并且可以用作资产化、金融化，进行银行抵押贷款，以及做各种各样的金融产品，成为了一种资产化、金融化的资源，给我们带来了财富的普遍增长。三是矿产资源资产化、金融化。矿产开采权等资源的资产化、金融化过程成就了一大批"土豪"（矿老板、煤老板等），这次财富机会虽然与一般投资者的关系不是很大，但它的确是中国一次非常大的财富增长机会。到了今天，我们又面临一次新的财富增长机会，即艺术品资源资产化、金融化、证券化（大众化）。而在这一轮艺术财富增长的过程中，必将会有大量这方面的服务性需求，这是普通投资者为什么要关注艺术金融发展的一个大的逻辑与背景。

可以说，我国艺术金融的发展目前又面临新的机遇。这主要得益于五大方面的推动：一是全球经济不确定性的激发效应,特别是全球经济的不确定性推动了全球艺术品收藏投资热。具体的表现就是经济的不确定性正在使更多的投资者将投资重点从股票债券转移至实体资产,对艺术品资产的需求不断得到强化,从而带动了艺术金融产业的不断兴起,由此带动兴起了新型全球化的专业艺术金融服务。二是艺术品作为优质资产在世界范围内的示范带动。特别是2008年全球金融危机爆发以来,艺术品市场及艺术品资产的表现亮眼。三是市场的巨大需求,最突出的表现就是这一轮中国艺术品资产化发展的推动力不是市场竞争推动的结果,而是强大的市场需求拉动的结果。四是政策预期的推动,主要有三个方面:①相关不动产登记制度法律法规将要出台;②不动产保有税渐行渐近;③遗产税正在提上议事日程。五是中国艺术品市场内在发展规律的推动。

记者: 如何看待中国艺术金融实践的独立性问题?如何理解您提出的"世界发达国家艺术金融发展的今天不是我们的明天",我们要为艺术品资产化做出更多更大的贡献?

西沐: 当下,全球艺术品市场治理的格局正在发生深刻变化,正在形成多元化、多样化、多极化的格局。在此过程中,发展中国家的市场成长迅速,亚洲艺术品市场比重不断提高,新兴发展中国家的比重也处在不断增加的趋势中。以跨界为重要特征的业态整合与融合以及在此基础上新业态的生发逐渐成为全球艺术品市场发展中的一个亮点。

世界艺术品市场发展的态势提醒我们,要充分认识艺术品资产的共性及中国艺术品资产化发展的特殊性。中国艺术品资产化发展的特殊性与并不发达的资本市场、不完善的市场与产业支撑体系为中国艺术品资产化发展的探索创造了重要机遇与巨大的发展空间。首先,我们要研究分析西方发达国家艺术品资产化发展的态势,明确艺术品资产化在艺术品市场发展过程中的地位与作用;其次,我们更要研究中国艺术品资产化发展的内外动力与机制,以及它在中国艺术品市场发展中的地位及历史作用;最后,我们必须看到中国艺术品资产化实践应有的现实与战略意义,从深度与广度上对其进行探索一定会为世界艺术品资产化探索与发展提供新的理念、理论与方法,从而最终推动与引领世界艺术品资产化的发展。

全球艺术品市场重心是不断变化的,不可能是不变的,也不可能是单一化的。从目前来看,全球艺术品市场重心的东移是一个大的趋势,而中国无疑是其中的重要一极。事实上,经过了多年的发展,中国艺术品市场不断走向深化、成熟。随着中国艺术品市场规模的扩大,中国艺术品市场所呈现出的艺术品商品化、资产化、金融化、证券化(大众化)的发展趋势正在成为世界范围内探索艺术品资产化的重要力量。中国艺术品资产化的实践与探索已经或者正在领跑世界艺术品资产发展的新进程。中国艺术品资产化的实践也正在推动世界艺术品资产化发展的进程,刺激着国际艺术品市场在包括份额化、平台化、金融化、大众化等多方面进行探索创新。

不难想象,中国艺术品市场的发展已经走到了一个承上启下的节点,这样的现实要求并催促着我们要在艺术品资产领域有所创造、有所建树,要在艺术品资产化发展的基础理论建构、艺术品资产化的方式、方法以及前沿实践与政策研究等几个层面取得突破性进展,从而为艺术品资产化发展提供更多的中国视角与经验。由于文化、经济及资本市场的环境与机制的不同,在面对巨大需求的同时建立并创新适合我国市场特质与特色的艺术品资产运营模式非常重要。在这个进程中,我们首先要大力学习、借鉴、吸收国外先进的理念、经验与做法,同时,又不能被捆住手脚,切忌简单地复制西方的发展模式。在学习、借鉴西方的经验时,我们必须清醒地认识到,那些曾经适用于西方的所谓成功经验并不一定完全适用于我国的市场发展需要。这是由东西方不同的文化背景、意识形态、市场基础、运行机制等一系列因素所决定的。如果未经研究、不加论证、不做取舍地盲目套用,很有可能会造成

"水土不服"。

此外，我国必须有独立而清醒的发展意识，必须坚定地认识到：西方发达国家艺术品资产化发展的今天，一定不会是我们的明天。我们需要自己的创造，在艺术品资产化领域，除了要有市场规模，还要有话语权，只有这样，才能为世界艺术品市场发展做出我们的贡献。这不仅仅是源于我们巨大的消费需求，也不仅仅是民族自尊心的需要，而是背靠中华民族巨大文化资源而涌动的文化自觉与文化振兴的需要。随着市场的日趋成熟、理性，这已经逐渐成为众多市场参与者、研究者的共识。

参考文献

[1] 西沐. 中国艺术金融教程[M]. 北京：北京工艺美术出版社，2021.

[2] 西沐. 艺术金融学概论[M]. 北京：中国经济出版社，2019.

[3] 西沐. 中国艺术品资产化研究：上、中、下卷[M]. 北京：中国书店出版社，2016.

[4] 西沐. 中国艺术金融概论[M]. 北京：中国书店出版社，2017.

[5] 西沐. 中国艺术财富管理概论[M]. 北京：中国书店出版社，2017.

[6] 西沐. 中国艺术金融产业引论[M]. 北京：中国书店出版社，2012.

[7] 西沐. 中国艺术品产业生态建构引论[M]. 北京：中国书店出版社，2018.

[8] 西沐. 中国艺术品资本市场概论[M]. 北京：中国书店出版社，2010.

[9] 西沐. 中国艺术品市场概论：上、下卷[M]. 北京：中国书店出版社，2009.

[10] 西沐. 中国艺术品市场政策概论[M]. 北京：中国书店出版社，2011.

[11] 西沐. 中国艺术品市场批评概论：上、下卷[M]. 北京：中国书店出版社，2010.

[12] 西沐. 中国艺术品市场征信研究[M]. 北京：中国书店出版社，2014.

[13] 西沐. 中国艺术品市场年度研究报告（2018—2019）[M]. 北京：中国经济出版社，2019.

[14] 西沐. 中国艺术金融评论：第一辑[M]. 北京：中国经济出版社，2019.

[15] 西沐. 中国非遗及其产业发展年度研究报告(2018—2019)[M]. 北京：中国经济出版社，2019.

[16] 西沐. 中国艺术品份额化交易的理论与实践[M]. 北京：中国书店出版社，2011.

[17] 西沐. 我们需要怎样的艺术品市场监管（上）[N]. 上海证券报，2012-03-23.

[18] 西沐. 我们需要怎样的艺术品市场监管（下）[N]. 上海证券报，2012-04-06.

[19] 西沐. "空转"趋势显现 艺术金融寻创新落地路径[N]. 中国文化报，2017-04-01.

[20] 西沐. 全球艺术品市场治理中我国艺术品市场的地位与作用[J]. 中国美术，2015(2).

[21] 西沐. 中国艺术金融增量创新的路径与监管问题[J]. 美术观察，2016(1).

[22] 西沐. 应历史、客观地看待青州书画市场[EB/OL]. (2015-05-26)（2019-10-12）.http://www.ce.cn/culture/gd/201505/26/t20150526_5463811.shtml.

后 记

案例涌现是中国艺术金融创新发展的沃土

在我国艺术金融及其产业迅猛发展的进程中,亟须在相关理论上有所突破,并对该领域人才进行系统培养,特别是对高端人才进行培养教育。这需要的就不仅仅是一本教材,而是一整套的理论体系,这样才能支撑中国艺术金融教学体系。

《中国艺术金融教学案例》就是在这一背景下应运而生的。《中国艺术金融教程》与《中国艺术金融教学案例》这两本书是中国艺术金融学科体系与教学体系的主干教材。至此,我们基本上建构起了以《艺术金融学概论》为基础的理论体系,以《中国艺术金融教程》为依托的教学体系,以《中国艺术金融教学案例》为样本的实践体系,以及以《中国艺术金融评论》为成果的研究体系。所以,我们反复强调,这本书的研究出版不仅仅是教学的需要,更是艺术金融学科建设与实践创新探索过程的需要。

事实上,作为艺术金融研究教学的核心内容,《中国艺术金融教程》与《中国艺术金融教学案例》这两本书一直没有公开出版的计划。但是,2020年这次突如其来的疫情改变了我的想法:还是应该把它们正式出版,以便形成一个更加完整的艺术金融教学体系,让更多的人方便学习、研究,并迅速提升中国艺术金融的研究与实践水平。当我把这个想法与泰丰文化董事长胡婷、兰州创意文化产业园董事长张学智沟通后,他们都积极支持我的这个想法。很快,我们就决定共同出力,把这件事做成做好。有了他们的支持,我在《中国艺术金融教学案例(第三版)》的基础上,完成了这两本书的编写工作。所以,在这里,我要特别感谢他们对我的支持,感谢他们对中国艺术金融学科发展与实践探索的贡献!同时,也算是我们共同为艺术金融界在这个特殊时期做的一次奉献吧!

我们特别强调,任何学科都是社会经济发展到一定阶段的产物,都是为了说明和解决现实经济社会中存在的问题、适应社会经济发展的需求而形成和发展起来的,艺术金融学的理论与实践发展也不例外。艺术金融作为一个新的业态,对它的研究能够助力艺术金融学逐步成为一门新的学科,而艺术金融学的发展反过来也可让艺术金融更多地进入大众的视野。可以说,我们所进行的案例研究仅仅是一种开始,带有很强的探索性。事实上,我们需要更多关于艺术金融案例研究的建设性意见,也需要更多的时间来积累、沉淀。

艺术金融及其产业还是一个新的概念,以至于到了今天,还是有一些人从观念与思想上难以接受。在这种情况下,研究这个问题并试图将其系统化、学科化,其中的难度是不言而喻的。所以,我们特别需要案例与实践的支撑,特别是一大批成功实践者站出来。但面对中国艺术品资本市场发展的状况与态势,我们又不能无视艺术金融及其产业发展的不足与短板,更不能无视中国艺术金融及其产业在我国的迅猛发育与发展的现实。理论的超前性是理性精神的一种重要表现,而案例研究则是这种理性精神最得力的注解,这也是我们迎难而上的一个重要原因。

需要强调的是,本书的出版也得到了社会各界的关注、支持与响应,业内不少研究者与实践探索者都积极参与了部分章节的研究、撰稿与材料整理方面的工作,使本书的内容不断完善,在此一并致谢。

当然,对艺术金融案例的研究与探讨,从目前来看还有着一定的难度,希望摆在大家面前的这本书能够承载我们的初衷：给大家提供更多认知的视角、一个有高度的认识平台及有针对性的导向。中国艺术金融及其产业本身既是一个新的业态，也是一个新兴的研究与实践领域，我们对其进行研究、认识及实践探索的水平与能力都还非常有限，对其内在的发展规律也在深化认知的过程中，再加上研究者的才学及能力限制，书中如有不足之处甚至错误在所难免，恳请大家批评指正。如有好的意见与批评，请传递至作者通信邮箱：timjia@vip.sina.com，我们会有专门的研究人员进行处理。

《中国艺术金融教学案例》一书对艺术金融案例的研究与探索仅仅是一个开始，需要不断积累与深化，更需要我们共同的努力！

西沐

2019年12月